U0789076

中华传世藏书

【图文珍藏版】

群書治要

精华本

[唐]魏征等⊙原著

刘凯⊙主编

第四册

線裝書局

【原文】

君臣之义,义之最重;朋友之交,交之最轻者。国家不嫌与艳为最重之义,是以温亦不嫌与艳为最轻之交也。时世宠之于上,温窃亲[①]之于下也。臣窃念人君虽有圣哲之姿,非常之智,然以一人之身,御兆民[②]之众,从增宫[③]之内,瞰四国[④]之外,照群下之情,求万机[⑤]之理[⑥],犹未易周也,固当听察群下之言,以广聪明[⑦]之烈[⑧]。今者人非温既殷勤[⑨],臣是温又契阔[⑩],辞则俱巧,意则俱至,各自言欲为国,谁其言欲为私?仓卒之间,犹难既别。然以殿下[⑪]之聪睿,察讲论之曲直,若潜神留思[⑫],纤粗研核[⑬],情何嫌而不宣,事何昧[⑭]而不昭哉?温非亲臣也,臣非爱温者也。昔之君子,皆抑私忿[⑮],以增君明。彼独行之于前,臣耻废之于后,故遂发宿怀[⑯]于今日,纳愚言于圣听,实尽心于明朝,非有念于温身也。权终不纳。

【注释】

①窃亲:私下亲密。

②兆民:古称天子之民,后泛指众民,百姓。

③增宫:层叠的宫殿。

④四国:四方邻国。亦泛指四方,天下。

⑤万机:指帝王日常处理的纷繁的政务。

⑥理:治理,整理。

⑦聪明:谓明察事理。

⑧烈:光明,辉煌。

⑨殷勤:情意恳切。

⑩契阔:勤苦劳苦。

⑪殿下:汉魏以后对诸侯王、太子、诸王的尊称。

⑫潜神留思:潜神,犹专心。留思,留心,关心。

⑬研核:审察考查;研究考核。

⑭昧:隐晦,不明显。

⑮私忿:个人的怨恨。

⑯宿怀:素来的情怀。

【译文】

君臣之间的恩义,是恩义中最重的;朋友之间的交往,是交往中最轻的。国家不嫌弃和暨艳结成最重的君臣大义,所以张温也不嫌弃和暨艳结成最轻的朋友之交。当时朝廷宠信暨艳在上,而张温私自亲近他在下。臣私下想到,君主虽然具有圣明睿智的资质、非同寻常的智慧,然而以一人之身,统治千千万万的百姓,从层层深宫之中,眺望国土的四面八方,想明了群臣的情况,求得各项政事的治理,还是不容易做到周全完备。所以应倾听、审察群臣的进言，以扩大自己明察的光辉。现在人们非议张温已经很激烈，臣肯定张温也很辛苦。双方的言辞都很巧妙，意思也全都表达出来了，各自都说自己是要为国家考虑，有谁会说是要为自己考虑呢？仓促之间，还是难以立即辨别清楚的。然而以殿下您的聪明睿智，来考察双方议论的是非曲直，如果专心留意，对细节概况都加以研究考核，那么实情有什么嫌疑而不能公开，事实有什么隐讳而不能显明呢？张温平素并不亲近臣，臣也不是偏爱张温的人。从前的君子，都能抑制私人的怨恨，来增加君主的英明。他们能独行正道在前代，臣也耻于废弃正道在后世，所以才在今天说出久藏在心里的话，向殿下进献自己愚昧的意见，确实是想为盛明的朝廷竭尽忠心，而不是对张温个人有什么顾念。孙权最终没有采纳骆统的意见。

【原文】

骆统，字公绪，会稽人也。权召为功曹。统志在补察①，苟所闻见，夕不待旦。常劝权以尊贤接士，勤求损益，飨赐②之日，可人人别进，问其燥湿③，加以密意④，诱谕⑤使言，察其志趣，令皆感恩戴义，怀欲报之心。权纳用⑥焉，出为建忠郎将⑦。

【注释】

①补察：补过误，察得失。
②飨赐：宴飨宾客，赏赐属下。
③燥湿：指日常生活起居。
④密意：亲密的情意。
⑤诱谕：诱导教喻。
⑥纳用：采用。
⑦建忠郎将：《三国志·骆统传》原文作“建忠中郎将”。

【译文】

骆统，字公绪，会稽郡（乌伤县）人。孙权征召他担任功曹。骆统志在帮助孙权弥补、省察政治上的得失，如果听到或看到反映的问题，总是连夜写好奏章。他常劝孙权要尊敬贤才，接纳士人，努力向大家征询时政的利弊；在宴请和赏赐时，可以每人分别接见，询问他们的生活状况，表达自己殷切的情意，诱导他们说出自己的想法，以此观察他们的志趣，使他们都感恩戴德，怀有报恩的心愿。孙权采用了他的建议。后来他出外担任建忠中郎将。

【原文】

是时征役繁数，重以疫疠①，民户损耗，统上疏曰：“臣闻君国②者，以据疆土为强富，制威福③为尊贵，曜④德义为荣显，永世胤⑤为丰祚⑥。然财须民生，强赖民力，威恃民势，福由民殖，德俟⑦民茂⑧，义以民行。六者既备，然后应天受祚⑨，保族宜邦。《书》曰⑩：

‘众非后[11]无能胥以宁，后非众无以辟四方。’推是言之，则民以君安，君以民济[12]，不易之道也。今强敌未殄[13]，海内未乂[14]，三军有无已之役，江境有不释之备，征赋调[15]数，由来积纪[16]；加以殃疫死丧之灾（旧无殃疫死丧之灾六字。补之），郡县荒虚，田畴芜旷[17]，听闻属城[18]，民户浸寡，又多残老，少有丁夫[19]。思寻所由，小民[20]无知，既有安土重迁[21]之性，且又前后出为兵者，生则困苦，无有温饱，死则委弃[22]，骸骨不反。是以尤用恋本[23]畏远，同之于死。每有征发[24]，羸[25]谨居家重累[26]者，先见输送；小有财货，倾居[27]行赂，不顾穷尽；轻剽[28]者则进[29]入崄阻，党就群恶。百姓虚竭，嗷然愁扰[30]，愁扰则不营业[31]，不营业则致穷困，致穷困则不乐生。故口腹急，则奸心动而携叛[32]多也。夫国之有民，犹水之有舟，停则以安，扰则以危，愚而不可欺，弱而不可胜也。是以圣王重焉，祸福由之。故与人消息[33]，观时制政。方今长吏[34]亲民[35]之职，惟以办具为能，取过目前之急，少复以恩惠为治，副称[36]陛下天覆之仁、勤恤[37]之德者也。官民政俗，日以彫弊[38]，渐以陵迟[39]，势不可久。夫治疾及其未笃，除患贵其未深。愿陛下少以万机余闲，留神思省[40]，补复[41]荒虚，深图远计。臣统之大愿（旧无复荒至大愿十二字。补之），足以死而不朽矣。”权感统言，深加意[42]焉。迁偏将军。数陈便宜[43]，前后书数十上，所言皆善。

【注释】

①疫疠：瘟疫。疠，音立。

②君国：谓居君位而御其国。

③威福：指统治者的赏罚之权。

④曜：炫耀，显示。

⑤胤：继承；延续。

⑥丰祚：犹厚福。

⑦俟：等待。

⑧茂：引申为昌盛，丰硕。

⑨受祚：接受天地神明的降福。

⑩“书曰”下四句：语出《礼记·表记》。

⑪后：上古称君主。

⑫济：成功，成就。

⑬殄：灭绝，绝尽。

⑭乂：安定。

⑮赋调：赋税。调为古代税收的一种。

⑯纪：纪年的单位，古代以十二年为一纪。

⑰芜旷：犹荒芜。

⑱属城：下属的城邑。

⑲丁夫：壮健的男子。

⑳小民：指一般老百姓。

㉑安土重迁:留恋故乡,不愿轻易迁居异地。
㉒委弃:弃置,舍弃。
㉓恋本:留恋本土。
㉔征发:谓征集调遣人力或物资。
㉕羸:音雷,衰病,困惫。
㉖重累:沉重的累赘。
㉗居:积储。
㉘轻剽:轻捷强悍。
㉙迸:指逃,奔。
㉚嗷然愁扰:嗷然,哀号貌。愁扰,谓苦于苛扰。
㉛营业:营谋生计。
㉜携叛:背叛。
㉝消息:休养生息。
㉞长吏:指州县长官的辅佐。
㉟亲民:亲自治理民众。
㊱副称:副,相称,符合。称,相当;符合。
㊲勤恤:忧悯,关怀。
㊳彫獘:音刁必,《三国志·骆统传》原文作"彫獘"。彫敝,奢靡败坏。
㊴陵迟:败坏,衰败。
㊵思省:省察,考虑。
㊶补复:补救恢复。
㊷加意:注重,特别注意。
㊸便宜:指有利国家,合乎时宜之事。

【译文】

当时,徭役频繁,加上瘟疫流行,户口减少。骆统上疏说:"臣听说统治国家的君主,以拥有广大的疆土为富强,以控制赏罚大权为尊贵,以光大道德信义为荣耀,以永世承传国统为厚福。然而财富需要百姓来创造,强盛要依靠百姓的力量,威势要依凭百姓的势力,福祉要由百姓来增进,德行有待百姓来兴盛,仁义要凭借百姓来实行。这六方面的条件具备了,然后就能顺应天意,接受天地神明的福佑,保全宗族、造福国家。《礼记》上说:'民众没有君主,就不能都得到安宁;君主没有民众,就不能开辟四方。'由此推论,百姓凭借君主而得以安定,君主依靠百姓而成就大业,这是永恒不变的真理。如今强大的敌人尚未消灭,天下还没有安定,军队有打不完的战争,长江边界有不能撤除的戒备,征收赋税次数繁多,从始至今已延续了十二年,加上瘟疫死亡的灾祸,使得郡县空虚,田地荒芜,听说(会稽郡)下属各县邑,人口逐渐减少,现有人口中又多为病残老弱之人,很少有健壮的男子。臣思考其中的原由,以为百姓愚昧无知,原本就有留恋故土而不愿轻易迁居异地的习惯，况且又因前后被征调出去当兵的人，活着则生活穷苦，连温饱都不能保证；死了则被抛弃荒野，尸骨不能送回家乡。所以这更使他们眷恋本土、惧怕从军远行，把行军远行视作死亡。每次征兵，贫困老实而家庭负担沉重的人，总是先被送进军队；稍有钱财的人，不惜用尽家财进行贿赂，为此不顾倾家荡产；轻捷强悍的人则逃入深山险阻之中，与作恶的匪徒结成团伙。百姓财物枯竭，哀叹忧愁苦于苛扰，百姓苦于苛扰就无心从事生产，不从事生产则会导致穷困，导致穷困则生活就没有乐趣。所以人们在饥饿的逼迫下，就会萌生邪恶的念头，而背叛的人就会多起来。国家有百姓，就像水中有船。水面平静船就安全；水面动荡船就危险。百姓虽然愚昧却不能欺骗，虽然软弱却不可战胜，因此圣明的君王重视百姓，知道国家的祸福决定于他们，所以让百姓休养生息，观察时势而制定政策。当今县里的长吏，是亲自治理民众的官员，他们只是以完成上级的任务为能事，只想着应付眼前的急事，很少再有用施予恩惠来治理，以符合陛下如上天覆盖万物般的仁慈、关怀怜悯百姓之恩德的人了。官员的政治和百姓的风俗，日益败坏，渐至衰微，这种形势是不可以长久持续下去的。治病要趁病情不重时治疗，消除祸患贵在祸患不深时动手。希望陛下能稍微利用处理政务的闲余，留神考虑这些问题，从而补救、恢复虚弱的国力，深刻思考长远之计。这是臣骆统最大的心愿，也足以使臣死而不朽了。”孙权有感于骆统的话，特别重视他提出的意见。后来骆统升任偏将军，多次陈述有利于国家时政的建议，前后数十次上书，所说的内容都很好。

【原文】

朱据[①]，字子范，吴郡人也。拜左将军。嘉禾[②]中，始铸大钱[③]，一当五百。后据部曲应受三万缗[④]，工王遂[⑤]而受之。典校吕壹疑据实取，考问主者[⑥]，死于杖下。据哀其无辜，以厚棺敛之。壹又表据吏为据隐，故厚其殡[⑦]。权数责问据，据无以自明[⑧]，籍[⑨]草待罪数月。典军吏刘助觉[⑩]，言王遂所取，权大感寤曰："朱据见枉，况吏民乎？"乃穷治[⑪]壹罪，赏助百万。

【注释】

①朱据（公元 194 年～公元 250 年）：字子范，吴郡吴县人，东吴重要将领。

②嘉禾：吴大帝孙权的第三个年号，公元 232 年至公元 238 年，共计七年。

③大钱：面值大的钱币。

④缗：音民，量词。古代通常以一千文为一缗。

⑤工王遂：即铸钱工匠王遂。

⑥主者：主管人。卢弼注引胡三省曰："主者，据军吏也。"

⑦殡：泛指丧葬事务。

⑧自明：自我表白。

⑨籍：《三国志·朱据传》原文作"藉"。藉，坐卧在某物上。

⑩觉：察知，发觉。

⑪穷治：彻底查办。

【译文】

朱据，字子范，吴郡（今苏州人），任左将军。嘉禾年间，开始铸造大钱，一枚大钱相当于五百枚小钱。后来，朱据的部下应领钱三万缗，而铸钱的工匠王遂用欺诈的手段把这笔钱据为己有，典校吕壹怀疑朱据实际上领取了这笔钱，就拷打审问朱据军中主管财务的官员，结果这位官员冤死在刑棍之下。朱据怜悯他无辜而死，用上好的棺木将他收殓安葬。吕壹又上表说朱据的部下为朱据隐瞒实情，所以朱据才厚葬他。孙权多次责问朱据，朱据无法为自己辩白，只好坐在草垫上等待治罪。几个月后，典军吏刘助发现了事情的真相，便说明是王遂拿了这笔钱。孙权大为感慨，说："朱据尚且都受到冤枉，更何况是普通的官员和百姓呢？"于是彻底查办了吕壹的罪行，赏赐刘助一百万钱。

【原文】

陆逊[①]，字伯言，吴郡[②]人也。为镇西将军[③]。刘备大率众来，权[④]命逊为大都督[⑤]拒之。备众奔溃[⑥]。拜上大将军[⑦]、右都护[⑧]。逊虽身在外，乃心于国，上疏[⑨]陈时事[⑩]曰："臣以为科法严峻[⑪]，下犯者多。顷年[⑫]以来，将吏罹罪[⑬]，虽不慎可责，然天下未一[⑭]，当图进取，小宜恩贷[⑮]，以安下情。且世务[⑯]日兴，良能[⑰]为先，自不奸秽[⑱]入身难忍之过，乞复显用[⑲]，展其力效，此乃圣王忘过记功，以成王业[⑳]也。昔汉高舍陈平之愆[㉑]，用其奇略，终建勋祚[㉒]，功垂千载。夫峻法[㉓]严刑，非帝王之隆业；有罚无恕，非怀远[㉔]之弘规[㉕]也。"

陆逊

【注释】

①陆逊：生于公元183年，卒于公元245年，本名陆议，字伯言，吴郡吴县（今江苏苏州）人。

②吴郡：郡名。

③镇西将军：三国时期始置，为四镇（东、南、西、北）将军之一，位次四征将军，掌征伐背叛、镇戍四方。

④权：孙权（公元182年~公元252年），字仲谋，吴郡富春（今浙江富阳）人。

⑤大都督：曹魏置，第一品，不常置，属加官。

⑥奔溃：逃散，败逃。

⑦上大将军：此职非汉制。三国时吴国孙权在黄龙元年于大将军之上复置上大将军，以表彰陆逊的功绩并进一步提高他的官职。

⑧右都护：吴设左右都护，尽护诸军。

⑨上疏:臣下向皇帝进呈奏章。

⑩时事:当时的政事。

⑪科法严峻:科法,国家的法令。严峻,严厉,严格。

⑫顷年:近年。

⑬罹罪:遭受罪罚。罹,遭受。

⑭未一:亦作"未壹",没有统一。

⑮恩贷:施恩宽宥(多用于帝王)。

⑯世务:谋身治世之事。

⑰良能:贤能,指贤良而有才能之人。

⑱奸秽:指邪恶污秽的行为。

⑲显用:犹重用。

⑳王业:帝王之事业,谓统一天下,建立王朝。

㉑汉高舍陈平之愆:汉高,汉高祖刘邦。陈平,阳武(今河南原阳)人,西汉开国功臣,曾为刘邦六出奇计,使刘邦多次转危为安。汉文帝时,曾任右丞相,后迁左丞相。愆,罪过,过失。

㉒勋祚:勋,功勋;功劳。祚,君位,国统。

㉓峻法:严酷的法令。

㉔怀远:安抚边远的人。

㉕弘规:同"宏谟",指宏大深远的谋略。

【译文】

陆逊,字伯言,吴郡(吴县)人,任镇西将军。刘备率领大军来犯,孙权任命陆逊为大都督来抵御敌军。(经战)刘备之军溃败奔逃。此后孙权任命陆逊为上大将军、右都护。陆逊虽不在朝中,却心忧国事,于是上疏陈述当时的政事说:"臣认为国家的法令过于严厉,下面犯法的人就会很多。近年以来,不少文武官员遭受罪罚,虽然是因为他们自己不谨慎而本应受到的责罚。但是现今天下尚未统一,应考虑进取的大事,所以应当(对他们)稍加宽恕,以安定下面的情绪。再说,当今事务日益增多,应以任用贤能之人为要务,只要(其人)不是行为邪恶污秽、犯有无法容忍的罪过,恳请陛下能再度重用他们,让他们有机会施展才能为国效力。这是古圣先王忘人过失记人功劳、得以成就帝王大业的原因啊!从前汉高祖不计较陈平的过失,采用他的奇策,终于建立了功勋和帝业,功垂千载。严酷的法令和刑罚,不是帝王(使国家)兴隆的功业;只有惩罚而没有宽恕,也不是安抚远方民众的宏远谋略啊!"

【原文】

赤乌七年[①],为丞相。先是,二宫并阙[②],中外职司[③],多遣子弟给侍[④]。全琮[⑤]报逊,逊以为子弟苟[⑥]有才,不忧不用,不宜私出以要荣利[⑦],若其不佳,终为取祸,且闻二宫势敌[8],必有彼此,此古人之厚忌也。琮子寄,果阿附鲁王[9],轻为交构[10]。逊书与琮曰:“卿不师日磾[11],而宿留[12]阿寄,终为足下[13]门户致祸矣。”琮既不纳,更以致隙[14]。及太子[15]有不安之议,逊上疏陈:“太子正统,宜有盘石之固;鲁王藩臣[16],当使宠秩[17]有差。彼此得所,上下获安。谨叩头流血以闻。”书三四上,及求诣都[18],欲口论嫡庶[19]之分’以匡得失[20]。既不听许[21],而逊外甥顾谭、顾承、姚信,并以亲附[22]太子,枉见流徙[23]。太子太傅吾粲[24]坐[25]数与逊交书,下狱死。权累遣中使[26]责让[27]逊,逊愤恚[28]致卒[29]也。

【注释】

①赤乌七年:公元244年。

②二宫并阙:二宫,此处指太子孙和与鲁王孙霸的官府。阙,本指宫门、城门两侧的高台,中间有道路,台上起楼观。亦泛指门户。

③职司:主管某职的官员。

④给侍:服侍,侍奉。

⑤全琮:生于公元198年,卒于公元249年,字子璜,扬州吴郡钱唐县(今浙江省杭州市西)人。三国时期吴国名将。

⑥苟:如果,假使。

⑦以要荣利:要,求取。荣利,功名利禄。

⑧势敌:双方力量相等,不分高低。

⑨阿附鲁王:阿附,依附。鲁王,指孙霸(?~公元250年),字子威,吴郡富春(今浙江富阳)人,孙权第四子,太子孙和之胞弟。

⑩交构:亦作“交遘”,互相构陷。

⑪不师日磾:不师,不效法,不学习。日磾,音密低,金日磾(公元前134年~公元前86年),字翁叔。

⑫宿留:使宿卫、滞留。

⑬足下:古代同辈相称的敬辞。

⑭隟:同“隙”,怨恨,仇隙。

⑮太子:指孙和(公元224年~公元253年),字子孝,三国时吴国第一位皇帝孙权的第三子,赤乌五年被立为太子。

⑯藩臣:拱卫王室之臣。

⑰宠秩:宠,宠爱。秩,次序。

⑱诣都:指到京都。诣,前往,到。

⑲嫡庶:指嫡子与庶子。

⑳以匡得失:匡,纠正,扶正。得失,偏指失,过失。

㉑听许:听而许之。

㉒亲附:亲近依附。

㉓流徙:流放。

㉔太子太傅吾粲：太子太傅，官职名，作为太子的师傅，商、周两代已有太子太傅及少傅。汉沿置，秩三千石，位次太常。东汉秩中二千石。太子对其执弟子之礼。三国因置。吾粲，字孔休，吴郡乌程（今浙江吴兴）人，官至太子太傅。

㉕坐：因为，由于。

㉖中使：宫中派出的使者，多指宦官。

㉗责让：斥责，谴责。

㉘愤恚：痛恨，怨恨。

㉙卒：古代指大夫死亡，后为死亡的通称。

【译文】

赤乌七年，陆逊为丞相。此前，太子孙和与鲁王孙霸两宫并立，朝廷内外的官员，大都派子弟去太子宫和鲁王府侍奉。全琮（将此情况）告诉陆逊，陆逊认为，子弟如果有才能，不用担心不被任用，不应私下请托去谋取功名利禄；如果子弟才能不佳，那样做终究会招来灾祸。而且听说太子与鲁王势力相当，彼此之间必会争斗，这是古人的大忌。全琮的儿子全寄终究还是亲附于鲁王，轻率与他人勾结，狼狈为奸。陆逊写信给全琮说："您不效法金日磾（手杀弄子）的义举，而让全寄留在鲁王府中，最终要给您的家族带来灾祸。"全琮不但不听，反而怨恨陆逊。等到太子孙和有将被废掉的议论，陆逊上疏说："太子为正统，应使其地位像磐石那样稳固；鲁王是藩臣诸侯，应当对他们在恩宠的次序上有所差别，使彼此二人各得其所，朝廷上下得到安宁。臣谨叩头流血向陛下禀告。"他上了三四封奏疏，并请求到京都，想亲口向孙权说明嫡庶的分别，以匡正当前的过失。孙权没有听从他的意见，而陆逊的外甥顾谭、顾承、姚信，都因为亲近依附太子，无辜地被流放。太子太傅吾粲因多次与陆逊互通书信而获罪，被关进监狱而死。孙权又不断派宫中使者责备陆逊，陆逊愤恨而卒。

【原文】

子抗[①]，字幼节，迁[②]立节中郎将[③]。权谓曰："吾前听用谗言，与汝父大义不笃，以此负汝。前后所问，一焚灭之，莫令人见也。"孙晧[④]即位，加镇军大将军[⑤]（旧无大将军三字。补之），督信陵[⑥]等军事。抗闻都下[⑦]政令多阙[⑧]，时何定[⑨]弄权，阉官与政[⑩]。抗上疏曰："臣闻开国承家[⑪]，小人勿用；靖谮庸回[⑫]，唐书攸戒[⑬]。是雅人[⑭]所以怨刺[⑮]，仲尼[⑯]所为叹息也。春秋已来，爰[⑰]及秦、汉，倾覆之亹[⑱]，未有不由斯者也。小人所见既浅，虽使竭情尽节[⑲]，犹不足任，况其奸心[⑳]素笃，而憎爱移易哉？苟患失之，无所不至[㉑]。今委以聪明[㉒]之任，假[㉓]以专制之威，而冀雍熙[㉔]之声作，肃清[㉕]之化立，不可得也。方今[㉖]见吏，殊[㉗]才虽少，然或冠冕之胄[㉘]，少渐道教[㉙]，或清苦自立，资能足用，自可随才授职，抑黜群小，然后俗化可清，庶政无秽。"

【注释】

①抗：指陆抗（公元226年～公元274年），字幼节，吴郡吴县（今江苏苏州）人。三国

时期吴国名将,陆逊次子,孙策外孙。

②迁:晋升或调动。

③立节中郎将:卢弼注:“立节中郎将一人,吴置。”

④孙皓:生于公元242年,卒于公元248年,字元宗,孙权之孙,孙和之子。

⑤镇军大将军:三国魏始置,二品,不常置。

⑥信陵:《晋书·地理志》:“建平郡信陵。”

⑦都下:京都。此指吴国朝廷。

⑧阙:缺误,疏失。

⑨何定:三国时吴官吏,汝南(今河南平舆北)人。为人佞邪僭媚,受孙皓信任,赐爵列侯,专作威福,后罪发伏诛。

⑩阉官与政:阉官,宦官。与,参与,干预。

⑪开国承家:语出《易·师卦》。指建立邦国,继承封邑。

⑫靖谮庸回:同“靖言庸违”,语言善巧而行动乖违,犹口是心非。

⑬唐书攸戒:攸,放在动词前,相当于“所”。戒,防备,警诫。

⑭雅人:方正的人。

⑮怨刺:讽刺。

⑯仲尼:孔子(公元前551年~公元前479年),名丘,字仲尼,儒家学派创建人。

⑰爰:及,到。

⑱倾覆之舋:倾覆,颠覆,覆灭。舋,祸患,祸乱。

⑲竭情尽节:竭情,尽心。尽节,尽心竭力,保全节操,多指赴义捐生。

⑳奸心:坏心思,作恶之心。

㉑无所不至:犹言无所不为,什么事都干得出来。多作贬词。

㉒聪明:犹耳目。比喻辅佐或亲信之人。

㉓假:授予,给予。

㉔雍熙:谓和乐升平。

㉕肃清:犹清平,多指国家、社会安定太平,法纪严明。

㉖方今:当今,现时。

㉗殊:特出,卓越。

㉘冠冕之胄:冠冕,冠族,仕宦之家。胄,古代帝王或贵族的后嗣。

㉙少渐道教:渐,熏染,习染。道教,道德教化。

【译文】

陆逊之子陆抗,字幼节,升任立节中郎将。孙权对他说:“此前我听信谗言,和你父亲之间的君臣大义未能善始善终,因此很对不住你。我前后责问(您和父亲)的材料,就一概焚毁吧!不要让别人看到。”孙皓即位后,加封陆抗为镇军大将军,统领信陵等地军事。陆抗听说朝廷政令多有缺失,且当时何定凭借职位滥用权势,宦官也来干预政治,陆抗上疏说:"臣听说建立国家,继承家业,小人是不能任用的;他们语言善巧而行动乖违,正是《尧典》中所说要警诫的,也是正直之人所加以讥讽而孔子所为之叹息的原因。自春秋以来直到秦、汉,凡是国家灭亡的灾祸,无不是因此(亲信小人)而造成的。小人见识短浅,即使他们尽心竭力,守节尽忠,依然不足以任用。何况他们素来深藏奸心,且喜怒无常呢?如果重用他们以至于常常担心失去他们,他们就会什么事都干得出来。而今陛下让他们充当耳目之职,授予他们独断专行的威权,而希望国家能出现和乐升平的声音,树立安定清明的教化,这是不可能实现的。如今现有的官员,特别出色的人才虽然少,然而他们当中有的是仕宦贵族的后代,从小就受到道德教化的熏陶;有的守贫刻苦自持操守,其品质与才能足以为国家所用。完全可以根据他们的才能来授予职务,贬斥那些小人,然后风俗教化可以清明,各项政事也不会杂乱无章了。"

【原文】

闻薛莹[1]征[2]下狱,抗上疏曰:"夫俊乂[3]者,国家之良宝,社稷之贵资[4],庶政所以伦叙[5],四门所以穆清也[6]。故大司农楼玄[7]、散骑中常侍王蕃[8]、少府李勖[9],皆当世秀颖[10],一时显器[11]。既蒙初宠,从容列位,而并旋受诛殛[12],或圮族替祀[13],或投弃荒裔[14]。盖《周礼》[15]有赦贤之辟[16],《春秋》[17]有宥善[18]之义。《书》曰:'与其杀不辜,宁失不经[19]。'而蕃等罪名未定,大辟[20]以加,心经忠义,身被[21]极刑,岂不痛哉!且已死之形,固无所识,至乃焚烁[22]流漂,弃之水滨,惧非先王之正典[23],或甫侯[24]之所戒也。是以百姓哀耸[25],士民同感[26]。蕃、勖永已,悔亦靡及[27],诚望陛下赦召玄出,而顷[28]闻薛莹卒见逮录[29]。莹父综[30],纳言[31]先帝,傅弼文皇[32],及莹承基[33],内厉名行[34],今之所坐[35],罪在可宥。臣惧有司[36]未详其事,如复诛戮[37],益失民望,乞垂天恩[38],原赦[39]莹罪,哀矜庶狱[40],清澄刑网[41],则天下幸甚[42]。

【注释】

①薛莹:约生于公元 209 年,卒于公元 283 年,字道言,沛郡竹邑(今安徽宿县北)人,三国时期吴国文学家。

②征:谓收捕。

③俊乂:亦作"俊艾",才德出众的人。

④社稷之贵资:社稷,社,指土神;稷,指穀神,古代君主都祭社稷。后用"社稷"作为国家的代称。贵资,可贵的有用之材。

⑤伦叙:有条理,顺序。

⑥四门所以穆清也:四门,四方之门。四方诸侯来朝者,舜宾迎之,皆有美德。穆清,谓太平祥和。

⑦大司农楼玄:大司农,官名,秦置治粟内史,汉景帝时改称大农令,武帝太初元年更名大司农,掌租税钱穀盐铁和国家的财政收支,为九卿之一。楼玄(?~公元 275 年),字承先,东吴沛郡蕲(今安徽省宿州市)人。吴景帝孙休在位时,为鉴农御史。

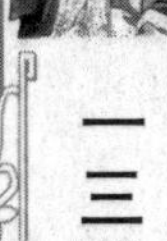

⑧散骑中常侍王蕃：散骑中常侍，官名。汉有散骑，为皇帝侍从，又有中常侍，性质同。

⑨少府李勖：少府，官名，始于战国。秦汉相沿，为九卿之一。

⑩秀颖：指优异聪颖之士。

⑪显器：著名的人物。

⑫旋受诛殛：旋，不久，立刻。诛殛，诛杀。

⑬圮族替祀：圮族，毁灭族类。替，消亡，泯灭。祀，代。

⑭荒裔：指边远地区。

⑮周礼：儒家经典，周公所著。

⑯辟：法，法度。

⑰春秋：编年体史书名。相传孔子据鲁史修订而成。所记起于鲁隐公元年，止于鲁哀公十四年，凡二百四十二年。叙事极简，用字寓褒贬。

⑱宥善：赦免善良的人。宥，宽恕，赦免。

⑲与其杀不辜，宁失不经：不辜，指无罪之人。不经，不合常法。蔡沈集传："圣人之法有尽而心则无穷，故其用刑行赏，或有所疑，则常屈法以申恩。"

⑳大辟：古五刑之一，谓死刑。

㉑被：蒙受，遭受。

㉒焚烁：本形容物体被烧得发出火光。此指焚尸。

㉓正典：国家颁定的典章制度。

㉔甫侯：周穆王大臣。

㉕耸：同"悚"，恐惧，惊动。

㉖慼：忧伤。

㉗靡及：来不及。

㉘顷：近来，最近。

㉙卒见逮录：卒，同"猝"，突然。逮录，逮捕；拘囚。

㉚综：薛综（约公元176年～公元243年），字敬文，沛郡竹邑（今安徽省濉溪县东南）人。三国吴文学家，官至太子少傅。

㉛纳言：古官名，主出纳王命。

㉜傅弼文皇：傅弼，辅弼，辅佐。文皇，孙晧即位后，追谥其父孙和为文皇帝。

㉝承基：继承基业。

㉞内厉名行：内厉，指磨炼自己提高修养。厉。磨砺。名行，名声与品行。

㉟坐：犯罪。

㊱有司：指官吏。古代设官分职，各有专司，故称。

㊲诛戮：杀害，杀戮。

㊳天恩：指帝王的恩惠。

㊴原赦：宽恕赦免。

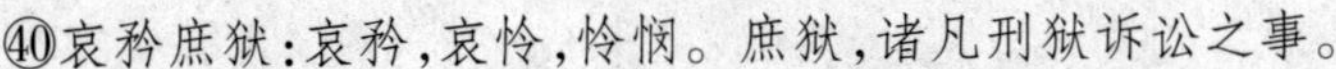

㊵哀矜庶狱：哀矜，哀怜，怜悯。庶狱，诸凡刑狱诉讼之事。
㊶清澄刑网：审察，省察。刑网，犹法网，比喻严密的法律条规。
㊷幸甚：表示非常庆幸或幸运。

【译文】

陆抗听说薛莹被收捕入狱，就呈上奏疏说："才德出众之士，是国家的珍宝，社稷的栋梁，是各种政事之所以处理得井井有条、四门之内和睦安定的保障。前大司农楼玄、散骑中常侍王蕃、少府李勖都是当今优异聪颖之士，一代著名的人物。他们最初既然受到朝廷的恩宠，从容的获得爵位（排列朝班），然而又都很快遭到诛杀，有的被灭族绝后，有的被贬谪到边远之地。《周礼》上有赦免贤才之法，《春秋》中有宽恕良善之义。《尚书》说：'与其杀无辜之人，宁可犯（判罪）不合常法之过。'然而王蕃等人的罪名都还没有确定，就被处以死刑。他们心怀忠义，却身遭极刑，难道不令人悲痛吗？再说已经死亡的身体，本来毫无知觉，竟至于焚烧尸体，让其随水漂流，抛弃在河岸水边，这恐怕不是先王的制度，或许他是（制定五刑的）甫侯所禁戒的吧！因此百姓悲哀恐惧，官民共感忧伤。王蕃、李勖去世了，后悔也来不及了，臣真诚的期望陛下能赦免楼玄，召他出狱。最近听说薛莹突然被拘捕了，薛莹的父亲薛综，在先帝时曾担任出纳王命之官，又辅佐过文皇帝，薛莹长大后继承其基业，专心于修养自己的品行、保养自己的名节。如今就其所犯过错而言，其罪责也还是可以宽恕的。臣所担心的是有关部门未能详细了解情况便轻易做出判定，如若薛莹因此而受到诛杀，就会更加使民众失去希望。乞求陛下施以圣恩，赦免薛莹的罪过，怜悯狱讼之事，省察繁密的法令条文，那将是天下的大幸啊！"

【原文】

孙登[①]，字子高，权长子也。权为吴王，立登为太子，选置师傅[②]，铨简秀士[③]，以为宾友[④]。登或射猎，远避良田，不践苗稼，至所顿息[⑤]，又择空间之地，其不欲烦民如此。尝乘马出，有弹丸过，左右[⑥]求之。有一人操弹[⑦]佩丸，咸以为是，辞对[⑧]不服，从者欲捶[⑨]之。登不听[⑩]，使求[⑪]过丸，比之非类，乃见[⑫]释。又失盛水金马盂[⑬]，觉得其主，左右所为。不忍致罚[⑭]，呼责数[⑮]之，长[⑯]遣归家，敕亲近勿言。

【注释】

①孙登：生于公元209年，卒于公元241年，字子高，孙权长子（庶出）。
②选置师傅：选置，选择安排。师傅，太师、太傅或少师、少傅的合称。
③铨简秀士：铨简，评量选拔。秀士，德行才艺出众的人。
④宾友：宾客朋友。
⑤顿息：停留休息。
⑥左右：身边办事的人，侍从。
⑦弹：弹弓。

⑧辞对:答对,应对。
⑨捶:用棍棒或拳头等敲打。
⑩不听:不允许。
⑪求:寻找,搜寻。
⑫见:用在动词前面表示被动,相当于被,受到。
⑬盛水金马盂:盂,盛汤浆或饭食的圆口器皿。
⑭致罚:施加惩罚。
⑮责数:呼责,责备数说。数,数落,责备。
⑯长:长久,永久。

【译文】

孙登,字子高,是孙权的长子。孙权(向魏文帝称臣)被封为吴王,立孙登为王太子,为他选择安排老师,挑选德才出众的人作为他的宾客朋友。孙登有时出外打猎,远远地避开农田,从不践踏庄稼;到停猎休息时,又总是挑选空闲的地方。他就是这样不想打扰百姓。他曾经乘马出行,有弹丸从他身边飞过,左右侍卫去寻找弹射弹丸的人。发现有一人手拿弹弓,身带弹丸,众人都认为就是他干的,那人却不承认,侍从想要动手打他,孙登不允许,派人去找刚才那颗从身边飞过的弹丸,与此人所带弹丸相比,并不相同,那人即被释放。又有一次,丢失了金制的盛水马盂,发现盗窃的就是自己身边的人,他不忍心给予惩罚,只是把那人叫来责备了一番,然后将他永久的遣送回家(不再任用),并告诫亲近之人不要把这件事说出去。

【原文】

孙和[①],字子孝,立为太子。常言,当世士人[②]宜讲修术学[③],校习射御[④],以周世务[⑤],而但交游博奕[⑥],以妨事业,非进取之谓。后群寮侍宴[⑦],言及博奕,以为妨事费日,而无益于用,劳精损思[⑧],而终无所成,非所以进德修业[⑨]、积累功绪[⑩]也。且志士[⑪]爱日惜力[⑫],君子慕[⑬]其大者。凡所患[⑭]者,在于人情所不能绝,诚能绝无益之欲,以奉德义之涂[⑮],弃不急之务[⑯],以修功业之基,其于名行[⑰],岂不善哉?夫人情犹不能无嬉娱,嬉娱之好,亦在于饮宴琴书射御之间,何必博奕以为欢。乃命侍坐[⑱]者八人,各著论以矫之。于是中庶子韦曜[⑲],退而论奏[⑳],和以示宾客。时蔡颖[㉑]好奕,直事[㉒]在署[㉓]者颇效焉,故以此讽之。

【注释】

①孙和:生于公元224年,卒于公元253年,字子孝,孙权第三子,孙晧之父。
②士人:士大夫,儒生,亦泛称知识阶层。
③讲修术学:讲修,犹讲习。术学,道术学识。
④校习射御:校习,考校练习,考查学习。射御,射箭御马之术。古代六艺中的两种,都属尚武的技艺。

⑤以周世务:周,合,适合。世务,谋身治世之事。

⑥交游博弈:交游,交际;结交朋友。博弈,局戏(弈棋之类的游戏)和围棋。

⑦群僚侍宴:群僚,亦作"群寮",百官。侍宴,宴享时陪从或侍候于旁。

⑧损思:损害思虑。

⑨进德修业:谓增进道德与建立功业。

⑩功绪:事功,功绩。

⑪志士:有远大志向的人。

⑫爱日惜力:珍惜时间,不虚掷精力。

⑬慕:思慕,向往。

⑭患:忧虑,担心。

⑮涂:同"途",引申指途径,门路。

⑯不急之务:无关紧要的事情,不急于做的事情。

⑰名行:名声与品行。

⑱侍坐:在尊长近旁陪坐。

⑲中庶子韦曜:中庶子,官名。战国时国君、太子、相国的侍从之臣,秦、汉为太子侍从官。

⑳论奏:指官吏上奏,论述自己意见。

㉑蔡颖:三国时吴太子孙和侍从。

㉒直事:谓值班。

㉓署:公署,官署,办理公务的机关。

【译文】

孙和,字子孝,被立为太子。孙和常说现在的读书人应当讲习道德学问,练习骑射之术,以适应当世的需要。然而若只是乐于结交朋友、局戏围棋,因此妨废了正业,这就不能说是发奋进取了。后来在宴饮时百官陪侍,谈到了局戏围棋,(孙和)认为这项娱乐妨害正事、浪费时间,而没有实际的用处,劳伤精神,减损思虑,而终究无所成就,不是用来增进道德修养,建立积累功业的事情。而且有志之士爱惜时间不浪费精力,君子应当向往大的方面。大凡人所担忧的地方,就在于不能断绝人情。若果真能断绝无益的欲望,来遵循仁德信义之道;放弃无关紧要的事情,来修习建功立业的根基,这对自己的名声与品行,难道不是很好吗?就人之常情而言,尚且还不能没有娱乐,但对娱乐的喜好,也可以在饮宴、抚琴、书法、射箭、骑马之间,何必只在下棋中寻求欢乐呢?于是,孙和请在座的八位侍臣,各自撰写论文来矫正当前这种现象。于是中庶子韦曜在退席后写了一篇论文上奏,孙和把它拿给宾客们传看。当时孙和的侍臣蔡颖喜欢下棋,在官署中值班的人很多都效仿他,所以孙和用这种方式来劝诫他。

【原文】

是后[1]王夫人与全公主有隙[2]。权尝寝疾[3],和祠祭于庙[4],和妃叔父张休[5]居近庙,邀和过所居。全公主使人觇[⑥]，因言太子不在庙中，专就妃家计议。又言王夫人见上寝疾，有喜色。权由是发怒，夫人忧死，和宠稍损，惧于废黜[⑦]。鲁王霸[⑧]觊觎[⑨]滋甚，陆逊、吾粲、顾谭[⑩]等，数陈适庶[⑪]之义，理不可夺，全寄[⑫]、杨竺[⑬]等为霸支党[⑭]，谮诉[⑮]日兴。粲遂下狱诛，谭徙交州[⑯]。权沈吟[⑰]者历年。殷基[⑱]《通语》曰："初，权既立和为太子，而封霸为鲁王，初拜犹同宫室，礼秩[⑲]未分，群公[⑳]之议，以为太子、国王，礼秩宜异，于是分宫别僚[㉑]，而隙端开矣。自侍御[㉒]宾客，造[㉓]为二端，仇党疑贰[㉔]。中外官僚将相大臣，举国中分。权患之，于是有改嗣之规[㉕]矣。"

【注释】

①是后：此后，从此。

②王夫人与全公主有隙：王夫人，孙和的母亲。全公主，孙权与淮阴步夫人的女儿，名鲁班，字大虎，原先嫁给周瑜的儿子周循，因为周循早死，所以后来又改嫁全琮，故称"全公主"。有隙，有嫌隙，有怨恨。

③寝疾：卧病。

④和祠祭于庙：祠祭，祭祀。

⑤和妃叔父张休：张休，字叔嗣，徐州彭城国（治所在今江苏省徐州市）人。三国时期吴国官员、文人，张昭次子，张承之弟。

⑥觇：音掺，窥视，侦察。

⑦废黜：废免，罢黜。

⑧鲁王霸：孙霸，字子威，吴郡富春人，是孙和胞弟。吴大帝赤乌五年八月，孙霸被立为鲁王。

⑨觊觎：非分的希望或企图。

⑩顾谭：出生于公元205年，卒于公元246年，字子默，三国吴郡（治今江苏苏州）人，东吴文官。

⑪适庶：嫡子和庶子。

⑫全寄：出生年月不详，卒于公元250年，三国时吴官吏。

⑬杨竺：三国时吴官吏。

⑭支党：党羽。

⑮谮诉：诬毁攻讦。

⑯徙交州：徙，贬谪，流放，古代的一种刑罚。

⑰沈吟：迟疑，犹豫。

⑱殷基：三国时吴国官吏、学者。云阳（治今江苏丹阳）人。

⑲礼秩：指礼仪等第和爵禄品级。

⑳群公：总称诸侯和朝臣。

㉑僚：官吏。

㉒侍御：侍奉君王的人。

㉓造：建立。

㉔疑贰：亦作“疑二”，因猜忌而生异心。

㉕规：谋求，谋划。

【译文】

此后，孙和的生母王夫人与全公主有矛盾。孙权曾经卧病不起，孙和前往长沙桓王庙中祭祀祈祷，而孙和妃子的叔父张休，就住在王庙的附近，邀请孙和到他家去坐坐。全公主派人暗中监视，于是就向孙权报告，说太子不在庙中祈祷，却单单到太子妃的叔父家密谋；又说王夫人看到皇上生病卧床而面带喜色。孙权因此勃然大怒，王夫人忧惧而死，孙和受到的宠爱也逐渐减少，担心自己会被废黜。这时鲁王孙霸对太子位置的觊觎更加强烈，陆逊、吾粲、顾谭等人多次（向孙权）陈述嫡庶有别的道理，（认为）太子的地位按理来说不可动摇。而全寄、杨竺等是孙霸的党羽，他们对太子一方的谗毁日益加剧。结果，吾粲被抓进监狱处死，顾谭被流放到交州。孙权犹豫不决了好几年。（殷基《通语》上说：当初孙权立孙和为太子，而封孙霸为鲁王。授封之初两人仍和在宫中时一样，所受礼遇和爵禄都没有差别，大臣们议论纷纷，认为太子和诸侯王在礼遇和爵禄等级上都应有所区别，于是让他们分两宫而居，各自分配官吏，而两人的矛盾也由此开始出现了。侍从和宾客分成两派，互相仇视猜忌。宫内宫外的官僚、将相大臣，全国的官员都分成两派。孙权对此感到担忧，于是就有了改换继承人的计划。）

【原文】

后遂幽闭①和。于是骠骑将军朱据②、尚书仆射屈晃③，率诸将吏泥头自缚，连日诣阙请和。权甚恶之，无难督陈正、五营督陈象上书，称引晋献公杀申生，立奚齐，晋国扰乱，又据、晃固谏不止。权大怒，族诛正、象，牵晃入殿，杖一百。《吴历》曰：“晃入，日谏曰：‘太子仁明，显闻四海。今三方鼎峙，实不宜摇动太子，以生众心。愿陛下少垂圣虑，老臣虽死，犹生之年。’叩头流，辞气不挠。讳晃言，斥还田里。”竟徙和于故鄣，群司坐谏诛放者十数。众咸冤之。《吴书》曰：“权寝疾，意颇感寤，欲征和还立之，全公主及孙峻、孙弘等固争之，乃止。”封和为南阳王，遣之长沙。诸葛恪严被诛，孙峻遣使者赐死，举邦伤焉。

【注释】

①幽闭：幽禁，禁闭。

②骠骑将军朱据：骠骑将军，汉武帝元狩二年，始置骠骑将军一职。东汉时亦设此职，仅次于大将军，位在三公之下。朱据（公元194年~公元250年），字子范，吴郡吴县人。

③尚书仆射屈晃：尚书仆射，官名，秦始置。

【译文】

后来孙权将孙和幽禁起来。于是骠骑将军朱据、尚书仆射屈晃率领诸位文武官员，以泥涂面自缚其身，连日到皇宫为太子孙和求情，孙权非常厌恶。无难督陈正、五营督陈象共同上书，援引晋献公杀太子申生，另立奚齐为太子而使晋国动乱的事例来劝谏，加上朱据、屈晃又坚持进谏不止，孙权大怒，下令将陈正、陈象灭族，又把屈晃拉进殿内杖责一百。（《吴历》上说：屈晃上朝进谏说："太子仁爱明察，闻名四海。如今三国鼎立，实在不应动摇太子之位，以便让大众安心，希望陛下稍加考虑。老臣我即便因此而死，也如同活着一样。"于是屈晃叩头流血，语气刚正不屈。孙权没有听取屈晃的意见，将其免官遣送回乡。）最终将孙和流放到故鄣县，朝中百官因进谏而被诛杀、流放的有十多人，众人都为他们感到冤枉。（《吴书》说：孙权患病，心中颇有感悟，想召回孙和仍立他为太子。因全公主和孙峻、孙弘坚持反对，只好作罢。）孙权封孙和为南阳王，遣送至长沙郡。诸葛恪被诛杀后，权臣孙峻派使者将孙和赐死。全国上下都为此而悲伤。

【原文】

孙霸[①]，字子威，和弟也。和为太子，霸为鲁王，宠爱崇特[②]，与和无殊[③]。顷之[④]，和、霸不穆[⑤]之声闻于权耳，权禁断[⑥]往来。时全寄、吴安[⑦]、孙奇[⑧]、杨竺等阴共附霸，图危太子。谮毁[⑨]既行，太子以败，霸亦赐死。流竺尸于江，又诛寄、安、奇等，咸以党[⑩]霸构[⑪]和故也。

【注释】

①孙霸：字子威，吴郡富春人，是孙和胞弟，孙权第四子，被封为鲁王。

②崇特：优厚特异。

③无殊：没有差别。

④顷之：不久。

⑤穆：和睦。

⑥禁断：谓阻隔（交通）。

⑦吴安：出生不详，卒于公元250年，三国时吴官吏。孙权舅吴景之孙，钱唐（今浙江杭州）人。父吴奋卒后嗣位。与全寄、孙奇、杨竺等暗中同为鲁王孙霸的支党，图危太子孙和。赤乌十三年（公元250年），孙权废太子孙和，将孙霸赐死，他以"党霸构和"而被处死。

⑧孙奇：三国时吴官吏。鲁王孙霸与太子孙和争夺权位时，依附于霸，谮毁太子，致使太子孙和被废，但孙霸亦遭赐死，奇亦因党霸毁和之罪被诛。

⑨谮毁：谗间毁谤。

⑩党：结成朋党。

⑪构：诬陷，陷害。

【译文】

孙霸，字子威，是孙和的弟弟。孙和立为太子，孙霸封为鲁王。孙权对鲁王特别宠爱优待，与太子孙和没有区别。不久，孙和、孙霸不和睦的消息传到孙权耳朵里，孙权就禁止两兄弟相互往来。当时全寄、吴安、孙奇、杨竺等人暗中共同依附孙霸，图谋危害太子。他们的谗言诋毁得逞后，太子因此被废黜，孙霸也被赐死。杨竺被处死，尸体丢进了江中，又诛杀了全寄、吴安、孙奇等人，都是由于他们党附孙霸而陷害孙和的缘故。

【原文】

潘濬①，字承明，武陵人也。权称尊号②，拜为少府。《江表传③》曰："权数射雉④，濬谏权，权曰：'相与别后，时时蹔⑤出耳，不复如往日之时。'濬曰：'天下未定，万机⑥务多，射雉非急，弦绝括⑦破，皆能为害，乞特为臣故息置之。'濬出，见雉翳⑧故在，乃手自撤坏⑨之。权由是不复射雉。"迁太常⑩。时校事吕壹⑪，操弄威柄⑫，奏按⑬丞相顾雍⑭、左将军朱据⑮等，皆见禁止⑯。濬求朝，欲尽辞极谏⑰。至，闻太子登⑱已数言之而不见从，濬乃大请百寮⑲，欲因会手刃杀壹，以一身当⑳之，为国除患。壹密闻知，称疾不行。濬每进见，无不陈壹之奸险也。由此壹宠渐衰，后遂诛戮。权引咎责躬㉑也。

【注释】

①潘濬：出生不详，卒于公元239年，字承明，武陵汉寿（今湖南汉寿）人，蜀汉重臣蒋琬的表弟。东汉末年和三国时代东吴重臣，长期主管荆州事务，官至太常。

②尊号：指即帝位。

③江表传：西晋虞溥作。江表即江外，指长江以南的地区。

④雉：鸟名，通称野鸡。雄者羽色美丽，尾长；雌者尾较短，灰褐色。善走，不能远飞。

⑤蹔：同"暂"，少顷，短暂。

⑥万机：同"万几"，指当政者处理的各种重要事务。

⑦括：通"栝"，箭的末端，与弓弦交会处。

⑧翳：用羽毛做的华盖。

⑨彻坏：拆毁。

⑩太常：官名，秦置奉常，汉景帝六年更名太常，掌宗庙礼仪，兼掌选试博士。历代因之，则为专掌祭祀礼乐之官。北魏称太常卿，北齐称太常寺卿，北周称大宗伯，隋至清皆称太常寺卿。

⑪校事吕壹：校事，官名。掌侦察刺探官民情事，是皇帝或执政的耳目。

⑫威柄：威权，权力。

⑬按：查办，举劾。

⑭顾雍：生于公元168年，卒于公元243年，字元叹，吴郡吴县（今江苏苏州）人。三国孙吴丞相、政治家。

⑮左将军朱据：左将军，战国已有。秦因之。汉不常置，金印紫绶，位仅次于上卿，职务或典京师兵卫、或屯兵边境。

⑯禁止：谓限制受弹劾官吏的行动自由。

⑰尽辞极谏:尽辞,说尽要说的话。极谏,尽力规劝,古多用于臣下对君主。

⑱登:即故太子孙登,孙权称帝,立孙登为皇太子。赤乌四年五月卒,年仅三十三岁。

⑲百寮:亦作"百僚",百官。

⑳当:承受,承当。

㉑引咎责躬:承认过失,责备自己。

【译文】

潘濬,字承明,武陵郡(汉寿县)人。孙权称帝,委任他为少府。《江表传》上说:"孙权多次射雉鸡,潘濬劝谏孙权,孙权说:'和您分开后,只是有时短暂的出去打猎,不再像以前一样了。'潘濬说:'天下还没有平定,各种政务繁忙,射雉不是急事,弓弦折断、弓括破损,都能(给您)带来伤害,恳请您看在臣的分上,停止这种做法!'潘濬出宫时,看见用雉鸡的羽毛做的华盖还在,就动手把它扯碎了。孙权从此不再射雉。"后又升任太常。当时校事吕壹操纵威权,上奏请求审查丞相顾雍、左将军朱据等人,这些大臣的行动都受到限制。潘濬请求觐见,想尽其所能竭力劝谏孙权。他到达建业后,听说太子孙登已多次向孙权进言(要求斥退吕壹),而孙权却没有采纳。潘濬就大摆酒席宴请朝廷百官,打算借此聚会亲手用刀杀死吕壹,然后自己承担全部罪责,为国家铲除祸患。吕壹暗中得知消息,就称病未去(参加宴会)。潘濬每次进见孙权,没有不陈述吕壹的奸险的。因此吕壹受到的宠信逐渐衰减,后来终被诛杀。孙权为之引咎自责。

【原文】

陆凯[①],字敬风,吴郡人也。孙晧[②]立为左丞相[③]。时徙都武昌[④],杨土百姓泝流供给,以为患苦[⑤],又政事多谬[⑥],黎元穷匮[⑦]。凯上疏曰:"臣闻有道之君,以乐乐[⑧]民;无道之君,以乐乐身。乐民者,其乐弥[⑨]长;乐身者,不久而亡。夫民者,国之根也,诚宜重其食,爱其命。民安则君安,民乐则君乐。自顷年[⑩]以来,君威伤于桀纣,君明暗[⑪]于奸雄,君惠闭于群孽[⑫]。无灾而民命尽,无为而国财空,辜[⑬]无罪,赏无功,使君有谬误之愆[⑭],天为作妖[⑮]。而诸公卿媚上以求爱,困民以求饶,导君于不义,败政于淫俗[⑯],臣窃[⑰]为痛心。"

【注释】

①陆凯(公元198年~公元269年):字敬风,吴郡吴县(今江苏苏州)人,三国末期东吴的丞相,陆逊的族子(同族兄弟之子)。

②孙晧:生于公元242年,卒于公元284年,字元宗,三国时东吴第四代君主。

③左丞相:官名,古代辅佐君主的最高行政长官。

④徙都武昌:徙都,迁移都城。武昌,原名鄂县,孙权取"以武而昌"之意,把鄂县改名"武昌",故名武昌城(今湖北鄂城)。

⑤杨土百姓,泝流供给,以为患苦:杨,《三国志》原文作"扬",即扬州,本为古"九州"之一。汉朝时扬州范围包括今安徽淮河以南部分,江苏长江以南部分,以及湖北、河南部

分地区。三国时吴国亦有扬州,范围有所缩小,州治在吴(今江苏苏州),后移至京口(今江苏镇江)、建业(今江苏南京)。泝流,亦作"溯流",逆着水流方向。

⑥谬:谬误,差错。

⑦黎元穷匮:黎元,亦作"黎玄",即黎民,百姓。穷匮,匮乏,贫穷。

⑧乐:用作动词,指使其欢乐。

⑨弥:益、更加。

⑩顷年:近年。

⑪暗:晦暗,不亮。

⑫孽:指作乱或邪恶的人。

⑬辜:加罪,惩处。

⑭愆:罪过,过失。

⑮妖:指反常、怪异的事物。

⑯淫俗:不正的风俗。

⑰窃:私下,私自。多用作谦辞。

【译文】

陆凯,字敬风,吴郡(今苏州)人。孙晧当皇帝后,任命陆凯为左丞相。时逢孙晧迁都武昌,扬州地区的百姓沿长江逆流而上运送供给朝廷的物资,为此深感痛苦。再加上朝廷政事多有谬误,弄得黎民百姓穷困不堪。陆凯于是上疏说:"臣听说有道之君,用快乐的事使百姓快乐;无道之君,用快乐的事使自己快乐。使百姓快乐的君主,他的快乐将更加长久;只是使自己快乐的君主,不久便会灭亡。人民是国家的根本,实在应当重视他们的吃饭问题,爱护他们的生命。人民安定,君主才会安定;人民快乐,君主才会快乐。自近年以来,君主的威望被类似夏桀、商纣的举动所伤害,君主的英明被狡猾弄权之徒弄得黯然失色,君主的恩惠被一批邪恶小人所阻塞。未有灾害而百姓却丧失生命,无所作为而国家却财政空虚。惩处无罪的人,奖赏无功的人,从而使得君主有施政谬误的过失,上天也为之出现异常的现象。然而朝廷的公卿大臣却取悦君主以求得宠爱,压榨百姓以求得富裕,引导君主陷于不义之地,以不正的风俗来败坏朝政,为臣私下深感痛心。"

【原文】

"今邻国交好,四边无事,当务息役养士,实其府库,以待天时。而更倾动天心[①],搔扰万姓[②],使民不安,大小呼嗟[③],此实非保国养民之术也。昔秦所以亡天下者,但坐[④]赏轻而罚重,刑政错乱,民力尽于奢侈,目眩于美色,志浊于财宝,邪臣在位,贤哲隐藏,百姓业业[⑤],天下苦之,是以遂有覆巢破卵[⑥]之陇。汉所以强者,躬行[⑦]诚信,听谏纳贤,惠及负薪[⑧],躬请岩穴[⑨],广采博察,以成其谋。此往事之明证也。近者汉衰,三家鼎立,曹失纲纪,晋有其政[⑩]。又益州[⑪]危险,兵多精强,闭门固守,可保万世,而刘氏与夺乖错[⑫],赏罚失所[⑬],君恣意[⑭]于奢侈,民力竭于不急,是以为晋所伐,君臣见虏[⑮]。此目前之明验[⑯]也。"

【注释】

①倾动天心：倾动，动摇。天心，犹天意。

②万姓：万民。

③呼嗟：呼号哀叹。

④坐：因为，由于。

⑤业业：危惧的样子。

⑥覆巢破卵：同"覆巢毁卵"，倾覆其巢，破碎其卵。即整体损坏了，个体也随之被破坏。喻彻底毁灭。覆，翻倒。巢，鸟窝。破，损坏。

⑦躬行：身体力行，亲身实行。

⑧负薪：指地位低微的人。

⑨岩穴：指岩穴之士，即隐士。古时隐士多山居，故称。

⑩曹失纲纪，晋有其政：公元265年，司马炎取代曹魏政权而称帝，定国号为"晋"，都洛阳，史称"西晋"。

⑪益州：古地名，今四川省一带。此指蜀汉。

⑫与夺乖错：与夺，赐予和剥夺。乖错，谬误。

⑬失所：失宜，失当。

⑭恣意：放纵，肆意。

⑮是以为晋所伐，君臣见虏：公元263年，司马昭命钟会、邓艾及诸葛绪率军伐蜀。邓艾经阴平直袭涪城，进逼成都。最后刘禅投降，蜀汉灭亡。

⑯明验：明显的证验或应验。

【译文】

"如今邻国与我们关系友好，四方边境没有战事，应当致力于停止劳役、培养人才，充实仓库的储备，以等待统一天下的时机。但陛下却改变上天的心意，扰乱百姓，使人民不得安定，大人小孩都悲呼哀叹，这实在不是保护国家养育万民的办法啊！以前秦朝之所以失去天下，就是因为赏赐轻而刑罚重，刑法政令混乱。国君的奢侈耗尽了民力，国君的双眼被美色迷惑，心志被财宝腐蚀污染，奸邪之臣在位掌权，贤明之人隐居退避，百姓忧虑恐惧，天下人深感痛苦，因此最终遭到国破家亡的祸患。汉朝之所以强盛的原因，就在于君主亲自履行诚信，听取谏言，招纳贤才，恩惠施及微贱之人，亲自礼请隐逸的贤士出山，广泛听取各种意见，全面进行考察，从而成就了其宏远的计划。这些都是过去的鲜明例证。近代汉朝衰落，（魏、蜀、吴）三国鼎立，曹魏失掉纲常法纪，晋朝便取代了它的政权。而益州地势险要，士兵大多精良强壮，如果闭门固守，可以永保万世基业，然而后主刘禅的赐予和剥夺错乱，奖赏和惩罚失度，君主放纵于奢侈的生活，民力被不急之务消耗殆尽，所以被晋军讨伐，君臣都成了俘虏。这都是眼前的明证啊！"

【原文】

“臣暗于大理，文不及义，智慧浅劣，无复冀望[①]，窃为陛下惜天下耳。臣谨[②]奏耳目所闻见，百姓所为烦苛[③]，刑政所为错乱，愿陛下息[④]大功，损百役[⑤]，务宽荡[⑥]，忽[⑦]苛政。又武昌土地，实危险而塉埆[⑧]，非王都安国养民之处。且童谣言：‘宁饮建业[⑨]水，不食武昌鱼；宁还建业死，不止武昌居。’臣闻童谣之言，生于天心，乃以安居而比死，足明天意，知民所苦也。臣闻：‘国无三年之储，谓之非国。’而今无一年之畜[⑩]，此臣下之责也。而诸公卿位处人上，禄延子孙，曾无致命[⑪]之节、匡救之术，苟进小利于君，以求容媚[⑫]，荼毒[⑬]百姓，不为君计也。”

【注释】

①冀望：期望，希望。

②谨：恭敬。

③烦苛：繁杂苛细。

④息：停止，停息。

⑤损百役：损，减少。百役，指各种劳役。

⑥荡：宽恕。

⑦忽苛政：忽，灭除，灭亡。苛政，残酷的压迫和剥削人民的政治。指繁重的赋税、苛刻的法令。

⑧实危险而塉埆：危险，指险恶、险要之地。塉埆，音喘却，土地瘠薄。

⑨建业：今南京。公元229年，孙权于武昌称帝后，旋即迁都建业。

⑩畜：后作“蓄”，积储的财物。

⑪致命：犹捐躯。

⑫容媚：谓奉承谄媚。

⑬荼毒：毒害，残害。

【译文】

“臣对于大道理不甚明了，文辞难以表达大义，智慧低下，不再有其他的希望了，只是私下为陛下的天下感到可惜。臣恭谨的呈奏自己的所见所闻，百姓（对政令）之所以感到繁杂苛细，刑法政事之所以错杂混乱的原因。希望陛下停止大规模的工程，减少各种劳役，致力于施行宽大的政策，消除繁重的赋税和苛刻的政令。另外武昌一带，实在是地势险恶且土地贫瘠，不是帝王作为都城来安定国家养育民众的地方。而且童谣唱道：‘宁肯喝建业的水，也不吃武昌的鱼；宁肯回到建业死，也不在武昌安居。’臣听说民间的童谣，实际上是出自上天之意，把在武昌安居同回建业去死相比，足以借此表明上天知道人民的苦处。臣听说国家如果没有足够三年（使用）的物资储备，就不能称之为国家。可如今我国连一年的储备也没有，这是臣下们的责任啊！然而各位公卿位处众人之上，禄位延及子孙，却从来没有为国献身的节操，匡正挽救时弊的办法，而是苟且向君主进献一些小利，以求用奉承谄媚博得君主的宠爱，残害百姓，不为君主着想。”

【原文】

自从孙弘[①]造[②]义兵以来，耕种既空废，所在[③]无复输入，而分一家，父子异役，廪食[④]日张，畜积日耗，民力困穷，鬻卖[⑤]儿子，调赋相仍[⑥]，日以疲极[⑦]，加有鉴官[⑧]，务行威势，所在搔扰，更为烦苛。民苦二端，财力再耗，此为无益而有损也。愿陛下一息此辈，以镇抚[⑨]百姓之心。此犹鱼鳖得免毒螫[⑩]之渊，乌兽得离罗网[⑪]之纲[⑫]，四方之民襁负[⑬]而至矣。如此，民可得保，先王之国存焉。臣闻：‘明王圣主取士以贤，非求颜色而取好服、捷口[⑭]、容悦[⑮]者也。’臣伏见当今内宠之臣，位非其人，任非其(旧无人任非其四字。补之)量，不能辅国匡时[⑯]，群党[⑰]相扶，害忠隐贤[⑱]。愿陛下简[⑲]文武之臣，各尽其忠，拾遗[⑳]万一，则康哉之歌[㉑]作，刑错[㉒]之理清。愿陛下留神，思臣愚言。”

【注释】

①孙弘：三国时期吴国大臣，官至吴国中书令、少傅，后为孙权托孤大臣，最后被诸葛恪所杀。

②造：建立。

③所在：到处，处处。

④廪食：指公家供给的粮食。

⑤鬻卖：出卖，出售。

⑥调赋相仍：调赋，泛指租赋，赋税。相仍，相继，连续不断。

⑦疲极：穷乏。

⑧鉴官：鉴察或管理地方事务的官吏。

⑨镇抚：安抚。

⑩毒螫：毒害，危害。螫，音士。

⑪罗网：捕捉鸟兽的器具。

⑫纲：本义为提网的总绳。此处引申为系束。

⑬襁负：用布幅包裹小儿而负于背。襁，音抢。

⑭捷口：利口，能言善辩。

⑮容悦：谓曲意逢迎，以取悦于上。

⑯匡时：匡正时世，挽救时局。

⑰群党：结为朋党的人们。

⑱害忠隐贤：指残害忠良，埋没贤才。隐，埋没。

⑲简：选择，选用。

⑳拾遗：补正别人的缺点过失。

㉑康哉之歌：康，太平。泛指太平颂歌。

㉒刑错:亦作“刑措”或“刑厝”,置刑法而不用。

【译文】

“自从孙弘组织义兵以来,农田的耕种已经荒废,到处都不再有赋税上交,而且把一家的父子分在不同地区服役,使得供给官府的粮食数量一天天增加,仓库中的积蓄一天天减少。老百姓贫穷困窘,只得卖儿卖女,而各种赋税的征收却连续不断,百姓日益穷乏。再加上鉴察地方事务的官员,专门行使其权势,作威作福,他们所到之处对百姓的侵扰更加烦琐苛刻,人民苦于这两方面的侵害,财力一再被消耗,这样的做法对国家不仅没有益处,反而会造成损害。希望陛下一律停止派用这类官员,以安定抚慰百姓之心。这样做就好比鱼鳖得以逃脱有毒害的深渊、鸟兽得以脱离罗网的束缚,四方的百姓就会背负着孩子前来投奔。果能如此,那么人民就可以得到安定,先帝创建的国家就可以永存了。臣听说圣明的君主以贤德为标准来选用人才,而不是为寻求容貌好(让自己看起来顺眼)而选取那些穿着华美服饰,能言善辩,曲意逢迎取悦于上的人。臣看到当今陛下宠爱的臣子,得到的官位和他的人品不相符,授予的职权和他的才能不相称。这样的人并不能辅助国家匡正时弊,反而会结党营私相互勾结,陷害忠良,埋没贤才。希望陛下(谨慎)选择文武大臣,让他们各自竭尽忠诚,对政治上万一出现的过失努力加以弥补。这样,太平盛世的赞歌就会唱起来,刑罚搁置不用的道理就会明晰。愿陛下能留意思考臣的这些话。”

【原文】

时殿上列将何定,①佞巧便僻②,贵幸③任事,凯面责定曰:“卿见前后事主不忠,倾乱④国政,宁有得以寿终者?何以专为奸邪,秽尘天听⑤?宜自改厉⑥。不然,方见卿有不测之祸矣。”定大恨凯,思中伤⑦之,凯终不以为意,乃心公家,义形于色⑧。

【注释】

①何定:出生不详,卒于公元 272 年,三国时吴官吏,汝南(治今河南平与北)人。为人佞邪僭媚,受孙晧信任,赐爵列侯,专作威福,后罪发伏诛。

②佞巧便辟:佞巧,谄佞巧诈。便僻,亦作“便辟”,谄媚逢迎。

③贵幸:位尊且受君王宠信。

④倾乱:扰乱,作乱。

⑤秽尘天听:秽尘,污染。天听,帝王的听闻。

⑥改厉:亦作“改励”,改过自勉。

⑦中伤:诬蔑别人使受损害。

⑧义形于色:伸张正义的神态在脸上流露出来。

【译文】

当时负责殿堂警卫的将领何定,为人奸佞巧诈,善于谄媚逢迎,受到孙晧的宠信而担任要职。陆凯当面责备他说："你看古往今来侍奉君主不忠诚，扰乱国政的人，哪有得到善终的呢？你为什么专做奸诈邪恶的事，污染皇上的听闻呢？你应当好好改过自勉，否则的话，就要看到你会遭受无法预知的灾祸了。"何定因此对陆凯恨之入骨，总想找机会诬蔑陷害他。陆凯始终不把这些放在心上，仍一心为国家着想，忠义的神态表露在他的脸上。

【原文】

疾病[①]，晧遣中书令董朝[②]，问所欲言，凯陈："何定不可任用，宜授外任[③]，不宜干与事（干与事今本作委以国事）。姚信[④]、楼玄[⑤]、贺邵[⑥]、张悌[⑦]、郭逴[⑧]、薛莹[⑨]，或清白忠勤，或姿才卓茂[⑩]，皆社稷之桢干[⑪]，国家之良辅[⑫]，愿陛下重留神思[⑬]，访以时务[⑭]。"晧遣亲近赵钦[⑮]，口诏[⑯]报凯曰："孤动遵先帝，有何不平？君所谏非也。又建业宫不利，故避之，而宫室衰耗[⑰]，何以不可徙[⑱]乎？"凯上疏曰："臣窃见陛下执政事以来，阴阳不调[⑲]，五星失晷职司不忠，奸党相扶，是陛下不遵先帝之所致也。

【注释】

①疾病：指陆凯病重。

②中书令董朝：中书令，官名。汉设中书令，掌传宣诏令，以宦者为之，后多任用名望之士。时，甚受宠用。

③外任：指地方官职位。

④姚信：字元直，武康（今浙江德清县）人。

⑤楼玄：字承先，东吴沛郡蕲（今安徽省宿州市）人，吴景帝孙休在位时，任鉴农御史。

⑥贺邵：生于公元226年，卒于公元275年，字兴伯，会稽山阴人，东吴将领贺齐之孙。

⑦张悌：生于公元236年，卒于公元280年，字巨先，襄阳人，官至吴国丞相。

⑧郭逴：三国时吴官吏。孙晧即位，任散骑中常侍。逴，音绰（平声）。

⑨薛莹：字道言，吴国沛郡竹邑县（今安徽省濉溪县赵集孤山）人。薛珝弟，薛综次子。

⑩姿才卓茂：姿才，资质，禀赋。卓，高超，超绝。茂，优秀，卓越。

⑪桢干：指重要的起决定作用的人或事物。

⑫良辅：贤良的辅弼，好的助手。

⑬神思：精神，心绪。

⑭时务：当前的重大事情或客观形势。

⑮赵钦：吴主孙晧亲信，生平不详。

⑯口诏：皇帝的口头诏令。

⑰衰耗：本指衰落困乏，此指损坏。

⑱徙：迁移，移居。

⑲不调：不协调。

【译文】

陆凯病重，孙晧派中书令董朝去问他有什么话要说，陆凯说："何定不可任用，应当授予他地方上的官职，不能让他干预政事。姚信、楼玄、贺邵、张悌、郭逴、薛莹等人，有的品行廉洁，忠诚勤勉；有的资质卓越，才能出众。他们都是社稷的支柱，国家贤良的辅臣，但愿陛下多多留心注意，向他们谘询当前重大的事务。"孙晧派亲信赵钦口头传达他对陆凯此前上表的答复说："朕凡有所举动都遵从先帝的制度，有什么不合适的呢？您的劝谏是不对的。另外建业的皇宫住着不吉利，所以要迁走避开它，而且宫内房屋已有损坏，为什么不能迁移呢？"于是陆凯上疏说："臣私下看到陛下当政以来，阴阳之气不相协调，水、木、金、火、土五星的运行反常，任职官员不尽忠心，结成奸党相互扶持，这是陛下不遵先帝之法所导致的。"

【原文】

"夫王者之兴，受之于天，修之由德，岂在宫乎？而陛下不谘[①]之公辅[②]，便盛意驱驰，六军[③]流离，就令[④]陛下身得安，百姓愁劳[⑤]，何以用治？此不遵先帝一也。臣闻，有国以贤为本，夏杀龙逄[⑥]，殷获伊挚[⑦]，斯前世之明效，今日之师表[⑧]也。中常侍王蕃[⑨]，黄中通理[⑩]，处朝忠謇[⑪]，斯社稷之重镇[⑫]、大吴之龙逄也。而陛下忿其苦辞[⑬]，恶其直对，枭之殿堂，尸骸暴弃[⑭]。邦内伤心，有识悲悼，咸以吴国夫差[⑮]复存。先帝亲贤，陛下反之，是不遵先帝二也。臣闻宰相，国之柱也，不可不强，是故汉有萧、曹[⑯]之佐，先帝有顾、步之楷[⑰]。而万彧琐才[⑱]凡庸之质，昔从家隶[⑲]，超步紫闼[⑳]，于彧已丰，于器已溢，而陛下爱其细介，不访大趣，荣以尊辅，越尚[㉑]旧臣，贤良愤惋，智士赫咤[㉒]，是不遵先帝三也。先帝爱民过于婴孩，民无妻者以妾妻之，见单衣者以帛给之，枯骨[㉓]不收而取埋之。而陛下反之，是不遵先帝四也。

【注释】

①谘：商议、征询。

②公辅：古代三公、四辅，均为天子之佐，借指宰相一类的大臣。

③六军：天子所统领的军队。

④就令：纵然、即使。

⑤愁劳：愁苦，忧愁。

⑥夏杀龙逄：夏，指夏桀，夏朝末年暴君。龙逄，亦作"龙逢"，即关龙逄，夏之贤人，因谏而被桀所杀，后用为忠臣之代称。

⑦殷获伊挚：伊尹耕于有莘之野，汤三使往聘，故就汤而说之，见《孟子》。"殷"，朝代名。商王盘庚从奄（今山东曲阜）迁都殷，后世因称商为殷。此地指商汤。伊挚，即伊尹，生卒年不详，商初大臣，名挚，尹为官名。今洛阳人，生于伊洛流域古有莘国的空桑涧（今洛阳市嵩县莘乐沟），奴隶出身，因为其母亲在伊水居住，以伊为氏。辅佐商汤建立商

王朝,被尊为“阿衡”。

⑧师表:表率。

⑨中常侍王蕃:中常侍,始于西汉,为皇帝近臣,给事左右,职掌顾问应对。西汉时中常侍多为仅有虚衔的加官,东汉时则成为有具体职掌的官职。王蕃(公元228年~公元266年),字永元,三国时庐江(今庐江县西南)人,“博学多闻,兼通术艺”。他是当时有名的天文学家和数学家,始为尚书郎,后任散骑中常侍。

⑩黄中通理:指通晓事物的道理。黄中,心脏;内德。古代以五色配五行五方,土居中,故为黄为中央正色。心居五脏之中,故称黄中。通理,通晓事理。

⑪忠謇:忠诚正直。

⑫重镇:指国家倚重的大臣。

⑬苦辞:忠言,逆耳之言。

⑭枭之殿堂,枭,尸骸暴弃:古代刑罚,斩首悬以示众。暴弃,抛露。

⑮夫差:指吴王夫差(?~公元前473年),又称吴夫差。春秋末期吴国国君,吴王阖庐之子。

⑯萧、曹:萧,即萧何(公元前257年~公元前193年),汉初三杰之一。曹,指曹参(?~公元前190年),字敬伯,泗水沛(今江苏沛县)人,西汉开国功臣,名将,是继萧何后的汉代第二位相国。

⑰先帝有顾、步之楷:顾,指顾雍(公元168年~公元243年),字元叹,吴郡吴县(今江苏苏州)人。累迁大理奉常,兼领尚书令,封为阳遂乡侯。黄武四年(公元225年),改为太常,进封醴陵侯,替代孙邵当上了丞相、平尚书事,直至逝世。顾雍为政颇有政绩,人称“东吴名相”。步,指步骘(?~公元247年),字子山,临淮淮阴(今江苏淮阴西北)人。

⑱万彧琐才:万彧(?~公元273年),字文彬,号佐山。最初担任乌程令,与孙皓相善。孙休死后,曾推荐孙皓为帝。后因功擢升为左典军、散骑中常侍。宝鼎元年八月,孙皓以陆凯为左丞相,万彧为右丞相。琐才,平庸的才能,平庸的人才。

⑲家隶:春秋列国卿大夫的家臣。后泛指富贵人家的仆役。

⑳超步紫闼:超步,跨登,迈步。紫闼,指宫廷。闼,宫中小门。

㉑尚:超过,胜过。

㉒赫咤:即“赫咤”,愤怒。

㉓枯骨:指死者的朽骨。

【译文】

“帝王的兴起,受命于上天,靠的是修养自身的德行,难道是在于宫室(是否吉利)吗?而陛下不谘询辅佐大臣们的意见,就决意要迁都,使军队辗转迁移,纵然迁都能使陛下自身得以安稳,但百姓愁苦劳碌,怎么能治理好国家呢?这是陛下不遵从先帝遗范的第一件事。臣听说保有国家应当把贤才视为根本,夏桀杀害龙逄(而灭亡),商汤得到伊尹(而兴起),这是前代明显的例证,是今时应当效法的表率。中常侍王蕃心怀美德,通晓事理,身在朝廷而忠诚正直，是国家的重臣，我吴国的龙逢啊！然而陛下因愤恨他的逆耳忠言，厌恶他直率的对答，在殿堂上将其斩首，抛尸荒野。国内的百姓为他伤心，有识之士更是悲痛伤感，都认为以前吴国的夫差又复活了。先帝亲近贤才，陛下所做却与之相反。这是陛下不遵从先帝遗范的第二件事。臣听说宰相是国家的支柱，不能不强干有力。所以汉朝有萧何、曹参作为辅佐，先帝有顾雍、步骘充任丞相。而万彧才能平庸，资质平凡，从以前的家仆。跃升到宫廷任职。这对万彧来说已是厚待了，就好像容器已经满得流了出来。然而陛下喜欢他的细微之处，不考察他的大节志趣，使他荣任尊贵的辅政大臣，地位超过了有功的老臣，致使贤良之臣为之愤恨，有智慧的人也感到愤怒。这是陛下不遵从先帝遗范的第三件事。先帝爱护百姓胜过自己的孩子。人民没有妻子的，就把自己的妾嫁给他们；看到衣服单薄的人，就送给他们布帛；枯骨没有人收殓的，就派人去拾取埋葬，而陛下所做则与此相反。这是陛下不遵从先帝遗范的第四件事。"

【原文】

"昔桀、纣灭由妖妇[①]，幽厉乱在嬖妾[②]。先帝览（览作鉴）之，以为身戒，故左右不置娙邪之色，后房无旷积之女。今中宫[③]万数，不备嫔嫱[④]，外多鳏夫[⑤]，女吟于中，是不遵先帝五也。先帝忧劳万机，犹惧有失。陛下临祚[⑥]以来，游戏后宫，眩惑妇女，乃令庶事多旷[⑦]，下吏容奸欺，是不遵先帝六也。先帝笃尚朴素，服不纯丽[⑧]，宫无高台，物无雕饰。而陛下征调[⑨]州郡，竭民财力，土被玄黄[⑩]，宫有朱紫，是不遵先帝七也。先帝外杖顾、陆[⑪]、朱[⑫]、张[⑬]，内近胡综[⑭]、薛莹，是以庶绩雍熙[⑮]，邦内清肃。今者外非其任，内非其人，陈声、曹辅[⑯]，斗筲[⑰]小吏，先帝之所弃，而陛下幸之，是不遵先帝八也。

【注释】

①桀、纣灭由妖妇：卢弼注："桀之亡由末喜，纣之亡由妲已。"

②幽厉乱在嬖妾：幽，周幽王，西周末代君主，姬姓，名宫涅。在位期间，宠爱褒姒，各种社会矛盾急剧尖锐，灾害频发。此后犬戎攻破镐京，幽王被杀，西周灭亡。厉，周厉王。嬖妾，犹爱妾。

③中宫：宫中。

④嫔嫱：音贫墙，宫中女官，天子诸侯姬妾。

⑤鳏夫：成年无妻或丧妻的人。鳏，音官。

⑥临祚：谓帝王即位。

⑦庶事多旷：庶，众多。旷，荒废。

⑧纯丽：精美华丽。

⑨征调：征集、调用人员或物资等。

⑩玄黄：指彩色的丝织物。

⑪顾、陆：顾，指顾雍。陆，指陆逊。

⑫朱：指朱然。（公元 182 年~公元 249 年），字义封，丹阳故鄣（今浙江安吉西北）

人。三国时期孙吴重要将领,原姓施,朱治的养子。

⑬张:指张昭(公元156年~公元236年),字子布,彭城(治今江苏徐州)人。三国时期吴国重臣,受孙策托孤之任,竭力辅佐孙权,官至辅吴将军,谥曰文侯。

⑭胡综:生于公元183年,卒于公元264年,字伟则,汝南固始人也。

⑮庶绩雍熙:庶绩,各种事业。雍熙,谓和乐升平。

⑯陈声、曹辅:陈声(?~公元273年),三国时吴官吏。孙皓时,为中书丞、司市中郎将(主管集市贸易的官员),吴帝孙皓的宠臣。以对孙皓爱妾使人至市劫夺百姓财物绳之以法,触怒孙皓。皓假借他事烧锯断其头,将其身扔于四望之下。曹辅,生平未详。

⑰斗筲:斗与筲。斗容十升;筲,竹器,容一斗二升,皆量小的容器。比喻人的才识短浅,气量狭窄。

【译文】

从前夏桀、商纣的灭亡是由于迷恋妖艳的妇人,周幽王、周厉王时发生动乱,是因为宠幸爱妾。先帝吸取这些教训,以此作为商纣自身的借鉴,所以身边不安派淫邪的美色,后宫没有积聚闲置多余的女子。而今宫中的女子数以万计,不可能都有机会当上妃嫔。宫外有许多无妻的男子,而许多女子却在宫中叹息,这是陛下不遵从先帝遗范的第五件事。先帝为政务而忧愁劳苦,(即便如此)仍害怕有失误的地方,而陛下登基以来,在后宫游乐嬉戏,迷恋女色,使得各种政事多有荒废,而下面的官员包容邪恶,虚伪欺诈。这是陛下不遵从先帝遗范的第六件事。先帝非常崇尚俭朴,衣服不要求精美华丽,宫中不建高大的楼台,所用器物也不加雕琢装饰。然而陛下却向地方州郡征调人力、物力,耗尽了百姓的财力,宫里地面铺的是用各种颜色的丝帛织成的席、毯,宫中充满了红紫的色彩。这是陛下不遵从先帝遗范的第七件事。先帝在外务上依仗的是顾雍、陆逊、朱然、张昭等人,对内则亲近胡综、薛莹,所以各项事业显得和谐兴盛,国内清平安宁。如今在外的官员不胜任其职务,朝内的官员也不是合适的人选,陈声、曹辅都是才识短浅的小官吏,是被先帝抛弃不用的人,而陛下却宠爱他们,这是陛下不遵行先帝遗范的第八件事。”

【原文】

“先帝每宴见群臣,抑损醇醲[①],臣下终日无失慢之尤[②]。而陛下拘以视瞻[③]之敬,惧以不尽[④]之酒,无异商辛[⑤]长夜之饮,是不遵先帝九也。昔汉之桓、灵[⑥],亲近宦竖[⑦],大失民心。今高通、羊度[⑧],黄门[⑨]小人,而陛下赏以重爵,权以战兵。若江渚[⑩]有难,则度等之武不能御侮[⑪]明矣,是不遵先帝十也。今宫女旷积,而黄门复走州郡,条牒[⑫]民女,有钱则舍,无钱则取,怨呼道路,母子死诀[⑬],是不遵先帝十一也。先帝在时,亦养诸王太子,若取乳母,其夫复[⑭]役,赐与钱财,时遣归来,视其弱息[⑮]。今则不然,夫妇生离,夫故作役,儿从[⑯]后死,家为空户,是不遵先帝十二也。

【注释】

①抑损醇醲:抑损,限制,减省。醇醲,亦作“醇浓”,酒味浓厚甘美。

②尤:过失,罪愆。
③视瞻:观看,瞻望。
④不尽:未完,无尽。
⑤商辛:即商纣王,名受,号帝辛。
⑥桓灵:东汉后期桓帝与灵帝的并称。
⑦宦竖:对宦官的贱称。
⑧高通、羊度:二人皆为三国时吴宦官。得吴主孙晧宠信,赏以重爵,使领战兵。陆凯斥之为“黄门小人”。
⑨黄门:宦者,太监。因东汉黄门令、中黄门诸官,皆为宦者充任,故称。
⑩江渚:江,指长江。渚,指水边。即东吴的长江边防。
⑪御侮:谓抵御外侮。
⑫条牒:通令,通告。
⑬诀:将远离或久别而告别,多指生死告别。
⑭复:谓免除徭役或赋税。
⑮弱息:幼弱的子女。
⑯从:跟从,跟随。

【译文】

“先帝每次设宴会见群臣,总是限制大家饮酒过量,所以臣下终日也没有失礼和怠慢的过失。而陛下却用瞻望是否恭敬来约束群臣,又让他们因没完没了的喝酒而感到惶恐,这和商纣的彻夜长饮没有什么两样。这是陛下不遵从先帝遗范的第九件事。过去汉朝的桓帝、灵帝,因亲近宦官而大失民心。现今高通、羊度,都是出身宦官的小人,而陛下却赏赐他们很高的爵位,让他们掌握领兵的权利。如果长江防线上有危险,那么凭羊度等人的军事才干,很明显是不足以抵御外敌侵略的。这是陛下不遵从先帝遗范的第十件事。如今皇宫内的女子闲置积聚,而宦官们还奔走于各地州郡,通令挑选民间美女,给钱的就放过,没有钱的就带走,哀怨悲呼的声音不绝于途,造成母女生离死别的惨状。这是陛下不遵从先帝遗范的第十一件事。先帝在的时候,同样也抚养诸王和太子,如果选取了奶娘,那么对她的丈夫就免除劳役,并赐给钱财,还时常让乳母回家探视自己幼小的子女。如今则不是这样,(乳母)夫妇被活生生的拆散,丈夫依旧要去服役,幼儿随后便会饿死,这些家庭就成了空户。这是陛下不遵从先帝遗范的第十二件事。”

【原文】

“先帝叹曰:‘国以民为本,民以食为天,衣其次也,三者孤[①]存之于心。’今则不然,农桑并废,是不遵先帝十三也。先帝简士,不拘贵贱,任之乡闾[②],效[③]之于事,举者不虚,受者不妄。今则不然,浮华者登,朋党者进,是不遵先帝十四也。先帝战士,不给他役,江渚有事,责[④]其死效。今之战士,供给众役,廪赐不赡[⑤],是不遵先帝十五也。夫赏以劝[⑥]功,罚以禁邪,赏罚不中[⑦],则士民散失。今江边将士,死不见哀[⑧],劳不见赏,是不遵先帝十六也。

【注释】

①孤:古代诸侯君王的自称。春秋时诸侯自称寡人,有凶事则称孤,后渐无区别。此为孙权自称。

②乡间:古以二十五家为间,一万二千五百家为乡,因以"乡间"泛指民众聚居之处。

③效:通"校",考核,考查。

④责:要求,期望。

⑤廪赐不赡:廪赐,俸禄和赏赐。不赡,不足。

⑥劝:奖勉,鼓励。

⑦不中:不适合,不适当。

⑧见哀:见,被,受到。哀,慰问,哀悼。

【译文】

"先帝曾叹息着说:'国家以人民为根本,人民以吃饭为最重要的事,其次就是穿衣了。这三件事孤牢记在心中。'而今却不是这样,农耕和蚕桑都荒废了。这是陛下不遵从先帝遗范的第十三件事。先帝挑选人才,不拘泥于身份的贵贱,(对举荐的人才)先让他到乡间基层去任职,通过实际工作来考察其才能。如此则举荐者不能作假,被举荐的人也不敢妄为。现在却不是这样,虚浮不实的人得到提拔,结党营私的人受到进用。这是陛下不遵从先帝遗范的第十四件事。先帝时的战士,不分配他们别的劳役,一旦长江防线有战事,就责成他们拼死效命。可是今天的战士,要服各种各样的劳役,而供给他们的粮食和俸禄却不充足,这是陛下不遵从先帝遗范的第十五件事。奖赏是用来勉励人们立功的,刑罚是用来禁止人们作恶的。奖赏和刑罚使用得不恰当,那么士兵和百姓就会离散逃走。而今守卫长江边防的官兵,死亡了却得不到哀抚,辛劳有功而得不到奖赏。这是陛下不遵从先帝遗范的第十六件事。"

【原文】

"今在所鉴司[①],已为烦猥[②],兼有内使[③]扰乱其中,一民十吏,何以堪命[④]?是不遵先帝十七也。夫校事[⑤],吏民之仇。先帝末年,虽有吕壹、钱钦[⑥]等,皆诛夷[⑦]以谢百姓。今复张立校曹[⑧],纵吏言事,是不遵先帝十八也。先帝时,居官者咸久于其位,然后考绩黜陟[⑨]。今州郡职司,或莅政无几[⑩],便征召迁转[⑪],纷纭道路,伤财害民,于是为甚,是不遵先帝十九也。先帝每察竟解[⑫]之奏,常留心推接[⑬],是以狱无冤囚,死者吞声。今则违之,是不遵先帝二十也。若臣言可录,藏之盟府[⑭]。如其虚妄,治臣之罪。愿陛下留意。"

【注释】

①在所鉴司:在所,犹言所在地。鉴司,负有鉴察之责的官吏。

②烦猥：繁杂琐碎。

③内使：传达皇帝诏令的内鉴。

④何以堪命：何以，怎么。堪，能够，可以。命，生存，生活。

⑤校事：三国时魏、吴所置掌侦察刺探官民情事的官名，是皇帝或执政的耳目，吴也称校官。

⑥钱钦：三国时吴官吏。曾任校事官，专司侦察刺探吏民之行止，作威作福，排陷无辜。后为孙权所杀。

⑦诛夷：杀戮，诛杀。

⑧校曹：即校事。

⑨考绩黜陟：考绩，按一定标准考核官吏的成绩。黜陟，指人才的进退，官吏的升降。

⑩莅政无几：莅政，掌管政事。无几，谓时间不多，不久。

⑪迁转：指官员换防，调动任所。

⑫竟解：竟，终了，完毕。解，古代下级向上级行文报告。

⑬推接：即推究审问之意。

⑭盟府：古代掌管保存盟约文书的官府。

【译文】

"如今在各地的鉴察官员，已经是繁多杂乱，再加上还有宫中派出的使者在其中扰乱，一个百姓十个官吏，百姓怎么能活得下去呢？这是陛下不遵从先帝遗范的第十七件事。校事之官可以说是官吏和百姓的仇敌。先帝末年，虽然有吕壹、钱钦等校事官，但不久就都将他们处死以向百姓表示歉意。而今又公开设立校曹，放纵官吏举报告发。这是陛下不遵从先帝遗范的第十八件事。先帝时，当官的人都长久的担任其职务，然后对他们的政绩进行考核以决定贬黜或提升。而今州郡的在职官员，有的到任理政没多久，就被征召升官或者转任他职，送旧迎新的队伍充满道路，劳民伤财，在这件事上是最为严重的。这是陛下不遵从先帝遗范的第十九件事。先帝每次审察终审案件的上报文书，总要留心推究审问，所以监狱里没有被冤枉的囚犯，被判死刑的人也无言可辩。如今却违背了这种做法。这是陛下不遵从先帝遗范的第二十件事。如果臣的话可以采用，就请陛下把它收藏在盟府中；如果其中所言虚妄，就请依法惩处臣的罪过。希望陛下留意臣的话。"

【原文】

《江表传》曰："晧所行弥暴，凯知其将亡，上表曰：'臣闻恶不可积，过不可长。是以古人惧不闻非，立敢谏之鼓[①]。武公九十，思闻警诫[②]。警诫，臣察陛下，无思警诫之义，而有积恶之渐[③]，臣深忧之，故略陈其要。陛下宜克己复礼[④]，述[⑤]履[⑥]前德，不可捐弃[⑦]臣言，而放奢意。意日奢，情[⑧]日至；吏日欺[⑨]，民日离[⑩]。则上不信下，下当疑上，骨肉相刻[⑪]，公子将奔[⑫]。臣虽愚暗[⑬]于天命，以心审[⑭]之，败[⑮]不过二十稔[⑯]也。臣常忿[⑰]亡国之人夏桀、殷纣，亦不可使后人复忿陛下也。臣受国恩，奉朝三世[18]，复以余年，值遇陛下，不能循俗[19]，与众沉浮[20]。若比干[21]、伍员[22]，以忠见戮，以正见疑，自谓毕足[23]。无所余恨[24]，灰身泉壤[25]，无负先帝，愿陛下九思[26]，社稷存焉。'

【注释】

①敢谏之鼓：进谏者所击之鼓，即登闻鼓（古代帝王为表示听取臣民谏议或冤情，在朝堂外悬鼓，许臣民击鼓上闻，谓之"登闻鼓"）。

②武公九十，思闻警诫：警告劝诫。

③渐：引申为端倪，迹象。

④克己复礼：约束自我，使言行合乎先王之礼。

⑤述：遵循，继承。

⑥履：执行，实行。

⑦捐弃：抛弃。

⑧情：欲望。

⑨欺：欺负；凌侮。

⑩离：背离。

⑪刻：伤害。

⑫奔：败逃，逃亡。

⑬愚暗：亦作"愚黯"，愚钝而不明事理。

⑭审：详究，细察。

⑮败：衰落，衰弱。

⑯稔：年。

⑰忿：愤怒，怨恨。

⑱三世：指孙晧之前的三位东吴君主，即孙权、孙亮、孙休。

⑲循俗：从俗。

⑳沉浮：谓趋时随俗，随波逐流。

㉑比干：子姓，名干，沫邑人（今卫辉市北）。殷帝丁的次子，帝乙的弟弟，帝辛（即纣王）的叔父，官少师（丞相）。后被纣王残杀，终年六十三岁。

㉒伍员：即伍子胥，春秋时期吴国大夫。

㉓毕足：完全满足。

㉔余恨：遗憾。

㉕灰身泉壤：灰身，犹言粉身碎骨。泉壤，犹泉下，地下，指墓穴。

㉖九思：泛指反复思考。

【译文】

［《江表传》说：孙晧的行为愈发残暴，陆凯知道孙晧即将灭亡，上表说："臣听说恶不

可积累，过失不可增长。因此古人担心听不到自己的过错，就设立了进谏之鼓。卫武公九十五岁的时候，还想着听到警告劝诫的话。臣观察陛下没有认真思考警诫之词的意思，却有积累恶行的迹象，臣为此深感忧虑，所以想简略地向陛下陈述一些要点。陛下应当自我约束，使言行合乎先王的礼法，遵循履行先人之德，不要对臣的话置若罔闻，而放纵奢侈的念头。心念日渐奢侈，欲望就日渐增长；官吏愈来愈欺辱百姓，百姓就愈来愈背离朝廷。那么在上位者不相信下面的人，下面的人也必定怀疑在上位者。亲族间互相残害，宗室王子中就会有人被迫出逃。臣虽愚钝，不明天命，但心中细细推究，这样下去败亡的时间不会超过二十年。臣常愤恨亡国的人，像夏桀、商纣，当然也不愿意让后人再痛恨.陛下。臣承蒙国恩，前后侍奉三代帝王，又在晚年幸逢陛下，臣不能顺从流俗，与大众随波逐流，若臣像比干、伍子胥一样，因忠诚而被杀害，因正直而遭猜疑，自己也就满足了，没有什么可遗憾的了，纵然粉身碎骨，在九泉之下也不会辜负先帝了。希望陛下再三慎思，国家社稷才会得以保全啊！”]

【原文】

“初，晧始起宫，凯上表谏，不听。凯重表曰：‘臣闻宫功①当起，夙夜反侧②，是以频烦上事③，往往留中④，不见省⑤报，于邑⑥叹息。昨食时，被诏⑦曰：君所陈，诚是大趣⑧，然未合鄙意⑨，如何？此宫殿不利⑩，宜当避之，乃可以妨劳役，长坐不利宫乎？父之不安，子亦何倚⑪？臣伏读⑫一周，不觉气结⑬于胸，而涕泣雨集⑭。臣年已六十九⑮，荣禄已重⑯，于臣过望⑰，复何所冀⑱？所以勤勤⑲数进苦言⑳者，臣伏念大皇帝创基立业㉑，劳苦勤至。今强敌当涂，西州倾覆㉒，孤疲之民，宜当畜养，广力肆业㉓，以备其(其作有)虞㉔。且始徙都㉕，属有军征，战士流离，州郡搔扰㉖，而大功复起，征召四方，斯非保国致治㉗之渐也。臣闻为人主者，攘灾㉘以德，除咎㉙以义。今宫室之不利，但当克己复礼，笃㉚祖宗之至道，愍黎庶㉛之困苦，何忧宫之不安、灾之不销乎？陛下不务修德而筑宫，若德之不修，行之不贵，虽殷辛之瑶台㉜，秦始之阿房，何止而不丧身覆国，宗庙作墟㉝乎？夫兴土功，高台榭㉞，既致水旱，民又多疾㉟，其不疑也。为父长安，使子无倚，此乃子离于父、臣离于陛下之象㊱也。臣子壹离，虽念刮骨肉㊲，茅茨不翦㊳，复何益焉？大皇帝之时，寇钞慑威㊴，南州㊵无事，尚犹冲让㊶，未肯㊷筑宫，况陛下危侧㊸之世，乏大皇帝之德，可不思哉？可不虑哉？愿陛下留意，臣不虚言㊹也。’”

【注释】

①宫功：房屋的修建。
②夙夜反侧：夙夜，朝夕，日夜。反侧，翻来覆去，转动身体，形容不能安然入睡。
③上事：向朝廷上书言事。
④留中：指将臣子上的奏章留置宫禁之中，不交办。
⑤省：泛指观看，阅览。
⑥于邑：亦作“于悒”，忧郁烦闷。

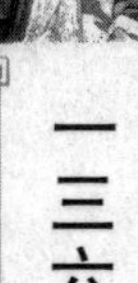

⑦被诏:承受诏命。

⑧大趣:大旨,主要的旨趣。

⑨鄙意:谦辞,称自己的意见。

⑩然未合鄙意,如何此宫殿不利:断句疑为:"然未合鄙意如何?此宫殿不利,"⑪倚:依赖。

⑫伏读:谓恭敬的阅读。"伏"为表敬之词。

⑬气结:呼吸不畅,形容心情郁闷。

⑭涕泣雨集:涕泣,哭泣,流泪。雨集,如雨一样密集。极言其多。

⑮臣年已六十九:即宝鼎元年(公元266年)。

⑯荣禄已重:荣禄,谓功名利禄。重,尊,尊贵。

⑰过望:超过自己原来的希望。

⑱冀:希望,盼望。

⑲勤勤:恳切至诚。

⑳苦言:诤言,逆耳之言。

㉑臣伏念大皇帝创基立业:伏念,伏,敬辞。念,念及,想到。旧时致书于尊者多用之。大皇帝,指孙权。孙权谥曰"大皇帝"。创基立业,指建立吴国的基业。

㉒西州倾覆:指蜀国为晋所灭。西州,指巴蜀地区。倾覆,颠覆,覆灭。

㉓肆业:勤于所业,多指农业。

㉔以备其虞:《三国志》原文作"以备有虞"。备,防备,戒备。虞,忧虑,忧患。

㉕且始徙都:甘露元年,孙晧从建业迁都武昌。

㉖搔扰:动乱不安,扰乱。

㉗致治:使国家在政治上安定清平。

㉘攘灾:禳除灾祸。攘,通"禳"。

㉙咎:罪过,过失。

㉚笃:笃行,切实履行。

㉛黎庶:黎民。

㉜殷辛之瑶台:殷辛,即商纣王。纣王统治后期,荒淫无度,穷奢极欲,曾建鹿台,"其大三里,高千尺",是纣王积财之处。瑶台,美玉砌的楼台,亦泛指雕饰华丽的楼台。

㉝宗庙作墟:宗庙,古代帝王、诸侯祭祀祖宗的庙宇。墟,废址。

㉞台榭:台榭,台和榭,亦泛指楼台等建筑物。

㉟疾:痛苦,困苦。

㊱象:征兆,迹象。

㊲虽念刮骨肉:《三国志》原文作"虽念克骨"。

㊳茅茨不翦:用茅草覆盖屋顶,且没有修剪整齐。谓崇尚俭朴,不事修饰。茅草盖的屋顶,亦指茅屋。

㊴寇钞慑威:寇钞,亦作"寇抄",劫掠之意,此代指劫掠之人,即侵略者,敌人。慑,

恐惧。

㊵南州:泛指南方地区。

㊶冲让:谦让。

㊷肯:表示乐意、愿意。

㊸危侧:危殆。

㊹虚言:指空说,空讲。

【译文】

[当初,孙晧开始兴建宫殿时,陆凯曾上表劝谏,孙晧不听。陆凯又上表说:"臣听说宫殿的修建将要兴起,彻夜难以入睡,所以频频上书,而(奏表)往往被留在宫中,不见交办,也不见审阅批复,臣因此忧郁叹息。昨天吃饭时得到诏书说:'您所讲的确实是大道理,但不合寡人之意,为什么?这个宫殿不吉利,应该避开它。难道可以为了不影响劳役,长期住在不吉利的宫殿里吗?父亲不平安,那儿子还有什么可依靠的?'臣恭敬地把诏书读了一遍,不禁感到心中忧郁,泪如雨下。臣已经六十九岁了,得到的功名利禄已经很高了,早已超过了臣自己的希望,还有什么可奢求的呢?臣之所以至诚恳切的多次以诤言进谏的原因,是臣想到大皇帝创立基业时,非常辛勤劳苦。现在强敌当前,西边的蜀国已被晋国所灭。对孤弱疲惫的百姓,应当让他们休养生息,大力发展生产,以防备可能发生的危难。而且先前迁都,已有军队的征调,使将士流转离散,地方上受到扰乱。现在又大兴土木、向各地征调劳役,这不是安定国家、使政治清明的迹象。臣听说,做君主的应当用德行消除灾祸,用道义消除罪过。现在宫殿不吉利,只是应当自我约束,使言行符合先王的礼法,笃行祖宗高尚的道德,怜悯人民的困苦,何必忧愁宫殿不吉利、灾难不能消除呢?陛下不致力于修积德行,却修筑宫殿。如果德行不修养,行为不高尚,即使是商纣王的瑶台、秦始皇的阿房宫,又怎么能保证不身死国亡、宗庙变为废墟呢?大兴土木,建造高大的亭台楼阁,既会导致水旱灾害,又会使百姓更加困苦,这是毋庸置疑的。做父亲的长久安乐,却使儿子没有依靠,这就是儿子离开父亲、臣子离心于陛下的征兆啊!臣下、子民一离散,即使再深切的想念他们,像尧那样住茅草搭成的房屋,又有什么用呢?大皇帝时,敌人慑于他的威势,南方没有战事。(即便如此)他尚且仍旧谦让,不肯修筑宫殿。何况陛下现在正处于国家面临危险的时期,又缺乏大皇帝的德行,能不慎思吗?能不熟虑吗?希望陛下留意,臣说的都是实话啊!"]

【原文】

楼玄[①],字承先,沛郡[②]人也。孙晧即位,为大司农[③],主殿中事,应对切直[④],渐见责怒[⑤]。后人诬白玄与贺邵[⑥]相逢,驻[⑦]共耳语[⑧]大笑,谤讪[⑨]政事,遂被诏诘责[⑩],送付广州。徙交趾[⑪],别敕令杀之[⑫]。

【注释】

①楼玄:生年不详,卒于公元275年,孙晧即位,与王蕃、郭逴、万彧为散骑中常侍,出

为会稽太守，入为大司农。后来提拔为宫下镇禁中侯，主殿中事。因直言极谏，流放广州。天册元年(公元 275 年)，被孙晧密令逼迫自杀。

②沛郡：治相县(今安徽淮北市境内)，又称四川郡、泗水郡、沛国，是从秦朝开始设立的一个郡级行政区划，和沛县即小沛是不同的概念。

③大司农：官名，秦置治粟内史，汉景帝时改称大农令，武帝太初元年更名大司农，掌租税钱穀盐铁和国家的财政收支，为九卿之一。

④切直：恳切率直。

⑤责怒：怒责；严责。

⑥贺邵：生于公元 226 年，卒于公元 275 年，字兴伯，会稽山阴(今绍兴)人。

⑦驻：卢弼注引胡三省曰："驻，驻车也。"

⑧耳语：附耳低语。

⑨谤讪：毁谤讥刺。

⑩诘责：责问。

⑪徙交趾：徙，贬谪，流放。交趾，亦作"交址"。原为古地区名，泛指五岭以南。汉武帝时为所置十三刺史部之一，辖境相当今广东、广西大部和越南的北部、中部。东汉末改为交州。

⑫别敕令杀之：别，另，另外。敕，古时自上告下之词。

【译文】

楼玄，字承先，沛郡(蕲县)人。孙晧即位后，拜为大司农。主管宫殿中各项事务。他对答问题恳切直率(多次违逆了孙晧的心意)，逐渐受到孙晧的怒责。后来有人诬告说楼玄与贺邵相遇时，在路上停下车来附耳低语又大笑，毁谤政事，于是受到孙晧下诏责问，被流放到广州，后又流放到更远的交趾郡。孙晧暗中又另下一道指令(派人)杀死楼玄。

【原文】

贺邵[①]，字兴伯，会稽[②]人也。孙晧时，迁中书令。晧凶暴骄矜[③]，政事日弊[④]，邵上疏谏曰："古之圣王，所以潜处重闱[⑤]之内而知万里之情，垂拱衽席[⑥]之上而明照八极[⑦]之际者，任贤[⑧]之功也。陛下宜旌贤表善[⑨]，以康[⑩]庶政。自顷年已来，朝列纷错[⑪]，真伪相贸[⑫]，上下空任，文武旷位，外无山岳之镇[⑬]，内无拾遗[⑭]之臣。佞谀[⑮]之徒抚翼天飞[⑯]，干弄[⑰]朝威，盗窃荣利[⑱]，而忠良排坠[⑲]，信臣[⑳]被害。是以正士摧方[㉑]，而庸臣苟媚[㉒]，遂使清流[㉓]变浊，忠臣结舌[㉔]。陛下处九天[㉕]之上，隐百重之室[㉖]，言出风靡[㉗]，令行景从[㉘]，媾近[㉙](媾近作亲洽)宠媚之臣，日闻顺意之辞，将谓此辈实贤，而天下已平也。臣心所不安，敢不以闻?

【注释】

①贺邵：生于公元 226 年，卒于公元 275 年，字兴伯，会稽山阴(今绍兴)人。父亲贺

景是三国时期吴国军事家。

②会稽：郡名，秦始置，今江苏省东部及浙江省西部地区。

③骄矜：骄傲自负。

④弊：败坏。

⑤潜处重闱：潜处，深居。重闱，重重宫门，指深宫。

⑥垂拱衽席：垂拱，垂衣拱手，古时多指统治者以无所作为，顺其自然的方式统治天下。衽席，床褥与莞簟，引申为寝处之所。

⑦八极：八方极远之地。

⑧任贤：委用德才兼备的人。

⑨旌贤表善：旌贤，亦作"旍贤"，表彰贤人。表，显扬，表彰。

⑩康：治理。

⑪朝列纷错：朝列，犹朝班，泛指朝廷官员。纷错，纷繁杂乱。

⑫贸：交互，错杂。

⑬镇：喻指倚重者，中坚人物。

⑭拾遗：补正别人的缺点过失。

⑮佞谀：以美言奉承讨好。

⑯抚翼天飞：抚翼，拍击翅膀，比喻奋起。后以"天飞"喻升居高位，贵显得志。

⑰干弄：犹舞弄。

⑱荣利：功名利禄。

⑲排坠：排挤贬黜。

⑳信臣：忠诚可靠之臣。

㉑正士摧方：正士，正直之士。摧方，谓磨去方正的节操。

㉒媚：逢迎取悦。

㉓清流：清澈的流水。喻指德行高洁负有名望的士大夫。

㉔结舌：不敢讲话。

㉕九天：谓天之中央与八方。

㉖百重之室：卢弼注："《通鉴》'重'作'里'"。

㉗风靡：随风倒伏。

㉘景从：如影随形。比喻追随之紧或趋从之盛。

㉙媟近：媟，厚待，宠爱。（亲洽，亲密和洽。）

【译文】

贺邵，字兴伯，会稽郡（山阴县）人，孙晧时升为中书令。孙晧凶恶残暴，骄傲自负，政事日益荒废，贺邵上疏劝谏说："古代的圣王之所以居住在深宫之内，就知道万里之外的事情；垂衣拱手安坐在衽席之上，而能明察八方最远地区的情况，是因为任用贤才的结果。陛下应当表彰贤人，称扬善行，以此来治理政务。自近年以来，朝廷的官员纷繁杂乱，(贤才)真假混杂，上下官员虚任其职，文武大臣空居其位；外没有得力的将领和官吏，内没有弥补政事缺失的大臣；阿谀谄媚的人飞黄腾达，玩弄朝廷的威权，盗取功名利禄，而忠良之士却遭受排挤，忠诚可靠的大臣反受迫害。所以正直的人失掉了节操，而平庸之臣则随意取悦逢迎，结果使得德行高洁的士大夫变得污浊，忠臣们则闭口不言。陛下高居九天之上，身处深宫之中，话一出口，臣民们闻风而从；令一发出，众人如影随形。身边亲近的是邀宠献媚的侍臣，每天听闻的是顺合心意的言语，陛下大概会认为这些人真的是贤才，天下也已经太平无事了。臣心中有所不安，怎敢不向你如实禀报呢？”

【原文】

“臣闻兴国之君乐闻其过，荒乱之主乐闻其誉。闻其过者，过日消而福臻[①]；闻其誉者，誉日损而祸至。是以古之人君，揖让[②]以进贤，虚己[③]以求过，譬天位于乘奔[④]，以虎尾[⑤]为警戒。至于陛下，严刑法以禁直辞，黜善士以逆谏臣[⑥]，眩耀[⑦]毁誉之实，沉沦近习之言[⑧]。故常侍王蕃[⑨]忠恪在公[⑩]，才任辅弼，以醒[⑪]酒之间，加之大戮[⑫]。近鸿胪葛奚[⑬]，先帝旧臣，偶有逆迕昏醉[⑭]之言耳，三爵[⑮]之后，礼所不讳，陛下猥发雷霆[⑯]，谓之轻慢，饮之醇酒[⑰]，中毒殒命[⑱]。自是之后，海内悼心[⑲]，朝臣失图[⑳]，仕者以退为幸，居者以出为福，诚非所以保光洪绪[㉑]，熙隆道化[㉒]也。又何定本趋走[㉓]小人，仆隶[㉔]之下，身无锱铢[㉕]之行，能无鹰犬[㉖]之用，而陛下爱其佞媚，假其威柄[㉗]，使定恃宠放姿[㉘]，自擅威福[㉙]，口正国议，手弄天机[㉚]，上亏日月之明，下塞君子之路。臣窃观天变，自比年已来，阴阳错谬，四时逆节[㉛]，日蚀地震，中夏殒雹[㉜]，参之典籍，皆阴气陵[㉝]阳，小人弄势之所致也。臣尝览书传[㉞]，验诸行事[㉟]，灾祥之应，可为寒栗[㊱]。昔高宗修已，以消鼎雉之异；宋景崇德，以退荧惑之变。愿陛下上惧皇天谴告之诮，下追二君攘灾之道，远览前代任贤之功，近寤今日谬授之失，清澄朝位，旌叙俊乂，放退佞邪，抑夺奸势，广延淹滞，容受直辞，祗承干指，敬奉先业，则大化光敷，天人望塞矣。

【注释】

①臻：到。

②揖让：宾主相见的礼仪。揖，拱手行礼。

③虚己：犹虚心。

④天位于乘奔：天位，天子之位，帝位。乘奔，乘坐奔驰的快马。

⑤虎尾：比喻危险的境地。

⑥黜善士以逆谏臣：黜，贬降，罢退。善士，有德之士。逆，排斥，拒绝。谏臣，直言规劝之臣。

⑦眩耀：迷惑，迷乱。

⑧沉沦近习之言：沉沦，耽悦，沉溺。近习，指君主宠爱亲信的人。

⑨常侍王蕃：即散骑中常侍王蕃。

⑩忠恪在公：忠恪，忠诚恭谨。在公，谓办理公事。

⑪酲：音成，病酒，酒醉后神志不清。

⑫大戮：谓杀而陈尸示众。

⑬鸿胪葛奚：鸿胪，官署名，亦指该官署官员。葛奚，生平不详。

⑭昏醉：酒醉以后神志不清。

⑮三爵：三杯酒。爵，雀形酒杯。

⑯猥发雷霆：猥发，猛烈发作。雷霆，对帝王或尊者的暴怒的敬称。

⑰醇酒：酖酒，毒酒。

⑱殒命：死亡，丧身。

⑲悼心：伤心，痛心。

⑳失图：失去主意。

㉑保光洪绪：保光，保持并发扬光大。洪绪，世代相传的大业，多指帝业。

㉒熙隆道化：熙隆，兴盛。道化，道德风化。

㉓趋走：谓奔走服役。

㉔仆隶：奴仆。

㉕锱铢：锱和铢。比喻微小的数量。

㉖鹰犬：打猎时追捕禽兽的鹰和狗。比喻受驱使而奔走效劳的人。

㉗假其威柄：假，授予，给予。威柄，威权，权力。

㉘恃宠放姿：依仗宠爱。放姿，指放纵。

㉙自擅威福：自擅，自作主张。威福，原指统治者的赏罚之权，后多谓当权者妄自尊大，恃势弄权。

㉚天机：国家的机要事宜。

㉛逆节：逆，违背。节，节气时令。

㉜中夏殒雹：中夏，夏季之中，指农历五月，后亦指盛夏。殒，通“陨”，坠落。雹，冰雹。

㉝陵：超越，越过。

㉞书传：著作，典籍。

㉟行事：往事；成事。

㊱寒栗：亦作“寒栗”，因受惊而身体颤抖。

【译文】

“臣听说振兴国家的君主喜欢听到自己的过失，荒淫昏乱的君主喜欢听到别人对自己的称赞。喜欢听到自己过失的君主，过失会一天天减少而福分就会到来；喜欢听到对自己赞美的君主，赞誉会一天天减损而灾祸就会降临。所以古代的君主，拱手行礼谦恭敬让来招纳贤才，虚心屈己以求听到自己的过失，把身处天子之位喻为乘坐飞奔的快马，用像踩着老虎尾巴一样的比喻来警诫自己。至于陛下，却是加重刑法来禁绝正直的言辞，用贬退有德之士来拒绝进谏之臣，看不清诋毁赞誉的真相，沉溺于亲信宠臣的颂扬声中。过去的散骑中常侍王蕃，忠诚恭谨一心为公，才能足以胜任辅政大臣，而陛下却在他酒醉不醒时将其斩首。近来大鸿胪葛奚，是先帝的老臣，偶尔冒犯了陛下，那不过是酒醉后说的糊涂话，喝过三杯酒以后，礼仪上是没有忌讳的。但是陛下却大发雷霆，认为他轻狂傲慢，让他喝下毒酒，使他中毒身亡。从这以后，全国之人感到伤心，朝廷大臣心灰意冷，出仕的人以隐退为幸运，在朝为官者以到外地任职为福分，这确实不是用来保持、发扬先帝的基业，振兴道德教化的办法啊！再者何定本是奔走跑腿的小人，地位在奴仆之下，自身没有丝毫的德行，连鹰犬般的才能都没有。而陛下却喜欢他的阿谀谄媚，并授予他威权，使他得以依仗宠爱而放纵妄为，擅自作威作福，竟敢张口改变国家的决议，手中操纵着国家的机要，对上减损了陛下的日月之明，对下堵塞了君子的晋升之路。臣私下观察天象的变化，近年以来，阴阳错乱，四季气候的变化与时令相违背，上有日蚀、下有地震，仲夏五月竟天降冰雹。参考古代典籍的记载，这都是阴气胜过阳气，小人玩弄权势所造成的。臣曾经阅读典籍，用以往发生的事来验证(典籍中的记载)，发现这些都是吉凶灾变的征兆，真可以说令人惊恐战栗。从前，殷高宗修养德行，以此消除了鼎雉所预示的灾祸；宋景公崇尚道德，以此消除了荧惑守心的灾异。希望陛下对上能畏惧皇天的警告责备，向下能追循前面两位君主消灾去祸的方法；远看前代任用贤才的功德，近悟现今错授官职的过失；整肃朝纲，表扬录用贤能之人；放逐斥退奸邪的小人，剥夺奸佞的势力；广泛招纳久被埋没的贤才，容纳接受正直的言辞，敬承天意，恭敬的奉守先帝的基业，那么深远的教化就会遍布天下，上天和人民，就不再会有怨恨了。”

【原文】

“传曰：‘国之兴也，视民如伤(伤作赤子)；其亡也，以民为草芥[①]。’陛下昔韬[②]神光，潜德东夏[③]，以望哲茂姿[④]，龙飞应天[⑤]，四海延颈[⑥]，八方拭目[⑦]，以成康[⑧]之化，必隆于旦夕[⑨]也。自文兴[⑩](文兴作登位)已来，法禁转苛[⑪]，赋调[⑫]益繁。在所长吏，迫畏罪负[⑬]，严法峻刑，蹙[⑭](蹙作苦)民求办。是以人力不堪[⑮]，家户[⑯]离散，呼嗟[⑰]之声，感伤和气。又江边戍兵[⑱]，宜时优育[⑲]，以待有事，而征发[⑳]赋调，烟至云集，衣不全短褐[㉑]，食不赡[㉒]朝夕，出当锋镝[㉓]之难，入抱无聊之感[㉔]，是以父子相弃，叛者成行。愿陛下宽赋除烦，省诸不急[㉕]。夫民者国之本也，食者民之命也。今国无一年之储，家无经月之畜[㉖]，而后宫坐食[㉗]万有余人，内有离旷[㉘]之怨，外有损耗之费，使库廪[㉙]空于无用，士民饥于糟糠[㉚]。”

【注释】

①国之兴也，视民如伤；其亡也，以民为草芥：语出《左传·哀公元年》：“臣闻国之兴也，视民如伤，是其福也；其亡也，以民为土芥，是其祸也。”草芥，亦作“草介”。草和芥，常用以比喻轻贱。

②韬：掩藏，敛藏。

③东夏：古代泛指中国东部。

④望哲茂姿：望哲，指超人的道德才智。茂，美好。姿，指资质，才干。

⑤龙飞应天：孔颖达疏："若圣人有龙德，飞腾而居天位。"遂以"龙飞"为帝王的兴起或即位。应天，顺应天命。

⑥延颈：伸长头颈，引申指仰慕，渴望。

⑦拭目：擦亮眼睛。形容殷切期待或注视。

⑧成康：周成王与周康王的并称，史称其时天下安宁，刑措不用，故用以称至治之世。

⑨旦夕：比喻短时间内。

⑩文兴：《三国志》原文作"登位"。

⑪苛：苛刻，狠虐，严厉。

⑫赋调：赋税。调为古代税收的一种。

⑬罪负：罪责；过失。

⑭蹙：音促。

⑮不堪：忍受不了。

⑯家户：每家每户，家家户户。

⑰呼嗟：呼号哀叹。

⑱戍兵：戍守边疆的士兵。

⑲优育：谓给予优厚的生活待遇。

⑳征发：谓征集调遣人力或物资。

㉑短褐：粗布短衣，古代贫贱者或僮竖之服。

㉒不赡：不足。

㉓锋镝：刀刃和箭镞，借指兵器。镝，音迪。

㉔入抱无聊之感：抱，心里存有，持守。无聊，贫穷无依。感，忧伤。

㉕不急：不切需要。

㉖经月之畜：经月，整月。畜，积蓄，积储。

㉗坐食：谓不劳而食。

㉘离旷：丈夫离家，妇人独处。

㉙库廪：库，泛指贮物的屋舍。廪，粮仓。

㉚糟糠：酒滓、谷皮等粗劣食物，贫者以之充饥。

【译文】

"《左传》上说：'国家兴盛的时候，国君把人民当作婴儿一样爱护；国家将要灭亡的时候，国君把人民当作草芥一样轻视。'陛下之前敛藏起神圣的光彩，在东部潜修德行，凭借超人的才智和美好的资质，像神龙腾飞一般顺应天意即位为帝，四海百姓都延颈仰慕，八方民众也拭目以待，以为周成王、周康王时的清明教化，必定会在短时间内兴盛于世。但是自陛下即位以来，刑法和禁令变得更加严苛，赋税日益繁重。各地的地方官员，迫于害怕自己承担罪责，于是动用严刑峻法，不惜陷民众于痛苦，也要责求其照样执行。因此，民力难以承受，家家户户妻离子散，悲呼哀叹的声音，扰乱了阴阳调和之气。另外在

长江沿岸的守边士兵，应该时常给予优厚的待遇，以防备有战事时（能为国效力）。可现今征调赋税，多得像烟云一样密集，使他们连粗布短衣都穿不周全，吃的则是有上顿没下顿，出战时要遭受敌人刀箭的危难，回营后则怀有贫穷无依的忧伤。因此父子之间相互离弃，叛逃的人成群结队。希望陛下宽减赋税，除去繁杂的征收，减省各种不急之务。人民是国家的根本，而食物是人民的生命。现今国家没有一年的储备，家庭没有一月的积蓄，然而后宫中不劳而食者却有一万多人。内有家庭离散的愁怨，外有损失消耗的费用；使得国库粮仓空荡无用，以至于士兵百姓却连酒糟、糠皮之类的粗劣食物都不足裹腹。"

【原文】

"又，北敌注目①，伺②国盛衰，陛下不恃③己之威德，而怙④敌之不来，忽四海之困穷，而轻虏之不（旧无不字。补之）为难⑤，诚非长策（策作筭）庙胜⑥之要也。昔大皇帝创基南夏⑦，割据江山，虽承天赞⑧，实由人力，余庆遗祚⑨，至于陛下。陛下宜勉崇德器⑩，以光前烈⑪，何可忽显祖之功勤⑫，轻难得之大业哉？臣闻'否泰⑬无常，吉凶由人，长江之限不可久恃，苟我不守，一苇⑭可航也。昔秦建皇帝之号，据殽函之阻⑮，德化不修⑯，法政苛酷，毒流生民⑰，忠臣杜口⑱，是以一夫大呼⑲，社稷倾覆。近刘氏据三关之崄⑳，守重山之固，可谓金城石室㉑，万世之业。任授失贤，一朝丧没㉒，君臣繫颈㉓，共为羁仆㉔。此当世之明鉴，目前之炯戒㉕也。愿陛下远考㉖前事，近鉴㉗世变，丰基强本㉘，割情㉙从道，则成康之治兴，而圣祖之祚㉚隆矣。"

【注释】

①北敌注目：北敌，北方的敌人，指晋国。注目，注视，集中目光看，引申为注意。

②伺：窥伺，观察。

③恃：依赖，凭借。

④怙：依赖，凭恃。

⑤轻虏之不为难：轻，轻视，鄙视。虏，敌人。为难，发难，起事。

⑥庙胜：指朝廷预先制定的克敌制胜的谋略。

⑦南夏：泛指我国的南部。

⑧天赞：犹天佑，上天赞助。

⑨余庆遗祚：余庆，指留给子孙后辈的德泽。遗祚，犹余福。

⑩德器：道德修养与才识度量。

⑪前烈：前人的功业。

⑫显祖之功勤：显祖，旧时对祖先的美称。功勤，犹功劳。

⑬否泰：《易》的两个卦名。天地交，万物通谓之"泰"；不交闭塞谓之"否"。后常以指世事的盛衰，命运的顺逆。否，音匹。

⑭一苇：《诗·卫风·河广》："谁谓河广，一苇杭之。"后以"一苇"为小船的代称。

⑮据殽函之阻：据，占有，占据。殽函，殽山和函谷关的并称，相当于今陕西省潼关县

以东至河南省新安县一带。阻，险要，险要之地。

⑯德化不修：德化，犹德教。不修不修明，不整治。

⑰毒流生民：毒，祸患，祸害。流，传布，扩散。生民，人民。

⑱杜口：闭口，谓不言。

⑲一夫大呼：指陈胜在大泽乡起义反秦。

⑳刘氏据三关之峻：刘氏，蜀国之刘氏政权。三关，阳平关（今陕西沔县西）、江关（今四川奉节东）、白水关（今四川旧昭化西北），俱为蜀国所有。

㉑金城石室：金城，指坚固的城。石室，泛指石造之室。比喻极坚固的防守设施。

㉒丧没：灭亡，死亡。

㉓系颈：把绳套在颈上，表示伏罪投降。

㉔羁仆：本指马夫，后泛指臣仆。

㉕炯戒：亦作"炯诫"，明显的鉴戒或警诫。

㉖考：省察，察考。

㉗鉴：照察，审辨。

㉘强本：加强农业；加强农业生产。

㉙割情：弃绝私情。

㉚圣祖之祚：圣祖，帝王的先祖。多特指开国的高祖。祚，君位，国统。

【译文】

"另外北方的强敌正注视着我们，窥视我们国家的盛衰。陛下不依仗自己的威望与德行，却依赖于敌人不来侵犯，忽视国家的困穷，且又小看敌人，认为他们不敢发难，这实在不是长远之计和朝廷预先制定决胜策略的关键啊！从前大皇帝在南方开创基业，割据江山建立政权，虽说承蒙上天的帮助，实际上还是由于人为的努力。先帝留给子孙后代的德泽和余福，现在传到了陛下，陛下应当努力提升自己的德行与才识，来光大前人的功业，怎么可以忽视先祖的功劳，轻视这难得的帝王大业呢？臣听说世事盛衰无常，吉凶取决于各人的作为。长江的天险不能长久地依赖，如果我们不去守卫，那么乘一叶小舟就可以渡过江来。从前秦王创建皇帝的尊号，拥有崤山、函谷关的险阻，却不修明德教，法律政令苛刻严酷，祸害波及百姓，忠臣只能闭口不言。因此陈胜一人高声大呼，秦朝很快便覆灭了。最近，蜀国的刘氏据有阳平、江关、白水三处险关，守卫着重重高山筑就的坚固防线，可以说是铁铸的城墙、石砌的房室，足以保全万世的基业。然而因任授官职不用贤才，结果一时间国家就遭到灭亡，君臣的脖子上被套上绳索，一起成为他人的奴仆，这是当代明显的借鉴，眼前鲜明的警诫啊！希望陛下远察前代的史事，近则借鉴当今世事的变化，巩固扩大基础，加强农业生产，弃绝私情，遵从道义，那么像周朝成王、康王之时的清明政治就会兴起，先帝传下来的国统就会隆盛了。"

【原文】

书奏，皓深恨之。邵奉公贞正①，亲近所惮。乃共谮②邵与楼玄谤毁国事，俱被诘责[3]。玄见送南州[4]，邵原[5]复职[6]。后邵中恶风[7]，口不能言，去职数月。晧疑其托疾[8]，掠考千所[9]，卒无一言，竟杀之，家属徙临海[10]，并下诏，诛玄子孙。

【注释】

①贞正：坚贞端方。

②谮：谗毁，诬陷。

③诘责：责问。

④南州：指广州，事见前传。

⑤原：宽恕，原谅。

⑥复职：恢复原职。

⑦风：中医学谓人体的病因之一，“六淫”之一，为阳邪，外感风邪常致风寒、风热、风湿等症，亦指急症，如中风、痛风等。

⑧托疾：托病（借口生病）。

⑨掠考千所：掠考，亦作“掠拷”，笞击拷问。考，通“拷”。所，不定数词，表示大概的数目。

⑩竟杀之家，属徙临海：《三国志》原文作“竟见杀害。”

【译文】

奏疏呈上后，孙晧非常憎恨他。贺邵为人奉公守法，坚贞正直，孙晧的亲信宠臣们都畏惧他，于是就共同诬陷贺邵与楼玄诽谤国政，两人因此都受到了责问。楼玄被流放到了广州，贺邵得到赦免官复原职。后来贺邵患了中风，口不能说话，离职几个月，孙晧怀疑他是假托生病，（将其逮捕）拷打了上千次，贺邵始终没有说一句话，最终被杀害，家属也被流放到临海郡。与此同时，孙晧又下诏诛杀楼玄的子孙。

【原文】

韦曜[1]，字弘嗣，吴郡人也。迁太子中庶子[2]。时蔡颖亦在东宫，性好博奕[3]，太子和以为无益，命曜论之。其辞曰：“盖闻君子耻当年[4]而功不立，疾没世而名不称[5]，故曰：‘学如不及，犹恐失之’[6]。是以古之志士，悼年齿之流迈[7]，而惧名称[8]之不建也，故勉精厉操[9]，不遑宁息[10]。且以西伯[11]之圣、姬公[12]之才，犹有日昃待旦之劳[13]，故能隆王道，垂名亿载[14]，况在臣庶[15]，而可以已乎？历观[16]古今功名之士，皆有积累殊异[17]之迹，劳身苦体，契阔[18]勤思，平居不惰其业，穷困不易其素[19]。是以卜式立志于耕牧[20]，而黄霸受道于囹圄[21]，终有崇显[22]之福，以成不朽之名。故山甫勤于夙夜，而吴汉不离公门[23]，岂有游惰[24]哉。”

【注释】

①韦曜：本名昭，史为晋讳改为曜（或说韦昭本有别名韦曜）字弘嗣，吴郡云阳（今江

苏丹阳)人。生于汉献帝建安九年,卒于五凤二年,年七十岁。

②中庶子:官名,战国时国君、太子、相国的侍从之臣。秦、汉为太子侍从官。历代沿置。

③博奕:局戏和围棋。

④当年:壮年,指身强力壮的时期。

⑤疾没世而名不称:疾,厌恶,憎恨。没世,死。称,著称,闻名。

⑥学如不及,犹恐失之:意谓:求学如同追人,常有追不及之感;勤学有得,必须温习,犹如得到一物恐怕遗失。

⑦悼年齿之流迈:悼,伤感,哀伤。年齿,年龄。流迈,犹流逝。

⑧名称:名声。

⑨勉精厉操:勉精,精勤奋勉。厉操,砥砺节操。

⑩不遑宁息:不遑,无暇,没有闲暇。宁息,安定休息。

⑪西伯:指周文王,姓姬,名昌,商朝末年为西伯侯。

⑫姬公:指周公,姬姓,名旦。文王之子,武王之弟。

⑬日昃待旦之劳:日昃:太阳偏西,约下午二时左右。形容勤于政事。待旦,即坐以待旦,坐着等待天明,表示勤谨。

⑭垂名亿载:垂名,谓留传声名。亿载,亿年。

⑮臣庶:犹臣民。

⑯历观:逐一地看。

⑰殊异:奇异,不寻常。

⑱契阔:勤苦,劳苦。

⑲素:指平素的行为、修养及志向、愿望。

⑳卜式立志于耕牧:卜式,西汉大臣,洛阳(今属河南)人。详见附录一。

㉑黄霸受道于囹圄:黄霸(公元前130年~公元前51年),西汉著名大臣,字次公,西汉淮阳阳夏人。少学律令,武帝末,补侍郎谒者。宣帝时,为颍川太守,政绩卓著,朝廷下诏称赞。后拜御史大夫,公元前55年,代丙吉为相,封建成侯,总揽朝纲社稷。甘露三年卒,享年八十一岁。囹圄,监狱。

㉒崇显:尊贵显要。

㉓山甫勤于夙夜,而吴汉不离公门:山甫,即仲山甫,周宣王时的贤臣,后因用以代称贤臣。夙夜,朝夕,日夜。吴汉(? ~公元44年),字子颜,汉族,南阳宛(今河南南阳)人,东汉光武帝时名将。公门,官署,衙门。

㉔游惰:亦作"游堕",游荡懒惰。

【译文】

韦曜,字弘嗣,吴郡(云阳县)人,升任太子中庶子。当时蔡颖也在太子宫中任职,生性喜欢局戏和围棋。太子孙和认为下棋没有益处,命韦曜论证此事。韦曜的文章说:"听说君子以年富力强而功业未能建立为羞耻,痛恨人在将死之时名声还未能显扬。所以(孔子)说:'做学问如同追赶什么似的生怕追不上,追上之后还生怕丢掉了。'因此古代的有志之士,伤感于时光的流逝,而害怕功名不能建立,所以精勤奋勉,砥砺节操,无暇安闲休息。况且凭着文王的圣明、周公的才能,仍要忙碌到日头偏西还顾不上吃午饭,勤于政事而坐等天明的辛劳,才可以使王道兴隆,美名流传亿万年,何况普通的臣民,难道可以止步不前吗?逐一地看看古今功成名就之人,都有着日积月累而不同于常人的经历,劳苦自己的身体,勤奋刻苦的思索,闲居时不放松自己的学业,穷困时也不改变平素的志向。因此卜式在农耕牧羊时立下志向,黄霸在监狱中获得道学,最终得到了尊显的福分,成就了不朽的名声。往昔仲山甫日夜勤劳,而吴汉勤勉公务不离官署,他们哪里有游荡懈怠呢?"

【原文】

"而今之人,多不务经术[1],好翫[2]博奕,废事弃业[3],忘寝与食,穷日[4]尽明,继以脂烛[5]。当其临局[6]交争,雌雄[7]未决,专精锐意[8],心劳体倦,人事旷[9]而不修,宾旅[10]阙而不接,虽有太牢之馔[11]、韶夏[12]之乐,不暇存[13]也。或至赌及衣物,徙碁[14]易行,廉耻之意弛[15],而忿戾[16]之色发。其所志不出一枰[17]之上,所务不过方罫[18]之间,胜敌无封爵[19]之赏,获地无兼土之实。技非六艺[20],用非经国[21],立身者不阶[22]其术,征选[23]者不由其道。求之于战陈[24],则非孙、吴之伦[25]也;考[26]之于道艺[27],则非孔氏之门也。以变诈为务,则非忠信之事也;以劫杀为名,则非仁者之意也。而空妨日废业,终无补益[28],是何异[29]设木而击之、置石而投之哉!"

【注释】

①经术:犹经学。
②好翫:犹爱玩。翫,音玩。
③废事弃业:废事,旷废职务。弃业,丢弃所从之业。
④穷日:尽一整天的时间,终日。
⑤脂烛:古人用麻蕡灌以油脂,燃之照明,是为脂烛。
⑥临局:面对棋局,指下棋。
⑦雌雄:比喻胜负、强弱、高下。
⑧专精锐意:专精,专心一志。锐意,谓用心专一。
⑨旷:荒废。
⑩宾旅:客卿;羁旅之人。
⑪太牢之馔:太牢,古代祭祀,牛羊豕三牲具备谓之太牢。馔,食物,菜肴。
⑫韶夏:舜乐和禹乐,亦泛指优雅的古乐。韶,虞舜时乐名。夏,禹乐名。
⑬存:留意,关注。
⑭碁:音其,围棋。特指棋子。

⑮弛：松懈，松弛。

⑯忿戾：蛮横无理，动辄发怒。

⑰枰：音平，古代的博局，亦指棋盘，棋局。

⑱方罫：指棋盘上的方格。罫，音拐。

⑲封爵：封土授爵。

⑳六艺：古代教育学生的六种科目。

㉑经国：治理国家。

㉒不阶：不凭借。

㉓征选：征召选拔。

㉔战陈：亦作"战阵"，作战的阵法。

㉕孙吴之伦：孙，指孙武，春秋末期著名军事家，著有《孙子兵法》；吴，指吴起，战国初期军事家，著有《吴子》一书。伦，辈，类。

㉖考：省察，察考。

㉗道艺：指学问和技能。

㉘补益：裨补助益。

㉙何异：用反问的语气表示与某物某事没有两样。

【译文】

"现今之人，大多不致力于研究经典学术，而好玩局戏、围棋，荒废了事业，却废寝忘食，从日出玩到日落，晚上还要挑灯夜战。当人们面对棋局而相互争夺，胜负未分之时，就会专注一心，聚精会神，使心神劳累，身体疲倦。应该做的事却不去办理，宾客来了则搁置一旁不去接待，即使有太牢一般的佳肴，韶、夏之类的雅乐，他们也没有空闲去注意。甚至有人用衣服财物作赌注，或偷移棋子，或落子后又另改走法，廉耻的思想松懈了，而蛮横愤怒的表情却出现了。他们的志向不超出一个棋盘的范围，所追求的只不过是棋盘方格间的得失。战胜对手没有封土授爵的赏赐，获得棋盘上的地盘也没有兼并土地的事实，这种技艺并非属于六艺之内，其作用又不能用来治理国家。立身处世的人凭借的不是这种技艺，被征召任用的人不是通过(博弈)这种途径。探求作战的阵法，是不与孙武、吴起的兵法相同的；考察其中的学问技能，与孔子所传授的内容也是不同的。下棋致力于巧变诡诈，就不是忠诚信义的事；以攻劫杀戮为名，就不是仁者的心意。这样白白浪费时光、荒废正业，最终却无所补益。这与立一根木板去敲一敲，放一些石子去摆一摆，又有什么不同呢？"

【原文】

"且君子之居室[①]也，勤身以致养[②]，其在朝也，竭命以纳忠[③]，临事且犹旰食[④]，而何博奕之足耽[⑤]乎？夫然，故孝友[⑥]之行立，贞纯[⑦]之名彰也。方今大吴受命[⑧]，海内未平，圣朝乾乾[⑨]，务在得人[⑩]。勇略[⑪]之士则受熊虎之任，儒雅之徒则处龙凤[⑫]之署[⑬]。百行兼苞[⑭]，文武并骛[15]，博选良才，旌简髦俊[16]，设程试[17]之科，垂金爵[18]之赏，诚千载之嘉会[19]，百世之良遇也。当世之士，宜勉思至道[20]，爱功惜力，以佐明时[21]，使名书史籍，勋在盟府[22]，乃君子之上务[23]，当今之先急也。夫一木之枰，孰与[24]方国[25]之封？枯棋三百，孰与万人之将？衮龙之服[26]，金石[27]之乐，足以兼棋局而贸[28]博奕矣。设令世士移博奕之力，而用之于诗书，是有颜、闵[29]之志也；用之于智计，是有良、平[30]之思也；用之于资货[31]（货下有是字），有猗顿[32]之富也；用之于射御，是有将帅之备也。如此则功名立而鄙贱[33]远矣。"

【注释】

①居室：居家过日子。

②勤身以致养：勤身，劳苦其身，谓努力于职事以致身体劳苦。致养，奉养亲老。

③竭命以纳忠：竭命，尽忠授命。纳忠，献纳忠心，效忠。

④临事且犹旰食：临事，特指治理政事。且犹，亦作"且由"，尚且。旰食，晚食，指事务繁忙不能按时吃饭。

⑤耽：玩乐，沉湎。

⑥孝友：事父母孝顺、对兄弟友爱。

⑦贞纯：守正纯洁。

⑧受命：受天之命，古帝王自称受命于天以巩固其统治。

⑨圣朝乾乾：圣朝，封建时代尊称本朝，亦作为皇帝的代称。乾乾，自强不息貌。

⑩得人：谓得到德才兼备的人。

⑪勇略：勇敢和谋略。

⑫龙凤：喻文章。李善注："龙凤五彩，故以喻文。"

⑬署：公署，官署，办理公务的机关。

⑭苞：同"包"，包容，包含。

⑮并骛：并驰。疾速行进，驰骋。

⑯旌简髦俊：旌简，表彰选拔。髦俊，亦作"髦隽"，才智杰出之士。

⑰程试：按规定的程式考试。后多指科举铨叙考试。

⑱金爵：谓佩金印紫绶之爵位。

⑲嘉会：昌盛的际会（机遇）。

⑳至道：指最好的学说、道德或政治制度。

㉑明时：指政治清明的时代，古时常用以称颂本朝。

㉒勋在盟府：勋，功勋，功劳。盟府，古代掌管保存盟约文书的官府。

㉓上务：首要任务；头等大事。

㉔孰与：比对方怎么样，表示疑问语气。用于比照。

㉕方国：指四方州郡。

㉖衮龙之服：即衮龙袍，古代皇帝的朝服。上有龙纹，故称。

㉗金石：指钟磬一类乐器。

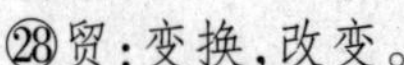

㉘贸：变换，改变。

㉙颜闵：孔子弟子颜回和闵损的并称。

㉚良平：汉张良、陈平的并称，二人皆为刘邦谋臣。后世常用于比喻足智多谋之人。

㉛资货：钱财货物。

㉜猗顿：战国时大富商，后以"猗顿"为富户的通称。

㉝鄙贱：卑微下贱。

【译文】

"况且君子居家时当劳苦身体来奉养父母，在朝廷时应尽心效命奉献忠诚，治理政事时尚且忙得顾不上吃饭，哪里会沉溺在下棋中呢？正因为这样，所以孝顺父母、友爱兄弟的品行才会树立，守正纯洁的名声才会彰显。如今大吴承受天命，海内尚未平定，皇上自强不息，一心招纳德才兼备的人才。勇敢有谋者则授予熊虎般的武将之职，学识渊博者则安置在文职官署，具有各种优良品行的人才一律包容，文臣武将齐头并进；广泛的选拔良才，表彰选用才智杰出的人；设立按规程考试的科目，赐予佩金印紫绶爵位的奖赏。这确实是千载难逢的昌盛之世。百代不遇的大好机缘啊！当代的士人，应当努力思考至善至美的道德，热爱事业，珍惜精力，以辅佐圣明的朝廷，使自己的名字载于史册，功劳记入盟府，这才是君子最重要的任务，当今最急迫的大事。一块木制的盘棋怎能与郡国的分封相比？摆弄三百颗枯木做的棋子怎能与指挥千军万马的将帅相比？身穿绣有龙形图案的礼服，耳听钟磬演奏的音乐，足以包容棋局的乐趣而取代下棋了。假如世人转移下棋的精力用在学习诗书上，就会有颜回、闵损那样的志向；用在智谋上，就会有张良、陈平那样的谋略；用在经营货物上，就会有猗顿那样的财富；用在射箭御马上，就会有将帅应具备的本领。如果能够这样，那么功名就可以建立，而卑贱就可以远离了。"

【原文】

孙晧即位，为侍中[①]，常领左国史[②]。时在所承指[③]，数言瑞应[④]。晧以问曜，曜答曰[⑤]："此人家筐箧中物耳[⑥]。"又，晧欲为父和作纪[⑦]，曜执[⑧]以和不登帝位，宜名为传[⑨]。如是者非一，渐见责怒。曜益忧惧，自陈衰老求去，晧终不听[⑩]。晧每飨宴[⑪]，无不竟日[⑫]，坐席无能否，率[⑬]以七升[⑭]为限，虽不悉入口，皆浇灌取尽。曜素饮酒不过二(二作三)升，初见礼[⑮]时，常为裁减，或密赐荼荈[⑯](荼荈作茶荈)以当酒。至于宠衰，更见逼强[⑰]，辄[⑱]以为罪。又于酒后使侍臣难折[⑲]公卿，以嘲弄侵刻[⑳]、发摘私短[㉑]以为欢，时有愆过[㉒]，或误犯晧讳[㉓]，辄见收缚[㉔]，至于诛戮。曜以为外相毁伤，内长尤恨，使不济济，非佳事也，故但示难问，经义言论而已[㉕]。晧以为不承用诏命，意不忠尽，遂积前后嫌忿，收曜付狱[㉖]。华覈连上疏救曜，晧不许，遂诛曜也。

【注释】

①侍中：古代职官名。秦始置，两汉沿置，为正规官职外的加官之一。

②左国史:是三国时期东吴的史官名。
③承指:同"承旨",逢迎意旨。
④瑞应:古代以为帝王修德,时世清平,天就降祥瑞以应之,谓之瑞应。
⑤答日:《三国志》原文作"荅曰"。荅,音答,犹当,对。后作"答"。
⑥此人家筐箧中物耳:筐箧,用竹枝等编制的狭长形箱子。
⑦纪:我国史书的一种体裁,专记帝王的事迹及有关大事。
⑧执:固执,坚持。
⑨传:传记,指记载个人或群体事迹的文字。
⑩不听:不允许。
⑪飨宴:宴饮。
⑫竟日:终日,整天。
⑬率:一概,都。
⑭升:容量单位。量酒的单位。
⑮见礼:受到礼遇。
⑯荈茗:茶荈,即茶茗,泛指茶。
⑰逼强:犹强迫。
⑱辄:副词,每每,总是。
⑲难折:诘难(诘问驳难)。
⑳嘲弄侵刻:嘲弄,嘲笑戏弄。侵刻,意谓侵害打击。
㉑发摘私短:发摘,亦作"发擿",揭发,举发。私短,隐私和缺点。
㉒愆过:罪恶,罪过。
㉓讳:指需避忌隐讳的事物。
㉔收缚:犹收系(拘禁)。
㉕使不济济,非佳事也,故但示难问经义言论而已:卢弼注:"《通鉴》作'使群臣不睦,不为佳事,故但难问经义而已。"'㉖收曜付狱:此凤凰二年(公元273年)事。收,拘捕。

【译文】

孙晧即位后,韦曜任侍中,长期兼任左国史。当时各地为迎合孙晧的心意,多次报告有祥瑞的征兆出现。孙晧就此事询问韦曜,韦曜回答说:"这不过是像别人家竹筐里的东西一样,是很普通的事罢了。"此外孙晧想为他的父亲孙和作纪,韦曜坚持认为孙和没有登上帝位,应当称名为传。像这样的事情不止一次,于是韦曜逐渐受到孙晧的怒斥。韦曜更加忧虑恐惧,于是上表陈述自己年纪衰老,请求辞去官职,孙晧始终不允许。孙晧每次与群臣宴饮,没有不进行一整天的,在座的人不管能不能喝酒,一律以七升酒为底限,即使不能全部喝下去,也都要浇灌到脸上,把酒用尽。韦曜向来饮酒不超过二升,当初受到孙晧的礼遇时,孙晧常常为他减少限量,有时悄悄赐给他茶水来代替酒。等到宠爱衰退之后,孙晧就强迫他喝酒,韦曜常常因此而获罪。孙晧又在酒后让侍臣责难折辱公卿大臣，以嘲弄中伤，或者揭发其隐私和短处来取乐。其间时或有人出现过错，或冒犯了孙晧的忌讳，就会被逮捕拘禁，甚至被诛杀。韦曜认为人们在言辞上相互诋毁伤害，内心中会滋长怨恨，使得官员们的关系不融洽，不是好事情，所以每逢让他向公卿大臣们诘问时，只是提问一些经典的义理或言论而已。孙晧认为他这是不遵从自己的诏命，内心没有竭尽忠诚，于是累积前前后后的愤怒和不满，下令逮捕韦曜投入监狱。华覈接连上疏营救韦曜，孙晧不允许，最终诛杀了韦曜。

【原文】

华覈[①]，字永先，吴郡[②]人也。为中书丞[③]。孙晧更营新宫[④]，制度[⑤]弘广，饰以珠玉，所费甚多。时盛夏兴功[⑥]，农守[⑦]并废，覈上疏谏曰："臣闻汉文之世，九州晏然[⑧]，当此之时，皆以为泰山[⑨]之安，无穷之基也。至于贾谊[⑩]，独以为可痛哭及流涕者三，长大息[⑪]者六，乃日方今之势，何异抱火措[⑫]之积薪之下而寝其上。窃以曩时[⑬]之事，揆[⑭]今之势。谊云：'复数年间，诸王方刚[⑮]，欲以此为治，虽尧舜不能安。'而今大敌[⑯]据九州之地，有大半之众，习攻战之余术，乘戎马之旧势，非徒汉之诸王淮南、济北[⑰]而已。谊之所欲痛哭，比今为缓；抱火卧薪之喻，于今为急。诚宜住建立之役[⑱]，先备豫[⑲]之计，勉垦植[⑳]之业，为饥乏之救。若舍此急，尽力功作[㉑]，卒有风尘不虞之变[㉒]，当委[㉓]版筑[㉔]之役，应烽燧[㉕]之急，驱怨苦之众，越白刃之难[㉖]，此乃大敌所因[㉗]为资也。如但固守[㉘]，旷日持久[㉙]，则军粮必乏，不待接刃，而战士已困矣。

【注释】

①华覈：字永先，吴郡武进人也。始为上虞尉、曲农都尉，以文学入为秘府郎，迁中书丞。孙晧即位，封徐陵亭侯，后迁东观令，领右国吏，天册元年以微谴免，数岁卒。

②吴郡：郡名。东汉永建四年（公元129年），分原会稽郡的浙江（钱塘江）以西部分设吴郡，治所在原会稽郡的吴县（今苏州），会稽郡仅保留浙江以东部分，徙治山阴（今绍兴）。

③中书丞：中书，官名，中书令的省称。汉设中书令，掌传宣诏令，以宦者为之，后多任用名望之士。丞，佐官名。

④孙晧更营新宫：卢弼注：《孙晧传》："宝鼎二年，起显明宫。"

⑤制度：规模，样式。

⑥兴功：兴建工程。

⑦守：守卫，防守。

⑧九州晏然：九州，古代分中国为九州。晏然，安宁，安定。

⑨泰山：比喻安定稳固。

⑩贾谊：生于公元前200年，卒于公元前168年，洛阳（今河南省洛阳市东）人。西汉初年著名的政论家、文学家。

⑪大息：亦作"太息"，大声长叹，深深地叹息。

⑫措：安放。

⑬曩时:往时,以前。

⑭揆:度量,揣度。

⑮方刚:谓人在壮年时体力、精神正当旺盛。

⑯大敌:指北方的西晋政权。

⑰淮南、济北:淮南,指西汉淮南厉王刘长,刘邦少子,公元前196年被封为淮南王。为人骄横跋扈,公元前174年,与匈奴、闽越首领联络,图谋叛乱,事泄被拘。朝臣议以死罪,文帝赦之,废王号,谪徙蜀郡严道邛邮(严道县,今四川雅安),途中不食而死。

⑱住建立之役:住,停止,停住。建立,兴建,建设。役,劳役。

⑲备豫:亦作"备预",防备,准备。

⑳垦植:亦作"垦殖",开垦荒地,进行生产。

㉑功作:指土木营造之事。

㉒卒有风尘不虞之变:卒,突然。后多作"猝"。风尘,比喻战乱,戎事。不虞,指意料不到的事。

㉓委:舍弃,丢弃。

㉔版筑:两种筑土墙的工具。泛指土木营造之事。

㉕烽燧:古代边防报警的信号,白天放烟叫烽,夜间举火叫燧。亦指战乱。

㉖越白刃之难:《三国志》原文作"赴白刃之难"。

㉗因:依托,利用。

㉘固守:坚守。

㉙旷日持久:耗费时日,拖延很久。

【译文】

华覈,字永先,吴郡(武进县)人,任中书丞。孙晧新营建的宫殿,规模宏大,用珍珠、宝玉进行装饰,花费很大。当时是在盛夏时节进行施工,农业生产和边防守备都荒废了,华覈上疏劝谏说:"臣听说汉文帝在位之时,天下安定。在这个时候,大家都认为汉朝已经如泰山一般稳固,帝王基业将会传之无穷了。然而贾谊却单单认为当时的天下,可为之痛哭流涕的有三个问题,令人深深叹息的有六个问题。还说,当今天下的形势,无异于把火种放在堆积的柴草下面,而人却躺在柴草上面。臣私下用以往的史事,来估量现今的形势。贾谊当时说,再过几年,各诸侯王将是年富力壮之时,要想就此进行治理,即使是尧、舜也不能安定局面。现今强大的敌人占据了(汉朝全国十三个州中)九个州的地盘,拥有天下一大半的人口,熟悉魏军留下的攻战方法,凭借北方兵马旧有的优势,这就不只是像汉朝诸侯王中淮南王、济北王的反叛而已了。贾谊为之痛哭的问题,比之于现今的情况要缓和;他所说的抱火卧薪的比喻,对今天的吴国来说更加急迫。实在应当停止建造宫殿的劳役,首先制定防御的计策,勉励垦荒种植之事业,对饥饿困穷的百姓进行救助。如果舍弃这些紧迫的事务,而倾其全力去修建宫殿,突然发生难以预料的战乱变故,就只能放弃兴建宫殿的劳役,去应付战场之急务,驱使着怨恨痛苦的战士,奔赴前线刀剑相搏的战乱，这正是强大的敌人可以利用的资本。如果只是就地固守，时间拖延久了，军粮必定会缺乏，到那时不等到交战，战士们就已经困乏了。”

【原文】

“王者以九域[①]为宅，天下为家，不与编户[②]之民转徙[③]同也。今之宫室，先帝所营，卜[④]土立基，非为不祥。又杨市土地与宫连接，若大功毕竟，舆驾[⑤]迁住，门行之神，皆当转移，犹恐长久未必胜旧。屡迁不可，留则有嫌，此乃愚臣所以夙夜为忧灼[⑥]也。臣省《月令》[⑦]：‘季夏之月[⑧]，不可以兴土功[⑨]，不可以会诸侯，不可以起兵动众，举大事必有大凶[⑩]。’六月戊巳[⑪]，土行正王[⑫]，既不可犯，加又农月，时不可失。昔鲁隐夏城中丘，《春秋》书之[⑬]，垂为后戒。今筑宫为长世[⑭]之洪基[⑮]，而犯天地之大禁[⑯]，袭《春秋》之所书[⑰]，废敬授[⑱]之上务[⑲]，臣以愚管[⑳]，窃所不安。又恐所召离民，或有不至，讨之则废役兴事[㉑]，不讨则日月滋蔓[㉒]。若悉并到，大众聚会，希[㉓]无疾病。且人心安则思善，苦则怨叛[㉔]。今当角力[㉖]中原，以定强弱，正于际会[㉗]，彼益我损，此乃雄夫智士[㉗]所以深忧也。臣闻先王治国，无三年之储，曰国非其国。安宁之世，戒备如此，况敌强大而忽农忘畜[㉘]。若上下空乏，运漕[㉙]不供，北敌犯疆，使周、邵[㉚]更生，良、平[㉛]复出，不能为陛下计明矣。”书奏，晧不纳。

【注释】

①九域：九州。

②编户：编入户籍的普通人家。

③转徙：辗转迁移。

④卜：古人用火灼龟甲，根据裂纹来预测吉凶，叫卜。后泛称用各种形式（如用铜钱、牙牌等）预测吉凶。

⑤舆驾：亦作“轝驾”，帝后乘坐的车驾，亦借指帝后。

⑥忧灼：忧虑焦急。

⑦月令：所记为农历十二个月的时令、行政及相关事物。后用以特指农历某个月的气候和物候。

⑧季夏之月：夏季的最后一个月，农历六月。

⑨土功：指治水、筑城、建造宫殿等工程。

⑩举大事，必有大凶：《礼记·月令》：“（季夏之月）是月也，树木方盛，乃命虞人，入山行木，毋有斩伐。不可以兴土功，不可以合诸侯，不可以起兵动众，毋举大事，以摇养气；毋发令而待，以妨神农之事也。水潦盛昌，神农将持功，举大事则有天殃。”

⑪戊巳：指一旬中的戊日和己日。古以十干配五方，戊己属中央，于五行属土。

⑫土行正王：土行，犹土德。五德之一。古以五行相生相克附会王朝命运，谓土胜者为得土德。王，同“旺”，旺盛。

⑬昔鲁隐夏城中丘，春秋书之：中丘，琅邪临沂县东，今山东兖州府沂州东北三十里有中丘城。鲁隐，鲁隐公，公元前722年至公元前712年在位，名息姑，鲁国第十三代国

君，是鲁惠公的庶长子。按周朝的传统礼法，立嫡不立庶，立长不立贤，因惠公死时太子姬允（即后来的桓公）还太小，于是隐公执政，却不是正式继承侯位（春秋经云："不书即位，摄也"），而是摄政，意思是等太子成人之后，就要把政权还给太子。城，修筑城池。书，书写，记录，记载。

⑭长世：历世久远，永存。

⑮洪基：大业。

⑯大禁：指在法令、习俗或道德上最禁忌、最避讳之事。此指孙晧于季夏之月，大兴土功，有违农时。

⑰袭春秋之所书：袭春秋所书隐公城中丘之迹。袭，继承，沿袭。

⑱敬授：指敬授人时，亦作"敬授民时"，谓将历法付予百姓，使知时令变化，不误农时。

⑲上务：首要任务，头等大事。

⑳愚管：浅陋，浅陋的见解，自谦之词。

㉑兴事：引起事端。

㉒滋蔓：生长蔓延，常喻祸患的滋长扩大。

㉓希：少，罕有。

㉔怨叛：亦作"怨畔"，背叛，因怨恨而背叛。

㉕角力：以武力决胜负。

㉖际会：机遇，时机。

㉗雄夫智士：雄夫，犹勇士，壮士。智士，有智慧或有智谋的人。

㉘畜：积蓄，积储。

㉙运漕：谓由水路运粮。

㉚周邵：亦作"周召"，周成王时共同辅政的周公旦和召公奭的并称。两人分陕而治，皆有美政。

㉛良平：汉张良、陈平的并称，二人皆刘邦的谋臣。

【译文】

"天子以九州为住所，以天下为家园，不与普通百姓的辗转迁移相同。现在的宫殿，是先帝时营造的，是经过占卜选择地点，奠基建立的，并非不吉利。再者新宫所在的杨市，地势上与旧宫连接，一旦工程完成，陛下大驾迁往居住，那么在原宫门内外巡游的神灵，都将随之转移，只恐怕时间一久，未必能比旧宫吉利。多次迁居是不可能的，留住则心中会有忌讳。这就是愚臣日夜为之担忧、焦灼的原因。臣查看《礼记·月令》，上面说农历的六月不可以兴建大的工程，不可以聚会诸侯，不可以兴师动众，此时兴办大事必定有大的灾殃。凡六月戊、己之时，土德正旺，已经不可以冒犯，加上又是农事繁忙的月份，农时不可错过。从前鲁隐公在夏季修筑中丘城，《春秋》中予以记载，留为后世的警诫。如今修筑新宫本来是千秋万代的宏伟基业，却冲犯天地间的大禁，沿袭《春秋》所记载的鲁隐公的错误做法，废弃了恭敬劝勉百姓按照季节时令从事农耕的重要任务。臣以浅陋之见，私下感到有所不安。又担心征召来（修建新宫）的离散百姓，或许有人会不来。讨伐他们将会荒废劳役，另兴事端；若不讨伐，这种违令情况就会一天天滋长蔓延。即使他们（服役之人）全都到了，大量的人聚集在一起，很少不会有疾病发生。况且人心安定时就会产生善良的念头，感到痛苦时就会有怨恨背叛的想法。而今正当敌我双方将在中原进行决战，以定强弱之时，在这关键时刻，敌方力量增强而我方力量受损，这正是勇士和智者所深深担忧的。臣听说前代的帝王治国，如果没有三年的粮食储备，就说这个国家不是一个国家了。在安定太平的时代，戒备尚且如此，何况在敌人强大的今天，而我们却忽视了农业，忽略了储备。一旦全国上下粮食匮乏，而粮食运输供应不上，此时北方敌人又侵犯边境，即使周公、召公再生，张良、陈平重现，也不能为陛下谋划了，这是很明显的啊！”奏疏呈上后，孙晧没有采纳。

【原文】

后迁东观令[①]，领右国史[②]。时仓廪无储，世俗滋侈，覈上疏曰：‘今寇虏充斥[③]，征伐未已，居无积年[④]之储，出无应敌之畜，此乃有国者所宜深忧也。夫财谷[⑤]所生，当出于民，趋时[⑥]务农，国之上务。而都下[⑦]诸官，所掌别异[⑧]，各自下调，不计民力，辄与[⑨]近期。长吏[⑩]畏罪，昼夜催民，委舍[⑪]田事，遑赴会日[⑫]，定送到都，或[⑬]蕴积不用，而徒使百姓消力失时[⑭]。到秋收月，督其限入，夺其播殖[⑮]之时，而责其今年之税，如有逋悬[⑯]，则籍没[⑰]财物，故家户贫困，衣食不足。宜暂息众役，壹心[⑱]农桑。古人称：‘一夫不耕，或受其饥；一女不织，或受其寒[⑲]。’是以先王治国，唯农是务。军兴已来，已向[⑳]百载，农人废南亩[㉑]之务，女工失机杼之业。推此揆之，则蔬食而长饥、薄衣而履冰者，固不少矣。

【注释】

①东观令：东观原为东汉官名，为宫中藏书之处。三国吴置东观令，职司董理经籍，掌修国史。

②领右国史：领，汉代以后，以地位较高的官员兼理较低的职务，谓之“领”，也称“录”。右国史，吴国史官名。吴设左国史、右国史、东观令，皆掌记述。

③充斥：众多。

④积年：多年，累年。

⑤财谷：钱粮。

⑥趋时：抓紧时机，及时。

⑦都下：京都。

⑧别异：区别，不相同。

⑨与：交付，偿还。

⑩长吏：指州县长官的辅佐。

⑪委舍：委卸，舍弃。

⑫遑赴会日：遑，急迫，匆促不安。会日，会集的期限、日期。

⑬或：有时。

⑭失时：指违误农时。

⑮播殖：亦作"播植"，播种，种植。

⑯逋悬：拖欠。逋，音不（平声）。

⑰籍没：谓登记所有的财产，加以没收。

⑱壹心：专心。

⑲一夫不耕，或受其饥；一女不织，或受其寒：语出《管子·轻重甲》。

⑳向：将近，接近。

㉑南亩：谓农田。南坡向阳，利于农作物生长，古人田土多向南开辟，故称。亩，音母。

【译文】

后来华覈升为东观令，兼任右国史。当时仓库中没有物资储备，社会风气却更加奢侈。华覈呈上奏疏说："如今敌人强大，征战还没有停止，平时没有多年的储备，出战没有应敌的积蓄，这是拥有国家的人应当深感忧虑的事。钱粮的生产，都来自百姓，抓紧时节进行农业生产，是国家最重要的任务。然而京城中各官署的官员，所负责的事务有所不同，都各自向地方下达征调任务，不考虑民众的承受能力，下达任务时总是限定很近的期限。地方官吏害怕（完不成任务）获罪，便昼夜催促百姓，百姓只好舍弃农事，急忙地赶赴会集的日期，按时送到京都，有时却又积压不用，白白让老百姓耗费力气还错过了农时。到了秋收的月份，又督促百姓在限定的日期交纳赋税，耽误了百姓播种的时节，却向他们索求当年的税赋，若有拖欠，就登记、没收家中的财产，因此家家户户贫困不堪，衣食不足。现在应当暂时停止各项劳役，（让百姓）专心从事农耕和蚕桑。古人说，一个农夫不耕种，就会有人受到饥饿；一个妇女不纺织，就会有人遭受寒冷。所以先王治理国家，一心致力于农业生产。自从（汉灵帝中平元年）州郡起兵（进攻黄巾军）以来，已将近一百年了，这期间，农民荒废了农田的耕种，妇女停止了纺织的工作。按此情况来推测，现今民间以蔬果为食而长期饥饿，在冰天雪地里衣衫单薄的人，一定已经不少了。"

【原文】

"臣闻主之所求于民者二，民之所望于主者三。二谓求其为己劳也，求其为己死也；三谓饥者能食之，劳者能息之，有功者能赏之。民已致[①]其二事，而主失其三望者，则怨心生而功不建。今帑藏[②]不实，民劳役猥[③]，主之二求已备，民之三望未报。且饥者不待备羞（羞原作美馔）[④]而后饱，寒者不俟[⑤]狐貉[⑥]而后温，为味者口之奇、文绣[⑦]者身之饰也。今事多而役繁，民穷而俗奢，百工作无用之器，妇人为绮靡[⑧]之饰，不勤麻枲[⑧]，并绣文黼黻[⑩]，转相仿效，耻独无有。兵民之家，犹复逐俗，内无担石[⑪]之储，而出有绫绮[⑫]之服。至于富贾商贩之家，奢恣[⑬]尤甚。天下未平，百姓不赡[⑭]，宜壹[⑮]生民之原[⑯]，丰谷帛[⑰]之业。而弃[⑱]功于浮华之巧，妨日于侈靡之事，上无尊卑等级之差，下有耗财费力之损。且美貌者，不待华采[19]以崇好[20]；艳姿[21]者，不待文绮[22]以致爱。五色[23]之饰，足以丽矣。若极粉黛[24]，穷盛服[25]，未必无丑妇；废华采，去文绣，未必无美人也。若实如所论，有之无益，废之无损者，何爱[26]而不暂禁，以充府藏之急乎？此救乏之上务，富国之本业也，使管、晏[27]复生，无以易此。汉之文、景[28]，承平继统[29]，天下已定，四方无虞[30]，犹以雕文[31]之伤农事，锦绣[32]之害女工[33]，开国家之利，杜饥寒之本。况今六合分乖[34]，豺狼[35]充路，兵不离疆，甲不解带，而可以不广生财之原，充府藏之积哉？"

【注释】

①致：做到，达到。

②帑藏：国库，国家收藏钱财的仓库。

③猥：繁多。

④羞：美味的食品，后多作"馐"。

⑤俟：等待。

⑥狐貉：指狐、貉的毛皮制成的皮衣。

⑦文绣：刺绣华美的丝织品或衣服。

⑧绮靡：侈丽，浮华。

⑨麻枲：指麻的种植、纺绩之事。枲，音洗，大麻的雄株，只开雄花，不结子，纤维可织麻布。亦泛指麻。

⑩绣文黼黻：绣文，彩色绣花的丝织品或衣服。黼黻，音府福，绣有华美花纹的礼服。

⑪担石：一担一石之粮，比喻微小。

⑫绫绮：绫和绮，指薄而有花纹的丝织品。

⑬奢恣：任意挥霍浪费。

⑭不赡：不足。

⑮壹：专一，专注于。

⑯原：根本。

⑰穀帛：穀物与布帛，亦泛指衣食一类生活资料。

⑱弃：旷，耗费。

⑲华采：华丽的色彩。

⑳崇好：增添美色。

㉑艳姿：艳美的风姿。

㉒文绮：华丽的丝织物。

㉓五色：青、赤、白、黑、黄五种颜色，古代以此五者为正色。泛指各种颜色。

㉔极粉黛：极，穷尽，竭尽。粉黛，傅面的白粉和画眉的黛墨，均为化妆用品，引申为装饰。

㉕盛服：华丽的服饰。

㉖爱：舍不得，吝惜。

㉗管晏：管仲和晏婴的并称，皆春秋时齐国名相。

㉘文景：西汉文帝与景帝的并称，两帝相继，社会比较安定富裕，史称“文景之治”。

㉙承平继统，承平，治平相承；太平。继统，继承帝统。

㉚无虞：没有忧患，太平无事。

㉛雕文：指以彩绘、花纹为饰的物品。

㉜锦绣：花纹色彩精美鲜艳的丝织品。

㉝女工：指女子所作纺织、刺绣、缝纫等事。

㉞六合分乖：六合，天下。分乖，犹分离。

㉟豺狼：比喻凶残的恶人。

【译文】

“臣听说君主要求民众的事有两条，而百姓寄希望于君主的事有三条。君主的两条是要求百姓为自己效劳，为自己献身。百姓的三项期望是：饥饿的人能有饭吃，疲劳的人能得到休息，有功劳的人能得到奖赏。民众已经做到了君主要求的两条，而君主却不能满足其三项期望的话，那么百姓的怨恨之心就会产生，而伟大的功业就不能建立了。现在国家的库存不充实，民众劳苦而徭役繁多，君主的两条要求已经满足，民众的三项期望却未能实现。况且饥饿的人不必等到准备好美味佳肴才能吃饱，寒冷的人不必等到有了狐裘貉皮才来温暖身体；讲求美味只不过是使口中的感觉奇妙，刺绣华美的服饰只是作为身上的装饰而已。如今国家事务很多而徭役繁重，人民贫困而风俗奢侈，各种工匠制作着没有实用价值的器具，妇女们做的是华丽奢侈的服饰，不努力进行种麻和纺织，却都追求绣有花纹图案的艳丽衣服，且互相仿效，耻于唯独自己没有。普通士兵和百姓的家庭，也在追逐这种风气，家内没有多少粮食的储备，而出门时却穿着带着花纹的绫罗绸缎。至于富裕的商人家庭，奢侈浪费的情况则更为严重。天下还没有平定，人民的衣食供应还不充足，应当专注于养育百姓这个根本，扩大穀物布匹的生产事业。而今却把功夫花在了华而不实的技艺上，让奢靡的事情耗费了时间，使得上无尊卑等级的差别，下有耗费财力、人力的损失。况且容貌美丽的女子，不需要用华丽的色彩来增添美貌；姿容艳美的女子，用不着穿着华丽的衣服来招致他人的喜爱；五种色彩的装饰，足以使人美丽了。如此穷尽粉黛的装扮，极尽华丽的衣服，未必就没有丑妇；不用华丽的色彩，舍去华美的衣服，也未必就没有美人。如果确实像臣所说的这样，这些拥有它无益处而抛弃它也没有损害的东西，为何舍不得放下而不暂时禁止以此来补充府库的急需呢？这是挽救储备缺乏的首要措施，使国家富裕的根本大事啊！即使是善于治国的管仲、晏婴再生，他们也不会改变这一方法。汉朝的文帝、景帝，在太平时期继承帝位，那时天下已经安定，四方没有祸患，仍然认为雕饰纹采会伤害农业生产，制作华美刺绣的丝织品会妨害纺织。因而注重广开富国的有利事业，杜绝造成饥寒的本源。何况当今天下分裂，贪婪残暴之人充满道路，士兵不能离开边疆，休息时也不敢脱下铠甲。在这种情况下，难道还不广开生财的途径，充实国库的积蓄吗？”

《晋书》治要

【题解】

《晋书》,唐代房玄龄等编撰。所记始于三国时司马懿早年,终于刘裕废晋自立。全书共 130 卷,包括帝纪 10 卷,志 20 卷,列传 70 卷,载纪 30 卷,叙例、目录失传。

唐太宗时设馆修史,《晋书》是第一部。唐朝以前,有多家晋史传世。唐太宗认为“制作虽多,未能尽善”,于是命房玄龄组织一批史家和学者加以重修,以南朝齐臧荣绪《晋书》为底本,参考其他诸家晋史和有关著作,“采正典与杂说数十部”。书中有“载记”30 卷,记述了少数民族所建“十六国”政权的状况,这是纪传体史书体例上的一个创新。《晋书》问世后,“言晋史者,皆弃其旧本,竞从新撰”。

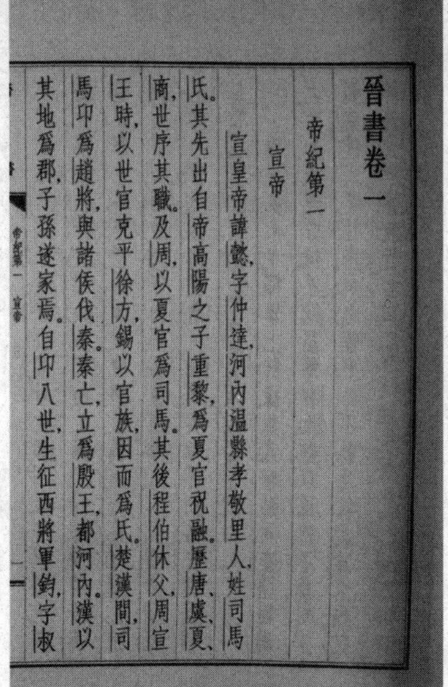
晉書卷一
帝紀第一
宣帝
宣皇帝諱懿,字仲達,河內溫縣孝敬里人,姓司馬
氏。其先出自帝高陽之子重黎,爲夏官祝融,歷唐、虞、夏、
商,世序其職。及周,以夏官爲司馬。其後程伯休父,周宣
王時,以世官克平徐方,錫以官族,因而爲氏。楚漢間,司
馬卬爲趙將,與諸侯伐秦。秦亡,立爲殷王,都河內。漢以
其地爲郡,子孫遂家焉。自卬八世,生征西將軍鈞,字叔

《晋书》书影

魏征主编的《群书治要》,据《唐会要》记载,成书于贞观五年。贞观十七年魏征病逝。《隋书·经籍志》记载:唐以前编撰的晋史有王隐《晋书》、虞预《晋书》、朱凤《晋书》、何法盛《晋中兴书》、谢灵运《晋书》、臧荣绪《晋书》、萧子云《晋书》、萧子显《晋史草》、郑忠《晋书》、沈约《晋书》、庾铣《东晋新书》、陆机《晋纪》、干宝《晋纪》、曹嘉之《晋书》、习凿齿《汉晋春秋》、邓粲《晋纪》、孙盛《晋阳秋》、刘谦之《晋纪》、王韶《晋纪》、徐广《晋纪》、檀道鸾《续晋阳秋》、郭季产《续晋纪》等二十二家。《群书治要》中的《晋书》就是从臧荣绪、干宝、孙盛、习凿齿等诸家的著作中辑录的。建国后,中华书局出版唐房玄龄等撰写的《晋书》,修于贞观十八年至二十年,故魏征肯定不可能从房玄龄主编的《晋书》中去辑录。唐以前流传二十二家晋朝史书至宋代已佚没,幸有《群书治要》保存了部分资料,亦极珍贵。《晋书治要》分为《纪》《后妃传》《王侯传》《刑法志》《百官志》《传》五部分。《纪》中仅录武帝、惠帝、成帝、简文帝等四位皇帝,《后妃传》仅录武元杨皇后、惠贾二皇后,《王侯传》仅录琅耶王伷、扶风王骏、齐王攸、愍怀太子遹、安平王孚、高密王泰、相国刘寔、汉中太守阎缵、议郎段灼、襄太守虞悝等十人,《刑法志》主要辑录刘颂关于刑法的表疏,《百官志》主要辑录中书郎李重关于精简机构、选用贤臣的论述,《传》内主要辑录刘毅、裴頠、任恺、裴楷、郄诜、荀诜、荀勖、冯紞、江统、胡威、周顾、陶侃、高崧、何充、吴隐之等十三位名臣传略与奏疏。在夹注中大段辑录孙盛、干宝、习凿齿等家关于晋史的论述。

纪

【原文】

武皇帝讳炎[①]，字安世，文帝[②]太子也。泰始五年[③]，廷尉[④]上西平[⑤]民[⑥]曲路[⑦]，伐[⑧]登闻鼓[⑨]，言多妖妄[⑩]毁谤[⑪]。帝诏曰：“狂狷[⑫]怨诽[⑬]，亦朕之愆[⑭]，勿罪也。”孙盛《阳秋》[⑮]云：“泰始八年[⑯]，帝问右将军[⑰]皇甫陶[⑱]论事，陶固执[⑲]所论，与帝争言[⑳]，散骑常侍[㉑]郑徽表[㉒]求治罪。诏曰：‘谠言[㉓]謇谔[㉔]，直意尽辞[㉕]，所望于左右也。人主常以阿媚[㉖]为患，岂以争臣[㉗]为损乎？陶所执不愆[㉘]此义，而徽越职[㉙]奏之，岂朕意乎？’乃免徽官也。”

【注释】

①炎：即晋武帝司马炎（公元236年～公元290年），字安世，河内温（今河南温县）人。晋朝的开国君主，公元265年至公元290年在位。

②文帝：司马昭（公元211年～公元265年），字子上，是司马懿的次子，西晋开国皇帝司马炎的父亲，曹魏后期的政治家和军事家。

司马炎

③泰始五年：即公元269年。

④廷尉：官名，秦置，为九卿之一，掌刑狱。

⑤西平：地名，在现在的河南省中南部。

⑥民：平民。

⑦曲路：人名。

⑧伐：敲打。

⑨登闻鼓：古代帝王为表示听取臣民谏议或冤情，在朝堂外悬鼓，许臣民击鼓上闻，谓之“登闻鼓”。

⑩妖妄：怪异荒诞。

⑪毁谤：捏造事实中伤别人。

⑫狂狷：狂妄褊急。

⑬怨诽：亦作“怨非”，怨恨，非议。

⑭愆：过失。

⑮孙盛阳秋：孙盛（公元302年～公元373年），字安国。著《晋阳秋》三十二卷，是一位“词直而理正”的历史学家。

⑯泰始八年：即公元272年。

⑰右将军：官名。

⑱皇甫陶：魏晋时人，生卒年不详。司马炎为晋王时，皇甫陶为散骑常侍。司马炎即帝位（晋武帝）的泰始元年（公元265年）十二月，为“广纳直言”，以散骑常侍傅玄和皇甫

陶“共掌谏职”。

⑲固执:坚持己见,不肯变通。

⑳争言:争辩;争吵。

㉑散骑常侍:官名。秦汉设散骑(皇帝的骑从)和中常侍,三国魏时将其并为一官,称“散骑常侍”。

㉒表:奏章之一种。

㉓谠言:正直之言,直言。

㉔謇谔:正直敢言。

㉕尽辞:说尽要说的话。

㉖阿媚:阿谀奉承。

㉗争臣:能直言诤谏的大臣。

㉘愆:违背,违失。

㉙越职:超出职权范围。

【译文】

(晋)武帝司马炎,字安世,是文帝司马昭的太子。泰始五年(公元269年),廷尉呈上西平郡百姓曲路敲击登闻鼓上书的谏议,其中有很多虚妄不实、污蔑诽谤的话。武帝下诏说:“虽然是狂妄偏激、埋怨诽谤的话,但这也是朕的过失,不要降罪于他。”[孙盛所著的《晋阳秋》说:泰始八年,晋武帝谘询右将军皇甫陶,讨论国事,皇甫陶固执己见,和武帝争论起来。散骑常侍郑徽上表,请求治皇甫陶言语顶撞的罪。武帝下诏说:“正直敢言,直话直说,言无不尽,是我对左右谏臣的期望。作为君主,常常担忧臣下阿谀奉承(从而听不到真话),怎么能觉得(身边)有一个正直敢言的臣子是损害呢?皇甫陶虽固执己见,但并不违背他作为一个臣子直言进谏的宗旨,而郑徽却越职上奏皇甫陶的不是,怎么能合乎朕的心意呢?”于是武帝免去了郑徽的官职。]

【原文】

咸宁四年[①],大医[②]司马程据,献雉头裘[③]。诏曰:“异服[④]奇技[⑤],典制[⑥]所禁也。”其于殿前烧裘。甲申[⑦],敕[⑧]内外敢有犯者,依礼治罪。太康元年[⑨],吴主孙皓[⑩]降。有司[⑪]奏:“晋德隆茂,光被[⑫]四表[⑬]。吴会[⑭]既平,六合[⑮]为一。宜勒封东岳[⑯],以彰[⑰]圣德[⑱]。”帝曰:“此盛德[⑲]之事,所未议也。”群臣固请,弗听。

【注释】

①咸宁四年:即公元279年,咸宁是晋武帝的第二个年号。

②大医:即太医。司马程据是晋武帝的御医,颇受武帝的信任。

③雉头裘:以雉头羽毛织成之裘,借指奇装异服。

④异服:不合礼制的服饰;奇异的服装。

⑤奇技：奇特的技艺。

⑥典制：典章制度。

⑦甲申：指甲申日，据《晋书·武帝纪》，太医献雉头裘的时间是十一月的"辛巳"，甲申日是辛巳日后第三天。

⑧敕：帝王的诏命。

⑨太康元年：即公元 281 年。太康是晋武帝第三个也是最后一个年号。

⑩孙皓（公元 242 年～公元 284 年）：字元宗（一说字元景，出自《册府元龟》），一名彭祖，字晧宗。三国时期吴国末代皇帝，公元 264 年至公元 280 年在位。吴大帝孙权之孙，孙和之子。在位初期虽施行过明政，但不久即沉溺酒色，专于杀戮，变得昏庸暴虐。公元 280 年，吴国被西晋所灭，孙皓投降西晋，被封为归命侯。

⑪有司：官吏。古代设官分职，各有专司，故称。

⑫被：动词，指覆盖。

⑬四表：指四方极远之地，亦泛指天下。

⑭吴会：东汉分会稽郡为吴、会稽二郡，并称吴会。大约相当于今天的江苏南部和浙江省大部分地区。后亦泛称此两郡故地为吴会。

⑮六合：天下。

⑯东岳：指泰山。在今山东省境内。

⑰彰：彰显。

⑱圣德：犹言至高无上的道德。一般用于古之称圣人者。也用以称帝德。

⑲盛德：指盛美之事。

【译文】

咸宁四年（公元 279 年），太医司马程据进献了一件用雉头羽毛制成的名贵大衣。（武帝）下诏说："凡奇异的服饰，过于奇巧而无益的技艺，是国家的法令制度所禁止的。"武帝就在殿前将大衣烧毁，并在甲申日下令：今后朝廷内外官员胆敢有违犯者，将依礼法治罪。太康元年（公元 281 年），东吴国主孙晧投降。主管官员上奏说："晋王朝的德政隆盛，圣德的光辉泽被四方。现在南方吴郡和会稽郡已经得到平定，天下恢复一统，应该下令到东岳泰山举行'封禅'祭天的庆典，以彰显帝王的圣德。"武帝说："这种彰显盛德的事，现在还不宜讨论。"群臣坚持请求封禅，但是武帝终究没有采纳。

【原文】

《于宝①纪》云："太康五年②，侍御史③郭钦上书曰：'戎狄④强横，自古为患。魏初民寡，西北诸边郡，皆为戎居。今虽伏从⑤，若百年之后，有风尘之警⑥，胡骑⑦自平阳⑧、上党⑨，不三日而至孟津⑩。北地⑪、西河⑫失土，冯翊⑬、太原、安定⑭，裁居数县。其余及上郡⑮，尽为狄庭⑯，连接畿甸⑰。宜及⑱平吴之威，出北地、西河、安定，复⑲上郡，实⑳冯翊、平阳北统㉑河（今书北统河作已北二字）诸县，募取㉒死罪㉓，徙三河㉔三魏㉕见士四万家以充之，使裔[26]不乱华。渐徙平阳、弘农[27]、魏郡[28]、京兆[29]、上党、太原杂胡[30]，出于其表[31]。峻[32]四夷[33]出入之防[34]，明先王荒服之制[35]，万世之长策也。'弗纳。"荀绰[36]《略记》[37]云："世祖自平吴之后，天下无事，不能复孜孜[38]于事物，始宠用后党[39]。由此祖祢[40]采择[41]嫔媛，不拘拘[42]华门。父兄以之罪亹[43]，非正形[44]之谓；扃禁[45]以之攒聚[46]，实耽[47]秽[48]之甚。昔武王伐纣，归倾宫[49]之女，助纣为虐。而世祖[50]平皓，纳吴姬五千，是同皓之弊也。"

【注释】

①于宝（公元283年～公元351年）：孙吴时人，本姓干，后人讹为于字。是我国古代著名的史学家和文学家，更是小说家的一代宗师。干宝学识渊博，著述宏丰，横跨经、史、子、集四部，堪称魏晋间之通人。至今有关专家已收集到的干宝书目达二十六种，近二百卷。其中《晋纪》二十卷，直而能婉，时称良史，为后来史学家所推崇。

②太康五年：即公元284年。

③侍御史：官名。秦置，汉沿设。在御史大夫之下，接受公卿奏事，举劾非法；有时受命执行办案、平定地方暴乱等任务。

④戎狄：亦作"戎翟"。古民族名。西方曰戎，北方曰狄。

⑤伏从：即服从。

⑥风尘之警：谓兵乱之警报和惊扰。

⑦胡骑：胡人的骑兵。亦泛指胡人军队。

⑧平阳：汉置平阳县，三国魏置平阳郡，故治在今山西临汾县西南，晋永嘉三年为刘渊所都，后魏置晋州，隋改郡为临汾郡，复曰平卫郡，唐复为晋州。

⑨上党：位于山西省东南部，是古时对长治的雅称。《荀子》称为"上地"。"上党"指高处的、上面的地方，即"居太行山之巅，地形最高与天为党也"，因其地势险要，自古以来为兵家必争之地，素有"得上党可望得中原"之说。

⑩孟津：古黄河津渡名，在今河南省孟津县东北、孟州市西南。

⑪北地：北地郡，秦昭襄王三十六年（公元前271年）灭义渠后所置，三国魏豁冯翊之役栩为北地郡的实土（今陕西耀州区、富平、同官），北地郡由寄治（暂时治理）变成了实土（实际管辖的土地）。曹魏、西晋郡治皆为泥阳县。

⑫西河：三国魏黄初三年（公元222年）割太原郡兹氏等县置西河郡，领汉代西河郡南部故地，治兹氏（今山西省汾阳市）。属并州。

⑬冯翊：三国魏改左冯翊，置冯翊郡，长官称冯翊太守，治临晋（今大荔），辖境相当今陕西韩城、黄龙以南，白水、蒲城以东和渭河以北地区。北周时废置。隋唐时曾改同州为冯翊郡。

⑭安定：安定郡。西晋安定郡属雍州，治安定县（今泾川县北），领安定、临泾、乌氏（乌支复名）、阴密（今灵台县西南）、鹑觚、朝那、都卢七县。

⑮上郡：战国始置郡，为秦三十六郡之一，汉沿置，郡治肤施（今陕西榆林市南）。

⑯庭：通"廷"。古代称边疆少数民族地区。

⑰畿甸：指京城地区。

⑱及：乘，趁着。

⑲复：收复。

⑳实：使充满，即移民到下文所说的地方。

㉑统：治理，管理。

㉒募取：募集，招求。

㉓死罪：此处指应该判处死刑的罪犯。

㉔三河：三河郡。十六国时后凉吕光分金城郡地置。治白土城（青海民和县中川乡清泉一村），领白土等县，辖今青海民和等县南部地区。南凉、西秦均沿旧置，北魏初废。

㉕三魏：地名，今在河北魏县磁县一带。这个地方在西晋是人口最为稠密的地区。

㉖裔：指边远地区的民族。

㉗弘农郡：西晋时，属今三门峡市范围。

㉘魏郡：是西汉至唐朝期间的一个郡级行政区划，最大范围包括今天河北省南部邯郸市以南，以及河南省北部安阳市一带，其中心在邺城。西晋时仍治邺。

㉙京兆：京兆郡，三国至唐的行政区划名，管辖长安地区，治所在今西安市区。西晋时仍置京兆郡，辖区较三国魏时缩小。

㉚杂胡：胡人的泛称。

㉛表：外边，外面。

㉜峻：引申为提升，提高。

㉝四夷：古代华夏族对四方少数民族的统称。

㉞防：戒备，防备。

㉟荒服之制：古时称最边远地区的戎、狄地区为“荒服”。荒服之制，是指朝廷针对这类地区的少数民族所制定的邦交政策。

㊱荀绰：字彦舒，颍川颍阴（今河南许昌）人，西晋末年的历史学家。出生于著名的颍川荀氏，是西晋开国元勋荀勖之孙。晋怀帝时历仕下邳太守、司空从事中郎。未能南渡而滞留在北方，仕于幽州刺史王浚。

㊲略记：荀绰所撰《晋后略记》。

㊳孜孜：勤勉；不懈怠。

㊴后党：皇后、太后的亲族或与皇后、太后利害关系一致的人所结成的政治集团。

㊵祖祢：本源，起始。

㊶采择：选取，采用。

㊷不拘拘：同“不拘”。不论，不管。

㊸亹：罪过。

㊹正形：端正外形。

㊺扃禁：宫禁。

㊻攒聚：聚集，丛聚。

㊼耽:玩乐,沉湎。

㊽秽:淫乱。

㊾倾宫:巍峨的宫殿。望之似欲倾坠,故称。

㊿世祖:司马炎。

【译文】

于宝在《晋纪》中说:太康五年(公元 284 年),侍御史郭钦上书说:戎、狄之地的少数民族强暴蛮横,自古就是威胁国家安全的大患。曹魏初年的时候,汉族人口稀少,西北部的边境地区,都被少数民族占为定居地。现在虽然这些地区臣服我朝,但是过一段时间后,如果这些地区出现兵乱,胡人的骑兵自平阳、上党二郡出发,用不了三天就能够到达都城洛阳的门户孟津县。一旦我们失去北地郡和西河郡,冯翊、太原、安定数郡县的汉族居民都要被迫向内地迁徙,其余的北方边境包括上郡,也会被胡人占领,这样,胡人控制的地方都几乎连到京城的近郊地区了。现在应该借助平定吴国的余威,出兵北地、西河、安定等郡,恢复上郡,迁徙晋朝的国民去冯翊、太原、安定数县去定居。北方要加强对河东、河南诸郡县的管理,招募一些犯死罪的人,以及迁徙三河、三魏地区已在官府登记的人,共四万家去北方边境地区定居,这样可以保证边远地区的少数民族势力不会影响到我中华的安定。我们还要有步骤的迁徙那些住在平阳、弘农、魏郡、京兆、上党、太原的诸多胡人,让他们去到边境之外。也要提高限制边境地区人民出入的防备措施,明确先王所订立的荒服制度,这才是万世太平的根本之计啊!但是晋武帝不采纳这个建议。荀绰《略记》记载:世祖晋武帝自从平定吴国之后,天下得到太平,就不能再继续勤奋于政务,而开始宠幸任用外戚及其政治势力集团。由此开始,选择嫔妃的时候,不限制女方的家庭背景(后妃因此彼此争宠以便为她们的家族谋求政治势力),父兄因此多犯淫乱的罪行,这不是正人君子应有的举止。后宫因此嫔妃人数增多,实在是过分沉溺于淫乐。当年武王伐纣,归因于纣王后宫的骄奢淫逸,助纣为虐(而导致商汤的灭亡)。而现在晋世祖武帝打败了吴王孙晧,却接收了吴国后宫的姬妾五千人,这和孙晧亡国的弊病是同样的啊!

【原文】

惠皇帝讳衷[①],字正度,武帝太子也。永平元年[②],迁皇太后[③]于永宁宫[④]。贾后[⑤]讽[⑥]群臣,奏废皇太后为庶人,居于金墉城[⑦]。九年[⑧],贾后诬奏皇太子[⑨]有悖[⑩]书,帝幸式乾殿[⑪],召公卿百官皆入,诏赐太子死,以所谤悖书及诏文,遍示诸王公。司空张华[⑫]曰:“此国之大祸,自汉氏以来,每废黜正嫡[⑬],恒至丧乱[⑭],且晋有天下日浅,愿陛下详[⑮]之。”尚书仆射裴頠[⑯]曰:“臣不识太子书,不审[⑰]谁为通表、谁发[⑱]此者。为是[⑲]太子手书不?宜先检校[⑳]。”而王公百官竟无言。免太子为庶人,幽[㉑]于金墉城。

【注释】

①惠皇帝讳衷:晋惠帝司马衷(公元 259 年~公元 307 年),是晋武帝司马炎第二子,

西晋的第二代皇帝,公元290年至公元307年在位。司马衷于公元267年被立为皇太子,公元290年即位,改元永熙。他为人痴呆不任事,初由太傅杨骏辅政,后皇后贾南风杀害杨骏,掌握大权。在八王之乱中,惠帝的叔祖赵王司马伦篡夺了惠帝的帝位,并以惠帝为太上皇,囚禁于金墉城。齐王司马冏与成都王司马颖起兵反司马伦,群臣共谋杀司马伦党羽,迎晋惠帝复位。公元306年,东海王司马越将其迎归洛阳。公元307年,惠帝去世,相传被司马越毒死。终年四十八岁,被安葬于太阳陵,他的弟弟晋怀帝司马炽即位,改元永嘉。

②永平元年:是公元291年,这一年惠帝登基,一年有三个年号,永熙、永平和永康,可见政局不稳。

③皇太后:指惠帝的继母杨芷,即生母杨艳的妹妹。

④永宁宫:所谓迁到永宁宫的说法,是史家的春秋笔法,运用了曹魏时期的旧事来指代现在的情况。曹魏时期,曹芳身为少主,政权落在郭太后手中,曹爽为了控制朝政,将郭太后迁居到永宁宫。同样的,在晋惠帝出来执政时,大权落在太后杨芷及其家族手中,惠帝的贾皇后不满,将杨太后迁居到永宁宫,便是循前朝旧例,将杨太后推出政坛的意思。

⑤贾后(公元256年~公元300年):原名贾南风,西晋晋惠帝的皇后,又称惠贾皇后。她是西晋开国元勋贾充的三女。公元272年贾南风嫁给司马衷为太子妃,惠帝继位后,被封为皇后。公元291年她诛杀了三公太傅杨骏(皇太后杨氏之父)及卫将军杨珧、太子太保杨济等,"皆夷三族"。之后又矫诏废皇太后杨氏为庶人,囚禁在金墉城,第二年将之迫害致死。公元300年贾后杀愍怀太子司马遹,此举动成为许多反对贾后专政的皇族开始行动的起点。四月,赵王司马伦假造诏书,以谋害太子之名将贾后处死,自领相国位,这是"八王之乱"的开始。贾后死时只有四十五岁。

⑥讽:用委婉的语言暗示、劝告或讥刺、指责。

⑦金墉城:三国魏明帝(公元227年~公元239年)时筑,为当时洛阳城西北角一个小城。《读史方舆纪要·河南·洛阳县》:"嘉平六年(公元244年),司马师废其主(曹)芳,迁于金墉。延熙二年(公元239年),魏王禅位于晋,出舍金墉城。晋杨后及愍怀太子至贾后之废,皆徙金墉。永康二年(公元301年),赵王司马伦篡位迁惠帝,自华林西门出,居金墉城。"因亦比喻帝后被贬之所。

⑧九年:这里指元康九年,即公元299年。

⑨皇太子:即司马遹(公元278年~公元300年),字熙祖,西晋武帝司马炎之孙,晋惠帝司马衷之子。自幼聪慧,有司马懿之风。然长大后,不修德业,性刚且奢侈残暴,于宫中摆摊切肉卖酒,并在西园销售杂货,以收其利。又好算卦巫术,忌讳颇多。皇后贾南风以其非己生,恐其即位后自己地位难保,乃与贾谧等设计谋害,诬太子谋反,囚于金墉城,后徙许昌宫,遣黄门孙虑将太子杀害。

⑩悖:谓叛逆,叛乱。

⑪式干殿:西晋的宫殿内。

⑫司空张华：司空，官名。汉改御史大夫为大司空，与大司马、大司徒并列为三公，后去大字为司空，历代因之。张华（公元232年～公元300年），字茂先，范阳方城（今河北固安县）人。父张平，曹魏时渔阳郡太守。张华幼年丧父，家贫然勤学，"学业优博，图纬方伎之书，莫不详览"。任职太常博士，又屡迁佐著作郎、长史兼中书郎等职。西晋取代曹魏后，又迁黄门侍郎。吴国平定后，封广武县侯。官至司空，封壮武郡公。晋惠帝时爆发的"八王之乱"中，遭赵王司马伦杀害，夷三族。死后家无余资。

⑬废黜正嫡：废黜，废免罢黜。正嫡，正室之子，嫡子。

⑭丧乱：死亡祸乱。后多以形容时势或政局动乱。

⑮详：审察；审理。

⑯尚书仆射裴頠：尚书仆射，官名。汉成帝建始四年（公元前29年），置尚书五人，其中一人为仆射。东汉置尚书台，主官为尚书令，以尚书仆射为其副职。献帝时分设左、右仆射，历代沿置。裴頠（公元267年～公元300年），字逸民，晋河东闻喜人。弘雅有远识，惠帝时为国子祭酒兼右军将军，因诛杨骏有功，封武昌侯。奏修国学，刻石写经，累迁尚书，为赵王伦所害，追谥成。

⑰不审：不知。

⑱发：告发；发难。

⑲为是：抑或；还是。

⑳检校：查核察看。

㉑幽：囚禁。

【译文】

晋惠帝司马衷，字正度，是武帝的太子。永平元年（公元291年），将皇太后杨芷迁到永宁宫。贾皇后暗示群臣，让他们上奏，将太后废为庶人，还将她囚在（幽禁皇帝后妃的）金墉城里。元康九年（公元299年），贾皇后诬奏皇太子（司马遹）写过谋反叛乱的书信。惠帝驾临式干殿，命文武百官都进殿，要下诏赐太子死，并拿出太子叛逆犯上的书信和（赐死太子的）诏文，给诸王公大臣看。司空张华上前奏称：'（废黜太子，是国家的大祸。自汉代以来，每因废黜嫡子，一定会带来政局动乱。再说，晋朝立国时间不长，请陛下慎重审查这件事。"尚书仆射裴頠说："臣不认得太子的字迹，也不知是谁举发这件事的。这是否真的是太子手书，应该先核查清楚。"而其余的王公百官竟不发一言。就这样废太子为庶人，囚禁于金墉城。

【原文】

永康元年[①]，前西夷校尉司马阎缵[②]，舆棺[③]诣阙[④]上书曰："伏见赦文[⑤]，及牓[⑥]吓，前太子遹[⑦]手疏[⑧]，以为惊愕。自古已来，臣子悖逆，未有如此之甚者也。幸赖天慈[⑨]，全其首领[⑩]。臣伏念遹生于圣父，而至此者，由于长养深宫，沉沦[⑪]富贵，受饶[⑫]先帝，父母骄之。每见选师傅，下至群吏，率取膏粱击钟鼎食[⑬]之家，稀有寒门儒素[⑭]，如卫绾[⑮]、周文、

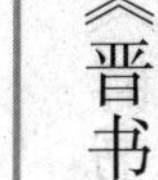

石旧[16]、疏广[17]者也，洗马[18]、舍人[19]，亦无汲黯[20]、郑庄[21]之比[22]，遂使不见事父事君之道。臣案[23]古典[24]，太子居以士礼[25]，与国人齿[26]，以此明先王欲令知[27]先贱然后乃贵。自顷[28]东宫[29]亦微[30]太盛，所以致败也。非但东宫，历观诸王，师友[31]文学[32]，亦取豪族[33]。为能得[34]者，率[35]非龚遂[36]、王阳，能以道训[37]。友无直亮[38]三益[39]之节，官以文学[40]为名，实不读书。但共鲜衣怒马[42]，纵酒高会[43]，嬉游博奕[44]，岂有切磋[45]能相长益[46]？臣常恐公族凌迟[47]，以此叹息。

【注释】

①永康元年：即公元300年。

②前西夷校尉司马阎缵：西夷校尉司马，官名。阎缵，字续伯，巴西郡安汉（今四川南充）人，出身士族，交结英豪，博览典籍。先为太傅杨骏舍人，转安复令。后任西戎校尉司马，有功，封平乐乡侯。性慷慨，敢直言，不拘小节。升为汉中太守。卒于官，年五十九。

③舆棺：舆棺谓载棺以随，以示决死。

④阙：宫阙，指皇帝召见群臣的地方。

⑤赦文：赦罪太子的公文。

⑥牓：告示、文书。

⑦太子遹：皇太子司马遹。

⑧手疏：亲手书写的奏章。

⑨天慈：皇帝的慈爱。

⑩首领：头和脖子，意为性命。

⑪沉沦：意为沉溺。

⑫饶：富裕，丰足。

⑬膏粱击钟鼎食：膏粱，肥美的食物。《国语·晋语七》："夫膏粱之性难正也。"韦昭注："膏，肉之肥者；粱，食之精者。"击钟鼎食，指打钟列鼎而食。形容贵族或富人生活奢华。

⑭儒素：泛指儒士。

⑮卫绾：西汉代国人。汉景帝时期，历任中郎将、河间王太傅、太子太傅，御史大夫，并做过三年丞相。他寡言敦厚，谨守职守，是一位无为政治的奉行者。

⑯石旧：《群书治要（元和版）》为"石奋"，且西汉有石奋其人，而"石旧"则无从可考。石奋（？～公元前124年），西汉大臣，字天威，号万石君，河内温（今河南温县西南）人。谨慎小心是他性格的主要特征。司马迁认为石奋虽不善言谈，但却敏于行事。

⑰疏广（？～公元前45年）：字仲翁，祖籍东海兰陵人。其曾祖迁于泰山郡巨平（今宁阳县西部）。西汉名臣。疏广少时好学，习惯用读、记、背、研的学习方法巩固知识，拓宽知识面，精于研究《论语》《春秋》。乐于创办私学，治学严谨，注重学生的德学兼优。本始元年初，宣帝征其为博士郎、太中大夫。地节三年（公元前66年）封疏广为太子太傅。

⑱洗马：作“先马”。汉沿秦置，为东宫官属，职如谒者，太子出则为前导。晋时改掌图籍。

⑲舍人：官名。秦汉有太子舍人，为太子属官；魏晋以后有中书通事舍人，掌传宣诏命。

⑳汲黯（？～公元前112年）：字长孺，濮阳（今河南濮阳）人。西汉初年名臣。汲黯出身名门，七世为卿大夫。在周时便几世为卫国的卿大夫了。孝景帝时为太子洗马，武帝即位后为谒者，并先后任荥阳令，东海太守，主爵都尉，位列九卿。

㉑郑庄：人名。

㉒比：类；辈。

㉓案：通“按”。查考，考核。

㉔古典：古代的典章制度。

㉕士礼：指代“士”阶层人的生活待遇。古人的社会等级是天子最高，诸侯王公次之，再次是称为“卿大夫”的一般官员，再次是称为“士”的一般知识分子。士的阶层仅比一般老百姓略高，可见太子所受到的礼遇，连普通官员都不如，仅比平民百姓高些而已。

㉖齿：并列；在一起。

㉗知：晓得，了解。

㉘自倾：近来。

㉙东宫：太子所居之官；亦指太子。

㉚微：稍，略。

㉛师友：老师和朋友。指可以请益的人。

㉜文学：儒生。亦泛指有学问的人。

㉝豪族：指豪门大族。

㉞得：得益。

㉟率：一概，都。

㊱龚遂：生卒年不详，字少卿，为山阳郡南平阳县（今山东邹城市平阳寺）人，劝民农桑，亲自带头节俭。

㊲训：教诲；教导。

㊳直亮：正直信实。

㊴三益：谓直、谅、多闻，即正直、诚信、见识广。语出《论语·季氏》：“孔子曰：益者三友，损者三友。友直，友谅，友多闻，益矣。”

㊵文学：官名。汉代于州郡及王国置文学，或称文学掾，或称文学史，为后世教官所由来。三国魏武帝置太子文学，魏晋以后有文学从事。

㊶鲜衣怒马：美服壮马。谓服饰豪奢。李贤注：“怒马，谓马之肥壮，其气愤怒也。”

㊷高会：盛大宴会。

㊸嬉游博奕：嬉游，游乐；游玩。博奕，下棋。

㊹切磋：原指器物加工的工艺名称。后比喻道德学问方面相互研讨勉励。

㊺长益：促进，增益。

㊻凌迟：衰退、衰败。

【译文】

永康元年（公元300年），前任西夷校尉司马阎缵，抬上棺材前往宫殿冒死向惠帝上书说："臣见到（定太子忤逆罪的）公文，和（朝廷）颁布的（废太子为庶人的）公告。（臣看到）前太子司马遹亲手写的奏章，感到很吃惊。自古以来，臣子犯上忤逆还没有这么过分的。幸亏仰赖圣上仁慈，保全了太子的性命。臣思量，太子遹是圣主您的后代，之所以走到这个地步，是由于他从小生长在深宫，沉溺在富贵的生活环境中，受到先帝的恩宠，父母的娇惯。每次为太子选择老师及下属官员，都选自大富大贵的人家，很少有出身寒门而具有儒家品德操守的人，像汉代的卫绾、周文、石奋、疏广那样的良臣；充当太子属官洗马、舍人的人选中，也没有像汲黯、郑庄那样的人才，从而使太子不知道如何孝养父母侍奉君主。臣考察古代的典章制度，太子的礼遇应该与一般的士人等同，生活待遇上则与一般老百姓一样，由此明了先王的用心是要让太子明白要先贫贱然后才能富贵。近来，东宫太子的生活稍过于丰足，所以惹祸败身。非但住在东宫的太子如此，（臣）逐个观察各诸侯王身边的师友文士，也都选之于豪门望族之中被认为很合适的人选，却都不是像汉代的龚遂、王阳那样能以道义相劝之士，没有正直、坦诚、多闻的节操。虽然有文学从事这样的官员，而实际上并不读书，只是聚在一起穿着华丽的衣服，骑着高头大马，纵酒设宴，嬉戏游乐，下棋对弈，哪里能互相切磋、互相交流（学问与道义）而共同进步呢？臣常担忧王公贵族颓败衰落，并为此叹息。

【原文】

今遹可以为戒，恐其被斥[①]，弃逐[②]远郊，始当悔过，无所复及[③]。昔戾太子[④]无状[⑤]，称兵[⑥]拒命，而壶关三老[⑦]上书，犹曰子弄父兵，罪应笞[⑧]。汉武感悟[⑨]，筑思子之台[⑩]。今遹无状，言语逆悖[⑪]，受罪之日，不敢失道，犹为轻于戾太子。尚可禁持检著[⑫]，目下重选师傅，为置文学，皆选以学行[⑬]自立[⑭]者，及取服勤[⑮]更事[⑯]、名行[⑰]素闻者，使共与处；使严御史鉴护其家，绝[⑱]贵戚子弟轻薄宾客[⑲]。如此左右前后，莫非正人，使共论议[⑳]于前，但道古今孝子慈亲、忠臣事君，及思愆[㉑]改过之比[㉒]，日闻善道，庶几[㉓]可全。

【注释】

①斥：贬斥，疏远，驱逐。

②弃逐：放逐。

③复及：再次赶上。

④戾太子：汉武帝太子刘据的谥号。武帝末年，江充擅权，太子与充有隙。后巫蛊之祸起，太子遭诬，因举兵诛江充，与丞相刘屈氂战于长安城内，兵败逃亡。不久为吏追捕，自杀。后其孙询立为宣帝，追谥太子为"戾"，史称戾太子。

⑤无状：谓行为失检，没有礼貌。

⑥称兵：举兵。谓动用武力。

⑦壶关三老：《汉书·戾太子刘据传》："上怒甚，群下忧惧，不知所出。壶关三老茂上书……书奏，天子感寤。"后以"壶关老"借指地方上德高望重的长者。

⑧笞：古代的一种刑罚。用荆条或竹板敲打臀、腿或背。为五刑之一。

⑨感悟：受感动而醒悟。

⑩思子之台：方士江充陷害汉武帝的戾太子，而酿成汉武帝冤杀太子的父子相残的悲剧，后来汉武帝醒悟，据说他还梦见太子跪在他面前哭泣，便修筑了"思子台"以寄托知错悔过之意。

⑪逆悖：悖逆，叛乱。

⑫禁持检著：禁，谨慎。持检，约束、收敛。

⑬学行：学问品行。

⑭自立：能自持自守，不为外力所动。

⑮服勤：谓服持职事勤劳。《礼记·檀弓上》："事亲有隐而无犯，左右就养无方，服勤至死，致丧三年。"孔颖达疏："言服勤者，谓服持勤苦劳辱之事。"

⑯更事：经历世事。

⑰名行：名声与品行。

⑱绝：断绝。

⑲宾客：东汉以后对依附世家豪族人口的一种称谓。

⑳论议：对人或事物的好坏、是非等表示意见。

㉑愆：罪过，过失。

㉒比：类；辈。

㉓庶几：差不多，近似。

【译文】

现在司马遹可以引以为戒，恐怕他被贬斥、弃逐到偏僻地方，应当开始忏悔过错，追悔莫及了。当年汉武帝的戾太子无礼，举兵违抗武帝，地方上德高望重的人士还上书说这只不过是儿子摆弄父亲的兵马，这样的罪处以鞭笞之刑就可以了。后来汉武帝有所感悟，修筑"思子台"（来表示追念）。当今太子遹（虽然也是）无礼，言语犯上，但他接受惩处的时候，还不敢违背父子之道，其罪过比戾太子要轻，还是可以将他放在身边给予约束管教的。眼下，可以为他重新选择师傅、安排文学之士（来教育太子）。应选那些有学识品行、自持守节的人，让那些恪尽职守、阅历丰富、名声操行皆为世称道的人与太子共处。派遣御史严格监护太子的住处，断绝他与那些贵戚子弟以及品格不良的幕僚门客的往来。这样太子身边前后左右都是正人君子，让这些人在太子面前谈事论理时，只谈论古今孝子如何敬爱父母、忠臣如何侍奉国君，以及如何反省过错、勇猛改过之类的善言。太子天天听的都是善道，（这样）差不多就能保全太子了。

【原文】

昔太甲[1]有罪，放[2]之三年，思庸[3]克复[4]，为殷明王。又魏明帝[5]因母得罪[6]，废为平原侯，为置[7]家臣庶子[8]文学，皆取正人，共相匡矫[9]，事父以孝，事母以谨，闻于天下，于今称[10]之。李斯[11]云：'慈母多败子，严家无格虏[12]。'由陛下骄[13]遹，使至于此。庶[14]其受罪以来，足自思改。方今天下多虞[15]，四夷未宁，将伺[16]国隙，储副[17]大事，不宜空虚[18]，宜为大计，少复停留，先加严诲，若不悛改[19]，弃之未晚也。臣素寒门，不经东宫，情不私遹也。臣尝备近职，情同阉寺[20]，悾悾[21]之诚，皆为国事。臣以死献忠，辄具棺絮，伏须[22]刑诛。"书御[23]，不从。遣前将军司马，送太子幽[24]于许昌宫，贾后使黄门[25]孙虑贼太子于许昌[26]。

【注释】

①太甲：商朝国王，生卒年不详，为汤嫡长孙，共在位二十三年。太甲在位初年，任用伊尹为相，商朝比较强盛。可是太甲三年时，太甲开始按照自己性子办事，以残暴的手段对付百姓、奴隶，伊尹便把他放逐到桐宫。根据《史记》记载，三年后，伊尹见太甲改过自新，便郑重的将政权交给他。太甲复位后，沉痛接受教训，成了一个勤政爱民、励精图治的圣君。商朝因此中兴。

②放：流放。

③庸：任用。

④克复：能够恢复。

⑤魏明帝：曹睿（公元204年~239年），字元仲，即魏明帝。沛国谯县（今安徽亳州）人。曹丕之子，曹操之孙。

⑥因母得罪：指公元222年，曹睿因其母甄氏被废，故虽受其祖父曹操的钟爱，但其父曹丕没有立他为太子，而封为平原侯。

⑦置：安置。

⑧庶子：周代司马的属官。掌诸侯、卿大夫之庶子的教养等事。魏晋也沿用这个制度。

⑨匡矫：纠正、矫正。

⑩称：称扬，赞叹。

⑪李斯（？~公元前208年）：字通古，楚国上蔡（今河南省上蔡县）人。从荀子学帝王之术，后受秦始皇重用，入秦为相。主张废封建，定郡县，行禁书令，统一文字，变籀文为小篆。并曾与赵高、胡毋敬等，整理当时通行的秦文，写成《仓颉篇》七章。后为赵高所害，腰斩于咸阳市。

⑫格虏：强悍不驯的奴仆。

⑬骄：通"娇"。宠爱；娇惯。

⑭庶：希望，但愿。

⑮多虞：多忧患；多灾难。

⑯伺：窥伺；窥探；观察。

⑰储副：国之副君。指太子。

⑱空虚：空无；不充实。

⑲悛改：悔改。

⑳阍寺：阍人和寺人。古代宫中掌管门禁的官。阍，音昏。

㉑悾悾：诚恳貌。《后汉书·刘瑜传》："臣悾悾推情，言不足采。"李贤注："悾悾，诚恳之貌。"

㉒须：等待。

㉓御：谓进呈御览。

㉔幽：囚禁。

㉕黄门：既可指官职又可指太监。史称孙虑饿死太子，当为太监。

㉖孙虑贼太子于许昌：永康元年（公元300年），皇后贾南风矫诏，使黄门孙虑毒害囚禁在许昌宫的前太子司马遹。孙虑将此事通告给看守太子的刘振，刘振遂将司马遹迁至小院，绝其食，欲活活饿死，然孙虑依旧不放心，亲自下手，用药椎将其杀害。后赵王司马伦、梁王司马肜、齐王司马冏政变，孙虑等皆被处死。贼，杀戮，杀害。亦指杀人者。

【译文】

昔日（商汤之孙）太甲有罪，被流放了三年，才想要悔过自新，（终于）成为殷商的一位明君。再如魏明帝曹睿因为母亲被废为庶人的缘故，自己也被贬为平原侯。此时朝廷给他安排家臣、老师、文学之士等，都选择有道德修养的正人君子，一起帮助他改正错误，结果他以孝顺侍奉父亲、以恭谨侍奉母亲而名闻天下，至今还被人们称道。李斯曾说：'过于仁慈的母亲多教出败家子，家规严格的家庭不会有桀骜不驯的家丁。'由于陛下娇惯司马遹，才使他落到如此地步。但愿他接受惩处以来，能十分认真地反思己过，予以悔改。当今天下多忧患，周边的外族还没有平定，都想伺机作乱。国家册立太子是大事，不宜使太子之位空缺，应为大局着想不要再耽搁。对太子应先严加教诲，若太子还不悔改，再废掉他也不迟啊！臣出自寒门，从未在东宫任事，感情上并不偏袒太子。臣曾做过皇帝身边的近臣，职位和一般掌管宫门的侍者差不多。今诚恳上奏，都是着眼于国家大事。臣以死表示忠心，并带来了棺材，等待死刑的处置。"惠帝看了奏章后没有同意，又派遣前将军司马将太子押送到许昌宫囚禁起来。不久，贾后派黄门太监孙虑在许昌宫杀害了太子。

【原文】

《干宝纪》云："史臣[①]曰：世祖[②]正位[③]居体[④]，重[⑤]言慎法，仁以原[⑥]下，宽[⑦]而能断[⑧]。故民咏[⑨]惟新[⑩]，四海欢悦矣。聿修[⑪]祖宗之志，独纳羊祜[⑫]之策，役不二时，江湖（湖作湘）来同[⑬]。夷[⑭]吴[⑮]蜀[⑯]之垒垣[⑰]，通[⑱]二方[⑲]之险塞[⑳]，掩[㉑]唐。虞[㉒]之旧城（城作域），班[㉓]正朔[㉔]于八荒[㉕]。余粮委[㉖]亩[㉗]，外关[㉘]不闭，民相遇者如亲，其匮乏者，取资[㉙]于道路[㉚]，故于时[31]有天下无穷人之言。虽太平未洽[32]，亦足以明[33]，吏奉其法，民乐其生，百代[34]之一时矣。武皇既崩，陵土未干，而杨骏[35]被诛，母后废黜[36]，朝士[37]旧臣，夷灭者数十族[38]。宗子[39]无维城[40]之助，而阏伯实沈[41]之隙[42]岁构。师尹[43]无具瞻[44]之贵，而颠坠[45]戮辱[46]之祸日有。民不见德，唯乱是闻，内外混淆，名实[47]反错。国政迭移[48]于乱人[49]，禁兵[50]外散于四方。方岳[21]无钧石之镇[52]，门关无结草[53]之固。李辰[54]、石冰[55]，倾之于荆[56]扬[57]；刘渊[58]、王弥[59]，挠[60]之于青[61]冀[62]。二十余年，而河洛[63]为墟，戎羯[64]称制[65]，二帝[66]失尊，山陵[67]无所。何哉？树立失权[68]，托付[69]非才，四维[70]不张，而苟且[71]之政多也。

【注释】

①史臣：史官。

②世祖：晋世祖司马炎。

③正位：中正之位。

④体：事物的主要部分；主体。

⑤重：慎重，谨慎。

⑥原：宽恕，原谅。

⑦宽：度量宽宏，宽厚。

⑧断：判断，决断，决定。

⑨咏：歌颂。

⑩惟新：更新。

⑪聿修：谓继承发扬先人的德业。聿本助词，后多训为“述”。

⑫羊祜（公元221年~公元278年）：字叔子，泰山南城（今山东费县西南）人。西晋开国元勋。晋代魏后司马炎有吞吴之心，乃命羊祜坐镇襄阳，都督荆州诸军事。在之后的十年里，羊祜屯田兴学，以德怀柔，深得军民之心。吴将陆抗去世后，他上表奏请伐吴，却遭到众大臣的反对。但是晋武帝执意采纳了羊祜的建议伐吴成功，统一了中国。

⑬来同：犹言来朝。

⑭夷：讨平（讨伐平定）。

⑮吴：吴国。

⑯蜀：蜀国。

⑰垒垣：营垒和城墙。

⑱通：打通。

⑲二方：指吴、蜀两方。

⑳险塞：犹要塞。

㉑掩：盖过，超过。

㉒唐、虞：唐尧与虞舜的并称。

㉓班：颁布。

㉔正朔：谓帝王新颁的历法。古代帝王易姓受命，必改正朔，故夏、殷、周、秦及汉初

的正朔各不相同。自汉武帝后，直至现今的农历，都用夏制，即以建寅之月为岁首。

㉕八荒：八方荒远的地方。

㉖委：舍弃，丢弃。

㉗亩：泛指农田，田地。

㉘外关：对外的关口。

㉙取资：取得资助。

㉚道路：路上的人。指众人。

㉛于时：其时，当时。

㉜洽：达到。

㉝明：证明，表明。

㉞百代：指很长的岁月。

㉟杨骏（？~公元291年）：西晋大臣。字文长。弘农华阴（今陕西华阴东南）人。初为高陆县令，累迁至车骑将军，封临晋侯。因其女杨芷为晋武帝皇后，受武帝宠信，与弟杨珧、杨济权倾天下。在晋武帝驾崩后，杨骏一度和皇太后杨芷把持朝政，势倾天下。

㊱废黜：废免罢黜。

㊲朝士：朝廷之士。泛称中央官员。

㊳夷灭者数十族：晋武帝死后，其子惠帝登基，朝政一度由皇太后杨芷及其父杨骏把持。惠帝的皇后贾南风不满，发动政变成功，遂导致皇太后杨芷被废为平民，杨家三族被诛灭，牵连被诛灭共有数十族。从此，皇后贾南风干政十年，并导致皇室各宗室互相残杀的“八王之乱’兴起。

㊴宗子：皇族子弟。

㊵维城：连城以卫国。

㊶阏伯、实沈：阏伯，古代人名。后用为商星的别称。实沈，古代神话谓高辛氏的季子名实沈，是参宿之神。典故出自《左传·昭公元年》：“昔高辛氏有二子，伯曰阏伯，季曰实沈，居于旷林，不相能也，日寻干戈，以相征讨。后帝不臧，迁阏伯于商丘，主辰。商人是因，故辰为商星。迁实沈于大夏，主参，唐人是因。”

㊷隙：怨恨，仇隙。

㊸师尹：指周太师尹氏。《诗·小雅·节南山》：“赫赫师尹，民具尔瞻。”

㊹具瞻：为众人所瞻望。喻指宰辅重臣。

㊺颠堕：坠毁。

㊻戮辱：指杀戮污辱。

㊼名实：名称与实质、实际。

㊽移：转交。

㊾乱人：违背正道或制造混乱的人。

㊿禁兵：犹禁军。

(51)方岳：指州郡。

52钧石之镇：指指重兵护守。钧和石，古代重量单位。三十斤为钧，四钧为石。

53结草：扎草。

54李辰：人名。

55石冰（？～公元304年）：西晋时蛮族起义军将领。太安二年（公元303年），张昌发动荆州汉、蛮各族人民起义，派他分兵东攻扬州，击败刺史陈徽，占领扬州诸郡，不久攻破江州，临淮（今江苏盱眙）人封云起兵响应，进攻徐州。永兴元年（公元304年），在建康（今江苏南京），为陈敏所败，被迫北依封云，与封云同为叛徒张统所杀。

56荆：荆州。

57扬：扬州。亦泛指长江中下游地区。

58刘渊：汉太祖光文皇帝（约公元251年～公元310年），字元海，新兴匈奴人（今山西忻州市北）。为五胡十六国时代中，汉国（后改为前赵，亦作汉赵）的开国君王。刘渊是西汉冒顿单于的后代，本姓栾提，因汉高祖刘邦嫁公主给冒顿单于和婚并约为兄弟而改姓刘。刘渊亦是东汉末年南匈奴单于于扶罗之孙，匈奴左部元帅刘豹子。刘渊在父亲死后接掌其部属，八王之乱时诸王互相攻伐，刘渊乘朝廷内乱而在并州自立，称汉王，建立汉国，五年后称帝。

59王弥（？～公元311年）：东莱郡人。曹魏将领王颀之孙。西晋末年的叛民领袖，后归附汉赵为将，官至大将军。后被另一将领石勒所忌而被杀。

60挠：扰乱。

61青：青州。州府名。汉置青州，魏及晋初因之。南北朝仍置州。治所屡迁，辖领不一。隋废。

62冀：冀州。

63河洛：指黄河与洛水两水之间的地区。

64戎羯：戎和羯，古族名，泛指西北少数民族。

65称制：即位执政，称帝建制。

66二帝：晋怀帝、晋愍帝。

67山陵：帝王或皇后的坟墓。

68树立失权：治国方略失策，谋略不当的意思。树立，建立；建树。权，权衡。

69托付：委托别人照料或办理。

70四维：礼、义、廉、耻为治国之四纲，称为“四维”。

71苟且：不循礼法。

【译文】

干宝《晋纪》上记载：史臣说：“晋世祖司马炎正式登基获得帝位后，言语谨慎，慎用刑法，用仁爱之心宽恕臣下，气度宽宏而又能决断，所以人民拥护新政，四海之内民众欢欣喜悦。他秉承祖宗的志向，力排众议采纳羊祜伐吴的建议，战争没过多久，长江和湘江流域就归附晋朝。此后破除了吴国和蜀国的营垒和城墙，打通了险要的关塞，国土面积超过了唐尧、虞舜所治理的旧国疆域，向边远的地方颁布了新的历法。田地里有许多剩余的粮食，对外的关口不用关闭，大家在路上遇到都和亲人一样。有缺衣少粮的人，从旁人那里都能够得到资助，所以那时有天下没有穷人的说法。虽然没有达到太平盛世，但也可以显示出官吏们奉公守法，人民安居乐业，这也是数百年方能一遇的啊！晋武帝驾崩之后，陵墓上的土还没有干，顾命大臣杨骏就被诛杀，皇太后被废黜，朝堂上原有的臣子，有数十家都被灭族。皇室宗亲也不能互相扶助，反而彼此争斗；国家的重臣不能得到尊重和仰慕，反而被罢黜和杀戮凌辱的祸事却经常出现。百姓们看不到为政者的德政，所听到的都是朝政混乱的消息；国家分不清敌友，官员名实不符。国家的政权经常落入乱臣贼子之手，卫护皇城的禁卫军队则散乱四方。州郡没有有才能的人去镇守治理，关隘像草扎的一样很不牢固。李辰和石冰攻占了荆州和扬州，刘渊和王弥扰乱于青州、冀州一代。仅二十多年的时间，中原的河洛地区成为废墟，外族胡人建国称帝，怀、愍二帝因此失去了国君的尊严，祖先的陵墓也无处安置，这是为什么呢？是因为治国的方略违背了常道，政事托付于无才能的人，礼义廉耻的纲常道德没有得到宣扬，而不循礼法的政令又太多了。

【原文】

夫作法[①]于治[②]，其弊犹乱，作法于乱，谁能救之？于时[③]天下非蹔[④]弱也，军旅[⑤]非无素也。彼刘渊[⑥]者，离石[⑦]之将兵都尉[⑧]；王弥者，青州之散吏[⑨]也。盖皆弓马[⑩]之士，驱走[⑪]之人，凡庸之才，非有吴先主[⑫]、诸葛孔明之能也；新起之寇，乌合之众[⑬]，非吴蜀之敌也；脱耒[⑭]为兵，裂衣为旗，非战国[⑮]之器也；自下逆上，非邻国之势也。然而成败异效，扰天下如驱群羊，举[⑯]二都[⑰]如拾遗[⑱]（遗下有芥字），将相侯王，连颈[⑲]受戮，乞为奴仆，而犹不获[⑳]，后嫔妃主，虏辱于戎卒[㉑]，岂不哀哉！夫天下，大器[㉒]也；群生[㉓]，重畜[㉔]也。爱恶相攻，利害相夺，其势若积水于防[㉕]、燎火于原，未尝蹔静也。器大者，不可以小道[㉖]治；势重者，不可以争竞[㉗]扰。古先哲王[㉘]知利[㉙]百姓，是以感[㉚]而应[㉛]之，悦而归之，如晨风[㉜]之郁[㉝]北林、龙鱼[㉞]之趣[㉟]渊泽也。然后设礼文[㊱]以理之，断刑罚以威之，谨好恶以示[㊲]之，审[㊳]祸福以喻[㊴]之，求明察[㊵]以官[㊶]之，笃[㊷]慈爱以固[㊸]之。故皆乐其生而哀其死，悦其教而安[㊹]其俗。

【注释】

①作法：谓创制法律、典章等。

②治：指政治清明，社会安定。与“乱”相对。

③于时：当时，其时。

④蹔：同“暂”。少顷；短暂。

⑤军旅：部队。

⑥刘渊：见前注。

⑦离石：即现在山西吕梁地区。

⑧都尉:官名。战国时始置。秦灭六国,遂以其地为郡,置郡守、丞、尉。尉典兵,是比将军略低的武官。

⑨散吏:闲散的官吏。指有官阶而无职事的官员。

⑩弓马:骑射。

⑪驱走:犹役使。驱遣奔走。

⑫吴先主:指三国吴主孙权。

⑬乌合之众:形容一时聚集,无组织纪律的一群人。

⑭耒:古代一种可以脚踏的木制翻土农具。

⑮战国:谓统治一方、互相交战的国家。

⑯举:攻克;占领。

⑰二都:吕延济注:“二都,洛阳、长安也。”

⑱拾遗:拾取他人的失物。比喻轻而易举。

⑲连颈:犹言一个人挨一个人。

⑳不获:不得,不能。

㉑戎卒:兵士。

㉒大器:《庄子·让王》:“故天下,大器也,而不以易生,此有道者之所以异乎俗者也。”成玄英疏:“夫帝王之位,重大之器也,而不以此贵易夺其生,自非有道,孰能如是!”因以大器比喻国家、帝位。

㉓群生:指百姓。

㉔重畜:大牲畜。这里用来代指财产,财富。

㉕防:堤岸,堤坝。

㉖小道:礼乐政教以外的学说。

㉗争竞:谓为名利而争逐奔走。亦泛指互相争胜。

㉘哲王:贤明的君主。

㉙利:给予利益和好处。

㉚感:感化。

㉛应:响应。

㉜晨风:鸟名。

㉝郁:音玉,丛集茂密。《诗·秦风·晨风》:“鴥彼晨风,郁彼北林。”毛传:“郁,积也。”孔颖达疏:“郁积而茂盛者,彼北林之木也。”

㉞龙鱼:即龙鲤。一说指鲵鱼,人鱼。

㉟趣:趋向;归向。

㊱礼文:指礼乐仪制。

㊲示:教导。

㊳审:详究;细察。

㊴喻:晓谕;告知;开导。

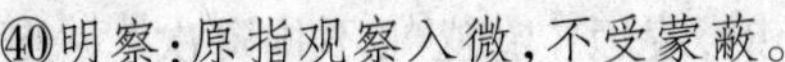

㊵明察：原指观察入微，不受蒙蔽。

㊶官：管理。

㊷笃：诚笃。

㊸固：稳固；安定。

㊹安：谓对某种环境、事物感到安适或习惯。

【译文】

法制政令用在太平盛世，都会产生弊端和变化，用在乱世，有谁还能挽救其弊呢？当时的国力并不是暂时薄弱，军队也非训练无术。那刘渊不过是离石县领兵的都尉，王弥不过是青州闲散的官吏，都是平常只会骑射、被人驱使指挥的人，才能也很平庸，并不是像东吴先祖孙权与诸葛亮那样有才能的人。这些刚刚兴起的叛乱之人，都是些乌合之众，远远比不上当年东吴和蜀汉的军队，他们随便放下农具就成为兵士，把衣服撕破就作为旗帜，不是正规训练的军队；以臣下而反逆主上，也没有敌国那样的势力。即便是这样，却迅速取得了成功，扰乱天下就像在赶一群羊，攻占东西二都就像拾取他人的失物一样容易。将相王侯，一起被杀戮，连祈求成为奴仆都不被获准；后宫的嫔妃，被普通的士兵掳走凌辱，这难道不悲哀吗？天下，是最大的宝器；百姓，是最大的财富。面对这两者，多少人为了满足自己的欲望而互相攻击，为了利害得失而互相争夺，这形势就好比在堤坝上里蓄水，在平原上放火，不曾有一刻安宁。国家如此之大，不能以礼教之外的普通方法来治理；百姓如此众多，不可以争夺之心去妄加侵扰。古代的先哲圣王知道必须要利益百姓，所以用自己的德行来感召臣民，让他们心悦诚服地归顺，就像晨风鸟聚向茂密的北林，龙鲤趋向深渊水泽。人民归附后，再制定礼教仪制来规范他们，决断刑罚来威慑他们，慎重好恶来教导他们，告知民众辨明祸福的道理来引导他们，访求明察之士来管理他们，设法增进大家的慈爱之心来安定他们。所以，圣王在世，人们感到非常快乐；当他不在世时，人们都非常悲哀，人们愿意接受他的教化并乐于遵守他所倡导的淳朴风俗。

【原文】

君子勤[1]礼，小人尽力。廉耻笃[2]于家闾[3]，邪僻[4]消于胸怀[5]。故其民有见危以授命[6]，而不求生以害义[7]。又况奋臂[8]大呼聚之，以干纪[9]作乱之事乎？基广则难倾，根深则难拔，理节[10]则不乱，胶结[11]则不迁[12]。是以昔有天下者之所以长久也，夫岂无僻主？赖道德典刑[13]，以维持之也。故延陵季子[14]听乐，以知诸侯存亡之数[15]、短长之期者，盖民情[16]风教[17]，国家安危之本也。晋之兴也，其创基立本[18]，异于先代，又加之以朝寡纯德[19]之士，乡乏[20]不二[21]之老，风俗淫僻[22]，耻尚失所。学者以庄[23]、老[24]为宗，而黜[25]六经[26]；谈者以虚荡[27]为辩，而贱名检[28]；行身[29]者以放荡[30]为通[31]，而狭[32]节操[33]；进仕[34]者以苟得[35]为贵，而鄙居正[36]；当官者以望空[37]为高，而笑勤恪[38]。刘颂[39]屡言治道[40]，傅咸[41]每纠[42]邪正，皆谓之俗吏。其倚仗虚旷，依阿[43]无心者，皆名重[44]海内。由是毁誉[45]乱[46]于善恶之实，情慝[47]奔于货欲之涂，选者为人择官，宦者为身择利。而秉钧当轴[48]之士，身兼官以十数，大极其尊，小统其要,机事[49]之失,十恒八九。而世族贵戚之子弟,凌迈[50]超越[51],不拘资次[52]。悠悠风尘[53],皆奔竞[54]之士;列官千百,无让贤[55]之举。

【注释】

①勤:致力于。

②笃:笃信,笃行。

③家间:谓家族及邻里。

④邪僻:乖谬不正。

⑤胸怀:犹心中。

⑥见危以授命:见危授命,谓在危难关头,勇于献身。《论语·宪问》:"见利思义,见危授命,久要不忘平生之言,亦可以为成人矣!"

⑦求生以害义:同"求生害仁"。谓因谋求活命而有伤仁德。语本《论语·卫灵公》:"志士仁人,无求生以害仁,有杀身以成仁。"

⑧奋臂:振臂而起。常指举大事。

⑨干纪:违犯法纪。

⑩理节:谓政教有条理、节度。

⑪胶结:如胶之凝结。常喻事物不易分解。

⑫迁:离散。

⑬典刑:常刑。

⑭延陵季子:指春秋时吴公子季札。相传吴王寿梦有四子:诸樊(或称谒)、余祭、余眛(一作夷昧)、季札。季札贤,寿梦欲废长立少。季札让不可。寿梦卒,诸樊立,与余祭、余眛相约,传弟而不传子,弟兄迭为君,欲终致国于季札。季札离国赴延陵(一说封于延陵),终身不入吴国,故世称延陵季子。事见《公羊传·襄公二十九年》《史记·吴太伯世家》。

⑮数:天命;命运。

⑯民情:民众的生活、生产、风尚习俗等情况。

⑰风教:《诗大序》:"风,风也,教也。风以动之,教以化之。"后以"风教"指风俗教化。

⑱创基立本:创立基业,建立根本。

⑲纯德:纯粹的德行。

⑳乏:缺少。

㉑不二:不变心,专一。

㉒淫僻:邪恶不正。

㉓庄:庄子。战国时哲学家。

㉔老:老子。春秋时期思想家。姓李名耳,字聃,故亦称老聃。著《道德经》五千言,亦名《老子》,为道家的经典著作。

㉕黜:摈弃。

㉖六经:六部儒家经典。《庄子·天运》:"孔子谓老聃曰:'丘治《诗》《书》《礼》《乐》

《易》《春秋》六经，自以为久矣，孰知其故矣。'”

㉗虚荡：谓浮夸而不切实际。

㉘名检：亦作“名俭”。名誉与礼法。

㉙行身：立身处世。

㉚放荡：放纵，不受约束。

㉛通：通达。

㉜狭：小看；轻视。

㉝节操：气节操守。

㉞进仕：晋升为官。

㉟苟得：不当得而得。

㊱居正：谓遵循正道。

㊲望空：犹言望白署空（谓为官者只署文牍不问政务）。《文选·干宝〈晋纪总论〉》：“当官者以望空为高，而笑勤恪。”吕延济注：“望空谓不识是非，但望空署白而已。”

㊳勤恪：勤勉恭谨。

㊴刘颂（？~公元300年）：字子雅，西晋时司法官。西晋初期历任尚书三公郎、议郎守廷尉、三公尚书等司法官，秉公执法，时人把他比作西汉张释之。他强调必须严格按照法律判案，断罪应以法律条文为依据，没有法律条文，就应根据刑名和法例，法律条文和名例都用不上，就不能定罪。他极力反对司法官吏迎合君主意志，迁就社会舆论，借口具体情况，“看人设教”“随时之宜”，以致撇开法律条文不用，量刑畸轻畸重。他说，如果认为法律条文不尽妥当，可以修改；如果认为法律条文完善，就必须严格执行，不许枉法。

㊵治道：治理国家的方针、政策、措施等。

㊶傅咸（公元239年~公元294年）：字长虞。北地泥阳（今陕西耀州区东南）人。西晋文学家。傅玄之子，仰慕季文子和仲山甫。泰始九年（公元273年）任太子洗马，咸宁初年（公元275年）袭父爵，迁任尚书右丞，不久出任冀州刺史，为官峻整，主张“并官省事”，直言敢谏，被司徒魏舒弹劾，降任车骑司马。

㊷纠：或作纠。

㊸依阿：曲从附顺。

㊹名重：名声显赫。

㊺毁誉：诋毁和赞誉。

㊻乱：混淆。

㊼慝：音特，邪恶。

㊽秉钧当轴：犹言秉钧持轴，比喻执政掌权。

㊾机事：指国家枢机大事。

㊿凌迈：超越。

51超越：越级提升。

52资次：资历的次第，年资等次。

⑬风尘：宦途，官场。
⑭奔竞：奔走竞争，多指对名利的追求。
⑮让贤：让位于贤者。

【译文】

君子致力于礼制的建设和维护，普通人则尽心尽力做好本分，家族邻里笃信礼义廉耻，心中不再有邪恶怪僻的想法。所以民众见到国家有危难，能够献出生命去保护，决不会为了求生存而有损道义。如此又怎么会出现振臂一呼便群起作乱的事情呢？房子地基广阔就难以倾倒，树木根基深厚就难以拔起，政教有条不紊就不会混乱，人心像胶凝结在一起就不会涣散，这就是以往一些朝代拥有天下而能够长治久安的原因。那时也不是没有邪僻不正的君主，但仍能依赖道德和刑律来维持安定。延陵季札听到音乐就能够知道诸侯国兴亡的变数，存亡时间的长短，是因为民情风俗和教化，才是国家安危的根本啊！晋朝兴起，它的立国基础，和之前的朝代不同，又加上朝堂中很少有纯正道德的人，乡野里缺乏忠贞不贰的里老，风俗邪僻淫佚，社会的荣辱价值观颠倒了。士人一味推崇老子、庄子的玄谈，而摒弃对儒家六经的学习；谈论世事以浮夸不切实际为明辨，而轻视名誉礼法；为人处世以放荡为通达，而不屑于气节操守。谋求做官者为达目的不择手段，而鄙视遵循正道；为官的人以应付公文为高明而嘲笑勤勤恳恳做事的人。刘颂多次进言治国大道，傅咸常常纠正正邪之失，他们却都被讥讽为俗吏；而那些故弄玄虚、曲从附顺而无定见的人，反而受人推崇，名重一时。正因如此，社会舆论的诋毁和赞誉不符合善恶的实质，人们都以邪恶之心为了财富贪欲四处奔走。负责铨选的官员只任命亲信，当官的只为自己搜刮钱财。那些朝中显要，一人身兼十多个官职，其中大的职位必是尽力显示自己的尊贵，小的职位必是尽力抓住要害部门，国家机要大事十有八九都处理失当。名门望族、皇亲国戚的子弟，常常得到破格提拔，而不管资历的深浅。官场上都是竞相奔走追求名利的人，朝中成百上千的官员，从未见让位于贤的举动。

【原文】

子真[1]著《崇让》[2]，而莫之省[3]；子雅[4]制'九班'[5]，而不得用；长虞[6]直笔[7]，而不能纠[8]。其妇女庄饰[9]织纴[10]，皆取成于婢仆，未尝知女功[11]丝枲[12]之业、中馈[13]酒食之事也。先时而婚，任情[14]而动，故不取（取作耻）淫逸[15]之过，不拘妒忌之恶。有逆于舅姑[16]，有反易[17]刚柔[18]，有杀戮妾媵[19]，有渎乱[20]上下，父兄弗之罪[21]也，天下莫之非[22]也，又况责[23]之，闻四教[24]于古，修贞顺[25]佐于今，以辅佐君子者哉！礼法刑政[26]，于是大坏。如水斯积，而决其堤防；如火斯蓄，而离其薪燎[27]也。国之将亡，本必先颠[28]，其此之谓乎？故观阮籍[29]之行，而觉礼教崩弛[30]之所由；察庾纯[31]、贾充[32]之争，而见师尹[33]之多僻[34]；考[35]平吴[36]之功，而知将帅之不让[37]；思郭钦[38]之谋，而寤戎狄[39]之有衅[40]；览傅玄[41]、刘毅[42]之言，而得百官之邪；核[43]傅咸之奏、钱神[44]之论，而睹宠赂[45]之彰[46]。民风国势如此，虽以中庸[47]之才、守文[48]之主治之，辛有[49]必见之于祭祀，季札[50]必得之于声乐，范燮[51]必为之请死，贾谊[52]必为之痛哭。又况我惠帝[53]，以荡（上荡作放）荡之德，而临之哉！故贾后[54]肆虐[55]于六宫[56]，韩午[57]助乱于内外，其所由来渐[58]矣，岂特[59]系[60]一妇人之恶乎？"

【注释】

①子真：刘实。字子真，平原高唐人。刘实官高位显，崇俭尚素，食蔬衣布，居无宅第，所得俸禄，赡养亲故。自少及老，笃学不倦，尤精《三传》，撰有《左氏牒例》二十卷，《春秋公羊达义》三卷、《春秋条例》二十卷、《集解春秋序》一卷、《文集》二卷。详见后文《传》。

②崇让：辞赋名，《崇让论》。

③省：觉悟；醒悟。

④子雅：刘颂，字子雅。见前注。

⑤九班：晋代考核官吏的一种制度。

⑥长虞：傅咸，字长虞。见前注。

⑦直笔：指史官据事直书，无所避忌。

⑧纠：纠正；矫正。

⑨庄饰：妆饰；装饰。

⑩织紝：指织作布帛之事。紝同"纴"。

⑪女功：谓妇女从事的纺织、刺绣、缝纫等。

⑫丝枲：生丝和麻。枲，音洗。

⑬中馈：指家中供膳诸事。

⑭任情：任意；恣意。

⑮淫逸：淫荡，淫乱。

⑯舅姑：称夫之父母。俗称公婆。

⑰反易：颠倒。

⑱刚柔：阴阳。

⑲妾媵：古代诸侯贵族女子出嫁，以侄娣从嫁，称媵。后因以"妾媵"泛指侍妾。

⑳渎乱：混乱。

㉑罪：惩罚；治罪。

㉒非：非议。

㉓责：谴责，责备。

㉔四教：旧时的四项教育科目。所指因教育对象而异。一.孔子以文、行、忠、信为教人的四要目。二.指儒家所传授的四门学科：诗、书、礼、乐。三.指妇德、妇言、妇容、妇功。这里文中主要谈及妇女的教育，所以此处"四教"指"妇德、妇言、妇容、妇功"。

㉕贞顺：指妇女的专一婉顺。

㉖礼法刑政：礼法，礼仪法度。刑政，刑法政令。

㉗薪燎：柴木。

㉘颠:颠倒。

㉙阮籍(公元210年~公元263年):字嗣宗,陈留尉氏(今河南开封)人,三国时期魏诗人,与嵇康、刘伶等七人为友,常集于竹林之下肆意酣畅,世称竹林七贤。

㉚崩施:施同"弛"。涣散,败坏。

㉛庾纯:约公元265年前后在世,字谋甫,颍川鄢陵人,庾峻之弟。博学有才义,为世儒宗。初补郡主薄,累官黄门侍郎,历中郎令、河南尹。时贾充专政自恣,纯怒叱曰:"天下凶凶,由尔一人!"充左右欲执纯,赖羊琇、王济佑之得免。充惭而怒,上表解职。纯惧,亦上表自劾,免官。后拜少府,卒。

㉜贾充(公元217年~公元282年):字公闾,平阳郡襄陵县(今山西襄汾县)人,曹魏豫州刺史贾逵之子,三国后期至西晋时人物,历仕曹魏及西晋。贾充深得司马昭和晋武帝司马炎信任,又与皇室结有姻亲关系,地位显赫,是一时的权臣。

㉝师尹:各属官之长。

㉞多僻:多邪僻。

㉟考:考核官吏的成绩。

㊱平吴:平定吴国。

㊲不让:不逊让;不推辞。

㊳郭钦:人名。

㊴寤戎狄:寤,同"悟"。醒悟,觉悟。戎狄,亦作"戎翟",古民族名。西方曰戎,北方曰狄。

㊵亹:同"舋"。征兆。

㊶傅玄(公元217年~公元278年):字休奕,北地泥阳(今陕西耀州区东南)人。曾任弘农太守领典农校尉,被封鹑觚男。入晋历任御史中丞、太仆、司隶校尉,曾上疏议改屯田二八分制。曾参撰《魏书》,著有《傅子》。

㊷刘毅(公元216年~公元285年):字仲雄,东莱掖县人。西汉城阳王刘章的后代,曹魏及西晋官员。刘毅公正刚直,喜欢评论人物,后来任官更多次弹劾大小官员,又提议废除九品中正制。刘毅直谏晋武帝卖官入私门,连东汉时期的桓灵二帝都比不上。

㊸核:核定。

㊹钱神:谓金钱之力,如同神物。晋元康之后,纲纪大坏。鲁褒著《钱神论》一文,刺世风之贪鄙,见《晋书·隐逸传·鲁褒》。

㊺宠赂:私宠与贿赂。

㊻彰:盛。

㊼中庸:儒家的政治、哲学思想。主张待人、处事不偏不倚,无过无不及。《论语·雍也》:"中庸之为德也,其至矣乎。"

㊽守文:本谓遵循文王法度。后泛指遵循先王法度。

㊾辛有:姒姓,辛氏,名有,周朝太史。周平王向东迁都洛阳的时候,辛有到了伊川,见到有披着头发的人在野外祭祀,说:"不到一百年,这里就要变成戎人居住的地方!礼

仪已经先消亡了。"公元前638年秋季,秦国和晋国把陆浑之戎迁到伊川。

㊿季札:见前注。

51范燮(? ~公元前574年):春秋时代晋国军事人物、政治人物。祁姓、字叔,谥号文。又称范文子。公元前575年,鄢陵之战爆发。范燮对此次战争极力反对,认为留下一个敌国可以使自己的国家不懈怠。结果晋军最终胜利,范燮看到晋厉公对战胜楚共王十分自满,不愿看见晋国局势进一步恶化,范燮说:"君骄侈而克敌,是天益其疾也。难将作矣!爱我者唯祝我,使我速死,无及于难,范氏之福也。"很快就死去了。

季札塑像

52贾谊(公元前200年~公元前168年):西汉时期洛阳(今河南省洛阳市东)人。由于当过长沙王太傅,故世称贾太傅、贾生、贾长沙。汉朝著名的思想家、文学家。其政论文《过秦论》《论积贮疏》《治安策》等,在历史上有很高的地位。

53惠帝:晋惠帝司马衷,西晋的第二位皇帝,在他的统治期间发生了八王之乱,西晋灭亡。

54贾后:贾南风(公元256年~公元300年),平阳郡襄陵县(今山西襄汾县)人。西晋的开国元勋贾充的三女(亦是其平妻郭槐的长女),西晋晋惠帝的皇后。贾南风在皇后位十年,其间因惠帝懦弱无能而得以专权,直至在政变中被废杀。其专权与失势是引发八王之乱并最终导致战乱升级的导火索之一,对西晋和之后的历史产生了深远的影响。

55肆虐:恣意残杀或迫害。

56六宫:古代皇后的寝宫,正寝一,燕寝五,合为六宫。

57韩午:人名。

58渐:缓进;逐步。

59岂特:哪里,只是。

60系:涉及;关系。

【译文】

刘子真虽然著了《崇让论》,却不能让人们醒悟;刘子雅虽然制定了考核官吏的制度,也不能得到施行;傅长虞据事直书,也无法纠正这种情况。官宦人家妇女的装饰、穿戴之物,都出自女仆之手,从来不知道纺织、刺绣和养蚕缫丝的职业以及供膳和做饭烧菜这些(持家本分的)事情。尚未成年就结婚,凡事任性而为,所以不以荒淫逸荡为过错,也不约束嫉妒忌恨的恶念。有的忤逆夫家公婆长辈;有的颠倒阴阳不能柔顺守礼;有的随意杀

戮侍妾；有的搞乱尊卑上下的次序。即便如此，父亲和兄长都不罪责她们，世人也不认为这样不合乎女德，入谈何责令她们学习古时的妇德、妇言、妇容、妇功，并在她们之间推广贞节温顺的女德教育，使她们能够辅佐夫君呢？礼仪与法度，刑罚与政令，就这样遭到了严重的破坏。其恶果犹如储水而决其堤坝，储藏的火种将要引燃木柴一样危险啊！国家将要灭亡的时候，根基必然先会颠覆，说的就是这种情况啊！所以看阮籍的行为举止，就能知道礼教崩塌的原因；观察庾纯、贾充的争斗，就明白各级长官行为的邪僻了；看看平定东吴之后论功行赏时的情况，就知道将帅之间互不谦让；回想郭钦的远虑，就知道戎狄外族蓄谋已久；观览傅玄、刘毅的言论，就能知道官场充斥着不正之风；审阅傅咸的奏章、《钱神论》的论述，就能看到偏宠贿赂有多么盛行。社会风气和国家情势败坏到如此地步，即使让具备中庸之德，能够坚守先王法度的君主来治理，贤臣辛有也一定能从祭祀的礼仪上看出国之将亡的征兆，王子季札也一定能从音乐中听出亡国之音，忠臣范燮一定会因为痛心于国难将至而请求赐死，明哲贾谊必定会哀伤亡国而痛哭流涕，又何况是我朝的晋惠帝以骄纵放荡的品行来治理天下呢？所以贾皇后在后宫中肆虐，韩午在朝廷内外助其作乱，这样的局面是慢慢形成的，哪里只是跟贾皇后这一个女人的邪恶有关呢？

【原文】

成皇帝[①]讳衍，字世根，明帝[②]太子也。咸和[③]七年，诏除诸养禽之属[④]无益者。集书令史[⑤]夏侯盛[⑥]表[⑦]曰："伏闻明诏[⑧]悉除养熊虎之费，举朝增庆，咸称圣主。伏惟[⑨]陛下，未观古今成败之戒，而卓尔[⑩]玄览[⑪]，明发自然[⑫]，遣除无益，务[⑬]在啬民[⑭]，诚可谓性[⑮]与天道[⑯]，生而知之。孔子十五志学[⑰]，四十不惑[⑱]。陛下年在志学之后[⑲]，而思洞[⑳]不惑之前[㉑]。三代[㉒]之兴，无不抑损[㉓]情欲[㉔]；三季[㉕]之衰，无不肆[㉖]其侈靡[㉗]。陛下不学其兴，而与兴者同功；不览[㉘]其衰，已去[㉙]衰者之弊。道侔[㉚]上哲[㉛]，德迈[㉜]中古[㉝]，吐丝发[㉞]之言，著如纶之美[㉟]。臣闻"将顺其美，匡救其恶"[㊱]，故人主之言，则右史[㊲]书之。陛下此诏，既当等[㊳]之史籍，又宜宣布天下。

【注释】

①成皇帝：晋成帝，名司马衍（公元321年～公元342年），字世根。晋明帝的长子。成帝在位十七年，病死，终年二十一岁，葬于兴平陵（今江苏省江宁县鸡笼山），是东晋第三个皇帝。

②明帝：即晋明帝司马绍（公元298年～公元325年），字道畿，东晋的第二代皇帝，晋元帝之子，庙号肃宗。生来像鲜卑人，为人豪爽，在位期间曾经中兴，可惜在位仅四年早死。在位期间曾平定王敦叛乱。

③咸和：是晋成帝司马衍的第一个年号（公元326年～公元334年），共计九年。

④属：类。

⑤书令史：古代佐理案牍的官吏。晋、南朝宋有内台书令史，九品。隋诸省府寺各有令史、书令史、书吏之属。

⑥夏侯盛:人名。

⑦表:奏章的一种,多用于陈请谢贺。

⑧明诏:英明的诏示。

⑨伏惟:下对上的敬辞。多用于奏疏或信函。意为念及,想到。

⑩卓尔:形容超群出众。

⑪玄览:远见;深察。

⑫明发自然:性德的光明自然显现。明,指“明德”之明。

⑬务:致力。

⑭啬民:亦作“啬人”。农夫。啬,通“穑”。

⑮性:秉性。

⑯性与天道:秉性合于天道。与,同。天道,天地自然的大道。

⑰志学:专心求学。语本《论语·为政》:“吾十有五而志于学。”

⑱不惑:谓遇事能明辨不疑。《论语·子罕》:“知者不惑,仁者不忧,勇者不惧。”

⑲志学之后:十五岁之前。后,此处用反义。

⑳思洞:犹洞察。

㉑不惑之前:指四十岁以前。

㉒三代:指夏、商、周。

㉓抑损:减少;限制。

㉔情欲:欲望,欲念。亦指七情五欲。即“喜、怒、哀、惧、爱、恶、欲”七情以及“财、色、名、食、睡”五欲。

㉕三季:指夏、商、周三代的末期,即夏桀王、商纣王以及周幽王。《国语·晋语一》:“虽当三季之王,不亦可乎?”韦昭注:“季,末也。三季王,桀、纣、幽王也。”

㉖肆:不受拘束;纵恣。

㉗侈靡:奢侈浪费。

㉘览:观看;考察。

㉙去:除去。

㉚侔:齐等;相当。

㉛上哲:具有超凡的道德、才智的人。

㉜迈:超越;超出。

㉝中古:次于上古的时代。由于古人所处时代不同,所指时期不一。一说指商周之际;二说指夏虞之际;三说指战国;四说指汉代。今一般以魏晋南北朝至唐宋之间为中古,亦有把两汉包括在内者。

㉞丝发:犹丝毫。形容细微。

㉟如纶之美:典出《礼记·缁衣》:“王言如丝,其出如纶;王言如纶,其出如綍。”郑玄注:“言言出弥大也。”纶,青丝绞合而成的带。古代低级官吏用以系印。

㊱将顺其美,匡救其恶:典出《孝经·事君》:“将顺其美,匡救其恶,故上下能相亲

也。”意思是君主有美善，臣子就顺而行之，君主有过恶，臣子就正而止之，这就是上下级能够融洽相处的原因。

㊲右史：古代史官名。

㊳等：等同；同样。

【译文】

晋成帝司马衍，字世根，是明帝司马绍的太子。咸和七年（公元 332 年），下诏废除蓄养鸟兽这类无益的事情。集书令史夏侯盛上表说：“臣恭闻陛下明诏，要求全部去除蓄养熊虎的费用开支，满朝官员为之庆贺，都称道陛下是一位英明的君主。臣念及陛下您尚未看到古今成败的经验教训，却有超乎凡人的高瞻远瞩，能够阐发自然之道，废除无益之事，务求体恤农民疾苦，这真可以说陛下本性与天道相合，有与生俱来的智慧。孔子十五岁专心求学，到了四十岁遇到事情方能明辨不疑。陛下的年龄还不到孔子立志学问时的十五岁，而洞察事理的能力却达到不惑（四十岁）之年的程度。夏、商、周三代之所以兴盛，无不是因为对人的七情五欲加以节制；三代末期的衰败，无不因肆意奢侈浪费。陛下虽未学习三代的兴国之道，却能做到与三代兴国一样的事情；您虽没有考察三代末期的衰亡，却已经摒除了末代时期的弊病。您这样的治国之道比得上古代圣哲，这种圣德也超过了中古时期的帝王。您（的诏书）虽然谈论的是件小事，但是它却产生了广大深远的正面影响。臣听说：‘做臣子的应该随顺君主的美德之举，纠正补救君主不善之处。’所以君主的言语，由右史记载下来。陛下这一诏书，既足以彪炳史册，又应该广布天下。

【原文】

自丧乱[①]已来，四十余载，涂炭[②]之余，思治[③]久矣。陛下智成当年[④]，而运值[⑤]百六[⑥]，德音[⑦]之诏，发自圣德。愿复触类而长[⑧]之，广求其比[⑨]，无使朝有游食[⑩]费禄之臣，野有逋窜[⑪]不徭[⑫]之民。使居官者，必有供时之赋，则何患仓廪[⑬]之不实，下土[⑭]之不均[⑮]？凡修此术，易于反掌耳。臣诚总猥[⑯]，官自朝末[⑰]，不足对扬[⑱]盛化[⑲]，裨[⑳]广[㉑]大猷[㉒]，然自睹[㉓]圣美，心悦至教[㉔]，自忘丛细[㉕]，谨拜表[㉖]以贺。

【注释】

①丧乱：形容时势或政局动乱。此处指晋惠帝执政时期，由于太子被冤杀而政局不稳，出现了皇室成员互相争斗的八王之乱。八王之乱彻底消耗了晋室的国力，最终导致不敌少数民族外患而南渡长江，成立了偏安江南的东晋政权。

②涂炭：比喻极困苦的境遇。

③思治：向往治世。

④当年：即壮年。指身强力壮的时期。

⑤运值：运，命运；运气。值，遇到；碰上。

⑥百六：古代以为厄运。

⑦德音：用以指帝王的诏书，用于施惠宽恤之事，犹言恩诏，至唐宋，"德音"成为诏书的一个独立文体。

⑧触类而长：语本《易·系辞上》："引而伸之，触类而长之，天下之能事毕矣。"孔颖达疏："谓触逢事类而增长之。"意谓掌握一类事物知识或规律，就能据此而增长同类事物知识。

⑨比：类；辈。

⑩游食：游手好闲，不劳而食。

⑪逋窜：逃亡，逃窜。

⑫傜：劳役，力役。

⑬仓廪：贮藏米谷的仓库。

⑭下土：四方、天下。

⑮不均：不均匀。

⑯猥：鄙陋。

⑰朝末：朝班的末位。为朝官的谦辞。

⑱对扬：古代常语，屡见于金文。凡臣受君赐时多用之，兼有答谢、颂扬之意。

⑲盛化：昌明的教化。

⑳裨：增添，补助。

㉑广：推衍。

㉒大猷：谓治国大道。

㉓睹：看见。

㉔至教：谓极其高明的道理和见解。

㉕丛细：繁多琐碎。

㉖拜表：上奏章。

【译文】

自从王朝发生宗室相争、政局混乱以来，到现在四十余年了，人民在遭受困顿苦难之余，早就希望国家恢复和平安定。陛下的智慧如同壮年人士，然而国运正值最衰微的时刻，这一至善施恩的诏书，来自陛下圣明的德行。臣更希望陛下能触类旁通，将圣德广泛运用于执政的方方面面，不让朝廷有不勤于政事而空耗俸禄的臣子；不使民间有逃亡藏匿不服徭役的平民。使做官者，每年必定时向国家缴纳赋税，这样一来，何愁国家仓廪储备不足、天下百姓分配不均呢？为人君只要为政以德，要想治理好国家真是易如反掌啊！臣之所见的确琐碎、鄙陋，且官职低微，不足以颂扬陛下昌明的教化，以增益推广治国的大道，然而由于亲自目睹圣上美善之举，内心为此至圣的教化而欣喜，因而忘记了自己言语琐碎，谨向陛下呈上奏章表示祝贺。"

【原文】

简文皇帝[①]讳昱，字道万，元帝[②]少子也。咸安[③]二年，诏曰："夫敦本[④]息末[⑤]，抑绝[⑥]

华竞[7]，开忠信公坦之门，塞[8]浮伪[9]阿私[10]之路，询名检实[11]，致之以道，使清浊[12]异流[13]，能否[14]殊[15]贯，官无粃政[16]，士无谤讟[17]，不有惩劝[18]，则德礼[19]焉施。且强寇未殄[20]，劳役未息，每念民疲力单[21]，则中夜[22]忘寝。若不弘政以求[23]民瘼[24]，简除[25]游[26]烦[27]以存俭约，将何以纾[28]之耶？今自非军国[29]戎[30]祀之要，其华饰[31]烦费[32]之用，可除者皆除之，宜省者皆省之。其鳏[33]、寡[34]、穷、独、癃、残[35]六疾[36]，不能自存，皆生民之至艰，先王之所愍[37]，宜加隐恤[38]，各赈赐[39]之。若或孝子贞妇[40]，殊行[41]异操[42]之人，皆以状[43]条列[44]，当有以甄明[45]其节。

【注释】

①简文皇帝：司马昱（公元320年～公元372年），字道万。元帝少子，桓温立他为帝，谥简文帝。在位二年，病死，终年五十三岁。葬于高平陵（今江苏省江宁县蒋山西南方）。

②元帝：晋元帝司马睿（公元267年～公元323年），东晋的第一代皇帝。字景文，为司马懿的曾孙。晋怀帝即位后，司马睿被封为安东将军、都督扬州诸军事。公元311年晋怀帝被俘遇害后，晋愍帝即位，晋愍帝封司马睿为丞相、大都督中外军事。晋愍帝被俘后，司马睿于公元317年称晋王，公元318年即帝位，为晋元帝。

③咸安：是东晋皇帝晋简文帝司马昱的年号（公元371年11月～公元372年），共计两年。咸安二年七月晋孝武帝即位沿用。次年改元宁康元年。

④敦本：注重根本，即重视农业。本，古时多指农业。

⑤末：古代指工商业。与为“本”的农业相对。

⑥抑绝：遏止，断绝。

⑦华竞：争尚浮华的风气。

⑧塞：堵塞；填塞。

⑨浮伪：虚伪。

⑩阿私：偏私，不公道。

⑪询名检实：同“循名责实”。按其名而求其实，要求名实相符。询同“循”。

⑫清浊：清水与浊水。喻人事的优劣、善恶、高下等。

⑬异流：水分开流动。比喻不相来往。

⑭能否：有才能与否。

⑮殊：区分，区别。

⑯粃政：粃同“秕”。不良的政治措施。

⑰谤讟：怨恨毁谤。讟，音毒。

⑱惩劝：即惩恶劝善，指惩罚邪恶，劝勉向善。

⑲德礼：道德与礼教。

⑳殄：灭绝；绝尽。

㉑单：通“殚”。尽，竭尽。

㉒中夜：半夜。

㉓求：询问。

㉔民瘼：指民众的疾苦。

㉕简除：谓减免废除。

㉖游：游乐，游荡。

㉗烦：指繁多的事务。

㉘纾：解除，排除。

㉙军国：统军治国。

㉚戎：战争，征伐。

㉛华饰：华丽的装饰。

㉜烦费：大量耗费。

㉝鳏：指成年无妻或丧妻的男子。

㉞寡：专指妇人丧夫。

㉟癃残：衰老病弱，肢体残废。癃，音隆。

㊱六疾：六种疾病即寒疾、热疾、末（四肢）疾、腹疾、惑疾、心疾。后用以泛指各种疾病。

㊲愍：怜悯，哀怜。

㊳隐恤：哀怜抚恤。

㊴赈赐：赈救赐予。

㊵贞妇：旧指从一而终的妇女。

㊶殊行：卓异的操行。

㊷异操：独特的节操。

㊸状：文体名。向上级陈述意见或事实的文书。

㊹条列：分条列举。

㊺甄明：辨明，明察。甄，音真。

【译文】

简文帝司马昱，字道万，是元帝司马睿的小儿子。咸安二年（公元372年），颁发诏书说："要注重农业根本，限制工商末技，就能遏制浮华奢侈，大开忠诚、信义、公正、坦直之门，堵塞浮夸、诈伪、阿谀、徇私之路，检查名实是否相符，使之符合道义，善恶区分，贤愚有别，官无弊政，士人没有怨恨诽谤。如果不惩恶劝善，道德与礼教怎能得以实施？况且，当今强敌未灭，百姓劳役不断。朕每每念及老百姓穷困力竭，就会夜半难眠。如不弘扬德政，了解民间疾苦，免除放荡游乐与繁多的事务来保持节俭，怎么可以舒缓当前困难的局面呢？从现在起，除军需和祭祀的开支以外，其他用于奢华装饰的费用，能免则免。该省就省。至于鳏夫、寡妇、穷困、孤独、老病、残疾以及重病的人，他们不能独立生活，都是民众当中生活最艰苦的，先朝帝王常顾念怜悯。应对他们加以哀怜抚恤，给以赈济。如果还有孝子、贞妇以及具备卓越和独特操行的人，都应该分条目列出呈上来，以此审查明辨他们的节操并予以表彰。

【原文】

夫肥遁[①]穷谷[②]之贤、汨泥扬波[③]之士，虽抗志[④]于玄霄[⑤]之表，潜默[⑥]于幽岫[⑦]之里，贪[⑧]屈[⑨]高尚之道，以隆协赞[⑩]之美，使惠风[⑪]流于天下，膏泽[⑫]被[⑬]于万物，孰与[⑭]独足山水，栖迟[⑮]丘壑[⑯]，殉[⑰]匹夫之洁[⑱]，而忘兼济[⑲]之大？古人不借贤于曩代[⑳]，朕所以虚想[㉑]于今日。内外百官，剖符[㉒]亲民，各勤[㉓]所司[㉔]，使善无不达，恶无不闻。退食自公[㉕]，平情[㉖]以道，令诗人无素飡[㉗]之刺，而吾获虚心[㉘]之求，岂不善哉！其各宣摄[㉙]，知朕意焉。"

【注释】

①肥遁：同"肥遯"。退隐的意思。

②穷谷：深谷，幽谷。

③汨泥扬波：同"滑泥扬波"。谓和光同尘，不标新立异，是一种道家退隐的观念。后亦指同流合污，随俗浮沉。汨，音密。

④抗志：高尚其志。

⑤玄霄：高空，云霄。

⑥潜默：缄默，无动静。

⑦幽岫：深山中的岩洞。常为隐者所居之处。

⑧贪：欲，希望。

⑨屈：使屈服，屈服，折节。

⑩协赞：协助，辅佐。

⑪惠风：用以比喻仁爱、仁政。

⑫膏泽：比喻恩惠。

⑬被：遍布，满。

⑭孰与：比对方怎么样，表示疑问语气。用于比照。

⑮栖迟：游息，游玩与嬉戏。

⑯丘壑：泛指山水幽美的地方。亦指代隐逸。

⑰殉：追求。

⑱洁：谓清白不污。

⑲兼济：谓使天下民众、万物成受惠益。

⑳曩代：前代。

㉑虚想：犹悬念。

㉒剖符：犹剖竹。古代帝王分封诸侯、功臣时，以竹符为信证，剖分为二，君臣各执其一，后因以"剖符""剖竹"为分封、授官之称。

㉓勤：勤勉。

㉔司：主管；职掌。

㉕退食自公：表示减膳以示节俭。谓操守廉洁。后因以指官吏节俭奉公。

㉖平情：公允而不偏于感情。

㉗素飡"飡"同"餐"。无功受禄，不劳而食。

㉘虚心：一心向往。

㉙摄：佐理，辅助。

【译文】

至于那些隐居深谷的贤者，和光同尘的志士，虽然力守其高尚志节于云天之外，潜藏沉默于深山之中，（朕）希望（他们能够）委屈（他们所持的）高尚之道，前来辅佐协助朝政，使德政之美兴盛，使朕之仁政流布天下，朝廷恩泽普施万物。这样比起自己独步山水之间，游息隐居于山陵溪谷之中，为了追求一个人的清白节操，而忘了惠利服务天下苍生的大义，岂不是更好。古人不会借前代的贤人（来治国），朕因而挂念当今天下的贤臣。朝廷内外各级官员，既得以授官就应亲民爱民，各自勤勉做好本职工作，使善德畅达，恶行昭彰。臣子能够做到操守廉洁，依从道义而秉公办事，从而使诗人笔下不再有官员白吃俸禄的讽刺之词，也使我得以开辟一直向往的治世，这难道不是很好的事吗？请各位宣讲朕的诏谕并加以辅助，使天下人了解朕的心意啊！

后妃传

【原文】

武元杨皇后[①]，弘农[②]华阴[③]人也。初，贾充[④]妻郭氏，使言于后[⑤]，求以女为太子妃，兼有遗赂[⑥]。及议太子婚，世祖[⑦]欲娶卫瓘[⑧]女，后苦[⑨]誉[⑩]贾后[⑪]有淑德[⑫]，又密使太子太傅[⑬]荀顗[⑭]进言[⑮]，上乃听之。遂成婚。

【注释】

①武元杨皇后：杨艳（公元238年~公元274年），字琼之，弘农华阴（今陕西省华阴）人，历史上将她称作武元皇后。出身贵族，曹魏大臣杨文宗的女儿，晋武帝司马炎的皇后，姿容美丽，性狭隘。她坚持立自己白痴儿子为太子，并维护外戚，对西晋政局产生了消极影响。

②弘农：弘农郡，是中国汉朝至唐朝的一个郡置，其范围历代有一定变化。西晋时，郡南部析置上洛郡，其区域进一步缩小到黄河流域今三门峡市范围。

③华阴：华阴县。西晋时华阴属司州弘农郡。东晋太元十八年（公元393年），华阴及敷西县改属梁州华山郡。

④贾充（公元217年~公元282年）：字公闾，平阳襄陵人（今山西襄汾东北）人，曹魏及西晋时期大臣，豫州刺史贾逵之子。深受司马氏统治者的信任，在西晋代魏建国时多有出力。太康三年卒，追赠太宰，谥曰武。

⑤后：皇后杨艳。

⑥遗赂：谓赠送财物。

⑦世祖：晋武帝司马炎。

⑧卫瓘（公元220年～公元291年）：字伯玉，河东安邑人（今山西夏县北）。三国时期魏国、西晋的大臣，魏国侍中卫觊之子。年轻时在魏国仕官，担任廷尉、镇西将军，参加讨伐蜀汉的战事。西晋时历任青州、幽州刺史、征东大将军及司空。晋惠帝即立后，与贾后对立。不久，卫瓘与其子孙共九人在"八王之乱"中被贾后以计相诛杀，终年七十二。

⑨苦：极力；竭力。

⑩誉：称扬，赞美。

⑪贾后：贾充之女贾南风。

⑫淑德：美德。

⑬太子太傅：官名。东宫三师之一，从一品官，辅导皇太子的官员。一般以位高望重的大臣兼任，亦有专任者。

⑭荀顗：字景倩，颍川颍阴人，汉尚书令荀彧第六子。仕魏为中郎，拜散骑侍郎，迁侍中。晋受禅，晋爵为公，拜司徒，寻加侍中，迁太尉，行太子太傅，泰始十年卒，谥曰康。荀顗博学多闻，理思周密。他曾与钟会就《周易》问题进行辩难，又和扶风王骏辩论仁、孝的先后。他通"三礼"（即《周礼》《仪礼》《礼记》），识朝廷大仪，曾和羊祜、任恺共同修订晋朝礼法。

⑮进言：向人推荐。

【译文】

武帝司马炎的皇后杨艳，弘农华阴人。当年贾充的妻子郭氏，派人向皇后进言，请求让自己的女儿做太子的妃子，并以财物贿赂。及至商议太子婚事时，武帝司马炎打算娶卫瓘的女儿做太子妃，皇后竭力夸赞贾充之女有贤淑的品德，还暗地里让太子太傅荀觊向武帝推荐（贾充之女），于是武帝就采纳了他们的意见，让太子和贾充女儿成婚。

【原文】

惠贾庶人[①]，名南风，平阳[②]人也。拜[③]太子妃，性妒虐[④]，尝手[⑤]杀数人，或以戟[⑥]掷孕妾[⑦]，子乃坠地。惠帝即位，为皇后，虐诛三杨[⑧]，逆弑[⑨]太后[⑩]，矫害二公[⑪]。荒淫放恣[⑫]，与太医程据[⑬]等乱，彰于内外。诈有身为产，养妹夫韩寿[⑭]儿，遂谋废太子，以所养代立。专为奸诬，害太子，众恶彰著[⑮]。永康元年，为赵王伦[⑯]所废，赐死。

【注释】

①惠贾庶人：晋惠帝的皇后贾南风，后来被废为庶人。

②平阳：平阳郡，三国时代魏正始八年（公元247年）分河东设立的郡级行政区划，郡治在秦置的平阳县（故址在今山西省临汾市尧都区）。

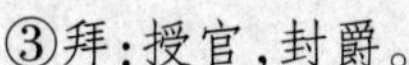

③拜：授官，封爵。

④虐：残暴，凶残。

⑤手：亲手。

⑥戟：古代一种合戈、矛为一体的长柄兵器，杀伤力比戈、矛强。

⑦孕妾：怀孕的妾。

⑧三杨：指的是在西晋开国时作为皇家外戚的杨骏与弟杨珧、杨济三人。他们辅佐西晋开国君主武帝司马炎，分掌军国大权，势倾天下，时人有“西晋三杨”之称。“三杨”的得势，得力于其兄杨炳和武元皇后杨艳及武悼皇后杨芷两叔伯姐妹。

⑨弑：“杀”的被通假字，古代卑幼杀死尊长叫弑，尤其指臣杀君、子杀父母。

⑩太后：这里指皇后杨艳的堂妹杨芷。杨二姐妹皆为晋武帝皇后。

⑪二公：司马亮和卫瓘。汝南王司马亮，西晋宗室，宣帝司马懿第四子，文帝司马昭弟，武帝司马炎叔，惠帝司马衷叔祖。太熙元年（公元290年），武帝死，晋惠帝司马衷继位。此时同姓诸王的势力已发展到出则总督一方军政、入则控制中央朝权的程度。元康元年，武帝后族杨氏与惠帝后族贾氏为争权冲突激烈，皇后贾南风联合司马玮、司马亮发禁军围杀太尉杨骏，废杨太后，以司马亮辅政。旋即，贾后矫诏先使司马玮率京城洛阳各军攻杀司马亮，又借擅杀大臣之罪处死司马玮，进而独揽大权。永康元年（公元300年），禁军将领司马伦举兵杀贾后，废惠帝自立。至此，宫廷政变转为皇族争夺朝权，演成“八王之乱。”

⑫放恣：放纵。

⑬程据：魏晋医家。晋武帝所宠信的太医，即前文送晋武帝名贵的“雉头裘”以邀宠者。司马炎即位时（公元266年）曾任内廷医官，以医术高明出入内宫。元康九年（公元299年）受贾后密令，合巴豆丸害愍怀太子，被诛。

⑭韩寿：字德真，南阳堵阳人，贾南风的妹妹贾午之夫。

⑮彰著：暴露，败露。

⑯赵王伦：司马伦（？~301年4月13日），字子彝，是西晋八王之乱中其中一王。晋宣帝司马懿第九子，母柏夫人。魏嘉平间封安乐亭侯，后改封东安子，拜谏议大夫。

【译文】

晋惠帝的皇后（后被废为庶人）贾南风，是平阳人。被封为太子妃，生性嫉妒残暴，曾亲手杀害数人。或用长戟掷向已经怀孕的侍妾，令胎儿坠亡。惠帝即位后，她被立为皇后，又残害诛杀“三杨”（即武帝朝的权臣杨骏、杨珧、杨济）；进而行叛逆之事，杀害了皇太后（杨芷）；更借惠帝之名杀害“二公”（汝南王司马亮和大臣卫瓘）。她荒淫放纵，和太医程据等人淫乱，丑闻传扬于宫内宫外。她假装怀孕临产，实则抱养了妹夫韩寿的儿子，阴谋废掉太子司马遹，将她所抱养的这个儿子替代司马遹立为太子。贾氏一生专施奸谋，肆意诬陷，甚至杀害了太子司马遹。她的众多奸恶之事昭著于世。永康元年（公元300年），被赵王司马伦废为庶人，终被赐死。

传

【原文】

琅耶[①]王伷[②],字子将,宣帝[③]第五子。受诏征吴,孙皓[④]请降,进拜[⑤]大将军[⑥]。伷既戚属[⑦]尊重,加有平吴之功,而克己[⑧]恭俭[⑨],无矜满[⑩]之色,统御[⑪]文武,各得其用。百姓悦仰,咸怀[⑫]惠化[⑬]。

【注释】

①琅耶:地名。

②伷:司马伷(公元227年~公元283年),字子将,三国时期魏国至西晋的将领,司马懿之第五子,司马师、司马昭、司马干之异母弟,司马亮之同母兄弟,晋元帝司马睿之祖父,妻子是诸葛诞之女,封琅邪王,任镇东大将军,谥武王。

③宣帝:司马懿(公元179年~公元251年),字仲达,河内郡温县孝敬里(今河南省温县招贤镇)人,出身士族家庭,三国时期魏国大臣,政治家、军事家。司马懿多次率军对抗诸葛亮等人,以其功著,封舞阳侯;其子司马昭称王后,追尊为晋王;其孙司马炎称帝后,追尊为高祖宣皇帝,故也称晋高祖、晋宣帝。

④孙皓(公元242年~公元284年):字元宗,三国时代东吴的第四代君主(公元264年~公元280年在位)。也是最后一位皇帝。

⑤进拜:按一定的礼节给人加官升爵。

⑥大将军:古代武官名。始于战国,汉代沿置,为将军最高称号,多由贵戚担任,统兵征战并掌握政权,职位极高。三国至南北朝,战事频繁,当朝大臣多兼大将军官号。

⑦戚属:亲属;亲戚。

⑧克己:谓克制私欲,严以律己。

⑨恭俭:恭谨谦逊。

⑩矜满:骄傲自满。

⑪统御:统率;统领。

⑫怀:怀念;思念。

⑬惠化:谓地方官为人所称道的政绩和教化。

【译文】

琅耶王司马伷,字子将,是宣帝司马懿的第五子。(晋武帝时期)他受诏征伐东吴,吴主孙皓请降后,伷晋封为大将军。他虽处于晋王朝宗室的尊贵地位,又有平定东吴的功劳,却能够克制私欲,严以律己,恭谨谦逊,毫无骄傲自满的态度。他统领文武官员时,能够让他们各尽其用。老百姓喜欢并敬仰他,都感念他的惠政以及高尚人格的教化。

【原文】

扶风[①]王骏[②]，字子臧，宣帝第七子也。年五六岁，能书画[③]，诵咏诗赋，秉德[④]清贞[⑤]，宗室[⑥]之中，最为俊茂[⑦]（茂作望）。封汝阴[⑧]王（旧无封汝阴王四字。补之）。迁[⑨]镇西大将军，都督[⑩]雍[⑪]梁[⑫]（梁作凉）诸军事，大兴佃农[⑬]。入朝，徙[⑭]封扶风王。（旧无徒封扶风王五字。补之）薨[⑮]，西土[⑯]氓黎[⑰]，思慕悲哭，涕泣岐路[⑱]，更树碑[⑲]讚述德范。长老[⑳]见碑者，无不拜之。其遗爱[㉑]如此。

【注释】

①扶风：地名，在今日陕西境内。

②骏：司马骏（约公元232年~286年），字子臧。晋朝宗室，司马懿的儿子，母亲伏夫人。司马骏先后担任了散骑常侍、步兵校尉、屯骑校尉、平南将军，安东将军、安东大将军。晋朝建立先后封汝阴王、扶风王，担任镇西大将军，守卫关中，施政仁义，能安抚百姓，维护民族团结，深受百姓爱戴。以后因战功加封征西大将军，骠骑将军，开府仪同三司、持节、都督。反对晋武帝遣送齐王归藩，不从，忧郁而终。

③书画：书法和绘画。

④秉德：保持美德。

⑤清贞：清白坚贞。

⑥宗室：宗族；同宗族之人。

⑦俊茂：才智杰出。

⑧汝阴：地名，在今日安徽阜阳地区。

⑨迁：晋升或调动。

⑩都督：总领，统领。

⑪雍：西晋的雍州指今天陕西西安及其以北地区。

⑫梁：此处指凉州，是中国古代的地名之一，为汉代十三刺史部之一。魏文帝黄初元年（公元220年），分雍州河西地区的金城、武威、张掖、酒泉、敦煌、西海、西平、西郡八郡复置凉州，一直到西晋，姑臧均为凉州治所，辖域仅及今甘肃省黄河以西地区。

⑬佃农：今指自己不占有土地，租种地主土地的农民。

⑭徙：升调；调动。

⑮薨：古代称诸侯或有爵位的大官死去。

⑯西土：指周部族所居的故地。大致在今陕西省。

⑰氓黎：人民。氓，民；百姓。黎，黎民；民众。

⑱岐路：指离别分手处。

⑲树碑：立碑。

⑳长老：老年人。

㉑遗爱：指留于后世而被人追怀的德行、恩惠、贡献等。

【译文】

扶风王司马骏,字子臧,是宣帝司马懿的第七个儿子。他五六岁时,就会书法绘画、背诵吟咏诗赋。他有洁坚贞的品德。在皇族宗室中,他的才智和声望最高。武帝即位后封他为汝阴王,又晋升为镇西大将军,统管雍州和凉州的军事。在位期间,他大力倡导鼓励农民租种土地。回朝后,被封为扶风王。他死后,西部黎民百姓,追思他的德政,都悲痛不已,在送葬的路上悲泣哀啼,还立碑赞颂他的道德风范。地方长老凡是见到碑的人,无不磕头跪拜,他留下的恩德竟达到这样的程度。

【原文】

齐王攸[①],字大猷,文帝[②]第二子也。力行敦善,甚有名誉。为侍中[③]数年,授太子太傅,献[④]箴[⑤]于皇太子。每朝政大议[⑥],悉心[⑦]陈[⑧]之。且孝敬忠肃[⑨],至性[⑩]过人。太康三年[⑪],为大司马[⑫],都督青州[⑬]诸军事,薨。

【注释】

①齐王攸:齐献王司马攸(公元248年~公元283年),字大猷,河内温县人,司马昭之次子。生于魏正始九年,卒于晋武帝太康四年,年三十六岁。少而岐嶷。及长,清和平允,亲贤好施,爱典籍,能属文,尤善尺牍,为世所楷。

②文帝:司马昭。见前注。

③侍中:古代职官名。秦始置,两汉沿置,为正规官职外的加官之一。因侍从皇帝左右,出入宫廷,与闻朝政,逐渐变为亲信贵重之职。

④献:奉献。贡献力量,表陈心意、意见等。

⑤箴:规谏,告诫。

⑥大议:朝廷集议国家大事。

⑦悉心:尽心,全心。

⑧陈:陈述。

⑨忠肃:忠诚恭敬。

⑩至性:多指天赋的卓绝的品性。

⑪太康三年:公元282年。太康(公元280年~公元289年),是西晋皇帝晋武帝司马炎的第三个年号,共计十年。咸宁六年四月,消灭孙吴政权,统一中国,改元太康元年。

⑫大司马:官名。汉武帝罢太尉置大司马。西汉一朝,常以授掌权的外戚,多与大将军、骠骑将军、车骑将军等联称,也有不兼将军号的。东汉初为三公之一,旋改太尉,末年又别置大司马。魏晋为上公之一,位在三公之上。

⑬青州:地名,在今天的山东境内。

【译文】

齐王司马攸,字大猷,是文帝司马昭的第二子。他努力践行敦厚、善美之德,因而享有很高的声望和名誉。(武帝即位后)担任侍中之职。数年后,又授加任太子太傅,常向皇太子司马衷进献劝谏之语。每逢朝廷讨论大政方针时,他都尽力陈述自己意见。同时他为人忠诚恭敬,天赋过人。太康三年封为大司马,统管青州诸军事,死于任中。

【原文】

子冏[1]嗣[2],字景治,与赵王伦[3]共废贾后。伦篡[4],迁[5]冏镇东大将军[6]、开府[7]仪同三司[8]。冏因民心怨望[9],移檄[10]天下。破伦,帝反正[11],就[12]拜[13]大司马,加九锡[14]辅政。大筑第馆[15],使大匠[16]营,制与西宫等。后房施[17]钟悬,前庭儛八佾[18],沉[19]于酒色,不入朝见,坐拜[20]百官,符敕[21]三台[22],选举[23]不均[24],唯宠亲昵[25]。殿中御史桓豹[26]奏事[27],不先经冏府[28],即考竟[29]之。于是朝廷侧目[30],海内失望。冏骄乱日甚,终无悛志[31]。长沙王[32]发兵攻冏府,生禽[33]冏,斩于阊阖门[34]外,诸党属皆夷[35]三族。

【注释】

①冏:司马攸的儿子名司马冏。

②嗣:继承君位或职位。

③赵王伦:赵王司马伦。

④篡:特指臣子夺取君位。

⑤迁:晋升或调动。

⑥镇东大将军:军职名。

⑦开府:古代指高级官员(如三公、大将军、将军等)成立府署,可以选拔自己的幕僚、属下。

⑧仪同三司:谓非三司而礼仪待遇如同三公一样尊贵。魏晋以后,将军之开府置官属者称"开府仪同三司"。三司,指三公,汉称太尉、司徒、司空为三司。

⑨怨望:怨恨;心怀不满。

⑩移檄:发布文告晓示。

⑪反正:指帝王复位。

⑫就:前往。

⑬拜:授官;封爵。

⑭九锡:古代天子赐给诸侯、大臣的九种器物,是一种最高礼遇。

⑮第馆:即宅第、府第。

⑯大匠:技艺高超的木工。

⑰施:安放。

⑱八佾:古代天子用的一种乐舞。佾,音意,舞列,纵横都是八人,共六十四人。

⑲沉:沉溺;沉迷。

⑳坐拜:跪拜。

㉑符敕:敕命文书。

㉒三台：汉以尚书为中台，御史为宪台，谒者为外台，合称三台。

㉓选举：即选举，指选拔举用贤能。与今天的投票选举含义不同。

㉔不均：即不公平。

㉕亲昵：指亲近的人。包括亲属、亲戚、亲信等。

㉖桓豹：人名。

㉗奏事：向皇帝陈述事情。

㉘冏府：司马冏的府上。

㉙考竟：刑讯致死。

㉚侧目：不敢正视，形容畏惧。

㉛悛志：悔改之意。

㉜长沙王：长沙厉王司马乂（公元277年~公元304年），字士度，河内温县人。是西晋八王之乱中其中一王。

㉝生禽：同"生擒"。

㉞阊阖门：古宫门名。《晋书·齐王冏传》："乂叱左右促牵出，冏犹再顾，遂斩于阊阖门外。"

㉟夷：诛灭；屠杀。

【译文】

司马攸的儿子名冏，字景治，承袭了父亲的职位，他和赵王司马伦一起废掉惠帝的贾皇后。赵王伦篡夺惠帝司马衷帝位后，升任司马冏为镇东大将军，不仅给他最高的如同"三公"的礼遇，而且允许他自行招募属下幕僚官员。冏趁着民众对司马伦十分失望、心存不满的时候，便颁布讨逆檄文于天下，并击败了司马伦。这样惠帝得以返回朝廷，恢复帝位，并前往冏府拜他为大司马，赐予他九锡等器物，礼请他辅佐朝政。此后，司马冏大兴土木给自己修建府第，寻找全国最好的工匠来营造。王府规格和（皇帝朝议的）西宫相同，后房悬挂钟磬，前庭设置八佾舞厅。司马冏沉溺于酒色，不但不入朝拜见皇帝，反而让百官向他跪拜，自行向朝廷三大主要部门发布政令文书。他选用官吏不讲公平，只宠信亲近他的人。殿中御史桓豹向皇帝奏事，事先未向冏府请示，司马冏就把他严刑拷打至死。此后，朝臣对他无不畏惧，天下百姓感到失望。司马同骄傲、横暴无道日甚一日，始终没有海改之意。长沙王司马乂发兵攻入冏府，生擒了司马同，将他斩于阊阖门外，他的党羽亲戚都被诛杀三族。

【原文】

愍怀太子遹[①]，字熙祖，惠帝长子也。谢才人[②]所生，少而聪慧。惠帝即位，立为皇太子。年转[③]长大，而不好学，喜与左右[④]嬉戏，不能尊敬保傅[⑤]，敬狎[⑥]宾友[⑦]。贾后素忌太子有佳誉，因此密敕诸黄门[⑧]阉宦[⑨]，媚谀于太子曰："殿下诚可及壮时极意[⑩]狡猾（狡猾作所欲），何为[⑪]恒自拘束？"每见喜怒之际，辄叹曰："殿下不知用威刑[⑫]，天下那得畏服[⑬]

也。”太子于是慢弛[14]益彰[15]，或废朝侍[16]，有过差[17]之声。洗马[18]江统[19]等谏，太子不能用[20]。贾后诈称上不和[21]，呼太子入朝，后[22]不见，置别屋[23]中，遣婢赐酒枣，逼使饮尽，仍赍[24]谤书，多未成字，称诏令太子写之，累续催促，醉不暇看，粗得迹，便足成[25]悖辞。后以呈帝，帝即幸式乾殿，召公卿入。使黄门令薰（薰作董）猛[26]以太子书及青纸[27]诏曰：“遹书如此，今赐死。”遍示诸公王，而莫敢有言者，唯张华[28]、裴頠[29]证明太子，议至日西[30]不决[31]。后惧[32]事变，乃表免太子为庶人。于是送幽于许昌宫，贾后矫诏[33]害太子。赵王伦等废后于金墉城，赐死，册复太子，谥[34]为愍怀。

【注释】

①遹：司马遹。

②才人：宫中女官名，多为妃嫔的称号。汉置，晋代爵视千石以下。

③转：副词，渐渐。

④左右：侍从。

⑤保傅：古代保育、教导太子等贵族子弟及未成年帝王、诸侯的男女官员，统称为保傅。

⑥狎：接近；亲近。

⑦宾友：宾客朋友。

⑧黄门：本意是宫禁，这里指宦官、太监。因东汉黄门令、中黄门诸官，皆为宦者充任，故称。

⑨阉宦：宦官。

⑩极意：尽意；尽心。

⑪何为：为什么，何故。

⑫威刑：严厉的刑法。

⑬畏服：因畏惧而服从。

⑭慢弛：怠忽松弛。

⑮益彰：更加明显。

⑯朝侍：犹朝见。

⑰过差：过失；差错。

⑱洗马：官名。

⑲江统（？~公元310年）：字应元（一说元世、德元），西晋陈留圉（今河南省杞县南）人。官至散骑常侍，领国子博士。元康九年（公元299年）尝于齐万年事件之后，作《徙戎论》著称于世。

⑳用：采用；听从。

㉑不和：身体不舒服。

㉒后：贾后。

㉓别屋：正屋之外的房舍。

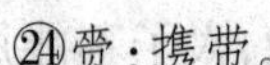

㉔赍:携带。

㉕足成:补足凑成。

㉖薰猛:即董猛(? ~公元 300 年),西晋宦官,皇后贾南风心腹,曾参与多次宫廷政变。永康元年,公元 300 年。赵王司马伦、梁王司马肜、齐王司马冏政变,董猛等皆被处死。

㉗青纸:晋制,皇帝诏书用青纸紫泥。后因以"青纸"借指诏书。

㉘张华(公元 232 年~公元 300 年):字茂先,西晋方城(故城在今河北省固安县南)人。学业优博,辞藻温丽,图纬方伎之书,无不详览,伐吴有功,封广武侯,长于政事,时人许之为"郑国子产"。后为赵王司马伦所害,著有《博物志》。

㉙裴頠:见前注。

㉚日西:傍晚。

㉛不决:不能决定。

㉜惧:恐惧;害怕。

㉝矫诏:假托诏令。

㉞谥:谥号。

【译文】

愍怀太子司马遹,字熙祖,惠帝司马衷的长子,是惠帝的妃子谢才人所生。他少年时很聪慧。惠帝即位后,立为皇太子。随着年龄逐渐长大,他反而变得不好学了,喜欢和近臣侍从嬉戏玩乐,不能尊重太保太傅,反而亲近玩乐宾友。贾皇后平日妒忌太子有好的声誉,因此暗地里唆使服侍太子的宦官,奉承巴结太子说:"殿下,您正当壮年,实在应该随心所欲尽情享乐,何必时常自己约束自己呢?"当他们看见太子情绪冲动时,就又感叹说:"殿下不懂得使用严厉的刑罚,天下人怎会畏服您呢?"太子从此便更加轻慢松懈,有时甚至不去朝见父皇,因而朝中有了批评他过失的议论。洗马江统等人规劝他,太子却听不进去。贾后诈称惠帝身体不好,召太子入朝探望,自己却避而不见,将他安置于另一间屋内,差遣婢女赐酒枣,逼使太子喝完。然后拿来一张谤书,大多尚未成文,假称是惠帝让太子抄写完成,并不断从旁催促。太子醉眼蒙眬,顾不得细看,草草写成,后被补足凑成一篇大逆不道的文章。贾后拿它呈给惠帝,惠帝当即来到式干殿,召公卿大臣进殿,让黄门令董猛拿出太子抄写的文章以及皇帝专用的青纸诏书说:"司马遹的书文如此悖逆,罪当赐死。"两份文书遍示诸位王公后,无人敢于进言,唯独张华、裴頠仔细查看(太子所写的文章)认为是伪作。这样议论到日已偏西还是不能决定是否处死太子。贾后害怕事情有变化,就上表请求赦免太子的死罪,贬为庶人,于是太子被送往许昌宫囚禁起来。此后,贾后又假传圣旨害死了太子。赵王司马伦等人借此废掉贾皇后,并赐死于金墉城,再册封复立司马遹为好,谥号为"愍怀"。

【原文】

安平王[①](旧无安平王三字。补之)孚,字叔达,宣帝[②]弟也。魏[③]甘露元年[④],转[⑤]太傅[⑥]。高贵乡公[⑦]卒,当时百官,莫敢奔赴[⑧]。孚往,枕尸于股[⑨],号恸[⑩]尽哀。奏[⑪]治[⑫]主者[⑬],会[⑭]太后有令,使以庶人礼葬。孚与群公[⑮]上表,乞以王礼[⑯]葬之。世祖[⑰]受禅[⑱],陈留王[⑲]就[⑳]金墉城[㉑]。孚拜辞[㉒],执王手涕泣歔欷[㉓],不能自胜[㉔],曰:"臣死之日,固[㉕]大魏之纯臣[㉖]也。"临终曰:"有魏贞士[㉗]河内[㉘]司马孚,不伊[㉙]不周[㉚],不夷[㉛]不惠[㉜],立身[㉝]行道[㉞],始终若一。"遗令[㉟]素棺单椁,敛[㊱]以时服[㊲],所给器物,一不施用[㊳]。

【注释】

①安平王:司马孚,司马懿之弟,自曹操时代起,就任文学掾,而后历仕魏国五代皇帝,累迁至太傅。司马孚在"高平陵事变"之际,协助司马懿控制京师,诛杀曹爽一党,后又督军成功防御吴、蜀的进攻,为司马氏政权的稳固多有功劳。但他性格十分谨慎,自司马懿执掌大权起,便逐渐引退,未参与司马氏几次废立魏帝之事。西晋代魏后,司马孚晋封为太宰,晋帝司马炎对他十分尊崇,但他不以此为荣,至死仍以魏臣自称。

②宣帝:西晋高祖宣帝司马懿。

③魏:三国之一。公元 22 年,曹丕代汉称帝,国号魏,都洛阳,史称曹魏。

④甘露元年:即公元 256 年。

⑤转:迁职。

⑥太傅:官名。

⑦高贵乡公:曹髦(公元 241 年~公元 260 年),字彦士,魏文帝曹丕之孙。曹魏的第四任皇帝。

⑧奔赴:奔丧。赴,讣。

⑨股:大腿。

⑩号恸:号哭哀痛。

⑪奏:臣子对帝王进言陈事。

⑫治:惩治。

⑬主者:主谋。

⑭会:副词。恰巧;适逢。

⑮群公:总称诸侯和朝臣。

⑯王礼:天子的礼仪。

⑰世祖:晋武帝司马炎。

⑱受禅:王朝更迭,新皇帝承受旧帝让给的帝位。

⑲陈留王:曹奂。本名曹璜,字景明,魏武帝曹操之孙,燕王曹宇之子。三国时曹魏最后一代皇帝,公元 260 年至公元 265 年在位。公元 265 年,曹奂禅位于晋王司马炎,此后被废为陈留王,谥号为元皇帝。

⑳就:赴;到。

㉑金墉城:魏晋时囚禁皇室成员的地方。

㉒拜辞:行拜礼辞别。

㉓歔欷：悲泣；抽噎；叹息。

㉔自胜：克制自己。

㉕固：通“故”。仍旧。

㉖纯臣：忠纯笃实之臣。

㉗贞士：志节坚定、操守方正之士。

㉘河内：河内郡。汉高祖置殷国，次年改名为河内郡，位于太行山东南与黄河以北。晋徙治野王，即今河南沁阳县治。

㉙伊：指伊尹。商汤大臣，名伊，一名挚，尹是官名。相传生于伊水，故名。是汤妻陪嫁的奴隶，后助汤伐夏桀，被尊为阿衡。汤去世后历佐卜丙(即外丙)、仲壬二王。后太甲即位，因荒淫失度，被伊尹放逐到桐宫，三年后迎之复位。

㉚周：指周公。西周初期政治家。姓姬名旦，也称叔旦。文王子，武王弟，成王叔。辅武王灭商。武王崩，成王幼，周公摄政。东平武庚、管叔、蔡叔之叛。继而厘定典章、制度，复营洛邑为东都，作为统治中原的中心，天下臻于大治。后多作圣贤的典范。参阅《史记·鲁周公世家》。

㉛夷：伯夷。商末孤竹君长子。《孟子·公孙丑上》：“非其君不事，非其民不使；治则进，乱则退，伯夷也。”

㉜惠：柳下惠。春秋鲁大夫展获，字季，又字禽，曾为士师官，食邑柳下，谥惠，故称其为展禽、柳下季、柳士师、柳下惠等。以柳下惠之名最为著称。相传他与一女子共坐一夜，不曾淫乱。后用以借指有操行的男子。

㉝立身：处世、为人。

㉞行道：实践自己的主张或所学。

㉟遗令：临终前的告诫、嘱咐。

㊱敛：通“殓”。给死者穿衣，入棺。

㊲时服：当时通行的服装。

㊳施用：使用。

【译文】

安平王司马孚，字叔达，是宣帝司马懿的弟弟。三国魏甘露元年(即公元265年)，转任太傅。高贵乡公曹髦去世时，当时的文武百官，没有人敢去吊唁，(唯独)司马孚一人前去，枕尸于腿上，悲痛号哭，极尽哀恸，并上奏要求追查主谋。恰好太后下令，让以平民的礼节安葬曹髦。司马孚与魏国诸王公上表，请求以帝王的礼仪安葬他。司马炎受魏禅让称晋武帝，魏末代皇帝元帝曹奂被废并被降为陈留王押往金墉城时，司马孚前去拜见辞别，拉着陈留王的手流泪、哀叹，悲伤得难以自控，说：“臣到死时，都只会是大魏一朝的臣子。”他临终时说：“大魏忠贞之士河内司马孚，不是伊尹，也不是周公；不是伯夷，也不是柳下惠，但立身处世遵行道义，始终如一。”他留有遗嘱，用朴素没有装饰的棺材安放遗体，只使用一层外棺以下葬。入殓时穿着当时通行的衣服，朝廷所给予的器物，一律不用。

【原文】

高密王(旧无高密王三字。补之)泰[①],字子舒,宣帝弟馗[②]之子也。封为陇西王,迁太尉[③]。为人廉静[④],不近声色[⑤]。身为宰辅[⑥],食[⑦]大国之租[⑧],服饰[⑨]粗[⑩]素[⑪],肴饍[⑫]疏俭[⑬],如布衣寒士[⑭]。事亲恭谨,居丧[⑮]哀戚,谦虚下物,为宗室仪表[⑯]。

【注释】

①泰:司马泰(? ~公元299年),字子舒。曹魏时任扶风太守。晋武帝即位后,封陇西王。后官至太子太保。元康元年,楚王司马玮被诛杀,朝廷拜司马泰"录尚书事,迁太尉,守尚书令,改封高密王,邑万户"。元康九年(公元299年)去世,追赠太傅,谥号文献。西晋的宗室王族,只有司马泰及下邳王司马晃有节俭之名。

②馗:司马馗。字季达,司马防的第四子,司马懿的四弟,河内温县(今河南温县)人,曹魏时为东武城侯。

③太尉:官名。

④廉静:谓秉性廉洁沉静。

⑤声色:指淫声与女色。

⑥宰辅:辅政的大臣。一般指宰相。

⑦食:指享受俸禄,租税。

⑧租:泛指赋税。

⑨饰:装饰。

⑩粗:粗劣。

⑪素:质朴无饰。

⑫肴饍:饭菜。饍同"膳"。

⑬疏俭:粗淡简略。

⑭寒士:魏、晋、南北朝时称出身寒微的读书人。

⑮居丧:犹守孝。处在直系尊亲的丧期中。

⑯仪表:楷模。

【译文】

高密王司马泰,字子舒,是宣帝司马懿之弟司马馗的儿子,被封为陇西王,又升迁为太尉。他秉性谦逊沉静,不近淫声与女色。身为宰辅重臣,享有如同大诸侯国那样多的租赋收入,却穿着质料粗糙没有装饰的衣服,吃着粗茶淡饭,和出身寒微的读书人没有两样。他侍奉父母长辈恭敬孝顺,居丧期间哀思真切,谦虚地对待所有的人、事、物,堪为皇家宗亲中的表率。

【原文】

刘寔[1]，字子真，平原人也。太祖引[2]参相国[3]军事。实以[4]世俗进趣[5]，廉谦道缺，乃著《崇让论》[6]。其辞曰："古之圣王之治天下，所以贵让者，欲以出贤才、息[7]争竞[8]也。夫人情莫不皆欲己之贤也，故劝令让贤[9]以自明也。贤岂假让不贤哉！故让道[10]兴，贤能之人不求自出矣，至公之举自立矣，百官（百官下旧有具任为百官五字。删之）之副[11]亦豫具[12]矣。一官缺，择众官所让最多者而用之，审[13]之道也。在朝之士，相让于上，草庐[14]之人，咸皆化之。推能让贤之风，从此生矣。为一国所让，则一国士也；天下所共推，则天下士也。推让之风行，则贤与不肖[15]，灼然[16]殊[17]矣。此道之行，在上者无所用其心，因成清议[18]，随之而已。故曰：'荡荡[19]乎尧之为君，莫之能名[20]。'又曰：'舜禹之有天下，而不与[21]焉。'贤人相让于朝，大才[22]之人恒在大官，小人不争于野[23]，天下无事矣。以贤才治无事，至道[24]兴矣。已仰其成[25]，复何与焉，故可以歌南风[26]之诗、弹五弦之琴[27]也。成此功者，非有他，崇让之所致耳。在朝之人，不务相让久矣，天下化之。自魏代已来，登进[28]辟命[29]之士，及在职之吏，临见[30]受叙[31]，虽自辞不能终，莫肯让有胜己者。夫推让之风息，争竞之心生矣。孔子曰：'上兴让，则下不争。'明让不兴，下必争也。推让[32]之道兴，贤能之人日见推举；争竞之心生，贤能之人日见谤毁。夫争者之欲自先，甚恶[33]能者之先，不能无毁也。孔、墨[34]不能免世之谤已，况不及孔、墨者乎？

【注释】

①刘寔（公元220年~公元310年）：实，音石。西晋重臣，字子真，今高唐人。年九十一卒，谥元。刘实官高位显，崇俭尚素，食蔬衣布，居无宅第，所得俸禄，赡养亲故。自少及老，笃学不倦，尤精《三传》，撰有《左氏牒例》二十卷、《春秋公羊达义》三卷、《春秋条例》二十卷、《集解春秋序》一卷、《文集》二卷。

②引：征引；援引。

③相国：古官名。春秋战国时，除楚国外，各国都设相，称为相国、相邦或丞相，为百官之长。秦及汉初，其位尊于丞相。后为宰相的尊称。

④以：连词，因为。

⑤进趣：追求；求取。

⑥崇让论：辞赋篇名。

⑦息：停止，停息。

⑧争竞：谓为名利而争逐奔走。亦泛指互相争胜。

⑨让贤：让位于贤者。

⑩让道：谦让之道。

⑪副：此处指备位之选。

⑫豫具：谓预先备有。

⑬审：详究；细察。

⑭草庐：犹草野(平民百姓)。

⑮不肖：不成材；不正派。

⑯灼然：明显貌。

⑰殊：区分。

⑱清议：对时政的议论；社会舆论。

⑲荡荡：广大貌，博大貌。

⑳名：形容；称说。

㉑与：干预。

㉒大才：堪当重任之才；学识很高的人。

㉓野：指民间，不当政的地位。与“朝”相对。

㉔至道：指最好的学说、道德或政治制度。

㉕仰其成：谓依赖别人取得成功。

㉖南风：指《诗经》中的国风，借指古代淳朴的诗风。

㉗五弦之琴：古乐器名。《礼记·乐记》：“昔者舜作五弦之琴，以歌《南风》。”孔颖达疏：“谓无文武二弦，惟宫商等五弦也。”

㉘登进：举用，进用。

㉙辟命：征召，任命。

㉚临见：谓亲临察视。

㉛叙：按规定的等级次第授官职；按劳绩的大小给予奖励。

㉜推让：逊让；推辞。

㉝恶：讨厌，憎恨。

㉞墨：墨子。

【译文】

刘实，字子真，平原郡人。当年太祖司马懿引荐他参与相国府的军事事务。刘实看到当时社会风气崇尚追求晋升为官，廉洁谦让之风缺失，于是撰写了《崇让论》。文中写道：“古代圣王治理天下，之所以贵谦让，是想让贤才出用于世，遏止互相争逐的风气。人之常情，没有不想着自己贤能的，因此劝勉让他们推贤让能，从而显明自己(的贤与不贤)。贤明的人难道会故意让位给不贤的人吗？所以说推举贤才的风气一旦兴起，贤能的人不经访求就显现出来了，大公无私的举荐也自然会出现了。百官的后备人选也就事先预备了。一个官职空缺，就选拔众官员中被推荐次数最多的人来担任，这是一条周详审察(候选人)的途径。朝廷的官员相互谦让于上，那么在茅屋居住的平民就会受到教化(而知道礼让了)，推贤让能的风气由此也就形成了。能够得到一国士人所推荐的人，就是一国的贤士；能够得到全天下的人所共同推荐的人，就是天下的贤士。推举让贤的风气盛行，贤达的人和不成材的人也就明显的区分出来了。这种风气一旦形成，为君者就不必劳神费心(选拔人才了)，自然会有社会舆论出现，只要顺着舆论(任用贤士)就好了。所以说：'尧帝以广大无际的圣德治理天下，它的功绩无法用言语来形容。'又说：'虞舜大禹拥有天下，却不亲自干预政事。'贤人在朝廷相互谦让，有德高才备者总会在高官之位，一般人也不会在下边争夺，天下也会就平安无事了。用贤能的人治理平安无事的社会，理想中的治世就出现了。君主既已仰赖群贤使天下得到很好的治理，又何必再亲自干预政事呢？因而就可以安然自在地歌咏《南风》之诗，悠闲地弹拨五弦琴了。能成就这样的功业没有别的原因，只是推崇谦让所造就的而已。可是现在在朝做官的人，不能相互谦让已有很长时间了，天下也受到了此风气的感染。从魏朝以来，被举用任命的人，以及在职的官吏，面对召见依次接受官职时，虽然自己推辞说不能胜任，但最终还是没有谁肯让出职位给胜过自己的人。推贤让能的风气消失，争夺奔竞的心就生出来了。孔子曾说：'在上位的能谦让，居下位的就不争夺；明理谦让之风不兴，下边就必然要互相争夺。'如果谦让之道兴起，贤能的人就会一天天被举荐上来；奔竞争夺之心生起，贤能的人就一天天遭受到毁谤。这是由于竞争者想自己居先，就嫉恨比自己有才能的居先，所以不能不毁谤贤者。像孔子、墨子那样的人都不能免于世人的毁谤，更何况不如孔、墨的人呢！"

【原文】

"议者佥[①]言，世少高名[②]之才，朝廷不有大才之人。可以为大官者，山泽人小[③]。官吏亦复云：'朝廷之士，虽有大官名德[④]，皆不及往时[⑤]人也。'余以为此二言皆失之矣。非时独乏[⑥]贤也，时不贵让，一人有先众之誉，毁[⑦]必随之，名不得成，使之然也。虽令稷契[⑧]复存，亦不复能全其名矣。能否[⑨]浑杂[⑩]，优劣不分，士无素定[⑪]之价[⑫]，官职有缺，主[⑬]选之吏不知所用，但案[⑭]官次[⑮]而举之。同才之人先用者，非势家[⑯]之子，则必为有势者之所念也。因[⑰]先用之资[⑱]，而复迁之无已[⑲]；迁之无已，不胜其任之病发矣。所以见用[⑳]不息[㉑]者，由让道废也。因资用人之有失久矣。故自汉魏以来，时开大举[㉒]，令众官各举所知，唯才所任，不限阶次[㉓]，如此者甚数[㉔]矣。其所举必有当[㉕]者，不闻时有擢用[㉖]，不知何谁[㉗]最贤故也；所举必有不当，而罪不加，不知何谁最不肖故也。所以不可得知，由当时之人莫肯相推[㉘]，贤愚之名不别，令其如此。举者知在上者察[㉙]不能审，故敢漫[㉚]举而进之，或举所贤，因及所念，一顿[㉛]而至，人数猥多[㉜]。各言所举者贤，加之高状，相似如一，难得而分矣。虽举者不能尽忠之罪，亦由上开听察[㉝]之路滥[㉞]，令其尔[㉟]也。

【注释】

①佥：都；皆。

②高名：盛名，名声大。

③小：通"少"。

④名德：名望和德行。

⑤往时：从前。

⑥乏：缺少。

⑦毁：诋毁。
⑧稷、契：稷和契的并称，两位都是上古唐虞时代的贤臣。
⑨能否：有才能与无才能。
⑩浑杂：混杂，混合掺杂。
⑪素定：预先确定。
⑫价：评价。
⑬主：主宰；主持；掌管。
⑭案：通"按"。依据，按照。
⑮官次：官阶；官吏的等级。
⑯势家：有权势的人家。
⑰因：利用；凭借。
⑱资：资本。
⑲无已：无止境；无了时。
⑳见用：被任用。
㉑不息：不停止。
㉒大举：谓广泛推荐人才。
㉓阶次：等级次序。
㉔数：屡次。此处指次数多。
㉕当：担任；充当。
㉖擢用：选拔任用。
㉗何谁：何人，谁人。
㉘相推：互相推让。
㉙察：经考察后予以举荐，选拔。
㉚漫：随意；胡乱。
㉛一顿：一起；一下子。
㉜猥多：众多；繁多。堆积貌。
㉝听察：语本《周礼·秋官·乡士》："听其狱讼，察其辞。"后因以"听察"谓探听审察。
㉞滥：虚妄不实。
㉟尔：这样。

【译文】

"议论者都说，当今社会上很少有德高名重之士，朝廷中也没有大才之人。可以作为大官的人选，居住在乡野山泽的人不多。官吏也跟着说：'朝廷中的官员，虽然有高官，但他们的名望和德行都比不上古时的贤人了。'我认为这两种说法都是错误的。当今不是偏偏缺少贤才，而是不重视谦让，一个人一旦有略高的声誉，毁谤就会随之而来，真正的

名望不能成就,势所必然啊!即使让稷、契那样的贤德之士再生,也不再能保全他们的名望了。(现在)贤能者和无能者(鱼龙)混杂,优劣不分,社会对于士人没有一贯确定的评价,官职有空缺时,主选的官吏不知该任用谁,只得依照官位高下依次上补。在同等才能的人选中首先得到任用的,不是高门权贵家的子弟,就必然是有权势者所关注的人。这些人凭着优先被任用的资本,又能得到不停地升迁;如此不断升迁,便导致不能胜任本职工作的弊病出现。之所以出现因资历(而非因德能)而被不断升迁任用,就是由于谦让之道荒废了。凭借权势、资历用人出现问题的情况由来已久了,所以从汉魏以来,时常广开荐举之门,让众官员各自举荐所了解的贤人,根据才能加以任用,不受官阶品级限制,像这样的情况已有好多次了。其所举荐者中必有合适的人选,但很少听说这些人选真正得到任用,是因为并不知道哪位人选最贤能。其所举荐者中也必然有不合适的人选,但也很少听说有谁因此获罪,也是因为大家不知道谁最不贤能。之所以大家不知道,就是因为当时人不肯互相推让,贤和愚分不清楚而造成的啊!让人们这样举荐贤才,举荐的人知道上级不可能考察仔细,所以才敢随便举荐人来求授官爵。有些人举荐人才的时候,把自己心中念及之人一下子都推荐出来,以至于一次举荐的人数众多。每个人都说他所推荐的是贤才,并且抬高对所举荐者的评价,(导致众多人选的资历看上去)差不多都一样,这就很难分出优劣。虽说举荐者有未能尽忠的过错,但也是由于上面开设审察选拔的途径虚妄不实,才导致这样的结果啊!”

【原文】

“昔齐王[①]好听竽声,必令三百人合吹而后听之,廪[②]以数人之俸[③]。南郭先生[④]不知吹竽者也,以三百人合吹,可以容其不知,因请为王吹竽,虚食数人之俸。嗣王[⑤]觉而改之,难彰先王之过,乃下令曰:‘吾之好闻竽声,有甚于先王,欲一一列而听之。’先生于此逃矣。推贤之风不立,滥举之法不改,则南郭先生之徒盈[⑥]于朝矣。才高守道[⑦]之士日退,驰走[⑧]有势之门日多矣。虽国有典刑[⑨],弗能禁矣。让道不兴之弊,非徒[⑩]贤人在下位,不得时进也,国之良臣,荷[⑪]重任者,亦将以渐受罪[⑫]退矣。何以知其然[⑬]也?孔子以为颜氏之子[⑭]不贰过[⑮]耳,明非圣人皆有过矣。宠贵[⑯]之地,欲之者多,恶[⑰]贤能者塞[⑱]其路,其过而毁之者亦多矣。夫谤毁[⑲]之生,非徒空设[⑳],必因人之微过[㉑]而甚之者也。毁谤之言数闻,在上者虽欲弗纳,不能不杖[㉒]所闻,因[㉓]事之来,而微察[㉔]之也。无以其验至矣,得[㉕]其验安得不治其罪?若知而纵[㉖]之,主之威[㉗]日衰,令之不行,自此始矣。知而皆治之,受罪退[㉘]者稍多,大臣有不自固[㉙]之心矣。夫贤才不进,贵臣日疏,此有国者之深忧也。窃以为改此俗甚易矣。何以知之?夫一时在官之人,虽杂有凡猥[㉚]之才,其中贤明者亦多矣,岂可谓皆不知让贤为贵耶?直[㉛]以其时皆不让,习以成俗,故遂不为耳。

【注释】

①齐王:齐宣王。

②廪:朝廷发给的粮食,泛指俸禄。

③俸:俸禄。
④南郭先生:即南郭处士。常比喻无其才而居其位的人。
⑤嗣王:继任的国王。
⑥盈:充满。
⑦守道:坚守某种道德规范。
⑧驰走:犹奔走。为一定目的而进行活动。
⑨典刑:常刑(一定的刑法)。
⑩非徒:不但;不仅。
⑪荷:承担;担负。
⑫受罪:受到指责;承受罪责。
⑬然:这样。
⑭颜氏之子:颜回。
⑮贰过:重犯同一过失。《论语·雍也》:"有颜回者好学,不迁怒,不贰过。"邢昺疏:"不贰过者,有不善,未尝复行。"
⑯宠贵:尊荣显贵。
⑰恶:憎恨。
⑱塞:堵塞。
⑲谤毁:毁谤。
⑳空设:捏造。
㉑微过:轻微的过失。
㉒杖:凭恃,依靠。
㉓因:依照;根据。
㉔微察:暗中观察。
㉕得:获得,得到。
㉖纵:放。
㉗威:威信。
㉘退:贬退。
㉙自固:巩固自身的地位,确保自己的安全。
㉚凡猥:平庸鄙陋。
㉛直:副词。特;但;只不过。

【译文】

"过去,齐宣王爱听竽乐,且一定会让三百人一起吹,并给这些乐师发放(相当于一个人)几倍的俸禄。南郭先生根本不会吹竽,但因为是三百人合奏,可以夹在其中不被发觉,就请求为齐王吹竽,白白享用几倍的俸禄。后来继位的齐湣王发觉了这一情况,想予以改正,又怕显现出先王的过失,就下令说:'我比先王更喜欢听竽声,想让你们一个个的单独吹给我听。'南郭先生因此就逃走了。推贤让能的风气不形成，过滥的举荐士人的方法不改正，那么像南郭先生这样的人就会满朝都是了。才智高超、守持道义之士就日渐减少，奔走于有权势者之门的人就会日渐增多。尽管国家有刑法，也不能遏止这种情况。推贤让能之道不能实行的弊端，不仅是贤人处于下位，得不到及时进用，而且国家的忠良之臣中担负重任的，也将会逐渐受到惩处而被贬退。凭什么知道会这样呢？孔子赞叹颜回能够不重犯曾出现的过错，这就说明除了圣人都会有过错。尊荣显贵的地位，想得到的人很多，因为忌恨贤能的人阻塞了自己晋升的道路，所以责难、诋毁贤臣的人自然会很多啊！毁谤的发生，不完全是凭空捏造的，一定是依据他人轻微的过错加以夸大而成的。毁谤的话多次听到，在上者即使不愿相信，却也不能不依凭所听到的，根据事情的由来暗中考察他。没有所闻之事的证据最好了，如果获得什么证据，又怎能不对其治罪？如果知道其曾有罪错而又放过他，君主的威严就会一天天降低，政令的难以行施，也就从此开始了。凡知有错误都予以治罪，那受到惩处而贬退的人就会慢慢地多起来，做大臣的就会纷纷产生自身难保的想法了。贤才不被任用，重臣一天天疏远，这是做君主者深为忧虑的呀！我私下认为，要改变这种风气也是很容易的。凭什么知道容易呢？那些同时在官位上的人，其中虽混杂有凡庸猥琐之人，但其中贤明的人也不少，怎么能说他们都不知道让贤为贵呢？只是因为时下大家都不谦让，习惯成自然，所以就都不这么做罢了。"

【原文】

人臣初除[①]，皆通表上闻[②]，名之谢章[③]，所由来尚[④]矣。原[⑤]谢章之本意，欲进[⑥]贤能以谢国恩也。昔舜以禹为司空[⑦]，禹拜稽首[⑧]，让于稷[⑨]契[⑩]及咎繇[⑪]。唐虞[⑫]之时，众官初除，莫不皆让也。谢章之义，盖取于此也。《书》记[⑬]之者，欲以示[⑭]永世[⑮]之则。季世[⑯]所用，不贤不能让贤，虚谢见用之恩而已。相承[⑰]不变，习俗之失也。夫叙用[⑱]之官，通章表者，其让贤推能乃通[⑲]；其不能有所让，徒费简纸[⑳]者，皆绝不通。人臣初除，各思推贤能而让之矣。让之文，付[㉑]主者[㉒]掌[㉓]之。三司[㉔]有缺，择三司所让最多者而用之。此为一公缺，三公已豫[㉕]选之矣，且主选之吏，不必任公而选三公，不如令三公自共选一公为详也。四征[㉖]缺，择四征所让最多者而用之。此为一征缺，四征已豫选之矣，必详[㉗]于停[㉘]缺而令主者选四征也。尚书缺，择尚书所让最多者而用之。此为令八尚书共选一尚书，详于临缺而令主者选八尚书也。郡守[㉙]缺，择众郡所让最多者而用之。详于任主者，令选者[㉚]郡守也。夫以众官百郡之让，与主者共相比，不可同岁而论也。贤愚皆让，百姓耳目[㉛]尽为国耳目。

【注释】

①除：拜官，授职。
②上闻：向朝廷呈报。
③谢章：即谢表，旧时臣下感谢君主的奏章。
④尚：久远。

⑤原:推究。
⑥进:推荐。
⑦司空:官名。
⑧稽首:古时一种跪拜礼,叩头至地,是九拜中最恭敬者。
⑨稷:人名。
⑩契:人名。传说中商的祖先,为帝喾之子。舜时佐禹治水有功,任为司徒,封于商,赐姓子氏。
⑪咎繇:即皋陶,舜之贤臣。咎,同"皋";繇,同"陶"。
⑫唐、虞:唐尧与虞舜的并称。亦指尧与舜的时代,古人以为太平盛世。
⑬记:记载。
⑭示:显现;表示。
⑮永世:世世代代,永远。
⑯季世:末代;衰败时期。
⑰承:沿承。
⑱叙用:分等级进用。
⑲通:通报。
⑳简纸:竹简和纸。亦指各种书写用品。
㉑付:交给。
㉒主者:主管人员。
㉓掌:掌管。
㉔三司:指三公。
㉕豫:预先。
㉖四征:征东、征西、征南、征北四将军的合称。
㉗详:审慎。周详。
㉘停:贮存;存留。
㉙郡守:郡的长官,主一郡之政事。
㉚者:《群书治要》元和版为"百"字。
㉛耳目:比喻能起耳目作用者。

【译文】

"人们初做官时,都要向君主上报表章,称之为'谢章',长时期来都是这样的。推究谢章的本意就是要进荐贤能以谢国恩的。古时舜任命禹为司空,禹稽首跪拜,辞让给稷、契与咎繇。唐虞之时,百官初封时,皆无不谦让。谢章的意义,大概就是由此而来的吧!《尚书》把这些情况记载下来,是想用它来作世世代代的范例。到了末世,朝廷所任用的官员自己不贤,所以也不去让贤,(上奏谢章)只是假意感谢被朝廷任用之恩而已,而且前后传承不变,这是相沿成俗所致的过错。对那些之前被朝廷分等级进用的官员,所上报

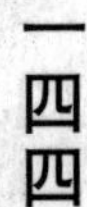

的表章，其中能让贤推能的奏章可予通报，如果不能有所推让的，只是白白地浪费纸张，都予以拒绝而不通报。这样，人臣初封官时，就会各自想到推举贤能而谦让了。对推让的表文，应呈交给主管者掌握存查，逢三司（太尉、司徒、司空）官位有空缺，就选拔三司官员中所推让次数最多的人来任用。这样，三司中有一空缺，而三司（在上任之时）都已预先（推荐）有备用人选了。而且，与其让主持选官者推举人出来补缺，不如让三公自己（通过上任时的推荐）共同推选一人更为审慎。若是四征求补空缺，就选四征（在上任时）推荐次数最多者来任用。这是一征缺人，而四征已预先（推荐）有备用人选了。一定比存留空缺官位让主管者去选用四征审慎（得多）啊！尚书出缺，就选各位尚书（上任时）推荐次数最多者来任用。这就等于由八名尚书共选一位尚书，比每次临时出缺都让主管者去选尚书要周详（得多）啊！郡守出缺，选择众多州郡（上任时）所推荐次数最多的人来任用，比起让主管者一个人去为天下百郡选拔继任官员，要妥当得多啊！拿众官百郡的谦让对象，和主管者提供的人选相比，真是不可以同日而语的。如果贤者愚者都能互相谦让，那么老百姓的耳目（指能替老百姓办事的贤才）自然都会成为国家的耳目。

【原文】

"夫人情，争[①]则欲毁[②]己所不如，让则竞推[③]于胜己。故世争则毁誉交错，优劣不分，难得而让也；时让则贤智[④]显出，能否[⑤]之美，历历[⑥]相次[⑦]，不可得而乱也。当此时也，能退身[⑧]修已[⑨]者，让之者多矣，虽欲守贫贱，不可得也。驰骛[⑩]进趣[⑪]，而欲人见让，犹却行[⑫]而求前也。夫如是，愚智咸知进身求通[⑬]，非修之于己，则无由[⑭]矣。游外求[⑮]者，于此相随而归[⑯]矣。浮声虚论[⑰]，不禁而自息矣。人人无所用其心，任[⑱]众人之议，而天下自治[⑲]矣。"元康中[⑳]。迁司空。

【注释】

①争：竞争；较量。
②毁：诋毁。
③推：推举。
④贤智：贤人智士。
⑤能否：有才能与否。
⑥历历：清晰貌。
⑦相次：依为次第，相继。
⑧退身：引退，隐居。
⑨修己：自我修养。
⑩驰骛：奔走；奔竞。
⑪进趣：亦作"进趋"。追求，求取。
⑫却行：倒退而行。
⑬求通：谋求显达。

⑭无由：没有门径，没有办法。

⑮外求：求之于外。

⑯归：回归。

⑰虚论：浮夸空泛的议论。

⑱任：听凭。

⑲自治：自然安治。

⑳元康中：元康年间。元康（公元291年~公元299年）是西晋惠帝司马衷的第三个年号，共计九年。

【译文】

"凡人之常情，如果竞争，就想诋毁自己才能所比不上的人；如果谦让，就会争着推举才能胜过自己的人。所以社会上争夺成风，就会有毁誉交错，优劣不分，难以出现互相推让之风；社会上谦让成风，就会使贤德智慧之士显现，贤能与否，等次高低，也清晰明了，那就不可能混乱无序了。当此之时，那些退而修身的智慧贤德之士被推荐的机会就增多了，他们即使自己想安守贫贱，也是很难做到的；而那些到处奔走、急于晋升为官者，想被他人所推让，就会像倒着走却想前行一样难以实现。如果是这样，无论是愚笨还是聪明的人都会明白，要想进身以求显达，唯有提高自身修养，别无他途。交游于外、想求得进身显达者，此时便会回归于加强自身修养。那虚浮的言论，也就不用禁止便自行停息了。每个人都不必动用其心计，只是听凭众人的公论，那么天下就自然和谐有序了。"惠帝元康年间，刘实迁升为司空。

【原文】

阎缵[1]，字续伯，巴西人也。杨骏[2]为太傅，以缵补[3]舍人，出为安复令[4]。骏既被诛，莫敢收[5]者。缵闻之，弃官免归[6]，独以家财人力修墓，终成葬事[7]。迁殿中将军[8]，以疾不拜[9]。愍怀太子[10]之废，缵舆棺[11]诣阙[12]上书，理[13]太子之冤。朝廷立太孙[14]，缵复上疏陈："今相国[15]虽已保傅[16]东宫，至于旦夕训诲[17]，辅导[18]出入，动静劬劳[19]，宜选寒苦之士，忠贞清正，老而不衰，以为师傅。其侍臣[20]以下，文武将吏，且勿复取盛戚[21]豪门子弟。魏文帝[22]之在东宫，徐干[23]、刘桢[24]为友，文学[25]相接[26]之道，并如气类[27]。吴太子[28]登[29]，顾谭[30]为友，诸葛恪[31]为宾，卧同床帐，行则参乘，交[32]如布衣[33]，此则近代之明比也。天子之子，不患不富贵，不患人不敬畏，患于骄盈[34]不闻其过，不知稼穑之艰难[35]耳。至于甚者，乃不知名六畜[36]，可不勉[37]哉！今不忍小[38]相维持[39]，令至阙失[40]，顿[41]相罪责[42]，不亦误哉！太孙幼冲[43]，选置兵卫[44]，宜得柱石[45]之士如周昌[46]者。"朝廷善其忠烈，擢[47]为汉中太守。

【注释】

①阎缵：西晋官吏。巴西安汉（今四川南充北）人。后侨居河南新安（今河南渑池东）。出身士族，交结英豪，博览典籍。先为太傅杨骏舍人，转安复令。后任西戎校尉司

马,有功,封平乐乡侯。性慷慨,敢直言,不拘小节。升为汉中太守。卒于官,年五十九。

②杨骏:字文长,弘农华阴人。晋武帝武悼皇后杨芷之父。以后父超居重位,自镇军将军迁车骑将军,封临晋侯。晋惠帝即位,升杨骏为太傅、大都督。杨骏辅政时期,凡有诏令,晋惠帝过目后交于杨太后,然后直接下发执行。后被贾皇后(贾南风)设计铲除。

③补:谓官有缺位,选员补充。

④安复令:官名。

⑤收:殓葬。

⑥免归:犹免遣(免除职务并遣送回乡)。

⑦葬事:丧葬之事。

⑧殿中将军:军职名。

⑨不拜:不接受任命。

⑩愍怀太子:司马遹。见前注。

⑪舆棺:谓载棺以随,以示决死。

⑫诣阙:谓赴朝堂。

⑬理:申诉;辩白。

⑭太孙:皇帝的长孙。

⑮相国:宰相的尊称。

⑯保傅:教导,辅佐。

⑰训诲:教导。

⑱辅导:辅佐引导。

⑲劬劳:劳累;劳苦。劬,音渠。

⑳侍臣:侍奉帝王的廷臣。

㉑盛戚:权势很大的皇族外戚。

㉒魏文帝:曹魏世祖文皇帝曹丕(公元187年~公元226年),字子桓,谥文皇帝,一般称魏文帝,三国时期曹魏的开国皇帝。曹操的嫡长子,母亲是卞夫人。他继承了父亲的魏王封号与丞相的大权,最终迫使东汉王朝的末代皇帝禅让,取而代之。

㉓徐干(公元170年~公元217年):字伟长,东汉时期文学家,北海郡(今山东潍坊市)人,建安七子之一。

㉔刘桢(?~公元217年):字公干,东平(今属山东)人。东汉时期文学家。建安七子之一。

㉕文学:治学著文。

㉖相接:交接,相交。

㉗气类:气质同类者。

㉘吴太子:吴国的太子。

㉙登:孙登(公元209年~公元241年),字子高,孙权的长子,三国时东吴宣太子。

㉚顾谭:字子默,吴郡吴人。三国时东吴文官,顾邵之子,顾雍之孙。赤乌年间,代替

诸葛恪担任节度。后任奉车都尉，薛综更将选曹尚书一职让给顾谭。赤乌六年（公元243年），祖父顾雍逝世，数月后顾谭成为太常，代替顾雍的尚书职务。公元241年芍坡之战后，全琮父子因不满封赏偏向张休等人，向朝廷进谗言并牵连顾谭，最后令顾谭和张休等人被流放交州。顾谭在交州怨愤而作《新言》二十卷。流放两年后逝世，终年四十二岁。

㉛诸葛恪（公元203年～公元253年）：字元逊，琅邪阳都（今山东沂南）人。三国时期吴臣，蜀丞相诸葛亮之侄，吴大将军诸葛瑾长子。从小就以神童著称，深受孙权赏识，弱冠拜骑都尉。孙登为太子时，诸葛恪为左辅都尉，为东宫幕僚领袖。后来诸葛恪成为帮助吴国平定丹阳地区（今日江苏中北部以及安徽部分地区）的功臣。

㉜交：交往。

㉝布衣：借指平民。古代平民不能衣锦绣，故称。

㉞骄盈：骄傲自满。

㉟稼穑之艰难：稼穑艰难，犹言农事劳苦。穑，音色。

㊱六畜：指马、牛、羊、鸡、狗、猪。

㊲勉：通“免”。这里的意思是上文所述的各种不当之事，现在的太子都应该想办法避免。

㊳小：年幼时。

㊴维持：维护；帮助。

㊵阙失：失误；错误。

㊶顿：顿时，立即。

㊷罪责：罪罚。

㊸幼冲：谓年龄幼小。

㊹兵卫：士兵和守卫之具。亦指防卫。

㊺柱石：顶梁的柱子和垫柱的础石，这里比喻担当重任的人。

㊻周昌（？～公元前192年）：泗水郡沛县人，西汉大臣，周苛从弟。为人正直，曾官御史大夫、赵国丞相等，封汾阴侯，谥号悼。

㊼擢：举拔；提升。

【译文】

阎缵，字续伯，巴西郡人。杨骏为太傅时，让阎缵补任舍人，后出任安复县令。杨骏被诛杀后，没有人敢去收尸成敛。阎缵听到这一消息，主动弃官回京，独自用家财和人力为杨骏修墓办理了丧事。后来朝廷升任阎缵为殿中将军，他称说有病而未去拜官任职。到愍怀太子司马遹被废，阎缵抬上棺材到宫门上书，为太子申冤。朝廷立司马臧为皇太孙，阎缵又上疏陈述说：“当今相国虽已兼任东宫太保、太傅，至于朝夕训导教诲、辅助引导出入、行止动静这些辛劳的事情，应选择出身寒苦之士担任，且应选择品德清正，虽年老而不衰弱的读书人做太子的师傅。皇太子侍臣以下的文武将吏，也不可选用那些贵戚豪门的子弟。昔日魏文帝曹丕在东宫做太子时，徐干、刘桢为他的朋友，（后来魏文帝的）

治学著文和待人接物的道德风尚就和这几位朋友相类似。吴国的太子孙登，以顾谭为友，以诸葛恪为宾客。他们几个人同睡一床、共用一帐，出行时共乘一辆车子，彼此交往如同普通百姓，（后来互相扶持）这些就是近世的好榜样啊！作为天子的子孙，不愁不富贵，不怕人不敬畏，所令人担心的在于骄傲自满，听不到（别人指出）自己的过失，不知道种植耕作的艰难啊！更有甚者，竟连六畜的名字都不知道，（这样的情况）太子能不尽力避免吗？现在的情况是年幼时不忍管教维护，致使犯下大过而立即遭到（严厉）惩责，这不是误了太子吗？皇太孙年纪幼小，选拔、安排兵将护卫，应该选择周昌那样能承担国家重任的人来担当。"朝廷夸赞阎缵的忠烈，提拔他做了汉中太守。

【原文】

段灼[①]，字休然，敦煌[②]人也。为邓艾[③]镇西司马[④]，征拜议郎[⑤]。世祖即位，灼上疏追理[⑥]艾曰："故征西将军[⑦]邓艾诛，以性刚急[⑧]，矜功伐善[⑨]，而不能协同[⑩]朋类，轻犯雅俗[⑪]，失君子之心，故莫肯理[⑫]之者。臣敢昧死[⑬]，言艾不反之状。艾本屯田[⑭]掌犊[⑮]人，宣皇帝拔之于农吏[⑯]之中，显之于宰府[⑰]之职。先帝委艾以庙胜[⑱]成图，指授[⑲]长策[⑳]。艾受命忘身，前无坚敌，军不逾时[㉑]，而巴蜀[㉒]荡定。艾功名已成，亦当书之竹帛，传祚[㉓]万世，七十老公，复何所求哉！艾以刘禅[㉔]初降[㉕]，远郡[㉖]未附，矫令[㉗]承制[㉘]，权安社稷。虽违常科[㉙]，有合古义[㉚]，原心定罪[㉛]，事可详论[㉜]。钟会[㉝]有吞天下之心，恐艾威名，知必不同，因其疑似[㉞]，构成[㉟]其事。夫反非小事，若怀恶心，即当谋及豪桀[㊱]，然后乃能兴动大众。不闻艾有腹心一人，临死口无恶言，而独受腹背之诛，岂不哀哉！故见之者垂涕，闻之者叹息。此贾谊[㊲]所以伉忾[㊳]于汉文。天下之事可为痛哭者，良有以[㊴]也。昔秦民怜白起[㊵]之无罪，吴人伤子胥[㊶]之冤酷[㊷]，皆为之立祠[㊸]。天下之人，为艾悼心[㊹]痛恨，亦由是也。谓可听艾门生故吏[㊺]，收艾尸柩[㊻]，归葬旧墓，以平蜀[㊼]之功，继封其后，使艾阖棺[㊽]定谥，死无所恨。赦冤魂于黄泉，收信义[㊾]于后世，则天下殉名[㊿]之士，立功之臣，必投汤火，乐为陛下死矣。"世祖[51]得表省览[52]，甚嘉其意。

【注释】

①段灼：生卒不详。世为西土著姓，果直有才辩。少仕州郡，稍迁邓艾镇西司马，从艾破蜀有功，封关内侯，累迁议郎。

②敦煌：敦煌郡。汉武帝元鼎六年（公元前 111 年）分酒泉郡西部置。治敦煌县，属凉州刺史部。

③邓艾（公元 197 年~公元 264 年）：字士载，义阳棘阳（今河南新野）人，三国时魏名将。本名邓范，字士则，后因与同乡人同名而改名。邓艾多年在西北前线防备蜀汉将领姜维，后为灭蜀的主要指挥。他偷渡阴平，迫使蜀汉投降，建立奇功。却在战争中被钟会所诬，联合鉴军卫瓘，将之捕送长安。钟会谋反失败而死，邓艾幕府军官追问邓艾下落，卫瓘怕受报复，遣人杀死邓艾。

④镇西司马：军职名。

⑤议郎:官名。汉代设置;为光禄勋所属郎官之一,掌顾问应对,无常事。汉秩比六百石。多征贤良方正之士任之。晋以后废。

⑥追理:追查处理。

⑦征西将军:军职名。

⑧刚急:刚厉褊急。

⑨矜功伐善:同"矜功伐能"。自夸功绩、才能。

⑩协同:指和睦团结。

⑪雅俗:雅人和俗人。

⑫理:理睬。多用于否定。

⑬昧死:冒死。犹言冒昧而犯死罪。古时臣下上书帝王习用此语,表示敬畏之意。

⑭屯田:此处指种田。

⑮犊:牛,小牛。

⑯农吏:农政小吏。

⑰宰府:宰相办公之所。

⑱庙胜:指朝廷预先制定的克敌制胜的谋略。

⑲指授:指导;传授。

⑳长策:犹良计。

㉑逾时:超过规定的时间。

㉒巴蜀:秦汉设巴蜀二郡,皆在今四川省。后用为四川的别称。

㉓传祚:谓流传后世。

㉔刘禅(公元207年~公元271年):蜀汉后主,字公嗣,小名阿斗。刘备的长子,母亲是昭烈皇后甘氏。三国时期蜀汉第二位皇帝,公元223年至公元263年在位。公元263年蜀汉被曹魏所灭,刘禅投降曹魏,被封为安乐公。

㉕降:投降。

㉖远郡:远方之郡。泛指边远地区。

㉗矫令:假托命令。

㉘承制:谓秉承皇帝旨意而便宜行事。

㉙常科:通常的政令;普通的规格。

㉚古义:古人立身行事的道理。

㉛原心定罪:根据犯罪人的动机和情节来判定其罪行。

㉜详论,研究讨论。

㉝钟会(公元225年~公元264年):字士季,颍川长社(今中国河南省长葛东部)人,是太傅钟繇的小儿子;魏国重臣钟毓之弟。三国后期灭蜀的曹魏重要智将,后来曾在魏国官居要职,包括有镇西将军,司徒,魏元帝时并封他为县侯。后与邓艾,诸葛绪等人分兵灭掉蜀汉,却因谋反,死于乱军之中。

㉞疑似:引申为嫌疑。

㉟构成:谓凭空捏造出某种过失或缺点。

㊱慷:指才能出众的人。

㊲贾谊(公元前200年~公元前168年):西汉洛阳人,为文学家兼政论家。文帝召为博士,超迁至太中大夫,所论列多见施行,因遭毁忌,出为长沙王太傅,迁为梁怀王太傅,后怀王坠马死,谊自伤为傅无状,年余亦卒。

㊳忼忾:忼慨。感叹。

㊴以:缘故;原因;道理。

㊵白起(?~公元前257年):战国时秦之名将,事昭王,因功封为武安君。长平之战,坑杀赵降卒四十万,后与应侯范雎有嫌隙,被免官赐死。

㊶子胥(?~公元前664年):即伍子胥。名伍员,字子胥,春秋楚人。与父兄俱仕楚,后楚王听谗言杀其父兄,员逃亡吴国佐吴伐楚报仇,并辅吴称霸。吴王夫差灭越后,欲释越王勾践回国,不听员谏,因信谗杀之。伍员死前预言越必灭吴,后九年越果灭吴。

㊷冤酷:无罪而加刑戮。

㊸祠:祠堂;庙。

㊹悼心:伤心。痛心。

㊺门生故吏:指学生和旧日部属。

㊻尸柩:盛有尸体的棺材。

㊼平蜀:平定蜀国。

㊽阖棺:盖棺。指死亡。

㊾信义:信用和道义。

㊿殉名:舍身以求名。

51世祖:晋世祖司马炎。

52省览:审阅;观览。

【译文】

段灼,字休然,敦煌郡人。三国时为魏将邓艾军中的镇西司马,后被征召入朝,拜为议郎。武帝司马炎即位,段灼上疏追请核查邓艾冤案,疏中说:"原征西将军邓艾被诛,是因其性格刚直急躁,仗着自己有大功而常夸耀自己的才能,因而不能和同僚和睦团结,(无论)对风雅之士还是流俗之人都曾有过轻率冒犯,失掉了君子们的同情之心,所以没有人肯为他核查冤情。臣下我冒昧甘犯死罪,陈说邓艾并没有反叛朝廷的实情。邓艾本是一个耕田养牛的人,宣皇帝从农官中把他提拔上来,他在服务宰相府时,显示出其从政带兵的才能。先帝委任他完成战前朝廷制定的破敌谋略,并传授他作战的良策。邓艾受命以后率军作战,舍生忘死,屡破强敌,用兵不贻误战机,所以能平定巴蜀。邓艾因此功成名就,可以载入史册,名垂千古。七十高龄的老翁,还能有什么妄求呢!邓艾看到蜀后主刘禅刚投降,一些边远郡县还没有归附,故而假托遵照皇帝的诏令,采取措施使局势得到安定。这虽说违犯了常规,但也有合乎古人赤心报国的本意,若依据邓艾做事的动机和存心来定罪的话，此事还可以详加讨论。钟会有并吞天下之心，惧怕邓艾的威名，知道邓艾肯定不会与自己合作，就趁着邓艾的言行出现疑似（叛逆的）情况，而构陷成这一冤案。反叛绝非小事，如果邓艾真有反逆之心，就一定会拉拢一些豪杰之士，然后才能煽动大众（以谋反）。（臣）没有听说邓艾有一个同谋的心腹之人，就是到了临刑时，他也没有口吐恶言，而只是默然甘受极刑，这岂不令人痛心！此情此景令那些在刑场上看他受死的人也不禁流泪，听到这一消息的人也都不禁叹息，这正是西汉贾谊对汉文帝慨叹的原因啊！天下的事情可以令人伤心痛哭的，必然有其缘故。过去秦国民众痛惜白起无罪被杀，吴国民众哀伤伍子胥蒙冤致死，就建立起祠庙供奉他们。而今全国百姓为邓艾的死而痛心哀悼，也是同样的道理啊！因此我请求，允许邓艾的门生故吏，收敛他的尸骨装入棺材，送回他的祖坟安葬，并依照他平定巴蜀地区的功劳，追封他的后代做官，给他本人盖棺论定，封以谥号，使他死而无恨。这样做，既可以令黄泉下的冤魂得以平反昭雪，又能够让朝廷的信义流传于后世。那么天下能够舍身以求名的士人，能够为朝廷立下功勋的臣子，必能（为国）赴汤蹈火，甘为陛下而死。"武帝司马炎御览了段灼的表文，很赞赏他的意见。

【原文】

虞悝，长沙人也。弟望，字子都。并有士操[1]。闺门[2]有孝悌之称，乡党[3]有廉信之誉。谯王承[4]临州，王敦[5]作逆，遣使招承，承不应，与甘卓[6]相结，起义赴都。承于是命悝为长史[7]、望[8]为司马。敦遣魏乂等攻战转急，望临陈[9]授首[10]，悝为魏乂所害。临刑，乡人送以百数，与相酬酢[11]，意气[12]周洽，有如平日。子弟号泣，悝谓曰："人生有死，阖门[13]为忠义鬼，亦何恨哉！"及敦被诛，诏书追述[14]悝、望忠勋[15]，赠悝襄阳太守、望荥阳太守，遣谒者至墓吊祭[16]。

【注释】

①士操：犹士节。

②闺门：借指宫廷、家庭。

③乡党：同乡；乡亲。

④谯王承：谯王司马承（公元264年～公元322年），字敬才，司州河内温县（今河南温县）人。晋朝宗室，为司马懿六弟司马进孙，谯王司马逊的次子。在王敦之乱中因起兵讨伐王敦而被围困于湘州治所长沙（今湖南长沙市），最终长沙失陷，司马承被擒，荆州刺史王廙承王敦旨意，杀之于武昌（今湖北鄂城）途中，年五十九岁。王敦平后，被赠为车骑将军。

⑤王敦（公元266年～公元324年）：字处仲，琅邪临沂（今山东临沂北）人。王导的从兄。晋武帝的女婿，西晋亡，举族避乱江南，和从弟王导同在元帝朝为官，主持国政。官至征南大将军，拜侍中，领江州牧，恃功专横，后举兵反，中途病死。

⑥甘卓（？～公元322年）：字季思，丹杨（今安徽当涂）人。战国时秦国丞相甘茂的

后代，孙吴将领甘宁的曾孙。东晋重要将领，官至镇南大将军，王敦之乱时一度起兵讨伐王敦，但因为人迟疑不决而延误时机，最终在王敦击败朝廷军队并执掌朝政后选择退回驻地襄阳，不久即被王敦秘密杀害。

⑦长史：官名。汉相国、丞相，后汉太尉、司徒、司空、将军府各有长史。其后，为郡府官，掌兵马。

⑧望：人名，虞望。

⑨临陈：亦做"临阵"，谓身临战阵。

⑩授首：被杀。

⑪酬酢：主客相互敬酒，主敬客称酬，客还敬称酢。

⑫意气：精神；神色。

⑬阖门：全家。

⑭追述：述说过去的事情。

⑮忠勋：尽忠的勋绩。亦指尽忠而有勋绩的人。

⑯吊祭：祭奠、吊唁。

【译文】

虞悝，长沙州人。他的弟弟虞望，字子都。两人都有士节。他们在家族中有孝悌之名，在邻里乡党中有廉洁守信的美誉。谯王司马承到长沙作州官，当时王敦反叛朝廷，派遣使者招请司马承共同造反，司马承没有答应，而和甘卓互相联结、支持，发动义兵共赴京都（以保皇帝）。司马承此时任命虞悝为长史，虞望为司马。王敦派遣魏乂率叛军和虞悝的军队激烈交战，虞望临阵牺牲，虞悝也被魏乂杀害。虞悝临刑时，有一百多名乡亲为他送行。虞悝与乡亲们相互敬酒，其神情意态亲和融洽，有如平日。子弟们痛哭流涕，而虞悝对他们说："人生总有一死，我全家都做了忠义之鬼，这还有什么可遗憾的！"等到王敦失败被杀后，朝廷颁诏追述虞悝、虞望的忠烈功勋，追封虞悝为襄阳太守，虞望为荥阳太守，并派遣使者到墓地祭奠。

刑法志（刑法百官二志常在传前。今从旧）

【原文】

侍中①臣顾②言：夫杀生③赏罚，治乱④所由兴也。人主所谓宜生，或⑤不可生，则人臣当陈所以宜杀，人主所谓宜赏，或不应赏，则人臣当陈所以宜罚，然后治道（治道上下。必有脱文）耳。古之圣贤欲上尽⑥理务⑦，下收损益⑧，莫不深闭慎密⑨，以延⑩良谟⑪。兆庶⑫内外咸知主如此，然后乃展布⑬服心，竭其忠诚耳。

【注释】

①侍中：官名。秦始置，两汉沿置，为正规官职外的加官之一。因侍从皇帝左右，出

入宫廷，与闻朝政，逐渐变为亲信贵重之职。晋以后，曾相当于宰相。隋因避讳改称纳言，又称侍内。

②臣顾：人名。姓臣，名顾。

③杀生：生杀。谓主宰生死。

④治乱：安定与动乱。

⑤或：表示假设。犹假使，倘若。

⑥尽：尽量，尽可能。

⑦理务：处理政务。

⑧损益：减损或增加。这里指对国家政策提出新的建议。

⑨慎密：谨慎保密。

⑩延：诱引；引发。

⑪良谟：良谋。

⑫兆庶：犹言兆民，即百姓。

⑬展布：指展现。

【译文】

侍中臣顾进言说："人的生、杀、赏、罚，和国家的安定与动乱有着密切的关系。君主说某人应该生，倘若不可以生，那么做人臣的就应陈述所以该杀的原因；君主认为某人该奖赏，倘若不该奖赏而该罚，那么做人臣的就应陈述其所以该罚的道理。然后才谈得上治国有道。古代的圣王，希望能更好地处理政务，能听到下面更多更好的意见和建议，无不将自己内心的真实想法深深地隐藏起来，以引发别人说出好的意见。天下的百姓和朝野内外，都知道君主能如此希望听到大家的意见，然后就都会推心置腹，竭尽忠诚了。"

【原文】

廷尉[①]刘颂[②]表曰："臣昔上行肉刑[③]，从来积年[④]，遂寝[⑤]不论。臣窃以为议者拘[⑥]孝文[⑦]之小仁，而轻违圣王之典刑，未详[⑧]之甚，莫过于此。今死刑重，故非命[⑨]者众；生刑[⑩]轻，故罪不禁奸。所以然者，肉刑不用之所致也。今为徒[⑪]者，类[⑫]性[⑬]元恶[⑭]不轨之族也。去[⑮]家悬远[⑯]，无衣食之资，饥寒切身[⑰]，志不聊生[⑱]，廉士[⑲]介节[⑳]者，则皆为盗贼，岂况本性奸凶无赖[㉑]之徒乎？是以徒亡日属[㉒]，贼盗日繁，得辄加刑，日益一岁，此为终身之徒也。自顾反善[㉓]无期，而灾困逼身，其志亡[㉔]思盗，势不得息，事使之然也。

【注释】

①廷尉：官名。秦始置，九卿之一，掌刑狱。汉初因之，秩中二千石。景帝时改称大理，武帝时复称廷尉。东汉以后，或称廷尉，或称大理，又称廷尉卿。北齐至明清皆称大理寺卿。

②刘颂：见前注。

③肉刑:残害肉体的刑罚,古指墨、劓、剕、宫、大辟等。今泛指对受审者肉体上的处罚。

④积年:多年;累年。

⑤寝:止息;废置。

⑥拘:拘泥。

⑦孝文:孝文帝。

⑧未详:不知道或了解得不清楚。

⑨非命:称因意外的灾祸而死。

⑩生刑:死刑以外的一切刑罚。

⑪徒:服徭役的刑罚。

⑫类:类似。

⑬性:禀性,性情。

⑭元恶:大恶之人;首恶。

⑮去:距离。

⑯悬远:相距很远。

⑰切身:迫身。谓身为外界所迫。

⑱不聊生:无法赖以生存。

⑲廉士:有节操、不苟取的人。

⑳介节:刚直不随流俗的节操。

㉑无赖:指撒泼放刁等恶劣的行为。

㉒属:继续;联接。

㉓反善:回心向善。

㉔志亡:一心想着逃走。亡,逃匿。

【译文】

廷尉刘颂向武帝司马炎上表说:"臣过去曾上奏建议陛下施行肉刑,但从那以后已过多年,终于还是搁置一旁未予采纳。臣以为,议论者多拘泥于孝文帝(废除肉刑的)小仁慈,而轻易违背了圣王用刑的精义,(后人)不明悉先圣用刑的深意,莫过于此了。当今加重了死刑的判决,所以死于非命的人就多了。而对罪不当死者惩处过轻。所以惩罚起不到禁除邪恶的作用。之所以出现这样的情况,就是由于不用肉刑所致。现在被判处服劳役的犯人,其性情类似于恶极不法之辈。他们远离家乡,衣食没有来源,切身感受饥寒之苦,觉得没有生活的依赖,即使是平日品行正直有节操的人,也会成为盗贼以求活命,更何况是习性奸诈凶恶的无赖之徒呢!因此刑徒逃走之事连日发生,强盗抢掠之事日益增多,抓到的就予以加刑,逃亡一日,加刑一年,这些人就成了终身囚徒。因为他们自感弃恶从善遥遥无期,而自身灾难困苦威逼,所以一心只想着逃跑出去再做盗贼了。这种情况愈演愈烈不能停息,其原因就是现实情况导致他们这样的啊!"

【原文】

"古者用刑以止刑，今反于此，以刑生刑，以徒[①]生徒。诸重犯[②]亡者，发[③]过三寸，辄重髡[④]之，此以刑生刑；加作一岁，此以徒生徒也。徒亡者积多，系狱[⑤]猥[⑥]蓄。议者曰：'囚不可不赦。'复从而赦之，此为刑不胜[⑦]罪、法不胜奸。民知法之不胜，相聚而谋为不轨[⑧]，月异而岁不同。故自顷年[⑨]以来，奸恶凌暴[⑩]，所在充斥，渐以滋漫[⑪]，议者不深思此，故：'曰肉刑于各忤听[⑫]。'忤听孰与[⑬]盗贼不禁？圣王之制肉刑，远有深理，其事可得而言，非徒心（原本无心字）惩[⑭]其畏剥割[⑮]之痛而不为也，去其为恶之具，使夫奸民无用复肆[⑯]其志，止奸绝本，理之尽也。亡[⑰]者刖[⑱]其足，无所用复亡；盗者截其手，无所用复盗；淫者割其势[⑲]，理亦如之。除恶塞源，莫善于此。今宜取死刑之限重，生刑之限轻，及三犯逃亡淫盗，悉以肉刑代之，其应四五岁刑者，皆髡笞[⑳]使各有差，悉不复居作[㉑]，然后刑不复生刑，徒不复生徒，而残体为戮[㉒]，终身作诫，民见其痛，畏而不犯，必数倍于今，岂与全其为奸之手足，而蹴[㉓]居必死之穷地同哉！而犹曰肉刑不可用，窃以为不识务之甚也。"

【注释】

①徒：徒刑。

②重犯：犯严重罪行的人。

③发：头发。

④髡：音昆，古代剃发之刑。

⑤系狱：囚禁于牢狱。

⑥猥：繁多。

⑦不胜：控制不住；敌不住。

⑧不轨：越出常轨，不合法度。

⑨顷年：近年。

⑩凌暴：凶暴；欺压虐待。

⑪滋漫：滋生蔓延。

⑫忤：违逆，触犯。听：难听，不好听。

⑬孰与：犹言何如。意谓还不如，常用于反诘语气。

⑭惩：克制；制止。

⑮剥割：割削。

⑯肆：不受拘束，纵恣。

⑰亡：逃跑，出逃。

⑱刖：音月，古代酷刑之一，砍掉脚或脚趾。

⑲势：男性生殖器。

⑳髡笞：古代刑罚。剃去须发，鞭打身体。

㉑居作：刑法名。罚令囚犯服劳役。

㉒戮:惩罚。

㉓蹴:踩;踏。

【译文】

“古时用刑罚来遏止人们犯罪,从而避免(进一步)使用刑罚,而现在却与此相反,是‘以刑生刑,以徒生徒’。诸多重犯逃亡者,头发刚刚长过三寸,就(被抓回去)重新剃去头发,这就是所谓‘以刑生刑”;又加服劳役一年,这就是所谓‘以徒生徒’。囚徒逃亡者越积越多,关进监狱的囚犯就越积越多。有议论说:‘囚犯已多到不能不赦免了。’于是,犯了罪的又被赦免,这就变成了刑罚已控制不了犯罪,法律已控制不了邪恶。老百姓清楚刑法无力制裁犯罪,就拉帮结伙合谋去做不法之事,犯罪方式不断花样翻新。因此近年来,奸诈邪恶欺凌残害之事到处都在发生,而且日渐滋长泛滥。评议政事的人不深思出现这些情况的原因,却说:‘实施肉刑在名声上不好听。’(试问)名声上不好听与盗贼不能禁止相比,哪个危害更大呢?古代圣王之所以制定肉刑,是有其深刻道理的。就这种办法能有收效而言,不仅仅是使犯罪者内心有所警戒,而且使其害怕体肤剥割的痛苦而不敢作恶。去除他们作恶的身体器官,使奸恶之徒无法再放纵实施作恶的意图。遏止奸恶须断绝其根本,这是最高明的道理。对逃亡的罪犯,砍去其脚,他们就无法再逃跑;对行窃偷盗的罪犯,剁掉其手,他们就无法再偷盗;对奸淫的罪犯,割除其生殖器,他们就无法再奸淫,道理也是一样。除恶塞源,再没有什么办法比这更好的了。当今应该对那些处以死刑则嫌太重,处以生刑则嫌太轻的罪犯,以及屡犯逃亡、奸淫、偷盗之罪的人,都以肉刑代之;应判处四至五年徒刑的罪犯,都加以剃发、鞭笞等刑罚,使各有差别,都不再留下服劳役。这样做才能使“刑不复生刑”;“徒不复生徒”,而肉刑后身体残缺成为耻辱标记,也会成为终身的警戒。人们看到受刑的痛苦会因畏惧而不敢犯法,(这样的情况)一定会比现行的制度有效许多倍。这和保全罪犯用以作恶的手足,却使他们踏上必死的穷途,岂可同日而语!如果还会有人说肉刑不可使用的话,我认为就太不识时务了。”

【原文】

卫展[①],字道野,河东人也。迁大理[②],上书曰:‘今施行诏书,有考[③]子正父[④]死刑,或鞭父母问子所在。近主者[⑤]所称庚寅诏书[⑥],举家逃亡,家长斩。若长是逃亡之主斩之,斩之虽重犹可[⑦]也。设[⑧]子孙犯事,将考父祖逃亡,逃亡是子孙,而父祖婴[⑨]其酷,伤顺破教。如此者众,相隐之道[⑩]离,则君臣之义废;君臣之义废,则犯上之奸生矣。秦网密文峻[⑪],汉兴,扫除烦苛,风移俗易,几于刑厝[⑫]。大人革命[⑬],不得不荡其秽匿[⑭],通其圮滞[⑮]。今诏书宜除者多,有便于当今,著为正条,则法差[⑯]简易。”元帝[⑰]令曰:“自元康[⑱]已来,事故荐臻[⑲],法禁滋漫,大理所上,宜朝堂会议[⑳],蠲除[㉑]诏书不可用者,此孤[㉒]所虚心[㉓]者也。”

【注释】

①卫展:生卒年不详,约晋惠帝永宁元年前后在世。东晋女书法家卫夫人父。历任

尚书郎,南阳太守。永嘉中(公元310年左右)为江州刺史,累迁晋王大理。

②大理:掌刑法的官。

③考:按问;刑讯。

④正父:证实父亲有罪。正通“证”,证实。

⑤主者:主管人。

⑥庚寅诏书:庚寅年颁布的诏书。

⑦可:应当,应该。

⑧设:假定。

⑨婴:遭受。

⑩相隐之道:指父子之间互相为对方隐瞒罪过的人之常情。

⑪峻:严酷;严厉。

⑫刑厝:置刑法而不用。

⑬革命:谓实施变革以应天命。古代认为王者受命于天,改朝换代是天命变更,因称“革命”。

⑭秽匿:污浊;邪恶。匿同“慝”。

⑮圮滞:壅塞。

⑯差:比较;略微。

⑰元帝:东晋中宗元皇帝司马睿,字景文,东晋王朝的开国皇帝,公元318年至公元323年在位。宣帝司马懿曾孙,琅邪武王司马伷之孙,琅邪恭王司马觐之子。公元317年,时为西晋丞相的司马睿在建康称王,改元建武;次年称帝,成为东晋的开国皇帝。

⑱元康(公元前65年~公元前61年):汉宣帝刘询的第三个年号。

⑲荐臻:接连地来到;一再遇到。

⑳会议:聚会论议。

㉑蠲除:废除;免除。蠲,音捐。

㉒孤:古代诸侯君王的自称。春秋时诸侯自称寡人,有凶事则称孤,后渐无区别。

㉓虚心:一心向往。

【译文】

卫展,字道野,河东郡人。迁升为大理。他曾上书说:“现在施行的诏书,其中有拷问儿子来证实父亲应判死刑,或鞭挞父母查问儿子下落的内容。近来主管刑律的人所依据的《庚寅诏书》中也规定,全家逃亡则家长应被处斩。如果家长确实是逃亡的主谋,斩杀他虽说量刑重了,但也还说得过去。假若子孙们犯罪逃亡,而却拷问其父亲和祖父逃亡之情。逃亡的是子孙,而(无辜的)父亲和祖父却遭受酷刑,那就不合乎情理,也有损于教化。如果这样的情况很多,就会破坏父子之间相互隐瞒罪过的人之常情,也会使得君臣之义渐遭废弃;君臣之义被废弃,犯上作乱的邪恶之事就会发生。秦朝法网严密律条严苛,汉朝建立后废除了烦苛的刑法,社会风气得以改变,刑罚几乎停止不用。而今圣上顺应天命,成功建立晋朝,不能不荡除先前那些污浊邪恶之事,理顺疏通那些阻滞壅塞之处。现在沿用的诏书中应予删除的条文很多,应只将对于当今适用的,确定为正式条文,如此法律才比较简便易行。"元帝司马睿诏命曰:"自元康时期以来,各种变故接连而至,法条禁令也滋生蔓延。大理卫展所上奏议,应在朝廷会商讨论。去除诏书中不宜再使用的,也正是我的愿望。"

【原文】

转[①]廷尉,又上言:"古者肉刑,事经前圣,愚谓宜复古[②]施行。"中宗[③]诏曰:"可内外通共[④]议之。"于是骠骑将军王导[⑤]等,议以"肉刑之典,由来尚矣。肇自[⑥]古先,以及三代,圣哲明王,所未曾改。班固[⑦]深论[⑧]其事,以为外有轻刑之名,内实杀人,轻重失当,故刑政[⑨]不中[⑩]也。且原[⑪]先王之造刑名也,非以过怒也,非以残民也,所以救奸,所以当罪[⑫]也。今盗者窃人之财,淫者好人之色,亡者避叛之役[⑬],皆无杀害也。刖[⑭]之以刑,刑之则止,而加之斩戮,戮过其罪,死不可生。纵虐于此,岁以巨计,此乃仁人君子所不忍闻,而况行之于政乎?若乃惑其名而不练[⑮]其实,恶其生而趣[⑯]其死,此畏水投舟、避坎陷井,愚夫之不若,何取于政哉"。

【注释】

①转:迁职。

②复古:恢复旧的制度、习俗等。

③中宗:元帝司马睿。

④通共:全部,一起。

⑤王导(公元267年~公元330年):字茂宏,晋朝名臣,临沂(今山东临沂县)人。元帝为琅琊王时,导知天下将乱,劝王收贤俊共事,及即位,参与政务,朝野倾心,号称为"仲父"。后受遗诏辅明帝,又辅成帝,历事三朝,出将入相,晋朝中兴,导功居多,官至太傅,卒谥文献。

⑥肇自:始于。

⑦班固(公元32年~公元92年):字孟坚,汉班彪子,明帝时为郎,曾与傅毅典校秘书,后续其父彪所著汉书,积二十余年乃成。为断代史之祖。著有《两都赋》《封燕然山铭》等四十余篇作品,传于后世。

⑧深论:深刻的议论。

⑨刑政:刑法政令。

⑩不中:不适合,不适当。

⑪原:推究;考究;研究。

⑫当罪:谓罚当其罪。

⑬役:徭役。

⑭刖:砍掉脚或脚趾。古代酷刑之一。

⑮练：详熟；熟悉。

⑯趣：催促。

【译文】

不久卫展迁任廷尉，又上书说："古代的肉刑，是前代贤人圣王所用过的，我认为应该恢复古制并施行。"元帝司马睿诏令："可交内外大臣共同议之。"于是骠骑将军王导等人，经过议论认为：肉刑制度由来已久。它开始于上古，以至到夏、商、周三代，圣哲明王都未曾更改。东汉班固曾对此做过深刻的论述，认为虽从表面上看，（废除肉刑）有减轻刑罚之名，而实质上等于杀人。刑罚轻重失当，所以刑罚与政令就难适中公允。再说，本来先王制定刑罚，不是因为一时之怒，也不是用来残害民众的，是想用以遏止奸恶，用以使罚当其罪的。而今窃贼偷盗他人财物，邪淫的人贪图美色，逃亡者逃避徭役，他们都未曾杀人。对这些人即可处以砍足之刑。处以肉刑即能制止犯罪，如果再加以杀戮，则超过了他们应得之罪。人死不能复生，但被任意残害处死的人，每年都有很大的数目，这是仁人君子所不忍听闻的事，而何况把这种刑罚列入政令呢？如果只被废肉刑的美名所迷惑，而不顾及实情，厌恶人们有活路而把他们赶上死路，这等于是害怕被水淹却跳出船只，想避开坑穴却跃进深井一样，连愚昧无知的人都不这样去做，又有什么理由（将这样的刑罚）选列于政令之中呢？

百官志

【原文】

中书郎[①]李重[②]，以为等级[③]繁多，在职不得久，又外选轻[④]而内官[⑤]重，以使风俗大弊，宜厘改[⑥]，重外选，简阶级[⑦]，使官人[⑧]。议曰："古之圣王，建官垂制，所以体国[⑨]经治[⑩]，而功在简易[⑪]。自帝王而下，世有增损。舜命九官[⑫]，周分六职[⑬]，秦采古制。汉仍[⑭]秦旧，倚[⑮]丞相，任九卿[⑯]，虽置五曹[⑰]尚书令[⑱]仆射[⑲]之职，始于掌封奏[⑳]，以宣外内，事任[㉑]尚轻，而郡守牧民[㉒]之官重。故汉宣称所与为治，唯良二千石[㉓]。其有殊政[㉔]者，或赐爵进秩[㉕]，谅[㉖]为治大体，所以远（艺文类聚远作追）踪[㉗]三代也。及至东京[㉘]，尚书[㉙]虽渐优显[㉚]，然令仆[㉛]出为郡守（艺文类聚郡守下有钟离意黄香胡广是也郡守十一字），便（无便字）入为三公[㉜]，虞延[㉝]、第五伦[㉞]、桓虞、鲍昱[㉟]是也。近自魏朝名守[㊱]杜畿[㊲]、满宠[㊳]、田豫[㊴]、胡质[㊵]等，居郡十余二十年，或秩[㊶]中二千石[㊷]假节[㊸]，犹不去郡。此亦古人'苟善其事，虽没世[㊹]，不徙官[㊺]'之义也。

【注释】

①中书郎：官名。三国魏始置，属中书省，为编修国史之任。晋惠帝时起，改属秘书鉴，称大著作郎。

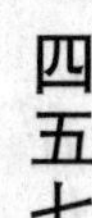

②李重(公元 253 年—公元 300 年):字茂曾,江夏钟武人。少好学,有文辞。早孤,与群弟居,以友爱著称。弱冠为本国中正,逊让不行。后为始平王文学,上疏陈九品之弊。迁太子舍人,转尚书郎。太熙初(公元 290 年),累迁中书郎。每大事及疑义,辄参以经典处决,多见施行。迁尚书吏部郎。永康初,赵王司马伦用为相国左司马,以忧迫成疾而卒。谥曰成。

晋惠帝

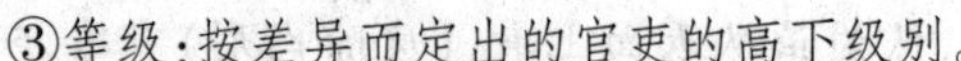

③等级:按差异而定出的官吏的高下级别。

④轻:轻视。

⑤内官:指国君左右的亲近臣僚。

⑥厘改:改革;改正。

⑦阶级:官的品位、等级。

⑧使官人:使官得其人。官人,选才委官。

⑨体国:创建或治理国家。

⑩经治:筹划治理。

⑪简易:简单易行;不烦难。

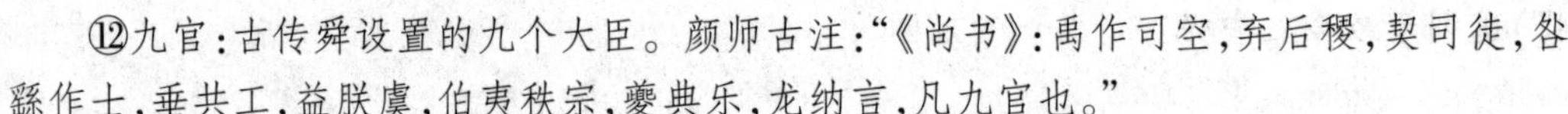

⑫九官:古传舜设置的九个大臣。颜师古注:“《尚书》:禹作司空,弃后稷,契司徒,咎繇作士,垂共工,益朕虞,伯夷秩宗,夔典乐,龙纳言,凡九官也。”

⑬六职:谓王公、士大夫、百工、商旅、农夫、妇功六种职别。

⑭仍:沿用。

⑮倚:凭靠。

⑯九卿:古代中央政府的九个高级官职。

⑰五曹:指尚书省下分职治事的五个官署。汉初置尚书五人,其一为仆射,四人分为四曹,常侍曹主丞相御史事;二千石曹主刺史二千石事;民曹主庶人上书事;主客曹主外国事。

⑱尚书令:官名。始于秦,西汉沿置,本为少府的属官,掌文书及群臣的奏章。汉武帝时以宦官司担任(又称中书令),汉成帝时改用士人。东汉政务归尚书,尚书令成为对君主负责总揽一切政令的首脑。

⑲仆射:官名,秦始置。汉成帝,初置尚书五人,一人为仆射,位仅次尚书令,职权渐重。汉献帝建安四年,置左右仆射。唐宋左右仆射为宰相之职。

⑳封奏:指古时臣下封好牍(奏章)上奏帝王。

㉑事任:职务;职责。

㉒牧民:治民。

㉓故汉宣称所与为治,唯良二千石:汉宣:汉宣帝,名刘询,生于武帝征和二年(公元前 91 年),原名刘病已。汉武帝的曾孙。在位期间,励精图治,任用贤能,贤相循吏辈出。全国政治清明,社会和谐,经济繁荣,“吏称其职,民安其业”,史称“宣帝中兴”。二千石:

汉制,郡守俸禄为二千石,即月俸百二十斛,世因称郡守为“二千石”。

㉔殊政:突出的政绩。

㉕进秩:进升官职;增加俸禄。

㉖谅:确实;委实。

㉗远踪:《艺文类聚》远作“追”。追踪,按踪迹或线索追寻。

㉘东京:古都名。指洛阳,即今河南省洛阳市。东汉都洛阳,因在西汉故都长安之东,故称“东京”。

㉙尚书:官名。始置于战国时,或称掌书,尚即执掌之义。秦为少府属官,汉武帝提高皇权,因尚书在皇帝左右办事,掌管文书奏章,地位逐渐重要。汉成帝时设尚书五人,开始分曹办事。东汉时正式成为协助皇帝处理政务的官员,从此三公权力大大削弱。魏晋以后,尚书事务益繁。隋代始分。

㉚优显:贵显。

㉛令仆:指尚书令与仆射。亦泛指股肱重臣。

㉜三公:古代中央三种最高官衔的合称。西汉以丞相(大司徒)、太尉(大司马)、御史大夫(大司空)为三公,东汉以太尉、司徒、司空为三公。

㉝虞延:字子大,陈留东昏人。

㉞第五伦:字伯鱼,东汉京兆长陵(今陕西咸阳东北)人。先世为战国田氏,迁移西汉园陵,以迁移次第为氏。早年是乡啬夫,京兆尹阎兴召为主簿,任铸钱掾。后举孝廉,任会稽(浙江)、蜀郡(四川)太守。为官以清廉著称。章帝时,揭发外戚马氏诸多恶行。

㉟鲍昱:字文泉,约王莽更始二年(公元10年)生,卒于汉章帝刘炟建初六年(公元81年),上党屯留(今山西长治市屯留县)人。东汉司隶校尉鲍永之子。鲍昱历仕光武帝、汉明帝、汉章帝三朝,位至司徒、太尉,是东汉初年比较著名的奉法守正、注意实绩的官员。

㊱名守:有贤名的郡守。

㊲杜畿:字伯侯,京兆杜陵人。东汉末及三国时曹魏官吏及将领。西汉御史大夫杜延年的后代。

㊳满宠:字伯宁,山阳郡昌邑人(今山东微山),魏国名将,官至太尉。最初在曹操手下任许县县令,掌管司法,以执法严格著称;转任汝南太守,开始参与军事,曾参与赤壁之战。后关羽围攻樊城,满宠协助曹仁守城,劝阻了弃城而逃的计划,成功坚持到援军到来。曹丕在位期间,满宠驻扎在新野,负责荆州侧的对吴作战。曹睿在位期间,满宠转任到扬州,接替曹休负责东侧对吴作战,屡有功劳,后因年迈调回中央任太尉,数年后病逝。

㊴田豫(公元171年~公元252年):字国让,渔阳雍奴(今天津市武清区东北)人。三国时期曹魏将领,官至太中大夫,封长乐亭侯。

㊵胡质(?~公元250年):字文德,淮南寿春人,少与蒋济、朱绩知名江、淮间。蒋济为别驾,推荐与曹操,召为顿丘令。魏文帝时,官至东莞太守。在东莞九年,政通人和,上下称颂。后迁荆州任刺史,政绩依然卓著。他为官清廉,不经营家产私业,家中没有多余

财产。

㊶秩：俸禄。

㊷中二千石：汉官秩名。《汉书·宣帝纪》："颍川太守黄霸以治行尤异，秩中二千石。"颜师古注："汉制，秩二千石者，一岁得一千四百四十石，实不满二千石也。其云中二千石者，一岁得二千一百六十石，举成数言之，故曰中二千石。中者，满也。"汉制九卿秩皆中二千石，故又用为九卿的代称。

㊸假节：晋南北朝时，掌地方军政的官往往加使持节、持节或假节的称号，持节得诛杀中级以下官吏及无官职者或者犯军令者。

㊹没世：终身，永远。

㊺徙官：迁徙官职。

【译文】

中书郎李重，认为朝廷官吏的等级繁多，且在一个职位上时间不长，又轻视地方官选用而重视任用近侍臣僚，因而导致风气败坏，应改为重视地方官员的选派，简化官员的品级划分，使官得其人。他说："上古圣王，设官建制，目的是为了治理好国家，其成功之处在于简单易行。从五帝三王以来，其设官建制世代各有增减。虞舜只任命九牧官长，周代分设六种职事，秦朝采用古制。汉沿用秦的制度，倚仗丞相，任用九卿，虽也增设了五曹、尚书令、仆射等官职，（这些担任内廷职务的官员）开始也只是掌管封呈奏报之事，将君主旨意向朝野内外转达而已，其职责任务尚不算重要，而郡守一类管理民众之官则处于重要地位。所以汉宣帝说，治理天下所要倚靠的是俸禄为二千石的好郡守。他们中政绩优异者，就赐给爵位或晋升官职、增加俸禄，这确实是治国的大根本，所以宣帝的政绩能够远追夏、商、周三代的盛世。到了东汉，尚书之位尽管逐渐优越显要，然而尚书令和仆射外派地方就是郡守，随即回到京城便位列三公。虞延、第五伦、桓虞、鲍昱就是如此。近世魏朝著名的郡守杜畿、满宠、田豫、胡质等人，做郡守十多年到二十年，有的品级达中二千石，皇上赐予节杖，也不让他们离开州郡，这也体现出古人"如果善于从事某项工作，即使干一辈子，也不离开这份官职"的大义。

【原文】

"汉魏以来，内官之贵，于今最隆[①]，而百官等级遂多，迁补[②]转徙[③]如流，能不以著[④]，黜陟[⑤]不得彰，此为治之大弊也。夫阶级繁多而望官久，官不久而望治功[⑥]成，不可得也。《虞书》[⑦]云：'三考[⑧]，黜陟幽明[⑨]。'周官，三年大计[⑩]群吏之治，而行其诛赏。汉法官人，或不直秩。魏初用轻资，亦先试守[⑪]，不称，继以左迁[⑫]。然则隽才[⑬]登进，无能降退，此则所谓'有知必试，而使人以器[⑭]'者也。臣以为今宜大并群官等级，使同班[⑮]者不得复稍迁，又简[⑯]法外议罪[⑰]之制，明试守左迁之例，则官人理书[⑱]（书疑事），士[⑲]必量能[⑳]而受爵[㉑]矣，居职[㉒]者自久，则政绩可考[㉓]，人心自定[㉔]，务求诸己矣。"

【注释】

①隆：显达，显赫。

②迁补：升官补缺。

③转徙：辗转迁移。

④著：显著。

⑤黜陟：指人才的进退，官吏的升降。

⑥治功：泛指治理的政绩。

⑦虞书：属《尚书》中虞书部。

⑧三考：古代官吏考绩之制。指经三次考核决定升降赏罚。

⑨幽明：指善恶，贤愚。

⑩大计：官吏每三年一次的考绩。

⑪试守：正式任命前试行代理某一职务。

⑫左迁：降官，贬职。

⑬隽才：亦作"隽材"，才智出众的人；出众的才智。"隽"通"俊"。

⑭器：才能，能力。

⑮同班：等级相同。

⑯简：简化。

⑰议罪：论议定罪。

⑱理书：理事，治事，处理事务。

⑲士：卿士。泛称诸侯臣僚、各级官吏。

⑳量能：衡量才能。

㉑受爵：接受爵位。

㉒居职：在职；任职。

㉓考：旧时考核官吏的成绩曰"考"，其考语亦曰"考"。

㉔定：安定。

【译文】

汉、魏朝以来，在朝廷做官的尊贵，于今最为显著。于是百官的等级也就增多，官员的变更、补缺、调转、提升如同流水，有能力而不为人所知，人才的贤愚在进退升降中不能得到彰显，这是治理国家的极大弊端。官阶如此繁多，却希望官员在一个职位任职较长时间，在一个职位上时间短暂却又希望其治理很有成绩，这都是不可能办到的事。《虞书》上说："经过三次考核决定官员的升降。"《周官》上说："每三年广泛考察百官的政绩一次，据此赏罚任免。"汉代的办法是授予官职时，有的不直接确定官职的大小品级。魏朝在开始任用时不看重资历，也采取在职试用的办法，对其不称职者予以降职。这样，则使才能出众者得到升迁，无才能的予以降职或辞退。这就是所谓有才能的人一定经过试用,而按其才能高低来用人的办法。我以为当前应大力合并官员的品级,让同一官品班次者不得在短时间内调迁。另外,应简化在规定以外评议官员罪过的制度,明确在职试用、留用、不称职者降免的规定。这样一来,人各得其位、制度得到简化明确,士人也会根据其才干而接受爵位了。在某一职位任期持久,则政绩就可以考核,做官的人心安定,就必然会努力要求自己尽职了。

【原文】

裴顾[①](顾疑頠)以万机[②]庶政[③],宜委宰辅,诏命不应数改,乃上疏曰:"臣闻古之圣哲,深原[④]治道,以为经理[⑤]群务,非一才之任;照练[⑥]万机,非一智所达。故设官建职,制其分局[⑦]。分局既制,则轨体有断。事务不积,则其任易处,选贤举善,以守其位,委任责成[⑧]。立相干[⑨]之禁,侵官[⑩]为曹[⑪],离局[⑫]陷奸。犹惧此法未足制情,以义[⑬]明防,曰:'君子思不出位[⑭]。'夫然,故人知厥[⑮]务,各守其所,下无越分之臣,然后治道[⑯]可隆,颂声能举。故称尧舜劳于求贤,逸[⑰]于使能。分业[⑱]既辨,居任得人,无为而治,岂不宜哉!及其失也,官非其才,人不守分,越位干曹,竞达所怀[⑲],众言纷错[⑳]。莅职[㉑]者不得自治其事,非任者横干他分。主听眩[㉒],莫知所信,遂亲细事[㉓],躬自听断[㉔],所综[㉕]遂密,所告弥众。功无所归,非[㉖]无所责,群下弃职,得辞宜罚,以此望治,固其难也。

【注释】

①裴顾:疑为裴頠(公元267年~公元300年),西晋哲学家。字逸民。河东闻喜(今属山西)人。他曾任散骑常侍,国子祭酒兼右军将军、尚书左仆射之职。西晋时期重要的朝臣,也是称著当时的名士。生于晋武帝泰始三年,卒于惠帝永康元年,年三十四岁。

②万机:指帝王日常处理的纷繁的政务。

③庶政:各种政务。

④原:推究,考究,研究。

⑤经理:治理。

⑥照练:照,察知,明白。练,详熟,熟悉。

⑦分局:职司,犹职分。

⑧责成:指令专人或机构负责完成任务。

⑨相干:互相干扰;互相干犯。

⑩侵官:超越权限而侵犯其他官员的职权。

⑪曹:古代分科办事的官署或部门。此处指下属官员。

⑫离局:远离自己的部属;离开职守。

⑬义:道义。

⑭出位:越位,超越本分。

⑮厥:代词。其。起指示作用。

⑯治道:治理国家的方针、政策、措施等。

⑰逸：闲适，安乐。
⑱分业：犹分工。
⑲所怀：怀抱；心中所想。
⑳纷错：纷繁杂乱。
㉑莅职：莅职，到任；就职。
㉒眩：迷惑；迷乱。
㉓细事：小事。
㉔听断：听取陈述而做出决定。
㉕综：整理，治理。
㉖非：错误。

【译文】

裴頠认为国家政务，应托付宰辅办理，已有的诏命不应频频更改，于是上疏说："臣听闻古代的圣哲，深入的探究治国之道，认为管理众多事务，不是凭一人之才就能胜任的；通晓熟练各种事务，也不是靠一人之智所能达到的。因而才设置各种官职，明确他们的分工职守，职责和规章制度就能确定下来。政务不积压，那么他的任务就易于完成；选贤任能，各守其位，各尽其责，制订好严禁相互干预的禁令，超越权限而侵犯其他官员职权的降为属官，离开自己职守的按奸臣处理。即便如此，还担心这样做尚不足以控制私情，于是又以道义来明确防范。明确提出'君子谋政不超越自己的职责'。这样一来，人人都知道他应做的事，各守其职，居下位没有超越职分之臣，国家的政治才得以兴隆，歌颂之声就可传扬。所以人们说尧舜为访求贤才而忙碌，因贤才得以任用而安享清闲。这是由于职务分工既已划分清楚，任职的又是合适的人才，君王无所为而能实现天下政治清明，难道不是很好吗？反之，选用官员不当，人人不守职分，他们超越职位干预下属机构的事务，竞相发表自己的意见。这样众说纷纭，使在职者不能自主的管好本职事务，不在职者蛮横干涉别人分内的事务；君主的听闻就会混乱，迷惑不知该信谁的话，于是就亲自处理具体事务，亲自决断。君主所总揽的事情多了，所奏告的人就越来越多，结果是有了成绩却不知是谁的功劳，有了过失也不知是谁的责任。下面的臣子放弃了自己的职守，又能逃脱责罚。这样还指望国家能治理好，确实是很难办到的事呀！"

【原文】

"昔杜蒉①既数②师旷③，退而自酌④，以罚干职之非，记称其善；陈平⑤不知簿书⑥之目⑦，汉史美⑧其守职。政不可多门⑨，多门则民扰。于今之宜，选士既得其人，但当委责，若有不称，便加显戮⑩，谁敢不尽心竭力？不当⑪便有干职之臣，适⑫不守局，则所豫⑬必广；所豫适广，则人心赴⑭之；人心通赴，则得作威福⑮。臣作威福，朝之蠹⑯也。帷幄⑰张子房⑱之谋者，不宜使多，外委群司⑲，卑（卑作单）力所职，尊崇⑳宰辅，动静咨度㉑，保任其负㉒。如此，诏书必不复数改。听闻风言㉓，颇以诏命数移易㉔，为不安静。臣不胜狂瞽[25]，敢陈愚怀[26]，乞陛下少垂[27]省察。"

【注释】

①杜蒉：晋平公的厨师。

②数：数落，责备。

③师旷：春秋晋国乐师。善于辨音。

④自酌：斟酒自饮。

⑤陈平：人名。西汉阳武（今河南原阳）人。西汉开国功臣。汉文帝时任右丞相，后迁左丞相。

⑥簿书：记录财物出纳的簿册。

⑦目：条目；要目。

⑧美：称赞。

⑨多门：谓颁令之处很多。

⑩显戮：明确的惩罚。戮，惩罚。

⑪当：符合。

⑫适：连词。如果，假若。表示假设关系。

⑬豫：通"与"。参与。

⑭赴：趋附。

⑮威福：原指统治者的赏罚之权，此处谓当权者妄自尊大，恃势弄权。

⑯蠹：音度。比喻祸国害民的人或事。

⑰帷幄：指谋臣或谋划之任。

⑱张子房：张良（？～公元前185年），字子房，封留侯，谥号文成。祖籍颍川，城父（今安徽亳州）人，汉太祖刘邦的谋臣，汉朝开国元勋之一。

⑲群司：百官。

⑳尊崇：尊敬推崇。

㉑咨度：咨询；商酌。

㉒负：承受；担负。

㉓风言：流言；无根据的话。

㉔移易：移动改变。

㉕狂瞽：愚妄无知。多用作自谦之辞。

㉖愚怀：谦指己见。

㉗垂：用作敬辞，多用于上对下的动作。

【译文】

"从前杜蒉数落责备师旷的过错（并罚他饮酒），退下时又自罚一杯，以惩罚自己干预他人职责的过错，史书上称赞他做得很对。汉朝陈平不能回答出账簿的名目，史书称美他能恪守本职。颁布政令之处不可多，多则人民无所适从。当今最好的做法是，选拔官员既然有了能胜任岗位的人，就应该把相应的责任委托给他；若有不称职者，便给以公开的处罚，这样谁还敢不尽心竭力。(如果官职与责任)不相应便会产生干涉他人职责的官员，如果有人不遵守自己的权限，那么他所参与干涉的事必然涉及多方面；如果参与面过广'那么就会有官员去依附(这样的权贵)，如果大家都要赶去依附(权贵)，那些权贵就会作威作福。臣子作威作福，就会成为朝廷的蛀虫(而害国害民)。像汉代张良那样的谋臣，不宜使用得太多，应该把外面的事务委任给各个部门，使他们恪尽职守；君主应尊崇在朝的宰辅之臣，重大事项和他们谘询商量，保证他们做好自己的工作。如能这样去做，圣上的诏书定然不再会频加改动。臣听到一些传言，觉得屡次改动诏书，的确不是安稳妥当之计。臣语言狂妄、所知甚少，冒昧陈述自己的愚见，乞请陛下稍加垂目阅览审察。"

【原文】

何曾[①]，字颖孝，陈国人也。为司隶校尉，言于太祖[②]曰："公方以孝治天下，而听[③]阮籍[④]以重哀饮酒食肉于公坐[⑤]。宜摈[⑥]四裔[⑦]，无令污染[⑧]华夏。"大祖[⑨]曰："此子羸病[⑩]若此，君不能为吾忍耶?"曾重引据，辞理甚切，朝廷惮[⑪]焉。泰始九年[⑫]为司徒，以疲疾求退。孙绥位至侍中，潘滔[⑬]谮[⑭]之于太傅越[⑮]，遂被杀。初曾告老[⑯]，时被召见，侍坐[⑰]终日，世祖[⑱]不论经国大事，但说平生常语。曾出每曰："将恐身不免乱，能及嗣[⑲]乎?"告其二子曰："汝等犹可得没[⑳]。"指诸孙曰："此辈必遇乱死也。"及绥死，兄嵩曰："我祖其神乎?"

【注释】

①何曾(公元199年~公元278年)：西晋大臣。原名瑞谏，又名谏，魏大臣何夔之子，承袭其父爵位，魏明帝时封平原侯，擢散骑侍郎、典农中郎将，主张为政之本在于得人。何曾与曹魏权臣司马懿私交深厚，司马炎袭父爵为晋王时，何曾为丞相，在废曹立晋的过程中起了相当重要的作用，因此，晋朝一建立，他官封太尉，直至太保兼司徒，爵位也由侯晋升为公。朝会之时，何曾享受坐车佩剑的特权，可谓一人之下，万人之上。

②太祖：晋文帝司马昭。

③听：听凭，任凭。

④阮籍(公元210年~公元263年)：三国魏诗人。字嗣宗。陈留尉氏(今属河南)人。是建安七子之一阮瑀的儿子。曾任步兵校尉，世称阮步兵。与嵇康、刘伶等七人为友，常集于竹林之下肆意酣畅，世称"竹林七贤"。

⑤以重哀饮酒食肉于公坐：公坐，即公众场合。此句指何曾对于阮籍有损礼教而深感不满。史载阮籍在丧母时还喝酒吃肉，不能尊崇常礼，但是却因悲伤而吐血大病，几乎死亡，所以当时人还认为阮籍是孝顺的。而晋武帝司马炎的父亲司马昭对阮籍及其家族还是非常欣赏和仰赖的(见《世说新语》"任诞篇""简傲篇"以及《晋书斠注》卷四九"阮籍传")。

⑥摈：排斥，弃绝。

⑦四裔：指四方边远之地。

⑧污染：沾染，玷污。

⑨大祖：即太祖。

⑩羸病：衰弱生病。羸，衰病，瘦弱，困惫。

⑪惮：畏惧。

⑫泰始九年：即公元273年，泰始是西晋的第一个年号。

⑬潘滔：西晋荥阳人，字阳仲。初为愍怀太子洗马，东海王司马越引为心腹，与刘舆、裴邈合称"越府三才"。历迁黄门侍郎、散骑常侍。及越专朝政，疑朝臣贰于己，因劝司马越悉诛尚书何绥等。永嘉四年，为河南尹，惠帝恶司马越专权，与荀晞联结，五年，晞陈越罪状，表求杀滔。遣骑收之，夜遁，得免。

⑭谮：谗毁，诬陷。

⑮越：司马越，字元超，西晋宗室，高密王泰长子。"八王之乱"的最后一王。初以世子为骑都尉，侍讲东宫，拜散骑侍郎，历左卫将军，加侍中。讨杨骏有功，封五千户侯。后复为侍中，加奉车都尉，别封东海王。永康初，为中书令，徙侍中，迁司空，领中书鉴，后加尚书令。"八王之乱"后期，河间王颙挟晋惠帝迁长安，司马越起兵奉迎惠帝，应者云集。及惠帝还洛，司马越乙太傅录尚书事，独揽朝政。

⑯告老：旧指官吏年老辞官退休。

⑰侍坐：在尊长近旁陪坐。

⑱世祖：司马炎。

⑲嗣：子孙，后代。

⑳没：谓寿终，善终。

【译文】

何曾，字颖孝，陈国人。在任司隶校尉时，曾对太祖司马昭说："您现在正实行以孝道治理天下，而听任阮籍在（母亲去世的）重哀之时，公然饮酒吃肉。（像他这种蔑视礼教的人）应该放逐到四方边远之地，不要使他污染华夏的传统美德。"太祖说："他现在瘦弱疲病到如此地步，您不能看我的面子而忍一忍吗？"何曾重新引经据典，言辞道理更为恳切，让朝廷的官员都有些害怕。泰始九年（公元273年），何曾官任司徒，因老迈多病请求退休。后来他的孙子何绥官至侍中。有个叫潘滔的人在太傅司马越面前诬陷何绥，何绥遂被处死。当初何曾告老在家时，经常被武帝召见，何曾陪坐一整天，而武帝并不与他谈论经国大事，只说些日常生活的话。何曾从宫中出来常说："恐怕将来不能免于祸乱，不知是否牵涉到后代子孙！"他告诉他的两个儿子说："你们还可以得到善终。"又指着几个孙子说："你们这一辈必遭遇祸乱而死！"等到何绥被杀后，何绥的哥哥何嵩说："我们祖父料事如神啊！"

【原文】

羊祜[1],字叔子,泰山[2]也。都督[3]荆州[4]诸军事,征南大将军。上疏平吴[5],世祖深纳之,吴军人前后至者,不可胜数。祜将入朝而有疾,至洛阳遂薨[6]。南州市会[7]闻丧,举市悲号而罢,于是传哭接音,邑里[8]相达。百姓乃树碑[9]岘峰[10],立庙祭祀。行人望碑,皆涕泗垂泣[11]。杜预[12]代镇,名为"堕泪碑"。吴灭,诏曰:"祜建平吴之规,其封祜夫人夏侯氏为万岁乡君[13],邑五千户,绢万匹。"吴平庆会[14],群臣上寿[15],世祖流涕曰:"此羊太傅之功,岂朕所能为也。"

【注释】

①羊祜(公元221年~公元278年):晋南城人。武帝时镇襄阳,绥怀远近,甚得江汉人心,与陆抗对境,务修德以怀吴人,官至征南大将军,陈伐吴之计,后病卒,南州民为之罢市巷哭,为立碑岘山,望其碑者皆流涕,时称"堕泪碑"。

②泰山:郡名。治奉高,在今山东泰安东北。

③都督:总领,统领。

④荆州:古"九州"之一。在荆山、衡山之间。汉为十三刺史部之一。辖境约相当于今湘鄂二省及豫桂黔粤的一部分;汉末以后辖境渐小。东晋定治江陵(现属湖北),为当时及南朝长江中游重镇。

⑤平吴:平灭东吴。

⑥薨:古代称诸侯或有爵位的大官死去。

⑦市会:城市中的庙会。

⑧邑里:指乡里的人民。

⑨百姓乃树碑:羊祜任襄阳太守,有政绩。后人以其常游岘山,故于岘山立碑纪念,称"岘山碑"。

⑩岘峰:山名。在湖北襄阳南。又名岘首山。东临汉水,为襄阳南面要塞。西晋羊祜镇襄阳时,常登此山,置酒吟咏。

⑪涕泗垂泣:涕泗,涕泪俱下,哭泣。垂泣,指低声哭。这段历史成为日后"岘山泪"的典故。岘山泪本指百姓至岘山凭吊羊祜而流的眼泪,后谓因感念地方官德政而流出的怀念的眼泪。

⑫杜预:字元凯,京兆杜陵(今西安东南)人。博学多才,被誉为"杜武库"。参加了平吴战争,统一后致力于安定局势。著有《春秋左氏经传集解》和《春秋释例》。

⑬乡君:古代妇女的封号。

⑭庆会:喜庆的宴会。

⑮上寿:谓向人敬酒,祝颂长寿。

【译文】

羊祜,字叔子,泰山郡人。他负责管理荆州的军事,官拜征南大将军。羊祜向武帝司马炎上平灭东吴之策，武帝十分赞同，采纳了他的意见。当时吴国军队前后来归降者，多得难以计数。羊祜将入朝时生病，到了京都洛阳就死了。当时荆州人上庙市，听到羊祜病逝的噩耗，整个集市上的人都悲哭号啕，停止了集市交易，哭声相连，从市镇传到了乡村。老百姓又为他在岘峰立碑，修庙祭祀。行路的人看到石碑后没有不流泪哭泣的。杜预接替羊祜镇守荆州，把百姓为羊祜所立的石碑称名为“堕泪碑”。晋灭吴以后，武帝颁诏曰：“羊祜提出平吴的谋略，立下大功，封羊祜的夫人夏侯氏为‘万岁乡君’，食邑五千户，赐绢万匹。”东吴平定后（朝廷开）的庆功会上，群臣祝贺。武帝流着泪说：“这是羊祜太傅的功劳，岂是朕所能做得到的啊！”

【原文】

秦秀，字玄良，新兴[①]人也。少以学行[②]忠直[③]知名，迁补[④]博士[⑤]。群率伐吴，诏以贾充[⑥]为大都督[⑦]。秀性恶憎（恶憎作忌谗）佞，疾之如雠，轻鄙[⑧]贾充，闻其为大统[⑨]，心所不平，遂欲哭师。及充[⑩]卒议谥[⑪]，秀请谥为荒公。初，何曾[⑫]卒，秀议曰：“曾事亲有色养[⑬]之名，在官奏科尹之模。此二者，实得臣子事上之概[⑭]。然资性[⑮]骄奢，不循轨则[⑯]，朝野之论，不可具[⑰]言。俭，德之恭也；侈[⑱]，恶之大也。曾受宠二代[⑲]，显赫累世，荷保傅[⑳]之贵，秉司徒[㉑]之均[㉒]，而乃骄奢之名，被[㉓]于九域[㉔]，有生之民，咸怪其行，秽[㉕]皇代[㉖]之美，弃羔羊[㉗]之节，示后生[㉘]之傲[㉙]，莫大于此。若生极其情，死又无贬，是无正刑也。（旧无无正刑也四字。补之）王公贵人，复何畏哉？谨案[㉚]谥法[㉛]，名与实爽[㉜]曰缪[㉝]，怙乱[㉞]肆行[㉟]曰丑。曾宜为缪丑公。古人阖棺[㊱]之日，然后诔行[㊲]，不以前善没后恶也。”秀性悻直[㊳]，与物多忤[㊴]，为博士[㊵]前后垂二十年，卒于官。

【注释】

①新兴：郡名。东汉建安二十年置，治九原（今山西忻州市）县。西晋时辖境减小。

②学行：学问品行。

③忠直：忠厚正直。

④迁补：升官补缺。

⑤博士：古代学官名，晋代设立国子博士。

⑥贾充：见前注。

⑦大都督：军职名。魏晋南北朝称“都督中外诸军事”或“大都督”者，即为全国最高之军事统帅。南宋时亦偶有用都督、同都督，督视各路兵马等，为执政官出任临时统帅之称。

⑧轻鄙：小看，轻视。

⑨大统：军队统帅。

⑩充：贾充。

⑪谥：古代帝王、贵族、大臣、士大夫或其他有地位的人死后，据其生前业绩评定的带有褒贬意义的称号。亦指按上述情况评定这种称号。

⑫何曾:见前注。

⑬色养:指人子和颜悦色奉养父母或承顺父母颜色。

⑭概:准则,标准。

⑮资性:资质;天性。

⑯轨则:规则;准则。

⑰具言:备言,详细告诉。

⑱侈:奢侈,浪费。

⑲二代:这里指何曾在曹魏时代,便与当时的权臣司马懿私交甚厚,司马炎袭父亲的爵位为晋王时,何曾便是其丞相。后来司马炎以晋代魏,何曾起了相当的作用。

⑳保傅:保育、教导太子。

㉑司徒:官名。汉哀帝元寿二年,改丞相为大司徒,与大司马、大司空并列三公。东汉时改称司徒。历代因之。

㉒均:古同“钧”,比喻国政。

㉓被:遍布。

㉔九域:九州。

㉕秽:污染;玷污。

㉖皇代:犹言国朝;当今之世。

㉗羔羊:《诗·召南》篇名。因《羔羊》诗序曰:“羔羊,鹊巢之功致也。召南之国化文王之政,在位皆节俭正直,德如羔羊也。”故后用以称美士大夫操行洁白、进退有节。

㉘后生:后辈,下一代。

㉙慠:古同“傲”。

㉚谨案:慎查考。引用论据、史实开端的常用语。

㉛谥法:评定谥号的法则。上古有号无谥,周初始制谥法,至秦废。汉复其旧,历代因之,至清止。

㉜爽:差失;不合。

㉝缪:诈伪。

㉞怙乱:谓乘乱取利。

㉟肆行:谓恣意妄为。

㊱阖棺:盖棺。指死亡。

㊲诔行:谓累列死者行迹。

㊳悻直:刚直,固执。

㊴忤:指违逆,触犯。

㊵博士:古代学官名。六国时有博士,秦因之,诸子、诗赋、术数、方伎皆立博士。汉文帝置一经博士,武帝时置“五经”博士,职责是教授、课试,或奉使、议政。晋置国子博士。

【译文】

秦秀，字玄良，新兴郡人，年轻时以才学品行忠直而闻名，后来补缺做了博士。诸军伐吴时，武帝诏命以贾充为大都督。秦秀生性憎恶奸佞之人，对这些人视如仇人一般。他轻蔑鄙视贾充，听到他被任命为统军首领，愤愤不平，曾打算以"哭师"的行动劝谏。待贾充死后，朝中商议给他定谥号，秦秀提出将贾充的谥号称为"荒公"。当年何曾病逝，秦秀也曾说："何曾侍奉父母有'色养'的美名，为官时上奏进言也能以伊尹为楷模，这两点上确实符合臣子侍奉君主的标准。然而他生性骄傲，生活奢侈，不守规矩，朝内朝外对他的议论很多，不能详说。节俭是美德中最值得尊崇的，奢侈是恶行中最严重的。何曾受到司马懿、司马炎父子两代的宠爱，显赫几世。他身居太傅太保的尊贵，执掌司徒之职的大权，而其骄奢之名遍及国内，凡活着的人，都为他的行为感到惊异。他玷污了我煌煌晋朝的美德，抛弃了为臣子廉洁正直、进退有节的操行，显示给后辈人以傲慢失德的印象，没有比这更严重的了。若在世时尽情骄奢放纵，死后又不给以应有的谴责，这样就没有公正的刑罚了。那么王公贵人，还有什么顾忌呢？通过详细考查谥号的法则，臣看到名与实不合叫作'缪'，仗势胡作非为叫作'丑'。何曾的谥号应该叫'缪丑公'。古人死后才能对其一生的是非善恶做出结论，不因他前半生好而掩盖后半世的罪过。"秦秀性情刚直固执，言行与众人多有抵触。任博士前后将近二十年，最后死在任上。

【原文】

李憙①，字季和，上党②人也。累辟③三府④不就⑤，宣帝⑥复辟为太傅属⑦，固辞。世宗⑧辅政，命憙为大将军从事中郎⑨。憙到引见，谓憙曰："昔先公辟君而不应，今孤⑩命君而至，何也？"对曰："先君以礼见待，憙得以礼进退；明公以法见绳⑪，憙畏法而至。"帝甚敬重焉，迁太常⑫司隶校尉⑬。

【注释】

①李憙：上党铜鞮（今山西沁县）人。少有高行，博学精研，屡征不就。后为并州别驾。晋景帝召为大将军从事中郎。后转司马，拜右长史，太子太傅，并摄国事。迁尚书仆射，拜特进、光禄大夫，年老逊位。卒，追赠太保，谥曰成。

②上党：郡名。为秦三十六郡之一。西晋时郡治潞县。

③辟：征召、荐举。

④三府：即古代中央三种最高官衔的合称。西汉以丞相（大司徒）、太尉（大司马）、御史大夫（大司空）为三公，东汉以太尉、司徒、司空为三公。按照汉制，三公可以自行征召下属官员乃至武官，称为"开府"。

⑤就：就职。

⑥宣帝：即司马懿。

⑦属：官属；部属。

⑧世宗：司马师（公元208年~公元255年），字子元，西晋开国君主晋武帝司马炎的伯父，司马懿与张春华的长子。司马炎称帝，尊司马师为晋景帝，庙号世宗。

⑨从事中郎：官名。汉魏时，三公及将军府均设从事中郎。职参谋议，位在长史、司马之下。

⑩孤：古代诸侯君王的自称。

⑪绳：约束。

⑫太常：官名。秦置奉常，汉景帝六年更名太常，掌宗庙礼仪，兼掌选试博士。历代因之，则为专掌祭祀礼乐之官。

⑬司隶校尉：监督京师和京城周边地方的秘密鉴察官。

【译文】

李憙，字季和，上党郡人。他多次被三公府征召，都不就职。司马懿又征召他做太傅的属官，他仍坚决辞让。司马师辅佐朝政时，命李熹作大将军从事中郎。李熹来到后引见入朝，司马师对他说："当年先公征召您而您不回应，现在我命您做官，您就来了，这是为什么？"李熹回答说："先君对我以礼相待，所以我也能够以礼相推辞；明公您是以法令硬性相邀，我是畏惧法令而来的。"皇上对李熹的为人非常敬重。升任李憙为太常、司隶校尉。

传

【原文】

刘毅[①]，字仲雄，东莱[②]人也。治身[③]清高[④]，厉志[⑤]方直[⑥]，为司隶校尉[⑦]。皇太子鼓吹[⑧]入东掖门[⑨]，毅奏劾[⑩]保傅[⑪]以[⑫]下。诏赦之，然后得入。世祖[⑬]问毅曰："卿以吾可方[⑭]汉何帝？"对曰："可方桓灵[⑮]。"世祖曰："吾虽德不及古人，犹克己[⑯]为治，又平吴会[⑰]，混一[⑱]天下，方之桓灵，其已甚[⑲]乎？"对曰："桓灵卖官钱入官库，陛下卖官钱入私门[⑳]，以此言之，乃殆[㉑]不如桓灵也。

【注释】

①刘毅（公元216年~公元285年）：曹魏及西晋官员，为官公正刚直。

②东莱：古地名。即今山东省北胶河以东。

③治身：即修身。

④清高：纯洁高尚。

⑤厉志：激励意志，磨炼意志。

⑥方直：指人品端方正直。

⑦司隶校尉：官职名，最初设于汉代，魏晋时沿用之，是监督京师和京城周边地方的

秘密鉴察官。该官职的司法鉴察在很大程度上能够制约各级官吏尤其是中央高官的不法行为。据《晋书·刘毅传》,刘毅被任命为司隶校尉的时间是公元278年。

⑧鼓吹:演奏乐曲。

⑨东掖门:掖门,官殿正门两旁的边门。颜师古注:"非正门而在两旁,若人之臂掖也。"古时太子住在皇宫以东,太子朝觐皇帝,入宫需要从东边的门入宫。如果此时还摆出吹打仪仗队的样子,则对于皇帝就不够恭敬了。故现在通行本《晋书·刘毅传》中此处后有"以为不敬"四个字,即特别强调了刘毅认为此举非常不敬。

⑩奏劾:上奏章检举。

⑪保傅:古代保育。教导太子等贵族子弟及未成年帝王。诸侯的男女官员,统称为保傅。

⑫以:连词,表并列,相当于"和"。

⑬世祖:即晋朝的开国皇帝晋武帝司马炎。

⑭方:比较,对比。

⑮桓、灵:即汉桓帝和汉灵帝。桓灵两帝是东汉末代的两位皇帝,这个时代被史家定为汉代最黑暗的时期,也是政权岌岌可危的时期。汉灵帝除了要面对政权危机之外,确立太子方面也面临嫡庶之争,这两个问题也正是晋武帝所面临的。值得注意的是,刘毅回答武帝的问题之后,不到五十年间,皇室内部便出现了皇室兄弟相争的"八王之乱"。这也与汉灵帝驾崩后不久天下大乱的情况暗合。

⑯克己:谓克制私欲,严以律己。

⑰吴会:东汉分会稽郡为吴、会稽二郡,并称吴会,地点略相当于今日的江苏浙江部分地区。后亦泛称此两郡故地为吴会。

⑱混一:亦作"混壹"。齐同,统一。

⑲已甚:过甚,太过。

⑳私门:犹家门。

㉑殆:大概,几乎。

【译文】

刘毅,字仲雄,东莱郡人。他修身追求纯洁高尚,以品行端方正直自励。官拜司隶校尉。(有一次)他看到皇太子司马衷一行击鼓奏乐要从皇宫的东掖门入宫(来觐见皇上),刘毅便立即上奏弹劾(太子身边的)太保、太傅以及有关下属官员。(后经晋武帝)下令宽赦,然后太子才得以入朝。武帝问刘毅说:"你认为我可以和汉代的哪位皇帝相比?"刘毅回答说:"您可与东汉的桓帝、灵帝相比。"武帝说:"我的德行虽说不如古人,但我还能克制私欲去治理朝政,又平定了吴会地区,统一了天下,你将我比作桓帝、灵帝,这太过分了吧!"刘毅回答说:"桓、灵二帝能将卖官的钱收入国库,陛下却将卖官的钱归入自己腰包,就这一点而言,您大概还比不上桓、灵二帝!"

【原文】

习凿齿[①]《阳秋》[②]曰：毅答已，帝大笑曰："桓灵之朝，不闻此言，今有直臣[③]，故不同乎?"散骑常侍[④]邹湛[⑤]进曰："世说以陛下比汉文帝[⑥]，人心犹多不同。昔冯唐[⑦]答文帝曰：'不能用颇牧[⑧]。'而文帝怒。今刘毅言犯顺[⑨]，而陛下乐，以此相校，圣德乃过之也。"帝曰："我平天下，而不封禅[⑩]，焚雉头裘[⑪]，行布衣礼。今于小事，何见褒[⑫]之甚耶?"湛曰："圣诏所及，皆可豫先[⑬]算计，以长短[⑭]相推，慕名者能力行为之。至如向[⑮]诏，非明恕[⑯]内充，苞之德度[⑰]，不可为也。臣闻猛兽在田，荷[⑱]戈而出，凡人能之，蜂虿起于怀袖[⑲]，勇夫为之惊骇。非虎弱蜂虿强也，仓卒[⑳]出于意外故也。夫君臣有自然之尊卑，辞语有自然之逆顺，向刘毅始言，臣等莫不变色易容，而仰视陛下者。陛下发不世[㉑]之诏，出思虑之外，臣之喜庆，不亦宜乎?"

【注释】

①习凿齿（？~公元383年）：字彦威，东晋著名文学家、史学家。襄阳（今湖北襄樊）人。世代为荆楚豪族，东汉襄阳侯习郁之后人。习凿齿多才多艺，少有志气，博学广闻，以文笔著称。精通玄学、佛学、史学，主要著作有《汉晋阳秋》《习凿齿集》等。

②阳秋：即《汉晋春秋》，一本记录晋代历史的书。

③直臣：直言谏诤之臣。

④散骑常侍：官名。秦汉设散骑（皇帝的骑从）和中常侍，三国魏时将其并为一官，称"散骑常侍"。在皇帝左右规谏过失，以备顾问。晋以后，增加员额，称员外散骑常侍，或通直散骑常侍，往往预闻要政。

⑤邹湛：邹，音走（平声），字润甫，南阳新野人。少以才学出名。仕魏，任通事郎、太学博士。泰始初，转尚书郎等职。太康中，拜散骑常侍，出补渤海太守，转太傅。后以杨骏僚佐免官。寻起为散骑常侍、国子祭酒，转少府。元康末卒。

⑥汉文帝：汉朝的第三位皇帝，公元前180年到公元前157年在位。在位期间，继续执行与民休息和轻徭薄赋的政策，使汉朝从国家初定走向繁荣昌盛的过渡时期。后世将这一时期与其子景帝执政的时期统称为"文景之治"。

⑦冯唐：西汉时赵国中丘（今邢台内邱）人，后徙居西汉代郡（今张家口蔚县）。他以孝行著称于时，被举荐做了中郎署长，侍奉汉文帝。后被任命为车骑都尉，掌管中尉和各郡国的车战之士。景帝即位，初为楚国丞相，不久被免职。武帝时终于家。

⑧颇、牧：战国时赵国名将廉颇与李牧的并称。汉扬雄《法言·重黎》："或问：冯唐面文帝，得廉颇、李牧不能用也，谅乎？曰：彼将有激也。亲屈帝尊，信亚夫之军，至颇牧，曷不用哉?"

⑨犯顺：不逊顺。

⑩封禅：古代帝王祭天地的大典。在泰山上筑土为坛，报天之功，称封；在泰山下的梁父山上辟场祭地，报地之德，称禅。《史记·封禅书》："自古受命帝王，曷尝不封禅。"

⑪雉头裘：以雉头羽毛织成之裘，借指奇装异服。《晋书·武帝纪》："太医司马程据

献雉头裘，帝以奇技异服典礼所禁，焚之于殿前。”

⑫褒：称赞。

⑬豫先：早先，事前。

⑭长短：情由，情况。

⑮向：刚才。

⑯明恕：明信宽厚，明察宽大。

⑰德度：道德气度。

⑱荷：肩负，扛。

⑲蜂虿起于怀袖：比喻祸害侵身。蜂虿，蜂和虿，都是有毒刺的螫虫。

⑳仓卒：非常事变。

㉑不世：罕有。多谓非凡。

【译文】

习凿齿《汉晋阳秋》中记录道：刘毅说完，晋武帝大笑说：“汉桓帝、汉灵帝两个朝代，朝中听不到这样的话。现在我朝有刘毅这样直言谏诤的臣子，可见（我朝还是和桓、灵两朝）不同啊！”散骑常侍邹湛向晋武帝进言道：“当今世人都拿陛下和汉文帝相比，但是陛下与汉文帝的用心还是非常不同的。当年，冯唐回答汉文帝说：‘（就算廉颇、李牧这样的名将在世，）陛下您也不知道用他们。’汉文帝因而发怒。今天刘毅说话不恭顺，然而陛下很开心。两相比较，陛下您的圣德超过了汉文帝。”晋武帝说：“我平定天下而不封禅，焚烧了（珍贵华丽的）鸟毛大衣，平日只穿布衣，今天怎么为了这样的小事如此称赞我呢？”邹湛说：“皇上诏书的内容都可以预先安排好，根据具体情况来反复推敲。（因此）向往圣明的国君能够（根据情况而）尽力去（颁布好的诏书）。至于说刚才您的口头诏书，如果您的内心不能充满明察的智慧，没有宽广的胸襟，不能用您的道德气度包容臣子，陛下您就说不出那样的话了。我听说看到猛兽在田野里，普通人也能扛着矛戈去应对，但是看到有毒的螫虫从怀中飞出来，就算勇夫也要吓一跳。这不是因为老虎弱而螫虫强，而是由于（螫虫的出现）出乎意料造成的。君尊臣卑是自然之道，臣下的言语也自然要顺而不逆。刚才刘毅说话时，我们这些臣子都变了脸色，（惶恐地）仰望着陛下。（但是）陛下您刚才说的口头诏书却是非凡出众，出乎我们的意料之外。臣因此欢喜庆幸，对您称赞难道不是应该的吗？”

【原文】

迁尚书左仆射①。龙见武库②井中，车驾亲观，有喜色，于是外内议当贺，毅独表曰：“昔龙降郑③时门之外，子产不贺④。龙降夏廷⑤，卜⑥藏其漦⑦，至周幽王⑧，祸衅乃发⑨。证据⑩旧典，无贺龙之礼。”诏报⑪曰：“政德未修，诚未有以膺受⑫嘉祥⑬，省⑭来示⑮，以为瞿然⑯。贺庆之事，宜详依典义⑰，动静⑱数⑲示。”

【注释】

①尚书左仆射:尚书仆射在秦汉时为少府属官,帮助尚书令管理少府档案和文书,是很低阶的官员。后来,尚书开始管理机密,尚书仆射也日益重要。三国时开始分为尚书左仆射、尚书右仆射。据《晋书·刘毅传》,刘毅于公元284年担任此职,次年刘毅卒。

②武库:泛指藏器物的仓库。

③郑:春秋国名,姬姓,周宣王封弟友于此。在今陕西华县西北。

④子产不贺:出自《左传》:昭公十九年,郑国发生大水灾,有龙在时门外的洧渊争斗,国人请求祭祀,子产不肯,曰:"我斗,龙不我觌也。龙斗,我独何觌焉?禳之,则彼其室也。吾无求于龙,龙亦无求于我。"子产(?~公元前522年),名侨,字子产,又字子美,郑国贵族,与孔子同时。他是郑穆公的孙子,所以人们又称他为公孙侨、郑子产。他自郑简公时(公元前554年)被立为卿,公元前543年到公元前522年执掌郑国国政,是当时最负盛名的政治家。子产没有著述传世,他的言行事迹,主要载于《左传》《史记》等书籍。

⑤龙降夏廷:指有龙出现在夏代。这里用了一个传说典故:夏朝桀王时出现了两条龙,被桀王所杀,桀王将龙涎藏在木椟中,此后的天子都不敢打开木椟来看。可是六百四十多年后,周厉王打开木椟,结果导致褒姒的出生。褒姒最终成为周幽王的妃子,周幽王因为宠爱她而使西周遭亡国。

⑥卜:卜人,卜官。

⑦漦:鱼、龙之类的涎沫。《国语·郑语》:"(夏后)卜请其漦而藏之,吉。"韦昭注:"漦,龙所吐沫,龙之精气也。"

⑧周幽王:帝号。姓姬,名宫涅,宣王子,生卒年不详。沉湎酒色,不理国事,废申后而立褒姒,又废太子宜臼改立伯服,申侯不服,引犬戎进攻而杀幽王于骊山之下。在位十一年,谥曰幽。

⑨祸衅乃发:褒姒为幽王所宠幸。性不好笑,幽王悦之万方不得,乃举烽火以召诸侯,诸侯急至,而无外敌入寇事,褒姒大笑。幽王遂数举烽火,以博褒姒之笑。后申侯与犬戎攻周,幽王又举烽火,诸侯以为戏,不至,幽王被杀。衅,仇隙、争端。

⑩证据:证明,考证。

⑪报:特指皇帝对臣下所上条陈、奏章等的批复。

⑫膺受:承受。

⑬嘉祥:指祥瑞。

⑭省:泛指观看、阅览。

⑮来示:对他人来信的敬称。

⑯瞿然:惊骇貌。

⑰典义:即指经义。

⑱动静:偏指行动、举止。

⑲数:多次。

【译文】

后来刘毅迁升为尚书左仆射。当时有龙出现在武库的水井中,武帝亲自坐车去观看,露出喜悦的神色。于是朝廷内外的官员建议应当庆贺,唯独刘毅上表说:"以前(春秋时),有龙降落在郑国时门之外,子产并不称贺。夏朝时,有龙降落在宫廷中,占卜者将龙吐的涎沫藏在盒子里。后至周幽王时,最终因为龙的涎沫流出来而酿成亡国的祸患。臣查证从前的典籍,没有庆贺飞龙降临的礼仪。"世祖颁诏说:"政事和德行都还没有修明,实在没有资格承受这样的祥瑞。我览阅了(刘毅的)上表,感到又惊又怕。庆贺之事,应审慎地依照经典大义,一举一动都要及时告知。"

【原文】

上疏陈九品[①]之弊,曰:"臣闻立政[②]者,以官才[③]为本。官才有三难,而兴替之所由也。人物[④]难知,一也;爱憎难防,二也;情伪[⑤]难明,三也。三者虽圣哲[⑥]在上,严刑督[⑦]之,犹不可治。故尧求俊乂[⑧],而得四凶[⑨];三载考绩[⑩],而饕餮[⑪]得成。使世主虽有上圣[⑫]之明,而无考察之法,授[⑬]凡庸之才,而去赏罚之劝,则为开奸,岂徒[⑭]四族,侧陋[⑮]何望于时哉!今立中正,定九品,高下任意,荣辱在手,操人主之威福[⑯],夺天朝之权势,爱憎决于心,情伪由于己,公无考校[⑰]之负,私无告诉(诉作讦)[⑱]之忌,荣党横[⑲]越[⑳],威福擅行,用心百态[㉑],求者万端[㉒],廉让之风灭,苟且[㉓]之俗成。天下讻讻[㉔],但争品位,不闻推让。流俗之过,一至于此,窃为圣世耻之。愚心之所非者,不可以一槩论[㉕],辄条列其事。夫名[㉖]状[㉗]以当才[㉘]为清,品[㉙]辈以得实为平。治乱之要,不可不允[㉚]。清平[㉛]者,治化[㉜]之美;枉滥[㉝]者,乱败之恶也。不可不察。然人才异能,备体[㉞]者寡,器有大小,达[㉟]有早晚,是以三仁[㊱]殊涂而同归[㊲],四子[㊳]异行[㊴]而钧义。陈平[㊵]、韩信[㊶]笑侮[㊷]于邑里[㊸]。而收功于帝王,屈原、伍胥[㊹]不容于人主,而显名于竹帛,是笃论[㊺]之所明也。

【注释】

①九品:即九品中正制。开始于曹魏,晋沿用,是东汉末年名士品评官员人选的制度化。其运作流程是,朝廷先选定中正官,这些中正官将其所在地的人才,依据能力和家族背景两方面,定为九个等级,即九品,以供吏部选官参考。

②立政:确立为政之道。

③官才:亦作"官材"。按照才能授予官职,任用有才能的人为官。

④人物:人的品格、才干。

⑤情伪:真假,真诚与虚伪。

⑥圣哲:指超人的道德才智。亦指具有这种道德才智的人。

⑦督:责备,责罚。

⑧俊乂:亦作"俊艾",指才德出众的人。

⑨四凶:此处指浑敦、穷奇、梼杌、饕餮四个恶人。后世多用以比喻凶狠贪婪的朝臣。

⑩考绩：按一定标准考核官吏的成绩。

⑪饕餮：相传为尧舜时的四凶之一。

⑫上圣：犹至圣。指德智超群的人。

⑬授：任用。

⑭岂徒：难道只是，何止。

⑮侧陋：处在僻陋之处的贤人或卑贱的贤者。

⑯威福：语出《书·洪范》："惟辟作福，惟辟作威。"孔颖达疏："惟君作福得专赏人也，惟君作威得专罚人也。"原指统治者的赏罚之权，后多谓当权者妄自尊大，恃势弄权。

⑰考校：犹考课，即官员政绩的考核。

⑱告讦：责人过失或揭人阴私，告发。讦，音杰。

⑲横：横暴，放纵。

⑳越：僭越，不依次序超出。

㉑百态：各种形态。

㉒万端：形容方法、头绪、形态等极多而纷繁。

㉓苟且：不循礼法。

㉔讻讻：喧哗纷扰的样子。

㉕以一槩论：同"以一概论""一概而论"，指对问题不做具体分析，笼统地同样看待。

㉖名：形容，称说。

㉗状：指叙述人物生平行事的文字。汉以后多称为"行状"。

㉘当才：才能与所任之事相当。

㉙品：评价，衡量。

㉚允：使人信服。

㉛清平：廉洁公正。

㉜治化：谓治理国家、教化人民。

㉝枉滥：枉法恣肆。

㉞备体：犹齐备、完整。

㉟达：显贵，显达。

㊱三仁：三位仁人，指殷末之微子、箕子、比干。

㊲殊涂而同归：本谓由不同途径达到同一目的地，后以喻采用不同方法得到相同结果。

㊳四子：义仲、羲叔、和仲、和叔。

㊴异行：行迹不同。

㊵陈平（？～公元前178年）：汉初阳武（今河南省阳武县东南）人。幼嗜读书，容貌俊美，足智多谋，事高祖屡出奇策。惠帝时，官至左丞相。卒谥献。

㊶韩信（？～公元前196年）：淮阴人，年轻时曾忍少年胯下之辱，后助汉高祖刘邦伐魏、举赵、降燕、破齐，封为齐王，后徙封楚王，高祖疑其背叛，伪作云梦之会，擒置咸阳，降

封淮阴侯,终为吕后所杀。

㊷笑侮:嘲笑戏弄。

㊸邑里:指乡里的人民。

㊹伍胥:指伍子胥,春秋末期吴国大夫,军事家,名员,字子胥,楚国人。

㊺笃论:犹确论、确切的评论。

【译文】

刘毅上疏陈述"九品中正制"的弊端,(奏疏中)说:"臣听说确立为政之道以量才授官为本。任用有才能的人为官有三种困难,而国家兴盛与衰败就由此产生:(候选人的)品格才干难以了解,这是第一难;(品评者)个人的爱憎(偏见)难以防备,这是第二难;(考察结果的)真假难以明辨,这是第三难。即使在上位者道德高尚、才智明达,并以严厉的刑罚来督促,以上这三方面的困难还是不易改变。所以,上古帝王唐尧访求才德出众的人,却还是让'四凶'得以做官;虞舜每三年考核一次官吏政绩,而饕餮(四凶之一)却能够成功地蒙混过关。(因此)即使当代的君主具备前代圣王那样的英明,但如果没有考察官员的正确方法,使平庸之人得以授官,赏罚也难收劝勉之效,这就等于为天下的奸恶之人打开方便之门,哪里仅仅只会是'四凶'得到重用呢?这样一来,身处荒僻、地位低微的贤人还会有什么进取的希望呢?如今设立中正官,由他们将候选官员划分为九个等级,等级的高低由他们做主,士人的荣辱进退就落在他们手中。(他们)操控着唯君主才应有的赏罚之权,侵夺了朝廷的权势。候选人的好坏,取决于他们的爱憎,考察结果的真假也由他们的己见决定。于公没有被考课督责的压力,于私没有被人检举控告的顾忌。(结果使得)官员结党营私,威福自专。他们各怀目的,营求(官职)的方法多种多样,从而使廉直谦让的风气逐渐消失,不循礼法(求取官职)的恶俗日益形成。天下人纷纷攘攘,只是为了争夺品级官位,而再也听不到推贤让能的事情了。这种流俗竟恶劣到如此地步,臣实在为今天的圣明之世(还有如此恶劣的风气)而感到耻辱。臣心中所以为不当的,不能笼统地一概而论,于是分条列举这些事项。称说一个人的生平要与其才能相当才叫作清正,品评一个人要能够与他的实情相符合才叫作公平。这是关系到国家安定还是混乱的关键,不可不(公平处理而)使人信服。清正、公平是治国化民的美事,枉法恣肆是乱法败政的恶事,对此不能不详察。然而,人各有所长,德能俱全的人很少见,人的才气有大有小,得志也有早有晚。所以微子、箕子、比干三位仁人境遇、经历各不相同,但其贤名相同。义仲、羲叔、和仲、和叔的作为不同,而都能够体现道义。陈平、韩信都曾在其家乡被人耻笑侮辱,但后来都为帝王建立了功业。屈原、伍子胥也曾不为君主所容,但后来却扬名于青史。这些都是历史定论,向

韩信

我们表明识人的不易。

【原文】

今之中正，不精才实[1]，务依党利，不钧[2]称尺，务随爱憎。所欲举者，获虚以成誉；所欲下者，吹毛以求疵[3]。前鄙后修[4]者，则引古以病今；古贤今病者，则考虚以覆过[5]。质直[6]者，罪以违时[7]；阿容者，善其得和；度远者，责以小检[8]；才近者，美其合俗；齐量[9]者，以己为限。高下逐[10]强弱，是非随爱憎，凭[11]权附党[12]，毁平从亲，随世兴衰，不顾才实，衰则削下，兴则扶上，一人之身，旬日异状[13]。或以货赂自通，或以计协登进，附托[14]必达，守道困悴[15]。无报于身，必见割夺[16]；有私于己，必得其欲。凌弱党强，以植后利。是以上品无寒门，下品无势族。暨时有之，皆曲有故；慢主罔[17]时，实为乱源[18]。昔在前圣之世，欲敦风俗，镇静[19]百姓，隆乡党之义，崇六亲[20]之行，人道贤否，于是见矣。然乡老[21]书其善，以献天子；司马[22]论其能，以官于职；有司考绩，以明黜陟[23]。故天下之人，退而修本，州党[24]有德义，朝廷有公正，天下大治，浮华邪佞，所无容厝[25]。今（旧无今字。补之）一国之士，多者千数，或流徙异邦，或给役[26]殊方[27]，面犹不识，况尽其才力？而中正知与不知，其当品状，采誉于台府[28]，纳毁于流言。任己则有不识之蔽，听受则有彼此之偏。所知者，以爱憎夺其平；所不知者，以人事[29]乱其度。既无乡老纪行之誉，又非朝廷考绩之课[30]。遂使进官之人，弃近求远，背本逐末，位以求成，不由行立。故状无实事，谐文浮饰[31]；品[32]不校[33]功，党誉[34]虚妄。上夺天朝考绩之分，下长浮华朋党之事。凡官不同事，人不同能；得其能则成，失其能则败。今品不状才能之所宜，而以九等为例。以品取人，则非才能之所长；以状取人，则为本品之所限。若状得其实，犹品状相妨，所疏则削其长，所亲则饰其短，徒结白论[35]，以为虚誉。以治风俗，则状无实行；以宰官职，则品不料能。百揆[36]何以得理？万机何以得修？职名中正，实为奸府；事名九品，而有八损。自魏立以来，未见其得人之功，而生雠[37]薄[38]之累。愚臣以为宜罢中正，除九品，弃魏氏之弊法，更[39]立一代之美制，愚臣以为便也。"

【注释】

①才实：指真正的人才。

②钧：通"均"。均衡，均匀。

③吹毛以求疵：吹开皮上的毛，寻找里面的毛病。比喻刻意挑剔过失或缺点。语出《韩非子·大体》："古之全大体者……不吹毛而求小疵，不洗垢而察难知。"

④修：端正恭谨。

⑤覆过：遮掩过失。

⑥质直：朴实正直。

⑦违时：谓违背当时的形势或时代的趋势。

⑧小检：犹小节、小的操守。

⑨齐量：犹等同。

⑩逐：随，跟随。

⑪凭：依托，依仗。

⑫附党：阿附，偏私。

⑬旬日异状：旬日，十天时间，指很短的一段时日。异状，不同的情态。

⑭附托：依附寄托。

⑮困悴：贫困愁苦。

⑯割夺：贬抑，削减。

⑰罔：蒙蔽，欺骗。

⑱乱源：亦作“乱原”。祸乱的根源。

⑲镇静：安定。

⑳六亲：泛指亲属。具体所指历来说法不一：《老子》：“六亲不和有孝慈。”王弼注：“六亲，父、子、兄、弟、夫、妇。”《管子·牧民》：“上服度，则六亲固。”尹知章注：“六亲，谓父、母、兄、弟、妻、子。”另汉贾谊《新书·六术》篇，以父、昆弟、从父昆弟、从祖昆弟、从曾祖昆弟、族见弟为“六亲”。此外，尚有其他说法。

㉑乡老：《周礼》官名。地官之属。掌六乡教化，每二乡由三公一人兼任。在朝谓之“三公”，在乡谓之“乡老”。

㉒司马：官名。

㉓黜陟：指人才的进退、官吏的升降。

㉔州党：犹言乡里。

㉕容厝：亦作“容措”，犹措置、安放。

㉖给役：供应使役。

㉗殊方：远方，异域。

㉘台府：指中央政府机构。

㉙人事：说情请托，交际应酬。

㉚课：评判等次，考试评定。

㉛浮饰：虚夸文饰。

㉜品：等级，等第。

㉝校：考核，考察。

㉞党誉：袒护称赞。

㉟白论：犹空言。

㊱百揆：百官。

㊲雠：仇恨，怨恨。

㊳薄：虚假刻薄，不诚朴宽厚。

㊴更：副词，另外。

【译文】

“当今的地方中正官，选用人不精察其真才实学，致力于依据私党之利取舍；不按同一标准衡量人才，而是随自己的主观爱憎来判断。对想抬举的人，就采用不真实的材料来成就其美誉；对想贬低的人，则吹毛求疵加以压制。对曾经为人鄙陋而后来变得端正恭谨的人，就援引其过去的事例来损害他今天的形象；对过去贤德而现在有瑕疵者，就在考查中弄虚作假来掩盖其过错。对质朴正直的人，就以不识时务加以谴责；对迎合取容的人，则称赞其能谦和待人。对襟怀远大者，便责备其不拘小节；对才识浅近者，则赞美其合乎世俗；对才识与自己相当的人，就以自己为限度。评价的高低随被考察者的势力强弱而定，对是非的判断由个人的爱憎来决定。（他们）倚仗权势，依附私党，毁损公平，任人唯亲。随着家世的兴衰（来评定人才）而不看本人的真才实学，势衰者就贬低他，势盛者就抬高他。同样是一个人，很短的时间就会有完全不同的评判。有的人通过行贿而获取自己的显达，有的人通过苦心钻营而升级做官。依附权势的人一定会飞黄腾达，遵守道义的人只能穷困潦倒。对自己没有好处的人，必然会贬抑他；对自己有好处的人，就一定让他的欲望得到满足。欺凌弱势者，偏袒强势者，来谋求今后的利益。因此上等品级中没有寒门之士，下等品级中没有势族子弟。有时出现反常情况，那也是另有别的原因。这些人轻慢君主、欺骗社会，实在是世道混乱的根源。以前在（三代）圣王之世，（为政者）为了使社会风气能够敦厚、百姓生活能够安定，（必定首先）推崇乡邻族人之间的道义，倡导家庭成员崇尚六亲之间的人伦德行。这样则一个人的为人是否贤德，便可（在他日常的敦伦尽分中）看到了。然后，乡老记录他们的善行呈献给皇帝，由司马评议他们的才能，让其在相应的职位为官，然后由主管的官吏考核他们的政绩来明确对其是贬退还是提升。所以天下之人，都退回到修身立德的本分中，从而使州郡乡里讲求德行道义，朝廷用人得以公正，天下为之大治。而浮华邪佞的人，再也无容身之处了。现在一个地方的读书人多达千余，有的漂泊迁徙于异方，有的供职服役于他乡，（地方的中正官）连他们的长相都不知道，更何况要尽知其才能呢！而中正官不管自己了解与否，在划定人才品级的时候，或者依据中央政府机构的赞誉，或者听从流言舆论的诋毁。（这样的品评）如果依据自己的意见决定人选等级的高低，则会造成不了解情况（而妄断）的弊病；如果听从接受他人的意见，又会因意见不一而有失偏颇。对于所认识的人，会因品评中带有个人的爱憎而有失公平；对不认识的人，又会因人事关系而扰乱了（国家选拔人才的）制度和标准。像这样既没有乡老记载其品行的好坏，又没有朝廷考核其政绩的评定。于是就会使想加官晋爵的人，舍近求远，背本逐末，官职靠钻营而得到，而不是由品行的好坏而决定。所以对其生平的陈述没有事实，不过只是浮夸粉饰之辞；对其品位的划定也不比照功绩，偏私的称誉多为虚假捏造。这样一来，对上剥夺了朝廷考核官吏功过的职分，对下助长了华而不实、结党营私的风气。一般说来，官吏的职事各不相同，人的能力也各不相同，才能胜任职位就能成功，才能不胜任职位就会失败。当今的品级，不能够表现出一个人的才能适合什么样的职位，而只是把划定九品等级作为成例。如果以品级来选取官员，就会无法展现他所擅长的才能；如果按才能情况来选取官员，则会受到其人品级的限制。即使对其生平的陈述符合他的实际，品级和实际才能仍会互相妨碍。（甚者）对与自己关系疏远的人就削减他的长处，对与自己关系亲密的人就掩饰他的短处，虚构空谈一番，作为其人虚假的声誉。像这样以中正官的品评结论来整治社会风气，却是陈述的内容无法表现人的实际行为；以此来管理封官、定职之事，却是品级不能反映其才能的真实情况。如此，怎能管理好百官，怎能处理好众多的国家事务呢？这些人的官职名称叫作'中正'，实际上却是奸诈之官。其所做之事名为'九品'，而实际有八种害处。自魏设立'九品中正制'以来，没有看到它在选用人才方面有什么成效，却反而造成仇恨、浮薄之风的患害。愚臣以为朝廷应该停设'中正'官，废除'九品'法，抛弃曹魏的有害法度，另创建一套堪为当代所用的好制度，愚臣认为这样才会对国家有利。"

【原文】

张华①，字茂先，范阳人也。领中书令②，名重一世。朝野拟为台辅③，而荀勖④、冯紞⑤等，深忌疾之。会世祖问华："谁可付以后事者？"对曰："明德至亲，莫如齐王攸⑥。"既非上意所在，微为忤旨⑦，间⑧言得行，以华为都督幽州⑨诸军事，领护乌桓⑩校尉。于是远夷宾服，四境无虞⑪。朝议欲征华入相。冯紞干没⑫苦陷，以华有震主之名，不可保必，遂征为太常⑬，以小事免官。

【注释】

①张华（公元232年～公元300年）：范阳方城（今河北固安）人，西晋政治家、文学家，官至司空。晋惠帝执政时期，八王之乱暴发，张华被赵王司马伦杀害。

②中书令：是帮助皇帝在宫廷处理政务的官员，负责直接向皇帝送呈密奏"封事"，在西汉都是由皇帝最信任的人担任，其权力一度超过丞相。三国魏文帝时，中书令掌握机要。晋沿设，在张华任中书令的时代，这个官职已经声望很高，常用有文学才望者任职。

③台辅：三公宰辅的职位。

④荀勖（？～公元289年）：字公曾，晋颍川颍阴（今河南许昌市）人，东汉司空荀爽的曾孙。因为生前封济北公，后人称之为"荀济北"。又因为善识音律，号称"暗解"。

⑤冯紞（？～公元286年）：字少胄，安平（今河北省冀县）人。西晋时期官员。

⑥齐王攸：即司马攸，晋武帝司马炎的同母弟。晋武帝向张华谘询继承人，发生在公元282年。这一年司马炎病重，而张华的回答，也反映了当时朝廷官员和宗室的共同意见。

⑦微为忤旨：即稍微有些触犯了皇帝。过去，晋文帝司马昭在立储的问题上一直在司马炎和司马攸之间徘徊，最终在司马昭临去世前半年，方定下司马炎的储君地位。即便如此，司马攸因为他的德学，在朝廷中声望一直非常高。武帝对其心存疑忌。

⑧间：离间。

⑨幽州：据《周礼·职方》载，"东北曰幽州"。其范围大致包括今河北北部及辽宁一带。魏晋以后，幽州辖境日渐缩小，至北魏时仅领燕、范阳、渔阳三郡。

⑩乌桓：亦作"乌丸"，古时北方少数民族名。

⑪无虞：没有忧患，太平无事。

⑫干没：投机图利。如淳曰："豫居物以待之，得利为干，失利为没。"

⑬太常：官名。为专掌祭祀礼乐之官。

【译文】

张华，字茂先，范阳郡人。（武帝在位时）官居中书令，名声显赫一时，朝廷和民间百姓都认为他会出任宰相职位，而荀勖、冯紞等人非常忌恨他。恰好武帝询问张华："（我死之后）可以把天下大事交付给谁？"他答称："若论贤明仁德、关系最亲的人选，没有人能胜过齐王司马攸（武帝胞弟）。"立齐王并非是晋武帝的心意，此言便有点违忤皇上的意旨，攻击张华的言论便乘虚而入。武帝于是外派张华都督幽州诸军事，兼任护乌桓校尉。（张华戍边时期，）边远的外族臣服于晋朝，四方边境平安无事，朝廷又议论想征召张华入朝为宰相。而冯紞盘算自己的利害得失，竭力陷害张华，说他有声名震主之嫌，不能保证其一定会忠诚于君主。于是张华被征召为太常，后来又因小事被免了官。

【原文】

世祖崩，迁中书鉴[①]，加侍中[②]。遂尽忠救匡，弥缝补阙[③]，虽当暗主虐后[④]之朝，犹使海内晏然[⑤]。迁司空[⑥]，卓尔[⑦]独立，无所阿比[⑧]。赵王伦[⑨]及孙秀[⑩]等，疾华如雠。伦、秀矍[⑪]起，遂与裴頠俱被害，朝野之士，莫不悲酸[⑫]。

【注释】

①中书鉴：官名。三国魏始置，与中书令职务相等而位次略高，受君主信任。

②侍中：古代职官名。秦始置，两汉沿置，为正规官职外的加官之一。因侍从皇帝左右，出入宫廷，与闻朝政，逐渐变为亲信贵重之职。晋以后，曾相当于宰相。隋因避讳改称纳言，又称侍内。

③弥缝补阙：弥缝，补救。补阙，匡补君王的缺失。

④暗主虐后：即指晋惠帝司马衷以及皇后贾南风。晋惠帝是著名的白痴皇帝，政事实际由皇后贾南风把持。但是贾南风残暴，引发晋室内部诸王的争斗（即八王之乱），后被废。暗主，昏昧的君主。

⑤晏然：安定貌，平安貌。

⑥司空：官名。周时为六卿之一，即冬官大司空，掌管工程。汉改御史大夫为大司空，与大司马、大司徒并列为三公，后去大字为司空，历代因之，明废。

⑦卓尔：形容超群出众。

⑧阿比：偏袒勾结。

⑨赵王伦：赵王司马伦（？～公元 301 年），字子彝，是西晋八王之乱中其一王。晋宣帝司马懿第九子。

⑩孙秀（？～公元 301 年）：字俊忠，琅琊（今山东临沂）人。世奉五斗米道为道徒。少为司马伦小吏，善谄媚，作书疏得伦意，因而得宠。为司马伦谋划，以离间计废太子，杀

贾后,登帝位。玩弄权术,贪残污秽,睚眦必报。齐王司马冏、成都王司马颖、常山王司马乂、新野公司马歆、河间王司马颙等起兵反司马伦、孙秀,后广陵王司马漼、左卫将军王舆入宫,攻杀孙秀于中书省。

⑪衅:仇隙,争端。

⑫悲酸:悲痛辛酸。

【译文】

武帝去世后,(惠帝启用张华)做中书鉴,兼任侍中。他便忠心耿耿拯救国家,弥补政事缺失,尽管处于昏庸的惠帝和残暴的贾后执政的朝代,仍能使海内平安无事。后来,张华又升迁为司空。他卓然独立于朝堂,不迎合结党,不偏袒勾结。赵王司马伦和孙秀等人,疾恨张华如同仇人。他们同谋作乱,张华遂与裴頠一起被害,朝野有识之士,无不感到悲痛辛酸。

【原文】

裴頠[①],字逸民,河东人也。迁尚书左仆射侍中。元康七年[②],以陈准子匡[③]、韩蔚子嵩[④],并侍东宫。頠谏曰:"东宫之建,以储皇极[⑤],其所与游接,必简[⑥]英俊[⑦],宜用成德[⑧]贤邵[⑨]之才,匡嵩幼弱,未识人理[⑩]立身[⑪]之节[⑫],东宫实体夙成[⑬]之表,而今有童子侍从之声,未是光阐[⑭]遐风[⑮]之弘理也。"

【注释】

①裴頠(公元267年~公元300年):西晋政治家、思想家,著有《崇有论》,以反对当时谈玄务虚的社会风气。

②元康:是惠帝司马衷的第三个年号。元康七年即公元279年。

③陈准子匡:陈准来自高门颍川陈氏。其子陈眕是当时与外戚贾谧交游的"二十四友"之一,这二十四友都是贵族豪门的公子,由此可见当时陈氏家族的奢华家风。陈匡是陈眕的弟弟,元康中被命陪同太子读书,而裴頠认为世家子陈匡不适合陪同太子。

④韩蔚子嵩:陈匡、韩嵩皆由贾后指定陪太子读书。

⑤皇极:指皇帝。

⑥简:选择,选用。

⑦英俊:指才智出众的人。

⑧成德:盛德。

⑨邵:通"劭",美好。

⑩人理:做人的道德规范。

⑪立身:处世,为人。

⑫节:气节,节操。

⑬夙成:早成,早熟。

⑭光阐：发扬光大。

⑮遐风：影响深远之教化。指仁义道德之类。

【译文】

裴頠，字逸民，河东郡人。官职升迁到尚书左仆射、侍中。晋惠帝元康七年（公元297年），陈准之子陈匡、韩蔚之子韩嵩在东宫陪侍太子。裴頠上书劝谏说："东宫的设置，是为王朝培养储君的。与太子交往接触的人，一定要挑选才智出众的人士，应该任用盛德贤明的人选。而陈匡和韩嵩年纪小，还不懂得做人的道理和处世的节操。东宫皇太子应该具有聪慧早熟的仪表和气度，如今却有让未成年的孩子做他的侍从的名声，这不合乎光大道德教化的根本道理啊！"

【原文】

頠深患时俗放荡，不尊儒术。魏末以来，转更增甚。何晏[①]、阮籍[②]，素有高名于世，口谈浮虚[③]，不遵礼法，尸禄[④]耽宠[⑤]仕，不事事[⑥]。至王衍[⑦]之徒，声誉太盛，位高势重，不以物务[⑧]自婴，遂相放效[⑨]，风教[⑩]陵迟[⑪]。頠著《崇有》之论，以释其蔽。世虽知其言之益治[⑫]，而莫能革也。朝廷之士，皆以遗事[⑬]为高。四海尚宁，而有识者知其将乱矣。而夷狄遂沦中州者，其礼久亡故也。伦秀[⑭]之兴𣝣（兴𣝣疑倒），頠、张华俱见害，朝纲[⑮]倾弛[⑯]，远近悼之。

【注释】

①何晏（？～公元249年）：字平叔，三国魏宛（今河南省南阳县）人。好老庄之言，与夏侯玄、王弼等竞尚清谈，士大夫效之，遂成一时风气，后为司马懿所杀。

②阮籍（公元210年～公元263年）：字嗣宗，阮瑀之子，三国时魏尉氏人，为竹林七贤之一。有隽才，性放诞，好老庄而嗜酒，反名教，旷达不拘礼俗。因遭时多忌，故借酒自废，以避祸患。官至兵部校尉，人称为"阮步兵"。因有贤名，世称为"大阮"，与其侄阮咸齐名。

③浮虚：指魏晋清谈的虚无玄理。

④尸禄：谓空食俸禄而不尽其职，无所事事。

⑤耽宠：贪恋荣宠。

⑥事事：治事，做事。

⑦王衍（公元256年～公元311年）：字夷甫。他是魏晋高门琅琊王氏的代表人物之一，名士。曾任尚书令等要职，官至太尉。王衍外表清明俊秀，风姿安详文雅，但是为官时不理政务而终日玄谈，体现了当时政坛颓败的风气。

⑧物务：事务。

⑨放效：模仿，效法。

⑩风教：《诗大序》："风，风也，教也。风以动之，教以化之。"后以"风教"指风俗

教化。

⑪陵迟：败坏，衰败。

⑫益治：裨补政事。

⑬遗事：谓弃置不管世事。

⑭伦秀：司马伦和孙秀。

⑮朝纲：朝廷的纲纪。

⑯倾弛：倒塌残破。

【译文】

裴頠深深担忧社会风气的放荡不拘、不遵从儒家的学说思想。从曹魏末年以来，这种风气更是与日俱增。（当年）何晏、阮籍一向在社会上享有盛名，他们谈论虚无玄理，行为不守礼法，空享俸禄却不能尽职尽责，心中贪恋荣宠，为官却无所事事。至于王衍之流，他们的声誉太盛，官位很高，势力很大，不把公务放在心上。结果天下的人都竞相仿效，风俗教化颓废败坏。（为此）裴頠撰写了《崇有论》，以阐释这种风气的弊端，但是世人虽然知道裴頠的言论有利于国家治理，但却没人能够真正革除这种颓废的风气。朝廷官员都把能够不理会本职事务作为清高的表现。当时天下还算平静，但有识之士却预料将要出现动乱。后来夷狄（五胡）攻陷中原，就是因为礼仪道德久已丧失的缘故。到了赵王司马伦和孙秀起而作乱，裴頠和张华同时被害，朝廷纲纪倾倒废弛，远近人士无不悼念他们。

【原文】

傅玄[①]，字休奕，北地人也。性刚直果劲[②]，不能容人之非。世祖受禅[③]，加驸马都尉，与皇甫陶[④]俱掌谏职[⑤]。玄志在拾遗[⑥]，多所献替[⑦]，上疏曰："前皇甫陶上事，为政之要，计民而置官，分民[⑧]而授事。陶之所上，义合古制。前春，乐平太守胄志上欲为博士置史卒，此尊儒之一隅[⑨]也，主者奏寝之，今志典[⑩]千里。臣等并受殊宠，虽言辞不足以自申，意在有益，主者请寝，多不施用。臣恐草莱[⑪]之士，虽怀一善，莫敢献之矣。"

【注释】

①傅玄（公元217年~公元278年）：字休奕，北地郡泥阳（今陕西耀县东南）人，西晋初年的文学家、思想家。

②果劲：果敢强劲。

③受禅：亦作"受嬗"。王朝更迭，新皇帝承受旧帝让给的帝位。

④皇甫陶：人名。

⑤谏职：谏官之职。

⑥拾遗：补正别人的缺点过失。

⑦献替：即"献替可否"。进献可行者，废去不可行者。谓对君主进谏，劝善规过。

⑧分民：古时分封土地，其地居民随同划归受封者管辖，谓之分民。
⑨一隅：用以比喻事物的一个方面。
⑩典：任职。
⑪草莱：犹草野。乡野，民间。

【译文】

傅玄，字休奕，北地郡人。他性格刚直果敢，不能容忍别人的错误。晋武帝司马炎接受曹魏的禅让后，加封傅玄为驸马都尉，与皇甫陶共同执掌劝谏的职务。傅玄志在补正朝政的过失，常常对武帝劝善规过。（他曾）上疏说："前次皇甫陶上书称，治理国家的要点在于按照百姓的数量来设置官吏，分封土地以管理各地的居民。皇甫陶的上疏，内容合乎古代的制度。前年春天，乐平县太守胄志上奏，建议为博士设置'吏卒'（即助手）一职，这是尊崇儒学的一种表现。主管官员上奏，请求对此提议搁置不理。而今胄志在千里之外做地方官。臣等同受陛下恩宠，尽管言辞不足以表达自己的意见，但用意在于使国家有益。而主管官员却请求搁置提议，大多不采用施行。这样一来，臣恐怕民间的有识之士，即便心中有了好的建议，也不敢进献给您了。"

【原文】

诏曰："凡关言于人主，人臣之所至难。而人主苦不能虚心听纳，自古忠臣直士所忼慨[①]也。其甚者，至使杜口结舌[②]，每念于此，未尝不叹息也。故前诏，敢有直言，勿有所拒，庶几[③]得以发蒙[④]补过，获保高位。喉舌[⑤]纳言[⑥]诸贤，当深解此心，务使下情必尽。苟言有偏善[⑦]，情在忠益[⑧]，不可责备于一人。虽文辞有谬误，言语有得失，皆当旷然[⑨]恕之。古人犹不拒诽谤，况皆善意，在可采录乎？近者孔晁綦毋和，皆案以轻慢之罪，所以皆原[⑩]，欲使四海知区区之朝，无讳言之忌也。又每有陈事，辄出付主者。主者众事之本，故身而所处，当多从深刻[⑪]，至乃云恩贷[⑫]当由上出，出村[⑬]（村字可疑）外者，宁纵刻峻[⑭]。是信耶？故复因此喻意[⑮]。"玄迁侍中。

【注释】

①忼慨：感叹。忼，同"慷"。
②杜口结舌：犹言杜口吞声，闭口不敢作声。形容极度害怕。
③庶几：或许，也许。
④发蒙：启发蒙昧。
⑤喉舌：比喻掌握机要。出纳王命的重臣。后亦以指尚书等重要官员。
⑥纳言：古官名。主出纳王命。
⑦偏善：谓局部完善。
⑧忠益：犹忠效。
⑨旷然：豁达。

⑩原：原谅。

⑪深刻：苛刻严峻。

⑫恩贷：施恩宽宥，多用于帝王。

⑬村：疑为“付”。

⑭刻峻：苛刻严酷。

⑮喻意：表明意思。

【译文】

武帝下诏书说：“凡是对君主有所建议，对臣子来说是最难的。而遗憾的是君主不能虚心听取、采纳，这是从古至今忠臣和正直的人士深为叹息的事。其中过分的，甚至使进言者从此闭口不敢言政事。（朕）每想到这种情况，没有不深深叹息的。所以（朕）前次下诏说如果有人敢于直言进谏，不要将他们拒之门外，这样也许能够启发蒙昧、补救过失，以保住一国之君的显赫地位。出纳王命的国家重臣、贤士，应当深刻体会朕的这一用心，务求使下情无保留地上达，即使进言有不够完善之处，而其用心都在于尽忠效力，就不可以求全责备。即使文辞有谬误，议论有缺失，都应当以开明的态度予以宽容。古人尚能做到不拒绝诽谤之言，何况（现在这些进言）都是善意的、值得采纳的谏议呢！最近，孔晁、綦毋和二人，经查究，皆定为轻慢之罪。之所以（朕）都给予原谅，就是想让天下臣民知道，我朝没有什么言辞的忌讳。又每次有人陈述政事，就直接交付主管官员。主管官员是负责处理具体事务的核心人物，因此身处这一职位，往往评判标准苛刻严峻，至于说施恩、宽恕之事，应由皇帝做出决定。（将上书）交付宫外的主管官员（本意是要他们负起责任），难道是要放纵他们去苛刻严峻地对待提出建议的人士，并以此来信任他们吗？所以再次借这件事来表明朕的心意。”傅玄（后来）升迁为侍中。

【原文】

任恺[①]，字元裒，乐安人也。为侍中。恺性忠直，以社稷为己任。帝[②]器而昵[③]之，政事多谘焉。恺恶贾充之为人，不欲令久执政，每裁抑[④]之。充病之，后承间[⑤]称恺忠公[⑥]局正[⑦]，宜在东宫，使保护太子。外假称扬，内斥远之。帝以为太子少傅，而侍中如故，充计画[⑧]不行。会吏部尚书缺，好事[⑨]者为充谋曰：“恺今总门下[⑩]枢要[⑪]，得与上亲接[⑫]，宜启令典选[⑬]，便得渐疏。此一都令史[⑭]事耳，且九流[⑮]难精，间隙[⑯]易乘。”充即启，称恺才能宜在官人之职。世祖不疑充挟邪，而以选官势望，唯贤是任，即日用恺。恺既在尚书，侍觐转希[⑰]。充与荀勖、冯紞，承间谮润[⑱]，免官。恺受黜在家，充毁间得行，世祖情遂渐薄。然众论明恺为人，群共举恺为河南尹，甚得朝野称誉。而贾充朋党，日夜求恺小过，又讽有司，奏恺免官。后起为太常。不得志，遂以忧卒。

【注释】

①任恺：曹魏太常任昊之子，历事魏晋两朝。任恺在处理公务上勤劳恪慎，获得朝野

的赞誉,但与贾充有朋党之争,令仕途受阻。恺,音楷。

②帝:即晋武帝司马炎。

③昵:亲近。

④裁抑:制止;遏止。

⑤间:指空子,可乘的机会。

⑥忠公:忠诚公正。

⑦局正:谓有气度而纯正。

⑧计画:计策。

⑨好事:爱兴事端,喜欢多事。

⑩门下:官名。侍中、常侍、给事黄门之职。

⑪枢要:指中央政权中机要的部门或官职。

⑫亲接:亲近交往,接近。

⑬典选:掌管选拔人才授官的事务。

⑭都令史:官名。即尚书都令史。西晋置,为尚书令、仆射、左右丞属员。隋改称都事。

⑮九流:即九品中正制中的九品人物。

⑯间隙:指可乘之机。

⑰侍觐转希:这里是指任恺原本是侍中的职位,经常守在皇帝身边,但是现在因为被任用为尚书,工作地点从皇宫内转入宫城外围的尚书省,这样自然见到皇帝的机会稀少了。觐,会见、拜见。希,稀疏、稀少。

⑱谮润:日积月累的谗言。

【译文】

任恺,字元裒,乐安郡人,官居侍中。任恺秉性忠直,能以国家社稷为己任。武帝非常器重他,并因此与他很亲近,朝廷大事多向他谘询。任恺憎恶贾充的为人,不想让贾充长期执政,常常排抑他,贾充(因而)十分忌恨任恺。后来(贾充)趁机在皇帝面前称赞任恺,说他忠诚为国,气度纯正,应当派往东宫来辅导护卫太子。从表面看这是称扬,其实是想排斥任恺,使他与皇上疏远。武帝遂任命任恺为太子少傅,但却仍担任侍中,贾充的计谋因而未能得逞。后来遇到吏部尚书的职位出现空缺,有好事者为贾充谋划说:"任恺如今总揽门下省要职,可以和皇帝亲近来往,可启奏让其主管选拔官吏之事,这样他便会和皇帝逐渐疏远。(选拔官吏)不过是一个统领掌管文书官员的差使而已,而且官吏的人选来源复杂,难以审查清楚,容易找到攻击他的机会。"于是贾充当即启奏,说以任恺的才能,应该担任选任官吏的职务。武帝没有怀疑这是贾充的奸诈计谋,而认为选任官吏的职务位高望重,应唯贤是任,便当即任用了任恺。任恺成为吏部尚书后,侍奉和陪同武帝的机会渐渐稀少。贾充与荀勖、冯紞一有机会便在武帝前不断说任恺的坏话,终于令他免官。任恺免官在家,贾充便更有机会毁谤、离间他。武帝对任恺的情谊逐渐淡薄。可朝中大臣多明了任恺的为人，大家一致推举任恺为河南尹。（他在职期间）很得朝廷内外的称赞。而贾充及其朋党，却日夜搜求任恺的小过失，又暗示主管部门奏请皇上罢免任恺河南尹的官职。后来朝廷起用任恺为太常，但是他始终不得志，最终在忧愤中死去。

【原文】

裴楷[①]，字叔则，河东人也。为侍中。世祖尝问曰："朕应天顺民[②]，海内更始[③]。天下风声[④]，何得何失？"对曰："陛下受命，四海承风[⑤]，所以未比德于尧舜者，贾充之徒犹在朝也。夫逆取而顺守[⑥]，汤武是也。今宜引天下贤人，与弘政道，不宜示之以私也。"

【注释】

①裴楷：字叔则，生于曹魏明帝景初元年（公元 237 年），卒于西晋惠帝元康元年（公元 291 年），享年五十五岁。

②应天顺民：《易·革》："汤武革命，顺乎天而应乎人。革之时大矣哉！"后王朝或帝王更迭，常自称应天命、顺人心。

③更始：重新开始，除旧布新。

④风声：指传播出来的消息。

⑤四海承风：谓政令、教化通行于天下。

⑥逆取而顺守：《史记·郦生陆贾列传》："且汤武逆取而以顺守之，文武并用，长久之术也。"古代从正统观念出发，认为汤武以诸侯身份用武力夺取帝位，不合君臣之道，故叫"逆取"。即位后，偃武修文，法先圣，行仁义，合乎正道，故叫"顺守"。

【译文】

裴楷，字叔则，河东郡人。官拜侍中。武帝曾经问他说："朕顺应天命民意，四海之内除旧布新。现在天下人是如何评价朕的功过得失的呢？"裴楷对答说："陛下承受天命，令政令、教化通行于天下。但是陛下的圣德之所以不能和古代圣王尧舜相比，就是因为有贾充之徒还在朝廷当权。说到以诸侯身份用武力夺取天下，而即位后偃武修文，法先圣，行仁义，走正道，商汤和周武王就是这样做的。现在应该网罗天下的贤人，和他们一起弘扬正确的治国方略，而不应表现出偏私不公道。"

【原文】

和峤[①]，字长舆，汝南人也。迁侍中[②]。峤见东宫不令[③]，因侍坐曰："皇太子有淳古[④]之风，而季世[⑤]多伪，恐不了陛下家事。"世祖默然。后与荀顗[⑥]、荀勖同侍，世祖曰："太子近入朝，差[⑦]长进，卿可俱诣[⑧]，粗及世事。"既奉诏而还，顗、勖并称皇太子明识弘雅，诚如明诏。峤曰："圣质[⑨]如初耳。"帝不悦而起。

【注释】

①和峤（？～公元 292 年）：字长舆，西晋汝南西平（今河南西平）人。少有风格，慕舅

夏侯玄的为人，珍重自爱，有盛名于世。累迁颍川太守，为政清简，甚得百姓欢心。贾充亦十分看重他，在武帝面前赞美他，后任给事黄门侍郎，迁中书令，武帝十分器重。

②侍中：古代职官名。晋以后，曾相当于宰相。

③不令：不肖。

④淳古：敦厚古朴。

⑤季世：末代，衰败时期。

⑥荀顗：字景倩，颍川颍阴人，汉尚书令荀彧第六子。晋受魏禅，晋爵为公，拜司徒，寻加侍中，迁太尉，行太子太傅。

⑦差：略微。

⑧诣：晋谒，造访。

⑨圣质：神圣的禀赋。多用于圣人和帝王。

【译文】

和峤，字长舆，汝南郡人，官至侍中。他看到东宫太子司马衷不聪慧，借着在皇帝身边陪侍时说道："皇太子有敦厚古朴的风度，但衰微的时代风气多狡诈，恐怕太子不能办理好您的家事。"武帝听了此话沉默不语。后来和峤与荀顗、荀勖一同侍奉圣驾时，武帝说："太子近来入朝，(我看他)略微有些长进。你们可以一起去看看他，粗略地谈论一下世事。"当他们奉诏见过太子回来，荀顗、荀勖两人都称太子见识高明。聪明高雅，的确和皇帝所说的一样。而和峤却说："太子的资质还跟从前一样。"武帝听了很不高兴地起身(离去)。

【原文】

峤以为国虽休明①，终必丧乱②。言及社稷，未尝不以储君③为忧。或以告贾妃，妃衔④之。愍怀⑤建宫官⑥，峤为太子少傅，太子朝西宫，峤从入。贾后使惠帝问峤曰："卿昔谓我不了家事，今日定⑦云何？"峤曰："臣昔事先帝，有斯言。言之不效，国之福也。臣敢逃其罪乎？"

【注释】

①休明：美好清明，用以赞美明君或盛世。

②丧乱：死亡祸乱。后多以形容时势或政局动乱。

③储君：已确定为继承皇位的人。

④衔：怀恨。

⑤愍怀：即愍怀太子司马遹。贾后以其非己出，乃设计杀之。

⑥官：授给某人官职，使为官。

⑦定：副词。究竟，到底。

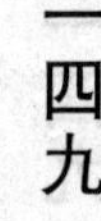

【译文】

和峤认为国家当前虽然还算太平清明，但终究不免会陷于动乱。每谈到国家社稷，没有不为太子(不聪慧)的事情而忧虑的。有人把这个情况告知贾妃，贾妃怀恨在心。太子司马衷继位后，为愍怀太子司马遹设置东宫官员，和峤被命名为太子少傅。(愍怀)太子去西宫朝见时，和峤也跟着一起入宫。贾后让惠帝质问和峤说："你以前说我不能办理好家事，今天你有什么话说？"和峤回答说："臣当年事奉先帝时曾说过这句话。我所说过的话没有应验，是国家的福气。臣怎敢逃避说这话的罪责呢！"

【原文】

郄诜[①]，字广基，济阴人也。举贤良对策[②]，曰："臣窃观乎古今，而考其美恶。古人相与求贤，今人相与求爵，此风俗所以异流也。古之官人，君责之于上，臣举之于下，得其人有赏，失其人有罚，安得不求贤乎？今之官者，父兄营之，亲戚助之，有人事则通，无人事则塞，安得不求爵乎？贤苟求达，达在修道[③]，穷在失义，故静以待之也。爵苟可求，得在进取，失在后时，故动以要之也。天地不能顿为寒暑，人主亦不能顿为治乱，故寒暑渐于春秋，治乱起于得失。当今之世，官者无关梁[④]，邪门启矣；朝廷不责贤，正路塞矣。所谓责贤，使之相举也；所谓关梁，使之相保也。贤不举则有咎，保不信亦有罚。有罚则有司莫不悚[⑤]也，以求其才焉。今则不然。贪鄙窃位，不知谁升之者；虎兕[⑥]出槛[⑦]，不知谁可咎者。网漏吞舟[⑧]，何以过此？虽圣思劳于夙夜，所使为政，恒得此属，欲化美俗平，亦俟[⑨]河之清耳。"

【注释】

①郄诜：音细深，字广基，晋代济阴单父人，学问渊博，很有才干，不拘小节。他未出仕时，州郡的官吏都很崇拜和尊重他，请他出去做官，他一概未答应。晋武帝泰始年间，济阴太守文立举郤诜应朝廷选，以对策拜议郎。他一生为官廉洁，事母至孝，秉公办事，不徇私情。出镇雍州，励精图治，鞠躬尽瘁。

②举贤良对策：古代选拔官员的科目之一，由郡国推举文学之士充选。

③修道：犹行道，谓实践某种原则或思想。

④关梁：即指对官吏的保举。

⑤悚：恐惧，惶恐。

⑥虎兕：虎与犀牛。比喻凶恶残暴的人。

⑦槛：关动物的大笼子、栅栏。

⑧网漏吞舟：法网疏宽，大奸得脱。典故出自《史记·酷吏列传序》："汉兴，破觚而为圜，斫雕而为朴，网漏于吞舟之鱼，而吏治烝烝，不至于奸，黎民艾安。"网漏，谓法网疏宽。吞舟，吞舟之鱼，比喻大奸。

⑨俟：等待。

【译文】

郄诜，字广基，济阴郡人。他被推举为贤良正直之士，在应诏对策中说："臣私下里观察古今政事，考察其好坏，发现古人彼此交好是为了求贤才，今人彼此交好是为了求官爵，这是古今风气之所以不同的原因啊！古时候任用官员，君主在上面提出（选拔的）要求，臣子在下面保举推荐，所举荐的人得当就奖赏举荐者，所举荐的人失当就处罚举荐者。这样臣子们能不去访求贤人吗？而今天任用官员，父亲兄弟设法为之钻营，亲戚们设法帮助，有了关系就能诸事顺利，没有关系就会事事受阻，这样大家怎能不努力谋求官爵呢？国家以求贤为准则，贤良的人如果想要求得通达，全在于修养自身道德，而困窘不通是在于自己有失道义，所以他们能够平静地等待时机。官位假如可以通过钻营而得到，那么抢在前面就能加官晋爵，落在后面就没有机会，这样人们就会想尽办法到处跑官要官。天地不能一下子由寒冬变为暑夏，君主也不能一下子（把国家）由乱世变为治世。寒冬暑夏都是由春天和秋天变迁逐渐形成的，治世乱世都是由政事的得失而导致的。当今选任官员者不严格把关，不正之门就会开启；朝廷不能责令举荐贤人，入仕的正道就会阻塞。所谓责令举荐贤人，就是让官员互相举荐；所谓从严把关，就是让保举人和被荐人互相担保。贤人得不到推荐，官员就有罪过；举荐不实，官员也要受罚。有了处罚就会让负责的官员有恐惧之心，因而能够尽力求贤。今天的情况恰恰不是这样，贪婪鄙俗的人窃据了官位，却不知道是谁提拔任命了他们，这真好比老虎、犀牛跳出栅栏，不知道该追究谁的过错。法令疏漏，让大奸得以脱身，没什么比这更为有害的了。虽然当今圣上日夜忧思操劳，但所任用的为政者，常常是这一类人，如此而想教化淳美、世风公平，就像等待黄河水变清一样困难呀！"

【原文】

为左丞[①]，劾奏吏部尚书崔洪，洪曰："我举却丞而还奏我，此为挽弩自射。"诜闻曰："昔赵宣子[②]任韩厥[③]为司马，厥以军法戮宣子之仆，宣子谓诸大夫；可贺我矣，吾选厥也，任其事。崔侯[④]为国举才´我以才见举，惟官是视，各明在（在作至）公，何故私言乃至于此。"洪闻之惭服[⑤]。

【注释】

①左丞：官名。汉成帝建始四年（公元前29年），置尚书，员五人，丞四人，光武帝减二人，始分左右丞。尚书左丞佐尚书令，总领纲纪，右丞佐仆射，掌钱谷等事。秩均四百石。历代沿置。

②赵宣子：赵盾，又称赵孟。春秋时期晋国大夫。

③韩厥：即韩献子。春秋中期晋国卿大夫，始为赵氏家臣，后位列八卿之一，至晋悼公时，升任晋国执政，战国时期韩国的先祖。

④侯：古时对士大夫的尊称。

⑤惭服:羞愧而心服。

【译文】

郄诜后来做了左丞,曾上奏弹劾吏部尚书崔洪。崔洪说:"是我推荐了郄诜,而他却回过头来弹劾我,这真是自己挽弓射自己啊!"郄诜听到这话后说:"春秋时晋国的赵宣子曾任用韩厥为司马,而韩厥按军法处死了宣子的仆人。宣子却向诸大夫说:'你们可以祝贺我了,是我推荐韩厥,他做了司马且能胜任其职事。'崔大人为国家举荐人才,我以自己的才能被推荐,都是为了执行公务,各自都明白这是为公,何故私下说出这样的话来呢?"崔洪听到郄诜这番话,感到惭愧而敬服。

【原文】

荀勖,字公曾,颍阴人也。为中书鉴,加侍中。勖才学博览,有可观采[①],而性邪佞,与贾充、冯紞共相朋党。朝廷贤臣,心不能悦。任恺因机举充镇关中,世祖即诏遣之。勖谓紞曰:"贾公远放,吾等失势,太子婚尚未定,若使充女为妃,则不营留而自停矣。"勖与统伺世祖间,并称充女淑令[②],风姿绝世,若纳东宫,必能辅佐君子,有《关雎》后妃之德。遂成婚焉。

【注释】

①观采:观察采择,观赏采取。

②淑令:美丽。

【译文】

荀勖,字公曾,颍阴人。任中书鉴,兼任侍中。他才学渊博,文采可观,但心性奸邪伪善,与贾充、冯紞结为朋党,朝廷中的贤臣,心中(对他)很厌恶。任恺寻找机会荐举贾充(离开朝廷)镇守关中,武帝即诏命派遣贾充赴任。此时荀勖向冯紞说:"贾公如果远派外地,我们几个人会失去倚靠。趁太子司马衷还未订婚,如果能让贾充的女儿做太子妃,那就不用营谋而贾充自然会留在朝中了。"于是荀勖和冯紞就找了个机会,一齐向晋武帝司马炎称赞贾充的女儿贤惠美丽,风韵姿色,天下无双,若能与太子婚配,一定可以辅佐太子,实在有《关雎》中所称颂的后妃的贤德。就这样终于使太子与贾充的女儿成婚。(译者注:贾充的女儿后来成为有名的败家亡国的丑陋皇后。)

【原文】

冯紞[①],字少胄,安平人也。稍迁左卫将军,承颜[②]悦色,宠爱日隆。贾充、荀勖,并与之亲善。世祖诏治金墉[③],废贾妃[④],已定,紞与勖干没[⑤]救请,故得不废。转侍中,世祖笃病[⑥]得愈,紞与勖乃言于世祖曰:"陛下前者病若不差[⑦],太子其废矣。齐王为百姓所归,公卿所仰,虽欲高让[⑧],其得免乎?宜遣还藩,以安社稷。"世祖纳之。

【注释】

①冯紞(？~公元286年)：字少胄，安平(今河北省冀县)人。西晋时期官员。

②承颜：顺承尊长的颜色。谓侍奉尊长。此处贬义，意当为奉承皇帝的脸色。

③金墉：古城名。三国魏明帝时筑，为当时洛阳城(今河南省洛阳市东)西北角一个小城。唐贞观后废。

④贾妃：贾充之女贾南风。貌丑性妒，因惠帝懦弱而一度专权，致"八王之乱"。

⑤干没：投机图利。

⑥笃病：谓病势沉重。

⑦差：病除。

⑧高让：拱手相让。旧时表示推让、辞让，往往高拱其手，故称。

【译文】

冯铣，字少胄，安平郡人。逐渐升官至左卫将军。他善于察言观色，迎合皇帝的心意，武帝对他的宠爱一天比一天加深。贾充、荀勖都和他亲善。武帝诏命整修皇家禁地金墉城，要废掉太子妃贾南风，此事已决定下来。冯紞和荀勖考虑日后利害得失，竭力挽救，因而贾妃没有被废。冯紞后转任侍中。(有一次)武帝大病痊愈，冯紞和荀勖遂向武帝进言说："陛下之前的疾病如果不能好转，那么太子就可能要被废掉了。齐王司马攸一向为百姓所拥护，为公卿大臣所崇敬，即使齐王想推辞不做天子，在这种情况下，齐王能推得掉吗？现在应该送齐王回自己的藩国封地，以使国家安定。"武帝采纳了他们的意见。

【原文】

初谋伐吴，紞与充、勖共苦谏[1]，世祖不纳，断从张华。吴平，紞内怀惭惧[2]，疾[3]华如雠。及华外镇[4]，威德大著，朝论当征为尚书令。紞从容侍帝，论晋魏(晋魏作魏晋)故事，因曰："臣常谓钟会[5]之反，颇由太祖[6]。"帝勃然曰："何言邪？"紞曰："臣以为，夫善御者，必识六辔[7]盈缩[8]之势；善治者，必审官方[9]控带之宜。是故汉高[10]八王，以宠过夷灭；光武诸将，以抑损[11]克终[12]。非上之人有仁暴之异，在下者有愚智之殊。盖抑扬与夺[13]，使之然耳。钟会才具[14]有限，而太祖奖诱太过，喜其谋猷[15]，盛其名位，授以重势。故会自谓算无遗策[16]，功在不赏，张利害(张利害作辀张[17]跋扈[18])，遂构凶逆耳。向令太祖录其小能，节以大礼，抑之权(权上有以字)势，纳之以轨度[19]，则逆心无由而生，乱事无阶而成。"世祖曰："然。"紞稽首[20]曰："愚臣之言，宜镇(镇作思)坚冰[21]之道，无令如会之徒，复致覆丧。"世祖曰："当今岂有会乎？"紞曰："陛下谋谟[22]之臣，著大功于天下，四海莫不闻知。据方镇[23]、总[24]戎马[25]之任者，皆在陛下圣虑矣。"世祖默然。征张华为太常，寻免华官。

【注释】

①苦谏：苦心竭力地规劝。

②惭惧:羞愧恐惧。

③疾:厌恶,憎恨。

④外镇:京城外设长官督守的要镇。亦指镇抚地方的官员。

⑤钟会(公元225年~公元264年):字士季,颍川长社(今河南长葛东)人。三国时期魏将,公元263年,他与邓艾分兵攻打蜀汉,导致蜀汉灭亡。此后钟会欲据蜀自立,与蜀汉降将姜维共谋其事,却因部下的反叛而失败,自己也死于部将兵变。

⑥太祖:晋王司马昭。

⑦六辔:辔,缰绳。古一车四马,马各二辔,其两边骖马之内辔系于轼前,谓之軜,御者只执六辔。

⑧盈缩:伸屈。

⑨官方:为官之道。

⑩汉高:汉高祖刘邦。

⑪抑损:限制。

⑫克终:谓善终。

⑬与夺:赐予和剥夺,奖励和惩罚。

⑭才具:才能。

⑮谋猷:计谋,谋略。

⑯算无遗策:谓谋划周密,从不失误。

⑰锛张:强横,嚣张。

⑱跋扈:骄横,强暴。

⑲轨度:使之合于轨范法度。

⑳稽首:古时一种跪拜礼,叩头至地,是九拜中最恭敬者。

㉑坚冰:多以喻积过成祸,困难重重。

㉒谋谟:谋划,制定谋略。

㉓方镇:指掌握兵权。镇守一方的军事长官。

㉔总:统领,统率。

㉕戎马:借指军队。

【译文】

当初,武帝准备伐吴,冯紞和贾充、荀勖一起苦心竭力地规劝。世祖不听其劝阻,并断然听从张华力主伐吴的意见。吴国被平灭后,冯紞心怀羞惭与恐惧,嫉恨张华如同仇人。等到张华外任镇守一方时,其声威与德行大为显著,朝议认为,应征召他回朝任尚书令。冯紞一次陪侍武帝,不慌不忙地谈论起魏晋的旧事,说道:"臣常说,钟会的反叛,多半是由太祖(司马昭)造成的。"武帝听了大怒说:"你说的是什么话!"冯紞回答说:"臣认为善于驾驭车马的人,一定懂得驾驭车马的六条缰绳松紧的形势;善于治理国家的帝王,一定清楚为官之道和控制官员权位等事宜。所以汉高祖分封的八个异姓诸侯王,因过于荣宠而导致诛灭；光武皇帝驾前的几位将领，由于给以限制而能够善终。这不是做君主者有仁爱、残暴的区别，也非做臣子的有愚钝、聪敏的不同，是因为妥善运用限制、显扬、赐予、剥夺的手段，才使他们有这样的结局罢了。钟会其人，才能有限，而太祖对他的夸赞奖赏过多，因欣赏他的谋略，而提高他的名位，授以重权，故而导致钟会自以为他的策略无与伦比。他的功劳极大，张扬跋扈，终于造成了他反叛朝廷的罪恶。如果往昔太祖约束住他的小聪明，又以礼法对他加以节制，限制他的权力，使他进入正轨，那么他的叛逆之心就无法产生，叛乱之事也就无从生成了。"武帝说："你说得对！"冯紞又向武帝跪拜行礼说："对愚臣的这番话，圣上应该想想积过成祸的道理，不要让像钟会那样的人，再次扰乱天下。"武帝问："当今还有像钟会那样的人吗？"冯紞说："陛下驾前有出谋献策的臣子，他的大功显露于天下，国内无人不知，作为军事长官占据镇守一方，统领兵马之重任者，都在陛下考虑的范围之内呀！"武帝沉默不语，随即征召张华任太常官。不久，又免去了张华的官职。

【原文】

刘颂[1]，字子雅，广陵人也。除[2]淮南相，上疏曰："臣窃惟万载之事，理在二端[3]。天下大器[4]，一安难倾，一倾难正。故虑经后世者，必精目下[5]之治，治安遗业[6]，使数世赖之。若乃兼建诸侯而树藩屏[7]，深根固蒂，则祚[8]延无穷，可以比迹[9]三代。如或当身之治，遗风余烈[10]，不及后嗣，虽树亲戚，而成国[11]之制不建。使夫后世独任智力。以安大业，若未尽其理，虽经异时，忧责[12]犹追在陛下，将如之何？愿陛下善当今之治，树不拔势，则天下无遗[13]忧矣。

【注释】

①刘颂（？~公元300年）：西晋时司法官，历任尚书三公郎、议郎守廷尉、三公尚书等，秉公执法，时人把他比作西汉张释之。

②除：拜官，授职。

③端：方面，种类。

④大器：比喻国家。帝位。

⑤目下：目前，近来。

⑥遗业：传予后人的不朽事业。

⑦藩屏：屏障。比喻边防重镇。

⑧祚：君位，国统。

⑨比迹：齐步，并驾。谓彼此相当。

⑩遗风余烈：前人留传的风教和业绩。

⑪成国：大国。

⑫忧责：责任，重任。

⑬无遗：没有脱漏或余留。

【译文】

刘颂,字子雅,广陵郡人,被任命为淮南王司马允的宰相。他向武帝上疏说:"臣私下考虑国家绵延千秋万代的事情,道理在于两个方面。国家政权,一开始就安稳了便难以倾斜,一旦倾斜也便难以扶正。所以为后世长治久安考虑的君主,必然精心治理眼前的政务,把国家治理得太平安定,然后将这份不朽的基业传给子孙,使后世几代人都能够有所依赖。若能同时建立诸侯国,树立保护中央政府的屏障,使国家的基业根深蒂固,就可使国运延续无穷,其政绩可以和夏、商、周三代相比。如果只考虑本代君主自身的安定,那么他所遗留下来的风教和功业,就不能让后代继承下去。这样的执政,虽然也培植了皇室的宗亲,但因为建立诸侯国的制度没有创立,从而使后世继位的君主只能凭借自身的才智和勇力来安定统治大业。如果后世子孙没能如理如法地统治国家(从而造成国家政权的倾覆),虽然那是很久以后才发生的事情,但是追究起覆灭国家之责任,还是会追算到陛下您的头上的。(果然如此)该怎么办呢?希望陛下能够完善当今的治国方略,树立起坚不可摧的国势,那么就不会为天下留下忧患了。"

【原文】

"夫圣明不世及,后嗣不必贤,此天理之常也。故善为天下者,任势[①]而不任人。任势者诸侯是也,任人者郡县是也。郡县之治,小察(察作政)理而大势危;诸侯牧民,近多违[②]而远虑固。圣王惟终始[③]之弊,权轻重之理,苞彼小违,以据大安,然后足以藩固内外,维镇九服[④]。"

【注释】

①任势:谓利用各种有利的态势或事物发展变化的趋势。
②多违:多违背,多悖谬。
③终始:从开头到结局,指事物发生演变的全过程。
④九服:指全国各地区。

【译文】

"圣德英明不会世代相传,继承大统的国君不一定都是贤明的人,这是自然的规律。所以善于治理天下的君主,都是仰仗牢固的立国根基而不是倚靠个人的聪明才智。所谓确立牢固的立国根基便是指建立诸侯国,所谓凭借个人的聪明才智便是指设立郡县。以郡县制来治国,可以明察处理好小事而国家的大势则不稳固;以分封诸侯(的方式)来管理民众,眼前看来会有艮多违背中央朝廷的情况出现,但从长远考虑会使中央朝廷更加稳固。圣明的君主思考事情整体的利弊,衡量是非轻重的道理,他会包容(诸侯国)一些小的违背朝廷的事情,而求得全局的安定,然后就足以巩固国家内外,使远近各个地区都拥护中央了。"

【原文】

“夫武王，圣主也；成王，贤嗣也。然武王不恃成王之贤，而广封建者，虑经无穷也。且善言今者，必有以验之于古。唐虞以前，书文残缺，其事难详。至于三代，则并建明德，及举王之显亲①，开国承家，以藩屏②帝室，延祚③久长，近者五六百岁，远者延将千载。”

【注释】

①显亲：显贵的亲属。

②藩屏：捍卫。

③延祚：延续福禄。

【译文】

“周武王是一位圣明的君主，周成王是一位贤明的继承者，可是武王不倚仗成王的贤明，仍然大量封立诸侯国，就是因为他考虑到国家的长治久安。再说，善于谈论当前情形的人，必然是从古人的做法中求得了验证。唐尧、虞舜以前，文献残缺，那时候的事难以详知。至于夏、商、周这三代，（帝王们）都树立起了光明美好的德行，同时又选用王室显贵，（分封到不同的地方）建立诸侯国以继承国家大业，来捍卫中央朝廷的安定，从而国运长久，短的有五六百年，长的将近千年。”

【原文】

“逮至秦氏，罢侯置守，子弟不分尺土，孤立无辅，二世而亡。汉承周秦之后，杂而用之，前后二代，各二百余年。揆①其封建，虽制度舛错②，不尽事中，然迹其衰亡，恒在同姓失职，诸侯微时③，不在强盛也。昔吕氏作乱，幸赖齐代之援，以宁社稷；七国叛逆，梁王捍之，卒弭④其难。自是之后，威权削夺，诸侯止食祖（祖作租）俸，甚者至乘牛车，是以王莽得擅本朝，遂其奸谋，倾荡天下，毒流生灵。”

【注释】

①揆：度量，揣度。

②舛错：错乱，不正常。

③微时：卑贱而未显达的时候。

④弭：止息。

【译文】

“到了秦朝，废弃了诸侯立国管理地方（的做法），而在地方设立郡和县作为行政机构，皇室子弟没有分封尺寸土地，王朝因此孤立而没有诸侯作为辅佐，传位二世就亡国了。周和秦两代之后是汉朝，汉朝将封建制和郡县制混杂在一起使用，西汉和东汉两代，国运各二百余年。(臣)考量(汉代的)封建制度,(发现)尽管这个制度也存在错乱的地方,不能做到处处恰当,但是考查一下汉朝的衰亡,问题都出在同姓诸侯不能保卫国家,诸侯势卑力微之时,而不是诸侯强大兴盛之时。以前外戚吕氏作乱,幸亏依靠齐国、代国诸侯王的援助,才使得汉朝刘氏江山安定下来。(后来)七国叛乱,梁王(刘武)捍卫朝廷,终于平定了这一场灾难。从那以后,诸侯王的权力和威势被削夺,只能靠征收郡国租税以为生计,有的甚至穷困到只能乘坐牛车的地步。因此王莽才得以独揽朝政,实现了他篡逆的奸谋,并导致天下分崩离析,生灵涂炭。"

【原文】

"光武绍[①]起,虽封树子弟,而不建成国之制,祚亦不延。魏氏承之,圈闭[②]亲戚,幽囚子弟,是以神器[③]速倾。天命移在陛下,长短之应,祸福之征,可见于此矣。然则建邦苟尽其理,则无向不可。故曰:'为社稷计,莫若建国。'夫邪正逆顺者,人心之所繫服也。今之建置,审量[④]事势,使君乐其国,臣荣其朝,各流福祚[⑤],传之无穷。上下一心,爱国如家,视人如子,然后能保荷天禄,兼翼王室。今诸王裂土,皆兼于古之诸侯,而君贱其爵,臣耻其位,莫有安志[⑥],其故何也?法同郡县,无成国之制故也。今之建置,宜使率由旧章[⑦],一如古典。然人心系常,不累十年,好恶未改,情愿未移。臣之愚虑,以为宜早创大制,迟回众望,犹在十年之外,然后能令君臣各安其位,荣其所蒙,上下相持,用成藩辅。如今之为,适足以亏天府[⑧]之藏,徒弃谷帛之资,无补镇国卫土之势也。"

【注释】

①绍:承继。
②圈闭:禁闭。
③神器:代表国家政权的实物,如玉玺、宝鼎之类。借指帝位、政权。
④审量:考察衡量,估量。
⑤福祚:福禄,福分。
⑥安志:犹安心。
⑦率由旧章:完全依循旧规办事。
⑧天府:此处指国库。

【译文】

"东汉光武帝刘秀承继汉统,虽然名义上也分封子弟为诸侯王,但是由于没有建立起分封诸侯王国的制度,国运也没有延续多久。曹魏继承汉室天下,限制宗室,囚禁子弟,因而皇权迅速垮台,天命转移到陛下这里。国运的长短、祸福的征兆,都可以从这些历史事实中看出来。既然这样,那么,建立国家政权如果能够符合治国安邦的道理,那就没有什么办不成的。所以说,为国家社稷考虑,没什么比建立诸侯国更为重要的了。国家治理得是偏邪还是中正,百姓对君王是拂逆还是顺从,这都取决于人心的向背。今天(如果）建立（诸侯国）。应该审时度势，使诸侯国的国君能够以他的封国为乐，（诸侯的）臣子能够以在（诸侯国的）朝廷上做官为荣，使他们能够将各自的福祉传给后代子孙，无穷无尽。上下同心协力，爱国如家，视民如子，这样就能够使上天赐的福禄得以保持，并辅助护持中央王朝。今天各诸侯王分封土地，都和古代诸侯相似，但诸侯国君却轻视他们的爵位，诸侯国的臣子也不满于他们的官职，没有一个人安心的，这是什么缘故呢？那是由于法规体系来自郡县制度，没有建立诸侯国立国运作的一套成规的缘故。今天建立（诸侯王国），应该遵循旧有的章程，完全像古代的做法那样。但人心不容易改变，不经历十年之久，人们喜好与厌恶的心理取向是不会改变和转移的。依微臣的愚见，应该及早创建（诸侯立国的）国家大法。即便这样，众人心理上对它的接受，还要花费十多年的时间，然后才能够使（诸侯国的）君臣各安其位，对自己的所得而感到荣耀，上下互相扶持，最终收到辅助（王室的）效果。今天的所作所为，只不过是在亏空国库的储备，白白浪费掉粮食和布帛等物资，却无助于形成镇守国家保卫国土的国势。”

【原文】

“古者封建[①]既定，各有其国。后虽王之子孙，无复尺土[②]，此今事之必不行者也。若推亲疏[③]，转有所废，以有所树，则是郡县之职，非建国之制也。今宜豫开此地，使亲疏远近，不错其制，然后可以永安。然于古典[④]所应有者，悉立其制，然非急所须，渐而备之，不得顿设也。须车甲器械既具，其群臣乃服彩章[⑤]；仓廪[⑥]已实，乃营宫室；百姓已足，乃备官司[⑦]；境内充实，乃作礼乐。唯宗庙社稷则先建之。至境内之政，官人用才，自非[⑧]内史[⑨]国相[⑩]，命于天子，其余众职及死生之断、谷帛资实[⑪]、庆赏[⑫]刑威，非封爵者，悉得专之。”

【注释】

①封建：封邦建国。古代帝王把爵位、土地分赐亲戚或功臣，使之在各个区域内建立邦国。

②尺土：犹尺地（一尺之地）。

③亲疏：指关系或感情上的距离的远近。

④古典：古代的典章制度。

⑤彩章：彩色图饰。古代多用于车服旌旗之类。

⑥仓廪：贮藏米谷的仓库。

⑦官司：官府，多指政府的主管部门。

⑧自非：倘若不是。

⑨内史：官名。西汉初，诸侯王国置内史，掌民政。历代沿置，隋始废。

⑩国相：指王国或封国辅政之臣。

⑪资实：军需物资。

⑫庆赏：赏赐。

【译文】

"古时候,封邦建国既经确立,诸侯便各自拥有了自己的国家。可是到了后来,即使是帝王的子孙,也连一尺的封土都没有。这是今天施行诸侯封建制度一定不能做的事情。如果按照亲疏关系来分封诸侯,转眼之间就废除一个封地,把它分给新树的子弟,那是郡县制的方式,绝非分封诸侯国的制度。当今应该预先开列出诸侯国的封地,使亲疏远近不会与这个制度相背离,然后就可以得到永久的安定。虽然按古代典章规定所应有的制度都要确立起来,但是如果不是急需的(制度),应该逐渐完善,不可以一下子建立起来。须将诸侯国的车甲器械配备齐全后,诸侯国内群臣方可以穿戴有彩色图案的衣服;仓廪存粮充实后,才可营建宫室;百姓生活富足,便可设置有关官吏;国内经济基础充实巩固了,方可着手进行礼乐建设。只有宗庙社稷首先要建设好,至于国境内的政务,封官用人,除了诸侯王身边的内史和国相要由天子任命以外,其余众多官职(的任免)以及生杀决断、谷帛财物、赏赐刑罚,如果不是与封爵有关的事,都应该让诸侯国自行决定。"

【原文】

周之建侯[①],长享其国,与王者并,远者延将千载,近者犹数百年。汉之诸王传祚[②],暨至曾玄[③]。人性不甚相远,古今一揆[④],而短长甚违,其故何邪?立意[⑤]本殊,而制不同故也。周之封建,使国重于君,公侯之身,轻于社稷。故无道之君,不免诛放[⑥]。敦[⑦]兴灭继绝[⑧]之义,故国祚不泯。不免诛放,则群后思惧,胤嗣[⑨]必继,是无亡国也。诸侯思惧,然后轨道[⑩]。下无亡国,天子乘之,理势[⑪]自安,此周室所以长存也。"

【注释】

①建侯:封立诸侯,封侯建国,立功封侯。

②传祚:谓流传后世。

③曾玄:曾孙和玄孙。亦泛指后代。

④一揆:谓同一道理、一个模样。

⑤立意:用意,持念。

⑥诛放:谓责其罪而放逐之。

⑦敦:崇尚,注重。

⑧兴灭继绝:谓使灭绝了的重新振兴起来,延续下去。语出《论语·尧曰》:"兴灭国,继绝世。"

⑨胤嗣:后嗣,后代。

⑩轨道:遵循法制。

⑪理势:事理的发展趋势,情势。

【译文】

"周代建立的诸侯,长久享有他们的封国,其国运的延续与周王室是一样的。有的诸侯国存在的时间长达千年，短的也有数百年。汉代的诸侯王，封国的国运只传到曾孙或玄孙辈。人性相差并不很远，古时和今时没什么不同，可是享国的长短却相差甚大，这究竟是什么原因呢？那是由于汉朝和周朝建立诸侯国的用意本来就不同，于是所定的制度便有所不同啊！周代实行的封建制，封国的地位重于诸侯王的王位，公侯的身家性命轻于社稷，所以无道昏君免不了被诛杀或流放，（由于）崇尚兴灭继绝的道义，所以国运不灭。君王免不了被诛杀或逐放，这样则诸侯国国君就会有恐惧和警醒，子孙才可以继承国祚，所以就不会发生亡国的事情。诸侯感到畏惧，就会按照礼法行事。诸侯国没有亡国的危险，天子凭借他们，天下情势自然也就安定。这就是周王室所以能够长期存在的原因啊！"

【原文】

"汉之树置[①]，君国轻重不殊[②]，故诸王失度[③]，陷于罪戮，国遂以亡；不崇兴灭继绝之序，故下无固国。天子居上，势孤无辅，故奸臣擅朝，易倾大业。今宜反汉之弊，修周旧迹，国君虽或失道，陷于诛绝，又无子应除，苟有始封支胤[④]，不问远近，必绍[⑤]其祚。若无遗类[⑥]，则虚建之，须皇子生，以继其统，然后建国无灭。又班固称，诸侯失国，亦由网密。今又宜都宽其检[⑦]。且建侯之理，本经盛衰。虑关强弱，则天下同忿，并力诛之。大制都邑，班[⑧]之群后[⑨]，著誓丹青[⑩]，书之玉板[⑪]，藏之金匮[⑫]，置诸宗庙，副在有司。寡弱小国，犹不可危，岂况万乘之主？承难倾之邦，而加其上，则自然永久。故臣愿陛下置天下于自安之地，寄大业于固成之势，则可以无遗忧矣。"

【注释】

①树置：树立，建树。

②不殊：没有区别，一样。

③失度：犹言失去法度。

④支胤：后代子孙。

⑤绍：承继。

⑥遗类：遗留下的族类。

⑦检：约束，限制。

⑧班：颁布。

⑨群后：四方诸侯及九州牧伯。

⑩丹青：指史籍。古代丹册纪勋，青史纪事。

⑪玉版：亦作"玉板"。古代用以刻字的玉片。亦泛指珍贵的典籍。

⑫金匮：铜制的柜。古时用以收藏文献或文物。

【译文】

"汉代建立的诸侯制度，君主和封国的轻重没有区别，所以当诸侯不守法度，以致犯罪而遭到杀戮时，封国也就随之灭亡。（由于）汉朝不遵循兴灭国、继绝世的礼序，所以下面不会有稳固的诸侯国。天子高高在上，孤立无援，因而使奸臣在朝廷中玩弄权力，很容易倾覆国家大业。现在应该吸取历史教训，摈除汉代建制的弊端，恢复周朝的旧制。诸侯王如果失去道义而招致诛杀，又没有子嗣可以世袭其封国时，假使还有支族旁系，不论其关系的远近，一定要让其继承封国。如果连这些人也没有，就预先立一个诸侯名位，等到皇子出生，再来继承其国统，这样所设置的诸侯国就不会灭绝。再者，班固曾经说过：'诸侯之所以失国，是由于管束太严密。'那现在就应该放宽对诸侯国的限制。再者，（按照）封侯建国的常理来说，（各诸侯国的国运）本来就会经历盛衰。若考虑到会有诸侯国倚强凌弱，那么面对这种现象大家要同仇敌忾，合力讨伐它，同时要大力加强各诸侯国都城的设防。（要把这个公约）昭告给各诸侯国君，把誓词记录在史籍里，刻在玉版上，藏在金匮中，放在宗庙里，副本交给主管的职官备案。这样的话，即使是寡弱的小国，都是不可动摇的，何况万乘之君的天子，秉承难以倾覆的邦国，而君临于诸侯王国之上，那自然是能够永久平安的。所以臣希望陛下把天下建立在安全的基础上，把国家政权寄托在牢固的立国根基上，那就可以不再有隐忧遗患了。"

【原文】

"今阎闾[1]少名士，官司[2]无高能，其故何也？清议[3]不肃[4]，人不立德[5]，行在取容[6]，故无名士；下不专局[7]，又无考课[8]，吏不竭节[9]，故无高能。无高能，则有疾世[10]事；少名士，则后进无准。故臣思立吏课[11]而肃清议也。天下至大，万事至众，人君至少，同于天日，故非垂听[12]所得周览[13]。是以圣王之治，执要[14]而已，委务于下而不以事自婴也。分职既定，无所与焉。非惮日侧[15]之勤，而牵于逸豫[16]之虞[17]，诚以治体宜然，事势[18]致之也。何则[19]？夫造创谋始[20]，逆睹是非，以别能否，甚难察也；既以施行，因其成败，以分功罪，甚易识也。易识在考终，难察在造始[21]。故人君恒居其易[22]则治，人臣不处其难则乱。今人主恒能居易执要，以御其下，然后人臣功罪，形于成败之征，无所逃其诛赏，故罪不可蔽，功不可诬。功不可诬，则能者劝[23]；罪不可蔽，则违慢[24]日肃[25]。此为治之大略[26]也。"

【注释】

①阎闾：里巷内外的门，后多借指里巷。

②官司：官府。多指政府的主管部门。

③清议：对时政的议论。

④肃：恭敬，严肃。

⑤立德：树立德业。

⑥取容：讨好别人以求自己安身。

⑦局：机构。

⑧考课：按一定标准考核官吏优劣，分别等差，决定升降赏罚。

⑨竭节：尽忠，坚持操守。

⑩疾世:疾,害,有害于。有害于事。
⑪吏课:对官吏政绩的考核。
⑫垂听:俯听,倾听。
⑬周览:遍览,巡视。
⑭执要:掌握要害,抓住关键。
⑮日侧:太阳偏西到黄昏。这里指由早工作到晚,都不能停歇。
⑯逸豫:犹安乐。
⑰虞:通"娱"。
⑱事势:情势,形势,情况。
⑲何则:为什么,多用于自问自答。
⑳谋始:谓开始时慎重考虑。
㉑造始:开始,初始。
㉒居其易:居易,犹平安、平易。
㉓劝:谓出力、有力。
㉔违慢:违抗怠慢。
㉕肃:清除,平靖。
㉖大略:大概,大要。

【译文】

"当今地方乡里缺少名士,官府中没有才能杰出的人,其原因何在呢?那是由于朝廷清议不够严肃(公正),人们不重视树立自身的德业,一举一动都曲从讨好,取悦于人,所以就缺少名士。下边官吏不能专司其责,加之又无考核制度,具体办事的小吏不能尽心竭力,所以就不会有能力杰出的官员出现。没有很能办事的官吏,就会有害于政事的处理。缺少名士,则后继的官员、士人就没有可以效仿的标准。因此,臣想当务之急就在于设立完备的官吏考核管理制度,并端肃朝廷清议。天下很大,人多事多,人君却最少(只有一个),如同天空的太阳。所以,即使多方听取下边的意见,也未必能体察周全。因此圣明的君王治理国家,要抓住关键,而把具体事务委托给下边的臣子去办理,不要让自己纠缠于繁杂的事务之中。百官的职分已定,(皇帝)就不必亲自参与具体的工作。这不是惧怕太阳偏西时仍在勤政工作,以及总想着安逸快乐,而的确是治理国家本应该如此,是情势所必须。为什么呢?因为刚开始开创事业、谋划考虑时,想要看清楚是非,以区别(情势)能否(做成),这是很难辨别出来的。等到事情已然施行,按其成败来定其功过,这就很容易分辨。容易分辨是因为事情已经结束了再来考察,难以明察是因为事情刚刚开始(一切都不明朗)。所以,君主一直处于这种'易识'的状态,那么天下就能够得到大治;臣子如果不能身处这种'难察'的境地(尽心办事),那么天下就一定会混乱。现在君主若能够在这种'易识'的状态下抓住执政的纲要,统驭群臣,然后臣子的功和过,就会在政事成败的结果出现时自然显现出来,故而无法逃脱赏罚。因此,臣子的罪过就无法掩蔽，而他们的功劳也不会委屈埋没。功劳不会遭到诬陷埋没，则有才能的人就会尽力（为国效力）；罪过无法遮掩，那么违抗怠慢、办事不力的情况就会渐渐肃清。这就是治理国家的大要。”

【原文】

“天下至大，非垂听[①]所周，又精[②]始难校[③]，考终易明。今人主不委事仰成[④]，而与诸下共造事始[⑤]，则功罪难分，能否不别。陛下纵未得尽仰成之理，都委务于下，至如今事应奏御[⑥]者，蠲除[⑦]不急，使要事得精，可三分之二。今亲掌者，受成[⑧]于上，上之所失，不得复以罪下，岁终。事功[⑨]不建（旧无不建二字。补之），不知所责也。”

【注释】

①垂听：俯听，倾听。
②精：细致，精密。
③校：考核，考察。
④仰成：坐等事情的成功。
⑤事始：事情的开端。
⑥奏御：上奏帝王。
⑦蠲除：废除，免除。
⑧受成：接受已定的谋略。引申为办事全依主管者的计划而行，不自作主张。
⑨事功：功绩，功业，功劳。

【译文】

“天下这么大，并不是俯身倾听下边的意见就可以事事周全。并且创业之初的情况很难考察得细致精密，而查看事情的最终结果就很容易明白。当今的君主不能（抓住执政的纲要）把繁杂的事务交托给臣下办理从而坐等事情的成功，反而要与群臣一起在事情刚刚开始时共同谋划，这样就使得功劳和罪过很难区分，而官员本身的贤能与否也难以辨别了。陛下纵然不能尽得坐享其成之理，不能将具体事务都委托到下边大臣处办理，到如今，也要在需要上奏皇帝的事情中，事先免除那些不紧急的奏疏，使（需要皇帝亲自处理的）紧要的事情得到精简，这样陛下的政务就减到三分之二了。而今亲自做事的人，是接受了上边的指令而照章办事，上边若有过失，就不能再罪责办事的官员了。这样到了年终，事务不能完成，功业无法建立，其责任也不知道由谁来负。”

【原文】

“夫鉴司[①]以法举罪，狱官案劾尽实[②]，法吏据辞守文，大较[③]虽同，然至于施用，鉴司与夫法狱，体宜小异：狱官唯实，法吏唯文，鉴司则欲举大而略小。何则？夫细过微阙[④]、谬妄[⑤]之失，此人情之所必有（旧有字下有固所不犯之地六字。删之），而悉纠[⑥]以法，则朝野无全人。此所谓欲治而反乱者也。是以善为治者，纲举而网疏。纲举则所罗者广，网疏则小罪必漏。所罗者广，则大罪不纵，则甚泰[7]必刑；微过必漏，则为政不苛。甚泰必刑，然后犯治必塞。此为治之要也。”

【注释】

①鉴司：负有鉴察之责的官吏。汉以后的司隶校尉和督察州县的刺史、转运使、按察使、布政使等通称为鉴司。

②尽实：谓完全按照实情。

③大较：大略，大致。

④微阙：细小的过失。

⑤谬妄：荒谬悖理。

⑥纠：纠正。

⑦甚泰：过分。

【译文】

“鉴司官员依法检举罪行，狱官调查案件实情，法吏根据诉讼的供词中所陈述的事实处理案件，这些事情虽然大致上都一样，然而到了执行的时候，鉴司和法吏、狱官在具体做法上还是应该稍有区别。狱官主要考虑事实方面的问题，法吏主要考虑文案方面的事情，鉴司则应该检举大过而忽略小过。这是为什么呢？那是由于小过失、小缺点以及小错误，都是人们难免会犯的，如果都要绳之以法，那么朝野就不会有无罪过的人了，这就是所谓想把国家治理好却反而使国家招致混乱的做法啊！因此那些善于治理国家的人，会抓住纲目要领而让法网稀疏一些。能够抓住总纲，那么它的涉及面就很广，而法网稀疏则小过失就得以忽略。涉及面广，则大的罪过不会得到纵容，重罪大过必然会依法得到处置。小的疏忽过失则得到忽略，那么为政就不会苛刻；大罪一定会得到惩处，则违法乱纪的行为就难以为继。这就是治理国家的关键啊！”

【原文】

“而自近世以来，为鉴司者，类[1]大纲不振，而网甚密。网甚密，则微过必举。微过人情所必有，而不足以害治，举之则微而益乱。大纲不振，则豪强横肆[2]，豪强横肆，则平民失职。此错所急，而倒所务之由也，非徒无益于治体[3]，清议乃由此益伤。古人有言曰（旧无曰字，补之）：‘君子之过，如日之蚀焉。’又曰：‘过而能改。’又曰：‘不贰过[4]。’凡此数者，是贤人君子不能无过之言也。苟不至于害治，则皆天网之所漏也。所犯在甚泰，然后王诛[5]所必加，此举罪浅深之大例也。故君子得全[6]美以善事，不善者必夷戮警众，此为治诛赦[7]之准式[8]也。凡举过弹违[9]，将以肃[10]风论[11]而整世教。今举小过，清议益颓。是以圣王深识人情而达治体，故其称曰：‘不以一眚[12]掩大德。’又曰：‘赦小过，举贤才。’又曰：‘无求备于一人。’故冕[13]而前旒[14]，充纩[15]塞耳，意在去苛察、举甚泰。善恶之报，必取其尤[16]，然后简而不漏。大罪必诛，法禁易全也。今则当小罪甚察，而时不加治者，明小罪非乱治之奸也。害治在犯尤，而谨搜微过，何异放兕[17]豹于公路，而禁鼠盗于隅隙[18]。时政所失，少有此类。陛下宜反而求之，乃得所务也。”

【注释】

①类：率，皆，大抵。

②横肆：专横放肆。

③治体：治国的纲领、要旨、政治法度。

④不贰过：不重犯同样的错误。《论语·雍也》：“有颜回者好学，不迁怒，不贰过。”何晏《论语集解》：“不贰过者，有不善，未尝复行。”

⑤王诛：谓王法之当诛灭者。

⑥得全：获得保全。

⑦诛赦：诛杀与赦免。

⑧准式：依照准则或样式。

⑨弹违：弹劾违法乱纪者。

⑩肃：整理，整饬。

⑪风论：舆论。

⑫眚：过失。

⑬冕：古代天子、诸侯、卿、大夫等行朝仪、祭礼时所戴的礼帽。

⑭旒：音流，冕冠前后悬垂的玉串。

⑮充纩：冠冕两旁的绵制饰物，用以塞耳。

⑯尤：有二意，一指最优异，或最优异的人或物；一指最恶劣，或最恶劣的人或物。

⑰兕：古书上所说的雌犀牛。

⑱隅隙：语出《淮南子·说山训》：“受光于隙照一隅，受光于牖照北壁。”后以“隅隙”指很狭小的地方。

【译文】

“可是近年来，担任鉴司官职的人，大多不能抓好总纲，却将法网做得很严密。法网严密，那么小过错必然会被检举出来。犯小过本是难免的事情，它不会危害到国家的统治。如果抓住小事不放，这些小问题就会一步步地扰乱国事。治国的大纲抓不住，那么豪强就会肆意横行。豪强肆意横行，平民就会流离失所。这是不明了事物的关键所在而本末倒置造成的。这样做的结果，不仅对治国的纲领和法度没有帮助，朝廷清议也会由此受到误导。古人曾经说过：‘君子所犯的过失，就好像太阳发生了日蚀。’又说：‘过失能够改正（就是大善）。’又说：‘不犯同样的过错。’以上种种说法，都是为了说明即使贤人君子也是免不了犯错的。假若过失不至于危害到国家的治理，那么这些过失就都是应该为法网所忽略的。如果所犯罪过很大，那么王法就一定会加以诛灭。这是检举罪行的通则。这样,君子就因为他的善行而得以保全,为恶不善的人必定要遭到诛杀的处罚,以此警戒大众。这是为政者决定惩罚或赦免的准则。大凡检举过错、弹劾违法的人或事,其目的是为了整肃社会舆论、整顿世俗教化。可是如今却总是追究小的过失,从而造成社会舆论和风气的日益败坏。因此圣王都深刻明了人之常情,并而通晓为政之道,所以他说:'不要因小的过错来掩盖大的德行。'又说:'原谅小的过错,任用有贤德的人才。'又说:'对于一个人不能求全责备。'因此,帝王戴的冠冕前后都悬挂着珠帘,冠冕两旁都有绵制饰物,用以塞住耳朵,其用意就是远离对于臣下的苛刻考察,只抓重大的事情。对臣子善行恶行的处置,必须抓住最重要的,然后才能做到简明而没有遗漏。犯有大罪的人必被诛杀,刑法和禁令就容易保全了。现今对于小罪过分地纠缠,而国家却没有因此被治理得更好,这表明小罪不是造成社会混乱的主要原因。危害天下安定的,主要在于大罪。如果只是严格地搜求小过,这与把犀牛和豹子一类的猛兽放到大路上,却严禁老鼠在角落狭小处偷食东西有什么区别呢?国政的失误,少有这样的情况啊!所以陛下应采取相反的做法,才会达到天下大治的目标。"

【原文】

江统[1],字应元,陈留人也。除华(华作山)阴令。时关陇[2]屡为氐[3]羌[4]所扰,牧守[5]沦没[6],黎庶涂炭[7],孟观[8]西讨,生禽[9]齐万年[10],群氐死散。统深惟四夷乱华,宜杜其萌,乃作《徙戎论》,其辞曰:"夫蛮夷戎狄,谓之四海[11]。九服[12]之制,地在要荒[13]。春秋之义,内诸夏[14]而外夷狄。以其言语不通,法俗[15]诡异,或居绝域之外、山河之表,与中国壤断土隔,不相侵涉,赋役不及,正朔[16]不加,其性气[17]贪婪,凶悍不仁。四夷之中,戎狄为甚,弱则畏服,强则侵叛。虽有贤圣之世、大德之君,咸未能以道化率导[18],而以恩德柔怀[19]也。当其强也,以殷之高宗[20],而惫[21]于鬼方[22];有周[23]文王,而患昆夷[24]猃狁[25];高祖[26]困于白登[27],孝文[28]军于霸上[29]。及其弱也,周公[30]来九译[31]之贡;中宗[32]纳单于[33]之朝。以元[34]成[35]之微,而犹四夷宾服,此其已然之效也。故匈奴求守边塞,而侯应陈其不可[36];单于屈膝未央[37],望之[38]议以不臣。是以有道之君牧[39]夷狄也,唯以待之有备,御之有常,虽稽颡[40]执贽[41],而边城不弛固守。为寇贼强暴,而兵甲不加远征,期令境内获安、疆场[42]不侵而已。及至周室失统[43],诸侯专征[44],以大兼小,转相残灭,封疆[45]不固,而利害异心,戎狄乘间,得入中国。或招诱[46]安抚,以为己用。故申缯[47]之祸,颠覆宗周;襄公[48]要秦,遽[49]兴姜戎[50];义渠[51]大荔[52],居秦晋之域;陆浑[53]阴戎[54],据伊洛[55]之间;搜瞒之属,侵入齐[56]宋[57];陵虐[58]邢[59]卫[60]。南夷[61]与北夷[62],交侵[63]中国,不绝若线。始皇之并天下也,南兼百越[64],北走匈奴,当时中国,无复四夷矣。

【注释】

①江统(?~公元310年):字应元(一说元世、德元),西晋陈留圉(今河南省杞县南)人。官至散骑常侍,领国子博士。永嘉之祸时避难于成皋(今河南荥阳西北),以病卒。

②关陇:指关中和甘肃东部一带地区。

③氐：我国古代民族。居住在今西北一带。东晋时建立过前秦。后凉。

④羌：我国古代民族名。主要分布地相当于今甘肃、青海、四川一带。秦汉时，部落众多，总称西羌。以游牧为主。其后逐渐与西北地区的汉族及其他民族融合。

⑤牧守：州郡的长官。州官称牧，郡官称守。

⑥沦没：指死亡，败灭。

⑦黎庶涂炭：形容人民处于水深火热的痛苦境地。

⑧孟观（？～公元301年）：字叔时，西晋渤海东光人。晋惠帝即位后，担任殿中中郎。公元296年，齐万年于关中叛乱，司马伦。司马肜受命镇守关中，并无进展。张华。陈准推荐孟观讨伐齐万年。孟观勇不可当，不避弓箭与飞石，最后擒获齐万年，威镇羌氐。

⑨禽：同“擒”。

⑩齐万年（？～公元299年）：西晋时期氐族首领。元康六年（公元296年），匈奴人郝度元联合羌胡二族起兵反晋。当时关中大饥，秦。雍二州的羌人纷起回应，推齐万年为帝，拥兵七万。兵败被杀。

⑪四海：指四邻各族居住的地域。

⑫九服：王畿以外的九等地区。《周礼·夏官·职方氏》：“乃辨九服之邦国：方千里曰王畿，其外方五百里曰侯服，又其外方五百里曰甸服，又其外方五百里曰男服，又其外方五百里曰采服，又其外方五百里曰卫服，又其外方五百里曰蛮服，又其外方五百里曰夷服，又其外方五百里曰镇服，又其外方五百里曰藩服。”

⑬要荒：要，要服，荒，荒服。古称王畿外极远之地。亦泛指远方之国。

⑭诸夏：周代分封的中原各个诸侯国。泛指中原地区。

⑮法俗：风俗习惯。

⑯正朔：谓帝王新颁的历法。古代帝王易姓受命，必改正朔。

⑰性气：性情脾气。

⑱率导：谓以自身的表率行为对他人进行教导。

⑲柔怀：犹怀柔，即笼络安抚外国或国内少数民族。

⑳殷之高宗：武丁（？～公元前1192年），商朝第二十三位国王，庙号为高宗。他是商王盘庚的侄子，父亲是商王小乙。武丁在位时期，曾攻打鬼方，并任用贤臣傅说为相，妻子妇好为将军，商朝再度强盛，史称“武丁中兴”。

㉑惫：疲乏，困顿。

㉒鬼方：上古种族名，为殷周西北境强敌。《易·既济》：“高宗伐鬼方，三年克之。”

㉓有周：周代。有，词头。

㉔昆夷：殷周时我国西北部族名。《诗·小雅·采薇序》：“文王之时，西有昆夷之患，北有玁狁之难。”郑玄笺：“昆夷，西戎也。”

㉕猃狁：我国古代北方少数民族名。也写作“玁狁”。

㉖高祖：汉高祖刘邦。

㉗白登：白登山。公元前200年，汉高祖刘邦被匈奴围困于白登山（今山西省大同市东北马铺山）。

㉘孝文：指汉文帝，谥号为孝文。

㉙霸上：古地名。因地处灞水西高原上得名，在今陕西省西安市东。

㉚周公：姓姬，名旦，谥文，周文王之四子，周武王之弟，被称为叔旦。《尚书大传》载：周公居摄六年，制礼作乐，天下和，越裳氏以三象重译，而献白雉。周公的后代封于鲁国，又被称为鲁周公。

㉛九译：指边远地区或外国。

㉜中宗：汉宣帝刘询。本始二年（公元前72年）曾联合乌孙大击匈奴，后趁匈奴内部分裂之机，与呼韩邪单于建立友好关系，使边境逐步宁息。

汉宣帝

㉝单于：汉时匈奴君长的称号。

㉞元：汉元帝。

㉟成：汉成帝。

㊱而侯应陈其不可：汉元帝时，匈奴呼韩邪单于既事汉，上书愿保塞上谷以西，请罢边备塞吏卒，以休天子人民。天子令下有司议，议者皆以为便，郎中侯应习边事，以为不可许。上问状，应对十策，有诏勿议罢边塞事。

㊲未央：未央宫。宫殿名。汉高帝七年建，常为朝见之处。

㊳望之：萧望之。西汉大臣，汉元帝老师。儒家学者，历任大鸿胪。太傅等官。

㊴牧：统治，驾驭。

㊵稽颡：古代一种跪拜礼，屈膝下拜，以额触地，表示极度的虔诚。

㊶执贽：犹执挚，即执挚古代礼制，谒见人时携礼物相赠。

㊷疆埸：亦作"疆易"。战场。

㊸失统：丧失纲纪、准则。

㊹专征：指擅自进行征伐。

㊺封疆：疆域，疆土。

㊻招诱：召唤劝导。

㊼申缯：申，申侯。缯，鄫国。申侯之女原为周幽王王后，生子宜臼，被立为太子。后幽王废申后，立褒姒为后，其子伯服（一作伯盘）为太子。宜臼逃奔申国，申侯联合缯国和西方的犬戎进攻幽王。幽王与伯服均被犬戎杀死于戏（今陕西临潼东）。公元前771年，西周覆亡。幽王死后，申侯、缯侯、许文公等共立原太子宜臼于申，迁都到雒邑，是为周平王。东周建立。

㊽襄公:晋襄公(? ~公元前621年),晋文公之子,公元前628年即位。

㊾遽:遂,就。

㊿姜戎:春秋时西戎之别种,姜姓。

51义渠:古代民族名,西戎之一。也作“仪渠”。分布于岐山、泾水、漆水以北今甘肃庆阳及泾川一带。春秋时势力强大,自称为王,有城郭。地近秦国,与秦时战时和。周赧王四十五年(公元前270年)为秦所并,以其地置北地郡。

52大荔:西戎之一。周定王八年(公元前461年)为秦所并,其地改名临晋。

53陆浑:古地名。也称瓜州,原指今甘肃敦煌一带。春秋时秦晋二国使居于其地之“允姓之戎”迁居伊川,以陆浑名之。

54阴戎:古代少数民族名。西戎之一,即陆浑之戎,因其居住于河南山北,故称。一说陆浑近阴地,故名。

55伊、洛:亦作“伊雒”。伊水与洛水。两水汇流,多连称。亦指伊洛流域。

56齐:古国名。公元前11世纪周分封的诸侯国。春秋初期国力富强,成为霸主。战国时为七雄之一。公元前221年为秦所灭。

57宋:周代诸侯国名。公元前286年为齐所灭。辖地在今河南东部及山东、江苏、安徽之间。

58陵虐:欺压凌辱。

59邢:古诸侯国名。故地在今河北省邢台市境。周公之子封于此,春秋时为卫所灭。

60卫:古国名。公元前11世纪周公封周武王弟康叔于卫。先后建都于朝歌(今河南淇县)、楚丘(今河南滑县)、帝丘(今河南濮阳)和野王(今河南沁阳)等地。公元前209年为秦所灭。

61南夷:旧指南方的少数民族。又指南方边远地区。

62北夷:古代对北方少数民族的泛称。

63交侵:迭相侵犯。

64百越:亦作“百粤”。我国古代南方越人的总称。分布在今浙、闽、粤、桂等地,因部落众多,故总称百越。亦指百越居住的地方。

【译文】

江统,字应元,陈留郡人,官拜华阴县令。(惠帝司马衷)时,关陇地区多次遭到氐族、羌族的侵扰,地方官吏被害,百姓生活苦不堪言。孟观率军西讨,生擒了(氐帅)齐万年,氐族众军旅溃败逃散。江统深感四夷乱华,应该防患于未然,于是作了一篇《徙戎论》,文章说:“蛮、夷、戎、狄(所居之处),称作四海,在京城以外的九等地区里,他们所占据的地方最为边远。春秋时期的做法是将诸侯封国作为内部地区,夷狄外族为外围地区。这是因为夷狄和内地人民语言不通,他们的风俗习惯也非常怪异。有的远居边境之外、高山大河险峻之处,和中原地区山水相隔,因而与中原互不侵犯,不向朝廷交纳赋税,提供劳力,王朝使用的历法在他们那里也不被采用。这些民族的人生性贪婪,脾气凶暴,无仁厚之德。四夷之中，以戎狄二族最为凶狠不仁。他们势力衰弱了就敬畏朝廷，表示归服，强盛了就会侵略中原，反叛朝廷。即使是盛世明君，都未能以道德风化来感化和统领他们，而只能以给予恩惠的方式加以笼络和安抚。当他们强盛的时候，以殷代高宗（的圣德，依然）被西北边境的鬼方族弄得疲乏困顿，周朝的文王，也被昆夷和猃狁部族弄得忧心忡忡，汉高祖刘邦被（匈奴）围困在（平城的）白登山，汉文帝（因防守匈奴入侵而）屯军于霸上。当他们衰弱的时候（就归附朝廷），周公曾接纳过远方少数民族的朝贡，汉宣帝接受过匈奴单于的朝贺，就是汉元帝和汉成帝时，虽然国运衰微，但是四夷还能归顺于汉朝。这些都是既成的事实啊！所以（西汉时）匈奴要求守卫边塞，郎中侯应陈说此事不可行，匈奴单于到未央宫跪拜（和亲），萧望之议论说匈奴不会臣服。因此大凡有道的君王统御夷狄，只会对他们常加戒备，保持防御。即使他们低头称臣，进献贡奉，也依然不会放松对边塞的军事守卫。这都是因为寇贼强暴，不宜劳师远征，只期望做到国内安定，边境不受侵犯就行了。等到周王朝纲纪散坏之时，各诸侯国相互之间擅自进行征伐，大国兼并小国，进而互相残杀、毁灭，致使国家无法保有疆土，各诸侯内心考虑的利害关系也不一致。结果使戎狄统治者钻了空子，得以入侵中原。有的诸侯国对他们招降安抚，以为己用。故而造成了申侯请求缯国与犬戎（两个边远异族）来攻伐周幽王的祸乱，继而颠覆了西周王室。晋襄公想攻打秦国，于是招来了姜戎兴兵犯境。（自此之后）义渠、大荔两个部族杂居在秦、晋诸侯国境以内，陆浑、阴戎两个戎族占据了伊水、洛水之间，搜瞒侵入到齐、宋两国，欺压凌辱邢、卫等诸侯国。南方少数民族和北方少数民族交相侵犯中原，中原危在旦夕。（后来）秦始皇统一了天下，在南方兼并了百越，在北边赶走了匈奴，当时的中国，再没有四夷（的祸患）了。"

【原文】

"汉兴而都长安，宗周[①]丰镐[②]之旧也。及至莽[③]之败，西部[④]谎毁，百姓流亡。建武中[⑤]，以马援[⑥]领陇西太守，讨叛羌，徙其余种于关中[⑦]，居冯翊[⑧]、河东[⑨]空地，而与齐民[⑩]杂处。数岁之后，族类繁息，既恃其肥强，且苦汉民侵之。永初[⑪]之元，骑都尉王弘使西域，发调羌氐，以为行卫[⑫]。于是群羌奔骇，互相扇动，二州[⑬]之戎，一时俱发，覆没将守，屠破城邑。诸戎遂炽[⑭]，至于南入蜀汉[⑮]，东掠赵魏，唐突[⑯]轵关[⑰]，侵及河内[⑱]。十年之中，夷夏[⑲]俱弊。此所以为害深重，累年不定者，虽由御者之无方，将非其才，亦岂不以寇发心腹，害起肘腋[⑳]，疾笃难疗，疮大迟愈之故哉？自此之后，余烬[㉑]不尽，小有际会[㉒]，辄复侵叛。雍州[㉓]之戎，常为国患，中世[㉔]之寇，唯此为大。汉末之乱，关中残灭[㉕]。魏兴之初，与蜀分隔，疆场之戎，一彼一此。魏武皇帝[㉖]遂徙武都之种于秦川[㉗]，欲以弱寇疆国，捍御[㉘]蜀虏，此盖权宜之计[㉙]，一时之势，非所以保境安民，为万世之利也。今者当[㉚]之，已受其弊矣。"

【注释】

①宗周：指周王朝。周为所封诸侯国之宗主国，故称。

②丰镐：周的旧都。文王邑丰，在今陕西西安西南丰水以西。武王迁镐，在丰水以东。其后周公虽营洛邑，丰镐仍为当时政治文化中心。

③莽：王莽。曾假禅让之名，篡汉自立，国号新，法令烦苛，光武起兵讨之，王莽兵败被杀，在位十五年。

④西都：新莽始建国四年（公元12年）建洛阳为东都，因称常安（新莽改长安为常安）为西都。

⑤建武中：建武年间。建武，是东汉光武帝刘秀的第一个年号，也是东汉的第一个年号。

⑥马援（公元前14年～公元49年）：字文渊，东汉茂陵（今陕西省兴平市东北）人。初依隗嚣，后归光武，拜伏波将军，平交趾。援曾有"大丈夫老当益壮"及"男儿要当死于边野，以马革裹尸还葬"等语，世称"马伏波"。

⑦关中：地名。位于今陕西省。东至函谷关，南至武关，西至散关，北至萧关，位于四关之中，故称为"关中"。

⑧冯翊：古郡名。郡治大荔县。位于陕西省关中平原东部。

⑨河东：黄河流经山西省境，自北而南，故称山西省境内黄河以东的地区为"河东"。

⑩齐民：平民。

⑪永初：是东汉安帝刘祜的第一个年号。

⑫行卫：指帝王出行时的侍卫。

⑬二州：指冯翊。河东二州。

⑭炽：昌盛，兴盛。

⑮蜀、汉：蜀郡和汉中的并称。

⑯唐突：横冲直撞，乱闯。

⑰轵关：即在"轵"地的关口。轵，古县名在今河南省济源市。

⑱河内：专指河南省黄河以北的地区。

⑲夷夏：夷狄与华夏的并称。

⑳肘腋：胳膊肘与胳肢窝。比喻切近之地。

㉑余烬：比喻残余兵卒，残存者。

㉒际会：机遇，时机。

㉓雍州：古九州之一。大约在今天的陕西、甘肃之间。

㉔中世：汉代中期。

㉕残灭：残杀毁灭。

㉖魏武皇帝：曹操，字孟德，东汉末年著名的军事家、政治家和诗人，三国时代魏国的奠基人和主要缔造者。其子曹丕称帝，追谥曹操为"武皇帝"，庙号"太祖"，史称魏武帝。

㉗秦川：古地区名。泛指今陕西、甘肃的秦岭以北平原地带。因春秋、战国时地属秦国而得名。

㉘捍御：防御，抵抗。

㉙权宜之计:亦作"权宜之策"。为应付某种情况而采取的临时措施。

㉚当:应验。

【译文】

"汉朝兴起后,建都长安,这是西周的丰、镐故都。等到王莽篡汉失败,西京荒芜衰落,百姓流离失所。东汉光武帝建武年间,任马援为陇西太守,讨伐叛乱的羌族,迁徙他们剩余的族人到关中,使其居住在冯翊、河东空荒之地,和已经登记户籍的平民百姓杂处。几年以后,随着羌族族类的繁衍,他们既依恃自身的身强力壮,同时又苦于常常受到当地汉人的侵夺。安帝刘祜永初元年,骑都尉王弘出使西域,调派羌、氐兵力来做护卫,于是羌族各部震惊奔走串连,互相煽动,冯翊、河东二州西羌部族一时都起而暴动,杀伤将士守兵,攻破并屠杀城邑。其他少数民族叛乱日盛,以至于南入蜀汉,东掠赵、魏地区,并进攻轵关,侵犯到河内地区。十年之中,夷狄汉人双方都疲惫不堪。造成这样严重的祸害,多年不得平定的原因,虽然有防御失策、用人不当等方面的因素,难道不也是由于寇贼从中原腹地发生,祸害由身边兴起,病重难以治疗,疮口太大迟迟不能愈合的缘故吗?从此以后,反叛的余烬一直无法熄灭,只要一有机会,他们就会起来侵犯叛乱。雍州的戎狄,常为国家之大患。汉代中期时,外患以此为甚。汉代末年,关中因为战乱而凋零破败。曹魏建国之初,魏国的领地与蜀国分隔,在战场上作战的戎族士兵,处处都有。魏武帝遂迁徙武都的戎族部落到秦川(今陕西中部地区),原想用这种办法来削弱敌寇力量以加强魏国的防御,抗拒蜀汉的侵犯。但是这只不过是应付当时的情势所采取的临时措施,并非保境安民、为千秋万代的福祉着想的万全之策啊!今天已经遭受到这一做法的害处了。"

【原文】

"夫关中土沃物丰,厥田上上[①],帝王之都,未闻戎狄宜在此土也。非我族类,其心必异。戎狄志体,不与华同。而因其衰弊,迁之畿服[②],吏民玩习[③],侮其轻弱,使其怨恨之气,毒于骨髓。至于蕃育[④]众盛,则坐生其心,以贪捍[⑤](捍作悍)之性,挟愤怒之情,候隙乘便,辄为横逆[⑥]。而居封域之内,无障塞[⑦]之隔,掩[⑧]不备之民,收散野之积,故能为祸滋蔓[⑨],暴害[⑩]不测,此必然之势、已验之事也。当今之宜,宜及兵威方盛,众事未罢,徙冯翊、北地、新平、安定界内诸羌,著先零[⑪]、罕幵[⑫](幵作开)、析支[⑬]之地;徙扶风[⑭]始平[⑮]京兆[⑯]之氐,出还陇右[⑰],著阴平、武都之界。各附本种,反其旧土,使属国[⑱]抚夷,就安集[⑲]之。戎晋不杂,并得其所,上合往古即叙[⑳]之义,下为盛世永久之规。纵有猾夏[㉑]之心,风尘之警[㉒],则绝远中国,隔阂山河,虽为寇暴[㉓],所害不广。是以充国[㉔]、子明[㉕],能以数万之众,制群羌之命,有征无战,全军独克。虽有谋谟[㉖]深计,庙胜[㉗]远图[㉘],亦岂不以华夷异处,戎夏区别,要塞易守之故,得成其功哉。"

【注释】

①厥田上上:即关中的土地肥沃,物产丰富。厥,代词,其。上上,最上等。

②畿服:指京师附近地区。

③玩习:习惯。习以为常。

④蕃育:繁衍。

⑤贪悍:贪婪凶横。

⑥横逆:横暴无理的行为。

⑦障塞:即障堡。

⑧掩:突然袭击,冲杀。

⑨滋蔓:生长蔓延。常喻祸患的滋长扩大。

⑩暴害:犹祸害。

⑪先零:汉代羌族的一支。最初居于今甘肃。青海的湟水流域,后渐与西北各族融合。

⑫罕幵:西北地区少数民族的名称。幵,音千。

⑬析支:古代西戎族名之一。又称鲜支、赐支、河曲羌,分布在今青海积石山至贵德县河曲一带。

⑭扶风:汉武帝太初元年(公元前104年)置右扶风,与京兆尹、左冯翊合称三辅,是西汉的政治中心。三国魏时改为扶风郡,治所在槐里(今陕西兴平东南)。相当于今陕西麟游、干县以西,秦岭以北地区。西晋移治池阳(今陕西泾阳西北)。

⑮始平:郡名。秦始二年置,属雍州。下辖槐里、始平、武功、鄠县、蒯城五县。

⑯京兆:汉代京畿的行政区域,为三辅之一。在今陕西西安以东至华县之间,下辖十二县。后因以称京都。

⑰陇右:古地区名。泛指陇山以西地区。古代以西为右,故名。约当今宁夏六盘山以西,黄河以东一带。

⑱属国:附属国。

⑲安集:安定辑睦。

⑳即叙:亦作"即序"。就序,归顺。

㉑猾夏:扰乱。侵犯中原。《书·舜典》:"蛮夷猾夏。"孔安国传:"猾,乱也。夏,华夏。"

㉒风尘之警:谓兵乱之警报和警忧。

㉓寇暴:侵夺劫掠。

㉔充国:赵充国(公元前137年~公元前52年),字翁孙,西汉陇西上邦人。善骑射,好兵法,熟悉匈奴与羌族的情况。武帝时破匈奴有功,拜中郎将。宣帝时破羌。其言屯田十二便,寓兵于农,为世所推重。卒谥壮。

㉕子明:冯奉世(?~公元前39年),西汉军事人物,字子明。本始年间,随范明友等将军攻打匈奴。汉宣帝在位时,冯奉世历任光禄大夫。水衡都尉。公元前65年,冯奉世出使大宛,率军击破莎车,被汉宣帝任命为右将军典属国。公元前41年,以平羌军功,为左将军光禄勋,封关内侯。

㉖谋谟：谋划，制定谋略。

㉗庙胜：指朝廷预先制定的克敌制胜的谋略。

㉘远图：深远的谋划。

【译文】

“关中土地肥沃，物产丰饶，是上等的土地，自古为帝王之都，还未听说过戎狄应该居留在这里的。戎狄不是我们的同族，他们的存心必然和我们不一致，他们的风俗习惯与中原也不相同。如果趁着他们衰败，将他们迁徙到京畿地区，当地的官吏与百姓会习惯性地欺侮他们势单力孤，从而使他们怨恨之气如病毒般深入骨髓。等到他们繁育发展壮大起来时，不愿归顺的思想就会随之产生。以其贪婪强悍的性情，再加上愤怒的思想情绪，等到一有可趁的机会，往往就会作乱。再加上他们居处于疆域之内，没有障碍险塞的拦挡，（想要）突袭没有防备的老百姓，收存散落在民间的财物谷粮，那就太容易了。所以能够为非作歹，使祸患滋生蔓延，且难以预测。这是必然的形势，也是已经验证了的事实啊！当前应该做的事，是趁着国家军事力量强盛，政事方兴未艾之时，把冯翊、北地、新平、安定境内各部羌族，迁移到先零、罕幵、析支等地，把扶风、始平、京兆的氐族迁回陇右，安置到阴平、武都境内，让他们归附于各自民族，返回故土，让附属国安抚他们，让他们就地安定和睦地生活。这样戎狄与晋人不再杂处，且各得其所，上合乎古代所说的道义，下也为今日盛世订立了永久的规范。纵然他们有侵犯中原的想法，出现了兵乱的惊扰，但由于他们远离中原，山河阻隔，即使暴乱，造成的祸害也不大。所以，西汉的赵充国、冯子明，能以数万的兵力制服各羌族部属。（他们）做到有征无战，全军独能克敌制胜，固然是由于制定了深谋远虑的计策，朝廷做出了运筹帷幄的战略方针，但更是因为华夷异地而居，敌我各在一方，要塞易守难攻，才取得成功的！”

【原文】

难者曰：“方今关中之祸，暴兵[①]二载，征戍[②]之劳，老师[③]十万，水旱之害，荐饥[④]累荒。凶逆既戮，悔恶初附，且[⑤]款[⑥]且畏，咸怀危惧。百姓愁苦，异人同虑，望宁息之有期，若枯旱之思雨露。诚宜镇之以静默，而绥[⑦]之以安豫[⑧]。而子[⑨]方欲作役起徒，兴功造事，使疲悴[⑩]之众，徙自猜之寇，以无谷之民，迁乏食之虏，恐势尽力屈，绪业[⑪]不卒，羌戎离散，心不可一，前害未及弭[⑫]，而后变复横出矣。”答曰：“羌戎狡猾，伤害牧守[⑬]，连兵聚众，载离寒暑。而今异类瓦解，同种土崩，老幼繫虏，丁壮降散。子以此等，为尚挟余资，悔恶反善，怀我德惠，而来柔附乎？将势穷道尽，智力俱困，惧我兵诛，以至于此乎？”曰：“无有余力，势穷道尽故也。”“然则我能制其短长之命，而令其进退由己矣。夫乐其业者，不易事；安其居者，无迁志[⑭]。方其自疑危惧，畏怖促遽[⑮]，可制以兵威，使之左右无违也。迨[⑯]其死亡散流，故可遐[⑰]迁远处，令其心不怀土也。夫圣贤之谋事，为之于未有，治之于未乱，道不著而平，德不显而成。其次则能转祸为福，因败为功，值困必济，遇否[⑱]能通。今子遭弊事之终，而不图更制[⑲]之始，爱易辙[⑳]之勤，而得覆车之轨，何哉？且关中之民，百余万口，率其少多，戎狄居半，处之与迁，必须口实[21]，若有穷乏，故当倾关中之谷，以全其生生之计，必无挤于沟壑[22]，而不为侵掠之害也。今我迁之，传食[23]而至，附其种族，自使相赡，而秦地之民得其半谷，此为济行者以廪粮[24]，遗居者以积仓[25]。宽关中之逼，去盗贼之原；除旦夕[26]之损，建终年之益。若惮暂举之小劳，而遗累世之寇敌，非所谓能开物成务[27]，创业垂统[28]，崇基[29]拓迹[30]，谋及子孙者也。

【注释】

①暴兵：谓用兵或动用军队。
②征戍：远行屯守边疆。
③老师：指军队出征日久而疲惫。
④荐饥：即荐饥，指连年灾荒。连续灾荒。荐，通“洊”。
⑤且：连词。连接两个动词，表示两件事同时进行。
⑥款：归顺。
⑦绥：安，安抚。
⑧安豫：安宁快乐。
⑨子：代词。表示第二人称，相当于“您”。
⑩疲悴：疲劳困苦。
⑪绪业：事业，遗业。
⑫弭：止息。
⑬牧守：州郡的长官。州官称牧，郡官称守。
⑭迁志：改变意志。
⑮促遽：急促匆忙。
⑯迨：等到。
⑰遐：远。
⑱否：闭塞，阻隔不通，困厄不顺。
⑲更制：改制。
⑳易辙：改变行车道路。比喻改变计划。方针或做法。
㉑口实：口中食物，口粮。
㉒沟壑：山沟。借指野死之处或困厄之境。
㉓传食：辗转受人供养。
㉔廪粮：公家给予的粮食。
㉕积仓：贮存谷物的粮仓。
㉖旦夕：比喻短时间内。
㉗开物成务：指通晓万物的道理并按这道理行事而得到成功。
㉘创业垂统：开创基业，传之子孙。
㉙崇基：指建筑物的高大基座。谓打下深厚的基础。

㉚拓迹:犹创业。

【译文】

"有人可能会提出不同的意见来质问我说:'当前关中的祸患,(在于)用兵已经有两年,远行屯边劳苦,疲惫不堪的士兵有十万之众,加上水旱的自然灾害,造成了连年的饥荒。而凶暴的叛乱者已经受戮诛灭,悔悟的恶人开始归附。(他们)一边归顺一边担忧,都怀着恐惧的心情。老百姓忧愁(生计问题),异族人同样担心这件事情,大家都希望安宁和平的日子早日到来,就像大旱中盼望雨露一般。现在真正应该做的事情是以宁静沉默的方式管理他们,以安宁快乐的生活安抚他们。而您在这时候却打算兴师动众,没事惹事,让疲惫憔悴的民众来驱赶本自猜疑的外族人,让无粮可吃的平民来迁徙少食挨饿的俘虏,(这样做)恐怕就算费尽了力气,事情也不会有好结果。羌戎在离散之中,人心的想法不统一,先前的伤害还没来得及消弭,恐怕又会惹来新的祸患。'我可以这样回答他:'羌戎狡猾,伤害我地方官员,联合兵力聚众闹事,历经几年都是如此。而今这些少数民族的部族纷纷土崩瓦解,老人和孩子被俘虏,青壮年或投降或流散,您以为他们这些人会带着自己那一点仅剩的财产,悔恶迁善,怀念朝廷的德泽恩惠,回过头来归服于朝廷吗?还是他们眼看自己要走上穷途末路,心智和体力都疲惫到了极点,害怕我方用兵诛灭他们,所以才来归顺朝廷的呢?答案一定是:这些外族是因为没有余力,自己到了穷途末路的地步,才来归顺朝廷的。正是因为如此,我们才能决定他们的生死,并依照自己的意愿让他们或进或退。如果人们喜欢自己所从事的事情,他们就不会随便改变,如果人们能够安住在自己的居所,他们就不会想着搬家。当他们自己感到危险恐惧,害怕大难临头时,就可以用武力迫其屈从,使他们归顺而不敢违抗。等到他们死亡流散,就可以迁徙到远处,让他们不再惦记当初的故土。说到圣贤之人的谋事,首先在于未雨绸缪,在动乱还未兴起时就着手治理,其道义并不显扬,但是却能够平定万物,圣德并未彰显,但是却能够成就万物。次一等的人谋事在于能够转祸为福,转败为胜,转困难为助力,转闭塞为通达。'而今您已经遭受弊政的危害,却不想将这个契机作为改变制度的开端,您喜欢改弦易辙,得到的却是一条走向翻车的道路,这是为什么呢?且关中的老百姓有一百多万人,大概估计一下,戎狄要占到半数,让他们留下来住或者迁走,必须解决他们的吃饭问题。假如外族生计穷乏,那就应该拿出关中全部粮食,来保证他们能够生活下去,这样他们就不会因处于困厄之境而积聚在山沟,做些侵犯掠夺的恶事。现在我们把他们迁走,一路上要保证他们的饮食供应,以便最终能够让他们回到本民族的聚居地,使他们得到本族的照应。秦地(即上文所说的关中地区)的汉人则只取一半的粮食,(剩下的一半充公,以此)作为外族在迁徙路途上的资粮,这样留在关中地区的汉人(就能够因为人口少了一半而)粮仓中有了存粮。(合理地迁走外族)既缓解了关中的紧张局势,也杜绝了盗贼产生的源头。虽然暂时付出一些代价,但获得了长远的利益。如果害怕一时的劳烦,而给后世遗留下生生世世的敌寇之患,这绝对不是了解事物的规律而成就事业,开创长远的基业以传给子孙后代,奠定坚实的立国基础,为子孙后代着想而深谋远虑的做法啊!"

【原文】

"并州[①]之胡,本实匈奴桀恶之寇也。汉宣[②]之世,冻馁[③]残破,国内五裂,后合为二。呼韩邪[④]遂衰弱孤危,不能自存,依阻塞下,委质[⑤]柔服[⑥]。建武中,南单于[⑦]复求降附[⑧]。于弥扶罗[⑨]值世丧乱,遂乘衅[⑩]而作,虏掠赵魏。寇至河南。建安[⑪]中,又使右贤王[⑫]去卑[⑬],诱质呼厨泉[⑭],听其部落散居六郡。咸熙[⑮]之际,分为三率[⑯]。泰始[⑰]之初,又增为四。今五部之众,户至数万;人口之盛,过于西戎。然其天性骁勇[⑱],弓马便利,倍于氐羌,若有不虞[⑲]风尘[⑳]之虑,则并州之域,可为寒心[㉑]。今晋民失职[㉒],犹或亡叛,犬马肥充[㉓],则有噬啮[㉔],况于夷狄,能不为变?但顾其微弱,势力不陈耳。夫为邦者,患不在贫,而在不均;忧不在寡,而在不安。以四海之广,士民之富,岂须夷虏[㉕]在内,然后取足哉!此等皆可申喻发遣,还其本域,慰彼羁旅[㉖]怀土[㉗]之思,释我华夏纤介[㉘]之忧,惠此中国,以绥四方,德施永世,于计为长。"

【注释】

①并州:古州名。相传禹治洪水,划分域内为九州。据《周礼》。《汉书·地理志上》记载,并州为九州之一。其地约当今河北保定和山西太原。大同一带地区。

②汉宣:汉宣帝刘询。

③冻馁:谓饥寒交迫。

④呼韩邪:呼韩邪单于(? ~公元前31年),名稽侯珊,是西汉后期匈奴单于之一。公元前54年,呼韩邪单于被郅支单于打败,次年求助于汉宣帝,公元前51年,呼韩邪亲自前往长安朝见宣帝,他是第一个到中原来朝见的匈奴主,宣帝亲自到长安郊外迎接。

⑤委质:向君主献礼,表示献身。引申为臣服,归附。

⑥柔服:温柔顺服。

⑦南单于:即南匈奴,是南部匈奴贵族日逐王比建立的政权,相对于北匈奴而言。公元48年,匈奴分裂成南北二部,南部匈奴依附东汉称臣,被汉光武帝安置在河套地区。

⑧降附:投降归附。

⑨于弥扶罗:匈奴首领名。即栾提于夫罗(公元150年~公元196年),南匈奴单于栾提羌渠之子。公元187年,东汉为了讨伐张纯、鲜卑,向匈奴调兵,栾提羌渠派左贤王出兵。翌年,南匈奴发生政变,栾提羌渠被杀,须卜骨都侯被立为单于,于是于夫罗率众赴汉申诉苦情,其后一直留居汉地。

⑩乘衅:同"乘衅",即利用机会,趁空子。

⑪建安:东汉末年汉献帝刘协的年号。

⑫右贤王:匈奴贵族封号。二十四长之一,在右部诸王侯中地位最高。

⑬去卑:生于东汉末年,历经三国时代。为西晋初期匈奴支系铁弗部首领,南匈奴之右贤王(《魏书》作左贤王)。建安元年,曾受命派军协助汉献帝。董承等人从长安出逃往洛阳,与李傕、郭汜交战。公元21年,单于呼厨泉来朝,曹操留其于邺,而遣去卑归平

阳，鉴其五部国。

⑭呼厨泉：栾提呼厨泉，东汉末年，三国时期匈奴单于、南匈奴单于栾提羌渠之子，曾派右贤王去卑帮助汉献帝东归，其后还于本国。后曹操借栾提呼厨泉入朝朝见之际，将其留在邺城，派去卑去管理其国。

⑮咸熙：三国时期曹魏的君主魏元帝曹奂的第二个年号。这也是曹魏政权的最后一个年号。

⑯三率：晋代皇宫所置宿卫有“三率”之称，指中卫率、左卫率、右卫率。

⑰泰始：公元 265 年至公元 274 年，是西晋皇帝晋武帝司马炎的第一个年号，共计十年。这也是西晋的第一个年号。

⑱骁勇：犹勇猛。

⑲不虞：意料不到。

⑳风尘：比喻战乱，戎事。

㉑寒心：担心，恐惧。

㉒失职：失去常业，失所。

㉓肥充：体肥肉充。

㉔噬啮：咬。

㉕虏：古时对北方外族或南人对北方人的蔑称。

㉖羁旅：寄居异乡。

㉗怀土：怀恋故土。

㉘纤介：亦作“纤芥”。细微。

【译文】

“并州地方的胡人，本来是匈奴族中最为凶悍的敌寇。西汉宣帝刘询时，他们过着饥寒交迫的穷困生活。当时他们原本的国家已经四分五裂，后来合并成两个集团，呼韩邪单于继而衰弱孤危，不能自保，于是依附在边塞附近，向汉王朝臣服投降。到东汉光武帝刘秀建武年间，南匈奴单于再次投降归附汉朝。到了于弥扶罗主持匈奴政权的时候，正值汉王朝内部发生祸乱，他便趁机作乱，抢掠赵、魏等地，侵犯到黄河以南的地区。到汉献帝刘协建安年间，（曹操）又使右贤王去卑（去卑是右贤王的名字）诱骗扣押了呼厨泉，听任他的部落散居在六个州郡。到三国魏元帝曹奂咸熙年间，这个部落分成三个部分。到本朝泰始初，又增加到四个。今天南匈奴拥有五个部分，总数达到了数万户，人口兴旺，超过了西戎。匈奴族天性骁勇善战，擅长骑射，（其军队行动作战）敏捷灵活，（战斗力）是氐羌族的两倍。一旦遇到料想不到的战事爆发，那么并州地方的处境，就会令人胆颤心惊。今天晋朝的百姓失去自己的生计时，尚且会逃亡反叛，狗、马等动物养得肥壮充实的时候，就会有啃咬争斗的情况发生，何况夷狄外族，能不作乱吗？只是现在鉴于他们力量微弱，还无法陈兵作乱而已。治理一个国家，所要忧虑的不在于普遍的贫穷而在于贫富的不均，不在于人口稀少而在人心不安。（如今我晋朝）幅员广阔，百姓生活富足，难道要把外族都安顿在国内，然后才叫作广有四海、国富民强吗？凡是夷狄外族，都可以发布命令遣送他们回到本土，抚慰他们出行在外、怀念故土的思乡之情，让我华夏民族再没有这种微小的忧虑。（执行这样的政策，才能）惠利中原地区，安抚四方边境，恩德泽被万世。这才是长治久安的国策啊！”

【原文】

陆机[①]，字士衡，吴郡人也。为著作郎[②]。孙盛[③]《阳秋》[④]载机《五等[⑤]论》曰：“夫体国经野[⑥]，先王所慎，创制[⑦]垂基[⑧]，思隆后业，然而经略[⑨]不同，长短异术[⑩]。五等之制，始于黄唐[⑪]；郡县之治[⑫]，创于秦汉。得失成败，备在典谟[⑬]，是以其详可得而言。”

【注释】

①陆机（公元261年~公元303年）：字士衡，吴郡吴县（今江苏苏州）人，西晋文学家，与其弟陆云合称“二陆”。后死于“八王之乱”，被夷三族。

②著作郎：官名。三国魏明帝始置，属中书省，掌编纂国史。

③孙盛：东晋史学家，字安国，晋代太原中都（今山西平遥）人，著《晋阳秋》三十二卷。

④阳秋：书名，即《晋阳秋》。

⑤五等：即五个等级。《礼记·王制》：“王者之制禄爵，公、侯、伯、子、男五等。”《孟子·万章下》：“天子一位、公一位、侯一位、伯一位、子男同一位，凡五等也。”孙奭疏：“《孟子》所言周制，《王制》所言夏商之制也。”

⑥体国经野：分划国都，丈量田野。后亦用以泛指创建国家、治理国家。体国，营建进程中宫城的城门和道路。经野，管理郊野的丘甸和沟洫。

⑦创制：建立国家制度。

⑧垂基：把基业流传下去。多指皇位的承袭。

⑨经略：经营治理。

⑩异术：不同的方法。

⑪黄、唐：即黄帝和尧帝。尧帝封于“唐”地，故称唐尧。

⑫郡县之治：郡和县的并称。郡县之名，初见于周。秦始皇统一中国，分国内为三十六郡，为郡县制之始，汉初封建制与郡县制并行，其后郡县遂成常制。

⑬典谟：指经典，法言。

【译文】

陆机，字士衡，吴郡人。官拜著作郎。孙盛所著《晋阳秋》中收录了陆机的《五等论》，论中说：“创建国家，管理国政，这是古代圣王非常慎重的事情。创立基业传给子孙，期望后世永远昌盛（这是圣王们共同的想法）。然而治国的谋略和统治的方法却不尽相同。五等之制，始于黄帝、尧帝的时代，郡县之治，创立于秦汉。（这两种制度的）得失成败，都记录在历史的档案文献中，因此可以据此详加谈论。”

【原文】

“夫王者知帝业至重、天下至广。广不可以偏制[①],重不可以独任[②]。任重必于借力,制广终乎因[③]人。故设官分职,所以轻其任也;并建伍长,所以弘其制也。于是乎立其封疆之典,裁[④]其亲疏之宜,使万国相维[⑤],以成盘石之固,宗庶[⑥]杂居,以定维城[⑦]之业。”

【注释】

①偏制:指独自控制。

②独任:犹专任。独自信用,独自承担。

③因:凭借。

④裁:裁断,裁决。

⑤相维:相连。

⑥宗庶:宗子和庶子。宗子,嫡长子。庶子,旧时指嫡子以外的众子,亦指妾所生之子。

⑦维城:连城以卫国。

【译文】

“(古代圣明的)君王知道建立王朝、统治国家的责任非常重大,而天下疆土又非常广阔,因为疆土广阔所以不能够独自控制,因为任务重大所以不能由一个人来承担。任务重大必须借助其他的力量,治理广阔的疆土最终要靠众人来完成。所以设置官吏,分掌职务,以此来分担和减轻治国的重任。同时在诸侯国中建立伍长,来发扬光大分封制。于是,建立起封疆而治的制度,裁定了按照亲疏关系封侯建国的适当方法,(最终)使大小邦国相互维系,成就如磐石般坚固的统治基础,让长子和庶子混杂居住,形成城市彼此相连以保卫国土的稳定的局面。”

【原文】

“又有以见绥[①]世之长御[②],识人情之大方[③],知其为人不如厚[④]己,利物[⑤]不如图[⑥]身,安上在于悦下,为己在乎利人。

【注释】

①绥:安,安抚。

②长御:常法。

③大方:基本的法则、方法。

④厚:增益,加深。

⑤利物:益于万物。

⑥图:设法对付。

【译文】

[(同时,圣王)又知道安定天下的长久国策,以及识别事理人情的基本法则。(他们)知道想要为民众服务不如首先增益自己(的品德),想要利益万物不如首先修身。在上者想要地位稳固,关键在于使在下者悦服,要使自己受益,其根本在于利益别人。]

【原文】

是以分天下以厚乐,而己得与之同忧,飨[1]天下以丰利,而己得与之共害[2]。利博则恩笃[3],乐远则忧深,故诸侯享食土[4]之实,万国[5]受传世之祚[6]。夫然,则南面[7]之君,各务其治;九服[8]之民,知有定主。上之子爱[9],于是乎生;下之礼信[10],于是乎结。世治足以敦风,道衰足以御暴。故强毅之国,不能擅一时之势;雄俊之民,无所寄霸王之志。然后国安由万邦之思治,主尊赖群后之图身。盖三代所以直道[11],四王[12]所以垂业[13]也。

【注释】

①飨:通"享"。享受,享有。
②共害:共同承受祸患。
③笃:深厚。
④食土:享受封邑的租税。
⑤万国:万邦,天下,各国。
⑥祚:君位,国统。
⑦南面:即面朝南,古代以坐北朝南为尊,所以天子、诸侯王会见群臣,都会南面而坐,接受臣子的拜见。这里用南面指代诸侯的统治。
⑧九服:上古天子所住的京城以外的地方按远近分为九等,称为九服。
⑨子爱:慈爱,爱如己子。
⑩礼信:礼仪与信义。
⑪直道:犹正道,指确当的道理。准则。
⑫四王:古代四位帝王夏禹。商汤。周文王。周武王。
⑬垂业:把功业传留于后世。

【译文】

因此与人分享快乐,才能使别人愿意与我分担忧愁,与人分享利益,才能使别人愿意和我分担损失。利益分享得越多则感恩之情越深厚,给予的欢乐越久远则为国分忧的心就越深沉。所以诸侯享受封邑租税的收入,王位世代相传。这样诸侯们各自致力于自己国土的管理,各诸侯国的百姓们知道自己有确定的君主,君主因此生出把百姓当作子女来爱护的心,百姓因此形成好礼守信之风。天下太平的时候,(这种治世之经略)足以使民风淳厚,王道衰败的时候,也能够以此抵御暴乱。所以威猛强大的诸侯国,无法仰仗一时的势力而擅权；雄武豪俊的人，也不敢妄图称王称霸。然后由于各诸侯国向往治世，所以国家得以安定；由于各诸侯国君励精图治，于是天子的地位得到尊崇。这就是夏商周三代能够保持统治之正道，禹、汤、文、武四位圣王能够将功业留传于后世的原因。

【原文】

故世及①之制，弊祸终乎七雄②。昔者成汤③亲照夏后④之鉴，公旦⑤目涉商人⑥之式⑦，文质⑧相济，损益有物。然五等之礼，不革于时，封畛⑨之制，有隆焉尔者，岂玩二王⑩之祸，而暗⑪经世⑫之算乎？固知百世非可悬御，善制不能无弊，而侵弱之辱，愈于殄祀，土崩⑬之困，痛于陵夷⑭也。是以经始获其多福，虑终取其小（小作少）祸。

【注释】

①世及：世袭，世代相传。
②七雄：齐、楚、燕、韩、赵、魏、秦七个强大的诸侯国。
③成汤：亦作“成商”。殷商开国之君。
④夏后：亦称“夏氏”“夏后氏”。指禹受舜禅而建立的夏王朝。
⑤公旦：指周公旦，周代的制度由他创立。
⑥商人：即指殷商。
⑦式：榜样，楷模。
⑧文质：即文质三统，谓夏、商、周三代政事不同。《论语·为政》“子曰：‘殷因于夏礼，所损益可知也，周因于殷礼，所损益可知也。’”何晏《论语集解》引汉马融曰：“所损益，谓文质三统。”朱熹《论语集注》：“文质谓夏尚忠，商尚质，周尚文，三统谓夏正建寅为人统，商正建丑为地统，周正建子为天统。”
⑨封畛：封地的边界。畛，音枕。
⑩二王：指夏桀王、殷纣王两位亡国之君。
⑪暗：不明了，不了解。
⑫经世：治理国事。
⑬土崩：比喻崩溃破败，无法收拾。
⑭陵夷：衰颓，衰落。

【译文】

世袭制度，由于七雄相争而衰败。从前，成汤以夏朝为借鉴，周公旦以殷商为借鉴，（因此夏商周三代的）文质三统相辅相成，但在具体做法上（后世）会随时代变迁而有所调整。然分封五等爵位的礼制，却没有因时代的改变而变更。诸侯封疆而治的制度，（甚至比前代）更加的尊崇和兴盛。难道是他们轻视夏桀、殷纣的祸乱，不明了治理政事之谋略吗？（他们）当然知道百世的基业难以凭空实现，再好的制度也有不足之处。（但是）王室的权威遭到（诸侯的）轻视，要好过宗祀的灭绝，而王权消亡要比王权削弱的灾祸更加惨痛。因此开创大业能够从中多获福庆,而考虑将来则希望其弊害最小(所以反复权衡事情的利弊得失,决定仍然实行五等分封制)。

【原文】

非谓侯伯[1]无可乱之符[2],郡县非致治[3]之基(基作具)也,故国忧赖其释位[4],主弱凭于其翼戴[5]。及其承微积弊[6],王室遂卑,犹保名位,祚遗后嗣,皇统[7]幽[8]而不辍,神器[9]否[10]而必存者,岂非事势[11]使之然与?

【注释】

①侯伯:泛指诸侯。

②符:古代凭证符券。符节,符传等信物的总称。

③致治:使国家在政治上安定清平。

④释位:用为赞辅朝政之称。

⑤翼戴:辅佐拥戴。

⑥积敝:累积弊病。

⑦皇统:世代相传的帝系。

⑧幽:微弱。

⑨神器:代表国家政权的实物,如玉玺。宝鼎之类。借指帝位。政权。

⑩否:困厄,不顺。

⑪事势:情势、形势、情况。

【译文】

不是说分封诸侯就一定不会引起动乱,郡县制就一定不会使社会安定,而是国家处于忧患时需要诸侯来赞辅朝政,君王软弱的时候需要诸侯辅佐拥戴。当分封制中的小问题和弊端愈积愈多时,王室会逐渐衰微。但是无论怎样,王室的名位仍然得以保留,皇住依然能传给后世子孙。皇统衰微却没有断绝,国家陷于困厄但仍然存在,这难道不正是由于实行分封才导致的结果吗?

【原文】

降及亡秦,弃道任术[1],惩[2]周之失,自矜[3]其得,寻斧始于所庇[4],制国昧[5]于弱下。国庆独享其利,主忧莫与共害[6],虽速亡趍[7]乱,不必一道,颠沛[8]之亹,实由孤立。

【注释】

①弃道任术:指统治者不行王道而采用霸术。

②惩:鉴戒。

③自矜:自负,自夸。

④寻斧始于所庇：即用斧砍去自己所需要庇护的树荫。这里指代秦朝不能分封诸侯，皇室的子孙都没有得到封国，反而待遇如同一般的平民。这样皇帝周围就没有诸侯。藩王作为政权稳固的基础，不能为中央朝廷庇护扰乱了。寻斧，用斧。

⑤昧：愚昧，糊涂。

⑥共害：共同承受祸患。

⑦趍：同"趋"，趋向。

⑧颠沛：灭亡，死亡。

【译文】

等到秦朝的时候，不行王道而行霸术。以为周朝因分封而导致国家灭亡，于是以此为戒，自鸣得意，以为找到了问题所在。用斧头砍去了庇护自己的树荫，十分愚蠢地废除了五等之制，通过剥夺诸侯的力量来治理国家。（其结果是）在国家安定的时期皇帝独享其利，当国家忧患之时，就没有人与朝廷共同承担灾难了。虽然王朝招致迅速灭亡和动乱的原因未必是一种因素，但是（秦朝）灭亡的原因，确实是由于取消了分封建而导致王室孤立无援所致。

【原文】

是盖[①]思五等之小怨，忘万国之大德，知陵夷[②]之可患，暗土崩之为痛也。周之不竞[③]，有自来矣。国乏令主[④]，十有余世，然片言[⑤]（片言旧作行宫。改之）勤王[⑥]，诸侯必应，一朝震矜[⑦]，远国先叛，故强晋收其请隧[⑧]之图，暴楚顿其观鼎[⑨]之志，岂刘项[⑩]之能窥关、胜广[⑪]之敢号泽[⑫]（泽旧作乎。改之）哉！借使[⑬]秦人因循周制，虽则无道，有共兴（共兴作与共）亡，其覆灭之祸，岂在曩日[⑭]。

【注释】

①盖：连词。承接上文，表示原因或理由。

②陵夷：衰颓，衰落。

③不竞：不强，不振。

④令主：贤德的君主。

⑤片言：简短的文字或语言。

⑥勤王：谓尽力于王事。

⑦震矜：即自得的意思。

⑧请隧：请求隧葬。隧葬是天子死亡之后下葬时所使用的礼遇，而晋国在强大的时候，曾经请求要用天子下葬的礼遇。这是当时人说话委婉的方式，实际的意思指晋国想要取代周天子，自己做天子。典故出自《左传·僖公二十五年》："晋侯朝王。王享醴，命之宥。请隧，弗许。"杨伯峻注："请隧者，晋文请天子允许于其死后得以天子礼葬己耳。"

⑨观鼎：谓觊觎王位。这里是指楚国在强大的时候，便想取代周而统治天下。典故

出自《左传·宣公三年》:"楚子伐陆浑之戎,遂至于雒,观兵于周疆。定王使王孙满劳楚子,楚子问鼎之大小轻重焉。"楚王问鼎,有取而代周之意。

⑩刘、项:指刘邦、项羽。

⑪胜、广:指陈胜、吴广。二人是秦朝末年的起义将领。

⑫号泽:这里指陈胜、吴广在大泽乡起义,号令对秦朝不满的人们跟随他们造反。

⑬借使:假设连词。假如,倘若。

⑭曩曰:往日,以前。

【译文】

所以只考虑五等制所产生的小仇怨,而忘记了诸侯国(维护天下)的大功德,只知道王权削弱令人忧患,却不明白政权消亡更加惨痛。周朝没有强盛下去,是有原因的。国家缺少贤德的君主,已有十余世了。但是一旦王室需要扶助,诸侯必然响应,一旦某一诸侯国对王室不恭,即便是偏远地方的诸侯国都会首先起来讨伐它。所以强硬蛮横的晋国收敛其僭越王室的图谋,强横凶暴的楚国停止其取代王室的想法。哪里会发生像刘邦、项羽乘机入关,陈胜、吴广在大泽乡起义那样的事情啊!如果秦朝沿袭周朝的分封制度,虽然秦王无道,但是有诸侯国与其共同承担,国家覆灭的灾祸哪能在那个时候发生呢?

【原文】

汉矫秦枉,大启王侯,境土逾溢[①],不遵旧典,故贾生[②]忧其危,晁错[③]痛其乱。是以诸侯阻[④]其国家之富,凭其土民之力,势足者反疾,土狭者逆迟,六臣[⑤]犯其弱纲,七子[⑥]冲其漏网,皇祖夷于黥徒[⑦],西京[⑧]病于东帝[⑨],是盖过正[⑩]之灾,而非建侯[⑪]之累也。

【注释】

①逾溢:谓超过。

②贾生:指汉贾谊。

③晁错:西汉文帝、景帝时的智囊人物。

④阻:倚仗,凭借。

⑤六臣:指汉初的六反臣,即淮阴侯韩信、淮南王黥布、梁王彭越、韩王信、赵相贯高、代王陈豨。

⑥七子:指汉景帝时同时起兵的吴楚等七诸侯国之王,史称"七国之乱"。

⑦黥徒:这里指代淮南王黥布造反,高祖亲自去平定叛乱时,中箭而受伤。

⑧西京:西汉都长安,东汉改都洛阳,因称洛阳为东京,长安为西京。

⑨东帝:东方的帝王,汉景帝时吴王刘濞自称。吴王濞曾反叛汉朝廷而被平定。

⑩过正:过分,过头。

⑪建侯:封立诸侯,封侯建国,立功封侯。

【译文】

贾谊

汉代纠正了秦代的错误，大批分封诸侯王，但是诸侯王所划分的疆土，却过分广大，超过了上古先王的常例。所以贾谊为（这样不符合先王成例而分封诸侯）而担忧（有叛乱的）危险，晁错则痛心（诸侯封地过大）会带来祸乱。因此诸侯依仗其封国的富强、百姓的力量，势力强大的就率先谋反，国土狭小的则随后谋反。汉高祖时六臣趁着纲纪不健全起兵谋反，汉景帝时七王窥视法网有疏漏而发动叛乱。汉高祖在平叛淮南王黥布的谋反中受伤，西京长安被自称东帝的吴王刘濞所侵占。这些是矫枉过正带来的祸患，不是分封诸侯制度本身的过错。

【原文】

逮至[①]中叶[②]，忌其失节，割削宗子[③]，有名无实，天下旷然[④]，复袭亡秦之轨矣。是以五侯[⑤]作威，不忌万邦[⑥]，新都[⑦]袭汉，易于拾遗[⑧]也。

【注释】

①逮至：及至，等到。

②中叶：中世，中期。

③宗子：皇族子弟。

④旷然：虚空貌。

⑤五侯：指同时封侯的五人。汉成帝封其舅王谭平阿侯、王商成都侯、王立红阳侯、王根曲阳侯、王逢时高平侯，人称“五侯”。

⑥万邦：所有诸侯封国。后引申为天下、全国。

⑦新都：王莽曾被封为新都侯。这里指王莽篡位而亡西汉的历史。

⑧拾遗：比喻轻而易举。

【译文】

等到汉朝中期，朝廷恐怕诸侯谋反，于是削减宗族势力，致使诸侯制度有名无实，国家内部统治空虚，重新沿袭亡秦的旧制。所以王氏五侯作威作福，不再惧怕诸侯，王莽篡权，轻而易举。

【原文】

光武中兴[①]，纂隆[②]皇统[③]，而犹遵覆车之遗辙[④]，养丧家之宿疾[⑤]，仅及数世，奸宄[⑥]充斥，卒有强臣专朝[⑦]，则天下风靡，一夫[⑧]纵横[⑨]，而城地自夷，岂不危哉。

【注释】

①光武中兴：王莽篡汉，西汉结束，改国号为新。新莽政权被推翻之后，刘秀恢复汉室，国号仍为汉，史称为东汉，刘秀即光武帝。在位期间，使东汉初年出现了社会安定、经济恢复。人口增长的局面，因此刘秀统治时期，史称“光武中兴”。

②纂隆：犹言继承大业。

③皇统：世代相传的帝系。

④遗辙：犹遗轨。比喻前人留下的法度规则等。

⑤宿疾：比喻旧的弊端。

⑥奸宄：指违法作乱的人。

⑦专朝：独揽朝政。

⑧一夫：指东汉末年的乱臣董卓。

⑨纵横：肆意横行，无所顾忌。

【译文】

光武中兴时代，恢复继承了刘氏帝系，然而仍然没有吸取西汉灭亡的教训，埋下国家败亡的祸根。仅过了几代，就奸佞充斥，腐败不堪。最终导致强臣（梁冀）独揽朝政，天下（趋炎附势之人）于是纷纷投靠，董卓肆意横行，无所顾忌，于是城池就不攻自破，东汉的天下还能不危险吗？

【原文】

在周之衰，难兴王室，放命[①]者七臣[②]，干位[③]者三子，嗣王[④]委其九鼎[⑤]，凶族[⑥]据其天邑[⑦]，钲鼙[⑧]震于阃宇[⑨]，锋镝[⑩]流乎绛阙[⑪]，然祸止畿甸[⑫]，害不覃及[⑬]，天下晏然[⑭]，以治待[⑮]乱，是以宣王[⑯]兴于共和[⑰]，襄[⑱]惠[⑲]振于晋郑[⑳]，岂若[㉑]二汉陛闼[㉒]暂扰，而四海已沸，孽臣[㉓]朝入，而九服夕乱哉！

【注释】

①放命：逆命，违命。

②七臣：这里指周朝七位人臣打算篡权的事情。李善注：“七臣：蔿国、边伯、詹父、子禽、祝跪及颓叔桃子、宾起。”

③干位：僭位（越分窃据上位），求位。

④嗣王：继位之王。

⑤九鼎：相传夏禹铸九鼎，象征九州，夏商周三代奉为象征国家政权的传国之宝。

⑥凶族：原指与尧舜部族敌对的四个部落。后亦泛称敌对的民族或恶人。

⑦天邑：谓帝王之都，指京都。

⑧钲鼙:音征皮,即钲鼓,古代行军或歌舞时用以指挥进退、动静的两种乐器。

⑨阓宇:指京城之内。

⑩锋镝:锋,刀口;镝,箭头。泛指兵器。

⑪绛阙:宫殿寺观前的朱色门阙。亦借指朝廷、寺庙、仙宫等。

⑫畿甸:泛指京城郊外的地方。

⑬覃及:延及。

⑭晏然:安宁,安定。

⑮待:防备,抵御。

⑯宣王:周宣王。西周第十一代君主,周厉王之子,在位四十六年。周宣王在位时,西周国力得到短暂恢复,史称“宣王中兴”。

⑰共和:周厉王时,京城的人起义,周厉王逃到一个叫“彘”的地方,到周宣王即位的时候,中间有十四年。这十四年号“共和”,由召、周二相共同执政。

⑱襄:周襄王。东周第六代国王,周惠王的儿子。惠王死后,襄王惧怕异母弟王子带争夺王位继承权,秘不发丧,并派人向齐国求援,襄王直到大局已定才公布父王死讯。公元前 636 年,王子带欲图篡位,以狄人攻周,大败周师,周襄王逃到郑国。当时晋文公势力强大,在公元前 635 年出兵助襄王,杀王子带,迎接周襄王返回洛阳复位。

⑲惠:周惠王。东周第五代国王,周庄王的儿子。惠王二年有五大夫作乱,立王子颓为周天子,惠王奔温(今河南温县南),郑厉公在栎地(今禹州市)收容惠王,并在惠王四年与虢国攻入周朝,协助平定“子颓之乱”,惠王复辟,郑国因功获赐予虎牢(今河南荥阳汜水镇)以东的地方,虢国也获赐土地。

⑳晋郑:晋国和郑国。

㉑岂若:犹何如,表示不如。

㉒陛闼:陛,宫殿的台阶;闼,内门、小门。

㉓孽臣:奸邪嬖幸之臣。

【译文】

[周朝衰微的时候,王室灾乱频起,有七个大臣违抗天子的命令(逆谋篡权),有三个大臣(子颓、叔带、子朝)试图僭位,(于是)周王室的继承人弃国出奔,离开了京城。叛乱的人占据京都,战鼓敲得震动京城,兵刃和乱箭落到皇家宫殿。但祸乱也仅仅局限在京师附近,灾害没有波及天下,天下依旧安定宁静。国家政权正是仰仗着这种安定严整的局面来抵御祸乱的,所以周宣王能在“国人暴动”之后,中兴周室于“共和”时期,襄王、惠王才能够借助晋国和郑国的力量重振王业。不像两汉,朝廷刚刚被侵扰(指王莽刚刚篡权),天下就随之大乱,孽臣(董卓)早晨才进入朝廷,晚上全国就陷入混乱了。]

【原文】

“远惟王莽篡逆之事,近览董卓[1]擅权之际,亿兆[2]悼心[3],愚智同痛,然周以之存,汉以之亡，夫何故哉！岂世乏曩时之臣，士无匡合[④]之志欤！盖远绩[⑤]屈于时异，雄心挫于卑势耳。故烈士[⑥]扼腕[⑦]，终委寇雠[⑧]之手，忠臣变节，以助虐国之桀，虽复时有鸠合[⑨]同志，以谋王室，然上非奥主[⑩]，下皆市人[⑪]，师旅无先定之班[⑫]，君臣无相保之志，是以义兵云合，无救劫杀之祸，众望未改，而已见大汉之灭矣。

【注释】

①董卓（？~公元192年）：字仲颖，汉临洮（今甘肃省岷县）人。桓帝时，官羽林郎，灵帝时，为前将军。灵帝崩，引兵至京师，诛宦官，废少帝，立献帝，弑太后，自为太师，淫乱凶暴。袁绍等因而起兵讨伐，后为吕布所杀。

②亿兆：指庶民百姓。犹言众庶万民。

③悼心：伤心，痛心。

④匡合：谓纠合力量，匡定混乱的天下。

⑤远绩：远大的功绩。

⑥烈士：有气节有壮志的人。

⑦扼腕：亦作"扼捥"。用一只手握住另一只手腕，表示振奋、惋惜、愤慨等情绪。

⑧寇雠：亦作"寇仇"。仇敌，敌人。

⑨鸠合：聚集，纠合。

⑩奥主：深沉明睿之主。

⑪市人：指市井流俗之人。

⑫班：职位等次，等级。

【译文】

［想想前代王莽篡位的事情，看看近世董卓专权的情形，天下百姓不论愚智，都感到痛心疾首。然而周朝因分封制而延续，汉因分封制而灭亡，到底是什么原因呢？难道是国家缺少周朝时候的治世能臣，士人没有匡正天下的志向吗？（并非如此。）而是因为（能臣的）远大功绩无法在当时发挥出来，（士人的）伟大理想和抱负因势卑力微而受挫。所以忠烈之士（虽然对国家政事）愤慨惋惜，但最后也只能委身于寇仇；忠心耿直的臣子最终改变志节，辅助残害国家的凶暴之人。虽然不断有志士仁人聚在一起（力图匡扶汉室），然而在上没有深沉明睿的君主，下面参加义军的也多为市井流俗之人。军队没有事先确定好上下等级秩序，君臣之间没有相互保全的志愿，所以（虽然）义兵云集，却无法拯救王室面临的灾祸。百姓拥立汉室的心虽然没有改变，却只能眼见着汉室很快灭亡了。］

【原文】

"或以诸侯世位，不必常全，昏主暴君，有时比迹[①]，故五等所以多乱；今之牧守，皆官方庸能[②]，虽或失之，其得固多，故郡县易以为政治[③]。夫德之休明[④]，黜陟[⑤]日用，长率[⑥]连属，咸述其职[⑦]，而淫昏之君，无所容过，何则不治哉！故先代有以之兴矣。苟或衰陵[⑧]，百度[9]自悖,鬻官[10]之吏,以货准才,则贪残之萌[11],皆群后[12]也,安在其不乱哉！故后王有以之废矣。

【注释】

①比迹:齐步,并驾。谓彼此相当。

②官方庸能:官,授给某人官职、使为官。方,方正、刚直。庸,用、任用。

③政治:政事的治理。

④休明:美好清明。

⑤黜陟:指人才的进退、官吏的升降。

⑥长率:长官与下属。

⑦述其职:诸侯向天子陈述职守。古时规定,诸侯每五年朝见天子一次。

⑧衰陵:衰败陵夷。

⑨百度:百事,各种制度。

⑩鬻官:卖官。

⑪萌:通“氓”。“甿”。百姓,黎民。

⑫群后:四方诸侯及九州牧伯。

【译文】

[有人认为,(虽然)诸侯的爵位是世代相传的,(但却)不一定能够永远保全;昏庸、暴虐的君主,有时也会一个接一个地出现,所以五等封爵制容易发生变乱。而当今郡县上的长官,任用的都是方正刚直有能力的人,虽然或许有时任用不当,但是称职的人还是居多,所以郡县制更易于政事的治理。当天下的德行清明美好的时候,各级官员的升降成为常例,地方诸侯都进京向天子述职,淫乱昏昧的国君也无法隐瞒其过失。如此,天下怎么能不大治呢？所以前代君王有因为实行了分封制而使国家兴盛起来的。如果一旦衰败陵夷了,那么国家的各种制度就会出现谬误混乱,卖官的官员,会以收受贿赂的多少而授予官职。这些贪婪凶残之民,都像(无道的)诸侯,国家怎么会不动乱呢？所以后代的君王有因为实施了郡县制而导致了国家的衰亡的。]

【原文】

“且要而言之,五等之君,为己思治[1];郡县之长,为利图物。何以征[2]之？盖企及[3]进取,仕子[4]之常志;修己安民[5],良士之所希。及夫进取之情锐,安民之誉迟,是故侵百姓以利己者,在位所不惮,损实事[6]以养名[7]者,官长所夙夜(夜作慕)也。

【注释】

①思治:想望治世。

②征:证明,证验。

③企及:指希望或企求赶上。

④仕子:仕宦之人。亦泛指文人、学子。

⑤修己安民:修己,自我修养。安民,安定人民生活、安抚人民。

⑥实事:切实有益的事。

⑦养名:博取虚名。

【译文】

[而且举其大要而言之,五等制的诸侯,是为了自己才尽心治理领地;郡县的长官,是为财物以满足自己才去治理的。为什么这么说呢?努力进取(以求显达),是仕宦之人夙有的志向;通过修养自身的德行以安定百姓的生活,是贤良之士所希求的。进取的心意通常很急切,而安民济世的名誉却来得缓慢。所以侵占百姓的利益以满足自己的私利,这是官员们极力追求的事情,不去做对国家切实有益的事情,而以(华而不实的事情)来博取虚名,这是官员们日思夜想、梦寐以求的事情。]

【原文】

"君无卒岁[①]之图,臣挟一时之志。五等则不然,知国为己土,众皆我民,民安己受其利,国伤家婴[②]其病,故前人欲以垂后,后嗣思其堂构[③],为上无苟且之心,群下知胶固[④]之义,使其并贤居政,则功有厚薄,而两愚处乱,则过有深浅。然则八代[⑤]之制,几可以一理[⑥]贯,秦汉之典,殆[⑦]可以一言蔽也?"

【注释】

①卒岁:终年,整年。

②婴:遭受,遇。

③堂构:比喻继承祖先的遗业。语出《书·大诰》:"若考作室,既底法,厥子乃弗肯堂,矧肯构。"《孔安国传》:"以作室喻治政也。父已致法,子乃不肯为堂基,况肯构立屋乎?"意谓父亲要盖房子,并已确定房子的盖法,而儿子却不肯去筑堂基、盖房子。

④胶固:巩固团结。

⑤八代:五帝、三王。五帝,上古传说中的五位帝王,即黄帝(轩辕)、颛顼(高阳)、帝喾(高辛)、唐尧、虞舜。三王,指夏、商、周三代之君。

⑥一理:同一准则。

⑦殆:大概。几乎。

【译文】

"采用郡县制,做国君的没有长远打算,辅佐之人也只考虑短期利益,而五等分封制却不会这样。(诸侯)知道国土是自己的国土,人民都是自己的人民,人民安定则自己受益,国家衰亡则自己也会深受其害。所以前王希望政权世代相传,后君也希望继续祖业。

君王没有苟且度日之心,群臣明白团结一心的道理。(假如分封制和郡县制双方都)让贤明的人居位治理,那么成效会有大有小;如果双方都让愚钝之人处于乱世之中,那么过失就会有轻有重。如此,那么上古八代的制度,几乎可以用同一个准则来贯通;秦汉制度(的失败),大概也可以用一句话来说明。"

【原文】

胡威[①],字伯武,淮南人也。父质,字文德,清廉洁白。质之为荆州刺史也,威自京都定省[②]。家贫,每至客舍,自放驴取樵。既至见父,停厩[③]中十余日,告归。临辞,赐绢一匹,为道中资。威跪曰:"大人清高,不审于何得此绢。"质曰:"是吾奉禄之余,故以为汝粮耳。"威受之,辞归。荆州帐下都督,闻威将去,请假还家,持资粮于路要[④]威,因与为伴,每事佐助,又进饭食。威疑而诱问之,既知,乃取所赐绢与都督,谢而遣之。后因他信以白质,质杖都督一百,除吏名。父子清慎[⑤]如此,于是[⑥]名誉著闻。

【注释】

①胡威(? ~公元 280 年):字伯虎,淮南寿春人。曹魏末年及西晋官吏,三国时曹魏官员胡质之子,父子皆以清廉著名。

②定省:泛指探望问候父母或亲长。

③厩:马房。泛指牲口棚。

④要:约请,邀请。

⑤清慎:清廉谨慎。

⑥于是:当时,其时。

【译文】

胡威,字伯武,淮南郡人。他的父亲名质,字文德,清白廉洁。在胡质做荆州刺史的时候,胡威从京都洛阳前去探望,因为家贫,每到客舍,都是亲自喂驴,打柴(做饭)。到荆州拜见父亲,住在马厩中十多天。临走告别父亲时,父亲赐绢一匹作为路上的盘缠。胡威跪拜向父亲说:"大人清白高洁,不知从何而得此绢?"胡质说:"这是我官俸剩余的钱,给你做口粮钱。"胡威收下绢,辞别父亲回乡。胡质手下有位都督听说胡威要回去,就告假回家,带着钱粮在路上邀请胡威作旅伴。(一路上,)这位都督凡事都予以帮助,并买来饭菜给胡威吃。胡威感到怀疑,就询问他为什么要这样做。当胡威弄清原因后,就取出父亲所送的绢给都督,并向其道谢,请他回去。后来胡威因为别的事情写信给父亲,信中顺便提及此事,胡质为此打了都督一百板子,并免除了他在官府中的差事。胡氏父子就是这样的清廉谨慎,(因此)在当时其名望和声誉广为传扬。

【原文】

为安丰太守、徐州刺史,政化[①]大行。后入朝,世祖[②]因言次[③]谓威曰:"卿清孰如父清。"对曰:"臣不如也。"世祖曰:"以何为胜邪?"对曰:"臣父清恐人知,臣清恐人不知,是臣不及远也。"世祖以威言直而婉、谦而顺,累迁豫州刺史。入为尚书。

【注释】

①政化:政治和教化。

②世祖:晋武帝司马炎。

③言次:言谈之间。

【译文】

胡威后来做了安丰太守,(又升迁为)徐州刺史,政治和教化施行得非常好。后来胡威入朝,武帝司马炎在言谈间问胡威道:"你和你父亲比较,谁更清廉?"胡威回答说:"臣不如父亲清廉。"武帝问道:"为什么说他胜过你呢?"对曰:"臣父亲的清白唯恐别人知道,而臣的清白却唯恐别人不知道,这是臣远远不如父亲的地方。"武帝认为胡威的说法正直而委婉,谦虚而合理,数次调任他做豫州刺史,后来晋武帝又征召他入朝廷任尚书。

【原文】

周顗[①],字伯仁,汝南人也。为尚书左仆射[②]。王敦[③]作逆[④]石头[⑤],既王师败绩。顗奉诏往诣敦,敦曰:"伯仁卿负我。"顗曰:"公戎车[⑥]犯顺[⑦],下官亲率六军,不能其事,使王旅[⑧]奔败,以此负公。"敦惮其辞正(旧无正字。补之),不知所答。左右文武,劝顗避敦,曰:"吾备位[⑨]大臣,朝廷丧破,宁可[⑩]复[⑪]草间[⑫]求活,外投胡越者邪?"俄而被收,于石头害之。

【注释】

①周顗(公元 269 年~公元 322 年):字伯仁,汝南安城(今河南省汝南县东南)人,西晋安东将军周浚之子。顗,音已。

②尚书左仆射:尚书仆射,尚书省的副官。三国时开始分为尚书左仆射、尚书右仆射。

③王敦(公元 266 年~公元 324 年):字处仲,琅邪临沂(今山东临沂北)人。为东晋丞相王导的堂兄。王敦出身琅琊王氏,曾与王导一同协助司马睿建立东晋政权,成为当时权臣,但他一直有夺权之心,最后发动政变,史称"王敦之甜"。

④作逆:作乱,造反。

⑤石头:古地名,在今江西省南昌市北。北魏郦道元《水经注·赣水》:"水之西岸有磐石,谓之石头,津步之处也。"

⑥戎车:兵车。

⑦犯顺:叛乱。

⑧王旅:天子的军队。

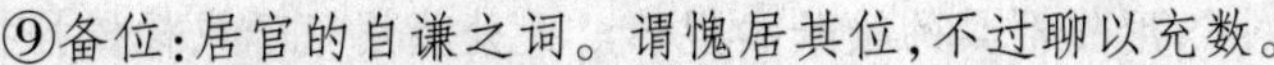

⑨备位:居官的自谦之词。谓愧居其位,不过聊以充数。
⑩宁可:岂可,难道能够。
⑪复:还,返回。
⑫草间:草丛间,比喻乡野、民间。

【译文】

周顗,字伯仁,汝南郡人。(晋元帝司马睿时)官居尚书左仆射。王敦在石头城反叛朝廷,晋朝军队讨伐却被王敦打败。周顗奉诏前往见王敦,王敦说:"伯仁,你背叛了我。"周顗回答说:"您率军队背叛了朝廷,下官亲率六军讨伐,不能完成使命,使王师败北,我是在这件事情上对不住您。"王敦感到他义正词严,不知如何回答。周顗左右的文武官,劝周顗避开王敦,周顗说:"我身为朝廷的大臣,现在朝廷衰落破败,我怎能逃奔到乡野民间去求保命,投奔到异族蛮夷那里去呢?"不久,周顗被王敦捉拿,在石头城被王敦杀害。

【原文】

陶侃[①],字士行,庐江人也。为荆州刺史。政刑[②]清明,惠施[③]均治,故楚郢[④]士女[⑤],莫不相庆。引接[⑥]疏远,门无停客,常语人曰:"大禹圣者,乃惜寸阴;至于众人,当惜分阴[⑦],岂可逸游[⑧]荒醉[⑨]?生无益于时,死无闻于后,是自弃也。"诸参佐[⑩]或以谈戏废事[⑪]者,乃命取蒱博[⑫]之具,悉投之于江。吏将则加鞭朴[⑬],曰:"樗蒱[⑭]者,牧(牧下有猪字)奴[⑮]戏耳。老庄浮华,非先王之法言[⑯],不可行也。君子当正其衣冠,摄其威仪,何有乱头[⑰]养望[⑱],自谓宏达[⑲]邪?"于是朝野用命[⑳],移风易俗。

【注释】

①陶侃(公元259年~公元334年):字士行,本为鄱阳(今江西鄱阳)人,后徙庐江寻阳(今江西九江西),晋朝名将。出身寒门,后因战功迁太尉,掌握重兵,统领八州军事并任荆江两州刺史,在他的治理下,荆州太平安定,路不拾遗,深受人民爱戴。
②政刑:政令和刑罚。
③惠施:施恩。
④郢:古邑名,春秋战国时楚国都城。
⑤士女:泛指人民,百姓。
⑥引接:延见接待。
⑦分阴:谓极短的时间。阴,日影。
⑧逸游:放纵游乐。
⑨荒醉:沉湎于酒。
⑩参佐:部下,僚属。
⑪废事:旷废职务。
⑫蒱博:摴蒱,古代的一种博戏,后亦泛指赌博。

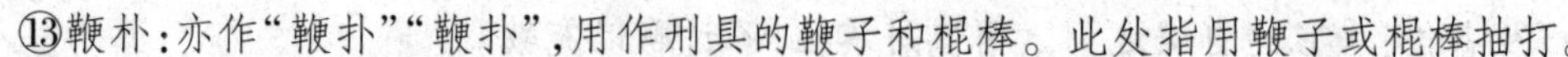

⑬鞭朴：亦作“鞭扑”“鞭扑”，用作刑具的鞭子和棍棒。此处指用鞭子或棍棒抽打。

⑭樗蒱：古代一种赌博游戏，后世亦以指赌博。

⑮牧奴：对放牧者的蔑称。

⑯法言：合乎礼法的言论。

⑰乱头：指头发蓬乱。

⑱养望：培养虚名。

⑲宏达：谓才识宏大畅达。

⑳用命：执行命令，听从命令。

【译文】

陶侃，字士行，庐江郡人。他任荆州刺史时，政令刑罚清正廉明，施恩公平，遍及辖境以内。所以楚地郢城的男女百姓，没有人不为有这样的父母官而感到庆幸的。陶侃很少把时间花在与人亲近、结交上，因此门前没有等着见他的客人。他经常向人说：“大禹是位圣人，还珍惜每一寸光阴。至于一般人，更应当爱惜每一分光阴，怎么可以放纵游乐、沉湎于酒色呢？活着的时候对国家没有益处，死后也湮没无闻，无人知晓，这是自甘落后、不求上进啊！”他手下的僚属，有人因为谈笑、赌博而耽误职事，陶侃就下令没收他们的赌博用具，将这些用具悉数投于江中，对犯事的吏员将领则加以鞭打，并告诫说：“樗蒱这种赌博游戏，是那些牧猪奴仆的娱乐。老子、庄子的哲学浮华不实（当时的士大夫盛行借助老子、庄子的哲学思想而谈玄说妙，陶侃此话是针砭时弊），这不是合乎先王礼法的言论，不可以奉为行为的指导。作为有道德的君子，应当端正衣冠，保持自己的威仪，怎能披头散发、培养虚名，还以此为才识宏大、广博通达呢？”于是朝野内外遵从他的要求办事，起到了移风易俗的社会效应。

【原文】

高崧，字茂琰，广陵人也，累转侍中①。哀帝②雅好服食③，崧谏，以为非万乘④所宜，陛下此事，实是日月之一蚀也。帝欲修鸿宝⑤礼，崧反覆表谏，事遂不行。

【注释】

①侍中：古代职官名。晋以后，曾相当于宰相。北宋犹存其名，南宋废。

②哀帝：晋哀帝司马丕（公元341年~公元365年），字千龄，为东晋的第六代皇帝在位期间，大将桓温当国，哀帝形同傀儡。后因服食丹药中毒而死，年仅二十五岁。

③服食：服用丹药。道家养生术之一。

④万乘：指帝王。

⑤鸿宝：道教修仙炼丹之书。

【译文】

高崧，字茂琰，广陵郡人。经多次升迁成为（在皇帝身边服侍的）侍中。哀帝司马丕平素喜爱服用丹药(以养生),高崧劝谏哀帝,认为"这不是身为万乘之尊的帝王所应该做的。陛下做这样的事,恰好是像日蚀月蚀一般(自行降低圣明的光芒)"。哀帝打算修行道教炼丹的鸿宝术,高崧反复上表劝谏,皇帝最终打消了这个念头。

【原文】

何充①,字次道,庐江人也。为护军②中书令③。显宗④初崩,充建议曰:"父子相传,先王旧典,忽妄改易,惧非长计。"庾冰⑤等不从,故康帝⑥遂立。帝临轩⑦,冰、充侍坐。帝曰:"朕嗣⑧洪业⑨,二君之力也。"对曰:"陛下龙飞⑩,臣冰⑪之力也,若如臣议,不睹⑫升平之世。"康帝崩,充奉遗旨,便立孝宗⑬,加录尚书事侍中,临朝⑭正色,以社稷为己任。凡所选用,皆以功臣为先,不以私恩树用亲戚。谈者以此重之。

【注释】

①何充(公元292年~公元346年):字次道,庐江郡灊县(今属安徽霍山)人。晋朝重要官员,在东晋官至中书鉴、骠骑将军、录尚书事,在晋康帝和晋穆帝时辅政。

②护军:秦汉时临时设置护军都尉或中尉,以调节各将领间的关系。魏晋以后,设护军将军或中护军,掌军职的选用,亦与领军将军或中领军同掌中央军队。

③中书令:汉设中书令,掌传宣诏令,以宦者为之,后多任用名望之士。

④显宗:晋成帝司马衍(公元321年~公元342年),字世根,东晋的第三代皇帝,晋明帝之子,庙号显宗。

⑤庾冰(公元296年~公元344年):字季坚,颍川鄢陵(今河南鄢陵)人。东晋官员,中书令庾亮之弟。王导死后以中书鉴身分在内朝掌权,亦促成晋成帝传位给弟弟晋康帝,以巩固庾氏势力,及后出镇江州。

⑥康帝:晋康帝司马岳(公元322年~公元344年),是东晋的第四代皇帝。

⑦临轩:皇帝不坐正殿而御前殿。殿前堂陛之间近檐处两边有槛楯,如车之轩,故称。

⑧嗣:继承君位。

⑨洪业:大业。古时多指帝王之业。

⑩龙飞:帝王的兴起或即位。

⑪冰:庾冰。

⑫睹:看到。

⑬孝宗:即晋穆帝司马聃(公元343年~公元361年)。康帝死后,司马聃以太子即位,年仅两岁,由褚太后听政。在位十七年,于十四岁时亲政。亲政后曾一度名义上统一了中国。

⑭临朝:临御朝廷(处理政事)。

【译文】

何充,字次道,庐江郡人,曾经担任护军、中书令之职。成帝司马衍刚刚驾崩,(庾冰建议,因国家北方有强敌,应该立皇室中年长者为君,)何充建议说:“父传位于子,这是先王旧典的定规,突然随便加以改变,恐怕不是长久之计。”庾冰等人不听从何充的建议,于是成帝司马衍的弟弟司马岳即位成为晋康帝。一天,康帝坐在前殿,庾冰和何充陪侍在皇帝左右。康帝说:“朕得以继承皇位,都是你们二位的功劳啊!”何充回答说:“陛下能登上皇帝的宝座,是庾冰的功劳。如果按照臣的意见,那就看不到现在的升平景象了。”康帝(两年后)驾崩,何充奉(康帝)遗旨,拥立(年仅两岁的太子)司马聃为穆帝。何充升任总领尚书事并加侍中一职。他在朝处理政事,神色庄重,以国家社稷为己任,凡所选用的官吏,都优先任用有功之臣,从不徇私任用亲戚,议论者因此对他很是敬重。

【原文】

吴隐之[①],字处默,濮阳人也。早孤,事母孝谨[②],爱敬著于色养[③],几灭鄣[④](鄣恐性)于执丧[⑤]。居近韩康伯[⑥]家。康伯母,贤明妇人,每闻隐之哭,临馔[⑦]辍飡[⑧],当织投杼[⑨],为之悲泣。如此终其丧。谓伯曰:“汝若得在官人之任,当举如此之徒。”及伯为吏部,超选隐之,遂阶清级[⑩],为龙骧将军、广州刺史。州之北界有水,名曰“贪泉”,父老云:“饮此水者,使廉士变节。”隐之始践境[⑪],先至水所,酌而饮之,因赋诗曰:“古人云此水,一歃[⑫]怀千金。试使夷齐[⑬]饮,终当不易心。”在州清操[⑭]愈厉,化被幽荒[⑮]。诏曰:“广州刺史吴隐之,孝友[⑯]过人,禄均九族[⑰],处可欲[⑱]之地,而能不改其操,飧[⑲]惟错[⑳]之富,而家人不易其服,革奢务啬[㉑],南域改观,朕有嘉焉,可进号前将军,赐钱五十万、谷千斛[㉒]。”

【注释】

①吴隐之(? ~公元414年):字处默,东晋濮阳鄄城人。曾任中书侍郎、左卫将军、广州刺史等职,官至度支尚书,著名廉吏。

②孝谨:孝顺而恭谨。

③色养:《论语·为政》:“子夏问孝。子曰:‘色难。’”朱熹《论语集注》:“色难,谓事亲之际,惟色为难也。”后因称人子和颜悦色奉养父母或承顺父母颜色为“色养”。

④灭鄣:鄣,应作“性”。灭性,谓因丧亲过哀而毁灭生命。

⑤执丧:《礼记·檀弓上》:“曾子谓子思曰:‘伋,吾执亲之丧也,水浆不入于口者七日。’”后以“执丧”为奉行丧礼或守孝之称。

⑥韩康伯:名伯,字康伯,东晋玄学思想家,颍川长社(今河南长葛西)人。

⑦馔:陈设或准备食物。

⑧飡:同“餐”。

⑨杼:织机的梭子。

⑩清级:显贵的官位。

⑪践境:身临其境。

⑫歃:音煞,饮。

⑬夷齐:伯夷和叔齐的并称,两人曾互相礼让王位。

⑭清操：高尚的节操。

⑮幽荒：荒远之地。泛指九州之外。

⑯孝友：事父母孝顺，对兄弟友爱。

⑰九族：以自己为本位，上推至四世之高祖，下推至四世之玄孙，为九族。

⑱可欲：指足以引起欲念的事物。

⑲飨：通“享”，泛指享用。

⑳惟错：这里指吴隐之所处的官职、俸禄以及礼物、贡品繁多。广州一直是商贸中心，在汉代，这里已经是海外奇珍异宝进入中国的主要贸易中心。典出《书·禹贡》：“厥贡盐。絺，海物惟错。”蔡沈集传：“海物非一种，故曰错。”

㉑啬：节省，节俭。

㉒斛：称量粮食的单位，古代一斛为十斗。

【译文】

吴隐之，字处默，濮阳郡人。他早年丧父，侍奉母亲孝顺恭谨，特别是注重以和颜悦色来奉养母亲。（后来母亲过世）守孝之时，他差点（因伤悲过度而）丧命。他和韩康伯家是邻居。康伯的母亲是一位贤明的妇人，每次听到吴隐之哭，吃饭时就停下来，织布时就丢下梭子，为吴隐之哭泣。就这样，一直到丧期结束。她对韩康伯说：“你以后如果做了负责选拔官吏的官员，应当推举任用像吴隐之这样（孝敬母亲）的人。”等到康伯到吏部做官时，便推荐提拔吴隐之。最终吴隐之晋升为身分显赫的官员，官拜龙骧将军、广州刺史。广州的北部有一处泉水，名叫“贪泉”。当地父老传说：“饮了这个泉的水，清廉的官员会改变节操而贪污。”吴隐之一踏入广州地界，便先到贪泉去，舀水来喝，并赋诗一首说：“古人云此水，一歃怀千金。试使夷齐饮，终当不易心。”他在广州刺史任职期内，清廉操守更为严格，他的教化影响都达到边远地区。（晋安帝）颁诏（褒扬、嘉奖他）说：“广州刺史吴隐之，孝友过人，把所得的俸禄，均分给他的九族亲属。他处于高名厚利的诱惑之中，却能够不改变清操；置身奇珍异宝的环境中，家人也不改变朴素布衣的穿着。他坚持革除奢靡，务求节俭，令南方（奢侈的社会风气）大为改变。朕要嘉奖他，恩准加封为‘前将军’，赐赏钱五十万，谷一千斛。”

《六韬》治要

【题解】

《六韬》又名《太公六韬》《太公兵法》，是一部古代兵书，集先秦军事思想之大成，以太公与文王、武王对话形式编撰。其内容涉及有关战争的各个方面，“言取天下及军旅之事”，论述治国、治军和指导战争的理论、原则，以战略论和战术论最为精彩，被誉为兵家权谋之始祖。

《六韬》书影

司马迁《史记·齐太公世家》中说：“后世之言兵及周之阴权。皆宗太公为本谋。”《隋书·经籍志》收录此书，题“周文王师姜望撰”，即姜太公吕望所著。被认为是后人依托姜太公所著，作者已不可考。北宋神宗时，《六韬》被列于《武经七书》，为武学必读书。

现存《六韬》6 卷，共 60 篇。分为文韬，论治国用人；武韬，讲用兵之道；龙韬，论军事组织；虎韬，论战争环境及武器与布阵；豹韬，论战术；犬韬，论军队指挥。

魏征在《群书治要》中，辑录《六韬》共计二十六篇，主要内容是讨论如何治理国政，国君如何以身作则，如何选将择吏等方面的论述。《六韬》中有关军事战略战术的细节，魏征未录，所录篇章的思想内容根据是：“天下者非一人之天下，天下人之天下也；与天下同利者，则得天下。擅天下之利者，失天下。”因此，《六韬·序》中就对“仁、义、道、德”的定义也贯穿着这一主导思想。说：“天有时，地有财，能与人共之者，仁也；免人之死，解人之难，救人之患，济人之急者，德也；与人同忧同乐，同好同恶者，义也；凡人恶死而乐生，好得而归利，能生利者，道也。”作者断定，谁能按照这四个标准去做，就一定会得到人民的信任，“天下归之”。实际上，魏征辅佐太宗取得“贞观之治”的一些谏言理论，就从《六韬》中吸收了不少营养。魏征在《隋书·经籍志》评论兵家书称：“兵者，所以禁暴靖乱者也。《易》曰：‘古者弦木为弧，剡木为矢，弧矢之利，以威天。孔子曰：‘不教人战是谓弃之’。《周官》大司马“掌九法九伐，以正邦国”是也。然皆动之以仁，行之以义，故能诛暴静乱，以济百姓。下至三季，恣情逞欲，争伐寻常，不抚其人，设变诈而无仁义。至乃百姓离叛，以致于乱。”这个观点与论述，可谓放之四海皆准的普遍真理。

序

【原文】

文王田乎渭之阳，见太公坐茅而钓，问之曰："子乐得鱼耶？"太公曰："夫钓以求得也。其情深，可以观大矣。"文王曰："愿闻其情。"太公曰："夫鱼食其饵，乃牵于缗；人食其禄，乃服于君。故以饵取鱼，鱼可杀；以禄取人，人可竭；以家取国，国可拔；以国取天下，天下可毕也。天下者非一人之天下，天下之天下也，与天下同利者，则得天下。擅天下之利者，失天下。天有时，地有财，能与人共之者，仁也。仁之所在，天下归之。免人之死，解人之难，救人之患，济人之急者，德也。德之所在，天下归之。与人同忧同乐，同好同恶者，义也。义之所在，天下归之。凡人恶死而乐生，好得而归利。能生利者，道也。道之所在，天下归之。"

【译文】

文王到渭水北岸打猎，见到姜太公正坐在长满茅草的河边钓鱼，便问道："你喜欢能钓上鱼吗？"太公说："凡是垂钓都是为了得鱼，钓鱼的道理也很深奥，从中可以看出大的道理。"文王说："我想听听这深奥的道理！"太公说："鱼要贪吃香饵，就会被钓丝牵着；人要食君俸禄，就会服从君主使用。所以用香饵钓鱼，鱼可供烹食；以爵禄取人，人可竭尽其力；以家为基础而取国，国可为你所有；以国为基础而取天下，天下可全部征服。天下不是一个人的天下，而是天下人的天下。能和天下人同享天下利益的，就可以取得天下；独占天下利益的，就会失掉天下。天有四时，地有财富，能和人民共同享受的，就是仁爱，实施仁爱者，天下就归附他。使人民免遭死亡，解除人民的困难，救助人民的灾患，接济人民的急需，这些就是恩德。布施德政者，天下就归顺他。和人民同忧同乐，同好同恶的，就是道义。谁讲道义，天下就归依谁。人们都害怕死亡而更想生存，喜欢得到好处和利益，能使天下人都获得利益的，就是王道。谁实行王道谁就拥有天下。"

文韬

【原文】

文王将田[①]，史编布卜[②]，曰："田于渭阳[③]，将大得焉。非龙非螭，非虎非罴；兆得公侯[④]，天遗汝师；以之佐昌，施及三王。"文王曰："兆致是乎？"史编曰："编之太祖史畴为禹[⑤]占，得皋陶[⑥]，兆比于此。"文王乃斋三日，乘田车，驾田马，田于渭阳，卒见太公坐茅以渔。

文王劳而问之曰："子乐渔耶？"太公曰："臣闻君子乐得其志，小人乐得其事。今吾渔甚有似也，殆非乐之也。”文王曰：“何谓其有似也？”太公曰：“钓有三权：禄等以权，死等以权[7]，官等以权。夫钓以求得也，其情深，可以观大矣。”

【注释】

①文王：商末周部族的领袖，姓姬名昌。田：通“畋”，打猎。

②史编布卜：史：官职名，先秦时主要掌管记事、祭祀及占卜诸项事务。编：人名，布卜，占卜。

③渭阳：渭水北岸。渭：渭水。阳：水的北面。

④兆：预兆。公侯：古代爵位的名称。五等爵位中第一等称公，第二等称侯。

⑤禹：传说中我国古夏后氏部落的领袖，以治理洪水而闻名。后其子启建立了我国历史上第一个王朝——夏朝。

⑥皋陶：传说中东夷族的领袖，舜时曾主管刑狱，后又辅佐禹。

⑦权：权术。

【译文】

周文王姬昌将要外出狩猎，命太史编占卜吉凶。太史编占得卜兆说：“此次在渭河北岸狩猎，将有很大的收获。所得的不是龙，不是螭，不是虎，也不是罴，而是一位公侯之才，是上天赠给你的老师，辅佐你成就功业，并且还将使你今后三代继承人都得益。”文王问：“卜兆是如此吉祥吗？”太史编答说：“我的远祖太史畴过去曾为夏禹王占卜，也曾得到过这种卜兆，因此他就得了皋陶这位贤臣，今天所得的卜兆和那次完全相同。”文王于是斋戒三日，排除杂念，集中思想，然后乘狩猎用的车马，到渭河北岸狩猎，在狩猎期间，终于遇见了太公姜尚，他正坐在长满茅草的河岸上钓鱼。

文王下了车，向太公致意，并关心地问他说：“你十分喜欢钓鱼？”太公回答说：“臣听说君子喜欢实现他的志向，常人喜欢做他愿做的事。现在我钓鱼，道理和这相似，大概来说并非乐于钓鱼这件事而已。”文王问：“怎么见得和钓鱼的道理相同呢？”太公回答说：“钓鱼这件事体现了用人的三种权谋：用饵钓鱼等于用俸禄去招纳人才；在香饵的诱惑下必然有鱼儿送死，这好像在优厚的俸禄吸引下，必然有人愿意卖命效力一样；钓饵有大有小，钓上的鱼儿也有大有小，这和掌握官爵分封大小的权力一样，根据每个人的才能大小使各尽其才。钓鱼和求贤都是为了有所收获，所以钓鱼的意义十分深邃，我们从这里可以悟出治理国家的大道理。”

【原文】

文王曰：“愿闻其情。”太公曰：“源深而水流，水流而鱼生之，情也；根深而木长，木长而实生之，情也；君子情同而亲合，亲合而事生之，情也。言语应对者，情之饰也；言至情者，事之极也。今臣言至情不讳，君其恶之乎？”

文王曰：“惟仁人能受正谏，不恶至情。何为其然？”太公曰：“缗[1]微饵明，小鱼食之；

缗调饵香，中鱼食之；缗隆饵丰，大鱼食之。夫鱼食其饵，乃牵于缗；人食其禄，乃服于君。故以饵取鱼，鱼可杀；以禄取人，人可竭；以家取国，国可拔；以国取天下，天下可毕[②]。呜呼！曼曼绵绵[③]，其聚必散；嘿嘿昧昧[④]，其光必远。微哉！圣人之德，诱乎独见。乐哉！圣人之虑，各归其次，而树敛[⑤]焉。”

【注释】

①缗：钓丝。

②毕：古时狩猎用的网，此处意为取得。

③曼曼绵绵：曼曼：同“漫漫”，指幅员广阔无际。绵绵：持续长久。

④嘿嘿昧昧：嘿嘿：同“默默”，寂然无声。昧昧：纯厚隐晦，不显露于外。

⑤树敛：使人心凝聚。

【译文】

文王说：“我愿再听你进一步说说这里面的详细情况。”太公说：“水的源流深便流水浩荡，流水浩荡则鱼便于生长，这是合乎情理的；树木的根扎得深就枝繁叶茂，枝繁叶茂就果实累累，这是合乎情理的；君子情意相投就能互相亲和，互相亲和事业就能成功，这也是合乎情理的。一般的言语应对，是真情的文饰；如果能说出真情，也就可以探求到事理的极致。现在臣所说的，就是肺腑之言，可能有些不知忌讳，你听了不会生气吧？”

文王说：“凡是有仁德的人都能接受正当的规谏，不会厌恶肺腑之言。我怎么能不希望听你的话呢？”太公说：“细小的钓丝和明显的鱼饵可以钓小鱼，钓丝适中鱼饵味香可以钓中等的鱼，粗的钓丝和大的鱼饵可以钓大鱼。鱼吃了饵，就被钓丝牵着；人拿了国家的俸禄，就会为君主服务。所以用饵取鱼，鱼可以捕获；用爵禄聘用人，人会搜罗尽。以家庭为基础去取国家，这个国家必定会被攻克；以国家为基础去夺取天下，天下就会服从君王的统治。唉！天下的事物，往往外表上茂盛发达或绵延广大，常常虚有其表，虽聚集在一起还会散去。唯有那默默而不表露于言语、暗暗而不显露于外形者，光华却能长久照耀。微妙啊！圣人的仁德，常是以独到的见解诱导人。高兴啊！圣人考虑的事，总是希望天下人各得其所，人心能够凝聚。”

【原文】

文王曰：“树敛何若而天下归之？”太公曰：“天下非一人之天下，乃天下之天下也。同天下之利者则得天下，擅[①]天下之利者则失天下。天有时，地有财，能与人共之者，仁也；仁之所在，天下归之。免人之死，解人之难，救人之患，济人之急者，德也；德之所在，天下归之。与人同忧同乐，同好同恶者，义也；义之所在，天下赴之。凡人恶死而乐生，好德而归利，能生利者，道也；道之所在，天下归之。”

文王再拜曰：“允[②]哉，敢不受天之诏命[③]乎！”乃载与俱[④]归，立[⑤]为师。

【注释】

①擅：专擅、独自享用。
②允：诚然，信然。
③诏命：上天或皇帝的命令。先秦时多指上级对下级的命令。
④俱：都，全。
⑤立：拜，作为。

【译文】

文王又问："怎样凝聚人心而使天下归顺呢？"太公回答说："天下并不是一个人的天下，而是天下人共有的天下。你若能与天下人共同享受利益，就能取得天下；如果独自垄断天下的所有利益，就将失去天下。天有四季推移，地有财物多少，能和天下人共同分享岁时和财物的，就称为'仁'；'仁'存在的地方，天下人自然前去归顺。能够免除人们的死亡，解救人们的患难，接济人们的急需，这就是'德'；'德'存在的地方，天下人都会归向那里。和普天下人共同享受欢乐，共同分担忧虑，爱恨相同，就叫作'义'；'义'存在的地方，天下的人自然奔赴而去。人没有不憎恶死而喜欢活着的，追求仁德寻找利益，能使人民获得一定利益的是'道'；'道'存在的地方，天下人会纷纷前去归附。"

文王拜了又拜说："说得对呀！我怎么敢不接受上天的诏命呢！"于是，文王就用狩猎的车子把太公载回到都城，拜他为师，称作"尚父"。

【原文】

文王问太公曰："天下熙熙[①]，一盈一虚[②]，一治一乱，所以然者何也？其君贤不肖不等乎？其天时变化自然乎？"

太公曰："君不肖[③]，则国危而民乱；君贤圣，则国安而民治。祸福在君，不在天时[④]。"

【注释】

①熙熙：纷扰杂乱的样子。
②盈：充满。虚：空虚。盈虚：意指盛衰。
③不肖：不贤。
④天时：天地自然变化演衍的时序。此处意为天命。

【译文】

文王问太公道："天下纷纷扰扰，有盛有衰，有治有乱，为什么造成这种局面呢？是不是因为国君贤与不贤的差别，还是因为天时变化自然形成的呢？"

太公回答说："君主不贤明，就会造成国家危险，民众混乱。君主贤明，则国家安宁民众恪守本分。国家的祸福，在于君主贤明与不贤明，与天时变化无关。"

【原文】

文王曰:"古之贤君可得闻乎?"太公曰:"昔者帝尧[①]之王天下也,上世所谓贤君也。"

文王曰:"其治如何?"太公曰:"帝尧王天下之时,金银珠玉不饰,锦绣文绮[②]不衣,奇怪珍异不视,玩好之器[③]不宝,淫佚之乐不听,宫垣屋室不垩[④],甍桷椽楹不斫[⑤],茅茨遍庭不剪,鹿裘御寒,布衣掩形,粝粱[⑥]之饭,藜藿[⑦]之羹,不以役作之故害民耕绩之时,削心约志,从事乎无为[⑧]。吏忠正奉法者尊其位,廉洁爱人者厚其禄。民有孝慈者爱敬之,尽力农桑者慰勉之。旌别淑慝[⑨],表其门闾[⑩];平心正节,以法度禁邪伪。所憎者,有功必赏;所爱者,有罪必罚。存善天下鳏寡孤独,赈赡祸亡之家。其自奉也甚薄,其赋役也甚寡,故万民富乐而无饥寒之色。百姓戴其君如日月,亲其君如父母。"文王曰:"大哉,贤君之德也!"

【注释】

①尧:上古传说中部落联盟的领袖。

②锦绣文绮:指做工精细华丽漂亮的丝织品。

③玩好之器:供欣赏玩乐的奢侈品。

④垩:可供粉刷用的白土。此处意为粉刷。

⑤甍:屋脊。桷:横排在屋梁上的方形木条。椽:椽子。楹:厅堂前部的大柱子。

⑥粝粱:粗劣的粮食。

⑦藜藿:野生粗劣的菜蔬。

⑧无为:道家政治哲学思想的重要命题。指顺应自然,效法天地,以清静求安定。

⑨淑:善良,美好。慝:邪恶。底本作"德",疑误。据《武经七书汇解》校改。

⑩闾:里巷的大门。

【译文】

文王说:"古时候的圣贤君主的所作所为,可以讲给我听听吗?"太公回答说:"过去帝尧治理天下,被称为上古贤明的君主。"

文王又问:"他是如何治理国家的呢?"太公回答说:"帝尧治理天下时,不用金银珠宝作为装饰品,不穿锦绣绮罗的衣服,不看奇瑰珍异的宝物,不使用贵重的器物,不听淫靡逸乐的音乐,不粉饰宫廷的墙壁,不去雕刻装饰宫殿的建筑,不修剪庭院的草地。用鹿皮大衣御寒,用布衣遮蔽身体,吃粗糙的米饭,喝藜藿做成的菜羹。不因为公家的劳役,去耽误农民耕织的季节,抑制自己的欲望,用仁德去感化民众,做到无为而治。对于官吏,忠诚正直奉公守法的,升高他的爵位;廉洁爱民的官吏,增加他的俸禄。对于民众,有孝顺父母慈爱幼小的,去尊重爱护;全力以赴耕作农桑的,去勉励慰问。调查善良与行为不轨的人家,表彰那些善良的门第。用公正无私、合情合理的原则处理事物,用法律和规章制度约束邪恶奸伪的人。即使是平时憎恶的人,有了功劳也一定给予奖赏;对于平时喜欢的人，如果犯了罪也一定给予处罚。对于百姓中的鳏寡孤独，养活他们让他们生存下去；对于遭受天灾人祸的人家，即时给以救济。他自己的俸禄也很微薄，向百姓征收的赋税劳役也很少，天下的老百姓富足快乐而没有忍饥挨饿的情况。百姓像敬仰天上的日月一样爱戴他，像亲近父母一样亲近他。”文王听了说：“帝尧真是一位伟大贤明的君主啊！”

帝尧

【原文】

文王问太公曰：“愿闻为国之大务[①]，欲使主尊人安，为之奈何？”太公曰：“爱民而已。”

文王曰：“爱民奈何？”太公曰：“利而勿害，成而不败，生而勿杀，与而勿夺，乐而勿苦，喜而勿怒。”

文王曰：“敢请释其故。”太公曰：“民不失务，则利之；农不失时，则成之；省刑罚，则生之；薄赋敛[②]，则与之；俭宫室台榭[③]，则乐之；吏清不苛扰，则喜之。民失其务，则害之；农失其时，则败之；无罪而罚，则杀之；重赋敛，则夺之；多营宫室台榭以疲民力，则苦之；吏浊苛扰，则怒之。故善为国者，驭[④]民如父母之爱子，如兄之爱弟。见其饥寒则为之忧[⑤]，见其劳苦则为之悲；赏罚如加于身，赋敛如取己物。此爱民之道也。”

【注释】

①务：要务。

②敛：征收赋税。

③台榭：台：高而平的建筑物。榭：在台上盖的高屋。本为存放武器之所，后成为游观之地。

④驭：驾驭，治理。

⑤忧：担忧。

【译文】

文王问太公道：“我希望听一听治理国家的方略，如果想使君主受臣民爱戴，百姓安居乐业，你看怎么办好？”太公立即回答说：“治国的关键，是爱护百姓罢了。”

文王又问道：“怎样去爱护百姓呢？”太公回答说：“要利于百姓，不要对他们加以伤害；安抚成全百姓的家业，不要加以毁败。让百姓生存，不要杀害；给予百姓，不要夺取他们的利益。让百姓安居乐业，不要使他们劳顿困苦；让百姓高高兴兴，不要让他们怨怒。”

文王说：“我想请你再具体解释一下其中的缘由。”太公回答说：“百姓不失去工作，就有利；农民不误耕种收获的时节，就有收成。减免刑罚，就等于给了百姓活路；减轻赋税，就等于给予了百姓好处。少建宫室台榭，节省民力，百姓就高兴；官吏清廉，不用苛捐杂税骚扰百姓，百姓就欢喜。相反，百姓失去工作，就是伤害了他们；农民失去耕种收获的时节，就损坏了他们。民众无罪而惩罚，则等于杀害了他们；加重民众的赋税，则等于夺取了他们的财物。多营建宫室台榭，使民力疲惫，则等于增加他们的困苦；官吏浑浊苛刻，骚扰民众，就等于增加他们的怨怒。所以善于治理国家的君主，管理民众像父母怜爱子女，像兄长爱护弟弟。见他们饥寒就为他们忧虑，见他们劳苦就为他们伤心；赏罚百姓像赏罚自己一样，征收赋税像取走自己的物品一样。这些都是爱护民众的重要道理。”

大礼

【原文】

文王问太公曰：“君臣之礼如何？”太公曰：“为上惟临[①]，为下惟沉[②]。临而无远[③]，沉而无隐[④]。为上惟周[⑤]，为下惟定[⑥]。周则[⑦]天也，定则地也，或天或地，大礼乃成。”

【注释】

①临：居高临下。引申为洞察下情。

②沉：深沉隐伏。引申为谦恭顺服。

③远：意为疏远民众。

④隐：隐匿私情，不尽忠诚。

⑤周：周遍，普遍，意指普施恩德。

⑥定：安定，稳定，意指安分守己。

⑦则：意为效法。

【译文】

文王问太公道：“君臣之间的礼节，应当怎样确立才合适？”太公回答说：“作为君主，应当洞察下情；作为臣下，应当顺服。洞察下情就不会与百姓疏远，顺服就不会有所隐瞒。作为君主，要普施恩惠；作为臣下，要安定行事。普施恩惠，是效法上天播撒霖雨给万物；安定行事，是效法大地培育万物。天尊地卑，贵贱高低，遵循天地的区别，就可以确定君臣间的礼制了。”

【原文】

文王曰：“主位如何？”太公曰：“安徐而静，柔节先定[①]，善与而不争。虚心平志，待物以正。”

文王曰：“主听如何？”太公曰：“勿妄而许，勿逆而拒[②]。许之则失守[③]，拒之则闭塞。高山仰止，不可极也。深渊度之，不可测也。神明之德，正静其极。”

文王曰：“主明如何？”太公曰：“目贵明，耳贵聪，心贵智。以天下之目视，则无不见也;以天下之耳听,则无不闻也;以天下之心虑,则无不知也。辐凑[4]并进,则明不蔽[5]矣。"

【注释】

①安徐而静,柔节先定:人居位当安徐而有静,以和柔为节,先能定己然后可以定人。

②勿妄而许,勿逆而拒:不能轻易接受,也不能一概加以拒绝。

③守:操守,引申为内心的主见。

④辐凑:辐条内端集中于轴头。凑:同"辏",会合,聚合。

⑤蔽:蒙蔽。

【译文】

文王问:"作为君主,应当怎样处理政务才合适?"太公回答说:"君主要宁静而安详,温和而有节度,不能浮躁急切。要多施恩惠,不与民争利。谦虚谨慎,不骄傲自满。公正无私,不偏不袒。"

文王问:"作为君主,应当怎样听取别人的意见和要求呢?"太公回答说:"君主听别人说话,不能轻易接受,也不能一概加以拒绝。轻易接受就会失去自己心中主见,妄加拒绝就堵塞了臣下以后进言的途径。君主的气质风度,要像高山一样,使人仰望不能窥见其峰顶;要像深渊一样,使人俯视无法测度其深浅。养成神圣英明的君德,经常保持公正宁静的原则。"

文王问:"作为君主,如何保持内心清明,洞察全局呢?"太公回答说:"眼睛,贵在看得清楚;耳朵,贵在听得远;心,贵在充满睿智。君主用纵观天下的眼睛看,天下的事就没有看不见的;用广听天下的耳朵听,天下的事就没有听不见的;用思虑天下之心去思考事物,天下的事就没有不知道的。天下的情况,像车轮上的辐条通向车轴一样,从四面八方汇集到君主那儿,那么君主就能洞幽察微不至于耳目闭塞了。"

【原文】

文王寝疾[1],召太公望,太子发[2]在侧。曰:"呜呼!天将弃予,周之社稷将以属[3]汝。今予欲师至道之言,以明传之子孙。"

太公曰:"王何所问?"文王曰:"先圣之道,其所止,其所起,可得闻乎?"

太公曰:"见善而怠,时至而疑,知非而处:此三者,道之所止也。柔而静,恭而敬,强而弱,忍而刚:此四者,道之所起也。故义胜[4]欲则昌,欲胜义则亡;敬胜怠[5]则吉,怠胜敬则灭。"

【注释】

①寝疾:卧病

②太子发:文王次子,名发。文王死后,继位为君,灭亡商朝,建立周朝,史称武王。

③属:通“嘱”,委托,托付。

④胜:超过,压倒。

⑤敬:不怠惰。怠:懈怠。

【译文】

文王卧病在床,召见太公望,太子发在一旁。文王说:“唉! 我的病没有好转的迹象,恐怕上天将要遗弃我了,周朝的社稷就托付给你了。现在我想效法古代先贤,把安邦济世的方法,公开地传授给我的子孙。”

太公问:“君王,你今天想问什么?”文王回答说:“古代圣贤安邦济世的方法,废止和兴盛的情况,可以说给我听吗?”

太公回答说:“看见了善事不去办,反而滋生懈怠的念头,时机到了又犹豫不决,明知不善的事情却流连忘返,这三种情况出现,道就要衰亡了。能够谦和宁静,恭敬谨慎去待人接物,强而能柔去容人,忍而能刚正处事,这四种情况出现,道也就兴起了。所以,义理胜过私欲,国家必然昌盛;私欲胜过义理,国家必然走向灭亡。恭敬胜过懈怠,遇事必定吉利;懈怠胜过恭敬,遇事必定失败。”

【原文】

文王问太公曰:“君国主民者,其所以失之者何也?”太公曰:“不慎所与[①]也。人君有六守、三宝[②]。”

文王曰:“六守何也?”太公曰:“一曰仁,二曰义,三曰忠,四曰信,五曰勇,六曰谋:是谓六守。”文王曰:“慎择六守者何?”太公曰:“富之,而观其无犯;贵之,而观其无骄;付之,而观其无转;使之,而观其无隐;危之,而观其无恐;事之,而观其无穷。富之而不犯者,仁也;贵之而不骄者,义也;付之而不转者,忠也;使之而不隐者,信也;危之而不恐者,勇也;事之而不穷者,谋也。人君无以三宝借人,借人则君失其威。”

文王曰:“敢问三宝。”太公曰:“大[③]农,大工,大商,谓之三宝。农一其乡[④]则谷足,工一其乡则器足,商一其乡则货足。三宝各安其处,民乃不虑[⑤]。无乱其乡,无乱其族。臣无富于君,都无大于国[⑥]。六守长,则君昌;三宝完,则国安。”

【注释】

①与:给予,托付,引申为任用人才。

②六守:守:遵守,奉行。此处指挑选任用臣僚的标准。六守,即用人的六项标准。三宝:宝,宝贵。此处指国家经济命脉。三宝,即关系国家经济命脉的三件大事。

③大:重视、发展的意思。

④乡:行政区划单位。泛指城市以外的地方。

⑤虑:焦虑不安。

⑥都:大城邑。国:国都,首都。

【译文】

文王问太公道："治理国家统治民众的君主，为什么会失掉他的权力和人民的支持呢？"太公回答说："这是由于他没有挑选适当的人才，没有认真地从事他的事业的缘故。凡是作为君主的，必须谨慎地做好'六守'、'三宝'两个重要方面的工作。"

文王问："什么叫作'六守'呢？"太公说："我所说的六守，一是仁，二是义，三是忠，四是信，五是勇，六是谋。"文王又问："怎样才能挑选到具有这六种品德的人呢？"太公说："给他财物，看他是否逾越礼法；给他显贵的爵位，观察他是否骄傲凌人；托付他以重任，观察他是否一心为公；任用他处理事务，观察他是否不虚伪欺骗；使他处于危险的境地，观察他是否临危不惧；派他去处理复杂的事物，观察他是否有应变的才能。富而不逾越礼法，是因为心中存有天理公心，这就是'仁'；显贵而不骄傲凌人，这就是'义'；托付他以重任而不转变心意，尽力为君主服务，这就是'忠'；诚诚恳恳办事，有所作为，丝毫也不隐瞒过失，这就是'信'；处于危险境地，面对困难而不恐惧，这就是'勇'；处理复杂的事物能随机应变，这表示他具有超出常人的智谋。以上几点，都是任用人才的方法。君主不能把处理'三宝'的权力交给别人；给了别人，君主就会丧失他的权威。"

文王问道："请问什么称为'三宝'？"太公又解释说："三宝就是农业、工业、商业。让农民聚居在一个乡里，互助耕耘，就没有荒芜的土地，粮食自然充足；让工匠聚居在一个乡里，工具交流使用，器用自然充足；让商人聚居在一个乡里，互相救济，资金流通，货物自然充盈。这三种职业的人安居乐业，民众便不会有忧虑。生活富裕了，也就不会再有其他念头。为了保持这种局面，百姓不能随便移动居住地点，不能让农、工、商三业从业人员混淆。臣下不能比国君富，都邑不能比国都繁盛。具有六守品德的贤才多，国君就昌盛；三宝完备，国家便可以长治久安了。"

【原文】

文王问太公曰："守土奈何？"太公曰："无疏其亲，无怠其众；抚其左右，御其四旁。无借人国柄，借人国柄则失其权。无掘壑而附丘[①]，无舍本而治末。日中必彗[②]，操刀必割，执斧必伐。日中不彗，是谓失时；操刀不割，失利之期；执斧不伐，贼人将来。涓涓不塞，将为江河；荧荧[③]不救，炎炎奈何；两叶[④]不去，将用斧柯。是故人君必从事于富，不富无以为仁，不施无以合亲。疏其亲则害，失其众则败。无借人利器[⑤]，借人利器则为人所害，而不终其正也。"

王曰："何谓仁义？"太公曰："敬其众，合其亲。敬其众则和，合其亲则喜，是谓仁义之纪[⑥]。无使人夺汝威。因其明，顺其常。顺者任之以德，逆者绝之以力[⑦]。敬之无疑，天下和服。"

【注释】

①无掘壑而附丘：不要挖掘深谷之土而增附于土山之上，引申为不要损下而益上。

②彗：暴晒。

③荧荧：极其微弱的火光。

④两叶：草木萌芽时的两片嫩叶。

⑤利器：锐利的兵器，引申为国家权力。

⑥纪：纲纪，基本原则、准则。

⑦绝之以力：用武力加以灭绝。

【译文】

文王问太公道："守卫国土，有什么好的办法吗？"太公回答说："不要疏远宗亲，不要怠慢了天下的民众，要安抚左右邻邦，要控制驾驭四方的人才。对内，要有高度统一和集中，不要让治理国家的权力落到别人手中，如果落到别人手中国君就失去了权力。不要损下益上，舍本逐末。太阳在正午时，正是晒东西的良机；手中握有利刀时，正是分割物品的良机；手中持斧时，正是攻伐的良机。所以，太阳当顶时不晒东西，就是失去时机；操刀不割，就是失去了便利的时机；执斧不去攻伐，坏人就会来。细小的水流不堵塞，将会汇成江河；小的火星不去扑灭，将会燃成冲天大火；两片细弱的芽孢不去摘除，将来长成合抱大树，得用斧头去砍伐。所以君主一定要让国家富裕，国家不富裕无法让民众富裕，也就谈不上'仁'。没有仁惠，也就无法团结宗亲。亲族疏，众心离，国家就会败亡。不要将克敌制胜的法宝交给别人，授人以柄，否则会反受其害，不能善始善终。"

文王问："怎样才能称得上是'仁义'呢？"太公回答说："恭敬地对待天下民众，诚心团结宗亲而不疏远。恭敬对待民众就天下和睦，诚心团结宗亲就会喜悦，这就是施行仁义的准则。不要让人削弱了你的权威，要依循已有的明德，顺着常理行事。对于顺从的小邦信任他并给他以恩惠，如有抗拒的，就用武力讨伐他。这样恭敬谨慎地治理国家而不随意怀疑，天下人自然信服了。"

【原文】

文王问太公曰："守国奈何？"太公曰："斋，将语君天地之经[①]，四时所生，仁圣之道，民机之情。"王即斋七日，北面再拜而问之。

太公曰："天生四时，地生万物。天下有民，仁圣牧[②]之。故春道生，万物荣；夏道长，万物成；秋道敛，万物盈；冬道藏，万物寻[③]。盈则藏，藏则复起，莫知所终，莫知所始。圣人配[④]之，以为天地经纪。故天下治，仁圣藏；天下乱，仁圣昌，至道其然也。圣人之在天地间也，其宝[⑤]固大矣。因其常而视之，则民安。夫民动而为机，机动而得失争矣。故发之以其阴，会之以其阳[⑥]，为之先唱，天下和之。极反其常，莫进而争，莫退而让。守国如此，与天地同光。"

【注释】

①经：常道，通理，一般规律。

②牧：治理，管理。

③寻：《武经七书直解》作“静”，隐藏不动的意思。

④配：相配，引申为参照仿效。

⑤宝：指圣人的地位和作用。

⑥发之以其阴，会之以其阳：发：孕育，发展。阴：暗中，秘密。会：际会、时机。阳：光明正大。全句意为隐蔽秘密地发展力量，抓住时机，正大光明地进行讨伐。

【译文】

文王问太公道：“人君要想让国家稳定，有什么办法吗？”太公回答说：“君王先去斋戒，然后我将告诉你天地变化的规律，四季生长的不同，以及仁圣治理天下的道理，民众的心理动态。”文王按照太公的要求，沐浴斋戒了七天，向北面拜了又拜后又去向太公问稳定国家的道理。

太公说：“自古以来，都是遵循天地运行的规律。一年四季交替，土地上有万物生长。普天下的民众，都由圣人做君主而统治。所以春天主要是种植，使万物能够繁荣；夏天主要是生长，万物才能够成熟；秋天主要是收割，万物才能够充盈；冬天主要是收藏，万物才能够安静。万物充盈就要收藏，收藏到了春天，就又起而复生。这样四时变化，不知道哪儿是结果哪儿是开始。圣人治理民众，也是参照天地运行的规律而制定国家的制度。所以天下太平时，仁圣的功劳就显露不出来；天下动乱时，仁圣纷纷出来恢复秩序，拯救百姓，这就是天地运行的规律形成的。所以圣人在天地之间，意义十分重要。天下的形势，如果从外表上去观察，百姓总是平静而安定。但百姓的心中如怀有怨怒与愤恨，就会成为天下动乱的契机。关键的契机如果触动，那天下就有得失之争了。所以契机的触动，最初总是在阴暗隐秘之处，你如果要借此机会振兴国纲，必须用光明正大的行为，举起除暴安民的旗帜，这样就能得到天下人的响应。等到天下形势恢复到正常状态时，你进不要争夺功劳，退也不要逊位。用中和的原则治理国家，如能做到以上几点，你的盛德高风，将与天地一样光耀千秋。”

【原文】

文王问太公曰：“王人者何上何下？何取何去？何禁何止？”太公曰：“王人者上贤，下不肖；取诚信，去诈伪；禁暴乱，止奢侈。故王人者有六贼[①]七害。”

文王曰：“愿闻其道。”太公曰：“夫六贼者，一曰，臣有大作宫室池榭，游观倡[②]乐者，伤王之德；二曰，民有不事农桑，任气游侠[③]，犯历[④]法禁，不从吏教者，伤王之化；三曰，臣有结朋党[⑤]，蔽贤智，鄣主明者，伤王之权；四曰，士有抗志高节，以为气势，外交诸侯，不重其主者，伤王之威；五曰，臣有轻爵位，贱有司[⑥]，羞为上犯难者，伤功臣之劳；六曰，强宗侵夺，凌侮贫弱者，伤庶人之业。

【注释】

①贼：伤害，损害。

②倡：古代表演音乐歌舞的人。
③任气：放任，意气用事。游侠：侠士，亦常常被认为以武乱法者。
④犯历：触犯，侵犯。
⑤朋党：结党，相互勾结，为了某种私利而集结在一起的人。
⑥有司：有关部门的官吏。

【译文】

文王问太公道："君王使用的人，何种人应居上，何种人应居下，何种人可以使用，何种人应除去，何种事应严禁，何种事应制止？"太公回答说："贤明的人应居上位，不肖的人应处在下位，取用诚恳守信的人，除去奸诈虚伪的人，严禁暴乱的行为，停止奢侈的挥霍。所以君王应注意'六种坏事'、'七种坏人'。"

文王说："我希望听听其中的道理。"太公回答说："所说的六种坏事有：一是臣下有大规模营建宫室亭池台榭，专供游玩观赏舞乐的，就损害了君王的德行；二是百姓有不务农种桑，游手好闲，多次违法，不服从官吏管教的，就损害了君王的教化；三是臣下有交结朋党，阻碍贤智人才任用，有意遮挡君王了解下情的，就损害了君王的权力；四是士民有自负清高，抗志不屈并成为气候，外则与诸侯私下来往，不尊重他的君主的，就损害了君王的威信；五是臣下有轻视人君所任命的爵位，看不起他的职务，不愿意为君王排忧解难的，就损害了臣下的功劳；六是强宗大族侵夺欺凌贫弱，就损害了民众的事业。

【原文】

"七害者，一曰，无智略权谋，而以重赏尊爵之故，强勇轻战，侥幸于外，王者慎勿使为将；二曰，有名无实，出入异言，掩善扬恶，进退为巧，王者慎勿与谋；三曰，朴其身躬，恶其衣服，语无为以求名，言无欲以求利，此伪人也，王者慎勿近；四曰，奇其冠带，伟其衣服，博闻辩辞，虚论高议，以为容美，穷居静处，而诽时俗，此奸人也，王者慎勿宠；五曰，谗佞[1]苟得，以求官爵，果敢轻死，以贪禄秩[2]，不图大事，得利而动，以高谈虚论，说于人主，王者慎勿使；六曰，为雕文刻镂，技巧华饰，而伤农时，王者必禁之；七曰，伪方奇技[3]，巫蛊左道[4]，不祥之言，幻惑良民[5]，王者必止[6]之。

【注释】

①谗佞：巧言谄媚进谗言的人。
②禄秩：官吏的薪俸。
③伪方奇技：骗人的方术，狡诈的技艺。方技为古代星、卜、医、相之类的总称。
④巫蛊：用巫术毒害人。左道：不正之道。
⑤幻惑良民：蛊惑善良的人民。
⑥止：阻止。

【译文】

“至于所谓七种坏人有：一是无智略权谋的人以重赏爵位为目的恃勇逞强，轻视战略战术的运用侥幸取胜而立功，君王千万不要用这种人做将领；二是徒有虚名而无实际才能，说话言辞互相矛盾，掩盖他人的善事，宣扬他人的坏处，专门投机取巧，君王一定要谨慎不要让这种人参与计谋；三是外表朴素，衣服简单，开口说无意于功名，而实际上追逐功名，闭口说没有欲求而实际上追求实利，这是虚伪的人，君王要小心不要与这种人接近；四是穿戴奇装异服，说话见多识广，能言善辩，夸夸其谈显示自己博学多才，不得志时躲在一边诽谤现实，这是奸诈的人，君王不要轻易宠信这种人；五是谗媚逢迎，只贪图苟且求得官职，鲁莽急躁，贪图立功，为了小利盲目轻动，不顾全大局，用浮夸的言辞取悦人主，这种人，君王要注意识别，不能轻易委任；六是专门从事雕文刻镂，用豪华的装饰品修饰建筑物，导致伤害农耕的，君王必须对此加以禁止；七是用虚假的丹方、诡异的邪术，以及用巫蛊左道，不吉利的符咒，去迷惑善良的民众，君王必须加以禁止。

【原文】

“故民不尽力，非吾民也；士不诚信，非吾士也；臣不忠谏，非吾臣也；吏不平洁爱人，非吾吏也；相不能富国强兵，调和阴阳[1]，以安万乘之主，正群臣，定名实，明赏罚，乐万民，非吾相也。夫王者之道如龙首，高居而远望，深视而审听，示其形，隐其情。若天之高，不可极也；若渊之深，不可测也。故可怒[2]而不怒，奸臣乃作；可杀而不杀，大贼[3]乃发；兵势[4]不行，敌国乃强。”文王曰：“善哉！”

【注释】

①调和阴阳：调和万物之理。
②怒：谴责。
③大贼：祸乱国家的人。
④兵势：用兵，打仗。

【译文】

“所以民众不能尽力为国家服务的，就不是我国的国民；士民不能诚恳守信为国家服务的，就不是我国的士民。臣僚不能中肯地提意见，就不是我国的臣僚；官吏不能公正廉洁爱护民众，就不是我国的官吏；宰相不能富国强兵，调和天下秩序，使人君安宁，群臣名副其实，赏罚严明，万民安乐，就不是我国的宰相。做人君的方法，应像神龙的头，高高昂起，看得很远，又能看得很深，做到洞幽察微，显露出庄严威仪的外表，让人感到畏惧，隐藏喜怒哀乐的感情，让人无法猜测；应像高高的天空，使人无法达到顶点；像无底的深渊，使人无法前去测量。所以，作为人君，如果在应谴责之时而不谴责，那么奸邪佞臣就会蠢蠢欲动；对于应杀的人而不杀，更大的祸害就会发生；对于应当讨伐的国家不去讨伐，那么敌国就会强盛到无法控制。"文王说:"你的话很好。"

【原文】

文王问太公曰:"君务举贤而不获其功,世乱愈甚以致危亡者,何也?"太公曰:"举贤而不用,是有举贤之名,而无用贤之实也。"

文王曰:"其失安在?"太公曰:"其失在君好用世俗[①]之所誉,而不得真贤也。"

【注释】

①世俗:一般指平常、凡庸的人。

【译文】

文王问太公道:"人君招揽天下贤才,但往往又得不到贤才的辅佐。局势混乱越来越厉害,甚至陷于危亡的境地,为什么呢?"太公回答说:"推荐上来的贤才不加以任用,是空有举贤的虚名而没有用贤的实际行动。"

文王说:"究竟错误在什么地方?"太公回答说:"错误在于人君喜欢任用世俗所称誉的人,却得不到真正的贤才。"

【原文】

文王曰:"何如?"太公曰:"君以世俗之所誉者为贤,以世俗之所毁者为不肖,则多党[①]者进,少党者退。若是,则群邪比周[②]而蔽贤,忠臣死于无罪,奸臣以虚誉取爵位。是以世乱愈甚,则国不免于危亡。"

文王曰:"举贤奈何?"太公曰:"将相分职,而各以官名举人[③]。按名督实,选才考能,令实当其名,名当其实,则得举贤之道也。"

【注释】

①党:党羽。
②比周:串通勾结,结党营私。
③举人:举用人才。

【译文】

文王不解地又问:"为什么这样说呢?"太公说:"人君把世俗所称誉的人当作贤才,把世俗所诋毁的人认为不肖,那么拉帮结派的人被选用,缺少朋党的人就被淘汰。这样,那些奸邪小人就互相勾结在一起,结党营私,阻挡贤臣受到重用。忠心耿耿的臣子本没有什么罪过,却因被诬陷置于死地;奸臣贼子用虚假的荣誉从君王那儿骗到爵位。因此时世更加混乱,国家就难以避免陷于危亡的境地。"

文王问:"那怎样举荐贤人呢?"太公说:"将领和宰相分别举荐,根据所需要的官职推

举入选，按照他的名来考察实际才能。选拔上来的人才，必须名副其实，名实相当，这样，才算掌握了举用贤人的方法。"

【原文】

文王问太公曰："赏所以存劝[1]，罚所以示惩。吾欲赏一以劝百，罚一以惩众，为之奈何？"太公曰："凡用赏者贵信，用罚者贵必。赏信罚必于耳目之所闻见，则所不闻见者莫不阴化[2]矣。夫诚畅[3]于天地，通于神明，而况[4]于人乎！"

【注释】

①劝：鼓励、劝勉的意思。

②阴化：暗中变化，潜移默化。

③畅：畅行无阻的意思。

④况：何况。

【译文】

文王问太公道："奖赏用来勉励，刑罚用来警戒。我现在想奖赏一个人达到勉励百人的效果，惩罚一个人达到教育众人的效果，你看怎么办好？"太公回答说："凡是奖赏贵在讲究说到做到，惩罚贵在有令必行。赏罚分明，才能收到预期的效果。赏罚虽然在看得见听得到的范围内实行，但是看不见听不到的地方也会潜移默化。诚信畅通于天地神明，何况对于人呢！"

【原文】

武王问太公曰："兵道何如？"太公曰："凡兵之道，莫过乎一[1]。一者，能独往独来[2]。黄帝曰：'一者，阶于道[3]，几于神[4]。'用之在于机，显之在于势，成之在于君。故圣王号兵为凶器，不得已而用之。今商王知存而不知亡，知乐而不知殃。夫存者非存，在于虑亡；乐者非乐，在于虑殃。今王已虑其源，岂忧其流乎！"

武王曰："两军相遇，彼不可来，此不可往，各设固备，未敢先发。我欲袭之，不得其利，为之奈何？"太公曰："外乱而内整，示饥而实饱，内精而外钝[5]。一合一离，一聚一散。阴其谋，密其机，高其垒，伏其锐士，寂若无声，敌不知我所备。欲其西，袭其东。"

武王曰："敌知我情，通我谋，为之奈何？"太公曰："兵胜之术，密察敌人之机，而速乘其利，复疾[6]击其不意。"

【注释】

①一：事权专一，指挥统一的意思。

②独往独来：自由行动，不受牵制。

③阶于道：阶：阶梯，指逐步通向。道：规律，道理。

④几于神:几:接近。神:神妙莫测。

⑤钝:不锋利。引申为疲软、衰弱。

⑥疾:迅速。

【译文】

武王问太公说:“用兵有什么原则吗?”太公说:“用兵的重要原则在于要集中统一。集中统一才能不受牵制,独往独来不至于贻误军机。黄帝说:‘集中统一,是掌握用兵规律的阶梯,接近于神妙莫测。’用兵在于掌握战机,在于集中兵力形成威势,在于君主信任而不加以牵制。所以古代圣王常称兵是不吉利的凶器,万不得已才发动战争。现在商纣王只知道国家还存在,不知道将要灭亡,只知道寻欢作乐,不知道马上就要遭殃。存在的不要光想到自己能长久存在,重要的是要考虑到如何救亡;寻欢作乐的不要光想到自己能永远快乐,重要的在于能考虑到如何避开祸殃。现在君王已经考虑到国家长治久安的根源,又何必担忧它的细枝末节的问题呢!”

黄帝

武王说:“如果敌我两军相遇,敌人不能向我这边进攻,我也不能向敌人进攻,双方都有坚固的守备工事,没有一方敢先发动进攻。现在我想袭击敌人,不知怎样才能寻找到合适的战机,你看怎么办?”太公回答说:“要示敌以假象,做到我军外面纷乱而实际上内部整齐严谨,看似忍饥挨饿而实际上饮食充足,外面看武器装备粗钝而实际上十分精良。让队伍忽合忽离,士卒忽聚忽散。隐瞒我们的作战计划,保守行动时间的秘密。深沟高垒,埋伏精锐将士,士卒寂静无声,敌人不知我们的作战准备。计划攻打敌人西边,但要佯装袭击它的东边。”

武王说:“敌人如已掌握我军的情况,了解我军的作战计划,那将怎么对付?”太公说:“战胜敌人的关键在于要秘密地掌握敌人发动进攻的时机,迅速利用有利形势发动猛烈进攻,攻击敌人不曾预料的薄弱环节,才能够取胜。”

武韬

【原文】

文王在丰[①]召太公,曰:“呜呼!商王虐极,罪杀不辜。公尚[②]助予忧民,如何?”

太公曰:“王其修德,以下贤[③]惠民,以观天道[④]。天道无殃,不可先倡;人道[⑤]无灾,不可先谋。必见天殃,又见人灾,乃可以谋。必见其阳,又见其阴,乃知其心;必见其外,又

见其内，乃知其意；必见其疏，又见其亲，乃知其情。行其道，道可致也；从其门，门可入也；立其礼，礼可成也；争其强，强可胜也。全胜不斗[6]，大兵无创[7]，与鬼神通。微哉！微哉！与人同病相救，同情相成，同恶相助，同好相趋。故无甲兵而胜，无冲机而攻，无沟堑而守。

【注释】

①丰：古都邑名，文王曾建都于此，在今陕西西安市西南，沣河西岸。

②公尚：指太公。

③下贤：尊崇礼遇贤能之士。

④天道：自然规律，此处指天命。

⑤人道：此处指人事好坏。

⑥全胜不斗：意指不经过战斗而取得全胜。

⑦大兵无创：全军临敌而不受损伤。

【译文】

文王在丰邑召见太公望，他说："唉！商纣王现在十分残暴，杀害了许多无辜的百姓，你协助我考虑如何救助天下的百姓，你看怎样？"

太公回答说："君王首先要修明德操，礼贤下士，恩惠百姓，来观察天道吉凶。如果天道没有降下祸殃，不能先去倡议诛伐暴行；人事没有灾变，不能先谋划出动军队。如果看见了上天降下祸殃的征兆，又看见下民发生灾变的行为，才能进一步筹谋。一定看到公开的一面，又看到隐藏的一面，才知道人的思想；一定看到外在的一面，又看到内在的一面，才能知道人的意图；一定看到疏远什么人又亲近什么人，才知道人的感情。按照一定的程序推行治国治军的方案，这些方案可以在国内实施；遵照一定的途径寻找实现理想的大门，这个门可以进去；按一定的秩序建立礼制，礼制可以确立；照一定的方法争强，强大到可以取胜。不通过战斗而取得全胜，我军士卒没有伤残，队伍完好无缺，这种不战而胜，精微莫测的智慧，有鬼斧神工的奥妙。很微妙啊！如果人与人之间能够同病相救援，同情而互相帮助，共同厌恶的全力除去，共同喜好的互相追求，所以没有军队也能战胜敌人，没有冲击城墙的战车也能攻击敌人，没有沟堑也能坚守。

【原文】

"大智不智，大谋不谋，大勇不勇，大利不利。利天下者，天下启[1]之；害天下者，天下闭[2]之。天下者，非一人之天下，乃天下之天下也。取天下者，若逐野兽，而天下皆有分肉之心；若同舟而济，济则皆同其利，败则皆同其害，然则皆有启之，无有闭之也。无取于民者，取民[3]者也；无取于国者，取国者也；无取于天下者，取天下者也。无取民者，民利之；无取国者，国利之；无取天下者，天下利之。故道在不可见，事在不可闻，胜在不可知。微哉！微哉！鸷鸟[4]将击，卑飞[5]敛翼；猛兽将搏，弭耳[6]俯伏；圣人将动[7]，必有愚色[8]。

【注释】

①启：打开，开启。此处可理解为敞开胸怀，竭诚欢迎的意思。
②闭：关闭，封闭。此处可理解为拒绝、反对的意思。
③取民：取得民心。
④鸷鸟：鹰、雕之类凶猛的飞禽。
⑤卑飞：低飞。
⑥弭耳：把翘起的耳朵平贴起来，以示温驯，欺骗对手。
⑦动：发动，有所作为。
⑧愚色：愚钝、笨拙的样子。

【译文】

"大智的人，无形之中运用智慧，所以人们看不见运用智慧；大谋的人，运用筹谋于行动之前，人们看不见在谋划；大勇的人，消耗敌人有生力量在刚刚接触之际，所以人们看不见他表现出的勇敢。谋大利的人，看不见他获得的利益，因为他把利益分给了天下人，天下人就举手欢迎；危害天下的人，天下人自然拒绝。天下，并不是一个人私有的天下，乃是天下共有的天下。获得天下的人，好像逐杀奔跑的野兽，天下人都希望能分到肉吃；又好像坐在一条船上共同横渡江河，能渡过去大家都能享受到利益，渡不过去大家都会受害。这样与天下人利害相关，天下人自然都开诚相接，不会拒绝了。人君没有从民众那儿取利，实际上是拿取了。因为没有取于民的，就是不夺取百姓的利益，因此就得到百姓的拥护。没有从国家那儿拿取的，全国的百姓都拥护他；没有从天下人那儿拿取的，普天下的人都拥护他。所以道的神妙之处，是在于众人无法发现，事情秘密得让众人看不见，胜利巧妙让众人不知道。很微妙啊！凶猛的鸟儿将要攻击猎物之前，必定先低空飞行，收敛双翼；凶猛的野兽将要与对手搏击之前，必定先伏下身子，垂下双耳；圣人将要行动之前，也要先显示出愚笨的样子，借以迷惑敌人。

【原文】

"今彼殷商，众口相惑，纷纷渺渺①，好色无极②：此亡国之征③也。吾观其野，能草菅④胜谷；吾观其众，邪曲胜直；吾观其吏，暴虐残贼，败法乱刑，上下不觉，此亡国之时也。大明⑤发而万物皆照，大义⑥发而万物皆利，大兵发⑦而万物皆服⑧。大哉圣人之德，独⑨闻独见，乐哉！"

【注释】

①纷纷渺渺：国内十分混乱。纷纷：纷杂混乱的样子。渺渺：无穷无际，没有止境。
②无极：没有止境。
③征：征兆，特征。

④草菅：野草。

⑤大明：阳光。

⑥大义：光明正大的义举。

⑦发：发动，出动。

⑧服：服从。

⑨独：独自。

【译文】

“现在商纣王听信奸佞惑乱的言论，朝政紊乱，国内十分混乱，他贪得无厌，好色的欲望没有止境：这是国家要灭亡的征兆。我看他们的田野，野草多于五谷；我观察他们的民众，奸邪多于忠直；我看他们的官吏，暴虐无端，残害百姓，破坏法治，乱施酷刑，而上下却都没有认识到这种危害。这是亡国的时候到了。太阳普照大地，万物都沐浴着光辉；伸张大义，万物都蒙受它的恩泽；大军出发，万物都服从它的威德。这些都是圣人仁德的行为，有人看不见，而圣人独自享受着这种欢乐！”

【原文】

文王问太公[①]曰：“圣人何守？”太公曰：“何忧何啬[②]，万物皆得；何啬何忧，万物皆遒[③]。政之所施，莫知其化；时之所在，莫知其移。圣人守此而万物化，何穷之有，终而复始。优之游之[④]，展转求之；求而得之，不可不藏；既以藏之，不可不行；既以行之，勿复明之。夫天地不自明，故能长生；圣人不自明，故能名彰[⑤]。

【注释】

①太公：姜子牙，姜姓，吕氏，名望，字子牙，号飞熊，也称吕尚。商朝末年人，其始祖佐大禹治水有功而被封于吕地，因此得吕氏。姜太公是齐国的缔造者，周文王倾商、武王克殷的首席谋主、最高军事统帅与西周的开国元勋，齐文化的创始人，亦是中国古代的一位影响久远的杰出的韬略家、军事家与政治家。历代典籍都公认他的历史地位，儒、道、法、兵、纵横诸家皆追他为本家人物，被尊为“百家宗师”。

②何忧何啬：既不忧虑什么，也不制止什么，一切听其自然，无为而治的意思。啬：阻塞、制止。

③遒：强劲、坚固，此处指繁荣滋长。

④优之游之：从容不迫、悠闲自得的样子。

⑤彰：彰显。

【译文】

文王问太公道：“圣人应坚持何种原则，才能治理天下？”太公回答说：“不必要忧虑，也不必要节制，万物自然各得其所；不必要节制，也不必要忧虑，万物自然生长繁荣。实行政令，要让人不知不觉受到教化；时间推移，要让人感觉不到变化。圣人能做到这一点，万物自然潜移默化受到影响。这样周而复始，就不会穷尽。这种优游自如，反复追求。如果已经追求到了，就必须秘密地隐藏在心中。既然隐藏在心中，就不能不在治理国家中实行；既然已经实行，自己一定不要宣扬。天地不自我宣扬，而万物自然生长；圣人不自我宣扬，而名誉四处传颂。

【原文】

"古之圣人，聚人而为家，聚家而为国，聚国而为天下，分封贤人以为万国，命之曰大纪。陈其政教，顺其民俗，群曲[1]化直，变于形容[2]。万国不通[3]，各乐其所，人爱其上，命之曰大定。呜呼！圣人务静之，贤人务正之，愚人不能正，故与人争。上劳则刑繁，刑繁则民忧，民忧则流亡，上下不安其生，累世不休，命之曰大失[4]。天下之人如流水，障[5]之则止，启[6]之则行，静之则清。呜呼，神哉！圣人见其所始，则知其所终。"

【注释】

①曲：不公正、邪僻。

②变于形容：移风易俗的意思。变：改变。形容：指旧的不好的习气。

③通：即"同"。

④大失：最大的失误。

⑤障：阻碍。

⑥启：打开，开启。

【译文】

"古时候的圣人，将人聚集到一起成为家，将家聚集到一起成为国，将国聚集到一起成为天下，分封贤德的人，作为万国的诸侯，这是国家的根本制度。对于各个诸侯国，依循它们原来的政治教化，顺从它们原有的风俗，让民众行为不正当的部分改正过来，改变不好的习气。这样，虽然各个国家的风俗不一致，但使人都各得其所，民众都爱戴人君，这可以叫作天下太平。唉！古时的圣人致力于清静，古时的贤人致力于公正，愚蠢的人不能公正，只好与人争夺。居于上位的人，过于劳神便刑罚繁多，刑罚繁多民心便忧惧，民心忧惧百姓使流离失所。上下不能安生，几代得不到休养生息，这是国家政令不正确导致的。天下百姓的向背如同流水一样，阻碍它就停止不前，打开闸门它便汩汩而流，静澄它就清澈洁净。呜呼！人心的向背，真是妙不可言。唯有圣人见到它的开始，就能知道它的结局。"

【原文】

文王曰："静之奈何？"太公曰："天有常形[1]，民有常生[2]，与天下共其生，而天下静矣。太上因之，其次化之，夫民化而从政。是以天无为而成事，民无与而自富，此圣人之德也。”文王曰：“公吉乃协予怀，夙夜[3]念之不忘，以用为常[4]。”

【注释】

①常形：指春生、夏长、秋收、冬藏等四时变化的经常性现象。

②常生：最基本的经常性的生计活动。

③夙夜：早晚。

④常：常法，常则，也指基本原则。

【译文】

文王又问：“圣人想要使天下太平无事，有什么良策吗？”太公回答说：“天有经常不变的运行轨道，春生夏长，秋成冬藏；百姓有不变的生活规律，春耕夏耘，秋收冬息。人君能和百姓共同遵守休养生息的规律，天下自然平安无事。圣人依天地自然变化的规律形成治理国家的方法，其次，用教化形成风俗。百姓在下面受到教化，而服从人君的政令，所以上天没有什么作为，却能万物生长，没有给予百姓什么，百姓却都自然富足。这是圣人的仁德啊！”文王说：“你的话正和我想的一致，我当早晚铭记在心，作为治国的根本制度。”

【原文】

文王问太公曰：“文伐[1]之法奈何？”

太公曰：“凡文伐有十二节[2]：

一曰：‘因其所喜，以顺其志，彼将生骄，必有奸[3]事；苟能因之，必能去之。’

“二曰：‘亲其所爱，以分其威，一人两心，其中必衰；廷无忠臣，社稷必危。’

三曰：‘阴赂左右，得情甚深；身内情外[4]，国将生害。’

四曰：‘辅其淫乐，以广其志，厚赂珠玉，娱以美人；卑辞委听，顺命而合[5]，彼将不争，奸节乃定[6]。’

五曰：‘严[7]其忠臣，而薄其赂；稽留其使，勿听其事，亟为置代；遗以诚事，亲而信之。其君将复合之。苟能严之，国乃可谋。’”

【注释】

①文伐：指用非军事手段打击敌人。

②节：项。

③奸：底本作“好”，疑误。今据《武经七书汇解》校改。

④身内情外：身处此方而实际向着对方。

⑤顺命而合：指顺从敌人的心意。

⑥奸节乃定：指邪恶行为一定会发展下去。

⑦严：尊敬。此处可理解为与其结好以从中行间的意思。

【译文】

文王问太公说："不用出动军队，凭借非军事的方法打击敌人，究竟怎样运用？"

太公回答说："用文事进攻敌人的方法有十二种：

一是：'根据敌国君主的喜好，顺从他的愿望。那么敌国将会产生骄傲自满的思想，必定任意为非作歹。如果我能因势利导，将来一定可以除掉他们。'

二是：'亲近敌国君主宠爱的近臣，以削弱敌国君主对他的威信。一个人怀有二心，则他的忠信就会衰退，这时敌国朝廷中如果没有忠臣加以谏诤，那么这个国家必将灭亡。'

三是：'贿赂敌国君主左右之人，让他们与我们建立深厚情谊。那些人虽然身在 朝内但心向着我们，这个国家必将遭受祸殃。'

四是：'用淫靡的音乐，增大他好大喜功的欲望，送给他大量的贵重珠宝玉器，用美人供他娱乐，用低三下四的语言奉承他，听从他的安排，迎合他的意思。这样，敌人会丧失斗志，我方派去的奸细计谋便顺利实行了。'

五是：'尊敬敌国的忠臣，少送礼物贿赂他们，留下敌国派来的使臣，有意拖延时间不急于交涉。敌国如果改派别的使者时，则迅速诚恳地给以答复，让后来的使者亲近我相信我，自此敌国将会重新和我友好。这样，敌国君主必然会疏远他的忠臣，这个国家就可以谋划如何去战胜了。'"

【原文】

六曰："收其内，间其外；才臣外相[①]，敌国内侵，国鲜不亡。"

七曰："欲锢其心，必厚赂之；收其左右忠爱，阴示以利，令之轻业，而蓄积空虚。"

八曰："赂以重宝，因与之谋，谋而利之。利之必信，是谓重亲[②]。重亲之积，必为我用。有国而外，其地大败。"

九曰："尊之以名，无难其身；示以大势，从之必信。致其大尊，先为之荣；微饰圣人，国乃大偷[③]。"

【注释】

①外相：即相外。相：帮助。

②重亲：重是重复，亲是亲善；意为加深友好。

③国乃大偷：国事懈怠以致废弛。偷：苟且自安。

【译文】

六是："收买敌国内部知情的人，离间他在外的大臣，派有才干的大臣去敌国担任重职，这时，如果再有别国去攻打这个国家，将没有不灭亡的。"

七是："用厚重的礼物贿赂敌国君主，让他对我方深信不疑。收买他左右最信任的大臣,私下许诺给他们好处,让他们荒废事业,以致储藏的资财空虚。”

八是:“赠送敌国臣子重要的宝物,因此他会与我们同谋。同谋后再给他好处,他贪图利益必定相信我们,这就叫作‘重亲’。多次反复考验后,这人便可以为我利用。自己有国家却被外国所利用,这个国家必定灭亡。”

九是:“以崇高的名义尊敬敌国君主,不用烦琐艰难的事情去困扰他;向他讲述天下发展的大趋势,如果他听从必定会相信。导致敌人自大自尊,并且感到荣耀,标榜有圣人的仁德。这样,这个国家一定会有大祸害。”

【原文】

十曰:“下之必信,以得其情,承意应事,如与同生。既以得之,乃微收之。时及将至,若天丧之。”

十一曰:“塞[①]之以道:人臣无不重贵与富,恶死与咎[②];阴示大尊[③],而微输重宝[④],收其豪杰。内积甚厚,而外为乏。阴纳智士使图其计,纳勇士使高其气;富贵甚足,而常有繁滋[⑤]。徒党已具,是谓塞之。有国而塞,安能有国。”

十二曰:“养其乱臣以迷之,进美女淫声以惑[⑥]之,遗良犬马以劳之,时与大势以诱之。上察而与天下图之。”

“十二曰:“节备,乃成武事[⑦]。所谓上察天,下察地,征已见,乃伐之。”

【注释】

①塞:阻隔,指横在国君和臣民之间的可以闭塞国君视听的臣子。
②咎:灾祸,祸患。
③阴示大尊:暗示其可以得到高官厚爵。
④微输重宝:悄悄地运去重要的宝物。
⑤繁滋:荣华富贵。
⑥惑:迷惑。
⑦武事:军事行动。

【译文】

十是:“以低微的身份去侍奉敌国君臣,敌人一定会给以信任,这样可以了解到敌国的情况。顺从敌国的意见去办事,友好得如同亲生兄弟。既然已经了解到敌国的情况,便可以秘密地采取措施,等到时机到来,这个国家必定要失败,像天要灭掉它一样自然。”

十一是:“阻塞敌国君臣耳目的方法:凡是大臣没有不重视富贵、害怕危险和犯错误的。这样我国可以派人去向他暗示,如果与我们合作,将会给他让人尊敬的名誉和地位,悄悄地运去重要的宝物,贿赂并收买敌国的豪杰。我们积蓄很多,但表面上要让敌人觉得我们很贫乏。秘密地派有才智的人策划战胜敌国的计谋,收留勇士作为羽翼,让他们感到有享受不尽的荣华富贵。这样,他们结成帮派,便会遮蔽敌国君臣的耳目。有国家耳目却被遮蔽，怎能说算是一个国家呢？”

十二是：“豢养搅乱敌国的佞臣，用来迷惑敌国君主的心智；送美女和靡靡之音用来惑乱敌国君主的神志；赠送良马好犬使敌国君主疲劳，并且经常用虚假的形势使他更加骄傲自大。然后根据天时变化，和天下人共同谋划攻取它。”

“以上十二种文伐方法如果实施完备，才可以进一步采取军事行动。这就是上观察天时，下观察地利，征候已经很明显了，就可以兴兵讨伐它了。”

【原文】

文王问太公曰：“何如而可为天下？”太公曰：“大盖天下[1]，然后能容天下；信盖天下，然后能约[2]天下；仁盖天下，然后能怀[3]天下；恩盖天下，然后能保天下；权盖天下，然后能不失天下；事而不疑，则天运不能移，时变不能迁，此六者备，然后可以为天下政。故利天下者，天下启之；害天下者，天下闭之。生天下者，天下德之：杀天下者，天下贼[4]之。彻[5]天下者，天下通之；穷天下者，天下仇之。安天下者，天下恃之；危天下者，天下灾[6]之。天下者，非一人之天下，惟有道者[7]处之。”

【注释】

①大盖天下：指器量包容天下。大：器量、度量。盖：包容，覆盖。

②约：约束、控制。

③怀：赢得，归附。

④贼：毁坏、杀害。

⑤彻：顺从，顺应。

⑥灾：意为视之如灾星，避之唯恐不及。

⑦有道者：有道德的人。

【译文】

文王问太公道：“怎样才能治理好国家？”太公回答说：“度量大可以覆盖天下，然后能包容天下；信誉能覆盖天下，然后能约束天下；仁德达到顶峰能覆盖天下，然后能怀服天下；恩泽广大足以覆盖天下，然后能保守天下；权力鼎盛足以覆盖天下，然后能不失掉天下；遇事能当机立断而不犹疑，则天运不能移动，时事变化也不能改变他。这六个方面都具备，将会为天下人民所爱戴而可以统治天下。所以可以使天下人获利的，天下人将开门迎接他；祸害天下人的，天下人将拒绝他。养育天下人的，天下人将称颂他的仁德；杀害天下人的，天下人将杀掉他。能通晓天下人的，天下人都能理解他；用苛捐杂税使天下穷困的，天下人将都待他当作仇敌。能使天下安定的，天下人将像依靠父母一样相信他；使天下人处于危险境地的，天下人将像躲避灾祸一样舍弃他。天下，并非是一个人的天下，唯有道德的人能久处君位。”

【原文】

武王问太公曰："予欲立功，有三疑，恐力不能攻强、离亲、散众[①]，为之奈何？"太公曰："因之[②]，慎谋，用财。夫攻强必养之使强，益之使张[③]。太强必折[④]，太张必缺[⑤]；攻强以强，离亲以亲，散众以众。

【注释】

①散众：指分化瓦解敌国的军队。
②因：顺应，利用。因之：意为因势利导。
③张：嚣张。此处比喻骄傲自满，忘乎所以。
④折：遭受挫折。
⑤缺：损坏。

【译文】

武王问太公道："我想建立功业，但我有以下三方面疑问：担心我的兵力不能进攻强大的敌国，不能离间敌人的亲信，不能驱散敌人的士众，你看怎么办好？"太公说："要因势利导，周密计划，适当地使用财力。攻取强大敌人，一定要供养他使他气势更加强盛，怂恿他使他更加张狂。气势太强盛的容易遭受挫折，太张狂的容易加以损坏。所以，攻取强盛的敌人，一定要使敌人气势更加强盛，骄傲自大，不把我方放在眼中，然后乘机攻取。离间他的亲信臣子，一定要让他的另一亲信散布流言蜚语，才能达到目的。驱散敌人的民众，必须给敌人的民众以恩惠，让敌人民众归向我。

【原文】

"凡谋之道，周密为宝。设之以事，玩之以利，争心必起。欲离其亲，因其所爱，与其宠人，与之所欲，示之所利，因以疏之，无使得志；彼贪利甚喜，遗疑乃止。凡攻之道，必先塞其明，而后攻其强，毁其大[①]，除民之害；淫之以色，啖之以利，养之以味，娱之以乐。既离其亲，必使远民，勿使知谋，扶而纳之[②]，莫觉其意，然后可成。惠施于民，必无忧财；民如牛马，数馁食之[③]，从而爱之。心以启智[④]，智以启财[⑤]，财以启众[⑥]，众以启贤；贤之有启，以王天下。"

【注释】

①大：此处指庞大的国家机器。
②扶而纳之：指用各种手段引诱敌人入我之圈套。
③数馁食之：用美食填满他的肚皮。
④心以启智：细心研求，启迪思路。
⑤智以启财：智慧可以开启财源。

⑥财以启众：财源可以启发民众。

【译文】

“凡是谋划计策，必须以周密为好，设想许多方案对付敌人，用丰厚的礼品玩弄敌人，这样，敌人必定起争夺之心。想离间敌君的亲信，要根据他的喜爱，和他宠信的大臣接近，赠送他喜爱的物品，许诺给他厚利，让他散布流言，拨弄是非，使敌君疏远亲信大臣，不能实现攻击我方的志向。敌人见有厚利，喜不自禁，便不再怀疑我方的谋划了。凡是攻击强大的敌人时，必须先遮蔽堵塞他的戒备心，让他昏头昏脑，然后伺机打败他的军队，毁坏他的装备，来为民除害。具体方法是用女色使他淫乐，用厚利满足他的欲望，用美食填满他的肚皮，用靡靡之音使他沉醉。一面离间他的亲信大臣，让他远离民众，不能让他知道我的计谋。这样诱导敌人不知不觉堕入我的计谋，然后攻击强敌的愿望便可实现。以仁德厚惠普施于天下百姓，一定不能吝惜财物。老百姓像牛马一样，多次喂养它，它就会跟随着并爱戴主人。对于攻强、离亲、散众三个难题，只要细心去研求，必然会启迪思路，显示智慧，智慧可以开启财源，财源可以启发民众，民众中可以涌现贤人，贤人如果有人启迪，便可以用以统治天下。”

龙韬

【原文】

武王问太公曰：“王者帅师，必有股肱羽翼[①]，以成威神，为之奈何？”太公曰：“凡举兵帅师，以将为命，命在通达，不守一术；因能受职，各取所长，随时变化，以为纲纪。故将有股肱羽翼七十二人，以应天道[②]。备数如法，审知命理，殊能异技，万事毕矣。”

武王曰：“请问其目。”太公曰：“腹心一人，主潜谋应卒[③]，揆天消变[④]，总揽[⑤]计谋，保全民命。”

【注释】

①股肱羽翼：比喻帝王左右得力的辅佐大臣。股：大腿。肱：手臂从肘到肩的部分。羽翼：翅膀。

②天道：天象，大自然运行的规律。古代以五日为一候，三候为一节气，分一年为二十四节气、七十二候。根据自然现象变化的征候，说明节气、候的变化。这是所谓的天道之一。“股肱羽翼七十二人，以应天道”，就是以七十二人应七十二候。

③卒：同“猝”，突然。此处指突然发生的事变。

④揆天：测度天象，窥知天意。揆：测度。变：灾变。

⑤揽：实施。

【译文】

武王问太公道："君王率领军队出征，必须有称为股肱羽翼的人左右辅助，然后才能成为威武神奇的军队，你认为应怎么办?"太公回答说："凡是出动军队准备战争，都要任命将领为军队指挥。指挥在于随机应变，不能墨守成规。要做到这一点，将领必须有左右辅助的臂膀，并根据他们的才能安排职务，这样战争时能各取他们所长，并根据需要随时变化，把这作为一种制度。所以做将领的必须有左右辅助的股肱羽翼七十二人，以便与天道对应。按规定配备人数，详细了解他们，合理任命他们，发挥他们的特殊才能，这样就万事齐备了。"

武王又说："请你再具体地说给我听听。"太公说："要有心腹一人，主要负责出谋献策，应付突然事变，揣度天象，消除变异，总揽大计，以便保护民众的生命安全。"

【原文】

谋士五人，主图安危，虑未萌，论行能，明赏罚，授官位，决嫌疑，定可否。

天文三人，主司星历①，候风气②，推时日，考符验③，校灾异，知人心去就之机。

地利三人，主三军行止形势④，利害消息；远近险易，水涸山阻，不失地利。

兵法九人，主讲论异同，行事成败，简练兵器，刺举非法。

通粮四人，主度饮食、蓄积，通粮道，致五谷，令三军不困乏。

"奋威四人，主择材力，论兵革⑤，风驰电掣，不知所由。"

【注释】

①星历：星象历数。历法与天文有关，所以星历并称。

②候风气：观测风向及时气的变化。

③符验：指天降的祥瑞与人事符合应验。

④形势：地形地势。

⑤论兵革：选用各种武器装备。论：同"抡"，选择、挑选之意。兵革：武器装备。

【译文】

谋士五人，主要负责谋划军队行动的安危，消除隐患，评价人的品德才能，制定奖罚条例，任命官职，判决嫌疑真假，决定事情可否办理。

管天文气象的三人，主要负责观察天文历法，观测气象，推测时日的吉凶，考查核对符兆，比较灾异变化，以便掌握天下百姓的人心所向。

懂得地利的三人，主要负责掌握军队行军、宿营的地形地势，分析利弊消长，远近险易，水源枯竭高山阻碍，使作战不失去地利。

通晓兵法的九人，主要负责分析讲解敌我双方战争态势的异同，作战成败的原因，选择练习使用各种兵器，刺探举报军中不守军令的人。

管理粮草的四人，主要计算粮食消耗，储备积蓄物资，疏通运粮道路，运送粮食，使三军生活不至于出现困难。

"管振作威武的四人，主要负责选拔有才能的人，讨论研究兵车战术，如何做到像风一样迅速，像雷电一样猛烈，使敌人摸不清我军动向。"

【原文】

伏鼓旗三人，主伏鼓旗，明耳目，诡符节[①]，谬号令，暗忽[②]往来，出入若神。

股肱四人，主任重持难，修沟堑，治壁垒，以备守御。

通材三人，主拾遗补过，应偶宾客，论议谈语，消患解结。

"权士三人，主行奇谲[③]，设殊异[④]，非人所识，行无穷之变。"

【注释】

①符节：古代传达命令或征用军队的凭证。

②暗忽：忽来忽往，模糊不清。

③奇谲：诡诈，奇谋权谲。

④设殊异：实施能产生广泛影响的特殊事件。

【译文】

执掌鼓旗的三人，主要负责用鼓旗传达号令，让三军明白无误地了解将领意图，或者用假的符节、号令欺骗敌人，使敌人无法猜测我军行动，这样暗中忽来忽往，出入像神一样变化莫测。

得力干将四人，主要担负重大任务，掌握难以处理的事情，修理壕沟挖陷阱，整理修缮营房堡垒，准备防御坚守的器具。

学识渊博多能多才的三人，主要负责检查缺漏，弥补过失，应对外来的使者，评论言语是非，消除隐患，解除疑团。

"懂得权谋的三人，主要策划出人意料的奇谋妙略，实施能产生广泛影响的特殊事件，并且让一般人难以识破，做到变化无穷。"

【原文】

耳目七人，主往来听言视变，览四方之事、军中之情。

爪牙五人，主扬威武，激励三军，使冒难攻锐，无所疑虑。

羽翼四人，主扬名誉，震远方，摇动四境，以弱敌心。

游士八人，主伺奸候变，开阖[①]人情，观敌之意，以为间谍。

术士二人，主为谲诈，依托鬼神，以惑众心。

"方士二人，主百药，以治金疮[②]，以痊[③]万病。

"法算[④]二人，主计会三军营壁、粮食、财用出入。"

【注释】

①开阖:或张或闭,任由控制、操纵。阖:关闭。

②金疮:金属锋刃造成的创伤。

③痊:使痊愈。

④法算:管理财务的人。

【译文】

侦探七人,主要负责来往于敌我之间,探听敌方言论,观察变化,收集各国反应及其军队的情况。

鼓舞士气的五人,主要负责鼓舞斗志,激励三军杀敌勇气,使将士甘冒艰难,去攻击敌人精锐而毫无畏惧。

羽翼四人,主要负责对外宣传我军战绩,达到威震远方,动摇周围敌人军心,以便削弱敌军士气的目的。

间谍八人,主要负责刺探敌人的奸邪行为,等候策动变化,掌握敌人动态,观察敌人意图,以此为间谍。

术士二人,主要以诡谲欺诈的手段,假托鬼神,以扰乱敌国众人的思想。

方士二人,主要负责制造各种药品,以便治疗战场负伤的将士,治愈一切疾病。

"管财务的三人,主要负责分配管理三军营垒的大小广狭、粮食的多少、财物开支收入的数目。"

【原文】

武王问太公曰:"论将之道奈何?"太公曰:"将有五材、十过[1]。"

武王曰:"敢问其目[2]。"太公曰:"所谓五材者,勇、智、仁、信、忠也。勇则不可犯,智则不可乱,仁则爱人,信则不欺,忠则无二心。所谓十过者,有勇而轻死者,有急而心速者,有贪而好利者,有仁而不忍人[3]者,有智而心怯者,有信而喜信人者,有廉洁而不爱人[4]者,有智而心缓者,有刚毅而自用[5]者,有懦而喜任[6]人者。"

【注释】

①材:指优秀的品质。过:缺点,不良的品质。

②目:细节,细目。

③不忍人:不忍心伤害别人。此处指对军中各种违纪行为流于姑息。

④不爱人:指将帅为保持自身廉洁,对部属过于苛求,不能给予士兵物质上的优厚待遇。

⑤自用:刚愎自用。

⑥任:依赖。

【译文】

武王问太公说:"怎样评论将帅的优劣得失呢?"太公回答说:"作为将领,有'五材',有'十过'。"

武王又问:"能再具体给我讲讲吗?"太公说:"所说的五材,指勇、智、仁、信、忠五种美德。勇敢就不可侵犯,智慧就不会淆乱,仁慈就富有同情心,诚信就不会欺骗人,忠诚就不会三心二意。所说的十过,指有的虽然勇敢但却轻易去送死,有的性情急躁急于立功,有的秉性贪婪喜好贪图小利,有的性情仁慈而不忍心伤害对方,有的虽然机智但胆小怯懦,有的虽然诚信但容易轻信别人,有的本性廉洁但刻薄待人,有的虽然有才智而反应迟缓,有的虽然性格刚强但十分自负,有的天性懦弱喜欢依赖他人。"

【原文】

"勇而轻死者,可暴①也;急而心速者,可久也;贪而好利者,可遗也;仁而不忍人者,可劳也;智而心怯者,可窘②也;信而喜信人者,可诳③也;廉洁而不爱人者,可侮也;智而心缓者,可袭也;刚毅而自用者,可事也;懦而喜任人者,可欺④也。故兵者,国之大事;存亡之道,命在于将。将者,国之辅⑤,先王之所重也。故置将不可不察也。故曰,兵不两胜,亦不两败。兵出逾境,期不十日,不有亡国,必有破军杀将。"武王曰:"善哉!"

【注释】

①暴:使之暴怒,即激怒。
②窘:处境困迫,没有办法。
③诳:欺骗,迷惑。
④欺:怠慢,轻视。
⑤辅:辅佐。

【译文】

"对于勇敢无畏但轻易送死的,可以激怒他;对于性情急躁盼望立功的,可以拖延时间让他等待;对于贪婪喜好占便宜的,可以用财物贿赂引诱他;对于性情仁慈而不忍心杀害敌人的,可以不断骚扰他;对于虽有智慧但心中胆小怯懦的,可以用难堪的事情去侮辱他;对于诚信但容易轻信别人的,可以用假话去诳骗他;对于廉洁但不爱人的,可以侮辱怠慢他;对于虽然有才智但反应迟缓的,可以突然袭击他;对于刚愎自用的,可以迎合他;对于天性怯懦但喜好任人摆布的,可以用计谋欺骗他。所以说,出动军队发动战争是国家的大事,关系着生死存亡,战争的胜败全在将帅手中。将帅,是国家的辅佐大臣,先王一贯重视将帅的任免,所以任命将帅,不能不认真审察。因此说,大凡战争,不能两方面都获胜,也不可能两方都失败。所以军队跨出了国境,十天之内,胜败便可见出分晓,不是敌国灭亡,便是被敌军击败,将领被杀害。"武王道:"说得很好。"

【原文】

武王问太公曰:“王者举兵,欲简练英雄,知士之高下,为之奈何?”

太公曰:“夫士外貌不与中情①相应者十五:有严而不肖者,有温良而为盗者,有貌恭敬而心慢者,有外廉谨而内无至诚者,有精精②而无情者,有湛湛③而无诚者,有好谋而不决者,有如果敢而不能者,有悾悾④而不信者,有恍恍忽忽⑤而反忠实者,有诡激⑥而有攻效者,有外勇而内怯者,有肃肃⑦而反易人者,有嗃嗃⑧而反静悫⑨者,有势虚形劣而外出无所不至无所不遂者。天下所贱,圣人所贵;凡人莫知,非有大明不见其际,此士之外貌不与中情相应者也。”

【注释】

①中情:内情,内心。

②精精:精而又精,意为精明强干。

③湛湛:为人敦厚的样子。

④悾悾:形容诚恳真挚。

⑤恍恍忽忽:神志不清,精神恍惚。此处可理解为犹豫动摇。

⑥诡激:奇异的辩论。

⑦肃肃:严正的样子。

⑧嗃嗃:严厉,冷酷。

⑨悫:诚恳。

【译文】

武王问太公道:“君王出动军队准备打仗,要选拔英明而有权谋的人才担任将领,要想了解士的才能高低,应当怎样挑选呢?”

太公回答说:“士的外貌和内情不相符的有十五种情况:有外貌严谨但其实无才无德的,有貌似温和善良但实际是盗贼的,有外貌待人恭敬但心中看不起别人的,有外貌廉谨但内心并不真诚的,有外貌精明但实际上并没有什么才学的,有外貌敦厚但实际上无诚信的,有喜好谋划但缺少决断的,有好像果敢但实际上无所作为的,有外貌诚恳但实际上不守信用的,有外貌虽似不可捉摸而内心忠实可靠的,有口头上言语过激但实际能收到功效的,有外貌好像勇敢但实际上怯懦的,有外表虽十分严肃但平易近人的,有外貌严厉但办事沉静诚恳的,有外形孱弱丑陋,但游历四方无所不至,奉使各国都能完成使命的。天下众人看不起,但圣人独自器重。一般的常人之所以发现不了,是因为他们没有了解人的英明远见,看不到实际情况。这些便是士的外貌和内情不相符合的情况。”

【原文】

武王曰:“何以知之?”

太公曰："知之有八征[①]：一曰问之以言，以观其辞；二曰穷之以辞，以观其变；三曰与之间谍[②]，以观其诚；四曰明白显问，以观其德；五曰使之以财，以观其廉；六曰试之以色，以观其贞；七曰告之以难[③]，以观其勇；八曰醉之以酒，以观其态。八征皆备，则贤不肖别矣[④]。"

【注释】

①征：征验，征兆。

②谍：底本作"谋"，疑误，据《武经七书汇解》校改。

③难：灾难，患难。

④则贤不肖别矣：那么贤与不贤，便会有分别了。

【译文】

武王问："这样，真实情况怎么能够了解呢？"

太公回答说："要想知道真实情况，有八种方法可以检验：一是用言语试探，来看他的言辞；二是用言辞与他辩论，来看他的应变能力；三是在他身边安插间谍，来看他是否诚实；四是明知故问，来看他有没有隐瞒的情况，来观察他的德行；五是用财货进行试探，来看他是否廉洁；六是用女色进行挑逗，来看他是否保持贞操；七是将他置于危难境地，来看他是否勇敢；八是用美酒将他灌醉，来看他酒后的醉态。以上用八种方法全部加以检验，那么贤与不肖，便会有分别了。"

姜尚

【原文】

武王问太公曰："立将之道奈何？"

太公曰："凡国有难，君避正殿，召将而诏之曰：'社稷安危，一在将军，今某国不臣，愿将军帅师应之。'将既受命，乃命太史卜，斋三日，之太庙，钻灵龟[①]，卜吉日，以授斧钺[②]。君入庙门，西面而立；将入庙门，北面而立。君亲操钺持首，授将其柄曰：'从此上至天者，将军制之。'复操斧持柄，授将其刃曰：'从此下至渊者，将军制之。见其虚则进，见其实则止。勿以三军为众而轻敌，勿以受命为重而必死，勿以身贵而贱人，勿以独见而违众，勿以辩说为必然。士未坐勿坐，士未食勿食，寒暑必同。如此，则士众必尽死力。'将已受命，拜而报君曰：'臣闻国不可从外治，军不可从中御；二心[③]不可以事君，疑志[④]不可以应敌。臣既受命专斧钺之威，臣不敢生还。愿君亦垂一言之命于臣。君不许臣，臣不敢将[⑤]。'君许之，乃辞而行。"

【注释】

①钻灵龟:即占卜。在商周时每遇重大事情,总要求神问卜。其方法是用烧红的小铜棍炙烙龟甲或兽骨,观察骨甲的裂痕以决定吉凶。

②斧钺:斧:斧头。钺:较宽大的斧。斧钺都是古代军中行刑的兵器,军权的象征。

③二心:怀有异心,不忠心耿耿。

④疑志:志存疑虑,犹豫不决。

⑤将:率领军队。

【译文】

武王问太公道:"任命主将之道是如何呢?"

太公回答说:"国家有危难时,君王避开正殿,不受朝贺,在偏殿召见准备任命的大将。告诉他说:'国家的安危全在将军身上。现在某国不遵守臣属的职分,希望将军率领军队前去讨伐。'将军既然已经接受任命,国君就命令太史准备占卜。太史先斋戒三日,到太庙钻灵龟,卜问吉日,以便举行向大将颁授斧钺的典礼。到了吉日,国君先入太庙正殿的大门,站在东侧,脸朝西。主将随后跟入,脸朝北站立。这时,国君亲自捧着钺的头部而将柄授予主将,面色严肃地说:'从这里上至天上,都由将军全权管理。'国君又拿着斧柄而将斧刃授予主将说:'从这下面到深渊,都由将军全权管理。授予主将军用兵,看见敌人虚弱的部位便进攻,看见敌人兵力充实便要停止。不要认为三军人多就轻视敌人,不要认为自己的责任重大就以死相拼,不要认为自己身份尊贵就鄙视别人,不要凭着自己的一己之见就违背众人意愿,不要认为能言善辩就是正确的而偏听偏信。士众没有坐下将军不能先坐,士众没有吃饭将军不能先吃,严寒酷暑,一定要和士众同甘共苦。这样,士众一定能奋死效力来听从你的指挥。'大将接受了君王的诏令后,又跪拜向君王报告说:'臣听说国家的大事,处理决断都必须依靠君王,不能受外面的干预。军队中的事,变化多端,处理决断都必须依靠将领,君王不能在国内控制作战。如果臣下不是忠心耿耿,便不能报答君王;如果臣下犹豫不决,便不能迎敌应战。臣既然接受君王命令,负责指挥战争,臣不能获胜不敢活着回来,但希望君王授予臣全权指挥的权力,使臣能够不受任何牵制。君王如果不答应臣这个要求,臣不敢接受担任主将的任命。'君王答应了主将的要求,主将就辞别君王,率领军队出征。"

【原文】

"军中之事,不闻君命,皆由将出,临敌决战,无有二心①。若此,则无天于上,无地于下,无敌于前,无君于后。是故智者为之谋,勇者为之斗,气厉青云,疾若驰骛②,兵不接刃,而敌降服。战胜于外,功立于内,吏迁士赏,百姓欢悦,将无咎殃③。是故④风雨时节,五谷丰熟,社稷安宁。"武王曰:"善哉!"

【注释】

①无有二心：指完全服从主将之命。上文已经提到君主授予主将全权行事之权，所以兵士要完全服从主将的命令。

②驰骛：奔驰的骏马。驰：车马疾驰。骛：交驰、迅急。

③将无咎殃：将领没有受到任何责备。

④是故：这样。

【译文】

"从此，军队中的事，不听君王的诏谕，只听大将的命令。迎敌决战，没有任何顾虑。这样，上不受天的限制，下不受地形的阻隔，前边没有敌人敢阻挡，后边没有君王的牵制。所以，有才智的人愿尽力出谋献策，勇敢的人愿意奋不顾身参加战斗。士气高昂，青云直上，行动敏捷，快如飞驰的骏马。战斗还没有开始，声势已迫使敌人屈服。国外战争胜利结束，国内庆功祝捷，有功的官吏得到升迁，士卒得到奖赏，百姓欢天喜地，将领没有任何罪过灾殃。这样，风调雨顺，五谷丰登，国泰民安，天下太平。"武王说："你说得很好。"

【原文】

武王问太公曰："将何以为威？何以为明？何以为禁止而令行？"太公曰："将以诛大[①]为威，以赏小[②]为明，以罚审[③]为禁止而令行。故杀一人而三军震者，杀之；赏一人而万人悦者，赏之。杀贵大，赏贵小。杀及当路[④]贵重之臣，是刑上极也；赏及牛竖[⑤]马洗[⑥]厩养之徒，是赏下通也。刑上极，赏下通，是将威之所行也。"

【注释】

①诛大：诛杀地位尊贵的人。

②赏小：奖赏地位低微的人。

③审：审慎。此处意为适当。

④当路：指执掌大权、身居要职。

⑤牛竖：牧牛的童仆。

⑥马洗：马夫。

【译文】

武王问太公道："将领如何树立威信？如何做到明察秋毫？如何做到命令颁布当禁止的便能止，当奉行的便奉行？"太公回答说："主将以能够诛杀地位高的人来树立威信，以奖赏地位卑贱的人来体现明察秋毫，用奖惩谨慎得当而令行禁止。所以杀一人足以使三军震惧的，就杀掉他；奖赏一人足以使三军欢悦的，就奖赏他。诛杀贵在敢杀大人物，奖赏贵在不忘小人物。诛杀身居要职地位很高的人，是刑罚能够达到上层的表现；奖赏包括牧牛、洗马、养马的士卒,是奖赏不拘对象,通于下层的体现。刑罚能达到上层,奖赏能包括下层,那么主将的威信自然而然能够确立。"

【原文】

武王问太公曰:"吾欲令三军之众,攻城争先登,野战争先赴,闻金声而怒,闻鼓声而喜,为之奈何?"

太公曰:"将有三[①]。"

武王曰:"敢问其目。"

太公曰:"将冬不服裘,夏不操扇,雨不张盖,名曰礼将;将不身服礼[②],无以知士卒之寒暑。出隘塞,犯泥涂,将必先下步,名曰力将;将不身服力[③],无以知士卒之劳苦。军皆定次[④],将乃就舍。炊者皆熟,将乃就食。军不举火,将亦不举,名曰止欲将;将不身服止欲,无以知士卒之饥饱。将与士卒共寒暑、劳苦、饥饱,故三军之众,闻鼓声则喜,闻金声则怒。高城深池,矢石繁下,士争先登。白刃始合[⑤],士争先赴。士非好死而乐伤也,为其将知寒暑、饥饱之审,而见劳苦之明也。"

【注释】

①三:三种方法。

②不身服礼:意为不能亲身执行礼法,即不能以身作则。服:从事,执行。

③不身服力:意为不能身体力行。力:劳力,勤劳。

④定次:驻扎宿营。

⑤合:合战、交锋。

【译文】

武王问太公道:"我想让三军的士卒,攻城时能争先恐后攀登,野战时能奋不顾身杀敌;听见退军的金声就怒不可遏,听见前进的鼓声就喜不自禁。你看应当怎么办好?"

太公回答说:"将领要做到三点。"

武王又说:"能让我听听详细情况吗?"

太公说:"做将领的,隆冬不穿皮裘,夏天不摇扇,雨天不撑伞,和士卒共寒暑,这叫礼将。将领不以身作则,就不知道士卒的冷暖。行军时,经过艰险的关隘,跋涉于泥泞道路时,将领一定要放弃骑马,与士卒步行,这叫作力将。将领不身体力行,就不知道士卒的劳苦。军队宿营时,全军都已驻扎完毕,将领才能就寝;士卒饭菜都熟了,将领才能吃饭。军队不能生火做饭,将领也应不先开火,这叫作止欲将,将领不亲自节私欲,怎么能知道士卒的饥饱。做将领的,能与士卒同寒暑共劳苦饥饱,三军士众,才能听到进军的鼓声便喜不自禁,听到退兵的金声才怒不可遏。高大的城墙,深峻的护城河,箭石如雨,士卒迅然争先恐后攀登;如果遇上野外作战,两军刚一接触,士卒便争先恐后奋勇杀敌,以死相拼。士卒并不是喜欢送死,高兴负伤,而是做将领的能够了解士卒寒暑饥饱的详细情况,士卒才愿尽死力相报效。”

【原文】

武王问太公曰:“引兵深入诸侯之地,三军卒有缓急[①],或利或害。吾将以近通远,从中应外,以给三军之用,为之奈何?”

太公曰:“主与将有阴符[②],凡八等:有大胜克敌之符,长一尺;破军擒将之符,长九寸;降城得邑之符,长八寸;却敌报远之符,长七寸;誓众坚守之符,长六寸;请粮益兵之符,长五寸;败军亡将之符,长四寸;失利亡士之符,长三寸。诸奉使行符,稽留[③]若符事泄,闻者告者皆诛之[④]。八符者,主将秘闻,所以阴通,言语不泄、中外相知之术,敌虽圣智,莫之能识。”武王曰:“善哉!”

【注释】

①缓急:情势缓急、军情安危。

②阴符:古代军中的一种秘密通信方法。符以铜版或竹木版制成,面刻花纹,一分为二,以花纹或尺寸长短为秘密通信的符号。

③稽留:停留,耽误。

④若符事泄,闻者告者皆诛之:底本作“若符事闻泄告者皆诛之”,疑误,据《武经七书汇解》校改。

【译文】

武王问太公道:“引兵深入到诸侯国的境内去作战,如果三军突然遇到急迫的情况,不管对我有利或者有害,我将从近处沟通远处,内外接应,供三军应急之用。你认为该怎么办?”

太公回答说:“君主和将领联系可用阴符,共有八等兵符。有大获全胜战胜敌人的兵符,长一尺;有攻破敌军擒拿敌将的兵符,长九寸;有攻克敌人城池占领敌人都邑的兵符,长八寸;有退敌报知远方的兵符,长七寸;有警告士卒加强防守的兵符,长六寸;有请求粮草补助的兵符,长五寸;有我军兵败将领阵亡的兵符,长四寸;有我军失利士兵阵亡的兵符,长三寸。大家都要遵命行使兵符,如有扣留兵符,将兵符秘密泄露给别人听的,听到的和泄密的一律斩杀。这八种兵符,君主和将领只能私下知道,用以秘密通报,言语不泄露,里外互相知情。敌人即使聪明,也不能识破。”武王说:“你说得很好。”

【原文】

武王问太公曰:“引兵深入诸侯之地,主将欲合兵[①],行无穷之变,图不测之利,其事烦多,符不能明,相去辽远,言语不通,为之奈何?”

太公曰:“诸有阴事大虑,当用书,不用符。主以书遗将,将以书问主,书皆一合而再离,三发而一知。再离者,分书为三部;三发而一知者,言三人人操一分,相参而不相知情也。此谓阴书[2],敌虽圣智,莫之能识[3]。"武王曰:"善哉!"

【注释】

①合兵:集结兵力。
②阴书:古代秘密通信的一种方法,能比阴符传递更具体的消息。
③莫之能识:没有能识破的。

【译文】

武王问太公道:"引兵深入诸侯国境内作战,君主与将领想集合队伍,变化战术,打击敌人,达到出其不意,克敌制胜的目的。但事情复杂繁多,兵符不能详细说明;相互间又很遥远,不能当面交代。你认为怎么办?"

太公说:"许多过于重大的秘密事情,应当用书信,不用符节。君主用书信把指示送给将领,将领用书信向君主请示。每封书信都分成三部分,发给三个人而每人只知道其中一部分。这叫作阴书。敌人即使聪明,也不能识破。"武王说:"很好。"

【原文】

武王问太公曰:"攻伐之道奈何?"

太公曰:"势[1]因于敌家之动,变生于两阵之间,奇正发于无穷之源。故至事不语,用兵不言。且事之至者,其言不足听也;兵之用者,其状不足见也。倏[2]而往,忽而来,能独专而不制者,兵也。夫兵闻则议,见则图,知则困,辨则危。故善战者不待张军[3],善除患者善理于未生[4],善胜敌者胜于无形,上战无与战。故争胜于白刃之前者,非良将也;设备于已失之后者,非上圣也;智与众同,非国师也;技与众同,非国工[5]也。事莫大于必克,用莫大于玄默[6],动莫神于不意,谋莫善于不识。

【注释】

①势:底本作"资",疑误,据《武经七书汇解》校改。
②倏:忽然。
③张军:展开军队,列阵迎敌。张:伸展,展开。
④理于未生:意为防患于未然。理:治理,处理。
⑤国工:一国的能工巧匠。
⑥玄默:缄默不言,即保守秘密,不暴露自己的企图。

【译文】

武王问太公道:"用兵进攻敌国,有什么要注意的问题吗?"

太公说:"军事形势是根据敌人的行动而变化,权谋的运用在敌我两方对阵的时候,奇与正的变化是依靠将领的无穷智慧。所以,重大的事情不先决定,调动军队不提前预

言。而且重大事情，提前决定不能完全相信；调动军队，战场形势变化多端，不能据守固定的见解。忽然而往，忽然而来，能独断专行而不受牵制，这是用兵制胜的关键原则。让敌人知道了我方的情况，一定会议论我方的行动；让敌人了解了我方的形势，就一定会寻找我方的虚实。我方的行动敌人知道后，我方一定会被敌人围困；我方的虚实如果让敌人摸清，我方一定会被敌人置于危险境地。所以善于用兵的，不等敌人摆开阵势就发动进攻；善于排除祸患的，应当消除隐患在萌芽状态；善于战胜敌人的，应通过见微察隐而取胜。最好的战斗结果，是不与敌人交战便能取胜。所以与敌人直接交锋取胜的，不能称为良将；设置守备器具在失败之后的，不能称为上圣；智谋与一般人相同，不能叫作国师；技艺与一般人相同，不可称为一国之良工。军事上的事情，没有比战胜敌人更重要的；用兵的关键，全在于谋划出奇并且保持秘密；行动的关键，没有比出其不意更好的；战前谋划，没有比不让敌人知道重要的。

【原文】

"夫先胜者，先见弱于敌而后战者也，故事半而功倍焉。圣人征①于天地之动，孰知其纪，循阴阳之道而从其候②，当天地盈缩③因以为常，物有死生，因天地之形。故曰：未见形而战，虽众必败。善战者居之不挠，见胜则起，不胜则止。故曰：无恐惧，无犹豫。用兵之害，犹豫最大；三军之灾，莫过狐疑。善战者见利不失，遇时不疑，失利后时，反受其殃。故智者从之而不释，巧者一决而不犹豫，是以迅雷不及掩耳，迅电不及瞑目，赴之若惊，用之若狂，当之者破，近之者亡，孰能御之？夫将有所不言而守④者，神也；有所不见而视者，明也。故知神明之道者，野无衡敌⑤，对无立国。"

武王曰："善哉！"

【注释】

①征：征候。引申为观察，揣度。

②候：征兆，契机。

③天地盈缩：指自然界的盛衰变化，如四季的更迭、日月的盈亏等。

④守：保守，指胸有成竹，老谋深算。

⑤野无衡敌：野战便没有可抗衡的敌人。

【译文】

"希望先战胜敌人的，应当先假装十分害怕交战，军力弱小，诱使敌人暴露虚实再进攻，这样能收到事半功倍的效果。圣人观察天地的运行，循阴阳变化之道，顺应季节的变移。天地岁时的盈缩成为常规，万物的生死因天地运行而发生变化。所以古人说：没有看见敌人虚实形态的变化而与之交战，虽然军士很多但一定失败。善于作战的人安处不受干扰，能胜则战，不胜则止。所以说没有恐惧，没有犹豫。用兵的害处，犹豫最大；军队的灾难，莫过于狐疑。总之，善于用兵的人，见有利决不放过，遇到时机决不犹疑。失去有利时机，将反受其害。所以有智慧的人抓住战机决不错过，灵巧的人毅然决断而不犹豫。他的行动像迅雷不及掩耳，迅电不及瞑目。奔跑趋敌，有如受惊；用力而战，有如发狂。阻挡地遭到击破，遇到的必定失败灭亡，以这样凶猛的攻势，谁又能抵御呢！作为将领不言不语，胸有成竹的，是神；别人尚未看见而我能预见的，是明。所以掌握神明之道的将领，野战没有可抗衡的敌人，国家没有敢与之敌对的国家。"

武王说："你说得很好！"

【原文】

武王问太公曰："凡用兵之道，大要何如？"

太公曰："古之善战者非能战于天上，非能战于地下，其成与败皆由神势[①]，得之者昌，失之者亡。夫两阵之间，出甲陈兵、纵卒乱行者，所以为变也；深草蓊翳[②]者，所以逃遁也；溪谷险阻者，所以止车御骑也；隘塞山林者，所以少击众也；坳泽窈冥者[③]，所以匿其形也；清明无隐者，所以战勇力也；疾如流矢如发机者，所以破精微[④]也；诡伏设奇，远张诳[⑤]诱者，所以破军擒将也；四分五裂者，所以击圆破方也。"

【注释】

①神势：神妙的态势。

②蓊翳：草木茂盛。

③坳泽：低洼潮湿的地方。窈冥：幽暗。

④精微：精妙周密。

⑤诳：欺骗。

【译文】

武王问太公道："凡是用兵作战，最关键的问题是什么？"

太公说："古时候善于作战的人，并不是能在天上战斗，也不是能在地下战斗；他们的成功与失败，全在于用兵能否神妙莫测。所以能得到兵势神妙的，国家昌盛，失掉兵势神妙的，国家要灭亡。在敌我两阵之间陈兵列甲，纵容士卒喧哗，或者阵势行列混乱的，是故意在使用欺诈手段；选择有茂密的野草的地方，是为逃跑做准备；有占据溪水山谷险阻的，是为了阻挡敌人的战车防御敌人的骑兵；有把队伍派往险隘关塞丛山森林之中的，是为了以少量兵力打击敌人的大部队；有把队伍送到水泽低洼幽暗隐蔽地形的，是为了隐蔽自己的行动；队伍停留在开阔平坦没有隐蔽地方的，是为了与敌人较量军事实力；军队行动快如飞箭，攻击如拨动弩机，这样，才能打败敌人的精密策划；使用伏兵设下诡计，虚张声势的，是为了击破敌军擒杀敌将；有把军队分为若干纵队的，是为了攻破敌人的阵势。"

【原文】

"因其惊骇者，所以一击十也；因[①]其劳倦暮舍者，所以十击百也；奇伎者，所以越深水渡江河也；强弩长兵者，所以逾水战也；长关远候[②]，暴疾谬遁[③]者，所以降城服邑也；鼓行喧嚣者，所以行奇谋也；大风甚雨者，所以搏前擒后也；伪称敌使者，所以绝粮道也。谬号令[④]，与敌同服者，所以备走北也；战必以义者，所以励众胜敌也；尊爵重赏者，所以劝用命也；严刑罚者，所以进罢怠也；一喜一怒，一与一夺，一文一武，一徐一疾者，所以调和三军，制一臣下也；处高敞者，所以警守也；保险阻者[⑤]，所以为固也；山林茂秽者，所以默往来也；深沟高垒粮多者，所以持久也。”

【注释】

①因：乘。

②长关远候：意为在远方设立关卡，派出侦察。

③暴疾谬遁：意为行动迅速、进退诡诈。

④谬号令：假传敌人的号令。

⑤保险阻者：占据险阻地形的人。

【译文】

“有的乘敌人惊骇时，以一击十；有的乘敌人困倦天黑宿营时，以十击百；有的用奇巧的本领，越过深水，渡过江河。有用强弩和长柄兵器的，是为了隔水与敌人作战；有在远距离设置警戒哨兵与侦探，行动迅疾而进退诡诈的，是为了降伏敌人的城邑；有击鼓前进，让士卒大声喧哗的，是为了迷惑敌人，准备实行奇妙的谋略；有乘急风暴雨时发动袭击的，是攻击敌人前锋歼灭敌人后卫的方法；假冒敌人的使者，是为了断绝敌人的运粮道路；假传敌人的号令，穿戴敌人的衣服，是为了准备撤退；战争中以义理激励士卒，是为了勉励士众奋勇杀敌；分封尊贵的爵位，给予重赏，是为了勉励将士不怕牺牲，英勇杀敌；实行严厉的刑罚，是为了惩治疏怠之人。该喜则喜，该怒则怒；有功者给予爵位，有罪者夺去爵位；为政要宽猛相济，有文有武；命令要有徐有疾。这是调和三军，使他们同心协力的方法。有将军队驻扎在视线开阔的高地上的，是为了便于警戒与防守；有占据险阻地形的，是为了坚固防守；有驻扎在茂密的山林地带的，是为了隐蔽往来行动；有挖掘壕沟，高筑壁垒，多储粮食的，是为了持久作战。”

【原文】

“故曰，不知战攻之策，不可以语敌；不能分移[①]，不可以语奇；不通治乱，不可以语变。故曰，将不仁，则三军不亲；将不勇，则三军不锐；将不智，则三军大疑；将不明，则三军大倾[②]；将不精微，则三军失其机[③]；将不常戒，则三军失其备[④]；将不强力，则三军失其职[⑤]。故将者，人之司命，三军与之俱治，与之俱乱。得贤将者兵强国昌，不得贤将者兵弱国亡。”武王曰：“善哉！”

【注释】

①分移：意为灵活机动地使用兵力。分：分开。移：挪动。

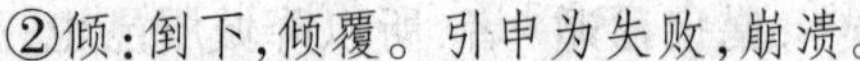

②倾:倒下,倾覆。引申为失败,崩溃。

③机:机会。

④备:防备。

⑤职:职守。

【译文】

"所以说,将帅如不知道战争中攻守的策略,不能和他谈论如何对付敌人;如果不会灵活运用兵力,就不能和他谈论出奇制胜用兵;如果不了解治乱,就不能和他谈论谋略诡计的变化使用。所以说,将帅不仁义,那么三军就互相不亲近;将帅如果不勇敢,那么三军就不精锐;将帅如果没有智略,那么三军就疑惧失去胜利信心;将帅如果不能高瞻远瞩,那么三军就混乱没有依恃;将帅如果不精详微妙,那么三军就会失去胜利的机会;将帅如不时时警惕,那么三军将懈怠松散失去戒备;将帅不坚强自力,三军就会丢失职守。所以将帅是掌握三军命运的人,三军会因他得到治理,也可以因他而散乱。国家能得到贤将,军队强大国运昌盛;不能得到贤将,军队弱小国家灭亡。"武王说:"很好。"

【原文】

武王问太公曰:"律音[①]之声,可以知三军之消息、胜负之决乎?"太公曰:"深哉,王之问也,夫律管[②]十二,其要有五音——宫、商、角、徵、羽[③],此其正声也,万代不易。五行[④]之神,道之常也,可以知敌。金木水火土,各以其胜攻之。古者三皇[⑤]之世,虚无[⑥]之情,以制刚强,无有文字,皆由五行。五行之道,天地自然,六甲[⑦]之分,微妙之神。

"其法:以天清静,无阴云风雨,夜半遣轻骑往,至敌人之垒,去九百步外,偏持律管当耳,大呼惊之,有声应管,其来甚微。角声应管,当以白虎[⑧];徵声应管,当以玄武[⑨];商声应管,当以朱雀[⑩];羽声应管,当以勾陈[⑪]。五管声尽不应者,宫也,当以青龙[⑫]。此五行之符,佐胜之征,成败之机。"武王曰:"善哉!"

太公曰:"微妙之音,皆有外候。"武王曰:"何以知之?"太公曰:"敌人惊动则听之。闻枹鼓之音者,角也;见火光者,徵也;闻金铁矛戟之音者,商也;闻人啸呼之音者,羽也;寂寞无闻者,宫也。此五者,声色之符也。"

【注释】

①律音:指六律、五音。

②律管:古代正音的乐器,用竹、玉或铜制成,共十二管。各管按音阶由低到高依次为黄钟、大吕、太簇、夹钟、姑洗、中吕、蕤宾、林钟、夷则、南吕、无射、应钟。

③宫、商、角、徵、羽:古代的五个音阶。阴阳五行家以五音配五行,宫属土、商属金、角属木、徵属火、羽属水。

④五行:古人认为天地间万物都是由金、木、水、火、土五种物质构成,五者相生相克。

⑤三皇:传说中远古的帝王。具体人物说法不一,或以伏羲、神农、祝融,或以伏羲、

神农、黄帝为三皇等。

⑥虚无:清静无为,无为而无不为。

⑦六甲:古代用天干与地支相配计算时日。其中甲子、甲戌、甲申、甲午、甲辰、甲寅六个以甲为首的干支称六甲。

编钟

⑧白虎:古代天文学把黄道上的恒星分为二十八个星座即二十八宿。白虎本是西方七宿的合称,又用以代指西方,因西方属金,五行家又以白虎为金之神。

⑨玄武:本是北方七宿的合称,又用以代指北方。因北方属水,五行家又以玄武为水之神。

⑩朱雀:本是南方七宿的合称,又用以代指南方。因南方属火,五行家又以朱雀为火之神。

⑪勾陈:古代天文学所定的一个星座,包括六颗恒星,勾陈即北极星。从地球上看,北极星位置不变,为群星所环绕,因此又用以代指中央。因中央属土,五行家又以勾陈为土之神。

⑫青龙:本是东方七宿的合称,又用以代指东方。因东方属木,五行家又以青龙为木之神。

【译文】

武王问太公道:"听律管声音,就能知道三军的盛衰,判断胜败吗?"太公说:"君王问的这个问题很深奥啊!律管有十二音阶,其中主要有五个音阶:即宫、商、角、徵、羽,这是乐之正声,万代不改。五行之神妙是普遍存在的规律,可用来了解敌方。金、木、水、火、土,各以其优势相互攻击。古时三皇五帝时,用一些无为之情,以制伏刚强。由于没有文字,都出于五行。五行的道理,是天地间的自然规律。六甲的方法,其道理深奥玄妙如神。

"律管的用法,于天空晴朗,没有阴云风雨之时,夜半派轻骑兵前往敌营,在距敌营九百步外,都侧拿着律管对着耳朵,大声呼喊以惊动敌人。这时,有声音呼应律管,但声音十分微弱。如果角声应对律管,相当于西方之神白虎;如果是徵声应对律管,相当于北方之神玄武;如果是商声应对律管,相当于南方之神朱雀;如果是羽声应对律管,相当于中央之神勾陈;如果五管声都不对应的,便是宫声,相当于东方之神青龙。这五行的征兆,是辅佐取胜的象征,是成败的先兆。"武王说:"很好!"

太公说:"深奥玄妙的音律,都有其外露的征候。"武王问:"怎么知道的?"太公说:"当敌人惊动时则细心辨听。听到鼓槌击鼓的声音,就是角声;看到火光就是徵声;听到金铁矛戟的声音,就是商声;听到敌人呼喊叫嚣的声音,是羽声;敌营寂静什么也听不到,是宫声。这五种现象和五音是相符合的。"

【原文】

武王问太公曰:"吾欲未战先知敌人之强弱,豫见胜负之征,为之奈何?"

太公曰:"胜负之征,精神[①]先见,明将察之,其败在人。谨候敌人出入进退,察其动静,言语妖祥[②],士卒所告。凡三军说怿[③],士卒畏法,敬其将命,相喜以破敌,相陈以勇猛,相贤以威武,此强征也;三军数惊,士卒不齐,相恐以敌强,相语以不利,耳目相属,妖言不止,众口相惑[④],不畏法令,不重其将,此弱征[⑤]也。

【注释】

①精神:指人的精神面貌。
②妖祥:吉凶。妖:怪异凶恶。祥:吉祥。
③说怿:心情喜悦。
④众口相惑:互相怂恿。
⑤弱征:怯弱的征兆。

【译文】

武王问太公道:"我想在没有作战之前,先知道敌人强弱之势,预见敌我胜败的征兆,有什么办法吗?"

太公说:"胜败的征兆,精神上总是先显现于外,唯有明智的将帅能察知,效果好坏在于人的识别能力。我们要小心等候侦察敌人出入进退,审察他的动静,言语的吉凶,士卒的相互闲谈。凡是三军士众心情喜悦,遵守法令,尊敬长官,服从命令,乐于破敌杀将,言谈都是战场上的勇猛行为,都赞美威武勇敢的将士,这是军队强盛的征兆;相反,如果敌人三军士众,频繁惊嚣,士卒散乱不整,互相恐惧敌人的强盛,互相谈论都是不利于战斗的言论,看到的、听到的,多是妖言怪事,互相怂恿,不畏惧法令,不尊敬主将,这是军队怯弱的征兆。

【原文】

"三军齐整,阵势已固,深沟高垒,又有大风甚雨之利,三军无故[①],旌旗前指,金铎之声清以扬,鼙鼓之声宛以鸣,此得神明之助,大胜之征也;行陈不固,旌旗乱而相绕,逆大风甚雨之利,士卒恐惧,气绝而不属[②],戎马惊奔,兵车折轴,金铎之声下以浊,鼙鼓之声湿如沐,此大败之征也。"

"凡攻城围邑,城之气色如死灰[③],城可屠;城之气出而北,城可克;城之气出而西,城可降;城之气出而南,城不可拔;城之气出而东,城不可攻;城之气出而复入,城主[④]逃北;城之气出而复我军之上,军必病;城之气出高而无所止,用日长久。凡攻城围邑,过旬不雷不雨,必须品亟去之,城必有大辅[⑤]。此所以知可攻而攻,不可攻而止。"武王曰:"善哉!"

【注释】

①无故：没有事故，平静安定。此处指不待命令而行动。

②不属：不相连接。引申为涣散。

③死灰：灰白色。

④城主：守城的主将。

⑤大辅：得力的辅佐之人。

【译文】

"三军出入进退，队伍整齐，阵势坚固，凭借深沟高垒，又有暴风骤雨的便利，三军平静无事，旌旗向前方挥动，金铎的敲击声激扬清越，鼙鼓的声音宛转和鸣，这是得神明的帮助，取得胜利的征兆；相反，如果三军队伍阵势都不坚固，旌旗混乱缠绕，行动受暴风骤雨的影响，士卒惊恐畏惧，气喘吁吁，战马惊骇奔跑，兵车车轴断折，金铎声音混浊不清，鼙鼓声音木然不清，这是军队大败的征兆。"

"凡是攻城围邑，观察城市上空的气象，可以知进攻顺利或不顺利。如果城市上空一片死灰色，那么这座城可以屠杀；城市上空之气向北流动，那么这座城可以攻克；城市上空之气向西流动，那么这座城可以迫使投降；城市上空之气向南流动，那么这座城难以攻取；城市上空之气向东流动，那么这座城不可进攻；城市上空之气出去又返回，那么守卫这座城市的将领一定逃跑了；城市上空之气流出覆盖我军上方，我军必定受挫；城市上空之气出而高升不止，围城的时间将很长。凡是攻城围邑，超过十天不打雷不下雨，一定要马上离开，城市中必定有得力的辅佐之人。这以上就是说明能攻则攻，不能攻就停止，不能勉强从事。"武王说："你说得很好！"

【原文】

武王问太公曰："天下安定，国家无事，战攻之具，可无修乎？守御之备可无设乎？"

太公曰："战攻守御之具，尽在于人事。耒耜[①]者，其行马蒺藜也[②]。马牛车舆者，其营垒蔽橹也。锄耰之具，其矛戟也。蓑薛簦笠耰[③]者，其甲胄干楯也。䦆锸斧锯杵臼，其攻城器也。牛马，所以转输粮用也。鸡犬，其伺候也。妇人织红，其旌旗也。丈夫平壤，其攻城也。春刈草棘，其战车骑也。夏耨[④]田畴，其战步兵也[⑤]。"

【注释】

①耒耜：古代耕地翻土的农具。耒为柄，耜为铲，形状与犁相似。

②行马：即拒马。用以堵塞道路的障碍器材。蒺藜：一种带有尖刺的障碍物，形如蒺藜。

③蓑薛簦笠：蓑薛：草编的雨衣。簦：古时有柄的笠，即雨伞。笠：斗笠，戴在头上。它们都是遮雨的器具。

④耨：耘田除草。
⑤其战步兵也：可以用于战时对敌人步兵作战。

【译文】

武王问太公道："天下安定，国家没有战争的时候，攻战的器具，可以不修理吗？守卫防御的设备可以不设置吗？"

太公回答说："进攻防御的设备，完全在于平时的维护和准备。农民耕作用的耒耜，可以作为军用的行马蒺藜；农民耕作用的马车、牛车，车身可当作营垒的蔽橹；农民耕作用的锄耰，可以作为军用的矛戟；农民用的蓑衣、雨伞和笠帽，可以作为军用的甲胄和盾牌；农民掘土用的鐝和锸，伐木用的斧和锯，舂米用的杵和臼，都可以当攻城的器具。农民耕作用的牛和马，可以用来运输粮食；公鸡司晨，犬之警戒防守，可以用作军事的侦伺与报更。妇女纺织的缯帛，可制作军用的旌旗；男子平定土壤的技术，可以协助军事上的攻城。春天农民铍刈草棘，可以当作与敌人的车兵骑兵作战。夏天农民耘耨田地，可以当作与敌人步兵作战。"

【原文】

"秋刈禾薪，其粮食储备也。冬实仓廪，其坚守也。田里相伍，其约束符信[①]也。里有吏，官有长，其将帅也。里有周垣[②]，不得相过，其队分也。输粟收刍[③]，共廪库也。春秋治城郭，修沟渠，其堑垒也。"

"故用兵之具[④]，尽在于人事也。善为国者，取于人事，故必使遂其六畜，辟[⑤]其田野，安其处所。丈夫治田有亩数，妇人织袵有尺度，是富国强兵之道也。"武王曰："善哉！"

【注释】

①符信：凭证。
②周垣：即为四周的墙垣。
③刍：喂饲牛马的草料。
④具：器具。
⑤辟：开辟。

【译文】

"秋天农民收割禾薪，可以为战时储备粮食；冬天农民充实仓廪，可为战时长期守备使用。田里之间的百姓，编在一起为伍，用符信加以约束。里有吏，乡有长管理。平时领导百姓，战时即可做将帅。每里四周修筑围墙分隔开，战时便可当守备的战区。平时运输粮食柴草，可以当战时仓廪储备；春秋二季，修筑城廓，疏浚沟渠，可以当战时的堑壕堡垒。"

"所以用兵时需要的器具，全在于平时去准备。善于治理国家的，战时的准备工作都要在平时做好。所以必须让百姓尽力豢养六畜,不要错过时机;开辟田野,不要让土地荒芜。让百姓有地方居住,不要混杂相处。丈夫耕田数亩,使粮食充足;妇女织布数尺,使穿戴富裕。这是平时富国,战时强兵的方法。"武王说:"你说得很好!"

虎韬

【原文】

武王问太公曰:"王者举兵,三军器用,攻守之具,科品[1]众寡,岂有法乎?"太公曰:"大哉,王之问也!夫攻守之具,各有科品,此兵之大威也。"武王曰:"愿闻之。"

太公曰:"凡用兵之大数,将甲士万人,法用武冲大扶胥[2]三十六乘,材士强弩矛戟为翼[3],一车二十四人推之,以八尺车轮,车上立旗鼓,兵法谓之震骇,陷[4]坚陈,败强敌。"

【注释】

①科品:种类,品类。

②武冲大扶胥:设有大盾的大型战车。扶胥:战车的别名。

③材士:勇猛而武艺高强的战士。翼:护卫。

④陷:攻破。

【译文】

武王问太公道:"君王起兵征伐,军队武器装备和攻守器材,其种类和数量有一定标准吗?"太公说:"这的确是个大问题啊!攻守战具的种类、数量,各有不同,这是有关军队威力强弱的大问题。"武王说:"我想知道得详细些。"

太公说:"凡统率甲士万人,所用的武器器材的大概标准是:武冲大扶胥三十六辆,以勇武之士使用强弩、矛、戟在两旁护卫,每车由二十四人推动。其车轮高八尺,车上竖旗设鼓。兵法上把这车辆叫作'震骇',可用它攻破坚阵,击败强敌。"

【原文】

"武翼大橹矛戟扶胥[1]七十二具,材士强弩矛戟为翼,以五尺车轮,绞车连弩[2]自副,陷坚陈,败强敌。"

"提翼小橹扶胥[3]一百四十具,绞车连弩自副,以鹿车轮,陷坚陈,败强敌。"

"大黄参连弩大扶胥[4]三十六乘,材士强弩矛戟为翼,飞凫电影[5]自副,飞凫赤茎白羽,以铜为首,电影青茎赤羽,以铁为首,昼则以绛缟[6],长六尺,广六寸,为光耀;夜则以白缟,长六尺,广六寸,为流星,陷坚陈,败步骑。"

"大扶胥冲车三十六乘,螳螂武士[7]共载,可以纵击横,可以败敌。"

【注释】

①武翼大橹矛戟扶胥：一种装备有大盾牌和矛戟的战车。

②绞车连弩：一种用绞车张弓，能连续发射箭矢的强弩。

③提翼小橹扶胥：装备有小盾牌的小型战车。

④大黄参连弩大扶胥：装备有大黄连弩的大型战车。大黄：一种强弩的名称。参连弩：能连续击发的强弩。

⑤飞凫电影：两种旗帜的名称。

⑥绛缟：大红色的丝绢。

⑦螳螂武士：骁勇善战的武士。

【译文】

"武翼大橹矛戟扶胥七十二部，以勇武之士使用强弩、矛、戟在两旁护卫。这种车装有五尺高的车轮，并附有绞车连弩，可用它攻破坚阵，击败强敌。"

"提翼小橹扶胥一百四十部，并附有绞车连弩，这种车车轮像鹿车那么大，可用攻破坚阵，击败强敌。"

"大黄参连弩大扶胥三十六辆，以勇武之士使用强弩、矛、戟在两旁护卫，并附有'飞凫''电影'两种旗帜。飞凫用红色的竿，白色的羽，以铜矛头为旗杆头；电影用青色的杆，红色的羽，以铁矛头为旗杆头。白天用大红色的绢，其长六尺，宽六寸，名为'光耀'；夜间用白色的绢，其长六尺，宽六寸，名为'流星'。这种战车可用以攻破坚阵，击败步骑兵。"

"大扶胥冲车三十六辆，以螳螂武士乘于车上，可用它纵横冲击，击败强敌。"

【原文】

"辎车骑寇[①]，一名电车[②]，兵法谓之电击，陷坚陈，败步骑寇夜来前。"

"矛戟扶胥轻车[③]一百六十乘，螳螂武士三人共载，兵法谓之霆击，陷坚陈，败步骑。"

"方首铁棓维盼[④]，重十二斤，炳长五尺以上，千二百枚，一名天棓；大柯斧[⑤]，刃长八寸，重八斤，柄长五尺以上，千二百枚，一名天钺；方首铁锤，重八斤，柄长五尺以上，千二百枚，一名天锤，败[⑥]步骑群寇。"

【注释】

①辎车骑寇：轻快迅捷的战车。

②电车：快如闪电的战车。

③矛戟扶胥轻车：一种配备有矛戟的轻型战车。

④方首铁棓维盼：一种大方头的铁棒。棓：通"棒"。盼：同"颁"，大头。

⑤大柯斧：长柄斧头。柯：斧柄。

⑥败：击败。

【译文】

“辎车骑寇也叫电车，兵法称它为‘电击’，它可用以攻破坚阵，击败敌人乘夜来袭的步兵骑兵。”

“矛戟扶胥轻车一百六十辆，每车乘螳螂武士三人，兵法称这种车为‘霆击’，可用它攻破坚阵，击败敌人的步兵骑兵。”

“大方头铁棒也叫天棓，重十二斤，柄长五尺以上，共一千二百把。长柄斧也叫天钺，刃长八寸，重八斤，柄长五尺以上，共一千二百把。方头铁锤也叫天锤，重八斤，柄长五尺以上，共一千二百把，可用以击败敌人步兵骑兵。”

【原文】

“飞钩[①]，长八寸，钩芒长四寸，柄长六尺以上，千二百枚，以投其众。”

“三军拒守，木螳螂剑刃扶胥[②]，广二丈，百二十具，一名行马，平易地，以步兵败车骑。”

“木蒺藜[③]，去地二尺五寸，百二十具，败步骑，要穷寇，遮走北。轴旋短冲矛戟扶胥[④]，百二十具，黄帝所以败蚩尤氏[⑤]，败步骑，要穷寇，遮走北。”

“狭路微径，张铁蒺藜，芒高四寸，广八寸，长六尺以上，千二百具。败步骑。”

“突瞑[⑥]来前促战，白刃接，张地罗[⑦]，铺两镞蒺藜、参连织女[⑧]，芒间相去二寸，万二千具。旷野草中，方胸铤矛[⑨]，千二百具，张铤矛法，高一尺五寸，败步骑，要穷寇，遮走北。”

【注释】

①飞钩：古代兵器，似剑而曲，可用来钩取敌人。

②木螳螂剑刃扶胥：一种用以拒守的木制战车，形似螳螂，有尖刃向外。

③木蒺藜：用木料制成的形如蒺藜的有刺障碍物。

④轴旋短冲矛戟扶胥：一种配备有冲角矛戟可以旋转的战车。

⑤蚩尤氏：传说中九黎族首领，有兄弟九十一人，均兽身人头，能呼风唤雨，勇猛善战，后与黄帝争夺中原，失败被杀。

⑥突瞑：在天色黑暗时进行突袭。

⑦地罗：地网。

⑧参连织女：将蒺藜连缀在一起的障碍物。织女：本是一种类似蒺藜的草，此处指一种带有尖刺的障碍物。

⑨方胸铤矛：齐胸高的小矛。铤：短柄小矛。

【译文】

“飞钩，长八寸，钩尖长四寸，柄长六尺以上，共一千二百把，它可用以投到敌群。”

“军队防守时，应使用木螳螂剑刃扶胥，每部宽两丈，共一百二十部，也叫行马，在平坦的地形上步兵可用它阻止敌人的车、骑的行动。”

“设置木蒺藜，要高于地面二尺五寸，共一百二十部，可用它阻止敌人的步兵、骑兵，拦阻势穷力竭的敌人和截断逃跑的敌人。轴旋短冲矛戟扶胥，共一百二十部，黄帝用它击败蚩尤，可用它击败步兵、骑兵，拦截阻击逃跑的敌人。”

“在隘路、小道，可以布设铁蒺藜。铁蒺藜刺长四寸，宽八寸、长六尺以上，共布一千二百部，可用它拦阻敌人的步兵、骑兵。”

“敌人在能见度很低的时候突然前来挑战，白刃相接，这时应张设地罗，布置两镞蒺藜和参连织女，每部的芒尖相距二寸，共一万二千部。在旷野深草地区作战，配备齐胸铤矛，共一千二百把。设置铤矛的方法，是使它高出地面一尺五寸，可用以阻止敌人的步兵、骑兵，拦阻势穷力竭的敌人和截断逃跑中的敌人。”

【原文】

“狭路微径地陷，铁械锁参连，百二十具，败步骑，要穷寇，遮走北。”

“垒门拒守，矛戟小橹十二具，绞车连弩自副。三军拒守，天罗虎落[①]锁连，一部广一丈五尺，高八尺，百二十具。虎落剑刃扶胥，广一丈五尺，高八尺，五百二十具。”

“渡沟堑，飞桥[②]，一间广一丈五尺，长二丈以上，着转关辘轳八具，以环利通索张之。”

“渡大水，飞江[③]，广一丈五尺，长二丈以上，八具，以环利通索张之；天浮[④]铁螳螂，矩内圆外，径四尺以上，环络自副，三十二具；以天浮张飞江，济大海，谓之天潢，一名天舡[⑤]。”

【注释】

①天罗虎落：一种障碍物。天罗：缀有蒺藜的网。虎落：竹篱。

②飞桥：一种可折叠的桥或壕桥。

③飞江：一种可济渡江河的浮桥。

④天浮：一种浮桥。

⑤天舡：大船。

【译文】

“在隘路、小道和低洼的地形上，可张设铁锁链，共一百二十部，它可用以阻止敌人的步兵、骑兵，拦阻势穷力竭的敌人和截断逃跑的敌人。”

“守卫营门用矛、戟、小橹各十二部，并附有绞车连弩。军队驻守时应设天罗虎落锁链，每部宽一丈五尺，高八尺，共一百二十部。虎落剑刃扶胥，每部宽一丈五尺，高八尺，共五百二十部。”

“为渡沟装备的飞桥，每间宽一丈五尺，长两丈以上，飞桥上装有转关轳辘，共八部，使用连环铁索架设。”

“渡江河使用飞江，飞江用宽一丈五尺、长二丈以上的桥板八段拼成，用连环铁索联结起来。天浮和铁螳螂外圆内方，直径四尺以上，两者用铁环绳索联结，共三十二套。用天浮张设飞江，渡大水，这就叫天潢，也叫天船。”

【原文】

“山林野居，结虎落柴营，环利铁锁长二丈以上，千二百枚；环利大通索大四寸，长四丈以上，六百枚；环利中通索大二寸，长四丈以上，二百枚；环利小徽纆长二丈以上，万二千枚。天雨，盖重车上板，结枲鉏鐕①广四尺，长四丈以上，车一具，以铁杙②张之。”

“伐木：大斧，重八斤，柄长三尺以上，三百枚。棨䦆③，刃广六寸，柄长五尺以上，三百枚。铜筑固为垂，长五尺以上，三百枚。鹰爪方胸铁杷，柄长七尺以上，三百枚。方胸铁叉，柄长七尺以上，三百枚。方胸两枝铁叉，柄长七尺以上，三百枚。芟④草木：大镰，柄长七尺以上，三百枚。大橹刀，重八斤，柄长六尺，三百枚。委环铁杙，长三尺以上，三百枚。椓杙大锤，重五斤，柄长二尺以上，百二十枚。甲士万人，强弩六千，戟楯二千，矛楯两千，修治攻具，砥砺⑤兵器，巧手三百人。此举兵军用之大数⑥也。”武王曰：“允哉！”

【注释】

①结枲鉏鐕：指在木板上整齐地铺上麻布。枲：麻。鉏鐕：排列成锯齿状。

②铁杙：铁桩或钉子一类的东西。杙：橛，桩子。

③棨䦆：一种大锄头。

④芟：除草。

⑤砥砺：磨刀石，此处意为磨快、磨利。

⑥数：数目。

【译文】

“军队在山林地扎营，结虎落营寨，必须准备长二丈以上的铁链一千二百条；连环大铁索粗四寸，绳长四丈以上，共六百条；中等铁索粗二寸，四丈以上，共二百条；带环的绳索长二丈以上，共一万二千条。天下雨时，辎重车要盖上车顶板，还要盖上用麻编结成的篷布，篷布宽四尺，长四丈以上，每车一条，用小铁桩固定在车顶上。”

“砍伐树林用具：大斧，重八斤，柄长三尺以上，共三百把；大锄，刃宽六寸，柄长五尺以上，共三百把；铜筑固为垂，长五尺以上，共三百把；鹰爪齐胸铁耙，柄长七尺以上，共三百把；齐胸铁叉，柄长七尺以上，共三百把；齐胸两枝铁叉，柄长七尺以上，共三百把。用以清除草木用具：大镰，柄长七尺以上，共三百把；大橹刀，重八斤，柄长六尺，共三百把；带环的铁橛，长三尺以上，共三百个；击打铁橛的大锤，重五斤，柄长二尺以上，共一百二十把。军队万人，需要强弩六千架，戟和盾两千套，矛和盾两千套，修理攻城器具和磨快兵器的能工巧匠三百人。以上是作战所需要的兵器器材的大略数目。”武王说：“应当这样！”

【原文】

武王问太公曰："凡用兵为天陈[①]、地陈[②]、人陈[③]，奈何？"太公曰："日月星辰斗杓[④]，一左一右，一向一背，此谓天陈。丘陵水泉，亦有前后左右之利，此谓地陈。用车用马，用文用武，此谓人陈。"武王曰："善哉！"

【注释】

①天陈：依照天象布列阵势。陈：同"阵"。
②地陈：依照地形布列阵势。
③人陈：根据人事布列阵势。
④斗杓：即北斗，亦即今天所称大熊星座中七颗较亮的星，在北天排列成斗（杓）形，其中四星组成斗身，三星组成斗柄。

【译文】

武王问太公道："用兵时有所谓天阵、地阵、人阵，是什么意思？"太公说："根据日月星辰斗杓等天象位置来布阵，就叫天阵；利用丘陵水泽等地形为依托来布阵，就叫地阵；根据所使用的兵种和战法来布阵，就叫人阵。"武王说："好啊！"

【原文】

武王问太公曰："敌人围我，断我前后，绝我粮道，为之奈何？"太公曰："此天下之困兵[①]也，暴[②]用之则胜，徐用之则败。如此者，为四武冲陈[③]，以武车骁骑惊乱其军而疾击之，可以横行。"

武王曰："若已出围地，欲因以为胜，为之奈何？"太公曰："左军疾左，右军疾右，无与敌人争道。中军迭前迭后[④]，敌人虽众，其将可走。"

【注释】

①困兵：处于困难境地的军队。
②暴：突然，迅速勇猛。
③四武冲陈：四面都用战车部队进行警戒的阵形。
④迭前迭后：轮番突击，或击敌前，或抄敌后。

【译文】

武王问太公道："如果敌人包围了我军，阻断交通，断绝粮道，应该怎么办？"太公说："这是处境最困难的军队。在这种情况下，急速突围就能胜利，拖延时日就要失败。突围的队形是：把军队结成'四武冲阵'，使用强大的战车和骁勇的骑兵，打击和震骇敌军，急速突击，这样就可以横行无阻地突围了。"

武王说："如果我军已突出重围，还想乘势击败敌军，怎么办？"太公说："以左军迅速向左攻击，右军迅速向右攻击，不要和敌人争夺道路，以免分散兵力。同时以中军轮番突击，或击敌前，或抄敌后。敌军虽多，也能打败。"

【原文】

武王问太公曰："引兵深入诸侯[①]之地，敌人四合而围我，断我归道，绝我粮食；敌人既众，粮食甚多，险阻又固。我欲必出，为之奈何？"

太公曰："必出之道，器械为宝，勇斗为首。审知敌人空虚之地，无人之处，可以必出。将士人持玄旗[②]，操器械，设衔枚，夜出。勇力、飞足、冒将之士居前，平垒[③]为军开道；材士强弩为伏兵居后；弱卒车骑居中。阵毕徐行，慎无惊骇。以武冲扶胥前后拒守，武翼大橹[④]以备左右。敌人若惊，勇力、冒将之士疾击而前，弱卒车骑以属其后，材士强弩隐伏而处。审候敌人追我，伏兵疾击其后，多其火鼓，若从地出，若从天下。三军勇斗，莫我能御[⑤]。"

【注释】

①诸侯：古代对中央政权所分封的各国国君的统称。此处指敌对国家。

②玄旗：黑色的旗帜。

③平垒：攻占敌军营垒。

④武翼大橹：一种防卫型战车。

⑤莫我能御：宾语前置，不能阻截我军的突围。

【译文】

武王问太公道："领兵深入敌国境内，敌人从四面合围我军，切断我军退路，断绝我军粮道。敌军既众，粮食又多，占领了险阻地形，守备坚固，我想突围而出，应该怎么办？"

太公说："突出敌人包围的方法，兵器器材最为重要，而首先必须奋勇战斗。查明敌人兵力薄弱的地方，以及无人防守的处所，乘虚而击，就可以突出包围。突围的部署，将士们都拿着黑旗，持着器械，口中衔枚，乘夜行动。使勇敢有力、行动轻捷、敢于冒险犯难的将士在前面，扫平敌人营垒，为我军打开通路；让勇敢的武士使用强弩，隐伏在后面掩护，老弱士卒和车骑在中间行进。部署完毕后，沉着行动，谨慎从事，不可惊慌，使用武冲扶胥在前后护卫，用武翼大橹矛戟扶胥在左右掩护。如果敌人发觉我军突围行动，我先头部队就迅速向前突击，老弱士卒和车骑跟在后面，勇武之士使用强弩埋伏起来。当敌来追我时，我伏兵就迅速攻击它的后尾，并多用火光、鼓声乱敌耳目，使其感到我军好像是从地而出，从天而降，全军奋勇战斗，敌人就不能阻截我军的突围了。"

【原文】

武王曰："前有大水，广堑，深坑，我欲逾渡，无舟楫之备；敌人屯垒，限我军前，塞我归道，斥候常戒，险塞尽中，车骑要我前，勇士击我后，为之奈何？”

太公曰：“大水，广堑，深坑，敌人所不守，或能守之，其卒必寡。若此者，以飞江、转关与天潢以济吾军，勇力材士从我所指，冲敌绝阵，皆致其死。先燔[①]吾辎重，烧吾粮食。明告吏士，勇斗则生，不勇则死。已出者，令我踵军设云火[②]远候，必依草木、丘墓、险阻，敌人车骑必不敢远追长驱。因以火为记，先出者令至火而止，为四武冲陈。如此，则吾三军精锐勇斗，莫我能止[③]。”武王曰：“善哉！”

【注释】

①燔：焚烧。

②云火：烟火，形容火光高升入云的样子。

③莫我能止：敌人就无法阻止我军了。本句为宾语前置。

【译文】

武王说：“假如面前遇到大河、宽堑、深坑，我军要想渡过，而没有准备船只；敌人屯兵筑垒，阻止我军前进，堵塞我军归路，其观察哨又戒备很严，险要地形都在敌人手中，敌人的战车、骑兵又在前面拦阻，勇士又在后面追击，我军应该怎么办？”

太公说：“凡是大河、宽堑、深坑，敌人一般是不设防的，即使防守，兵力也必定很少。这样，就可以用飞江，转关辘轳与天潢渡过我军。以勇武之士按照指定方向，冲锋陷阵，拼死战斗。先焚烧我军辎重，烧掉我军粮食，再明确告诉将士，勇斗的就有生路，怯战的就是死亡。已经脱出了危险，就令我军后卫部队设置烟火信号，派出远方侦察，占领丛林、坟墓和险阻的地形，准备阻击敌人。这样，敌人的战车骑兵必然不敢长驱远追了。其所以用火作为信号，是令先突围的到达有火的地方，就编成‘四武冲阵’。这样，我三军将士都精锐而勇斗，敌人就无法阻止我军了。”武王说：“好啊！”

【原文】

武王问太公曰：“引兵深入诸侯之地，遇深溪、大谷、险阻之水，吾三军未得毕济，而天暴雨，流水大至，后不得属于前，无有舟梁[①]之备，又无水草之资，吾欲毕济，使三军不稽留，为之奈何？”

太公曰：“凡帅师将众，虑不先设，器械不备；教不素信，士卒不习。若此，不可以为王者之兵也。凡三军有大事，莫不习用器械，攻城围邑，则有轒轀、临冲[②]；视城中，则有云梯、飞楼[③]；三军行止，则有武冲、大橹前后拒守；绝道遮街，则有材士、强弩卫[④]其两旁；设营垒，则有天罗、武落[⑤]、行马、蒺藜；昼则登云梯远望，立五色旗旌；夜则设云火万炬，击雷鼓，振鼙铎，吹鸣笳[⑥]；越沟堑，则有飞桥、转关辘轳、鉏鋙；济大水，则有天潢、飞江；逆波上流，则有浮海、绝江[⑦]。三军用备，主将何忧？”

【注释】

①梁：桥梁。

②轒辒：古代用于攻城的一种车辆。其形制下设四轮，上蒙以皮革，中可容十人，往来运土填堑。临冲：攻城器械的名称。临车是从上视下的车辆，冲车为冲撞城门的战车。

③云梯：古代攻城时用来攀登城墙的长梯。飞楼：用以登高观察城中敌情的望楼。

④卫：底本作"冲"，疑误，据《武经七书汇解》校改。

⑤武落：即虎落，绳索和木桩。

⑥笳：古管乐器名。

⑦浮海、绝江：均为古代的渡河器材。

【译文】

武王问太公道："领兵深入敌国境内，遇到深溪大谷和难以通过的河流，我军还没有渡完，忽然天降暴雨，流水大涨，后面的军队被水隔断，既没有船只桥梁又没有饮水、粮草的供给，在这种情况下，我军想完全渡过去，使三军不至停留过久，应该怎么办？"

太公说："大凡率领军队行动，如果计划不预先制订，器械不预做准备，平时训练不周到，士卒动作不熟练，这就不能算是王者的军队了。凡军队在有军事行动的时候，没有不熟练使用各种器械的。如攻城围邑，就用'轒辒'、'临车'、'冲车'；观察城内就用'云梯'、'飞楼'；三军进止，就用'武冲'、'大橹'在前后掩护；断绝交通，阻断街道，就用武士操强弩控制两侧；设置营垒就用'天罗'、'武落'、'行马'、'蒺藜'；白天就登上云梯眺望远方，并设立五色旌旗；夜晚就设置烟火、万把火炬，并击'雷鼓'，振鼙铎，吹鸣笳，作为指挥信号；越沟壕，就用飞桥、转关辘轳、鉏鋙；渡大河就用'天潢'、'飞江'；逆流而行，就用'浮海'、'绝江'。如果军队应用的器材都具备了，主将还忧虑什么呢？"

【原文】

武王问太公曰："吾与敌人临境相拒，可以来，我[①]可以往，陈皆坚固，莫敢先举。我欲往而袭之，彼亦可以来，为之奈何？"

太公曰："兵分三处，令我前军，深沟增垒而无出，列旌旗，击[②]鼙鼓，完为守备。令我后军多积粮食。无使敌人知我意，发我锐士潜袭其中，击其不意，攻其无备。敌人不知我情，则止不来矣。"

武王曰："敌人知我之情，通我之谋，动而得我事，其锐士伏于深草，要隘路，击我便处[③]，为之奈何？"

太公曰："令我前军日出挑战，以劳其意；令我老弱拽柴扬尘[④]，鼓呼[⑤]而往来，或出其左，或出其右，去敌无过百步，其将必劳，其卒必骇[⑥]。如此，则敌人不敢来。吾往者不止，或袭其内，或击其外，三军疾战，敌人必败。"

【注释】

①我：底本作"军"，疑误，今据《武经七书汇解》校改。

②击：敲打。

③便处：便：简单。指防守薄弱之处。

④拽柴扬尘：拖曳着柴草奔驰，使尘土飞扬，以迷惑敌人。

⑤鼓呼：擂鼓呐喊。

⑥骇：惊骇。

【译文】

武王问太公道："我军和敌人在国境上对峙时，敌可以来攻我，我可以去攻敌，彼此阵势都很坚固，谁也不敢首先行动。我想前去袭击敌人，又担心敌人前来袭击我军，应该怎么办？"

太公说："在这种情况下，应把我军分为前、中、后三部分，令我前军深沟高垒，不要出战，列旌旗，击鼙鼓，做充分的战斗准备。令我后军多积粮食，不要让敌人知道我军的意图。然后，派遣精锐部队偷袭敌人后方，出其不意，攻其不备地袭扰敌人。敌人无法了解我军情况，就不敢前来进攻了。"

武王问："如果敌人察知我军情况，明了我军意图，我一行动敌人就知道我要做什么，因而派精锐部队埋伏在深草地里，拦阻我必经的隘路，袭击我防备不周的地方，对此怎么办？"

太公说："令我前军每天前往挑战，以懈怠敌人的斗志；令我老弱士卒拖动树枝，扬起灰尘，击鼓呐喊，往来不停，以壮我军声势。我挑战部队或出现在敌人右边，或出现在敌人左边，距离敌人不远过百步，在我不断扰乱下，敌方的将帅必定疲于应付，敌方的士卒必定发生恐慌。这样，敌人就不敢前来了。我军反复不停地扰乱，或袭击他的内部，或攻击他的外部，然后，全军急速投入战斗，敌人一定会被打败。"

【原文】

武王问太公曰："引兵深入诸侯之地，与敌人之军相当，两军相望，众寡强弱相等，未敢先举。吾欲令敌人将帅恐惧，士卒心伤，行陈不固，后陈欲走，前陈数顾①，鼓噪②而乘之，敌人遂走，为之奈何？"

太公曰："如此者，发我兵去寇十里而伏其两旁，车骑百里而越其前后，多其旌旗，益其金鼓③。战合，鼓噪而俱起。敌将必恐，其军惊骇，众寡不相救④，贵贱不相待⑤，敌人必败。"

【注释】

①数顾：屡次回头看。此处可理解为动摇的意思。

②鼓噪：擂鼓呐喊，指军队交锋时大张声势。

③益其金鼓：增设金鼓。

④救：救援。

⑤待：照顾，对待。

【译文】

武王问太公道："领兵深入敌国境内，敌我势均力敌。两军相对，众寡强弱相等，谁也不敢首先行动。在这种情况下，我想使敌人将帅恐惧，士卒悲观，行阵不稳，后阵的想逃，前阵的动摇，然后，擂鼓呐喊乘势进击，从而使敌人逃跑，应该怎么办？"

太公说："想做到这样，就须派遣部队绕到敌后十里的地方，在道路两旁设置埋伏，另组织战车和骑兵远出百里，迂回到敌军的深远后方，令各部队多备旌旗，增设金鼓。战斗发起时，擂鼓呐喊，各军同时进攻。这样，敌军将帅必然恐惧，士兵必然惊骇，以至大小部队互不救援，官兵不相照顾，这样，敌军必定会被打败。"

【原文】

武王曰："敌之地势，不可以伏其两旁，车骑又无以越其前后，敌知我虑，先施其备。我士卒心伤，将帅恐惧，战则不胜，为之奈何？"

太公曰："微哉，王之问也！如此者，先战五日，发我远候往视其动静，审候其来，设伏而待之，必于死地。与敌相避，远我旌旗，疏我行陈[①]，必奔其前。与敌相当，战合而走，击金无止[②]。三里而还，伏兵乃起，或陷[③]其两旁，或击其先后。三军疾战，敌人必走[④]。"武王曰："善哉！"

【注释】

①疏我行陈：疏散我之行阵，给敌人造成我军军心涣散的错觉。

②击金无止：指不停顿地击锣发出退兵的命令，诱敌深入。

③陷：突击。

④走：败逃。

【译文】

武王说："如果敌方地势不便于我军在其两旁设伏，我车骑无法迂回到敌人的深远后方，同时敌人又发觉了我军的意图，并预先有了准备，这时，我方士卒悲观，将帅恐惧，就是进攻也不能取胜，应该怎么办？"

太公说："大王所问的确实很深刻啊！像这种情况，在战前五天就应向远方派遣侦察，窥探敌人的动静，观察敌军前来的征候，预设伏兵等待，必须在对敌人最不利的'死地'。我军先头部队避免与敌军正面交锋，只远远地举起旌旗，行列显得不整，一定跑在敌军前面。与敌接触，刚一交锋即行撤退，故意鸣金收兵，后退三里再回头反击，这时伏兵乘机而起，或突击敌军两旁，或抄袭敌军前后，全军奋力作战，敌人必败而逃。"武王说："好啊！"

【原文】

武王问太公曰："引兵深入诸侯之地，与敌相当。而天大寒甚暑，日夜霖雨[①]。旬日不止，沟垒悉坏，隘塞不守，斥侯懈怠，士卒不戒，敌人夜来，三军无备，上下惑乱，为之奈何？"

太公曰："凡三军以戒为固，以怠为败。令我垒上，谁何[②]不绝，人执旌旗，外内相望，以相号命[③]。勿令乏音，而皆外向。三千人为一屯[④]，诫而约之，各慎其处。敌人若来，视[⑤]我军之警戒，至而必还，力尽气怠。发我锐士，随而击之。"

武王曰："敌人知我随之，而伏其锐士，佯北不止，过伏而还，或击我前，或击我后，或薄[⑥]我垒。吾三军大恐，扰乱失次，离其处所，为之奈何？"

太公曰："分为三队。随而追之，勿越其伏。三队俱至，或击其前后，或陷[⑦]其两旁，明号审令，疾击而前，敌人必败。"

【注释】

①霖雨：连续的大雨。

②谁何：指以口令相问答。在警戒区内，每人都用暗号口令以相识别。

③以相号命：通过号令互相联络，传达命令。

④屯：聚。此处指一个驻军单位。

⑤视：底本作"亲"，疑误，据《武经七书直解》校改。

⑥薄：逼近、逼迫，此处指发起进攻。

⑦陷：攻击，冲锋陷阵。

【译文】

武王问太公道："领兵深入敌国境内，敌我兵力相当，适值严寒或酷暑，或又日夜大雨，十多天不止，因而壕垒全部塌毁，险隘关塞不能守备，侦察麻痹懈怠，士卒疏于戒备，这时，敌人乘夜来袭，三军皆无准备，上下又疑虑混乱，对此怎么办？"

太公说："凡军队有戒备就能巩固，若松懈就要失败。在我军营垒上口令呼应之声不绝，哨兵手持旗帜，与营垒内外联络，相互传送号令，金鼓之声不可断绝，对外表示已做好战斗准备。以三千人为一屯，谆谆告诫，严加约束，使各自慎重守备。若敌人来犯，发现我军戒备森严，即使迫近我军阵前，也必退去，这时，我应乘敌力尽气衰之际，派遣精锐部队紧随敌后猛击敌人。"

武王说："敌人知道我要跟踪追击，于是埋伏了精锐士卒，然后假装退却不止，当我军进到伏兵地区时，敌人就回头配合其伏兵向我反击，有的攻我前队，有的击我后队，有的迫近我营垒，因而我军大为恐慌，行列陷于混乱，各自擅离在阵中的位置，对此怎么办？"

太公说："在这种情况下应把我军分为三队，分向跟踪追击敌人，不要进入伏击圈。在到达敌伏击圈前就要三队同时追到敌人，有的攻击敌人前后，有的攻击敌人两侧，并须严明号令，使士卒疾速进击，敌人必被打败。"

【原文】

武王问太公曰："引兵深入诸侯之地，与敌相守。敌人绝我粮道，又越我前后[①]，吾欲战则不可胜，欲守则不可久[②]，为之奈何？”

太公曰：“凡深入敌人之地，必察地之形势，务求便利[③]，依山林险阻，水泉林木而为之固，谨守关梁，又知城邑、丘墓地形之利。如是，则我军坚固[④]，敌人不能绝我粮道，又不能越我前后。”

【注释】

①越我前后：指敌人迂回到我军侧后，从前后两面对我军实施夹击。

②久：持久。

③便利：有利。

④坚固：防守坚固。

【译文】

武王问太公道：“领兵深入敌国境内，与敌对峙，这时敌人截断了我军粮道，迂回到我军后方，从前后两方面夹击我军。我想和他作战恐怕不能取胜，我想防守又恐怕不能持久，这该怎么办？”

太公说：“凡是深入敌国境内，必须观察地理形势，务求控制有利地形，依托山林、险阻、水泉、林木以求阵势的巩固，严守关隘桥梁，还应掌握城邑、丘墓等有利地形。这样，我军防守就能坚固，敌人既不能绝我粮道，也不能迂回到我军后方，从两面夹击我军了。”

【原文】

武王曰：“吾三军过大陵、广泽、平易之地，吾盟误失，卒与敌人相薄[①]。以战则不胜，以守则不固，敌人翼[②]我两旁，越我前后，三军大恐，为之奈何？”

太公曰：“凡帅师之法，当先发远候，去敌二百里，审知敌人所在。地势不利，则以武冲[③]为垒而前，又置两踵军于后，远者百里，近者五十里。即有警急，前后相救，吾三军常完坚[④]，必无毁伤[⑤]。”武王曰：“善哉！”

【注释】

①相薄：相迫近。此处指狭路相逢、猝然遭遇。

②翼：从两旁包抄。

③冲：底本作“卫”，疑误，今据《武经七书宜解》本校改。

④完坚：完善而坚固的部署。

⑤毁伤：伤亡和失败。

【译文】

武王说：“我军通过大山、广阔的沼泽地及平坦地形时，盟军失期未到，突然与敌遭遇，要想进攻怕不能取胜，想防守怕不能巩固，这时敌人包围两侧，超越我军前后方，我三

军大为恐惧，对此怎么办？”

太公说：“统军作战的方法，当先向我前进远方派出侦察，在距离敌人尚有二百里时，就需要确实了解敌军所在的位置。如果地势对我行动不利，就用武冲战车在前面掩护行进，并编两支‘踵军’在后跟进，踵军和主力的距离远的可达百里，近的可达五十里，一旦遇有紧急情况，前后可以互相救援。我三军如能经常保持这种完善而巩固的部署，也就不至于遭受损伤了。”武王说：“好啊！”

【原文】

武王问太公曰：“战胜深入，略其地，有大城不可下。其别军[①]守险与我相拒，我欲攻城围邑，恐其别军卒至而击我，中外[②]相合，击我表里，三军大乱，上下恐骇，为之奈何？”

太公曰：“凡攻城围邑，车骑必远，屯卫警戒，阻其内外。中人[③]绝粮，外不得输，城人[④]恐怖，其将必降。”

【注释】

①别军：指敌方的另一支部队。

②中外：指敌城中守军与城外援军。

③中人：指被围困在城中的敌军。

④城人：指被围困在城中的军民。

【译文】

武王问太公道：“乘胜深入敌国，占领其地，还有大城未能攻下，而敌在城外另有一支部队固守险要地形，与我相持。我想围攻城邑，又恐其城外部队突然逼近，会合其城内守军向我夹击，以致三军大乱，上下大骇，应该怎么办呢？”

太公说：“凡攻城围邑时，须把战车、骑兵配置在离城较远的地方，担任守卫和警戒，以隔绝敌人的内外联系。日久，城内粮绝，外面不得输入，城内军民就会发生恐慌，守城的将领就会投降。”

【原文】

武王曰：“中人绝粮，外不得输，阴为约誓，相与密谋，夜出穷寇死战，其车骑锐士，或冲我内，或击我外，士卒迷惑，三军败乱，为之奈何？”

太公曰：“如此者，当分军为三军，谨视地形而处。审知敌人别军所在，及其大城别堡[①]，为之置遗缺之道，以利其心，谨备勿失。敌人恐惧，不入山林，即归大邑，走其别军。车骑远要其前，勿令遗脱。中人以为先出者得其径道，其练卒材士必出，其老弱独在。车骑深入长驱，敌人之军必莫敢至。慎勿与战，绝其粮道，围而守之，必久其日。无燔人积聚，无坏人宫室，冢树社丛勿伐[②]，降者勿杀，得而勿戮，示之以仁义，施之以厚德，令其士民曰：‘罪在一人[③]。’如此，则天下和服[④]。”武王曰：“善哉！”

【注释】

①大城别堡:指被我所围城池附近的敌国大城市和堡垒。

②冢树:坟墓地的树木。社丛:社神庙旁的树林。社:古代祭祀神灵的场所。

③罪在一人:意指所有的罪恶均在敌国君主一人身上,而与普通百姓无关。

④和服:心悦诚服。

【译文】

武王问:“城内敌人断粮,城外粮食不得输入,这时敌人互相联系密谋突围,乘夜出城拼命死战,以车骑锐士或冲入我营内,或攻击我营外,使我士卒惶惑,三军败乱,对此怎么办?”

太公说:“遇到这种情况,应把我军分为三支部队,并根据地形屯驻部队。首先查明敌城外部队状况及所据守的地区和附近大城堡的位置,然后为被围敌人留出一条道路,以诱其外逃,但须严密戒备,不使敌人跑掉。由于被围敌人恐惧,不是想逃到深山密林,就是想撤到另一大城,或投靠其城外的‘别军’。以一支部队用战车和骑兵在距城较远的地方,阻击敌人突围的先头部队,不让他们脱逃。在这种形势下,守城敌军就会误认为其先头部队已突围成功,打通了撤退的道路,其精锐士卒必会继续从城内外逃,城内只剩下老弱残兵了。然后用我军部队以车骑直驱直入,敌人必不敢继续突围,我军也不要急于进攻,只要断绝其粮道,把城围困起来,日子一久,敌人就会投降。攻克城邑后,不要焚烧粮食,不要毁坏房屋,不要砍伐坟地的树木和里社的丛林,不要杀戮投降的,不要虐待被俘的,对敌国人民要表示仁义,施与恩德。对其士民宣告:‘有罪的只是无道君主一人。’这样,天下就会心悦诚服了。”武王说:“好啊!”

【原文】

武王问太公曰:“引兵深入诸侯之地,遇深草蓊秽[①]周吾军前后左右,三军行数百里,人马疲倦休止。敌人因天燥疾风之利,燔吾上风,车骑锐士坚伏吾后,吾三军恐怖,散乱而走,为之奈何?”

太公曰:“若此者,则以云梯、飞楼远望左右,谨察前后。见火起,即燔吾前而广延之[②],又燔吾后。敌人若至,则引军而却,按黑地而坚处,敌人之来,犹在吾后,见火起,必还走。吾按黑地[③]而处,强弩材士[④]卫吾左右,又燔吾前后。若此,则敌不能害我。”

武王曰:“敌人燔吾左右,又燔吾前后,烟覆[⑤]吾军。其大兵按黑地而起,为之奈何?”太公曰:“若此者,为四武冲陈,强弩翼吾左右,其法无胜亦无负。”

【注释】

①蓊秽:草木茂盛。蓊:茂盛貌。秽:田中多草,荒地。

②即燔吾前而广延之:意思是敌人在我前方放火,我也在前方适当地点放火,以隔断

敌之火势，使火烧不到我军。

③黑地：大火烧过之地是一片黑色，故称为黑地。

④强弩材士：高强的弓箭手，有才能的士兵。

⑤烟覆：用烟雾覆盖。

【译文】

武王问太公道："领兵深入敌国境内，茂密的草丛围绕在我军前后左右。我军已行军数百里，人困马乏，宿营休息。敌人趁天干风紧，在上风放火，其车骑锐士又埋伏在我军的后面，以致三军恐慌，散乱逃跑，对此怎么办？"

太公说："在草地宿营要利用云梯、飞楼，登高眺望前后左右，发现敌人放火，就顺着风向也在我军较远的前方放起火来，扩大火焚面积。同时又在我军后方放起火来，以便烧出一块'黑地'，若是敌人来攻，我就可以把军队撤到这块黑地坚守。前来围攻的敌人此时还在我军后面，他看到火起，定会退走。我军在黑地内布阵，用勇士强弩掩护两翼。我又在前后放火，如此，敌人就无法加害于我了。"

武王问："敌人既在我的左右放火，又在我的前后放火，以致烟雾覆盖了我军，而敌军突然从燃烧过的黑地向我逼近，对此怎么办？"太公说："遇上这种情况，可将我军结成'四武冲阵'，以强弩掩护我的左右，这种办法虽然不能取胜，也不会失败。"

【原文】

武王问太公曰："何以知敌垒之虚实，自来自去？"太公曰："将必上知天道，下知地理，中知人事。登高下望，以观敌之变动。望其垒，即知其虚实。望其士卒，则知其去来。"

武王曰："何以知之？"太公曰："听其鼓无音，铎无声，望其垒上多飞鸟而不惊，上无氛气，必知敌诈而为偶[①]人也。敌人卒去不远，未定而复返者，彼用其士卒太疾[②]也。太疾则前后不相次，不相次[③]则行陈必乱。如此者，急出兵击之，以少击众，则必胜矣。"

【注释】

①偶：指用土木或稻草制成的假人。

②疾：同"急"。

③相次：次序，连接。

【译文】

武王问太公道："怎样知道敌人营垒的虚实和敌军调动的情况呢？"太公说："为将帅的必须上知'天道'，下知'地理'，中知'人事'。登高眺望敌军营垒，以观察敌人的动静。眺望敌人的营垒就知道其内部的虚实；观察士卒的动态，就知道其调动的情况。"

武王问："用什么办法知道这些呢？"太公说："如果听不到敌人的鼓声，也听不到铎声，眺望敌营垒上有许多飞鸟而不惊惧，空中也没有尘烟飞扬，必然是敌人的空营，而守营的只是些假人;如果敌人仓促撤退不远,还没有停下来而又返回的,这是调动军队太忙乱的现象。太忙乱,其前后就没有秩序;没秩序,行列就会混乱。像这种情况,我军可急速出兵打击,虽然以少击众,也必会取得胜利。”

豹韬

【原文】

武王问太公曰:“引兵深入诸侯之地,遇大林,与敌分林[①]相拒。吾欲以守则固,以战则胜,为之奈何?”

太公曰:“使吾三军分为冲陈[②],便兵所处,弓弩为表,戟楯为里。斩除草木,极广吾道,以便战所。高置旌旗,谨敕[③]三军,无使敌人知吾之情,是谓林战。林战之法,率吾矛戟,相与为伍,林间木疏,以骑为辅,战车居前,见便则战,不见便则止。林多险阻,必置冲陈,以备前后。三军疾战,敌人虽众,其将可走。更战更息[④],各按其部,是谓林战之纪[⑤]。”

【注释】

①分林:即敌我双方各占据一部分森林地带。

②冲陈:即四武冲阵。

③谨敕:严格地约束。

④更战更息:轮番战斗,轮番休息。

⑤纪:原则,准则。

【译文】

武王问太公道:“领兵深入敌国境内,遇到森林地,与敌人各占森林一部对峙时,我想要防御就能固守,进攻就能取胜,应该怎么办?”

太公说:“将我军分为‘四武冲阵’,配置在便于作战的地方,弓弩手布在外层,戟盾放在内层,砍去草木,开辟道路,以便于战斗行动;高挂旗帜,以便联络,严格控制掌握全军,同时不使敌人察知我军的情况,这就是林地战斗应注意的事。林地作战的方法:应将我军使用矛戟的士卒编为混合小分队,在森林中树木稀疏的地方以骑兵辅助作战,把战车配置在前面,发现有利的情况就打,没有发现有利的情况就不打。如森林中有许多险阻地形,就必须设置‘四武冲阵’,以防敌袭击我军前后,战斗时务使全军急速地进行战斗,敌人即便众多,也可被我打败。部队要轮番作战轮番休息,各按编组行动,这是林地战斗的原则。”

【原文】

武王问太公曰:“敌人深入长驱,侵掠我地,驱我牛马,其三军大至,薄我城下。吾士卒大恐,人民系累[①]为敌所虏。吾欲以守则固,以战则胜,为之奈何?"

太公曰:"如此者,谓之突兵[②]。其牛马必不得食,士卒绝粮,暴击而前。令我远邑别军[③],选其锐士,疾击其后。审其期日,必会于晦[④]。三军疾[⑤]战,敌人虽众,其将可虏。"

【注释】

①系累:拘禁、絷缚。

②突兵:担任突击作战任务的部队。

③远邑别军:驻扎在远处的另一支部队。

④晦:阴历每月的三十日为晦日。此处意为无月光的黑夜。

⑤疾:猛烈地。

【译文】

武王问太公道:"敌深入我国,长驱直入,侵占土地,抢掠牛马,蜂拥前来,迫我城下,我士卒大为恐惧,人民被拘禁为俘虏。在这种情况下,我想守能固,战能胜,应该怎么办?"

太公说:"像这样的敌军叫作突然来袭的军队,他的牛马必然缺乏饲料,他的士卒必然没有粮食,只是凶猛地向我进攻。在这种情况下,应令我远方的军队,挑选精锐的士卒,迅速袭击敌人的后方。详细计算确定作战时间,务必在夜间对敌会战。三军迅速猛烈地与敌人战斗,敌人虽多,敌将也可被我俘虏。"

【原文】

武王曰:"敌人分为三四,或战而侵掠我地,或止而收我牛马,其大军未尽至,而使寇薄我城下,致吾三军恐惧,为之奈何?"

太公曰:"谨候敌人未尽至,则设备而待之。去城四里而为垒,金鼓旌旗皆列而张。别队为伏兵。令我垒上多积强弩,百步一突门[①],门有行马,车骑居外,勇力锐士隐伏而处。敌人若至,使我轻卒合战而佯走。令我城上立旌旗,击鼙鼓,完为守备。敌人以我为守城,必薄我城下。发吾伏兵,以冲其内,或击其外。三军疾战,或击其前,或击其后。勇者不得斗,轻者不及走。名曰'突战'[②]。敌人虽众,其将必走。"武王曰:"善哉!"

【注释】

①突门:在城墙或垒壁上预先开设的便于部队出击的暗门。一般由城墙内向外挖,外面留四五寸不挖透。部队出来时,临时将其推倒,突然出击。

②突战:突然出击。

【译文】

武王说:"敌军分为三四部分,或者进攻以侵占我土地,或者驻止以掠夺我牛马。他的大军还没有完全到达，而以一部分兵力迫近我城下。以致我军恐惧，应该怎么办？”

太公说：“仔细观察情况，在敌人尚未完全到达前，就应先完成战备，严阵以待。在距城四里的地方构筑营垒，金鼓旗帜都完全布设起来，另派一部分为伏兵。令我营垒上的部队多集中强弩，每百步设一突门，用行马封锁。战车、骑兵配置在营垒外面，勇锐士卒隐蔽埋伏。敌人如果来到，使我轻装部队与敌交战后佯败退走。令我军在城上立旗帜，击鼙鼓，做好防守准备，敌人以为我主力守城，必然逼近城下。这时我突然出动伏兵，冲入敌人阵内，或攻击敌人阵外，此时全军勇猛迅速地出去，既攻击敌人正面，又攻击敌人后方，使敌人勇战的无法抵抗，轻装的来不及逃跑。这种战法称为‘突战’。敌人虽然众多，也必被我打败。”武王说：“好啊！”

【原文】

武王问太公曰：“引兵深入诸侯之地，与敌人冲军[①]相当，敌众我寡，敌强我弱，敌人夜来，或攻吾左，或攻吾右，三军震动。吾欲以战则胜，以守则固，为之奈何？”

太公曰：“如此者，谓之‘震寇’[②]，利以出战，不可以守。选吾材士强弩，车骑为之左右，疾击其前，急攻其后，或击其表，或击其里，其卒必乱，其将必骇。”

武王曰：“敌人远遮我前，急攻我后，断我锐兵，绝我材士，吾内外不得相闻。三军扰乱，皆散而走，士卒无斗志，将吏无守心，为之奈何？”

太公曰：“明哉，王之问也！当明号审令，出我勇锐冒将之士，人操炬火[③]，二人同鼓，必知敌人所在，或击其表，或击其里。微号[④]相知，令之灭火，鼓音皆止，中外相应，期约皆当。三军疾战，敌必败亡。”武王曰：“善哉！”

【注释】

①冲军：担任突击任务的部队。
②震寇：使我军感到震恐的敌军。意为在夜间对我实施强袭之敌。
③炬火：火把。
④微号：暗号。

【译文】

武王问太公道：“领兵深入敌国境内，与敌人突击部队接触，敌众我寡，敌强我弱，而敌人又利用夜暗前来，既攻我的左翼又攻我的右翼，全军震动。我想使进攻能胜利，防御能牢固，应该怎么办？”

太公说：“这样的敌人叫作‘震寇’。我军利于出战，不宜防守。须挑选勇士强弩，以战车、骑兵为左右翼，迅速攻击敌人正面，急剧袭击敌人后边，要么攻击敌人阵外，要么攻入敌人阵内。这样，敌军必然混乱，敌军将帅也必然惊慌失措而被打败。”

武王说：“敌人在远处阻截我的前方，急速攻击我的后方，遮断我精锐的救兵，阻绝我的勇武之士，使我内外失去联系，以致三军扰乱，散乱逃走。士卒没有斗志，将吏无心固守，应该怎么办？”

太公说：“高明啊，君王所提出的问题！在这种情况下，应该明确发出号令，出动我勇猛精锐的士卒，使每人携持火炬，二人同击一鼓。必须探知敌人的准确位置，然后部署军队，有的攻击敌人外部，有的冲入敌人内部。部队凭借暗号互相识别，扑灭火炬，停息鼓音，内外策应，大家都按预先约定的信号准确执行。全军猛烈地战斗，敌必败亡。”武王说：“好啊！”

【原文】

武王问太公曰：“引兵深入诸侯之地，卒遇敌人，甚众且武，武车骁骑绕我左右，吾三军皆震，走[①]不可止，为之奈何？”

太公曰：“如此者，谓之‘败兵’。善[②]者以胜，不善者以亡。”

【注释】

①走：逃跑。

②善：善于用兵打仗。

【译文】

武王问太公道：“领兵深入敌国境内，突然遭遇敌人，人数甚多而且勇猛，并以武冲大战车和骁勇的骑兵包围我的两翼，全军震惊，纷纷逃跑，不可阻止，对此怎么办？”

太公说：“这样行动的军队叫作‘败兵’。处理得好可以因此而取胜，处理不好也会因此而灭亡。”

【原文】

武王曰：“用之奈何？”太公曰：“伏我材士强弩，武车骁骑为之左右，常去前后三里。敌人逐我，发我车骑，冲其左右，如此，则敌人扰乱，吾走者自止。”

武王曰：“敌人与我车骑相当，敌众我少，敌强我弱，其来整治[①]精锐，吾陈不敢当[②]，为之奈何？”太公曰：“选我材士强弩，伏于左右，车骑坚阵而处。敌人过我伏兵，积弩[③]射其左右，车骑锐兵疾击其军，或击其前，或击其后。敌人虽众，其将必走。”武王曰：“善哉！”

【注释】

①整治：整齐不乱。

②不敢当：无法匹敌，难以抵挡。

③积弩：集中弓弩。

【译文】

武王说：“具体该怎么办呢？”太公说：“埋伏我军的勇士强弩，并以武冲大战车和骁勇的骑兵配置在其两翼，伏击地域一般距离我主力前后约三里，敌人若来追击，就出动我的战车、骑兵，冲击敌人的两侧。这样敌人就会混乱，我逃跑的士卒就会自动停止。”

武王说：“敌我双方的战车、骑兵相遇，敌众我寡，敌强我弱，敌人前来，阵势整齐，士卒精锐，我军要与敌对阵而战，难以抵挡，对此怎么办？”太公说：“挑选我军勇士强弩伏于两侧，战车骑兵布成坚阵防守。如敌人通过我埋伏的地方，就集中弓弩射击他的两翼；出动战车、骑兵和勇锐士卒，猛烈地攻击敌军，有时攻它的正面，有时攻它的后面，敌人虽然众多，必定被我打败。”武王说：“好啊！”

【原文】

武王问太公曰：“引兵深入诸侯之地，遇高山盘石①，其上亭亭②无有草木，四面受敌，吾三军恐惧，士卒迷惑。吾欲以守则固，以战则胜，为之奈何？”

太公曰：“凡三军处山之高，则为敌所栖③；处山之下，则为敌所囚④。既以被山而处，必为乌云之陈⑤。乌云之陈，阴阳皆备。或屯其阴，或屯其阳。处山之阳，备山之阴；处山之阴；备山之阳；处山之左，备山之右；处山之右，备山之左。其山，敌所能陵⑥者，兵备其表，衢道通谷，绝以武车，高置旌旗，谨敕三军，无使敌人知我之情，是谓山城。行列已定，士卒已陈，法令已行，奇正已设，各置冲陈于山之表，便兵所处，乃分车骑为乌云之陈。三军疾战，敌人虽众，其将可擒。”

【注释】

①盘石：巨石。
②亭亭：山峰高兀耸峙的样子。
③栖：鸟类歇宿于树上。言为敌所逼而不能下来。
④囚：囚禁，为敌所围困。
⑤乌云之陈：如乌云之聚散无常，时分时合的阵形。
⑥陵：攀登。

【译文】

武王问太公道：“领兵深入敌国境内，遇到高山巨石，山头高耸没有草木，四面受敌，全军恐惧，士兵迷惑。我想以守就固，以战就胜，应该怎么办？”

太公说：“凡是军队占领山顶，容易为敌所围困，不得自由下山；处于山麓，容易为敌所围困，而不得自由行动。既然在山地作战，那就必须布成乌云之阵。所谓乌云之阵，就是控制机动部队，支援各方作战的兵力部署，同时对山南山北各个方面都要戒备。既要防守山的北面，又要防守山的南面。军队占领山的南面，要戒备山的北面；占领山的北面，要戒备山的南面。占领山的左面，要戒备山的右面；占领山的右面，要戒备山的左面。凡是敌人能攀登的地方，就要派兵戒备，交通要道和能通行的谷地，就用战车阻绝，高挂旗帜，以使联络，号令三军，严阵以待，不使敌人察知我军情况，在所占领的山地构成坚固的防御，就叫作‘山城’。行列已经排定，士卒已经列阵，法令已经颁行，奇正方略已经确定，各部队都编成‘冲阵’，配置在比较突出的高地，便于作战的地方，再把战车骑兵布成乌云之阵。当敌来攻时，我全军急剧战斗，敌军虽多，必被打败，其将领也可俘获。”

【原文】

武王问太公曰：“引兵深入诸侯之地，与敌人临水相拒，敌富而众，我贫而寡，逾水击之则不能前，欲久其日则粮食少。吾居斥卤之地[①]，四旁无邑，又无草木，三军无所掠取，牛马无所刍牧[②]，为之奈何？”太公曰：“三军无备，牛马无食，士卒无粮。如此者，索便诈敌而亟去之，设伏兵于后。”

武王曰：“敌不可得而诈，吾士卒迷惑，敌人越我前后，吾三军败乱而走，为之奈何？”太公曰：“求途之道，金玉为主[③]，必因敌使，精微为宝[④]。”

【注释】

①斥卤之地：盐碱地带。此处指荒芜贫瘠的地方。斥：碱。卤：盐。

②刍牧：割草放牧。

③金玉为主：以金玉财宝为欺诱敌人的主要手段。

④精微为宝：指谋划或行动时，把精细秘密作为最宝贵的手段。

【译文】

武王问太公道：“领兵深入敌国境内，与敌隔河对峙，敌人资材充足，兵力众多，我军资材贫乏，兵力寡少。我想渡河进攻，却无力前进；我想拖延时日，却粮食缺乏，不能持久。而且我军处在荒芜贫瘠的地方，附近没有城邑也没有草木，军队无处掠取物资，无处放牧牛马，怎么应对这种状况？”太公说：“军队没有器械，牛马没有饲料，士卒没有粮食，在这种情况下应该寻找机会，欺骗敌人，迅速转移，并在后面设置伏兵，反击敌之追击。”

武王问：“如果敌人不受我诈骗，我军士卒迷惑，敌人进到我军前后，我三军溃退，对此怎么办？”太公说：“这时寻求出路的方法，主要是用金玉货财贿赂敌之军使，此事必须精密细致不使敌察觉最为重要。”

【原文】

武王曰：“敌人知我伏兵，大军不肯济，别将分队以逾于水，吾三军大恐，为之奈何？”

太公曰：“如此者，分为冲陈，便兵所处。须[①]其毕出，发我伏兵，疾击其后，强弩两旁，射其左右，车骑分为乌云之陈，备其前后，三军疾战。敌人见我战合，其大军必济水而来。发我伏兵，疾击其后，车骑冲其左右，敌人虽众，其将可走。凡用兵之大要，当敌临战，必置[②]冲陈，便兵所处，然后以车[③]骑分为乌云之陈，此用兵之奇也。所谓乌云者，乌散而云合，变化无穷者也。”武王曰：“善哉！”

【注释】

①须：等待，等到。

②置：底本作“宜”，疑误，今据《武经七书汇解》校改。

③车：底本作“军”，疑误，今据《武经七书汇解》校改。

【译文】

武王问：“敌人已知我有伏兵，大军不肯渡河，另派小部队渡河，我军大为惶恐，对此怎么办？”

太公说：“在这种情况下，军队应该部署为‘四武冲阵’，配置在便于作战的地方，待其全部渡河后，发动伏兵，猛烈袭击其后，强弩由两旁射击敌人左右。把我军战车、骑兵分布为‘乌云之阵’，戒备前后，使三军迅猛战斗。敌人见我军打击他已渡河的小部队，其大军必然会渡河前来，这时指挥我伏兵猛烈袭击敌后，战车、骑兵冲击敌人两翼，这样，敌人虽多，定会被打败，其将必逃。用兵的主要原则是，当面临战斗时，必须设置‘四武冲阵’，配置在便于作战的地方，然后使用战车和骑兵分布成‘乌云之阵’，这就是出奇制胜的方法。所谓‘乌云’，就是乌散云合、变化无穷的意思。”武王说.“好！”

【原文】

武王问太公曰：“吾欲以少击众，以弱击强，为之奈何？”太公曰：“以少击众者，必以日之暮，伏于深草，要之隘路；以弱击强者，必得大国之[1]与，邻国之助。”

武王曰：“我无深草，又无隘路，敌人已至，不适日暮。我无大国之与，又无邻国之助，为之奈何？”太公曰：“妄张诈诱，以荧惑其将，迂其道，令过深草，远其路，令会日暮[2]。前行未渡水，后行未及舍，发我伏兵，疾击其左右，车骑扰乱其前后。敌人虽众，其将可走，事大国之君，下邻国之士，厚其币，卑其辞[3]，如此，则得大国之与、邻国之助矣。”武王曰：“善哉！”

【注释】

①之：底本作“而”，疑误，今据《武经七书汇解》校改。

②暮：底本作“路”，疑误，今据《武经七书汇解》校改。

③厚其币，卑其辞：多送金钱，言辞谦逊。

【译文】

武王问太公道：“我想以少击众，以弱击强，应该怎么办呢？”太公说：“要以少击众，必须利用日暮，把部队埋伏在深草地带，在隘路截击敌人；要以弱击强，必须有大国的协助，邻国支援。”

武王说：“我方没有深草地带可设伏，又没有隘路可利用，敌人到达时间又不在日暮，而且我方没有大国的协助，也没有邻国的支援，应该怎么办呢？”太公说：“用虚张声势，引诱诈骗手段迷惑敌将，诱使敌人迂回行进，通过深草地带；诱使敌人多绕远路延误时间，迫使其在日暮时与我交战。乘敌人先头部队还没有全部渡水，后续部队还来不及宿营的时机，出动我伏击部队猛烈袭击敌人两翼，并令我战车和骑兵扰乱敌人的前后，敌兵虽多，也会被打败。敬事大国君王，礼交邻国贤士，多送金钱，言辞谦逊，这样就能与大国结盟，得到邻国的援助了！”武王说：“好啊！”

【原文】

武王问太公曰：“引兵深入诸侯之地，与敌人相遇于险厄[①]之中，吾左山而右水，敌右山而左水，与我分险相拒，吾欲以守则固，以战则胜，为之奈何？”

太公曰：“处山之左，急备山之右；处山之右，急备山之左。险有大水无舟楫者，以天潢济吾三军；已济者亟广吾道，以便战所。以武冲为前后，列其强弩，令行陈皆固。衢道谷口，以武冲绝之，高置旌旗，是谓‘车城’[②]。凡险战[③]之法，以武冲为前，大橹为卫，材士强弩翼吾左右，三千人为屯，必置冲陈，便兵所处。左军以左，右军以右，中军以中，并攻而前。已战者还归屯所[④]，更战更息，必胜乃已。”武王曰：“善哉！”

【注释】

①厄：险隘。

②车城：通过联结战车而构筑起来的营寨。

③险战：险隘地带的战斗。

④屯所：集结之地，兵营。

【译文】

武王问太公道：“引兵深入敌国，与敌军在险阻狭隘的地方相遇，我军占领的地形是左山右水，敌军占领的地形是右山左水，各据险要，相互对峙。在这样的情况下，要想守必固，战必胜，应该怎么办？”

太公说：“我军占领山的左侧时，应迅速戒备山的右侧；占领山的右侧时，应迅速戒备山的左侧。险要地带中的大江没有船只利用时，就应用天潢渡过我军。已渡江的先头部队应迅速开辟前进道路，抢占便于作战的地形以利主力进入战场。用武冲大战车掩护我军的前后，广泛配置强弩，以使阵形坚固。在通向几个方向的交通枢纽和两山之间的谷口，用武冲大战车阻绝，并在高处插上旗帜，这就构成了‘车城’。对险要地带进攻的打法是以武冲大战车为前导，以大盾牌为防护，使勇士强弩保障我左右两翼，步兵每三千人为一屯，编成‘四武冲阵’，配置在便于作战的地形上；左军用于左翼，右军用于右翼，中军用于中央，三军并肩攻击前进。已战的回到集结地域，未战的依次进攻，轮番作战，轮番休息，直到取得胜利为止。”武王说：“好啊！”

犬韬

【原文】

武王问太公曰："王者帅师，三军分为数处，将欲期会合战①，约誓②赏罚，为之奈何？"

太公曰："凡用兵之法，三军之众，必有分合之变。其大将先定战地战日，然后移檄书③与诸将吏，期攻城围邑，各会其所，明告战日，漏刻有时④。大将设营而陈，立表辕门⑤，清道而待。诸将吏至者，校其先后，先期至者赏，后期至者斩。如此，则远近奔集，三军俱至，并为合战。"

【注释】

①期会合战：约定时间地点，集中军队与敌交战。

②约誓：作战前夕集合军队，宣布作战目的、原因，申明军纪，告诫将士。

③檄书：古代官府用以征召、晓谕或声讨的文书。

④漏刻有时：意谓规定军队到达的时间。漏刻：即壶漏，古代的一种计时器。

⑤立表：古代立木为表，通过观察日影来计算时间。辕门：军营的正门。古时军队驻扎时，四周以车辆为垣，在营门处用两车仰置，以车上系马之辕杆两条，树立于门之两侧以为门，故称之。

【译文】

武王问太公道："君王统兵出征，三军分驻数地，主将要按期集中军队与敌交战，并申令全军明定赏罚，应该怎么办？"

太公说："用兵的方法，由于三军众多，必然有分散和集中作战这些部署上的变化。主将要预先确定作战的地点和日期，然后用战斗文书晓谕诸将吏，明确规定要围攻的城邑、各军应集中的地域、作战的日期、到达的时间。然后主将设营布阵，在营门立表，以观测日影，计算时间，禁止行人，等待将吏到达。将吏到达时，要核对其是否准时，先期到达的赏，过期到达的杀。这样，不论远近，都会按期赶来会集，三军全部到达后，就能集中力量与敌交战了。

【原文】

武王问太公曰："凡用兵之要，必有武车骁骑，驰陈选锋①；见可则击之。如何则可击？"太公曰："夫欲击者，当审察敌人十四变②，变见则击之，敌人必败。"

武王曰："十四变可得闻乎？"太公曰："敌人新集③可击，人马未食可击，天时不顺可击，地形未得可击，奔走可击，不戒可击，疲劳可击，将离士卒可击，涉长路可击，济水④可击，不暇可击，阻难狭路可击，乱行可击，心怖⑤可击。"

【注释】

①选锋:突击队,敢死队。

②变:变故。此处指对敌不利的情况。

③集:集结。

④济水:渡河。

⑤怖:害怕。

【译文】

武王问太公道:"用兵的要领,必须有威武的战车,矫健的骑兵,能冲锋陷阵的精锐士卒作为前锋部队,发现敌有可乘之机就打。那么,究竟什么时机方可以打呢?"太公说:"想要打击敌人,应当详细审察并抓住十四种对敌不利的情况,一旦发现这些情况中的一种就发起攻击,敌人必会被打败。"

武王说:"你可以把这十四种对敌不利的情况讲给我听吗?"太公说:"敌人刚集结、立足未稳时可以打,人马饥饿时可以打,天候季节对敌不利时可以打,地形对敌不利时可以打,敌奔走赶路时可以打,敌人没有戒备时可以打,部队疲劳时可以打,将离士卒时可以打,长途跋涉后可以打,敌军渡河时可以打,敌军忙乱时可以打,通过险阻隘路时可以打,行列散乱时可以打,军心惊怖时可以打。"

【原文】

武王问太公曰:"练士之道[①]奈何?"

太公曰:"军中有大勇、敢死、乐伤者,聚为一卒[②],名曰冒刃[③]之士;有锐气、壮勇、强暴者,聚为一卒,名曰陷阵之士;有奇表长剑、接武[④]齐列者,聚为一卒,名曰勇锐之士;有拔距伸钩[⑤]、强梁[⑥]多力、溃破金鼓、绝灭旌旗者,聚为一卒,名曰勇力之士;有逾高绝远、轻足善走者,聚为一卒,名曰寇[⑦]兵之士;有王臣失势,欲复见功者,聚为一卒,名曰死斗之士;有死将之人子弟,欲与其将报仇者,聚为一卒,名曰敢死之士;有赘婿[⑧]人虏、欲掩迹扬名者,聚为一卒,名曰励钝[⑨]之士;有贫穷愤怒,欲快其心者,聚为一卒,名曰必死之士;有胥靡[⑩]免罪之人,欲逃其耻,聚为一卒,名曰幸用之士;有材技兼人,能负重致远者,聚为一卒,名曰待命之士。此军之服习,不可不察也!"

【注释】

①练士之道:挑选士卒的方法。练:同"拣",选择、挑选。

②卒:古代军队的一级编制,一般百人为卒。此处可理解为"队"。

③冒刃:敢于冒险。刃:刀口、刀锋,喻指危险。

④接武:前后足迹相连接。武:足迹。这里意为步伐稳健整齐。

⑤拔距:古代运动习武的游戏,类似现在的拔河。伸钩:把弯钩拉直。

⑥强梁：强横、强悍、强暴。

⑦寇：底本作“冠”，疑误，今据《武经七书汇解》校改。寇兵即像盗贼一样出没无常的军队。

⑧赘婿：男到女家成婚。古人认为这是一种耻辱。

⑨励钝：激励迟钝萎靡之人，让他振作起来。

⑩胥靡：刑徒囚犯。

【译文】

武王问太公道：“选择士卒的方法怎样？”

太公说：“军队中有勇气大、不怕死、不怕伤的，把他们编为一队，叫作‘冒刃之士’；有锐气旺盛、年壮勇猛、强横凶暴的，把他们编为一队，叫作‘陷阵之士’；有姿态奇异、善用长剑、步伐稳健，能在行列中整齐行动的，把他们编为一队，叫作‘勇锐之士’；有膂力过人、能拔距伸钩、强壮有力能冲入敌阵捣破敌人金鼓、撕破敌人旗帜的，把他们编为一队，叫作‘勇力之士’；有能越高城、行远路、轻足善走的，把他们编为一队，叫作‘寇兵之士’；有王公大臣因失势，而要重立功劳的，把他们编为一队，叫作‘死斗之士’；有阵亡将帅的子弟，要为其父兄报仇的，把他们编为一队，叫作‘敢死之士’；有曾被招赘、被俘虏，要求扬名遮丑的，把他们编为一队，叫作‘励钝之士’；有因贫穷而愤怒，要求立功受赏的，把他们编为一队，叫作‘必死之士’；有刑徒免罪，要掩盖其耻辱的，把他们编为一队，叫作‘悻用之士’；有才技胜人，能任重致远的，把他们编为一队，叫作‘待命之士’。这是军队中要熟悉的，不可不详加考虑啊！”

【原文】

武王问太公曰：“合三军之众，欲令士卒练士教战之道奈何？”

太公曰：“凡领三军，有金鼓之节[①]，所以整齐士众者也。将必先明告吏士，申之以三令，以教操兵起居[②]，旌旗指麾[③]之变法。故教吏士，使一人学战，教成，合之十人；十人学战，教成，合之百人；百人学战，教成，合之千人；千人学战，教成，合之万人；万人学战，教成，合之三军之众；大战之法，教成，合之百万之众。故能成其大兵[④]，立威于天下。”武王曰：“善哉！”

【注释】

①节：节制，指挥。

②操兵起居：操兵指使用兵器，起居指坐、站、进、退、分、合等，意为操持兵器，练习各种战斗动作。

③麾：同“挥”，指挥。

④大兵：强大的军队。

【译文】

武王问太公道："集合三军，要教练士卒和选出的勇士作战之道，其训练方法如何？"

太公说："统率三军必须用金鼓来指挥，这是为了统一士兵的行动。将帅必先明确告诉官兵怎样操练，而且要反复讲解清楚，训练他们操作兵器，熟悉战斗动作，依照各种旗帜指挥信号的变化而变更行动的方法。所以训练军队时，先进行单人教练，单人教练完成了，再十人合练；十人学战，教练完成了，再百人合练；百人学战，教练完成了，再千人合练；千人学战，教练完成了，再万人合练；万人学战，教练完成了，再三军合练以训练大军作战的方法。各项教练完成了，就可会集成百万大军，组成强大的军队，立威于天下。"武王说："好啊！"

【原文】

武王问太公曰："以车与步卒战，一车当几步卒，几步卒当一车？以骑与步卒战，一骑当几步卒，几步卒当一骑？以车与骑战，一车当几骑，几骑当一车？"

太公曰："车者，军之羽翼[1]也，所以陷坚阵，要[2]强敌，遮走北也。骑者，军之伺候[3]也，所以踵[4]败军，绝粮道，击便寇[5]也。故车骑不敌战[6]，则一骑不能当步卒一人。三军之众，成陈而相当，则易战[7]之法，一车当步卒八十人，八十人当一车；一骑当步卒八人，八人当一骑；一车当十骑，十骑当一车。险战[8]之法，一车当步卒四十人，四十人当一车[9]；一骑当步卒四人，四人当一骑；一车当六骑，六骑当一车。夫车骑者，军之武兵也，十乘败千人，百乘败万人；十骑败百人，百骑走千人：此其大数也。"

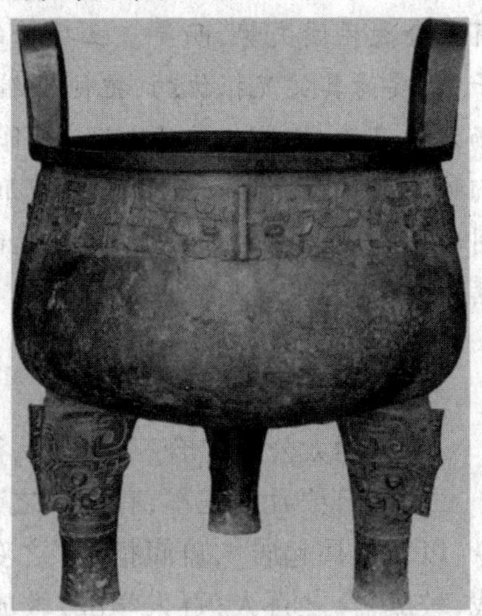

大盂鼎（西周）

【注释】

①军之羽翼：意为战车对于军队来说，好比鸟之羽翼，是用来增强战斗力的。

②要：同"邀"，邀击。

③军之伺候：意为骑兵如同侦察人员一样，是窥探敌人，乘敌之隙的。

④踵：跟踪追击。

⑤便寇：敌人的机动部队。

⑥车骑不敌战：意为车骑使用的地形不适宜，车骑的编制配合不恰当。

⑦易战：在平坦的地形作战。

⑧险战：在险厄阻隘的地形作战。

⑨车：底本作"卒"，疑误，据《武经七书汇解》校改。

【译文】

武王问太公道："用车兵对敌步兵战斗，一辆战车相当于几名步兵？几名步兵相当于一辆战车？用骑兵与步兵战斗，一名骑兵相当于几名步兵？几名步兵相当于一名骑兵？用战车对骑兵战斗，一辆战车能相当于几名骑兵？几名骑兵相当于一辆战车？"

太公说："战车是加强军队战斗力的，用以攻坚陷阵，截击强敌，切断其退路的；骑兵是军队中窥探敌人，乘敌之隙的，用以跟踪追击，断敌粮道，袭击散乱流窜的敌人的。因此车骑使用不恰当，在战斗中一名骑兵还不能抵挡一名步兵。全军布列成阵，骑兵配合得当，那么在平坦地形上作战，一辆战车可以抵挡步兵八十名，步兵八十名相当于一辆战车；一名骑兵可以抵挡步兵八名，八名步兵相当于一名骑兵；一辆战车可抵挡骑兵十名，十名骑兵相当于一辆战车。在险阻地形上作战，一辆战车可抵挡步兵四十名，四十名步兵相当于一辆战车；一名骑兵可抵挡步兵四名，四名步兵相当于一名骑兵；一辆战车可抵挡骑兵六名，六名骑兵相当于一辆战车。战车和骑兵是军队中威烈快速的冲击力量。十辆战车可以击败敌千人，百辆战车可以击败敌万人；十名骑兵可以击退敌百人，百名骑兵可以击退敌千人，这些都是大约的数字。"

【原文】

武王曰："车骑之吏数①陈法奈何？"太公曰："置车之吏数，五车一长，十车一吏，五十车一率，百车一将。易战之法，五车为列，相去四十步，左右十步，队问六十步。险战之法，车必循道，十车为聚②，二十车为屯，前后相去二十步，左右六步。队间三十六步。五车一长，纵横相去二里，各返故道。置骑之吏数，五骑一长，十骑一吏，百骑一率③，二百骑一将。易战之法，五骑为列。前后相去二十步，左右四步，队间五十步。险战者，前后相去十步，左右二步，队间二十五步。三十骑为一屯，六十骑为一辈④。十骑一吏，纵横相去⑤百步，周环各复故处。"武王曰："善哉！"

【注释】

①吏数：军官的数量。

②聚：与下文的"屯"，都是车兵的一种战斗编组。

③率：指车兵的一级单位。

④辈：骑兵的一种战斗编组。

⑤去：距离。

【译文】

武王说："战车和骑兵应配置的军官数目和作战方法怎样？"太公说："战车应配备军官的数目是，五车设一长，十车设一吏，五十车设一率，百车设一将。在平坦地形上作战的战法是，五车为一列，前后相距四十步，各车左右间隔十步，队间间隔各六十步；在险阻地形上作战的战法是，战车必须沿道路行进，十车为一聚，二十车为一屯，车与车前后距离二十步，左右宽约六步，队间距离三十六步，活动范围前后左右各一里，各车战斗后仍由原路返回。骑兵应配备军官的数目是，五骑设一长，十骑设一吏，百骑设一率，二百骑设一将。在平坦地形作战的战法是，五骑为一列，前后相距二十步，左右间隔四步，队间距离五十步；在险阻地形上作战的方法是，前后相距十步，左右间隔二步，队间距离二十五步，三十骑为一屯，六十骑为一辈。活动范围前后左右各百步，战斗后各自返回原来位置。"武王说："好啊！"

【原文】

武王问太公曰："选车士[1]奈何？"太公曰："选车士之法：取年四十以下，长七尺五寸以上，走能逐奔马，及驰而乘之，前后、左右、上下周旋，能缚束旌旗，力能彀八石弩[2]，射前后左右，皆便[3]习者，名曰武车之士，不可不厚也。"

【注释】

①车士：乘车战斗的武士。

②彀：张满弓弩。八石弩：即拉力为九百六十斤的强弩。石：古代计量单位，一百二十斤为一石。

③便：熟练。

【译文】

武王问太公道："怎样选拔车上武士？"太公说："选拔车上武士的标准，取其年龄四十岁以下，身高七尺五寸以上，跑起来追得上奔跑的马，能在奔驰中跳上战车，并能对前后、左右、上下各方应战，力能捆缚旗帜，拉满八石弩，熟练地向左右、前后射箭，这种人称为武车士，待遇不可不优厚。"

【原文】

武王问太公曰："选骑士[1]奈何？"太公曰："选骑士之法，取年四十以下，长七尺五寸以上，壮健捷疾，超绝伦等[2]，能驰骑彀射，前后左右周旋进退，越沟堑，登丘陵，冒险阻，绝大泽[3]，驰[4]强敌，乱[5]大众者，名曰武骑之士，不可不厚也。"

【注释】

①骑士：骑马作战的武士。

②超绝伦等：身怀特异才能，本领远远超过一般人。

③泽：聚水的洼地、河流。

④驰：追逐，追赶。

⑤乱：打乱。

【译文】

武王问太公道："怎样选拔骑士？"太公说："选拔骑士的标准，取其年龄四十岁以下，身高七尺五寸以上，身强力壮，敏捷快速，超过一般人的，能在乘马疾驰中挽弓射箭，对前后左右各方应战或回旋进退，越过沟堑，攀登高地，冲过险阻，跨越大泽，追逐强敌，打乱众多敌人的，这种人称为武骑士，待遇不可不优厚。"

【原文】

武王问太公曰："战车奈何？"太公曰："步贵知变动，车贵知地形，骑贵知别径奇道①，三军同名而异用也。凡车之死地②有十，其胜地③有八。"

【注释】

①别径奇道：岔路捷径。
②死地：不利的地形。
③胜地：有利的情况、处境。

【译文】

武王问太公道："战车怎样作战？"太公说："步兵作战贵在熟悉情况变化，车兵作战贵在熟悉地形状况，骑兵作战贵在熟悉别道捷径，三个兵种同是作战部队而用法不同。车兵作战有十种死地，八种胜地的情况。"

【原文】

武王曰："十死之地奈何？"太公曰："往而无以还者，车之死地也；越绝险阻，乘敌远行者，车之竭地也；前易后险者，车之困地也；陷之险阻而难出者，车之绝地也；圮下渐泽①，黑土黏埴②者，车之劳地也；左险右易，上陵仰阪③者，车之逆地也；殷④草横亩，犯历深泽者，车之拂⑤地也；车少地易，与步不敌者，车之败地也；后有沟渎，左有深水，右有峻阪者，车之坏地也；日夜霖雨，旬日不止，道路溃陷，前不能进，后不能解者，车之陷地也。此十者，车之死地也。故拙将之所以见擒，明将之所以能避也。"

武王曰："八胜之地奈何？"太公曰："敌之前后，行陈未定，即陷之；旌旗扰乱，人马数动，即陷之；士卒或前或后，或左或右，即陷之；陈⑥不坚固，士卒前后相顾，即陷之；前往而疑，后恐而怯，即陷之；三军卒⑦惊，皆薄而起，即陷之；战于易地，暮不能解，即陷之；远行而暮舍，三军恐惧，即陷之。此八者，车之胜地也。将明于十害八胜，敌虽围周，千乘万骑，前驱旁驰，万战必胜。"武王曰："善哉！"

【注释】

①圮下渐泽：塌陷积水的地带。圮：毁坏。下：低下。渐：浸水。泽：洼地，池沼。

②黏埴:泥泞的黏土。

③仰阪:迎着山坡。阪:山坡。

④殷:茂盛。

⑤拂:违背。引申为不利。

⑥陈:阵地。

⑦卒:同猝。马上,急促。

【译文】

武王问:"什么是十种死地?"太公说:"可以前进而不能退回,这就是战车的死地;越险阻,长途追逐敌人,这就是战车的竭地;前面平坦,后面险阻,这就是战车的困地;陷入险阻而难于出来,这就是战车的绝地;塌陷积水黑土黏泥地带,这就是战车的劳地;左面险阻,右面平坦,还要爬坡,这就是战车的逆地;盛草连垄,还要渡过水泽,这就是战车的拂地;车少地平,而且战车与步兵配合不当,这是战车的败地;后有沟渠,左有深水,右有高坡,这就是战车的坏地;昼夜大雨,旬日不停,道路毁坏,前不能进,后不能退,这就是战车的陷地。这十种都是战车的死地。所以愚将由于不了解这十种死地而被擒,智将由于了解这十种死地就能避开它。"

武王又问:"八种胜地是什么?"太公说:"敌人的前后行阵尚未排列完毕,就乘机攻破它;敌人旌旗扰乱,人马不断调动,就乘机攻破它;敌士卒有的向前,有的退后,有的往右,有的往左,混乱不已,就乘机攻破它;敌阵势不稳定,士卒前后相互观望,就乘机攻破它;敌前进犹豫,后退害怕,就乘机攻破它;敌三军突然惊乱,轻举妄动,就乘机攻破它;敌与我战于平坦地形上,日暮还未结束战斗,就用战车攻破它;敌长途行军,宿营很晚,三军惧战,就乘机攻破它。这八种情况就是战车的胜地。将帅明白了十种'死地'和八种'胜地',敌人即使四面包围,用千乘万骑向我正面压迫,两侧突击,也不可怕,无论多少次战斗都必定取得胜利。"武王说:"好啊!"

【原文】

武王问太公曰:"战骑奈何?"太公曰:"骑有十胜、九败[①]。"

武王曰:"十胜奈何?"太公曰:"敌人始至,行陈未定,前后不属,陷其前骑,击其左右,敌人必走;敌人行陈整齐坚固,士卒欲斗,吾骑翼而勿去,或驰而往,或驰而来,其疾如风,其暴如雷,白昼而昏,数更旌旗,变易衣服,其军可克;敌人行陈不固,士卒不斗,薄其前后,猎[②]其左右,翼而击之,敌人必惧;敌人暮欲归舍,三军恐骇,翼其两旁,疾击其后,薄其垒口[③],无使得人,敌人必败;敌人无险阻保固,深入长驱,绝其粮道,敌人必饥;地平而易,四面见敌,车骑陷之,敌人必乱;敌人奔走,士卒散乱,或翼其两旁,或掩其前后,其将可擒;敌人暮返,其兵甚众,其行陈必乱,令我骑十而为队[④],百而为屯,车五而为聚,十而为群,多设旌旗,杂以强弩,或击其两旁,或绝[⑤]其前后,敌将可虏。此骑之十胜也。"

【注释】

①十胜：十种制胜的战机。原文只有八胜，疑有脱简。九败：九种致败的地形。

②猎：打猎，此处指袭击。

③垒口：营垒的入口。

④队：与下文的屯、聚、群，均为古代骑兵部队的战斗编组。

⑤绝：断绝。

【译文】

武王问太公道："骑兵怎样作战？"太公说："骑兵作战有'十胜'和'九败'。"

武王问："十胜是怎样的？"太公说："敌人初到，行阵未定，前后不相联系，我骑兵应立即击破其先头骑兵部队，夹击其两翼，敌必溃逃；敌人阵势整齐坚固，士卒战斗情绪很高，我骑兵部队应缠住敌人两翼不放，时而奔驰过去，时而奔驰回来，快速如风，猛烈如雷，使尘土飞扬迷漫，白昼如同黄昏，不断更换旗帜，改变服装，使敌人疑虑重重，敌军就可以被打败；敌人行阵不稳固，士卒没有斗志，就迫近敌人前方和后方，从左右从两翼夹击它，敌人必会震恐；敌人日暮回营，三军震骇，我骑兵应夹击其两翼，急速袭击其后尾，迫近其营垒入口，阻止其进入营垒，敌人在慌乱中必会溃败；敌人没有险阻地形可以固守，我骑兵应长驱直入，切断其粮道，敌必会陷于饥饿；敌处于平坦地形，四面受到威胁，我骑兵协同战车四面围攻它，敌人必会溃乱；敌人败逃，士卒散乱，我骑兵或由其两翼夹击，或袭击其前后，敌将帅也就可以被擒；敌人日暮退回营垒，部队很多，队形一定混乱，就令我骑兵十人为一队，百人为一屯，战车五辆为一聚，十辆为一群，多插旗帜，配以强弩，或者打击其两翼，或者断绝其前后，敌将帅也可以被俘获。这就是骑兵作战的十种可以取胜的战机。"

【原文】

武王曰："九败奈何？"太公曰："凡以骑陷敌而不能破陈，敌人佯走，以车骑返击我后，此骑之败地也；追北逾险，长驱不止，敌人伏我两旁，又绝我后，此骑之围地也；往而无以返，入而无以出，是谓陷于天井，顿于地穴[①]，此骑之死地也；所从入者隘，所从出者远，彼弱可以击我强，彼寡可以击我众，此骑之没地也；大涧深谷，翳萝林木，此骑之竭地也；左右有水，前有大阜，后有高山，三军战于两水之间，敌居表里[②]，此骑之艰地也；敌人绝我粮道，往而无以返，此骑之困地也；污下沮泽[③]，进退渐洳，此骑之患地也；左有深沟，右有坑阜[④]，高下如平地，进退诱敌，此骑之陷地也。此九者，骑之死地也。明将之所以远避，暗将之所以陷败[⑤]也。"

【注释】

①地穴：地之下陷者为地穴。

②表里：内外有利的地形。

③沮泽：水草所聚的地方，即沼泽地。

④坑阜：指地形高低凹凸不平。坑：凹陷地。阜：土山。

⑤陷败：陷于失败。

【译文】

武王问："'九败'是什么？"太公说："用骑兵攻击敌人，如果不能突破敌阵，敌人假装逃跑，而以战车和骑兵反击攻我后方，这是骑兵的败地了；追击败退之敌，越过险阻，长驱深入而不停止，敌人埋伏在我军两旁，断绝我军后路，这是骑兵的围地；前进后，无法退回，进入后，无法出来，这叫陷入'天井'之内，困于'地穴'之中，这就是骑兵的死地；进路狭窄，出路迂远，敢可以弱击强，以少击众，这就是骑兵的没地；大涧深谷，林木茂盛，活动困难，这就是骑兵的竭地；左右有水，前有大山，后有高岭，我军在两水之间作战，敌人内守山险，外据水要，这就是骑兵的艰地；敌人断我粮道，我军只有进路而没有退路，这就是骑兵的困地；沼泽地、低湿泥泞地，这就是骑兵的患地；左有深沟，右有坑凹，一高一低，看起来就像平地，无论进退都会招致敌人来攻，这就是骑兵的陷地。这九种都是骑兵的'死地'。这是明智的将帅所竭力避开，昏庸的将帅所以陷于失败的地方。"

【原文】

武王问太公曰："步兵与车骑战奈何[①]？"太公曰："步兵与车骑战者，必依丘陵险阻，长兵强弩居前，短兵弱弩居后，更发更止。敌之车骑虽众而至，坚阵疾战，材士强弩以备我后。"

太公曰："令我士卒为行马、木蒺藜，置牛马队伍，为四武冲陈。望敌车骑将来，均置蒺藜，掘地匝后[②]，广深五尺，名曰'命笼'。人操行马进步，阑车以为垒，推而前后，立而为屯。材士强弩，备我左右。然后令我三军，皆疾战而不解。"武王曰："善哉！"

【注释】

①与：底本无此字，疑脱，从《武经七书汇解》补正。战，底本无此字，疑脱，据《武经七书汇解》补正。

②掘地匝后：指在四周开掘壕沟。

【译文】

武王问太公道："步兵怎样与战车、骑兵作战？"太公说："步兵与战车、骑兵作战，必须依托丘陵险阻的地形列阵，把长兵器和强弩配置在前面，把短兵器和弱弩配在后面，轮流战斗，轮番休止。敌战车和骑兵大量到达，我军只有坚守阵形，顽强战斗，并使勇士强弩戒备后方。"

太公说："令我士卒制作行马和木蒺藜，把牛车、马车都集中起来编为一队，步成'四武冲阵’。观察到敌军即将到来，就在他来的方向，广泛布设蒺藜，并环绕后方掘地，深宽各五尺，这叫作‘命笼’。步兵带着行马进退，用车辆组成营垒推着它前后移动，停止下来就成为营寨。用勇士强弩戒备左右，然后号令全军迅猛战斗，不得懈怠。”武王说：“好啊！”

《阴谋》治要

【题解】

《阴谋》,又称《太公阴谋》,我国古代著名兵书,据说是西周姜尚所著,又称《太公阴谋三十六用》。它与《太公金匮》《太公兵法》并称《太公》三书。

姜尚,字子牙,俗称"姜太公",周朝开国元勋,因辅佐武王伐纣有功,封为齐太公,为齐国始祖,是有名的"千古一相"。他才智超人,功业炫目,可以说是中国谋略家的开山鼻祖。唐肃宗时被封为"武成王",立庙祭祀,与封为"文宣王"的孔子并驾齐驱。

据说姜太公有"三书",分别为《言》《谋》《兵》。《言》指《太公金匮》,《谋》指《太公阴谋》,《兵》指《太公兵法》。《隋书·经籍志》记太公三书为《太公阴谋》《太公金匮》《太公兵法》;《唐志》则记太公三书为《太公阴谋》,《太公金匮》,《太公六韬》。前两种名称一样,后一种有区别,所以有人推断《太公兵法》就是《六韬》。

魏征编纂《群书治要》,仅辑录《阴谋》中有关太公答武王的贤君治国教民之法,是对《六韬》进一步的阐述。"贤君治国,不以私官公,赏不加于无功,罚不加于无罪,法废于仇雠,不避于所爱,不用怒以诛,不因喜以赏,不高台深池以役下,不雕文刻画以害农,不极耳目之欲以乱政,"是贤君治国的根本方法。魏征辑录《阴谋》不足千字,保存了唐代尚存的部分珍贵资料,其中涉及治国教民之法,赏罚奖惩之道,是魏征向唐太宗进谏数十万言中的重要内容,就是今天世界各国有政绩的领导人物也无不如斯"治国教民"。

【原文】

武王问太公曰:"贤君治国教民,其法何如?"太公对曰:"贤君治国,不以私害公①;赏不加于无功,罚不加于无罪;法不废于仇雠②,不避于所爱;不因怒以诛,不因喜以赏;不高台深池以役下,不雕文刻画以害农;不极耳目之欲以乱政,是贤君之治国也。不好生③而好杀,不好成而好败,不好利而好害,不好与而好夺,不好赏而好罚;妾孕④(孕恐媵误)为政,使内外相疑,君臣不和;拓人田宅以为台观,发⑤人丘墓⑥以为苑囿⑦;仆媵⑧衣文绣⑨,禽兽犬马⑩与人同食⑪,而万民糟糠⑫不厌⑬;裘褐⑭不完,其上不知而重敛,夺民财物,藏之府库⑮;贤人逃隐于山林,小人任大职;无功而爵,无德而贵;专恣⑯倡乐⑰,男女昏乱;不恤万民,违阴阳之气;忠谏不听,信用邪佞⑱,此亡国之君治国也。"

【注释】

①以私害公:谓因私情而损害公道或公德。

②仇雠:仇人;冤家对头。

③好生:爱惜生灵,不嗜杀。

④妾孕：疑作“妾媵”。

⑤发：挖掘。

⑥丘墓：坟墓。

⑦苑囿：古代畜养禽兽供帝王玩乐的园林。

⑧仆媵：婢妾。

⑨文绣：刺绣华美的丝织品或衣服。

⑩犬马：特指良狗名马。引申为玩好之物。

⑪同食：吃同样的食物。

⑫糟糠：酒滓、谷皮等粗劣食物，贫者以之充饥。

⑬不厌：不满足，不饱。“厌”，通“餍”。

⑭裘褐：粗陋衣服。

⑮府库：旧指国家贮藏财物、兵甲的处所。

⑯专恣：纵任。

⑰倡乐：倡优的歌舞杂戏表演。

⑱邪佞：奸邪小人。

【译文】

武王问太公：“贤明的君主治理国家、教化人民，其方法是什么呢？”太公答道：“贤明的君主治理国家，不因私情损害公道；奖赏不给予无功之人，刑罚不施于无罪之人；法令制度的实施，不因对待自己的仇人而偏废，也不避讳自己所宠爱的人；不因一时愤怒而滥杀人，不因一时欢喜便奖赏人；不建筑高台深池而役使民众，不雕文刻画而耽误农时；不极尽耳目的享受而扰乱政事。这就是贤明的君主治理国家之法。（相反）不爱惜生命却喜好杀戮，不喜欢成就而喜欢败坏，不喜好利益他人而喜好损害人，不喜好施与而喜好掠夺，不喜好奖赏而喜好刑罚，妻妾干预政事，使朝廷内外互相猜疑，君臣不和；侵占他人的田宅来建筑楼台宫观，挖掘他人的坟墓来修建园林；婢妾穿着秀美华丽的衣服，禽兽狗马和人吃同样的食物，而百姓却连糟糠也吃不饱，穿的则是粗陋衣服且不完整。君主不知下情且加重赋税，掠夺百姓的财物，收藏于国家府库；贤能之士逃避隐匿于山林，奸邪小人担任要职；无功者受到封爵，无德者反而显贵；放纵沉溺于歌舞之中，男女悖乱；不体恤百姓，违背阴阳调和之气；不接受忠臣的劝谏，信任委用奸邪小人。这就是亡国之君的治国之法。”

【原文】

武王问太公曰：“吾欲轻罚而重威，少其赏而劝善[①]多，简其令而众皆化，为之何如？”太公曰：“杀一人千人惧者杀之，杀二人而万人惧者杀之，杀三人三军振[②]者杀之；赏一人而千人喜者赏之，赏二人而万人喜者赏之，赏三人三军喜者赏之；令一人千人得者令之，禁二人而万人止者禁之，教三人而三军正者教之；杀一以惩[③]万，赏一而劝众，此明君之威福[④]也。"

【注释】

①劝善:勉励为善。

②振:整顿。

③惩:鉴戒。

④威福:统治者的赏罚之权。

【译文】

武王问太公说:"我希望减轻刑罚而增加威严,减少赏赐而勉励更多的人为善,简化政令而使大众都得到教化,如何才能做到呢?"太公回答说:"如果杀一人能使千人畏惧,就杀了他;杀两人能使万人畏惧,就杀了他们;杀三人能使三军得到整顿,就杀了他们。如果奖赏一人能让千人喜悦,就奖赏他;奖赏两人能让万人喜悦,就奖赏他们;奖赏三人能使三军喜悦,就奖赏他们。命令一人能使千人奋进,就命令他;制止两人能使万人止恶,就禁止他们;教育三人能够使三军得到纠正,就教育他们。杀一人来警诫万人,赏一人来激励大众。这是贤明君主的赏罚之道啊!"

【原文】

武王问太公曰:"吾欲以一言与身相终,再言与天地相永,三言为诸侯雄[①],四言为海内宗[②],五言传之天下无穷,可得闻乎?"太公曰:"一言与身相终者,内宽而外仁也;再言与天地相永者,是言行相副[③],若天地无私也;三言为诸侯雄者,是敬贤用谏[④],谦下于士也;四言为海内宗者,敬接不肖,无贫富,无贵贱,无善恶,无憎爱也;五言传之天下无穷者,通于否泰[⑤],顺时[⑥]容养也。"

【注释】

①雄:指强有力者,杰出者。

②宗:指宗主。

③言行相副:说的和做的相符合。

④用谏:犹纳谏。

⑤否泰:《易》的两个卦名。天地交,万物通谓之"泰";不交闭塞谓之"否"。后常以指世事的盛衰,命运的顺逆。

⑥顺时:谓顺应时宜,适时。

【译文】

武王问太公:"我希望能有一句话使我终身铭记;第二句话能与天地长存;第三句话能使我成为诸侯中的杰出者;第四句话能使我成为天下的宗主;第五句话可以将天下代

代相传无有穷尽，我可以听您讲讲吗？”太公说：“第一句可以使您终身铭记的话，就是要内心宽宏，对外仁爱；第二句可以与天地共存的话，就是要言行相符，像天地那样公正无私；第三句可以让您成为诸侯中杰出者的话，就是要尊敬贤者，虚心纳谏，还要谦卑地礼待士人；第四句让您可以成为天下宗主的话，就是要恭敬谨慎地对待不肖之人，不分贫富、贵贱、善恶、爱憎；第五句可以使您将天下代代相传无有穷尽的话，就是要通达吉凶盛衰的规律，顺应时宜，包容天下，涵养万物。”

【原文】

武王问尚父[①]曰：“五帝之戒[②]可闻乎？”尚父曰：“黄帝之时戒曰：‘吾之居民上也，摇摇[③]恐夕不至朝；尧之居民上，振振[④]如临深川；舜之居民上，兢兢[⑤]如履薄冰；禹之居民上，栗栗[⑥]恐不满日；汤之居民上，战战[⑦]恐不见旦。’”王曰：“寡人今新并殷居民上，翼翼[⑧]惧不敢怠。”

【注释】

①尚父：即姜太公，此为尊称。
②戒：告诫。
③摇摇：心神不定貌。
④振振：战栗。
⑤兢兢：小心谨慎貌。
⑥栗栗：畏惧貌。
⑦战战：戒慎貌，畏惧貌。
⑧翼翼：恭敬谨慎貌。

【译文】

武王问尚父说：“我可以听您讲讲五帝的训诫吗？”尚父说：“黄帝之时，常告诫自己，我位居人民之上，常心神不安，唯恐夕不至朝；尧帝位居百姓之上，战栗恐惧如临深渊；舜帝位居百姓之上，小心谨慎如履薄冰；禹王位居百姓之上，畏惧小心，唯恐连一天都维持不了；成汤位居百姓之上，敬慎畏惧只恐挨不到天明。”武王说：“寡人现在刚刚兼并殷商，位居万民之上，当恭敬谨慎，戒惧而不敢怠慢。”

《鬻子》治要

【题解】

《鬻子》,西周时著作。《汉书·艺文志》将其列为道家类。书中已有关于"道"守柔、辩证的思想,认为:"发政施令为天下福者,谓之道。"又说:"欲刚必以柔守之,欲强必以弱保之。积于柔必刚,积于弱必强。观其所积,以知祸福之乡。""物损于彼者盈于此,成于此者亏于彼。损盈成亏,随生随死。"今存清叶德辉校辑本,14 篇。贾谊《新书》和《列子》中有关于鬻子的思想言论。

魏征在《群书治要》中辑录《鬻子》虽不足千字,但辞多治国之道,通篇贯穿了仁政、王道精神和以民为本思想,以及弘道济世之术。唐朝人逄行珪在为《鬻子》作序中称"王者览之,可以理国;吏者遵之,可以从政。足使贤者励志,不肖者涤心"。魏征所辑,其旨在告诫太宗要内而修法治身,外而励志治国,尤要以仁为本,知善而行,才能达到"理国"的目的。

【原文】

君子不与人之谋(本书之谋作谋之)则已矣,若与人谋之,则非道无由也。故君子之谋,能必用道,而不能必见受①也;能必忠,而不能必入②也;能必信,而不能必见信也。君子非仁③(仁作人)者不出之于辞,而施之于行,故非非④者行是,而恶恶⑤者行善,而道谕⑥矣。

【注释】

①见受:被接纳,被接受。
②入:接受,采纳。
③非仁:《鬻子》原文作"非人"。非人,责备别人。
④非非:谓否定应该否定的事物。非所当非,不是就是不是。
⑤恶恶:憎恨邪恶。
⑥谕:表明,显示。

【译文】

君子不为人出谋划策则已,如果为人谋划,除却道义便无所依凭了。所以君子之谋,一定能做到遵从道义,但不一定会被人接受;一定能做到尽忠无私,但不一定会被人采纳;一定能做到诚实不欺,却不一定会被人相信。君子责备他人,不表露于言辞,而是体现于行动。所以否定应当否定之事物者,行为正确;憎恶邪恶之行者,行为美好。这样,道义就会彰显了。

【原文】

文王问于鬻子曰："敢问人有大忌乎？"对曰："有。"文王曰："敢问大忌奈何？"鬻子对曰："大忌知身之恶而不改也，以贼[①]其身，乃丧其躯[②]。有行如此，之谓大忌也。昔之帝王，其所以为明者，以其吏也；昔之君子，其所以为功者，以其民也。力生于民，而功最[③]于吏，福归于君，民者至庳[④]也。而使之取吏焉，必取所爱。故十人爱之，则十人之吏也；百人爱之，则百人之吏也；千人爱之，则千人之吏也；万人爱之，则万人之吏也。"

【注释】

①贼：害；伤害。

②躯：指生命。

③最：会聚，聚合。

④庳：低下。

【译文】

文王问鬻子说："请问人有重大的忌讳吗？"鬻子回答："有。"文王问："请问重大的忌讳是什么呢？"鬻子回答说："最大的忌讳是知道自己身上的过失却不改正，以致损害自身，丧失生命。这样的行为，就是人之大忌。从前的帝王所以英明的原因，是凭借他的官吏；从前的君子所以有功绩的原因，是凭借他的百姓。力量产生于民众，而功劳聚集于官吏，幸福归于君主，百姓的地位最为低下。如果让他们选取官吏，必定会选取他们所喜爱的。因此，十人喜爱他，他就是这十人的官吏；百人喜爱他，他就是这百人的官吏；千人喜爱他，他就是这千人的官吏；万人喜爱他，他就是这万人的官吏。"

【原文】

周公曰："吾闻之于政也，知善不行者则谓之狂，知恶不改者则谓之惑。夫狂与惑者，圣人之戒也。不肖者不自谓不肖，而不肖见于行。不肖者虽自谓贤，人犹皆谓之不肖也。愚者不自谓愚，而愚见于言。愚者虽自谓智，人犹皆谓之愚也。禹之治天下也，以'五声'听，门悬钟[①]鼓[②]铎[③]磬[④]而置鼗[⑤]，以待四海之士，为铭[⑥]于笋簴[⑦]曰：'教寡人以道者击鼓，教寡人以义者击钟，教寡人以事者振[⑧]铎，告寡人以忧[⑨]者击磬，语寡人以讼狱[⑩]者挥[⑪]鼗。'此之谓五声。是以禹尝据一馈[⑫]而七起，日中而不暇[⑬]饱食[⑭]，曰：'吾不恐四海之士留于道路，吾恐其留吾门廷[⑮]也。'是以四海之士皆至，是以禹朝廷间可以罗雀[⑯]者（无者字）。"

【注释】

①钟：古代乐器。青铜制，悬挂于架上，以槌叩击发音。

②鼓:打击乐器。多为圆桶形或扁圆形,中间空,一面或两面蒙着皮革。

③铎:古代乐器,大铃的一种。古代宣布政教法令或遇战事时用之。青铜制品,形如钲而有舌。其舌有木制和金属制两种,故又有木铎和金铎之分。

④磬:古代打击乐器,状如曲尺。用玉,石或金属制成。

⑤鼗:音桃,有柄的小鼓。

⑥铭:刻写在器物上的文辞。

⑦笋簴:即"笋虡",音损具。古代悬挂钟磬的架子。横架为笋,直架为簴。

⑧振:挥动,摇动。

⑨忧:忧患,祸患。

⑩讼狱:诉讼。

⑪挥:舞动,摇动。

⑫馈:指进食。

⑬不暇:没有时间;来不及。

⑭饱食:吃饱。

⑮门廷:宫门,朝门外的地方。

⑯罗雀:形容门庭寂静或冷落。

【译文】

周公说:"我听说关于政务方面的事,知道是好事而不施行的叫作狂;知道是恶行而不改正的叫作惑。狂与惑是圣人所戒慎的。"不贤之人不认为自己不贤,但不贤却表现在他的行动上;不贤之人即使自认为贤能,别人还是都认为他不贤。愚昧的人不认为自己愚昧,而愚昧却显现在他的言谈中;愚昧的人即使自认为聪慧,别人还是都认为他愚昧。禹王通过聆听五种声音来治理天下。朝堂门上悬挂着钟、鼓、铎和磬,旁边摆放着鼗,以此接待天下士人,并在悬挂钟磬的木架上刻着铭文,说:"以道教导我的请击鼓;以义教导我的请敲钟;教导我如何处理国家大事的请摇铎;告知我国家忧患的请击磬;告诉我诉讼之事的请敲鼗。"这就是所谓的五声。因此,禹王曾经在吃一顿饭的期间七次起身处理政务,一直忙到正午都没有时间吃饱饭。禹王说:"我不怕天下的士人停留在路上,我担心他们滞留在我的门庭啊!"因此天下士人纷纷前来投奔(能够各得其所),也因此,禹的朝廷很清静。

【原文】

夫卿相[①]无世,贤者有之;国无因[②]治[③],智者理之。智者非一日[④]之志也,治者非一日之谋也。治志[⑤]治谋[⑥]在于帝王,然后民知所保而知所避。发政施令,为天下福者谓之道,上下相亲谓之和,民不求而得所欲谓之信,除天下之害谓之仁。仁与信,和与道,帝王之器[⑦]也。凡万物皆有器,故欲有为[⑧]而不行[⑨]其器者(旧无不行其器者五字。补)不成也。欲王者亦然,不用帝王之器者,亦不成也。

【注释】

①卿相：执政的大臣。
②因：沿袭，承袭。
③治：指政治清明，社会安定。与“乱”相对。
④一日：谓短暂，一时。
⑤治志：治国平天下的志向。
⑥治谋：治理国家、治理天下的谋略规划。
⑦器：用具，器具。此言道、和、信、仁，皆为君主治国之利器。
⑧有为：有作为。
⑨行：使用，行使。

【译文】

卿相没有世代相承的，只有贤德者可以居其位；国家没有沿袭不变的太平，要靠智者来治理。智者凭借的不是一时的志向，治理国家者靠的不是一时的谋略。治国平天下的志向、治国的谋略，都决定于帝王。然后百姓就知道哪些应当保持，哪些应当避免。发布实施政令，为天下百姓造福的，叫作道；上下互相亲爱，叫作和；百姓未乞求，便得到自己所想要的，叫作信；除去天下的祸害，叫作仁。仁与信、和与道，是帝王治国的利器。凡做各种事情都要依靠工具和方法，所以想要有所作为而不使用其工具的，就不会成功。想要统治天下也是如此，不使用帝王治国的利器，也是不会成功的。

【原文】

昔者，鲁周公使卫康叔[①]往守[②]于殷[③]，戒之曰：“与杀不辜，宁失[④]有罪。无有无罪而见诛，无有有功而不赏。戒之，封。诛、赏之慎焉。”

【注释】

①卫康叔：姬姓，名封，周文王第八子，武王、周公之弟。武王灭商后，将其封于畿内的康国，故称康叔。成王时，周公旦平定武庚叛乱后，徙封康叔于卫（今河南淇县朝歌），建立卫国，为卫国第一代国君。
②守：治理，管理。
③殷：古都邑名。在今河南安阳小屯村。商代君王盘庚迁都于此。
④失：错过，放过。

【译文】

从前，鲁周公派卫康叔去监管殷地，告诫他说：“与其妄杀无辜的人，不如放过有罪的人。没有无罪而被妄杀的，也没有有功而不被赏赐的。要警戒啊！封！诛杀和赏赐要慎重啊！”

《管子》治要

【题解】

《管子》是一部记录春秋时齐国政治家、思想家管仲及其言行事迹的著作。这也是一部战国时各家学派的言论汇编，内容庞杂，涵盖法、儒、名、道、兵、农、阴阳等诸家观点。本书保存了丰富的史料，具有很高的史学价值。这使它在诸子百家中占有重要的地位，是研究古代政治经济文化的重要资料。

《管子》书影

今存《管子》由西汉刘向编定，共76篇，分为：《经言》《外言》《内言》《短语》《区言》《杂篇》《管子解》《管子轻重》。刘向编定之前，韩非、贾谊、司马迁等都认为其核心思想是礼法并重，即主张法治的同时也提倡道德教化。有人推测这是当时齐国学者结合本国特点，托名管仲提出的新学说。

魏征编纂的《群书治要》从《管子》中节录其《牧民》《治国》等二十二篇，约一万余字，作为他进谏的理论依据。如《牧民》篇的核心内容是强调国君治国应遵循的基本原则，以及这些原则在实施过程中已取得的正反两方面的经验。文中提出的“仓廪实则知礼节，衣食足则知荣辱”以及“上有所行，下必效之”等观点具有鲜明的唯物主义色彩，至今仍有借鉴意义。

牧民

【题解】

牧民，就是统治、蓄养人民。它作为《管子》的首篇出现有特别的含义，说明《管子》这本书主要讲述为政者应如何治理国家。《牧民》涉及政治、经济、军事、教育等多个方面，内容极为丰富；它提出的许多观点，如“务在四时，守在仓廪”“仓廪实则知礼节，衣食足则知荣辱”“禁文巧”“授有德”“严刑罚”“信庆赏”“量民力”“顺民心”，不仅是贯穿全书的主线，且成为后人为政治世的指导性思想。《牧民》在《管子》一书中具有特殊的地位和意义，可以说，读懂了《牧民》，就把握住了《管子》的精神实质。

《牧民》不仅思想博大精深，文字的艺术表现力也很强。篇中多对偶用韵，读起来朗朗上口；多用排比加顶真的复合修辞，既增强了文章的气势，又环环相扣，显示出文章内在的逻辑性。这种艺术风格，在后面的文章中亦多有体现。

刘向

【原文】

凡有地牧民者①，务在四时②，守在仓廪③。国多财则远者来，地辟举则民留处。仓廪实则知礼节，衣食足则知荣辱。上服度则六亲固④，四维张则君令行⑤。故省刑之要在禁文巧⑥，守国之度在饰四维⑦。顺民之经⑧，在明鬼神、祇山川、敬宗庙、恭祖旧。不务天时则财不生，不务地利则仓廪不盈。野芜旷则民乃荒⑨，上无量则民乃妄。文巧不禁则民乃淫，不障两原则刑乃繁⑩。不明鬼神则陋民不悟，不祇山川则威令不闻，不敬宗庙则民乃上校⑪，不恭祖旧则孝悌不备。四维不张，国乃灭亡。

【注释】

①有地牧民：占有土地蓄养人民，即治理国家。

②四时：一年四季的农活。

③仓廪：粮仓，这里指粮食储备。

④服度：遵守礼仪制度。

⑤四维：即下文将要提及的礼、义、廉、耻。

⑥文巧：奢侈品的生产、使用。

⑦饰：通"饬"，整理、整顿。

⑧顺：通"训"，教育、教训。

⑨荒：逃离、逃亡。

⑩障：堵塞，杜绝。两原：文巧的生产、使用。

⑪校：闻一多说："'校'读为姣。《广雅·释言》：'姣，侮也。'通作'佼'。"这里指轻侮其上。

【译文】

治理国家，必须指导人民抓好四时农业生产，保证充足的粮食储备。国家富有，远方的人就会来归附；土地大量开垦，人民就会留下来居住。粮食充足，人民就懂得礼节；丰衣足食，人民就懂得荣辱。君主遵循法度，亲属之间才能团结一致；倡导礼义廉耻，君主政令才能贯彻执行。减少刑罚的关键，在于禁止奢侈品的生产和使用；国家长存的方法，在于整顿人民的四维观念。教育人民的主要措施，在于使人民对鬼神、山川、祖先、宗亲

旧臣有尊崇、敬畏之感。违反四时节令，生产不出财富；不致力于农事，粮仓不会充盈。土地荒芜空旷，人民就会四散逃亡；统治者征敛没有限度，人民就会犯上作乱。奢侈品的生产、使用不能禁止，人民就会淫荡放纵；不堵塞文巧的生产、使用这两条祸根，刑罚就会日趋频繁。不敬重鬼神，粗野之民就无从顿悟；不祭祀山川，威法重令就无从颁行；不敬奉祖宗，人民就会轻侮其上；不尊重宗亲故旧，孝悌之心就不完备。礼、义、廉、耻不发扬光大，国家就会灭亡。

【原文】

国有四维[①]。一维绝则倾，二维绝则危，三维绝则覆，四维绝则灭。倾可正也，危可安也，覆可起也，灭不可复错也[②]。何谓四维？一曰礼，二曰义，三曰廉，四曰耻。礼不逾节[③]，义不自进[④]，廉不蔽恶，耻不从枉。故不逾节则上位安，不自进则民无巧诈，不蔽恶则行自全[⑤]，不从枉则邪事不生。

【注释】

①维：刘绩说："维，网罟之纲。所以张之者，此四者所以立国。故曰维。"

②错：通"措"，安置。

③节：等级规范。

④自进：不经过推荐，自己投机钻营。

⑤自全：完美。

【译文】

有四条维系国家安危的准绳。一条断了，国家就会倾斜；两条断了，国家就会危险；三条断了，国家就会倾覆；四条断了，国家就会灭亡。倾斜可以扶正，危险可以挽救，倾覆可以再起，灭亡就不可收拾了。这四条准绳是什么呢？一是礼，二是义，三是廉，四是耻。礼，就是不逾越等级规范；义，就是不妄自钻营；廉，就是不掩饰过错；耻，就是不走歪路。所以，不逾越规范，君主的地位就安定；不妄自钻营，人民就不会巧谋欺诈；不掩饰过错，人民行为就自然端正；不走歪路，邪恶的事情就不会发生。

【原文】

政之所兴[①]，在顺民心。政之所废，在逆民心。民恶忧劳，我佚乐之[②]。民恶贫贱，我富贵之。民恶危坠，我存安之。民恶灭绝，我生育之。能佚乐之则民为之忧劳，能富贵之则民为之贫贱，能存安之则民为之危坠，能生育之则民为之灭绝。故刑罚不足以畏其意，杀戮不足以服其心。故刑罚繁而意不恐，则令不行矣。杀戮众而心不服，则上位危矣。故从其四欲则远者自亲[③]，行其四恶则近者叛之[④]。故知予之为取者，政之宝也。

【注释】

①兴：兴起，推行。

②佚:通“逸”,安逸。
③四欲:指上面说的“佚乐”“富贵”“存安”“生育”四种欲望。
④四恶:指上面所说的“忧劳”“贫贱”“危坠”“灭绝”四种厌恶的东西。

【译文】

政令之所以推行,在于顺应民心;政令之所以废弛,在于违背民心。人民厌恶忧劳,我就使他们安逸;人民厌恶贫贱,我就使他们富贵;人民害怕危险失败,我就使他们安定;人民害怕断绝后嗣,我就使他们生育繁衍。能使人民安逸,他们就会为此承受忧劳;能使人民富贵,他们就会为此忍受贫贱;能使人民安定,他们就会为此承担危难;能使人民生育繁衍,他们就会为此献出生命。所以,刑罚不足以使人民畏惧,杀戮不足以使人民心服。刑罚繁多人民却不畏惧,政令就无法推行了;杀戮众多民心却不顺服,君主的地位就危险了。因此,满足人民上述四种愿望,远方的人就会来归附;强行推行上述四种厌恶的事情,亲近的人也会叛离。由此可见,懂得给予就是取得的道理,就是掌握了治国的法宝。

【原文】

错国于不倾之地[①],积于不涸之仓,藏于不竭之府,下令于流水之原[②],使民于不争之官[③],明必死之路,开必得之门。不为不可成,不求不可得,不处不可久,不行不可复。错国于不倾之地者,授有德也。积于不涸之仓者,务五谷也。藏于不竭之府者,养桑麻、育六畜也。下令于流水之原者,令顺民心也。使民于不争之官者,使各为其所长也。明必死之路者,严刑罚也。开必得之门者,信庆赏也[④]。不为不可成者,量民力也。不求不可得者,不强民以其所恶也。不处不可久者,不偷取一时也[⑤]。不行不可复者,不欺其民也。故授有德则国安,务五谷则食足,养桑麻、育六畜则民富,令顺民心则威令行,使民各为其所长则用备,严刑罚则民远邪,信庆赏则民轻难,量民力则事无不成,不强民以其所恶则诈伪不生。不偷取一世则民无怨心,不欺其民则下亲其上。

【注释】

①错:通“措”,安置。
②流水之原:水的源头,借指事物的根本。
③官:职业、行业。
④信:守信用。
⑤偷取一时:贪图眼前的利益。

【译文】

把国家建立在稳固的基础上,把粮食积存在取之不尽的粮仓里,把财货贮藏在用之不竭的府库里,把政令颁发在事物根本的位置上,把人民安置在没有争执的职位上,使人民清楚犯罪必死的道路,向人民敞开立功必赏的大门。不去做不可能成功的事情,不追求不应该得到的利益,不立足于难以持久的地位,不去做不可再行的事情。把国家建立在稳固的基础上,就是把政权交给有德行的人;把粮食积存在取之不尽的粮仓里,就是要努力从事粮食生产;把财货贮藏在用之不竭的府库里,就是要种植桑麻、饲养六畜;把政令颁发在事物的根本上,就是政令要顺应民心;把人民安置在没有争执的职位上,就是要人民各尽所长。使人民清楚犯罪必死的道路,就是要申明刑罚;向人民敞开立功必赏的大门,就是要奖赏信实;不去做不可能成功的事情,就是要度量民力;不追求不应该得到的利益,就是不用人民所厌恶的方式去强迫他们做事;不立足于难以持久的地位,就是不贪图一时的侥幸;不去做不可再行的事情,就是不欺骗人民。这样,把政权交给有德行的人,国家就会安定;努力从事农业生产,粮食就会充足;种植桑麻、饲养六畜,人民就会富裕;政令顺应民心,威令就能贯彻;使人民各尽所长,器用就能齐备;申明刑罚,人民就会远离邪恶;奖赏信实,人民就会不怕危难;度量民力,事情就没有不成功;不用人民所厌恶的方式去强迫他们,欺诈虚伪的行为就不会发生;不贪图一时的侥幸,人民就没有怨恨;不欺骗人民,人民就会拥戴君主。

【原文】

以家为乡[①],乡不可为也。以乡为国,国不可为也。以国为天下,天下不可为也。以家为家,以乡为乡,以国为国,以天下为天下。毋曰不同生[②],远者不听。毋曰不同乡,远者不行。毋曰不同国,远者不从。如地如天,何私何亲?如月如日,唯君之节[③]。御民之辔[④],在上之所贵。道民之门[⑤],在上之所先。召民之路,在上之所好恶。故君求之则臣得之,君嗜之则臣食之,君好之则臣服之,君恶之则臣匿之。毋蔽汝恶,毋异汝度[⑥],贤者将不汝助。言室满室,言堂满堂[⑦],是谓圣王。

城郭沟渠不足以固守,兵甲强力不足以应敌,博地多财不足以有众。惟有道者,能备患于未形也,故祸不萌。天下不患无臣,患无君以使之。天下不患无财,患无人以分之。故知时者可立以为长,无私者可置以为政[⑧]。审于时而察于用,而能备官者[⑨],可奉以为君也。缓者后于事,吝于财者失所亲,信小人者失士。

【注释】

①为:治理。乡:按《管子·小匡》,五家为轨,十轨为里,四里为连,十连为乡。

②同生:同属一个家族。生,通“姓”。

③节:节度,气度。

④辔:马缰绳,这里指治理人民的手段。

⑤道:通“导”,引导。

⑥异:通“易”,改变。

⑦言室满室,言堂满堂:在室内讲话,要让全室的人听到;在堂内讲话,要让全堂的人听到。这里指君主说话办事公开,没有隐藏。

⑧政:同“正”,长官。

⑨备官:任用、调配官吏。

【译文】

按照治家的方法治乡,乡不能治好;按照治乡的方法治国,国不能治好;按照治国的方法治天下,天下不能治好。要按照治家的方法治家,按照治乡的方法治乡,按照治国的方法治国,按照治天下的方法治天下。不要因为不同姓,就不听取外姓人的意见;不要因为不同乡,就不采纳外乡人的办法;不要因为不同国,就不听从他国人的建议。要像天地一样,对待万物没有亲疏;要像日月普照一切,这才是君主的风范气度。驾驭人民的方法,在于君主重视什么;引导人民的法门,在于君主提倡什么;号召人民的途径,在于君主喜好什么、厌恶什么。所以,君主追求的东西,臣下想拥有;君主爱吃的东西,臣下想品尝;君主喜欢的事情,臣下想实践;君主厌恶的事情,臣下想规避。不要掩蔽你的过错,不要改变你的法度,否则贤能的人将不会帮助你。在室内讲话,要使全室的人听到;在堂上讲话,要使满堂的人听到,这样才称得上是圣明的君主。

城郭沟渠等防御设施,不足以固守城池;强大的兵甲武力,不足以应对敌人;地大物博、财富丰饶,不足以拥有百姓。唯有有道的君主,能够做到防患于未然,灾祸因此不会产生。天下不怕没有贤臣,只怕没有君主去任用他们;天下不怕没有财货,只怕无人去分配它们。所以,洞晓时势的人,可以任用为长官;没有私心的人,可以安排做官吏;审时度势、善理财物,并且能任用、调配官员的人,就可以奉为君主了。遇事迟钝的人将落后于形势,吝啬财物的人将失去亲信,宠信小人的人将失掉贤能的人才。

形势

【题解】

本篇一名“山高”,西汉刘向校书时统一以“形势”为题。“形”,指事物的外在形态;“势”,指事物的发展趋势。本篇由自然界的一些现象,论及人类社会存在的普遍规律,进而指出君主应如何利用自己的权势,驾驭大臣,统治万民。文字生动活泼,读起来轻松自如。文中多生活哲理,至今发人深省。

【原文】

生栋覆屋[①],怨怒不及。弱子下瓦,慈母操箠[②]。天道之极,远者自亲。人事之起,近亲造怨。万物之于人也,无私近也,无私远也,巧者有余,而拙者不足。其功顺天者天助之,其功逆天者天围之[③]。天之所助,虽小必大;天之所围,虽成必败。顺天者有其功,逆天者怀其凶[④],不可复振也[⑤]。

乌集之交[⑥],虽善不亲。不重之结[⑦],虽固必解。道之用也,贵其重也[⑧]。毋与不可,毋强不能，毋告不知。与不可，强不能，告不知，谓之劳而无功。见与之友[9]，几于不亲。见爱之交，几于不结[10]。见施之德，几于不报。四方所归，心行者也。独王之国[11]，劳而多祸。独国之君，卑而不威。自媒之女，丑而不信。未之见而亲焉，可以往矣。久而不忘焉，可以来矣。

日月不明，天不易也。山高而不见，地不易也。言而不可复者，君不言也。行而不可再者，君不行也。凡言而不可复、行而不可再者，有国者之大禁也。

【注释】

①生栋：以新伐木材作为房梁。

②箠：鞭子。

③围：通“违”。

④怀：招致。

⑤振：挽救。

⑥乌集之交：像乌鸦聚集一样的交往。交，交往。

⑦重：重复，再。

⑧重：慎重。

⑨见与之友：故意显示亲密的朋友。见，显示。与，亲密。

⑩不结：疏远。

⑪独王：独断专横。后“独国”同。

【译文】

用新伐的木材做栋梁会使房屋倒塌，但人们不会怨恨木材；小孩子把房瓦拆下来，慈母却拿起鞭子打他。彻底奉行天道，远方的人会来亲近；违背自然，人为干涉，亲近的人也会产生怨恨。万物对于人来说，没有远近亲疏，但灵巧的人用起来绰绰有余，愚笨的人用起来却常显不足。做事顺应天道，天就会帮助他；做事违背天道，天就会离弃他。天所帮助的人，即使弱小也将变得强大；天所离弃的人，即便暂时成功也终将失败。顺应天道的可以成就功业，违背天道的将会招致灾祸，且无法挽救。

乌鸦聚集般的交谊，表面上看着友善，其实并不亲密；不重合的绳结，即使当前坚固，也一定会被解开。道的运用，贵在慎重。不要结交不可信赖的人，不要勉强去做不可能成功的事情，不要告知不明事理的人。结交不可信赖的人，勉强去做不可能成功的事情，告知不明事理的人，这就叫劳而无功。表面上显示友好，也就接近于不亲密了；表面上显示亲爱，也就接近于疏远了；表面上显示慷慨的恩赐，也就接近于不得所报了。四面八方的人都来归附，是真心实意修德施道的人才能得到的。独断专横的国家，疲于奔命，祸事不断；独断专横的君主，卑下可鄙，没有威望；就像为自己做媒的女子，名声不好且得不到信任。还没有见面就令人亲近的君主，可以去投奔；久别后却又令人难忘的君主，应该去辅佐。

日月有不明亮的时候，但天不会变；高山有看不见的时候，但地不会变。不能重复说的话，君主不应该说；不能重复做的事，君主不应该做。凡是说了不可重复的话，做了不可重复的事，都是一国之君最大的禁忌。

权修

【题解】

所谓“权修”，就是修治君主的政权。为此，篇中提出许多积极有益的思想，如重视农业、爱惜民力、教化百姓、崇尚法治等。有些具有明显的超前性，如按劳分配思想：“凡牧民者，以其所积者食之，不可不审也。其积多者其食多，其积寡者其食寡，无积者不食。”这与孔子所说的“有国有家者，不患寡而患不均”形成鲜明对比。在人才培养及统治者应重视人才方面，更是出语精警：“一年之计，莫如树谷；十年之计，莫如树木；终身之计，莫如树人。一树一获者，谷也；一树十获者，木也；一树百获者，人也。我苟种之，如神用之，举事如神，唯王之门。”这比我们经常说的“百年大计，教育为本”形象、生动得多了。

【原文】

万乘之国[①]，兵不可以无主。土地博大，野不可以无吏[②]。百姓殷众，官不可以无长。操民之命，朝不可以无政。地博而国贫者，野不辟也。民众而兵弱者，民无取也[③]。故末产不禁则野不辟[④]，赏罚不信则民无取。野不辟，民无取，外不可以应敌，内不可以固守。故曰：有万乘之号而无千乘之用，而求权之无轻[⑤]，不可得也。地辟而国贫者，舟舆饰、台榭广也。赏罚信而兵弱者，轻用众、使民劳也[⑥]。舟车饰、台榭广则赋敛厚矣，轻用众、使民劳则民力竭矣，赋敛厚则下怨上矣，民力竭则令不行矣。下怨上，令不行，而求敌之勿谋己，不可得也。

欲为天下者，必重用其国[⑦]。欲为其国者，必重用其民。欲为其民者，必重尽其民力。无以畜之[⑧]，则往而不可止也。无以牧之，则处而不可使也。远人至而不去，则有以畜之也。民众而可一[⑨]，则有以牧之也。见其可也，喜之有征[⑩]。见其不可也，恶之有形。赏罚信于其所见，虽其所不见，其敢为之乎？见其可也，喜之无征。见其不可也，恶之无形。赏罚不信于其所见，而求其所不见之为之化[⑪]，不可得也。厚爱利，足以亲之。明智礼，足以教之。上身服以先之，审度量以闲之[⑫]，乡置师以说道之[⑬]，然后申之以宪令，劝之以庆赏，振之以刑罚[⑭]。故百姓皆说为善[⑮]，则暴乱之行无由至矣。

【注释】

①万乘：万辆兵车。一车配四马为一乘，一乘即一辆兵车。兵车的多少，反映了一个国家的军事实力。

②野：郊野，这里指国境内。

③取：通“趣”，督促。
④末产：指与奢侈品有关的工商业。
⑤轻：削弱。
⑥轻：轻率。
⑦重：重视，爱惜。
⑧畜：养育。
⑨一：统一，步调一致。
⑩征：征验，表现。
⑪化：教化。
⑫闲：挡门的栅栏，引申为防范、约束。
⑬道：通“导”，引导。
⑭振：通“震”，震慑。
⑮说：同“悦”。

【译文】

万辆兵车的大国，军队不可以没有统帅。疆域辽阔，境内不可以没有官吏。人民众多，官府不可以没有长官。掌控百姓的命运，朝廷不可以没有政令。土地广阔但国家贫穷，是因为土地没有开垦；人民众多但兵力薄弱，是因为人民缺乏督促。所以，不禁止生产奢侈品的工商业，土地就得不到开垦；赏罚不取信于人民，人民就得不到督促。土地得不到开垦，人民得不到督促，对外不能抵御敌人，对内不能固守国土。所以说，空有万辆兵车的虚名，其实力还不及千辆兵车，这样的国家想要君主权力不被削弱，那是不可能的。土地开垦了，但国家依然贫穷，那是因为车马舟楫太豪华、亭台楼榭太多。赏罚取信于人民但兵力仍然薄弱，那是因为轻易动用民力而使百姓困苦不堪。车马舟楫豪华、亭台楼榭过多，赋税就会繁重。轻易动用民力，使人民困苦不堪，民力就会枯竭。赋税繁重，人民就怨恨朝廷。民力衰竭，政令就无法推行。人民怨恨朝廷，政令无法推行，而妄想敌国不来侵犯自己，那是办不到的。

要想治理好天下，必须慎重使用本国国力；要想治理好国家，必须爱惜使用本国百姓；要想管理好人民，必须避免民力耗尽。没办法养活人民，人民就会离开而不能阻止；没办法管理人民，人民即使留下来也无法使用。远方的人来了不想离开，那是因为有办法养活他们。人口众多却可以统一号令，那是因为有办法管理他们。看到他们做得好而喜悦，要有实际的奖赏；看到他们做得差而厌恶，要有实际的惩罚。赏功罚过，对于赏罚之人有实实在在的奖励与惩处，那么，那些未曾受过赏罚的人，哪敢以己意随便做事呢？看到做得好的，没有实际的奖赏；看到做得差的，没有实际的惩处。对于赏罚之人没有实实在在的奖励与惩处，要想让那些未曾受过赏罚的人也得到教化，那是不可能的。君主能够多向百姓施恩，就可以亲近人民。能够宣扬智慧和礼仪，就可以教育人民。国君以身作则加以示范，审定规章制度加以防范，设置乡师加以指导，然后再用法令加以申明，用奖赏加以鼓励，用刑罚加以威慑。这样，百姓都乐意做好事，暴乱的行为也就没有理由发生了。

【原文】

地之生财有时，民之用力有倦，而人君之欲无穷。以有时与有倦，养无穷之君，而度量不生于其间，则上下相疾也[①]。是以臣有杀其君，子有杀其父者矣。故取于民有度，用之有止[②]，国虽小必安。取于民无度，用之不止，国虽大必危。

地之不辟者，非吾地也。民之不牧者，非吾民也。凡牧民者，以其所积者食之[③]，不可不审也。其积多者其食多，其积寡者其食寡，无积者不食。或有积而不食者，则民离上。有积多而食寡者，则民不力。有积寡而食多者，则民多诈。有无积而徒食者，则民偷幸[④]。故离上、不力、多诈、偷幸，举事不成，应敌不用。故曰：察能授官，班禄赐予[⑤]，使民之机也[⑥]。

野与市争民[⑦]，家与府争货[⑧]，金与粟争贵[⑨]，乡与朝争治[⑩]。故野不积草，农事先也。府不积货，藏于民也。市不成肆[⑪]，家用足也。朝不合众，乡分治也。故野不积草，府不积货，市不成肆，朝不合众，治之至也。人情不二，故民情可得而御也。审其所好恶，则其长短可知也。观其交游，则其贤不肖可察也。二者不失，则民能可得而官也。

【注释】

①疾：怨恨。
②止：节制。郭沫若说："止，亦犹度也。"
③积：通"绩"，劳绩，功绩。食：喂养，这里指给予俸禄奖赏。
④偷幸：贪图侥幸。
⑤班：等级。
⑥机：关键。
⑦野与市：农田与市场。
⑧家与府：人民与政府。
⑨金与粟：货币与粮食。
⑩乡与朝：地方与朝廷。
⑪肆：陈列，这里指商铺林立。

【译文】

土地产出财货受时令的限制，人民耗费劳力有疲倦的时候，可是国君的欲望是无止境的。用生财有时的土地和用力有倦的人民去供养欲望无穷的国君，这中间若没有合理的限度，上下之间就会产生怨恨。于是，臣杀君、子杀父这类事情就产生了。因此，对人民的征取要有限度，使用要有节制，这样的国家虽小也会安定；征收无度，使用没有节制，这样的国家虽大也会陷入困境。

没有开辟的土地,不是自己的土地;得不到治理的人民,不是自己的人民。凡是治理人民,要按照劳绩给予禄赏,对此不可不慎重。劳绩多的禄赏多,劳绩少的禄赏少,没有劳绩的不给予禄赏。如果有劳绩而没有禄赏,人民就会离心离德;如果劳绩多而禄赏少,人民就不会努力工作;如果劳绩少而禄赏多,人民就会弄虚作假;如果没有劳绩却得到禄赏,人民就会贪图侥幸。一旦离心离德、不努力工作、弄虚作假、贪图侥幸的现象发生,君主办事将不会成功,对敌作战时,他们将不会卖力。所以说,考察人的能力授予官职,按照等级赐予禄赏,这是治理人民的关键。

农田与集市常争劳力,人民与府库常争货财,货币与粮食常争贵贱,地方与朝廷常争治理权。因此,土地没有荒芜,是因为把农业放在首位;府库没有积货财,是因为财富藏在民间;市场货物不成堆成列,是因为家用充足;朝廷无人聚众议事,是因为各地分治。因此土地不荒芜,官府不积聚货财,市场货物不成堆成列,朝廷无人聚众议事,这些都是治理国家的极致。人的本性没有什么两样,所以人情是可以掌握并且驾驭的。了解人民喜欢什么,厌恶什么,就可以知道他们的长处和短处;观察他们同什么人交往,就能判断他们是贤明还是平庸。把握住以上两点,就可以了解各自的才能并对他们进行管理了。

【原文】

地之守在城,城之守在兵,兵之守在人,人之守在粟,故地不辟则城不固。有身不治,奚待于人[①]?有人不治,奚待于家?有家不治,奚待于乡?有乡不治,奚待于国?有国不治,奚待于天下?天下者,国之本也。国者,乡之本也。乡者,家之本也。家者,人之本也。人者,身之本也。身者,治之本也。故上不好本事则末产不禁[②],末产不禁则民缓于时事而轻地利[③],轻地利而求田野之辟、仓廪之实,不可得也。

商贾在朝则货财上流,妇人言事则赏罚不信[④],男女无别则民无廉耻。货财上流,赏罚不信,民无廉耻,而求百姓之安难[⑤],兵士之死节[⑥],不可得也。朝廷不肃,贵贱不明,长幼不分,度量不审,衣服无等,上下凌节,而求百姓之尊主政令,不可得也。上好诈谋间欺,臣下赋敛竞得,使民偷壹[⑦],则百姓疾怨,而求下之亲上,不可得也。有地不务本事,君国不能一民,而求宗庙社稷之无危,不可得也。

上恃龟筮[⑧],好用巫医,则鬼神骤祟。故功之不立,名之不章,为之患者三:有独王者[⑨],有贫贱者[⑩],有日不足者[⑪]。

【注释】

①待:许维遹说:“待,犹至也。言身之尚不能治,何能至于治人。”
②本事:指农业。末产:指工商业。
③时事:指农事,即春耕夏耘,秋收冬藏。
④妇人言事:指妇人议论朝政。事,指公事。
⑤安难:不怕危难,甘冒危险。
⑥死节:为国捐躯。

⑦偷壹:尹知章说:"偷取一时之快。"

⑧龟筮:占卦。古代占卜用龟甲,筮用蓍草,视其象数占卜吉凶。

⑨独王:独断专行。

⑩贫贱:国家贫困,地位低贱。

⑪日不足:政事紊乱,疲于奔命。

【译文】

保障国土在于城池,守卫城池在于军队,拥有军队在于人民,养育人民在于粮食。因此,土地不开垦,城池就不会坚固。国君自身治理不好,怎么能够治理别人?不能治理别人,怎么能治理一家?不能治理一家,怎么能治理一乡?不能治理一乡,怎么能治理一国?不能治理一国,怎么能治理天下?天下以国为本,国以乡为本,乡以家为本,家以人为本,人以自身为本,自身以治世之道为本。所以,国君不重视农业,工商业就得不到禁止;工商业得不到禁止,人们就会耽误农事而轻视土地的收益。如果人民轻视土地的收益,而国君却妄想开垦土地、充实粮仓,那是不可能的。

商人在朝中掌权,财货贿赂就会带入上层;妇人议论朝政,赏功罚过就不信实;男女没有区别,人民就不知道廉耻。财货贿赂带入上层,赏功罚过不能信实,人民不知道廉耻,国君却希望人民甘冒危难,士兵为国捐躯,那是做不到的。朝廷不严正,贵贱不分明,长幼无次序,制度不明确,服制无等级,上下逾越法度,国君却希望人民能够尊重他的政令,那是做不到的。国君爱搞阴谋欺诈,臣下竞相征敛苛捐杂税,役使人民,使之苟且偷生,人民就会怨声载道,在这种情况下国君却妄想人民能够爱戴他,那是做不到的。拥有土地而不重视农业,执掌政权而不能号令人民,却妄想国家不出现危机,那是做不到的。

国君靠占卜求吉凶,用巫医治疾病,鬼神就会频频作怪。这样,功业建立不起来,名声树立不起来,并且造成三种祸患:一是独断专横;二是贫穷卑贱;三是政事紊乱,疲于奔命。

【原文】

一年之计,莫如树谷。十年之计,莫如树木。终身之计,莫如树人。一树一获者,谷也。一树十获者,木也。一树百获者,人也。我苟种之,如神用之,举事如神,唯王之门。

凡牧民者,使士无邪行[①],女无淫事。士无邪行,教也。女无淫事,训也。教训成俗而刑罚省,数也[②]。凡牧民者,欲民之正也。欲民之正,则微邪不可不禁也。微邪者,大邪之所生也。微邪不禁,而求大邪之无伤国,不可得也。凡牧民者,欲民之有礼也。欲民之有礼,则小礼不可不谨也。小礼不谨于国,而求百姓之行大礼,不可得也。凡牧民者,欲民之有义也。欲民之有义,则小义不可不行。小义不行于国,而求百姓之行大义,不可得也。凡牧民者,欲民之有廉也。欲民之有廉,则小廉不可不修也。小廉不修于国,而求百姓之行大廉,不可得也。凡牧民者,欲民之有耻也。欲民之有耻,则小耻不可不饰也[③]。小耻不饰于国,而求百姓之行大耻,不可得也。凡牧民者,欲民之谨小礼、行小义、修小廉、饰小耻、禁微邪，此厉民之道也[4]。民之谨小礼、行小义、修小廉、饰小耻、禁微邪，治之本也。

【注释】

①士：这里指男人。

②数：自然之理。

③饰：通“饬”，整顿。

④厉：通“砺”，磨砺，引申为教育。

【译文】

做一年的打算，最好是种植谷物；做十年的打算，最好是种植树木；做终身的打算，最好是培育人才。当年播种当年收获的，是谷物；当年种植十年收获的，是树木；当年培育百年收获的，是人才。如果国君能够培育人才，使用起来将得心应手，办大事将迅速神奇，这是称王天下的途径。

凡是治理人民，应使男人没有邪僻的行为，女人没有淫乱的事情。使男人没有邪僻的行为，要靠教化；使女人没有淫乱的事情，要靠训导。教化训导形成风气，刑罚就会减少，这是自然之理。凡是治理人民，都希望人民走正道。希望人民走正道，小恶就不能不禁止。小恶是大恶产生的根源。小恶不禁止，却希望大恶不危害国家，那是不可能的。凡是治理人民，都希望人民有礼仪。希望人民有礼仪，小的礼节就不能不重视。不重视小的礼节，却希望人民能够遵循大礼，那是不可能的。凡是治理人民，都希望人民有义。希望人民有义，小义就不可不施行。不施行小义，却希望人民能够施行大义那是不可能的。凡是治理人民，都希望人民清廉。希望人民清廉，小廉就不可不修整。国家不修整小廉，却希望百姓修大廉，那是不可能的。凡是治理人民，都希望人民懂得羞耻。希望人民懂得羞耻，小耻就不可不整顿。不整顿小耻，却希望百姓能够整顿大耻，那是不可能的。凡是治理人民，让人民重视小礼、施行小义、修整小廉、整顿小耻、禁止小邪，这是教育人民的方法。而人民能够做到重视小礼、施行小义、修整小廉、整顿小耻、禁止小邪，这是治国的根本。

立政

【题解】

立政，即执政。文章讨论了君主执政必须注意的九个问题。与前几篇稍有不同，此篇对每一个问题都进行了相对详细的论说。作者多用“分别以明之”的解析论证，它根据论述对象的属性将其分成几个类别，这样，许多抽象的问题在论说中就显得条理明晰、形象具体了。

【原文】

君之所审者三：一曰德不当其位，二曰功不当其禄，三曰能不当其官。此三本者，治乱之原也[①]。故国有德义未明于朝者，则不可加于尊位。功力未见于国者，则不可授与重禄。临事不信于民者[②]，则不可使任大官。故德厚而位卑者谓之过，德薄而位尊者谓之失。宁过于君子，而毋失于小人。过于君子，其为怨浅。失于小人，其为祸深。

【注释】

①原：同"源"。

②临事：治理政事。

【译文】

君主需要审查的问题有三个：一是大臣的德行和他的职位是否相称；二是大臣的功劳和他的俸禄是否相称；三是大臣的能力和他的官职是否相称。这三个基本问题，是国家治乱的根源。因此，品德道义未能显现于朝廷的人，不可授予高位；功劳能力未能表现于国内的人，不可给予厚禄；治理政事未能取信于人民的人，不可授予高官。德行深厚而授爵卑微，叫作过；德行浅薄而授爵高贵，叫作失。宁可有失于君子，不可有失于小人。失于君子，带来的怨恨浅；失于小人，带来的祸乱深。

【原文】

君之所慎者四：一曰大德不至仁，不可以授国柄。二曰见贤不能让，不可与尊位。三曰罚避亲贵，不可使主兵[①]。四曰不好本事，不务地利而轻赋敛，不可与都邑。此四务者，安危之本也。故曰：卿相不得众，国之危也。大臣不和同[②]，国之危也。兵主不足畏，国之危也。民不怀其产[③]，国之危也。故大德至仁，则操国得众。见贤能让，则大臣和同。罚不避亲贵，则威行于邻敌。好本事，务地利，重赋敛[④]，则民怀其产。

【注释】

①主兵：掌握兵权，统率部队。

②和同：和谐一致。

③怀：关心。

④重：重视，爱惜。

【译文】

君主要谨慎对待的问题有四个：一是崇尚大德而不仁爱的人，不可以授予国政大权；二是见到贤能而不辞让的人，不可以授予高爵厚位；三是掌握刑罚而回避亲贵的人，不可以让他统率军队；四是不重视农业，不注重地利，而随心所欲地征收赋税的人，不可以让他担任地方长官。这四个原则是国家安危的根本。所以说：卿相得不到众人的拥护，国家危险；大臣不齐心协力，国家危险；军队统帅不令人畏惧，国家危险；人民不关心自己的田产，国家危险。因此，崇尚大德做到仁爱，治理国家就能得到众人拥护；见到贤能主动辞让，臣属同僚就能齐心协力；掌握刑罚不避亲贵，邻国敌人就受到威慑；重视农业，注重地利，不轻易课税，人民就会关心自己的田产。

【原文】

君之所务者五：一曰山泽不救于火[1]，草木不殖成[2]，国之贫也。二曰沟渎不遂于隘[3]，障水不安其藏[4]，国之贫也。三曰桑麻不殖于野，五谷不宜其地，国之贫也。四曰六畜不育于家，瓜瓠荤菜百果不备具，国之贫也。五曰工事竞于刻镂，女事繁于文章[5]，国之贫也。故曰：山泽救于火，草木殖成，国之富也。沟渎遂于隘，障水安其藏，国之富也。桑麻殖于野，五谷宜其地，国之富也。六畜育于家，瓜瓠荤菜百果备具，国之富也。工事无刻镂，女事无文章，国之富也。

【注释】

①救：禁止，防止。
②殖：繁殖。
③遂：通。
④障水：用堤坝围住的水。
⑤文章：文饰花样，指奢侈的工艺品。

【译文】

君主必须注意的问题有五个：一是山林沼泽不能防止火灾，草木不能繁殖生长，国家就会贫穷；二是沟渠不能通畅，堤坝不能稳固，国家就会贫穷；三是田野里没有种植桑麻，五谷没有因地制宜，国家就会贫穷；四是农家没有饲养六畜，蔬菜瓜果没有应有尽有，国家就会贫穷；五是工匠竞于雕琢刻镂，女工喜欢文饰花样，国家就会贫穷。所以说，山林沼泽能够防止火灾，草木能够繁殖生长，国家就会富足；沟渠通畅，堤坝稳固，国家就会富足；田野种植桑麻，五谷因地制宜，国家就会富足；农家饲养六畜，蔬菜瓜果应有尽有，国家就会富足；工匠不雕琢刻镂，女工不文饰花样，国家就会富足。

乘马

【题解】

乘，即加减乘除的“乘”，也就是计算。马，即码，计算所用的筹码。乘马，是对国家一些重大问题的计算筹划，如营建都城、土地、爵位、市场、侈俭、均地、行政建构、君臣之道、居民组织、军事装备、地里等。

【原文】

凡立国都[①]，非于大山之下，必于广川之上。高毋近旱而水用足。下毋近水而沟防省[②]。因天材，就地利，故城郭不必中规矩，道路不必中准绳[③]。

【注释】

①国都：国中的都邑、城市。
②沟防：沟渠和堤防。
③准绳：测定物体平直的工具。

【译文】

凡是建造都城，不是在大山的脚下，就是在大河的近旁。高不可在靠近干旱的地方，以保证水源充足；低不可在靠近水涝的地方，以省去沟渠和堤防的修筑。要依靠天然资源，凭借有利地势，所以城郭的建造不一定要方圆规整，道路的铺设不一定要平直。

【原文】

无为者帝[①]，为而无以为者王[②]，为而不贵者霸。不自以为所贵，则君道也。贵而不过度，则臣道也。

【注释】

①无为：无为而治。
②为而无以为：做了但不为其所累，所以显得无事可做。

【译文】

无为而治的国君可成就帝业；为政不为其所累，显得无可操劳的国君，可以成就王业；为政谦虚不自贵的国君可成就霸业。不自以为贵是君主的准则；自贵却不逾越应有的法度，是做臣子的准则。

【原文】

地者政之本也，朝者义之理也[①]，市者货之准也，黄金者用之量也[②]，诸侯之地千乘之国者器之制也[③]。五者其理可知也，为之有道。

地者政之本也，是故地可以正政也[④]。地不平均和调，则政不可正也[⑤]。政不正，则事不可理也[⑥]。

春秋冬夏，阴阳之推移也。时之短长，阴阳之利用也。日夜之易，阴阳之化也。然则阴阳正矣，虽不正，有余不可损，不足不可益也，天也，莫之能损益也。然则可以正政者，地也,故不可不正也。正地者,其实必正[7]。长亦正,短亦正,小亦正,大亦正,长短小大尽正。地不正则官不理,官不理则事不治,事不治则货不多。是故何以知货之多也?曰事治。何以知事之治也?曰货多。货多事治,则所求于天下者寡矣。为之有道。

【注释】

①义:通"仪",仪法。
②用:财用。
③器:军备。
④正:整顿、匡正。
⑤正:公正。
⑥事:农业生产。
⑦实:指土地的实际面积。

【译文】

土地是政事的根本,朝廷是仪法的体现,市场是商品供求的标准,黄金是财用计量的尺度,一个诸侯国拥有千辆兵车,是军备的制度。这五个方面,道理可以理解,推行起来也有一定的规律。

土地是政事的根本,所以土地可以匡正国家政事。土地得不到合理分配,政事就无法公正。政事不公正,农业生产就无法管理。

春秋冬夏是阴阳的推移,农时长短是对阴阳的利用,日夜更替是阴阳的变化。阴阳运动是绝对公正的,虽偶有偏失,多出来的不能减少,不足的也无法增加,这是自然规律,没有人能够改变。可以匡正国家政事的,是土地,因此对于土地不可不加整治。整治土地,对于其实际面积一定要进行核正。长的要核正,短的要核正,大块的要核正,小块的也要核正,长短大小都要核正。土地面积不核正,官府就无法治理;官府无法治理,农业生产就搞不好;农业生产搞不好,物资就不会丰富。怎样知道物资丰富呢?回答是:看农业生产的治理。怎样知道农业生产治理得好坏呢?回答是:看物资是否丰富。物资丰富,农业生产就治理得好,求助于别人的就少了。这做起来是有一定的规律的。

【原文】

朝者义之理也[1]。是故爵位正而民不怨,民不怨则不乱,然后义可理。不正则不可以治,而不可理也。故一国之人不可以皆贵,皆贵则事不成而国不利也。使无贵者,则民不能自理也。是故辨于爵列之尊卑,则知先后之序、贵贱之义矣。为之有道。

【注释】

①理:体现。

【译文】

朝廷是仪法等级的体现。爵位安排合理，人民就没有怨恨；人民没有怨恨，就不会犯上作乱，然后仪法才可以体现。如果爵位安排不合理，人民就无法管理，仪法等级也就无从体现。因此，一国的臣民不可能都尊贵，都尊贵了就没有人从事农业生产了，这样对国家不利。如果没有少数人尊贵，百姓就管理不好自己。因此，分清爵位排列的尊卑高下，就能知道先后次序和贵贱的仪法。这管理起来是有法可循的。

【原文】

是故智者知之，愚者不知，不可以教民。巧者能之，拙者不能，不可以教民。非一令而民服之也，不可以为大善。非夫人能之也，不可以为大功。是故非诚贾不得食于贾，非诚工不得食于工，非诚农不得食于农，非信士不得立于朝。是故官虚而莫敢为之请，君有珍车珍甲而莫之敢有。君举事，臣不敢诬其所不能。君知臣，臣亦知君知己也。故臣莫敢不竭力，俱操其诚以来。

道曰：均地分力，使民知时也。民乃知时日之蚤晏、日月之不足、饥寒之至于身也[1]。是故夜寝蚤起，父子兄弟不忘其功，为而不倦，民不惮劳苦。故不均之为恶也，地利不可竭，民力不可殚。不告之以时而民不知，不道之以事而民不为。与之分货则民知得正矣[2]，审其分则民尽力矣[3]。是故不使而父子兄弟不忘其功。

【注释】

①蚤晏：即早晚。蚤，通“早”。晏，晚，迟。

②得正：农家所得与官方所收租税。正，通“征”。

③分：指所得与租税。

【译文】

聪明的人明白而愚蠢的人不明白的事，不可以用来教化人民。灵巧的人能做到而笨拙的人不能做到的事，不可以用来教化人民。若不是一下命令人民就顺从，不可能实现大治。若不是人人都能做到，不可能实现大功。所以不诚信的商人，不能让他靠经商为生；不诚信的工匠，不能让他靠工匠为生；不诚信的农夫，不能让他靠务农为生；不诚信的士人，不能让他在朝中做官。这样一来，即使朝中官位空缺，也没有人敢去贸然请求，即使国君设有珍车、珍甲的待遇，也没有人敢去妄自享用。若是国君举办大事，则臣下不敢谎报无法做到的事情。国君了解臣下，臣下也知道国君了解自己。于是，臣下没有一个不尽心竭力，秉持忠诚之心来为君主服务的。

天道如此：公平地把土地分给个人耕种，可以促使百姓把握农时。这样，他们就会关注时节的早晚，认识到时间的紧迫和饥寒对自身的威胁。因而能够晚睡早起，父子兄弟一家人关心农业生产，做起来不知疲倦，不辞辛苦。土地不能公平地分配，其祸患在于：

土地效益不能充分发挥,人民潜力不能充分挖掘。不告诉他们农业生产的时节,他们就不会抓紧;不指导他们农业生产的劳作,他们就不会耕种。对人民实行分取财贷制度,人民就能懂得收益和赋税。明确了收益和赋税,人民就会竭力从事自己的工作。所以不必督促他们,他们也会关心自己的农事生产。

【原文】

圣人之所以为圣人者,善分民也[①]。圣人不能分民,则犹百姓也。于己不足,安得名圣?是故有事则用[②],无事则归之于民,唯圣人为善托业于民。民之生也,辟则惠[③],闭则类[④],上为一,下为二。

【注释】

①分民:分利于民。

②用:征收财物。

③辟则惠:开导就通达。惠,通"慧"。

④闭则类:约束就善良。类,善良。

【译文】

圣人之所以为圣人,是因为善于分利于民。圣人做不到这一点,就如同普通百姓了。自己总是贪婪不觉满足,哪里算得上圣人呢?国家有事就取用于民,无事就藏富于民,只有圣人才善于把事业寄托在人民那里。人的本性,开导就通达,约束就善良,上面做出好的榜样,下面就会加倍仿效。

七法

【题解】

七法,治国治军的七项基本原则,即则、象、法、化、决塞、心术、计数。文章除对七法进行介绍外,还对聚财、论工、制器、选士、政教、服习、遍知天下、明于机数的治兵方略,审地图、量蓄积、齐勇士的将帅职责,风雨之行、飞鸟之举、雷电之战、水旱之功、金城之守、一体之制的用兵之法等军事问题进行了专门论述。

【原文】

言是而不能立,言非而不能废,有功而不能赏,有罪而不能诛,若是而能治民者,未之有也。是必立,非必废,有功必赏,有罪必诛,若是安治矣[①]?

【注释】

①安:则,就。

【译文】

正确的主张不被接受，错误的主张不被废弃，立功者得不到奖赏，犯罪者得不到诛罚，像这个样子能把人民治理好的，从来没有。正确的主张一定接受，错误的主张一定废弃，立功者一定受到奖赏，犯罪者一定遭到诛罚，像这个样子就能把人民治理好吗？

【原文】

世主所贵者宝也[1]，所亲者戚也，所爱者民也，所重者爵禄也。明君则不然。致所贵非宝也[2]，致所亲非戚也，致所爱非民也，致所重非爵禄也。故不为重宝亏其命[3]，故曰令贵于宝。不为爱亲危其社稷，故曰社稷戚于亲。不为爱人枉其法，故曰法爱于人。不为重禄爵分其威，故曰威重于爵禄。不通此四者，则反于无有。故曰：治人如治水潦，养人如养六畜，用人如用草木。君身论道行理，则群臣服教，百吏严断，莫敢开私焉。论功计劳，未尝失法律也。便辟、左右、大族、尊贵、大臣，不得增其功焉。疏远、卑贱、隐不知之人，不忘其劳。故有罪者不怨上，受赏者无贪心，则列陈之士[4]，皆轻其死而安难，以要上事[5]。为兵之极也。

【注释】

①世主：国君。
②致：至，最。
③亏：损害。
④陈：通"阵"。
⑤上事：正业，这里指为国立功。

【译文】

一般君主所看重的是珍宝，所接近的是亲戚，所爱护的是百姓，所重视的是爵禄。英明的君主不是这样。他最看重的不是珍宝，最接近的不是亲戚，最爱护的不是百姓，最重视的不是爵禄。所以英明的君主不会为了看重珍宝而损害他的政令，政令比珍宝更值得看重。不会为了接近亲戚危害他的国家，国家比亲戚更值得接近；不会为了所爱的百姓而违背法律，法律比百姓更值得爱护；不会为了重要的爵禄而削弱威信，威信比爵禄更值得重视。君主如果不懂得这四个道理，就会一无所获。治理人民就如同治理水涝，养育人民就如同养育六畜，使用百姓就如同使用草木。君主明事达理以身作则，群臣就会服从政令，百官就会断事严明，没有人敢徇私枉法。根据臣下的功绩给予相应的奖赏，不能违背法令制度。谄媚逢迎的小人、左右的侍从、豪门大族、权贵之家和朝廷大臣，不能无故拔高他们的功绩。关系疏远的、地位卑贱的、不知名的人，只要有功绩就不应该埋没。如果这样，有罪过的人不会怨恨君主，受赏赐的人不会滋长贪心，参战的将士不会顾惜生命，且个个视死如归争取为国立功。这是治理军队的最高境界。

版法

【题解】

版法按尹知章的解释，就是“选择政要，载之于版，以为常法”。作者认为，君主成就事业的关键在于整饬三经，即正君心、顺天时、得人和。文章行文简短，很像古代君主的为政铭记。

【原文】

凡将立事①，正彼天植②，风雨无违，远近高下，各得其嗣③。三经既饬，君乃有国。

【注释】

①立事：成就事业。
②植：志，心。
③嗣：通“治”。

【译文】

凡是将要成就事业的君主，必须端正自己的心志，不违背风雨到来的农业时节，使手下各方面的人才各得其位。这三个根本问题解决了，国君便可以真正拥有自己的国家。

【原文】

喜无以赏，怒无以杀。喜以赏，怒以杀，怨乃起，令乃废。骤令不行①，民心乃外。外之有徒，祸乃始牙②。众之所忿，寡不能图。

举所美必观其所终，废所恶必计其所穷。庆勉敦敬以显之③，富禄有功以劝之，爵贵有名以休之。兼爱无遗，是谓君心。必先顺教④，万民乡风⑤。旦暮利之，众乃胜任。

【注释】

①骤令：屡次下令。
②牙：同“芽”，萌发。
③庆勉：赏赐慰劳。
④顺：同“训”。
⑤乡：通“向”。

【译文】

高兴时不随意赏赐，发怒时不擅自惩罚。随意赏赐，擅自惩罚，不但招致怨愤，政令也将废止。政令屡次行不通，人民就会有外心。有外心的人结成党羽，祸乱就开始萌生。众人产生怨愤，少数人就难以应对了。

兴办所喜欢的事情，一定要看到它的结果；废止所厌恶的事情，一定要考虑到它的结局。以赏赐慰劳的方式对那些敦厚恭敬的人进行表彰，以财富俸禄的方式对那些有功的人进行鼓励，以加升爵位使其高贵的方式对有名望的人进行赞誉。兼爱众民没有遗漏，这是君主的胸怀。一定要先实施训化教育，民众才会趋向好的风俗。经常施以恩惠，大家才会完成自己的工作。

【原文】

正法直度，罪杀不赦。杀僇必信[①]，民畏而惧。武威既明，令不再行。顿卒怠倦以辱之[②]，罚罪有过以惩之，杀僇犯禁以振之[③]。植固不动，倚邪乃恐[④]。倚革邪化，令往民移。

法天合德，象地无亲，参于日月，佐于四时。悦众在爱施，有众在废私，召远在修近，闭祸在除怨。备长在乎任贤[⑤]，安高在乎同利[⑥]。

【注释】

①僇：通“戮”。

②顿卒：斥责。

③振：通“震”，震慑。

④倚：通“奇”。

⑤备长：为长远利益做准备。

⑥安高：保持尊贵的高位。

【译文】

法令公正，制度明确，有罪必杀，从不宽赦。执行杀戮说到做到，人民就心生畏惧。刑罚权威一旦明示于众，法令就不必再次重申。对于懒惰的人，通过训斥使他们感到耻辱；对于有过错的人，通过处罚使他们受到惩戒；对于犯罪的人，通过杀戮使他们受到震慑。君主执法之心牢固不动摇，怪僻邪恶之人就会感到恐惧。怪僻邪恶之人被驯化，法令一出，百姓就会欣然从命。

效法上天遍施恩德，效仿大地宽爱无私，以日月为参照，以四时为辅佐。使百姓高兴在于广施恩泽，拥有民众在于废除私心，招徕远方的人民在于国内修治，杜绝祸患在于除去人民的怨愤。筹备长远的利益在于任用贤人，巩固君主的地位在于与民同利。

五辅

【题解】

本篇认为，王霸天下，最主要的是争取人心。要想争取人心，莫过于给他们实际的利益，而这又与君主的政绩息息相关。那么如何为政才能取得政绩呢？作者提出德、义、礼、法、权五项施政措施，这就是篇名“五辅”之意。值得注意的是，文章把改善民生、输送财物、救济贫困等经济政策作为君主施德的主要措施，体现出作者为政治世的务实态度。本篇是选译。

【原文】

古之圣王所以取明名广誉、厚功大业[①]，显于天下、不忘于后世，非得人者未之尝闻。暴王之所以失国家，危社稷，覆宗庙，灭于天下，非失人者未之尝闻。今有土之君，皆处欲安，动欲威，战欲胜，守欲固。大者欲王天下，小者欲霸诸侯，而不务得人。是以小者兵挫而地削，大者身死而国亡。故曰：人不可不务也，此天下之极也。

【注释】

①明名：盛名。

【译文】

古代圣明的君主之所以能取得盛名大誉、丰功伟业，名扬天下，为后人铭记，不是由于得到人民拥护的，从来没有听说过。暴戾的君主之所以失去国家，危及社稷，使宗庙覆灭，被天下人灭绝，不是由于失去人民拥护的，从来没有听说过。现在拥有土地的国君，都想居处安定，行动威严，出兵旗开得胜，退守坚不可摧。雄心大的，要称王天下；雄心小的，要称霸诸侯，可是都不想在争取人心上下功夫。于是轻者，军队受挫，土地削减；重者，自己战死，国家沦亡。所以说，人心不可不去努力争取，这是称王称霸的最高原则。

【原文】

曰：然则得人之道，莫如利之。利之之道，莫如教之以政。故善为政者，田畴垦而国邑实，朝廷闲而官府治，公法行而私曲止[①]，仓廪实而囹圄空[②]，贤人进而奸民退。其君子上中正而下谄谀[③]，其士民贵武勇而贱得利，其庶人好耕农而恶饮食，于是财用足而饮食薪菜饶。是故上必宽裕而有解舍[④]，下必听从而不疾怨。上下和同而有礼义，故处安而动威，战胜而守固，是以一战而正诸侯。不能为政者，田畴荒而国邑虚，朝廷凶而官府乱，公法废而私曲行，仓廪虚而囹圄实，贤人退而奸民进。其君子上谄谀而下中正，其士民贵得利而贱武勇，其庶人好饮食而恶耕农，于是财用匮而饮食薪菜乏，上弥残苟而无解舍，下愈覆鸷而不听从[⑤]，上下交引而不和同。故处不安而动不威，战不胜而守不固。

【注释】

①私曲：自私偏邪。
②囹圄：监狱。
③上：同“尚”，崇尚，推崇。

④解舍：免除，减免。
⑤覆鸷：固执凶狠。覆，通“愎”。鸷，一种猛禽。

【译文】

争取人心的方法，莫过于给他们实际的利益；给他们实际利益的途径，莫过于以政绩来向他们做出保证。所以，善于为政的人，总是使田野垦辟而城邑殷实，朝廷安闲而吏治清明，公法得以通行而邪道遭受禁止，粮仓充实而监狱空虚，贤人进用而奸佞罢退。统治阶层崇尚公平正义而鄙视阿谀谄媚，士民阶层崇尚勇猛英武而鄙视妄取利益，庶民阶层喜欢农耕劳作而厌恶吃喝玩乐。于是，财用充足而日常生活富裕。国家一定是经济宽裕，赋税才会有所减免；百姓首先是乐于服从，然后才会没有怨恨。上下和谐，恪守礼仪，君主就能居处安定而行动威严，战则能胜而守不可摧，这样才会一战而匡正诸侯。不善于为政的人，田野荒芜而城邑贫困，朝廷惊乱而吏治混乱，公法废弛而邪道恣肆，粮仓空虚而监狱满员，贤人遭受斥退而奸臣横行当道，统治阶层阿谀谄媚而鄙视公平正义，士民阶层妄取利益而鄙视勇猛英武，庶民阶层吃喝玩乐而厌恶农耕劳作。于是，财用匮乏而日常生活困顿，君主更加残暴苛刻而无所减免，百姓更加固执凶顽而不肯服从，上下争夺较量而不和谐一致。所以君主居处不安而动无威严，作战不能取胜而防守也不坚固。

枢言

【题解】

枢言，也就是关键、重要的言论。枢，是门上的转轴，引申为事物的中心。文章运用哲理化的语言和类似格言的体式，阐述了许多有关治国治世、内政外交、为君为臣的重大问题。

【原文】

管子曰：道之在天者，日也。其在人者，心也。故曰：有气则生，无气则死，生者以其气。有名则治[1]，无名则乱，治者以其名。

枢言曰：爱之[2]，利之，益之，安之，四者道之出。帝王者用之，而天下治矣。帝王者，审所先所后。先民与地则得矣，先贵与骄则失矣。是故先王慎所先所后。

【注释】

①名：名分。
②之：代指百姓。

【译文】

管子说：道在天上，就好像是太阳；道在人体，就好像是人心。所以说，有气则生，无

气则死,生存依靠的是气。有名分则治,无名分则乱,治理国家依靠的是名分。

“枢言”指出:爱民、利民、益民、安民,这四者都是由道产生的。帝王运用它们,天下便得到治理。帝王能够分辨事物的先后次序。把人民与土地放在前面能够成功,把尊贵与骄奢放在前面就会失败。所以说,古代的帝王对于确定孰先孰后非常慎重。

【原文】

人主不可以不慎贵[①],不可以不慎民,不可以不慎富。慎贵在举贤,慎民在置官,慎富在务地。故人主之卑尊轻重在此三者,不可不慎。

国有宝,有器,有用。城郭、险阻、蓄藏,宝也。圣智,器也。珠玉,末用也[②]。先王重其宝器而轻其末用,故能为天下。

生而不死者二[③],亡而不立者四:喜也者、怒也者、恶也者、欲也者,天下之败也,而贤者寡之。

为善者[④],非善也,故善无以为也。故先王贵善。

王主积于民,霸主积于将战士,衰主积于贵人,亡主积于妇女珠玉。故先王慎其所积。

疾之,疾之,万物之师也[⑤]。为之,为之,万物之时也。强之,强之,万物之指也[⑥]。

【注释】

①慎贵:慎重对待尊贵。
②末用:最不重要的东西。
③二:指上文所说的气和名。
④为:通“伪”,伪装。
⑤师:众。
⑥指:同“旨”,意义。

【译文】

君主不能不慎重对待尊贵的问题,不能不慎重对待人民的问题,不能不慎重对待财富的问题。慎重对待尊贵的问题在于推举贤才,慎重对待人民的问题在于设置官吏,慎重对待财富的问题在于加强农业生产。

国家有宝、有器、有用。内城外郭、山川险阻、粮食储备,是国家的宝;圣明智慧,是国家的器;珠玉,是国家的末用。古代的圣王重视宝、器而轻视末用,所以能够治理天下。

生而不死的东西有两个,气和名。能亡国而不能立国的东西有四个,喜、怒、恶、欲,它们可以导致国家的灭亡,贤明的君主身上很少看到它们。

伪善,不是善。善,是无法伪装的,所以古代的圣王重视善。

成就王业的君主招徕人民,成就霸业的君主网罗将士,趋向衰败的君主扩充官僚贵族,趋向灭亡的君主搜敛妇女和珠玉。所以,古代的圣王对于聚积什么的问题非常重视。

赶快认识，赶快认识，万物实在太多；抓紧去做，抓紧去做，万物随时消逝；努力探索，努力探索，万物内涵精深。

八观

【题解】

本篇认为，国家的存在状态有八种不同的表现，分别是饥饱、贫富、侈俭、实虚、治乱、强弱、兴灭、存亡。对一个国家进行一番调查分析，就可以确定它属于哪一种类型。文章中，作者把不同国家的表现特征一一做了详述。本篇选译其中的“饥饱之国”“治乱之国”两段。

【原文】

行其田野，视其耕芸，计其农事，而饥饱之国可以知也。其耕之不深，芸之不谨，地宜不任，草田多秽。耕者不必肥，荒者不必硗，以人猥计其野[①]，草田多而辟田少者，虽不水旱，饥国之野也。若是而民寡，则不足以守其地。若是而民众，则国贫民饥。以此遇水旱，则众散而不收。彼民不足以守者，其城不固。民饥者，不可以使战。众散而不收，则国为丘墟。故曰：有地君国而不务耕芸，寄生之君也。故曰：行其田野，视其耕芸，计其农事，而饥饱之国可知也。

【注释】

①猥计：累计，计算。

【译文】

观察一个国家的田野，看看它的耕耘情况，估计一下农业生产，就能知道这个国家的饥饱状况。它的耕作不够深，锄草不仔细，地利得不到充分发挥，田野杂草丛生，一片荒芜。已耕作的土地不一定是肥沃的，荒芜了的土地不一定是贫瘠的。按人口计算土地的数量，荒田多而耕田少，即便没有水灾旱灾，它也一定是饥国的田野。像这样的国家，人口少则不能守护其国土，人口多则国家贫困人民吃不饱。如果遇上水灾旱灾，人民就会四散逃离而难以召回。人民没有足够的力量守护国土，城防就不坚固；人民吃不饱，就不能参加战争；人民逃离难以召回，国家将变为一片废墟。因此，拥有土地统治国家却不努力于农业生产，这是寄生之君。所以，观察一个国家的田野，看看它的耕耘情况，估计一下农业生产，就能知道这个国家的饥饱状况。

法禁

【题解】

法禁，制定并推行法制，禁止危及君主、国家政权的种种言行。

【原文】

昔者圣王之治人也，不贵其人博学也，欲其人之和同以听令也[①]。《泰誓》曰："纣有臣亿万人，亦有亿万之心，武王有臣三千而一心。"故纣以亿万之心亡，武王以一心存。故有国之君，苟不能同人心，一国威，齐士义，通上之治以为下法[②]，则虽有广地众民，犹不能以为安也。君失其道，则大臣比权重以相举于国[③]，小臣必循利以相就也[④]。故举国士以为己党，行公道以为私惠。进则相推于君[⑤]，退则相誉于民，各便其身而忘社稷。以广其居[⑥]，聚徒成群。上以蔽君，下以索民。此皆弱君乱国之道也，故国之危也。

【注释】

①和同：协调一致。

②通：贯彻。

③比：比附，勾结。

④就：靠近。

⑤相推：相互推举。

⑥居：这里指势力范围。

【译文】

古代圣明的君王治理人民，不看重人民的博学多才，只是希望他们能够步调一致地听从君主的命令。《泰誓》说："纣王有臣亿万人，也有亿万条心；周武王有臣民三千人，却只有一条心。"纣王因有亿万条心而灭亡，武王因有一条心而昌盛。所以，一国之君如不能协同人心，统一国威，齐一士人的意志，把上面制定的法制贯彻到下面作为行为规范，那么即使有广阔的土地，众多的臣民，仍然不能认为国家是安全的。君主失去了法治这个治国的原则，大臣就会勾结有权势的人在国中互相吹捧，小臣们也必然为追求私利而彼此勾结。所以，他们推举国内士人作为自己的私党，借用公法谋取自己的私利；在朝廷，他们向国君互相举荐，在民间，他们向百姓互相赞誉；各自贪图自身的便利而忘掉了国家。他们借此扩大自己的势力范围，拉帮结派，对上蒙蔽国君，对下勒索百姓。这些都是削弱君主、扰乱国家的行为，如果这样，国家就危险了。

法法

【题解】

法法的含义，相当于现在的有法可依，有法必依，执法必严，违法必究。不过，《管子》中谈到的法，是治理国家的原则、制度及具体的法令措施，不是现代意义上专门的刑法、民法等法律。本篇对立法的重要性、执法的原则方法等进行了较详细的论述。本篇是选译。

【原文】

闻贤而不举，殆①。闻善而不索②，殆。见能而不使，殆。亲人而不固，殆。同谋而离，殆。危人而不能，殆。废人而复起，殆。可而不为，殆。足而不施③，殆。几而不密④，殆。人主不周密，则正言直行之士危。正言直行之士危，则人主孤而毋内⑤。人主孤而毋内，则人臣党而成群。使人主孤而毋内，人臣党而成群者，此非人臣之罪也，人主之过也。

【注释】

①殆：危险，失败。
②索：寻找。
③施：施舍。
④几：隐微，隐藏。
⑤内：亲信。

【译文】

知道有贤才而不举用，危险；听说有德行之事而不去调查，危险；发现能干的人而不任用，危险；团结别人而不长久，危险；共同谋事而不同心，危险；想处罚他人而做不到，危险；罢免官员而再次任用，危险；本来可以做而不去做，危险；国库充足而不施舍，危险；机要的事而不能保密，危险。君主做事不周密审慎，正言直行的人就危险；正言直行的人危险，君主就会孤立没有亲信；君主孤立没有亲信，臣子就会结党成群。如果出现君主孤立没有亲信，臣子结党营私的现象，这不是臣子的责任，而是君主自身的过错。

【原文】

民毋重罪，过不大也；民毋大过，上毋赦也。上赦小过，则民多重罪，积之所生也。故曰：赦出则民不敬①，惠行则过日益。惠赦加于民，而囹圄虽实②，杀戮虽繁，奸不胜矣③。故曰：邪莫如蚤禁之。赦过遗善，则民不励。有过不赦，有善不遗，励民之道，于此乎用之矣。故曰：明君者，事断者也。

【注释】

①敬：通“儆”，儆惧。

②囹圄：监牢。

③胜：尽。

【译文】

人民没有重罪，是因为过失不大；人民没有大的过失，是因为君主不施行赦免。君主赦免小的过失，人民犯重罪的就多，这是由于小过逐渐积累而成的缘故。所以说，赦免之令一出，人民就不会儆惧；恩惠之举实行，人民的过失就会日益增多。恩惠和赦免一旦作为政策贯彻于民，则监牢虽满，杀戮虽多，奸邪之事也不能杜绝。所以说，奸邪之事莫过于早日禁止。赦免过失遗漏善行，人民就得不到勉励；有过失不赦免，有善行不遗漏，勉励人民的政策在这时才能发挥作用。所以说：英明的君主，就是能果断处理恩惠和赦免的人。

【原文】

君有三欲于民，三欲不节，则上位危。三欲者何也？一曰求，二曰禁，三曰令。求必欲得，禁必欲止，令必欲行。求多者其得寡，禁多者其止寡，令多者其行寡。求而不得则威日损，禁而不止则刑罚侮，令而不行则下凌上。故未有能多求而多得者也，未有能多禁而多止者也，未有能多令而多行者也。故曰：上苛则下不听，下不听而强以刑罚，则为人上者众谋矣。为人上而众谋之，虽欲毋危，不可得也。

号令已出又易之，礼义已行又止之，度量已制又迁之[①]，刑法已错又移之[②]。如是，则庆赏虽重，民不劝也，杀戮虽繁，民不畏也。故曰：上无固植[③]，下有疑心，国无常经，民力必竭，数也[④]。

【注释】

①迁：变更。

②错：通“措”，确定，设置。

③植：通“志”，意志。

④数：自然规律，必然之理。

【译文】

君主对于人民有三种欲望，三种欲望不节制，君主的地位就危险了。三种欲望是什么呢？一是索取；二是禁止；三是命令。索取的东西一定希望得到，禁止的东西一定希望制止，命令的东西一定希望实行。但是索取太多，实际得到的反而少；禁令太多，实际制止的反而少；命令太多，实际推行的反而少。想索取的得不到，威势就会日益降低；想禁止的得不到制止，刑罚就会被轻视；下命令得不到实行，臣下就会欺凌君上。所以说，从来没有想多索取就能多得到，想多禁止就能多制止，想多命令就能多实行的。因而，上面过于苛刻，下面就不听从；下面不听从而用刑罚来强迫，做君主的就将被众人谋算了。作为君上，被众人谋算，即使想没有危险，也是不可能的。

号令已发出又改变，礼义已施行又废止，度量已确定又变更，刑法已制定又改变。如果这样，赏赐即使厚重，人民也得不到勉励；杀戮即使再多，人民也不会畏惧。所以说：上面没有坚定的意志，下面就有疑心，国家没有常法，民力就会枯竭。这是必然的道理。

【原文】

凡赦者，小利而大害者也，故久而不胜其祸。毋赦者，小害而大利者也，故久而不胜其福。故赦者奔马之委辔[①]，毋赦者痤雎之砭石也[②]。

爵不尊禄不重者，不与图难犯危，以其道为未可以求之也。是故先王制轩冕所以著贵贱，不求其美。设爵禄所以守其服[③]，不求其观也。使君子食于道，小人食于力。君子食于道则上尊而民顺，小人食于力则财厚而养足。上尊而民顺，财厚而养足，四者备体，则胥时而王不难矣[④]。

【注释】

①委：抛弃，丢弃。

②痤雎之砭石：医治痈疮的尖石或石片。痤雎，即痈疮。雎，同“疽”。砭石，古代用来治痤疽、除脓血的石针。

③守其服：保持其待遇。服，指车马、衣服、器具等和爵禄相配的待遇。

④胥：等待。

【译文】

赦免，利小而弊大，长此以往祸害无穷。不赦免，弊小而利大，长此以往受益无穷。所以，赦免就好像驾驭奔马却丢弃了缰绳；不赦免就好像手持针石治疗毒疮。

爵位不高、俸禄不多的人，没有人与他共赴危难，因为按照他的办法去做，得不到自己想要的东西。所以，先王规定轩冕是用来区别贵贱等级的，而不是追求华美；设立爵位俸禄是用来保持各类待遇的，而不是做给别人看。要使君子依靠治国之道的才能来谋生，使百姓依靠付出体力劳动来谋生。君子依靠治国之道的才能来谋生，君主就有尊严且人民顺从；百姓依靠付出体力劳动来谋生，国家就会财物丰厚且给养充足。君主有尊严且人民顺从，财物丰厚且给养充足，这四个条件都具备了，那么等待时机成就王业就不难了。

【原文】

凡大国之君尊，小国之君卑。大国之君所以尊者，何也？曰：为之用者众也。小国之君所以卑者,何也?曰:为之用者寡也。然则为之用者众则尊,为之用者寡则卑,则人主安能不欲民之众为己用也。使民众为己用,奈何?曰:法立令行,则民之用者众矣。法不立,令不行,则民之用者寡矣。故法之所立、令之所行者多,而所废者寡,则民不诽议[①],民不诽议则听从矣。法之所立、令之所行与其所废者钧[②],则国毋常经,国毋常经则民妄行矣。法之所立、令之所行者寡,而所废者多,则民不听,民不听则暴人起而奸邪作矣。

【注释】

①诽议:责难,非议。

②钧:通"均",均等。

【译文】

一般而言,大国君主的地位尊贵,小国君主的地位卑贱。大国君主的地位之所以尊贵,是什么原因呢?回答是:供他使用的人多。小国君主的地位之所以卑贱,是什么原因呢?回答是:供他使用的人少。既然供他使用的人多地位就尊贵,供他使用的人少地位就卑贱,一国之君又怎能不希望更多的民众被他自己所用呢?要使民众被自己所用,该怎么办?回答是:制定并施行法令,民众被自己所用的就多;法令没有制定且没有施行,民众被自己使用的就少。所以说,法令制定、施行的多而废置的少,民众就不非议;民众不非议就会俯首听从。法令制定、施行的与所废置的均等,国家就没有惯常的法令;国家没有惯常的法令,民众就会胡作非为。法令制定、施行的少而废置的多,民众就不听从法令的要求;民众不听从法令的要求,暴徒就会出现,邪恶就会兴起。

【原文】

凡人君之所以为君者,势也。故人君失势,则臣制之矣。势在下,则君制于臣矣。势在上,则臣制于君矣。故君臣之易位,势在下也。在臣期年[①],臣虽不忠,君不能夺也。在子期年,子虽不孝,父不能服也。故《春秋》之记[②],臣有弑其君、子有弑其父者矣[③]。故曰:堂上远于百里,堂下远于千里,门庭远于万里。今步者一日[④],百里之情通矣。堂上有事,十日而君不闻,此所谓远于百里也。步者十日,千里之情通矣,堂下有事,一月而君不闻,此所谓远于千里也。步者百日,万里之情通矣,门庭有事[⑤],期年而君不闻,此所谓远于万里也。故请入而不出谓之灭[⑥],出而不入谓之绝,入而不至谓之侵,出而道止谓之壅,灭绝侵壅之君者,非杜其门而守其户也,为政之有所不行也。故曰:令重于宝,社稷先于亲戚。法重于民,威权贵于爵禄。故不为重宝轻号令,不为亲戚后社稷,不为爱民枉法律,不为爵禄分威权。故曰:势非所以予人也。

【注释】

①期年:一整年。

②春秋:古代对史书的泛称。

③弑：古代下杀上，称为弑。

④步者一日：步行者走一天。

⑤门庭：宫廷。

⑥请：通“情”，国情，信息。

【译文】

人君之所以成为人君，是因为他有权势。人君失去了权势，臣下就控制人君了。权势在下面，君主就被臣下控制；权势在上面，臣下就被君主控制。如果君臣出现易位现象，那是因为权势转移到了下面。权势在大臣手中一年，即使臣下不忠，君主也不能夺取他的权力；权势在儿子手中一年，即使儿子不孝，父亲也不能使他顺从。于是史书上记载，有臣下杀死君主的，有儿子杀死父亲的。所以说，堂上可以比百里还远，堂下可以比千里还远，门庭可以比万里还远。现在，有人步行一天，一百里之内的情况就知道了，而堂上有事，过了十天君主还不知道，这就叫比百里还远；有人步行十天，一千里之内的情况就知道了，而堂下有事，过了一个月君主还不知道，这就叫比一千里还远；有人步行一百天，一万里之内的情况就知道了，而门庭有事，过了一年君主还不知道，这就叫比一万里还远。所以，情况通报上去而上面没有反应，叫作灭；法令下达而下面没有反应，叫做绝；情况通报上去而不能到达君主那里，叫作侵；法令下达而中途却停止了，叫作壅。有了灭、绝、侵、壅现象的国君，并不是有人封闭了他的门户，而是法令不能推行的缘故。所以说，法令比珍宝重要，国家比至亲优先，法令比人民重要，威权比爵禄贵重。因而，不能为了贵重的珍宝看轻法令，不能为了至亲把国家放在后面，不能为了爱民歪曲法律，不能为了爵禄而分散威权。所以说，权势是不能用来给予他人的。

【原文】

规矩者[①]，方圜之正也[②]。虽有巧目利手，不如拙规矩之正方圜也。故巧者能生规矩，不能废规矩而正方圜。虽圣人能生法，不能废法而治国。故虽有明智高行，倍法而治，是废规矩而正方圜也。

【注释】

①规矩：圆规和矩尺。

②圜：通“圆”。

【译文】

圆规和矩尺，是用来矫正方圆的。即使有巧目利手，也不如笨拙的规矩能矫正方圆。灵巧的人可以制作规矩，但不能废弃规矩来矫正方圆。圣人能制定法令，但不能废弃法令去治理国家。所以，即使有聪明智慧、高尚德行，如果违反法令去治理国家，也就等于是废弃了规矩却想校正方圆。

【原文】

凡民从上也，不从口之所言，从情之所好者也。上好勇则民轻死，上好仁则民轻财。故上之所好，民必甚焉。是故明君知民之必以上为心也，故置法以自治，立仪以自正也。故上不行则民不从。民不服法死制，则国必乱矣。是以有道之君，行法修制，先民服也①。

【注释】

①先民：先于百姓。

【译文】

大凡人民追随君主，不是追随君主所说的话，而是追随君主性情所喜好的东西。君主喜好勇敢，人民就轻视死亡；君主喜好仁义，人民就轻视财货。所以君主有什么喜好，百姓就会加倍地喜好。贤明的君主知道人民一定是以自己的所作所为作为他们内心的标准，于是就制定法令来约束自己，确立礼仪来矫正自己。所以说，上面不以身作则，人民就不服从。人民不服从法令，不肯为守制而死，国家就一定混乱。因此，深谙治国之术的国君，总是推行法令、修订制度，并且先于人民躬行实践。

中匡

【题解】

《管子》中的《大匡》《中匡》《小匡》，类似管仲的传记。它们记述了自管仲、鲍叔等人受齐僖公嘱托奉傅二公子，到管仲辅佐公子小白成就霸业的全过程。关于这三篇文章的命名，有不同的解释。郭沫若认为，“匡”是“簿”的假借，而“簿”同“简”。简有长短，《大匡》是二尺四寸的简书，《中匡》是一尺二寸的简书，《小匡》是八寸的简书。

【原文】

管仲朝，公曰：“寡人愿闻国君之信。”对曰：“民爱之，邻国亲之，天下信之，此国君之信。”公曰：“善。请问信安始而可？”对曰：“始于为身，中于为国，成于为天下。”公曰：“请问为身。”对曰：“道血气，以求长年、长心、长德。此为身也。”公曰：“请问为国。”对曰：“远举贤人，慈爱百姓，外存亡国，继绝世，起诸孤，薄税敛，轻刑罚，此为国之大礼也。”公曰：“请问为天下。”对曰：“法行而不苛，刑廉而不赦，有司宽而不凌。菀浊困滞者①，法度不亡，往行不来②，而民游世矣③。此为天下也。”

【注释】

①菀浊困滞：菀，通“冤”。浊，受辱。困，走投无路者。滞，冤情不能上达。

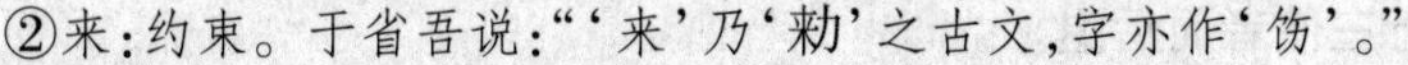

②来:约束。于省吾说:"'来'乃'勑'之古文,字亦作'饬'。"

③游世:俞樾说:"'世'读为泄,'游''泄'皆和乐之义。"

【译文】

管仲上朝,桓公说:"我想听一听树立国君威信的问题。"管仲说:"百姓爱戴他,邻国亲附他,天下人信赖他。这就是国君的威信。"桓公说:"好。请问树立威信从哪里开始得当呢?"管仲说:"从修身开始,在治理国家的过程中逐渐确立,最后在治理天下的时候成就它。"桓公说:"请问如何修身?"管仲说:"疏导血气,求得寿命长、谋虑远、施德广,这就是修身。"桓公说:"请问如何治理国家?"管仲说:"充分举荐贤人,慈爱百姓,对外保全已灭亡的国家,接续断绝了的世家,起用死于王事的卿大夫子孙,薄收赋税,减轻刑罚,这是治理国家的大礼。"桓公说:"请问如何治理天下?"管仲说:"施行法治而不苛刻,刑罚简要而不赦免,官吏宽厚而不欺凌百姓,蒙受冤屈、遭受侮辱、走投无路、欲诉无门的人,都能受到法制的保护,人民往来自由轻松,一派和乐的样子。这就叫作天下大治。"

小匡

【题解】

本篇记述管仲辅助桓公建立霸业的历史,在内容上与前文多有相同,但记述得更为详细。

【原文】

初,桓公郊迎管子而问焉。管仲辞让,然后对以参国伍鄙,立五乡以崇化,建五属以厉武,寄兵于政,因刑罚,备器械,加兵无道诸侯,以事周室。桓公大悦。于是斋戒十日,将相管仲。管仲曰:"臣斧钺之人也,幸以获生,以属其腰领[①],臣之禄也。若知国政,非臣之任也。"公曰:"子大夫受政,寡人胜任。子大夫不受政,寡人恐崩。"管仲许诺,再拜而受相。

三日,公曰:"寡人有大邪三,其犹尚可以为国乎?"对曰:"臣未得闻。"公曰:"寡人不幸而好田[②],晦夜而至禽侧,田莫不见禽而后反。诸侯使者无所致,百官有司无所复。"对曰:"恶则恶矣,然非其急者也。"公曰:"寡人不幸而好酒,日夜相继,诸侯使者无所致,百官有司无所复。"对曰:"恶则恶矣,然非其急者也。"公曰:"寡人有污行,不幸而好色,而姑姊有不嫁者。"对曰:"恶则恶矣,然非其急者也。"公作色曰:"此三者且可,则恶有不可者矣?"对曰:"人君唯优与不敏为不可[③]。优则亡众,不敏则不及事。"公曰:"善。吾子就舍,异日请与吾子图之。"对曰:"时可将与夷吾,何待异日乎?"公曰:"奈何?"对曰:"公子举为人博闻而知礼,好学而辞逊,请使游于鲁,以结交焉。公子开方为人巧转而兑利[④],请使游于卫,以结交焉。曹孙宿其为人也,小廉而苛忕[⑤],足恭而辞给[⑥],正荆之则也[⑦],请使往游，以结交焉。”遂立行三使者而后退。

【注释】

①属：连接。
②田：通“畋”。
③优：优柔寡断。
④兑：通“锐”。
⑤苛忕：小有明察。
⑥辞给：善于辞令。
⑦荆：楚国。

【译文】

当初，桓公在郊外迎接管仲时曾经向他请教政事，管仲最初辞让，后来提出以下建议：三分其国五分其鄙，设五乡进行教化，立五属来厉行军事训练，把军事寄托在内政之中，利用刑罚备置兵器，征伐无道的诸侯，来尊奉周王室。桓公非常高兴，于是斋戒十日，打算拜管仲为相。管仲说：“我是一个将受斧钺之戮的人，今天侥幸得以生存，使腰颈相连，这已经是我的福气了。若让我管理国家的政事，这不是我能够担任的。”桓公说：“你接受国政管理，我就能胜任国君；你不接受，恐怕我就要垮台。”管仲答应了，再拜而接受相位。

过了三天，桓公说：“我有三大缺点，难道还能治理好国家吗？”管仲说：“我还没有听说过。”桓公说：“我不幸嗜好畋猎，黑夜里跑到野兽出没的地方，每一次都是不见到野禽绝不返回。诸侯的使者因此不能通报使命，百官也无法汇报政事。”管仲说：“这个嗜好确实不好，但还不是最要紧的。”桓公说：“我不幸嗜好饮酒，白天喝了晚上接着喝，诸侯的使者因此不能通报使命，百官也无法汇报政事。”管仲说：“这个嗜好确实不好，但还不是最要紧的。”桓公说：“我还有一件丑事，就是不幸而喜好女色，以至于姑表姐妹都有嫁不出去的人。”管仲说：“这个嗜好确实不好，但还不是最要紧的。”桓公脸色大变，说：“这三个缺点都不要紧，难道还有什么不可以的事情吗？”管仲说：“人君唯有优柔寡断和不明事理是不可以的。优柔寡断，就得不到百姓的拥护；不明事理，做事就不会成功。”桓公说：“好。你先回去吧，改日再同你详谈。”管仲说：“现在就可以和我谈，何必要等到其他的日子呢？”桓公说：“那我该做什么呢？”管仲说：“公子举见闻广博且熟悉礼仪，勤勉好学且言辞谦逊，请派他出使鲁国，以便与鲁国结交。公子开方机变而尖刻，请派他出使卫国，以便与卫国结交。曹孙宿廉洁且明察，态度谦恭而言辞敏捷，正合乎荆楚的风格，请派他出使楚国，以便与楚国结交。”于是，桓公即刻派出三位使者，然后管仲才告退。

霸言

【题解】

本篇论述了在诸侯林立的列国环境中，如何利用各国力量的消长巧妙处理与他国的关系，进而取得霸王之业。文章气势磅礴，规模宏大，在其他诸子著作中是少见的。

【原文】

霸王之形，象天则地[①]，化人易代，创制天下，等列诸侯[②]，宾属四海[③]，时匡天下。大国小之，曲国正之，强国弱之，重国轻之，乱国并之，暴王残之，僇其罪，卑其列，维其民，然后王之。

夫丰国之谓霸，兼正之国之谓王[④]。夫王者有所独明，德共者不取也，道同者不王也。夫争天下者，以威易危暴，王之常也。君人者有道，霸王者有时。国修而邻国无道，霸王之资也。夫国之存也，邻国有焉。国之亡也，邻国有焉。邻国有事，邻敌得焉[⑤]。邻国有事，邻敌亡焉。天下有事，则圣王利也。国危，则圣人知矣[⑥]。夫先王所以王者，资邻国之举不当也[⑦]。举而不当，此邻敌之所以得意也。

【注释】

①象：模仿。

②等列诸侯：排列诸侯的等次。

③宾属四海：使四海归附。

④之国：其他诸侯国。之，即“诸”。

⑤邻敌：邻国之敌，即自己的国家。

⑥知：同“智”。

⑦资：凭借，依赖。

【译文】

霸业和王业的形势，模仿上天，效法大地，教化世人，改朝换代，创立天下法制，排列诸侯等次，使四海臣服，并乘时匡正天下；它削减大国的土地，矫正邪曲的国家，使强国变弱，权重之国变轻；它兼并乱国，摧残暴虐的国君，惩处他的罪恶，降低他的地位，保护国内人民，然后进行统治。

使本国强盛起来叫作霸，兼并匡正其他诸侯国叫作王。成就王业的人，有其独特的高明之处。德义相同的国家，他不去攻取；道义一致的国家，他不去统治。争夺天下，就是以威力推翻危乱暴虐，这是王业的常理。统治人民有方略，王业、霸业有机缘。国家治理清明而邻国混乱无秩序，这是成就王业霸业的有利条件。国家的生存与邻国有关，国家的败亡也与邻国有关。邻国举事，邻敌可能有所得；邻国举事，邻敌也可能有所失。天下举事，圣明的君王总能借此获得好处。国家危亡，圣人的智慧就显露出来了。古代圣王之所以能成就王业，往往是借助邻国不正确的举措。举措不正确，这是邻敌渔利、得意的原因。

【原文】

霸王之形，德义胜之，智谋胜之，兵战胜之，地形胜之，动作胜之，故王之。夫善用国者，因其大国之重，以其势小之。因强国之权，以其势弱之。因重国之形，以其势轻之。强国众，合强以攻弱，以图霸。强国少，合小以攻大，以图王。强国众，而言王势者，愚人之智也。强国少，而施霸道者，败事之谋也。夫神圣，视天下之形，知动静之时，视先后之称①，知祸福之门。强国众，先举者危，后举者利。强国少，先举者王，后举者亡。战国众②，后举可以霸。战国少，先举可以王。

【注释】

①先后之称：适宜的先后次序。

②战国：交战的国家。

【译文】

霸业和王业的形势，德义处于优势，智谋处于优势，兵战处于优势，地形处于优势，行动处于优势，所以能统治天下。善于利用国际关系的人，往往利用大国的力量，趁势来缩小别国的疆域；利用强国的权威，趁势削弱别国的实力；利用重国的地位，趁势压低别国的地位。强国多，就联合强国攻击弱国，图谋霸业；强国少，就联合小国攻击大国，图谋王业。强国多，却谈论争取王业的形势，是愚人的想法；强国少，却想施行霸业，是败事的谋略。神圣的君主，总是观察天下的形势，了解动静的时机，观察先后的机宜，了解祸福的道路。强国多，先举事的人危险，后举事的人得利。强国少，先举事的人称王，后举事的人失败。参战的国家多，后举事的人可以称霸；参战的国家少，先举事的人可以称王。

【原文】

夫轻重强弱之形，诸侯合则强，孤则弱。骥之材，而百马代之，骥必罢矣①。强最一代，而天下攻之，国必弱矣。强国得之也以收小，其失之也以恃强。小国得之也以制节，其失之也以离强。夫国小大有谋，强弱有形。服近而强远，王国之形也。合小以攻大，敌国之形也。以负海攻负海，中国之形也②。折节事强以避罪，小国之形也。自古以至今，未尝有能先作难，违时易形，以立功名者。无有常先作难，违时易形，而不败者也。

【注释】

①罢：通“疲”。

②中国：中原之国。

【译文】

国家轻重强弱的形势，各诸侯国联合起来就强大，各自孤立就弱小。骐骥之材，若百马轮流与它竞逐，它一定会疲惫落后。最强盛的国家，若天下各国都去攻打它，它一定会衰弱下去。强国正确的做法是容纳小国，其失误在于自恃其强。小国正确的做法是折节事强，其失误在于脱离强国。国家无论大小，都要有自己的谋略，无论强弱，都要有依靠的形势。征服近国威慑远国，是谋取王业的国家依靠的形势。联合小国以攻击大国，是势均力敌之国依靠的形势。以负海之国攻击负海之国，是中原各国依靠的形势。折节侍奉强国以避免祸患，是小国依靠的形势。自古及今，从来没有首先兴兵发难、违背时机、更易形势而建立功名的；也没有经常首先兴兵发难、违背时机而不失败的。

霸形[①]

【题解】

“霸形”谓霸业之形，讲述管仲帮助桓公建立成就霸业的根本，并援助刑国和卫国。《群书治要》节录管仲向桓公阐述百姓为其成就霸业之本，阐述“国以民为本’的治国原则。

【原文】

桓公在位，管仲、隰朋见。立有间[②]，有贰鸿飞而过之。桓公叹曰：‘今彼鸿鹄[③]有时而南，有时而北，四方无远，所欲至焉。寡人之有仲父，犹飞鸿之有羽翼也，若济[④]大水有舟楫[⑤]也。仲父不壹言教寡人乎？”管子对曰：“君若将欲霸王[⑥]举大事乎？则必从其本事矣。”桓公曰：“敢问何谓其本？”管子对曰：“齐国百姓，公之本也。民甚忧饥，而税敛[⑦]重；民甚惧死，而刑政险，民甚伤劳而上举事不时。轻其税敛，则民不忧饥；缓其刑政，则民不惧死；举事以时，则民不伤劳。”桓公曰：“寡人闻命[⑧]矣。”

【注释】

①霸形：本篇主要以对话的形式，记录了齐桓公与管仲图谋霸业的言论以及成就霸业的实践。

②间：一会儿，顷刻。

③鸿鹄：即鹄。俗称天鹅。

④济：渡河。

⑤舟楫：泛指船只。

⑥霸王：成就霸业或王业。

⑦税敛:税收。

⑧闻命:接受命令或教导。

【译文】

桓公在朝,管仲、隰朋进见。站了一会儿,有两只鸿鹄飞过,桓公叹息道:"那些鸿鹄有时飞向南,有时飞向北,四方无论多远,想到哪里就能飞到哪里。我有仲父,就像飞鸿有翅膀、渡大河有舟船一样。仲父难道不发一言来教导我吗?"管子回答说:"国君想要成就霸王之业的大事吗?那就一定得从根本之事做起。"桓公问道:"请问什么是根本?"管子回答说:"齐国的百姓,是您的根本。人民很担心挨饿,而赋税沉重;人民很畏惧死亡,而刑法政令凶险严苛;人民疲于劳役,而国君举事没有定时。如果您减轻赋税,人民就不担心挨饿;宽缓刑政,人民就不怕动辄死罪;举事有时,人民就不会疲于劳役。"桓公说:"寡人接受您的教诲。"

戒①

【题解】

"戒"是劝诫。本篇管仲告诫桓公,任重而道远,只有君子才能做到。

【原文】

管仲复于桓公曰:"任之重者莫如身②,涂之畏者莫如口③,期之远者莫如年。以重任行畏涂至远期,唯君子为能及矣。"

【注释】

①戒:本篇主要记述了管仲对齐桓公的劝诫之语。

②任之重者莫如身:尹知章注:"万事万行,非身不举,故曰重任。"

③涂之畏者莫如口:尹知章注:"枢机之发,荣辱之主,故可畏也。"涂,道路。畏,险恶。

【译文】

管仲又对桓公说:"责任再重大也比不上身体重要,路途再险恶比不上人言可畏,时间再长远比不上年代久远。担负着重大的责任,行进于险恶的路途,长期坚持,只有君子才能够做到。"

君臣

【题解】

《君臣》有上下两篇，主要论述为君之道、为臣之道及君臣之间的相互关系。

【原文】

夫为人君者，荫德于人者也[1]。为人臣者，仰生于上者也。为人上者，量功而食之以足。为人臣者，受任而处之以敬。布政有均，民足于产，则国家丰矣。以劳受禄[2]，则民不幸生。刑罚不颇，则下无怨心。名正分明，则民不惑于道。道也者，上之所以导民也。是故道德出于君，制令传于相，事业程于官[3]，百姓之力也，胥令而动者也。是故君人也者，无贵如其言，人臣也者，无爱如其力。言下力上，而臣主之道毕矣。是故主画之，相守之。相画之，官守之。官画之，民役之，则又有符节、印玺、典法、策籍以相揆也[4]。此明公道而灭奸伪之术也。

【注释】

①荫德于人：用德来庇护人民。
②受：通"授"。
③程：考核，衡量。
④符节：古代朝廷用作凭证的信物。揆：揆度，衡量。

【译文】

作为人君，他用德来庇护人民；作为人臣，他仰赖君主生活。作为人君，通过考核功绩并用足够的俸禄来供养臣下；作为人臣，接受人君任务并严肃认真地执行。人君施行政令均衡，人民在生产上能够自足，国家就富裕了。按照劳绩授予奖赏，人民就不会侥幸偷生。刑罚没有偏向，下面就不会有抱怨之心。名分正当职事分明，人民对于君主的治国之道就不会产生疑惑。所谓道，是君主用来引导人民的。所以，道与德出自君主，法制和命令由相传达，职事功业由官吏考核，百姓的劳作是等待命令才开始行动。所以，做人君的，再没有比言语更贵重的了。做人臣的，再没有比才力更受珍爱的了。君主的言语下通于臣，人臣的才力上达于君，这样君臣之道就算完备了。所以，君主谋划，宰相执行；宰相谋划，官吏执行；官吏谋划，人民出力服役，然后又有符节、印玺、典章、法律、文书和册籍来规范核查，这些都是用来彰明公道、消除奸伪的办法。

【原文】

论材、量能、谋德而举之，上之道也。专意一心，守职而不劳，下之事也。为人君者，下及官中之事，则有司不任[①]。为人臣者，上共专于上，则人主失威。是故有道之君，正其德以莅民，而不言智能聪明。智能聪明者，下之职也。所以用智能聪明者，上之道也。上之人明其道，下之人守其职，上下之分不同任，而复合为一体。是故：知善，人君也。身善[②]，人役也。

君身善，则不公矣。人君不公，常惠于赏，而不忍于刑，是国无法也。治国无法，则民朋党而下比，饰巧以成其私。法制有常，则民不散而上合，竭情以纳其忠[③]。是以不言智能，而朝事治、国患解，大臣之任也。不言聪明，而善人举、奸伪诛，视听者众也。是以为人君者，坐万物之原[④]，而官诸生之职者也。选贤论材，而待之以法。举而得其人，坐而牧，其福不可胜收也。官不胜任，奔走而奉，其败事不可胜救也。而国未尝乏于胜任之士，上之明适不足以知之[⑤]。是以明君审知胜任之臣者也。故曰：主道得，贤材遂，百姓治，治乱在主而已矣。

【注释】

①不任：无法负责。

②身善：亲身做好各类事情。

③情：诚。

④坐：守。

⑤适：特，只。

【译文】

评定人才，审度能力，考查德行，然后加以任用，这是做君主的职责。专心致志，谨守职务而不认为劳苦，这是做人臣的职责。做人君的，如果对下插手官吏主管的事务，那么官吏将无法对自己的工作负责；做人臣的，如果超越自己的职位与君主共享专权，那么君主就会逐渐丧失威信。因此，懂得自己职责的君主，往往端正自己的德行来领导人民，而不谈论智能和聪明。智能和聪明，是臣下做事应该具备的；如何去使用臣下的智能聪明，才是君主的职责。在上的君主明白自己的职守，在下的臣民谨守他们的职责，上下有分，职责不一样，但又复合为一个整体。所以，知人善任的是人君，事必躬亲的是被役使的人。

君主如果亲自做事，就不公正了。君主不公正，就常把赏赐作为一种恩惠，而不忍心动用刑罚，这样国家就没有法制了。治国没有法制，人民就会拉帮结派，下面相互勾结，玩弄巧诈图谋私利。如果法制行之有素，人民就不会分帮分派而是与君主齐心协力，并竭诚贡献他们的忠心。所以，君主不谈论智能聪明，却使朝中事务得到治理，国家祸患得以解除，这是因为任用了大臣的缘故。君主不谈论聪明，却使贤才得以任用，奸伪之人遭受罢免，这是因为监督纠查的人众多的缘故。身为君主的，是掌握万物根本而授予众人职事的人。他们选拔贤能，评定人才，并且依照法度来使用和对待他们。如果举用人才正确得当，坚守君道来统治人民，好处会很多很多。如果官吏不能胜任他们的职位，即使整日奔波、勤勉劳作，由他们搞糟搞乱的事情也会很多很多。国家并不缺乏能够胜任各类职事的人才，只是君主的明察还不足以发现他们。因此，英明的君主，是审定、发现各类人才的人。所以说，君主掌握了为君之道，贤才就会得以任用，百姓就会得到治理，国家的治乱在于君主而已。

小称[①]

【题解】

“称”意为举。“小称”，即略举君之过错。此篇管仲指出桓公用人不当之处，建议桓公罢黜奸佞之臣。《群书治要》节录此篇共分三段。第一段指出君主应该把过错归结给自己。第二段则是管仲在临终前告诫桓公要远离易牙、竖刁、堂巫、开方等奸佞之臣，可惜桓公没有听从，导致杀身之祸。第三段则是鲍叔牙向桓公说明不要忘记危难之时的境况，只有安不忘危，国家才不会有危险。

【原文】

管子曰：“身不善之患，无患人莫己知[②]。民之观也察[③]矣，不可遁逃[④]。故我有善则立[⑤]誉我，我有过则立毁我。当人之毁誉也，则莫归问于家矣。故明王有过，则反之于身；有善，则归之于民。有过而反之身，则身惧[⑥]；有善而归之民，则民喜。往喜民，来惧身[⑦]，此明王之所以治民也。今夫桀纣则不然，有善则反之于身，有过则归之于民。有过而归之于民，则民怒；有善而反之于身，则身骄。往怒民，来骄身，此其所以失身[⑧]也。可无慎乎？”

【注释】

①小称：尹知章注：“称，举也。小举其过，则当权而改之。”意谓管仲小举桓公过失，以督促其改正。

②身不善之患，无患人莫己知：尹知章注：“言但患身之不善耳，无患人不知己也。”

③察：明察，详审。

④遁逃：亦作“遯逃”。犹逃走。

⑤立：立刻。

⑥有过而反之身，则身惧：尹知章注：“过反于身，则惧而修德也。”

⑦往喜民，来惧身：尹知章注：“善往则人喜也，过来则惧身也。”

⑧失身：丧失生命。

【译文】

管子说：“只怕自身的行为不善，而不怕别人不了解自己。人民的观察是细致的，凡事逃不过人民的眼睛。因此，我有善行，人民就会马上称赞我；我有过错，人民就会马上指责我。面对人民的称赞和指责，就不必再回去问家人了。所以圣明的君王有过错，就归过于自身；有善行，就归功于人民。有过错而归过于自身，自身就会戒惧；有善行而归功于人民，人民就会喜悦。善行归于人民而使人民高兴，过错归于自己而使自己戒惧，这就是明君能治理百姓的原因。至于桀、纣就不是这样，有了善行就归功于自己，有了过错就归罪于人民。有过错而归罪于人民，人民就怨怒；有善行而归功于自己，自己就骄傲。过错归于人民而使人民怨怒，善行归于自己而使自己骄傲，这就是他们身死国亡的原因。能不慎重对待吗？”

【原文】

管仲有病，桓公往问之曰："仲父之病病矣[①]，若不可讳而不起此病也，仲父亦将何以诏寡人[②]？"管仲对曰："微君之命臣也[③]，故臣且谒之，虽然，君犹不能行也。"公曰："仲父命寡人东，寡人东；令寡人西，寡人西。仲父之命于寡人，寡人敢不从乎？"

管仲摄衣冠起，对曰："臣愿君之远易牙、竖刁、堂巫、公子开方。夫易牙以调味事公，公曰：惟蒸婴儿之未尝[④]。于是烝其首子而献之公。人情非不爱其子也，于子之不爱，将何有于公？公喜内而妒[⑤]，竖刁自刑而为公治内。人情非不爱其身也，于身之不爱，将何有于公？公子开方事公，十五年不归视其亲，齐卫之间，不容数日之行。人情非不爱其亲也，于亲之不爱，将何有于公？臣闻之，务为不久[⑥]，盖虚不长。其生不良者，其死必不终。"桓公曰："善。"

【注释】

①病病：病情更加严重。后一"病"字是加重的意思。

②诏：告。多用于上对下，这里是为了表示尊敬。

③微：无，没有。

④烝：同"蒸"。

⑤喜内：好色。

⑥为：通"伪"。

【译文】

管仲患病，桓公前往慰问，说："仲父的病更加严重了，如不忌讳，一病不起，仲父有什么话要对我说吗？"管仲回答说："您即使不让我说，我也要向您汇报。不过，您可能不会去做。"桓公说："仲父让我往东，我就往东；让我往西，我就往西。仲父对我说的话，我敢不听吗？"

管仲整整衣冠起来，说："我希望您把易牙、竖刁、堂巫、公子开方辞退。易牙以烹饪侍奉您，您说唯有蒸婴儿的肉没有尝过，于是易牙就把他的长子蒸了让您品尝。人之常情，没有一个不喜爱自己的子女的。易牙连他的儿子都不喜爱，他对您又能怎么样呢？

您喜欢女色且生性忌妒，竖刁就把自己阉割了为您管理内宫。人之常情，没有一个不喜爱自己的身体的。竖刁连他的身体都不喜爱，他对您又能怎么样呢？公子开方侍奉您，十五年了不回家探亲。齐国与卫国之间，只不过是几天的行程。人之常情，没有一个不敬爱自己的双亲的。公子开方连他的双亲都不敬爱，他对您又能怎么样呢？我听说，作假的不可能长久，掩饰虚伪的不可能长远。活着不干好事的人，也一定不得善终。”桓公说：“好。”

【原文】

管仲死，已葬。公憎四子者，废之官。逐堂巫而苛病起[①]，逐易牙而味不至，逐竖刁而宫中乱，逐公子开方而朝不治。桓公曰：“嗟！圣人固有悖乎！”乃复四子者。处期年[②]，四子作难，围公一室不得出。有一妇人遂从窦入[③]，得至公所。公曰：“吾饥而欲食，渴而欲饮，不可得，其故何也？”妇人对曰：“易牙、竖刁、堂巫、公子开方，四人分齐国，涂十日不通矣[④]。公子开方以书社七百下卫矣，食将不得矣。”公曰：“嗟兹乎！圣人之言长乎哉！死者无知则已，若有知，吾何面目以见仲父于地下！”乃援素幭以裹首而绝[⑤]。死十一日，虫出于户，乃知桓公之死也。葬以杨门之扇。

桓公之所以身死十一日，虫出户而不收者，以不终用贤也。

【注释】

①苛病：不知名的精神错乱病。古人认为是鬼魂附体的原因，《吕氏春秋·知校》高诱注：“鬼魂下人病也。”

②期年：一年。

③窦：洞。

④涂：通“途”。

⑤幭：手巾、头巾之类的东西。

【译文】

管仲去世，安葬完毕。桓公憎恶这四个人，罢免了他们的官职。可是，他驱逐了堂巫，却生起了鬼魂附体的怪病；驱逐了易牙，就尝不到以前的美味；驱逐了竖刁，内宫就乱作一团，驱逐了公子开方，朝政便得不到治理。桓公说：“唉，圣人也难免有错误啊！”于是重新起用这四个人。一年之后，这四个人作乱，把桓公围困在一间屋子里不让出入。有一个妇女，从洞里钻进去，到了桓公的住所。桓公说：“我饿了想吃饭，渴了想喝水，都得不到，这是什么原因？”这个妇女说：“易牙、竖刁、堂巫、公子开方四人瓜分了齐国，道路已经十天不通了。公子开方把七百书社的土地和人口送给了卫国。吃的东西可能得不到了。”桓公说：“唉，原来这样。圣人的话的确有远见啊！死去的人若是没有知觉就罢了，若是有知觉，我有什么脸面到地下去见仲父啊！”于是，拿起白色头巾，裹头而亡。死后十一天，蛆虫从门缝里爬出来，人们才发现桓公死了。用门板掩葬了桓公的尸体。

齐桓公之所以死后十一天，蛆虫从门缝里爬出也没有人收尸，就是因为没有最终任用贤人的缘故。

【原文】

桓公、管仲、鲍叔牙、宁戚四人饮。饮酣[1]，桓公谓叔牙曰："盍[2]不起为寡人寿[3]乎？"叔牙奉杯而起曰："使公无忘出而在于莒，使管仲无忘束缚[4]在于鲁也，使宁戚无忘饭牛[5]车下也。"桓公避席[6]再拜[7]曰："寡人与二大夫，能无忘夫子之言，则国之社稷必不危矣。"

鲍叔牙

【注释】

①酣：谓饮酒尽兴、半醉。

②盍：犹何，怎么。

③寿：祝寿，祝福。多指奉酒祝人长寿。

④束缚：指被拘囚。

⑤饭牛：《吕氏春秋·举难》："宁戚欲干齐桓公，穷困无以自进，于是为商旅将任车以至齐，暮宿于郭门之外。桓公郊迎客，夜开门，辟任车，爝火甚盛，从者甚众。宁戚饭牛居车下，望桓公而悲，击牛角疾歌。桓公闻之，抚其仆之手曰：'异哉！之歌者非常人也！'命后车载之。"

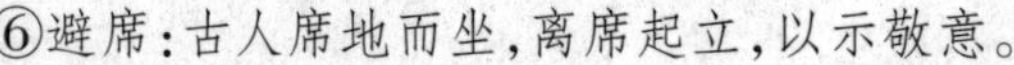

⑥避席：古人席地而坐，离席起立，以示敬意。

⑦再拜：拜了又拜，表示恭敬。古代的一种礼节。

【译文】

当初，桓公、管仲、鲍叔牙、宁戚四人一起饮酒。饮到尽兴之时，桓公对鲍叔牙说："为什么不起身为我祝福呢？"鲍叔牙捧杯起身说："希愿您不要忘记出逃莒国的时候，希望管仲不要忘记被囚禁在鲁国的时候，希望宁戚不要忘记在车下喂牛的时候。"桓公离席起身，对鲍叔牙拜了又拜，说："寡人和两位大夫能够不忘记先生的话，那么国家社稷就必定没有危险了。"

四时

【题解】

四时，指春夏秋冬。本篇主要论述君主政令发布与阴阳四时之间的关系。作者认为，阴阳变化是天地的根本原理，四时运行是阴阳的根本法则，治理国家合于四时则福，违于四时则祸。这是古代阴阳家以阴阳四时规范人事的理论表现。

【原文】

道生天地，德出贤人。道生德，德生正，正生事。是以圣王治天下，穷则反[1]，终则始。德始于春，长于夏。刑始于秋，流于冬[2]。刑德不失，四时如一。刑德离乡[3]，时乃逆行，作事不成，必有大殃。月有三政[4]，王事必理，以为久长。不中者死，失理者亡。国有四时，固执王事，四守有所[5]，三政执辅。

【注释】

①穷：走到尽头。反：通"返"。

②流：发展形成。

③乡：通"向"，方向。

④三政：指上文的"务时而寄政""作教而寄武""作祀而寄德"。

⑤四守：春夏秋冬应做的事情。

【译文】

道生成天地，德推出圣人。道生成德，德产生政令，政令产生事功。因此，圣王治理天下，走到尽头就返回开端，到了终点就重新开始。德开始于春天，生长于夏天；刑开始于秋天，流散于冬天。刑德没有失误，四时就能一如既往地运行。刑德偏离了方向，四时就要错乱，事情将不成功，一定会有大的灾祸。国家每月有三种政事，圣王一定要亲自处理，这样才可以长久。不符合三政，国家将衰败；不进行治理，国家将灭亡。国家拥有四时命令，坚决执行圣王的政事。春夏秋冬应做的事情各得其所，同时还要以三政作为辅助。

治国

【题解】

本篇主要论述农业生产对治理国家的重要性。为此，作者提出强本抑末，即努力增加粮食产量、禁止奢侈品生产的主张。在今天看来，这一观点有明显的不足，但在生产力较低的古代，强本抑末无疑是富国强民的唯一出路。

【原文】

凡治国之道，必先富民。民富则易治也，民贫则难治也。奚以知其然也[1]？民富则安乡重家，安乡重家则敬上畏罪，敬上畏罪则易治也。民贫则危乡轻家[2]，危乡轻家则敢陵上犯禁[3]，陵上犯禁则难治也。故治国常富，而乱国常贫。是以善为国者，必先富民，然后治之。

【注释】

①奚：怎样。
②危：忧惧，不安心。
③陵：通“凌”，欺凌，侵犯。

【译文】

大凡治理国家的道理，一定要使人民富裕。人民富裕了就容易治理，人民贫困了就难以治理。怎么知道是这个样子呢？人民富裕了就会安心于乡里、看重家庭，安心于乡里、看重家庭就会尊重君主、畏惧刑罚，尊重君主、畏惧刑罚便容易治理。人民贫困了就不再安心于乡里、看重家庭，不安心于乡里，不看重家庭就敢于对抗君上、违法犯禁，敢于对抗君上、违法犯禁，当然难以治理了。因此得到治理的国家一定富裕，得不到治理的国家一定贫困。所以，善于治理国家的君主，一定先使人民富裕起来，然后再进行治理。

【原文】

昔者，七十九代之君法制不一[①]，号令不同，然俱王天下者，何也？必国富而粟多也。夫富国多粟生于农，故先王贵之。凡为国之急者，必先禁末作文巧[②]，末作文巧禁则民无所游食[③]，民无所游食则必农。民事农则田垦，田垦则粟多，粟多则国富。国富者兵强，兵强者战胜，战胜者地广。是以先王知众民、强兵、广地、富国之必生于粟也，故禁末作，止奇巧而利农事。今为末作奇巧者，一日作而五日食[④]。农夫终岁之作，不足以自食也[⑤]。然则民舍本事而事末作。舍本事而事末作，则田荒而国贫矣。

【注释】

①七十九代之君：泛指上古历代君主。
②末作文巧：奢侈玩好物品的生产制作。
③游食：不务农而食。
④一日作而五日食：劳动一天所得之利可供五天享用。
⑤自食：自己养活自己。

【译文】

古时候的历代君主，制定的法度不一样，实施的号令也不相同，但都能称王天下，这是为什么呢？一定是国家富裕、粮食众多。国家富裕、粮食众多源于农业发展，所以古代圣王重视农业。凡是治理国家的急务，一定是禁止奢侈品的生产制作。禁止了奢侈品的生产制作，人民就不会出现不务农而食的现象，人民中没有不务农而食的现象，就必将从事农业生产。人民从事农业生产就会带来田野的开垦，田野开垦了粮食就会增多，粮食增多了国家就将富裕。富裕的国家军队就会强大，军队强大了作战就能取胜，作战能取胜土地就会广袤。因此，古代圣王知道人民众多、军队强大、土地广袤、国家富裕一定源自粮食生产，于是禁止工商末业，制止奢侈品以利于农业。现在，生产制作奢侈品的人，干一天的活就能赚够五天的生活费用。农夫辛苦劳作一年，也不足以自己养活自己。于是，人民都舍弃农业生产而从事了工商业。舍弃农业生产从事工商业，最终会使田野荒芜、国家贫困。

【原文】

先王者善为民除害兴利，故天下之民归之。所谓兴利者，利农事也；所谓除害者，禁害农事也。国富则安乡家，安乡家则虽变俗①易习，敺众移民②，至于杀之，而不怨也。民贫则轻家易去，轻家易去，则上令③不能必行（必行下旧无上令至必止十二字。补之）；上令不能必行，则禁不能必止；禁不能必止，则战不必胜，守不必固矣。夫令不必行，禁不必止，战不必胜，守不必固，命之曰"寄生④之君"，此由不利农少粟之害也。粟者，王者之本事也，人主之大务⑤，治国之道也。

【注释】

①变俗：改变原有的习俗。

②敺众移民：敺众：谓使民众听从意旨。敺，"驱"的古字。移民，往他地迁移居民。

③上令：国君的政令。

④寄生：依附他人而生活。

⑤大务：重大的事务。

【译文】

先王善于为民除害兴利，所以天下百姓归附他。所谓兴利，就是做有利于农业生产之事；所谓除害，就是禁止危害农业生产的事。国家富裕，人民就会安于乡土（重视）家庭。人民安于乡土（重视）家庭，即使改变其风俗习惯，使民众听从驱使，迁移百姓，甚至处死，人民也不会怨恨。人民贫困，就会轻视家庭，容易离家出走；百姓轻视家庭而容易离家出走，国君的政令就不一定能执行；国君的政令不一定能执行，所禁止的事就不一定能被制止；所禁止的事不一定能被制止，那作战就不能必胜、防守就不能必固了。政令不能必行，禁止之事不能必止；作战不能必胜，防守不能必固，这样的君主就被称为"寄生之君"。这都是由于不实行利农政策、缺少粮食造成的危害。生产粮食，是成就王业的根本，是国君的要务，是治国的方法准则。

桓公问

【题解】

本篇记录桓公与管仲之间的一次问答。针对桓公"有而勿失,得而勿亡"为政之道的询问,管仲提出了制定"啧室之议"的进谏制度。

【原文】

齐桓公问管子曰:"吾念有而勿失,得而勿亡,为之有道乎?"对曰:"勿创勿作,时至而随。毋以私好恶害公正,察民所恶,以自为戒。黄帝立明台之议者[①],上观于贤也。尧有衢室之问者[②],下听于人也。舜有告善之旌[③],而主不蔽也。禹立谏鼓于朝[④],而备讯也。汤有总街之庭[⑤],以观人诽也。武王有灵台之复[⑥],而贤者进也。此古圣帝明王所以有而勿失、得而勿忘者也。"桓公曰:"吾欲效而为之,其名云何?"对曰:"名曰啧室之议[⑦]。曰法简而易行,刑审而不犯,事约而易从,求寡而易足。人有非上之所过,谓之正士,内于啧室之议。有司执事者咸以厥事奉职[⑧],而不忘焉。此啧室之事也,请以东郭牙为之。此人能以正事争于君前者也。"桓公曰:"善。"

【注释】

①明台:传说为黄帝听政、询事及征求意见的地方。
②衢室:建于大街通衢之上的房屋,用于听取百姓意见。
③告善之旌:立于大街之上,号召臣民百姓献计献策的旌旗。
④谏鼓:立于朝堂之上,臣民百姓进谏时敲击的大鼓。
⑤总街之庭:设于街巷中心,听询臣民百姓意见的厅堂。
⑥灵台之复:投向灵台的建议或谏言。
⑦啧室:多人集合议论的场所。
⑧厥:其,他的。

【译文】

齐桓公问管仲说:"我想拥有天下而不失去,得到天下而不丧失,有什么办法可以做到呢?"管仲说:"不急于开创,不急于作新,时间到了随机行事。不要以个人的好恶损害公正,观察人民厌恶什么,自身引以为戒。以前,黄帝建立明台的咨议制度,在上面听取贤士的意见;尧设立衢室的询问制度,在下面听取民众的心声;舜立有号召进谏的旌旗,君主因此不受蒙蔽;禹把谏鼓置于朝堂之上,以备听取百姓的问讯;汤在街巷中心设有听取意见的厅堂,用以听取人民的非议;武王建有灵台报告制度,贤士都得以进用。这是古代圣帝明王之所以拥有天下而不失去、得到天下而不丧失的原因。"桓公说:"我想仿效他们实行这项制度，叫作什么名字呢？”管仲说：“就叫作‘啧室之议’。就是说，国家法令要简单易行，刑罚审慎没有过失，政事简约易于办理，赋税轻薄易于缴纳。老百姓有非议君主过失的，称之为正士，他们的意见都按照啧室的议论制度来处理。负责受理的人把接纳此事作为奉行职事的表现，不能遗忘。这件啧室的工作，请让东郭牙来负责，这个人能够为政事在君主面前争论。”桓公说：“好。”

形势解[①]（旧无解字。加之）

【题解】

本篇是对“形势”篇重要结论和语句的阐释和解读。《群书治要》节录本篇数段，旨在说明，君主要为天下兴利除害，行事要符合道义，对民众要爱护，要效法古圣先王、要依靠众人的智慧等治国大道。

【原文】

人主之所以令则行，禁则止者，必令于民之所好，而禁于民之所恶也。民之情莫不欲生而恶死，莫不欲利而恶害也。故上令于生利人[②]则令行，禁于杀害人[③]则禁止矣。令之所以行者，必民乐其政也，而令乃行。故曰“贵有以行令也”。

【注释】

①形势解：本篇是对《形势》篇的逐句诠释，有少部分内容亡佚。

②生利人：让人生存和得利。

③杀害人：使人被杀和遭祸。

【译文】

国君之所以能够做到有令则行、有禁则止，其所命令的一定符合百姓所喜好的，而所禁止的也正符合人民所讨厌的。人之常情是没有不希望生存而畏惧死亡的，没有不希望得到利益而惧怕灾害的。所以，国君的政令旨在使人生存、得到利益，就能有令则行；所禁止的旨在防止人们被杀和受害，就能有禁则止。命令所以能够贯彻执行，一定是百姓欢喜君主的政治，因而政令才能够推行。所以说：“贵在命令能够贯彻执行（此指受到百姓欢迎）。”

【原文】

人主之所以使下尽力而亲上者，必为天下致[①]利除害也。故德泽[②]加于天下，惠施厚于万物，父子得以安，群生得以育。故万民欢[③]尽其力而乐为上用，入则务本疾作[④]，以实仓廪；出则尽节死敌[⑤]，以安社稷；虽劳苦卑辱[⑥]，而不敢告也。民利之则来，害之则去，民之从利也，如水之走下，于四旁[⑦]无择也。故欲来民者，先起[⑧]其利，虽不召而民自至；设其所恶，虽召之而民不可来也。莅民[⑨]如父母，则民亲爱之。导民（民作之）纯厚[⑩]，遇[⑪]之有实，虽不言曰"吾亲民"[⑫]，而民亲矣。莅民如仇雠[⑬]，则民疏之；导之不厚，遇之无实，虽言曰"吾亲民"，民不亲也。

【注释】

①致：招引，招致。
②德泽：恩德，恩惠。
③欢：高兴，快乐。
④务本疾作：务本，指务农。疾作，努力劳作。
⑤尽节死敌：尽节，尽心竭力，保全节操，多指赴义捐生。死敌，犹死战。
⑥卑辱：卑微屈辱。
⑦四旁：四近，四周。
⑧起：兴起。
⑨莅民：管理百姓。
⑩纯厚：纯朴淳厚。
⑪遇：对待。
⑫亲民：亲近爱抚民众。
⑬仇雠：仇人，冤家对头。

【译文】

国君所以能使臣民尽心尽力而亲附君上的原因，一定是因为他能为天下谋利益、除祸害。所以，他的恩德施加于天下，施惠厚及于万物，使人们父子得以安乐、众生得以繁育。因此，万民欢喜而竭尽其力，乐于为君主所用。百姓在家时就从事农耕、努力劳作，以充实粮仓；在外（作战）时就尽节杀敌、拼死战斗，以安定国家。即使劳苦卑辱，也绝无怨言。人民，有利于他们就会来，有害于他们就离去。人民逐利，像水往低处流一样，对四方没有选择。所以，要使民众前来，先兴办对其有利之事，即使不呼唤，民众也会自动到来。假使做他们所讨厌的事，即使召请他们，民众也不会来。治理百姓像父母对待儿女一样，百姓就会亲近爱戴他。用纯厚之德来引导百姓，用实际利益来对待百姓，即使口中不说"我爱人民"，而人民也会亲近他。治理百姓像对待仇敌一样，百姓就会疏远他。不以纯厚之德引导百姓，对待百姓没有实际利益，即使口中声称"我爱人民"，人民也不会亲近他。

【原文】

圣人择可言而后言，择可行而后行。偷[①]得利而后有害，偷得乐而后有忧者，圣人不为也。故圣人择言必顾其累，择行必顾其忧。

【注释】

①偷：苟且（只图眼前，得过且过）。

【译文】

圣人选择可以说的话，然后才说；选择可以做的事，然后才做。只图眼前得到利益而将来会有祸害、只图眼前得到快乐而将来会有忧患的事，圣人是不会做的。所以，圣人选择说什么话，一定会考虑到它可能造成的麻烦；选择做什么事，一定会考虑到它可能带来的忧患。

【原文】

圣人之求事也，先论其理义[①]，计其可否。故义则求之，不义则止；可则求之，不可则止。故其所得事者，常为身宝。小人（人下有之）求事也，不论其理义，不计其可否，不义亦求之，不可亦求之。故其所得事者，未尝为赖[②]也。故曰'必得之事不足赖也"。

【注释】

①理义：公理与正义。
②赖：依靠。

【译文】

圣人选择要做的事，先考察它是否合乎理义，考虑它是否可行。合乎理义就去做，不合乎理义就不做；可行就去做，不可行就不去做。所以他所办成的事情，常常会成为自身宝贵的经验。小人选择做事，不考察它是否合乎理义，不考虑它是否可行。不合乎理义也去做，不可行也去做。所以，他所办成的事情，未必能作为依靠。所以说："一定能做到的事，是不足信赖的。"

【原文】

人主者，温良宽厚[①]，则民爱之；整齐严庄[②]，则民畏之。故民爱之则亲，畏之则用。夫民亲而为用，主之所急也。故曰"且[③]怀且威[④]，则君道备矣"。

【注释】

①温良宽厚：温良，温和善良。宽厚，宽大厚道。
②严庄：严肃庄重。
③且：副词。再，又。
④威：畏惧，敬畏。

【译文】

君主温和善良、宽大厚道，那么人民就爱戴他；君主号令整齐、严肃庄重，那么人民就敬畏他。所以，人民爱戴他就亲近他，敬畏他就会为他所用。人民亲近又能为君主所用，正是君主所急需的。所以说："（人民对君主）又怀念又敬畏，那么为君之道就完备了。"

【原文】

人主能安其民，则民事其主，如事其父母，故主有忧则忧之，有难则死之[①]。人主视民如土，则民不为用，主有忧则不忧，有难则不死。故曰"莫乐之则莫哀之，莫生之则莫死之"。

【注释】

①死之：为君主而死。

【译文】

君主能使他的人民安乐，那么人民侍奉他们的君主，就像侍奉自己的父母一样。因此，君主有忧虑，人民就为他分忧；君主有危难，人民就为他效死。君主看待人民如泥土，那么人民就不愿为其所用。君主有忧虑，人民不肯为他分忧；君主有危难，人民也不肯为他效死。所以说："君主不能使人民安乐，人民就不会为他分忧；君主不能使人民生存，人民就不会为他效死。"

【原文】

民之所以守战[①]至死而不衰者，上之所以加施于民者厚也。故上施厚则民之报上亦厚，上施薄则民之报上亦薄。故薄施而厚责[②]，君不能得于臣，父不能得于子。

【注释】

①守战：防守与进攻。
②责：索取，求取。

【译文】

百姓之所以防守、攻战至死而斗志不衰，是因为君主施于百姓的恩惠丰厚的缘故。所以，君主对百姓施恩丰厚，那么百姓对君主的回报也丰厚；君主对百姓施恩微薄，那么百姓对君主的回报也微薄。所以施惠少而索取多，君主就不能从臣下那里得到什么，父亲也不能从儿子那里得到什么。

【原文】

民之从有道也，如饥之先食也，如寒之先衣也，如暑之先阴也。故有道则民归之，无道则民去之。故道在身则言自顺[①]，行自正，事君自忠，事父自孝，遇人[②]自理。天之道满而不溢[③]，盛而不衰。明主法象[④]天道，故贵而不骄，富而不奢。故能长守富贵，久有天下而不失也。故曰"持满[⑤]者与天[⑥]"。

【注释】

①顺：顺理，合乎事理。

②遇人：犹待人。

③满而不溢：器物已满盈但不溢出。比喻有资财而不乱用、有才能而不自炫，善于节制守度。

④法象：效法，模仿。

⑤持满：犹持盈。

⑥与天：谓凡合乎天道者，则得天助。

【译文】

人民追随有道之君，就像饥饿时抢先吃饭、寒冷时抢先穿衣、暑热时抢先避荫。所以，君主有道，人民就归附他；无道，人民就背离他。所以，只要道在于自身，那么言语自会顺理，行为自会端正，侍奉君主自会忠诚，侍奉父亲自会孝顺，待人接物自然合乎情理。天之道，是盈满而不外溢，长盛而不衰败。贤明的君主效法天道行事，所以尊贵而不骄傲、富裕而不奢侈，因此能长久地保有富贵，长久拥有天下而不失去。所以说："能保持满而不溢者，则与天道相合，故得天助。"

【原文】

明主救天下之祸，安天下之危者也，必待[①]万民之为用也，而后能为之，故曰"安危者与人"[②]。地大国富，民众兵强，此盛满[③]之国也。虽已盛满，无德厚[④]以安之，无度数[⑤]以治之，则国非其国，而民非其民也。故曰"失天之度，虽满必涸"[⑥]。臣不亲其主，百姓不信其吏，上下离而不和，故虽自安[⑦]，必且危之。故曰'上下不和，虽安必危"。

【注释】

①待：依靠，依恃。

②与人：合乎民意取得人心。

③盛满：富足，殷实。

④德厚：犹仁厚。

⑤度数：规则。

⑥涸：竭，尽。

⑦自安：自以为安定。

【译文】

贤明的君主,是拯救天下灾祸、安定天下危机的人。(要做到这一点)必须依靠百姓能为他所用,而后才能做到。所以说:“安定危难者,要与民心相合。”土地广大、国家富足,人口众多、军队强盛,这是殷实富足的国家。虽然已经殷实富足,君主若是没有仁厚之德来安定它,没有法度规则来治理它,那么国家就将不是他的国家,人民也就不是他的人民了。所以说:“违背自然的法则,虽一时盈满,后必干涸。”臣下不亲近他们的国君,百姓不相信他们的官吏,上下离心不相和睦,虽然自认为安定,也必将走向危亡。所以说:“上下不和,虽一时安定,也必将危亡。”

【原文】

古者,三王[①]五伯[②],皆人主之利天下者也,故身贵显而子孙被其泽。桀、纣、幽、厉[③],皆人主之害天下者也,故身困伤[④]而子孙蒙其祸。故曰:“疑今者察之古,不知来者[⑤]视之往。”

【注释】

①三王:指夏、商、周三代圣君。夏禹、商汤、周文(武)王。

②五伯:五个霸主。说法有多种。一般指指春秋齐桓公、晋文公、宋襄公、楚庄公、秦穆公。

③幽、厉:周代昏乱之君幽王与厉王的并称。

④困伤:困窘而毁败。

⑤来者:将来的事。

【译文】

古代的三王、五伯,都是君主中有利于天下的人,所以自身显贵而子孙蒙受其恩泽;夏桀、商纣、周幽王、周厉王,都是君主中危害天下的人,所以自身困窘受损,而子孙蒙受其灾祸。所以说:“对当今有怀疑的,可以监察古代;对未来不明白的,可以查看以往。”

【原文】

古者,武王地方不过[①]百里,战卒之众不过万人,然能战胜攻取,立为天子,而世谓之圣王者,知为之术也。桀、纣贵为天子,富有海内,地方甚大,战卒甚众,然而身死国亡,为天下戮[②]者,不知为之术也。故能为之,则小可以为大,贱可以为贵;不能为之,则虽为天子,人犹夺之。

【注释】

①不过:副词。只;仅仅。

②戮:羞辱。

【译文】

从前,周武王的领土不过方圆百里,士卒的人数不过万人,然而战则能胜、攻则能取,最终成为天子,被世人称为圣王,这是因为他懂得治理天下的方法。夏桀、商纣贵为天子,富有海内,地方很大,士兵很多,然而却身死国亡,被天下人羞辱,这是因为他们不懂得治理天下的方法。所以,能治理天下,弱小的可以变为强大,卑贱的可以变为尊贵;不能治理天下,即使身为天子,别人也能夺取他的地位。

【原文】

明主度量人力之所能为而后使焉,故令于人之所能为则令行,使于人之所能为则事成。乱主[①]不量人力,令于人之所不能为,故其令废;使于人之所不能为,故其事败。夫令出而废,举事而败,此强[②]不能之罪[③]也。

【注释】

①乱主:昏庸无道的君主,暴君。
②强:强迫,勉强。
③罪:过错,过失。

【译文】

贤明的君主衡量人们的力量能够达到,然后再去役使他们。所以命令人们去做力所能及的事,命令就能执行;役使人们去做力所能及的事,事情就能成功。昏乱的君主不衡量人们的力量,命令人们去做力所不及的事,所以命令会废弛;役使人们去做力所不及的事,所以事情会失败。令出而废弛,做事而失败,这是强为不可为之事的过错。

【原文】

明主不用其智而任圣人之智,不用其力而任众人之力,故以圣人之智思虑者,无不知也;以众人之力起事[①]者,无不成也;能自去而因[②]天下之智力[③]起,则身逸而福多。乱主独用其智而不任圣人之智,独用其力,而不任众人之力,故其身劳而祸多。故曰:"独任之国(国旧作图。改之),劳而多祸。"

【注释】

①起事:办事。
②因:依托,凭借。
③智力:才智与勇力。

【译文】

贤明的君主不靠自己的智慧，而用圣人的智慧；不靠自己的力量，而用众人的力量。所以凭借圣人的智慧来思考问题，就没有不明白的；用众人的力量来做事，就没有不成功的。能够自己解脱而依靠天下人的智慧和力量来兴起，就会自身安逸而多福。昏乱君主只靠自己的智慧，而不用圣人的智慧；只靠自身的力量，而不用众人的力量。所以他自身烦劳而多祸。所以说："君主自以为是、独断专行的国家，劳苦不堪而多祸端。"

【原文】

明主者，人未之见，而皆有亲心[1]焉者，有使民亲之之道也。故其位安而民往之。故曰："未之见而亲焉，可以往矣。"

【注释】

①亲心：亲爱的心。

【译文】

贤明的君主，在人们还没有见到他时就有亲爱之心，是因为他有使百姓亲近他的办法。因此，他的地位安稳而百姓都来归附。所以说："对那还未见面就想亲近他的君主，可以去投奔。"

【原文】

人主出言不逆于民心，不悖[1]于理义，其所言足以安天下者也。人唯恐其不复言也。出言而离[2]父子之亲，疏君臣之道，害天下之众，此言之不可复者也。故明君不言也。

【注释】

①悖：违逆，违背。
②离：离间。

【译文】

君主讲话不违背民心，不违背理义，他所讲的话就足以安定天下，人们唯恐他不再多讲。如果所讲之话会离间父子的亲情，疏远君臣的关系，危害天下的百姓，这种话是不能重复的，所以贤明的君主决不会说。

【原文】

人主身行[1]行正[2]，使人有理，遇人有礼，行（旧无行字。补之）发于身，而为天下法式[3]。人唯恐其不复行也。身行不正，使人暴虐，遇人不信，行发于身，而为天下笑者，此不可复之行也。故曰:“行而不可再者,君不行也。”

【注释】

①身行:操行,品行。
②方正:指人行为、品性正直无邪。
③法式:法度,制度。

【译文】

君主品行端正,用人有其道理,待人有其礼节,自身的行为举止可以成为天下人的榜样,百姓唯恐他不再这样做。如果自身行为不端正,役使百姓凶狠残暴,待人不讲诚信,其行为举止被天下人所耻笑,这是不可以重复做的行为。所以说:“不可以重复做的行为,君主不做。”

【原文】

言之不可复者,其言不信也;行之不可再者,其行暴贼[①]也。故言而不信,则民不附;行而暴贼,则天下怨。民不附,天下怨。此灭亡之所从生也,故明主禁之。故曰:“凡言行之不可复者,有国者之大禁[②]也。”

【注释】

①暴贼:残暴。
②大禁:指在法令、习俗或道德上最禁忌、最避讳之事。

【译文】

不可以重复说的话,这种话就是不诚信的;不可以重复做的行为,这种行为就是残暴的。因此,说话不讲诚信,百姓就不会归附;行为残酷暴虐,天下就会怨恨。百姓不归附,天下有怨恨,这就是国家灭亡之所以发生的原因。所以贤明的君主禁忌这种言行。所以说:“凡是那种不可重复的言行,都是君主最大的禁忌。”

板法解

【题解】

本篇主要论述为政的纲领。明君之明在于能“胜六攻而立三器”,“胜六攻”是强调君主能克服六种干扰,这样才能顺利地建立“三器”。这些施政纲要应刻在板上,作为常法,时时提醒国君,所以名叫“板法”。

【原文】

治国有三器[①]，乱国有六攻。明君能胜[②]六攻而立三器，故国治；不肖君不能胜六攻而立三器，故国不治。三器者何也？曰：号令[③]也，斧钺[④]也，禄赏[⑤]也。六攻者何也？曰：亲也，贵也，货[⑥]也，色也，巧佞[⑦]也，玩好[⑧]也。三器之用何也？曰：非号令无以使下，非斧钺无以威[⑨]众，非禄赏无以劝[⑩]民。六攻之败何也？曰：虽不听而可以得存，虽犯禁而可以得免，虽无功而可以得富。夫国有不听而可以得存者，则号令不足以使下；有犯禁而可以得免者，则斧钺不足以威众；有无功而可以得富者，则禄赏不足以劝民。号令不足以使下，斧钺不足以威众，禄赏不足以劝民，则人君无以自守[⑪]也。

【注释】

①三器：三种治国的手段，指号令、斧钺、禄赏。

②胜：克制，制服。

③号令：发布的号召或命令。

④斧钺：斧与钺。泛指刑罚、杀戮。

⑤禄赏：俸禄和奖赏。

⑥货：财物，金钱珠玉布帛的总称。

⑦巧佞：奸诈机巧，阿谀奉承。

⑧玩好：供玩赏的奇珍异宝。

⑨威：震慑，使知畏惧而服从。

⑩劝：鼓励。

⑪自守：自保，自为守卫。

【译文】

安定的国家有“三器”，混乱的国家有“六攻”。贤明的君主能制服“六攻”而确立“三器”，所以国家太平；不肖的君主不能制服“六攻”而确立“三器”，所以国家不太平。“三器”是什么呢？就是号令、斧钺、禄赏。“六攻”是什么呢？就是亲信、权贵、财宝、女色、巧言谄媚之人、珍奇玩赏之物。“三器”的作用是什么？回答说：“没有号令就没办法役使臣民，没有斧钺刑罚就没办法威慑民众；没有俸禄奖赏就没办法鼓励百姓。”六攻的害处是什么？回答说：“即使不听号令也可得以存在，即使违犯禁律也可得以免刑，即使没有功劳也可得到财富。”国家有不听号令而可得以保全的现象，号令就不能驱使臣下，有违犯禁律而可得以免刑的现象，斧钺刑罚就不能威慑民众；有没有功劳而可以得到财富的现象，俸禄奖赏就不能鼓励百姓。如果号令不能驱使臣下，斧钺刑罚不能威慑民众，俸禄奖赏不能鼓励百姓，那么君主就没有办法保全自己的地位了。

明法解

【题解】

“明法”即严明法度。法度严明，要靠君主不因所亲而赏，不因所憎而罚。《群书治要》节录本篇数段，说明国家制定法令要公正，不能任私意，忠臣务明法术、奸臣使法不明，选拔贤人要“使法择人”，君主行事要依法而行等问题。

【原文】

明主者，审于法禁[①]而不可犯也，察于分职[②]而不可乱也。故群臣不敢行其私，贵臣不得蔽[③]贱，近者不得塞远；孤寡老弱，不失其职[④]，此之谓治国。故曰：“所谓治国者。主道[⑤]明也。”

【注释】

①法禁：刑法和禁令。

②分职：各司其职，各授其职。

③蔽：隐覆，埋没。

④职：常，正常。谓正常的生活及常业。郭沫若等集校：“职既训为常，则不失其所常，正谓不失其恒养耳。”

⑤主道：君主治国之道。

【译文】

贤明的君主，明悉于法律禁令，于是禁令不可违犯；详察于百官职分，于是职分不容紊乱。因此，群臣不敢徇私舞弊，贵臣不能埋没地位低下的人才，近臣不能阻隔远离朝廷者，孤寡老弱不会失去日常的供养。这就是安定、太平的国家。因此说：“所谓安定、太平的国家，是因为君主治国之道英明。”

【原文】

法度[①]者，主之所以制天下而禁奸邪也；私意[②]者，所以生乱长奸而害公正也。故法度行则国治，私意行则国乱。明主虽心之所爱而无功者弗赏也，虽心之所憎而无罪者弗罚也。案[③]法式而验得失，非法度不留意[④]焉。故曰：“先王之治国也。不淫意[⑤]于法之外。”

【注释】

①法度：法令制度。

②私意：犹私心。

③案：通“按”。依据，按照。
④留意：关心，注意。
⑤淫意：游心肆意。

【译文】

法度，是君主用来控制天下、禁止奸邪的；私心，是滋生祸乱、助长奸邪而危害公正的根源。所以，法度畅行则国家太平，私意盛行则国家混乱。贤明的君主对于自己心中喜爱却无功劳之人，也不予奖赏；对于自己心中憎恶却无罪过之人，也不加惩罚。按照法规制度来检验功过得失，不合法度之事则不去留意。所以说：“先王治理国家，不放纵其心于法度之外。”

【原文】

明主之治国也，案赏罚[1]（赏罚作其当宜），行其正理。其当赏者，群臣不得辞也；其当罚者，群臣弗敢避也；夫赏功诛罪者，所以为天下致利除害也。草茅[2]弗去，则害禾谷[3]；盗贼弗诛，则伤良民[4]。夫舍公法而行私惠[5]，则是利奸邪而长暴乱也；行私惠而赏无功，则是使民偷幸[6]而望[7]于上也；行私惠而赦有罪，则是使民轻上而易为非也。夫舍公法，用私惠，明主弗为也。故曰“不为惠于法之内”。

【注释】

①案赏罚：《管子》原文作“案其当宜”。
②草茅：杂草。
③禾谷：谷类作物。
④良民：旧时指安分守法的百姓。
⑤私惠：私人的恩惠。
⑥偷幸：苟且侥幸。
⑦望：怨恨，责怪。

【译文】

贤明的君主治理国家，依据事物恰当适宜的原则，按照正确的道理行事。应当赏赐的，群臣不得推辞；应当惩罚的，群臣不敢逃避。赏功罚罪，是用来为天下兴利除害的。杂草不锄掉，就会危害禾苗；盗贼不惩罚，就会伤害良民。如果舍弃国法而施行私惠，就是利于奸邪而助长暴乱；施行私惠而奖赏无功者，就是使人民苟且侥幸而怨恨君主；施行私惠而赦免有罪的人，就是使人民轻视君主而容易去做坏事。舍弃国法而施用私惠，明君是不会做的。所以说：“不在法度之内另行私人恩惠。”

【原文】

权衡[1]者，所以起轻重之数也。然而人弗事[2]者，非心恶利也，权不能为之多少其数，而衡不能为之轻重其量也。人知事权衡之无益，故弗事也。故明主在上位，则官不得枉法[③]，吏不得为私，民知事吏之无益。故货财不行于吏，权衡平正而待物[④]，故奸诈之人不得行其私。故曰："有权衡之称者。不可欺以轻重也。"

【注释】

①权衡：称量物体轻重的器具。权，秤锤。衡，秤杆。
②事：侍奉，供奉。
③枉法：谓歪曲和破坏法律。
④待物：对待他人。

【译文】

秤锤秤杆，是用来显示轻重的数量的。然而，人们不侍奉它，并不是因为心中不喜欢利益，而是因为秤锤不能为人们增多或减少称量的数值，秤杆不能为人们减轻或加重称量的数量。人们知道侍奉秤锤秤杆是没有利益的，所以不侍奉它。因此，贤明的君主居于上位，官员就不能枉法，官吏就不能行私。百姓知道侍奉官吏没有利益，所以就不用财物去贿赂官吏。能做到像秤锤秤杆一样公平正直地对待他人，那么奸诈的人就不能营私舞弊了。所以说："有秤锤秤杆的称量，就无法在轻重上欺骗人。"

【原文】

尺寸寻[①]丈者，所以得短长之情也。故以尺寸量短长，则万举而万不失矣。是故尺寸之度，虽富贵众强，不为益[②]长；虽卑辱贫贱，弗为损短[③]，公平而无所偏，故奸诈之人弗能误也。故曰："有寻丈之数者，不可差以长短。"

【注释】

①寻：古代长度单位。一般为八尺。
②益：增加。
③损短：减短。

【译文】

尺、寸、寻、丈这些长度单位，是用来量出长短的情况的。所以，用尺寸去量长短，就是量一万次也不会有一次相差。所以，尺寸的计量，即使是面对富裕显贵、人多势盛者，也不会为他而增长；即使是面对卑微屈辱、贫穷下贱者，也不会为他而减短。能做到像尺寸一样公平而无所偏私，那么奸诈之人就不能妄言骗人了。所以说："有了寻、丈的计量，就不会在长短上出差错。"

【原文】

凡所谓忠臣者，务明法术，日夜佐[①]主明于度数[②]之理以治天下者也；奸邪之臣，知法

术明之必治也，治则奸臣困而法术之士显。是故奸邪之所务事者，使法无明，主无寤[3]，而己得所欲也。故方正[4]之臣得用，则奸邪之臣困伤矣。是方正之与奸邪，不两进之势也。奸邪之在主之侧者，不能勿恶之，惟恶之则必候主间[5]而日夜危之。人主弗察而用其言，则忠臣无罪而困死，奸臣无功而富贵。故曰："忠臣死于非罪[6]，而邪臣起于非功[7]。"

【注释】

①佐：辅助，帮助。

②度数：标准，规则。

③寤：醒悟，觉醒。

④方正：指人行为、品性正直无邪。

⑤间：嫌隙，隔阂。

⑥非罪：强加之罪，无罪。

⑦非功：无功。

【译文】

凡是所谓的忠臣，必是通晓法令政策、日夜辅佐国君而使其明白法规制度的道理，以使治理天下的人。奸邪之臣知道法令政策修明则国家必会安定，国家安定则奸臣就会陷入困境，而通晓法令政策的人就会尊显。所以，奸邪之人所努力做的事，是使法度不修明、君主不觉悟，而自己就能为所欲为了。因此，品行正直的臣子得到进用，那么奸邪之臣就会困窘而受损了。这就是正直之臣与奸邪之臣不能同时进用的形势。奸邪之臣在君主身边，就不能不憎恶正直之臣；既然憎恶，就必会窥伺君主与正直之臣有嫌隙时而日夜进言危害。如果君主不能明察而听用其言，忠臣就会无罪而被迫害致死，奸臣就会无功而得到富贵。所以说："忠正之臣往往死于无罪，奸诈之臣往往兴起于无功。"

【原文】

富贵尊显，久有天下，人主莫弗欲也；令行禁止，海内无敌，人主莫弗欲也；蔽[1]欺侵陵[2]，人主莫不恶也；失天下，灭宗庙，人主莫不恶也。忠臣之欲明法术，以致主之所欲，而除主之所恶者也。奸臣之擅[3]主也，有以私危之，则忠臣无从进其公正之数[4]矣。故曰："所死者非罪，所起者非功，然则为人臣者重私而轻公矣。"

【注释】

①蔽：蒙蔽，壅蔽。

②侵陵：侵犯欺凌。

③擅：独揽，专。

④数：策略；权术。

【译文】

富贵尊显、长久地拥有天下，君主没有不向往的；令行禁止、海内无敌，君主没有不向往的。蒙蔽、欺骗、侵犯、欺凌，君主没有不厌恶的；丧失天下、灭绝宗庙，君主没有不厌恶的。忠臣希望使法令政策修明以实现君主之所求，并消除君主所厌恶的事。奸臣独揽君权，就有办法用私术来危害他们，那么忠臣就没有办法进献其公正的策略了。所以说："无罪的而被处死，无功的而被起用，那么为人臣者自然就会重私而轻公了。"

【原文】

明主之择贤人也，言勇者试之以军，言智者试之以官。试于军而有功者则举之，试于官而事治者则用之。故以战攻[①]之事定勇怯，以官职之治定愚智。故勇怯愚智之见也，如白黑之分。乱主则不然，听言而不试，故妄言[②]者得用；任人而不课[③]，故不肖者不困。故明主以法案其言而求其实，以官任其身而课其功，专任[④]法不自举焉。故曰："先王之治国也，使法择人，弗自举也。"

【注释】

①战攻：进攻，征战。

②妄言：谬说。

③课：考核，考查。

④专任：单独依靠。

【译文】

明主选拔贤人，对号称有勇气的人，就用作战来检验他；对号称有智慧的人，就用做官来检验他。在作战上进行检验而有功劳的，就提拔他；用做官进行检验而事情处理得好的，就任用他。所以，用征战之事来评定勇敢和怯懦，用为官的政绩来评定愚钝和聪慧。所以，勇武、怯懦、愚钝、聪慧的显现，就像黑白一样分明。昏乱的君主则不是这样。听其言论而不试验，所以言谈荒谬者也得以任用；委用人而不考核，所以不肖者也不会困窘。因此，明主依照法度根据其言论来考察他的实际，把官职授予他来考核他的政绩，只依法度来选择而不私自推举。所以说："先王治理国家，使用法度选择人才，不私自推举。"

【原文】

凡所谓功者，安主上，利万民者也。夫破军杀将，战胜攻取，使主无危亡之忧，而百姓无死虏之患，此军士之所以为功者也。奉主法[①]，治境内，使强不凌弱，众不暴[②]寡，万民欢尽其力，而奉养其主，此吏之所以为功也。匡[③]主之过，救主之失，明理义以导其主，主无邪僻之行，蔽欺之患，此臣之所以为功也。故明主之治也，明分职而课功劳，有功者赏，乱

治者诛，诛赏之所加，各得其宜[4]，而主不自与[5]焉。故曰："使法量功[6]，不自度也。"

【注释】

①主法：王法。
②暴：欺凌，凌辱。
③匡：纠正，扶正。
④各得其宜：谓人或事物都得到适当的安置。
⑤与：参与。
⑥量功：考核功绩。

【译文】

凡是所谓功劳，就是使君主安定、使万民得利的事。破敌军，杀敌将，战则胜，攻则取，使君主没有危亡的忧虑，使百姓没有死亡、被俘的担忧，这是军士可用来作为功劳的事。奉行国家法令，治理境内政务，使强者不欺凌弱者、人多势众者不欺辱人少势单者，使百姓都欢喜地竭尽其力来奉养君主，这是官吏可用来作为功劳的事。匡正君主的错误，补救君主的过失，阐明理义来引导君主，使君主没有邪僻的行为，没有被蒙蔽欺骗的忧患，这是大臣可用来作为功劳的事。因此，贤明的君主治理国家，明确官吏各自的职责，并考核其功绩，有功者受赏，扰乱安定者受罚。惩罚奖赏的施加，各得其宜，而君主不必亲自参与。所以说："使用法度考核功绩，不用自己衡量。"

【原文】

明主之治也，审是非，察事情[1]，以度量案之，合于法则行，不合于法则止，功充[2]其言则赏，不充则诛。故言智能者，必有见功而后举之；言恶败者，必有见过而后废[3]之。如此，则士上通而莫之能妒，不肖者困废[4]而莫之能举。故曰："能不可蔽，而败不可饰也。"

【注释】

①事情：事物的真相，实情。
②充：符合。
③废：黜免。
④困废：困顿而废滞。

【译文】

贤明的君主治理国家，审明是非，考察事实，用法度来衡量，符合法度的就实行，不符合法度的就废止；功绩能符合他所说的就奖赏，否则就予以惩罚。所以，所谓有智谋和才能的人，必定要见到其功绩，而后再举用他；所谓有劣迹败德的人，必定要见到其罪过，而后才废黜他。这样，贤士就能与君主相通而没有人能嫉妒他，不肖者则受困顿遭废弃而没有人能举用他。所以说:“有才能者不会被埋没,败德之辈也不能伪饰。”

轻重

【题解】

《轻重》篇包含轻重甲、乙、丙、丁……庚,其中丙、庚已经亡佚。“轻重”,即以轻易重,讲述了管仲在齐国造货币、通有无的方法和理论。此篇是《管子》经济思想中的重要理论。主要讨论财政经济与管理工商业的问题,其核心就是利用物价的升降规律去管理财政、增加储备、提高国家富强程度。《群书治要》所选的,则是“素赏之计”“以无易有”,皆出自于《轻重乙》篇。轻重论并非权谋和欺骗,其目的仍是强国富民。

【原文】

管子入复[①]桓公曰:“终岁[②]之租金[③]四万二千金,请以一朝素赏[④]军士。”桓公即(即作曰):“诺。”期于泰舟之野朝军士,桓公即[⑤]坛[⑥]而立,管子执枹[⑦]而揖[⑧]军士曰:“谁能陷阵[⑨]破众者,赐之百金。”三问不对。有一人秉剑[⑩]而前,问曰:“几何[⑪]人之众也?”管子曰:“千人之众。”曰:“千人之众,臣能陷之。”赐之百金。管子又曰:“兵接弩张,谁能得卒长[⑫]者,赐之百金。”问曰:“几何人卒之长也?”管子曰:“千人之长。”“千人之长(旧无千人之长四字。补之。千人上疑脱曰字),臣能得之。”赐之百金。管子又曰:“谁能听旌旗[⑬]之所指,而得执将[⑭]首者,赐之千金。”言能得者累千人[⑮],赐之人千金;其余言能外[⑯]斩首者,赐之人十金。一朝素赏四万二千金,廓然[⑰]虚。

【注释】

①入复:马非百曰:“入复,犹今言向上汇报。”

②终岁:终年,整年。

③租金:出租者所收或承租者所付的租赁田地房屋之类的代价。

④素赏:预先行赏。

⑤即:乘;登。

⑥坛:高台。古代祭祀天地、帝王、远祖或举行朝会、盟誓及拜将的场所,多用土石等建成。

⑦枹:鼓槌。

⑧揖:拱手行礼。

⑨陷阵:攻入敌人的营垒或阵地。

⑩秉剑:意谓持剑。

⑪几何:犹若干,多少。

⑫卒长:古代军队百人为卒,其长官称卒长。

⑬旌旗:旗帜的总称。
⑭执将:主将。
⑮千人:何如璋云:"'千人'当作'十人'。"今译文从何说。
⑯外:安井衡云:"外,出列迫敌也。"
⑰廓然:空虚貌。

【译文】

管子向桓公报告说:"全年的地租收入有四万二千金,请用一个早晨预先赏给军士。"桓公说:"可以。"于是约定在泰舟之野召集军队。桓公登坛站立,管子拿着鼓槌向士兵们拱手行礼说:"谁能冲锋陷阵,击败敌众,就赐给他百金。"问了三遍无人应答。有一人持剑向前,问道:"多少人的敌众呢?"管仲说:"一千人的敌众。"此人说:"一千人的敌众,臣能攻破。"于是赐给他百金。管仲又说:"在短兵相接、弓弩大张的激战中,谁能擒获敌军卒长,就赐给他百金。"一人问:"多少人的卒长?"管仲说:"一千人的卒长。"此人说:"一千人的卒长,臣能擒获他。"于是赐给他百金。管仲又说:"谁能按旌旗所指的方向,取回敌军主将的首级,就赐给他千金。"说自己能做到的共有十人,于是赏赐每人千金。其余自报能杀敌斩首的,赐给每人十金。一个早晨的预先行赏,四万二千金一扫而空。

【原文】

桓公惕然[①]大息[②]曰:"吾曷以识此?"管子曰:"君勿患,且使外为名于其内,乡为功于其亲,家为德于其妻子。若此,则士必争名[③]报德,无北[④]之意矣。吾举兵而攻,破其军,并其地,则非特[⑤]四万二千金之利也。"公曰:"诺。"

【注释】

①惕然:惶恐貌,忧虑貌。
②大息:亦作"太息"。大声长叹,深深的叹息。
③争名:争名望或争名誉。
④北:败逃。
⑤非特:不仅,不只。

【译文】

桓公忧虑地叹息说:"我如何理解这种赏赐呢?"管子回答说:"君主不要担心,只须对外显扬他们的名声于国内,在乡里为他们的父母记功,在他们的家中给他们的妻子施予恩德。这样,士兵们必然会争取名声,报答君恩,就没有临阵败逃的想法了。我们举兵进攻,打败敌军,占领敌国土地,那就不仅仅是四万二千金的利益了。"桓公说:"好。"

【原文】

乃戒大将[①]曰:"百人之长,必为之朝礼;千人之长,必拜而送之。降两级,其有亲戚者，必遗[②]之酒四石、肉四鼎；其元亲戚者，必遗其妻子酒三石、肉三鼎。”行教半岁，父教其子，兄教其弟，妻谏其夫。曰：“见礼[③]若此，不死列阵，可以反[④]于乡乎？”

【注释】

①大将：古代军队中的中军主将。亦指主帅。
②遗：给予，馈赠。
③见礼：受到礼遇。
④反：还归，回。

【译文】

于是告诫军中主将说：“统领百人的军官来进见，一定要向他施以朝礼参拜；统领千人的军官来进见，一定要下两级台阶拜而相送。对那些有父母的，一定要送给他们酒四石、肉四鼎；对那些没有父母的，一定要送给他们的妻子酒三石，肉三鼎。”这种办法推行了半年，父亲教导儿子、兄长教导弟弟、妻子劝告丈夫，都说：“我们受到国家如此的礼遇，如果不死战于阵前，还有面目返回家乡来吗？”

【原文】

桓公终举兵攻莱[①]，战于莒[②]，鼓旗[③]未相望，而莱人大遁[④]。故遂破其军，兼其地而虏其将。故未列地[⑤]而封，未出金而赏，破莱军，并其地，禽[⑥]其君。此素赏之计也。

【注释】

①莱：古国名。今山东省黄县东南有莱子城，即古莱国旧址。
②莒：西周诸侯国名。故址在今山东省莒县。
③鼓旗：鼓和旗。古代军中用以指挥战斗的工具。
④遁：逃跑。
⑤列地：犹列土。谓分封土地。
⑥禽：“擒”的古字。俘获，被俘，制伏。

【译文】

桓公终于发兵攻打莱国，交战于莒地。在双方还未互相看到旗鼓时，莱国人就大肆溃逃了。于是趁势击破了莱国的军队，兼并了莱国的土地，俘虏了莱国的将领。因此，国家还没有裂地封爵，也没有出钱行赏（因为攻占莱国后所得不止四万二千金），就攻破了莱国的军队，吞并了莱国的土地，擒获了莱国的君主。这就是“素赏”之计（国家实际上不付出赏金的计策）。

《晏子》治要

【题解】

《晏子》，原名《晏子春秋》，主要记述春秋时齐国晏子的言行事迹，是我国最早一部短篇小说集。相传为晏子所撰，一般认为是后人集录而成。书名始见于《史记·管晏列传》。《汉书·艺文志》称《晏子》，并列于儒家。全书共8卷，215章，分内、外两篇。

晏婴

全书语言简练，情节生动，具有较高的艺术性。书中寓言多以晏子为中心，情节完整，讽喻性强，对后世寓言影响较大，晏子由此成为智慧的化身。

晏婴，字仲，又称晏子。春秋后期著名政治家。他身材不高，其貌不扬；但头脑机敏，能言善辩。以生活节俭，谦恭下士著称。任三朝卿相，辅政60年，屡谏齐侯。出使对外既坚持原则，又灵活机智，捍卫了齐国的威严，使齐国名扬诸侯。

魏征从维持李唐王朝长治久安的目的出发，编纂《群书治要》，于《晏子》一书辑录四十段文字，约一万余字。魏征所辑文字附有篇名，但章无标题，亦无夹注。由于《治要》是在原著基础上剪裁辑录而成，故其文句有诸多遗漏，这显系编撰者根据政治需要而摘取所致，当然也有因所据刻本之不同所造成的文句差异。这里除对个别有明显讹误的文句加以校勘之外，一般则保持原书旧貌，未予校注补正。

谏上

【题解】

本篇主要通过晏子对齐景公的谏言告诫君王：欲使国家长治久安，必须坚持“礼”不可废；存“仁爱”之心以行“仁政”；亲“贤德”而远“小人”，以“德”治国；日“三责”己身以反躬自省。“礼”坏则国将崩，失“仁爱”则民怨将积，亲“小人”则国将蔽矣。如此国乱将至矣。

【原文】

景公[1]饮酒数日，释[2]衣冠（释衣冠原作去冠被裳），自鼓盆瓮[3]，问于左右[4]曰："仁人[5]亦乐此乐[6]乎?"梁丘据[7]对曰："仁人之耳目犹人[8]也，夫何为独不乐此乐也?"公令趋驾迎晏子，晏子朝服[9]以至。公曰："寡人甚乐，欲与夫子同此乐，请去礼。"对曰："群臣皆欲去礼以事君，婴恐君之不欲也。今齐国小童，自中以上，力皆过，又能胜君，然而不敢者，畏礼义也。君（君应作上）若无礼，无以使下；下若无礼，无以事上。夫人之所以贵于禽兽者，以有礼也。婴闻之，人君无礼，无以临其一（原无一字）邦[10]；大夫无礼，官吏不恭；父子无礼，其家必凶。《诗》曰：'人而无礼，胡不遄死[11]?'故礼不可去也。"公曰："寡人不敏[12]，无良[13]左右，淫蛊[14]寡人，以至于此，请杀之。"晏子曰："左右无罪。君若无礼，则好礼者去，无礼者至；君若好礼，则有礼者至，无礼者去矣。"公曰："善。"请易衣冠，粪洒改席[15]。召晏子。晏子入门，三让升阶[16]，用三献礼[17]焉，再拜而出。公下拜送之，彻酒去乐，曰："吾以章[18]晏子之教也。"

【注释】

①景公：齐景公（？～公元前490年），姜姓吕氏，名杵臼，春秋后期齐国国君，齐灵公之子，齐庄公之弟，公元前547年至公元前490年在位，共五十八年，是齐国执政最长的一位国君。

②释：解也。

③瓮：盛酒的坛子。

④左右：近臣，侍从。

⑤仁人：有德行的人。

⑥亦乐此乐：第一个乐，喜爱，喜欢。第二个乐，快乐，欢乐。

⑦梁丘据：生卒年无考，名丘据，字子犹，春秋时齐国的大夫，很受齐国君主齐景公的宠信。

⑧犹人：谓如同别人。

⑨朝服：古时君臣朝会时所穿的礼服，举行隆重典礼时亦穿着。

⑩临其一邦：临，治，治理。一邦，古代诸侯的一个封国，亦指一方。

⑪胡不遄死：胡，为什么。遄，迅速。

⑫不敏：不明达，不敏捷。常用来表示自谦。

⑬无良：没有好的。

⑭淫蛊：惑乱。

⑮粪洒改席：粪洒，洒扫。改席，改换座席，对客人表示尊敬的举动。

⑯三让升阶：三让，古相见礼，主人三揖，宾客三让。升阶，自堂下拾级而上。

⑰三献礼：古代郊祭时，陈列好供品之后行三次献酒，即初献爵、亚献爵、终献爵，此即是三献礼的由来。

⑱章：表彰，显扬。

【译文】

景公嗜好饮酒，有一次竟连饮数日，尽兴之时，摘掉帽子脱去衣裳，亲自敲击酒坛子。他问身边的近臣："仁德之人也喜好此乐吗？"梁丘据回答说："仁德之人的耳朵眼睛，同别人都一样，他们为何偏偏不喜好此乐呢？"于是景公令下臣驾车去请晏子。晏子身穿朝服而来。景公说："我今天很高兴，愿与先生共同饮酒作乐，请你免去君臣之礼。"晏子答道："假如群臣都免去礼节来侍奉您，恐怕君主您就不愿意了。现在齐国的孩童，凡身高中等以上的，力气都超过我，也能胜过您，然而却不敢作乱，是因为畏服礼义啊！君主假如不讲礼义，就无法命令臣下；臣下如果不讲礼义，就无法侍奉君主。人之所以比禽兽尊贵，就是因为有礼义啊！我听说，君主如果不讲礼义，就无法治理国家；大夫如果不讲礼义，底下官吏就会不恭不敬；父子之间不讲礼义，家庭就必有灾殃。《诗经》中说：'人如果不遵守礼义，不如赶快去死。'可见礼义不可免除啊！"景公说："我自己不聪敏，也没有好的近臣，加之他们还迷惑、引诱我，才至于如此，请处死他们！"晏子说："身边的近臣没有罪。如果君主不讲礼义，那么讲究礼义之人便会悄然离去，不讲礼义之人就会纷至沓来；君主如果讲究礼义，那么讲究礼义之人就会纷至沓来，不讲礼义之人便会悄然离去。"景公听后说道："先生说得是啊！"于是景公要求更换衣冠，并令下人洒扫庭院，更换座席，然后重新召见晏子。晏子进入宫门，经过三次谦让，才登上台阶，采用"三献之礼"。随即，晏子再行拜别之礼，准备离去，景公以礼拜别，然后命令下人撤掉酒宴，停止音乐，并对身边臣子说："我这么做是为了显扬晏子的教诲。"

【原文】

景公之时，雨雪三日而不霁①。公被狐白之裘坐堂侧陛②。晏子入见，立有间③，公曰："怪哉！雨雪三日而天不寒。"晏子对曰："天不寒乎？"公笑。晏子曰："婴闻古之贤君，饱而知人之饥，温而知人之寒，逸而知人之劳。今君不知也。"公曰："善。寡人闻命矣④。"

【注释】

①雨雪：下雪。雨，降，落。霁：雨后或雪后天转晴。

②被：同"披"。狐白之裘：用狐狸腋下的白皮毛制作的皮衣。

③有间：一会儿。

④闻命：接受命令或教导。

【译文】

景公在位的时候，一连下了三天雪仍不晴天。景公披着用狐狸腋下的白皮毛制作的皮衣，坐在殿堂侧边的台阶上。晏子进去见景公，站了一会儿，景公说："真奇怪呀！下了三天雪可是天气却不寒冷。”晏子回答说:“天气真的不寒冷吗?”景公笑了。晏子说:“我听说古代的贤明君主,自己吃饱了,却知道有人在挨饿;自己穿暖了,却知道有人在受冻;自己安逸了,却知道有人在受劳苦。现在您不知道这些啊!”景公说:“您说得好。我领教了。”

【原文】

乃出裘发粟,与饥寒。令所睹于涂者,无问其乡;所睹于里者[1],无问其家;循国计数[2],无言其名。士既事者兼月[3],疾者兼岁。

【注释】

①里:古代户籍管理的单位,先秦二十五家为里。
②循国:在国内巡视。循,通“巡”。
③兼月:两个月。此指给两个月的粮食。下句“兼岁”指给两年的粮食。

【译文】

景公于是下令拿出皮衣,发放粮食,给那些挨饿受冻的人。下令在道上看到这些人,不要问他们是哪个乡的;在村里看到这些人,不要问他们家在哪里;在国内巡视,统计这些人的数目,不要他们说出姓名来。士已经担任职务的,给两个月的粮食;有病的,给两年的粮食。

【原文】

孔子闻之曰:“晏子能明其所欲,景公能行其所善也。”

【译文】

孔子听到这事以后说:“晏子能够表明自己所希望的事情,景公能够去做自己认为美好的事情。”

【原文】

翟王子羡臣于景公以重驾[1],公观之而不说也。嬖人婴子欲观之[2],公曰:“及晏子之寝病也[3],居囿中台上以观之[4]。”婴子说之,因为之请曰:“厚禄之。”公许诺。

【注释】

①翟王子羡:翟王的儿子名叫羡。重驾:指用十六匹马驾车。
②嬖人:受宠爱的人。婴子:景公妾。
③寝病:有病卧床不起。
④囿:养动物的园子。

【译文】

翟王的儿子翟羡靠能用十六匹马驾车当了景公的臣子，景公看他驾车，很不喜欢。景公的宠妾婴子想要观看，景公说："等晏子有病卧床不起的时候，你站在园子里的高台上可以观看。"婴子看了以后很喜欢，于是就替翟羡请求说："给他优厚的俸禄。"景公答应了。

【原文】

晏子起病而见公，公曰："翟王子羡之驾，寡人甚说之，请使之示乎[①]？"

晏子曰："驾御之事，臣无职焉。"

【注释】

①示：让……看。

【译文】

晏子病愈后谒见景公，景公说："翟王的儿子翟羡驾车，我很喜欢，让他驾车给你看看吗？"

晏子说："驾驭车马的事，不在我的职权范围之内。"

【原文】

公曰："寡人一乐之，是欲禄之以万钟，其足乎？"

对曰："昔卫士东野之驾也，公说之，婴子不说，公曰不说，遂不观。今翟王子羡之驾也，公不说，婴子说，公因说之。为请，公许之。则是妇人为制也。且不乐治人而乐治马，不厚禄贤人而厚禄御夫。昔者先君桓公之地狭于今，修法治，广政教，以霸诸侯。今君一诸侯无能亲也，岁凶年饥[①]，道途死者相望也。君不此忧耻[②]，而惟图耳目之乐；不修先君之功烈，而惟饰驾御之伎。则公不顾民而忘国甚矣。且《诗》曰：'载骖载驷，君子所诫[③]。'夫驾八固非制也[④]，今又重此，其为非制也，不滋甚乎[⑤]？且君苟美乐之，国必众为之。田猎则不便[⑥]，道行致远则不可，然而用马数倍，此非御下之道也[⑦]。淫于耳目[⑧]，不当民务[⑨]，此圣王之所禁也。君苟美乐之，诸侯必或效我，君无厚德善政以被诸侯[⑩]，而易之以僻，此非所以子民、彰名、致远、亲邻国之道也[⑪]。且贤良废灭，孤寡不振[⑫]，而听嬖妾以禄御夫，以蓄怨，与民为雠之道也[⑬]。《诗》曰：'哲夫成城，哲妇倾城[⑭]。'今君不思成城之求，而惟倾城之务[⑮]，国之亡日至矣。君其图之！"

公曰："善。"遂不复观，乃罢归翟王子羡，而疏嬖人婴子。

【注释】

①凶：年成不好。饥：庄稼歉收。

②不此忧耻：不以此为忧、为耻。

③“载骖”二句：所引诗句见《诗·小雅·采菽》。载，则。骖，三匹马驾一辆车。驷，四匹马驾一辆车。诫，今本作“届”，至，到。

④驾八固非制：古制，天子驾六马（夏）或四马（商、周）。所以这里说“驾八固非制”。

⑤滋：益，更加。

⑥田猎：打猎。田，同“畋”。

⑦御下：指管理人民。

⑧淫：过度。

⑨当：任，担任。

⑩被：施加，加在……上。

⑪子民：以民为子，把百姓当成自己的孩子。致远：让远方之人来归附。

⑫振：救济。

⑬雠：仇敌。

⑭“哲夫”二句：所引诗句见《诗·大雅·瞻卬》。哲，明智。倾，倾覆。

⑮务：致力，从事。

【译文】

景公说：“我对他驾车感到很高兴，想要给他万钟俸禄，大概够了吧？”

晏子回答说：“过去卫国人姓东野的驾车，您很喜欢，可是婴子不喜欢，您也说不喜欢，于是就不再看他驾车。现在翟王的儿子翟羡驾车，您不喜欢，可是婴子喜欢，您于是也就喜欢了。婴子替他请求俸禄，您就答应了。那么，这就是被妇人制约了。况且不乐于治理人民，却喜欢调理马匹；不给贤德的人优厚的俸禄，却给赶车的人优厚的俸禄。从前我们的先君桓公的领土比现在狭小，他整顿法纪，推广政教，因而称霸诸侯。现在您不能让一个诸侯亲附，年成不好，道路上饿死的人随处可见。您不以此为忧，不以此为耻，却只顾贪图享乐；不继承先君的功业，却只讲求驾驭车马的技巧。那么，您不关心百姓疾苦、忘掉国家盛衰也太过分了。况且《诗》上说：‘三匹马驾车四匹马驾车，是诸侯到来了。’用八匹马驾车，本来就不符合制度了，现在又用十六匹马驾车，这样，不符合制度不是更严重了吗？况且您如果以此为美，以此为乐，国内一定有很多人这样做。驾这么多马去打猎就很不方便，到远方去就更不可以，可是使用的马匹却多了几倍，这不是驾驭臣下的办法。过分追求享乐，不妥善处理百姓的事务，这是圣贤的君主所禁止的。您如果以此为美，以此为乐，诸侯一定有人效法我们，您没有淳厚的道德、美好的政治施加于诸侯，却用邪僻的行为来影响他们，这不是爱民如子、使名声显赫、使远人归附、使邻国亲近的办法。况且贤良的人被废弃，孤儿寡妇不得救济，却听信宠妾的话增加赶车人的俸禄，从而加深人民的怨恨，这是与人民为敌的行为。《诗》上说：‘聪明的男子可以使国家稳固，聪明的女子却能使国家倾覆。’现在您不考虑如何让国家稳固，却只干些使国家倾覆的事。国家灭亡的日子就要到了。希望您好好考虑考虑！”

景公说："您说得好。"于是不再观看驾车，罢免黜退了翟王的儿子翟美，而且疏远了婴子。

【原文】

景公游于麦丘[①]，问其封人曰[②]："年几何矣？"对曰："鄙人之年八十五矣[③]。"公曰："寿哉！子其祝我！"封人曰："使君之年长于胡[④]，宜国家[⑤]。"公曰："善哉！子其复之！"曰："使君之嗣寿皆若鄙臣之年。"公曰："善哉！子其复之！"封人曰："使君无得罪于民！"公曰："诚有鄙民得罪于君则可[⑥]，安有君得罪于民者乎？"

晏子谏曰："君过矣。彼疏者有罪，戚者治之[⑦]；贱者有罪，贵者治之；君得罪于民，惟将治之？敢问：桀、纣，君诛乎，民诛乎？"

公曰："寡人固也[⑧]。"于是赐封人麦丘以为邑。

【注释】

①麦丘：齐城邑名。
②封人：管理疆界的官。这里指邑人。
③鄙人：谦称自己。
④胡：指齐之先君胡公静。因其享国久，所以用为祝词。
⑤宜国家：对国家有利。宜，合适。
⑥诚：确实。
⑦戚者：亲近的人。
⑧固：固陋，不通达。

【译文】

景公出游到了麦丘，问邑人说："你年纪多大了？"邑人回答说："鄙人八十五岁了。"景公说："真长寿啊！你祝愿祝愿我吧！"邑人说："让您寿命比齐国先君胡公静还长，以利于国家。"景公说："好啊！你再祝愿祝愿吧！"邑人说："让您的后嗣都像我这么大年纪。"景公说："好啊！你再祝愿祝愿吧！"邑人说："让您不要得罪百姓！"景公说："确实有百姓得罪君主的，哪里有君主得罪百姓的呢？"

晏子听后劝谏说："您错了。那些疏远的人有罪，亲近的人去处治他们；低贱的人有罪，尊贵的人去处治他们；君主得罪了百姓，谁将处治他们呢？我冒昧地问一问：夏桀和商纣，是被君主杀的呢，还是被百姓杀的呢？"

景公说："我太固鄙了。"于是把麦丘赏赐给邑人做食邑。

【原文】

楚巫微导裔款以见景公[①]，侍坐三日[②]，景公说之。楚巫曰："公，明神之主，帝王之君也。公即位十有七年矣，事未大济者[③]，明神未至也。请致五帝以明君德。"景公再拜稽首[4]。楚巫曰："请巡国郊以观帝位。"至于牛山而不敢登[5]，曰："五帝之位在于国南，请斋而后登之。"公命百官供斋具于楚巫之所，裔款视事[6]。

【注释】

①楚巫微：楚国的巫者名叫微。巫，古代以舞降神代人祈祷的人。裔款：齐景公臣。

②侍坐：在尊者旁边陪伴侍奉。

③济：成，成功。

④稽首：古代一种最隆重的跪拜礼，叩头至地。

⑤牛山：山名，在临淄南。

⑥视事：治事。指处理斋戒之事。

【译文】

楚国的巫者微由裔款引导去见景公，陪伴了三天，景公很喜欢他。楚国巫者说："您是英明神圣的君主，是可以称帝称王的君主。您在位十七年了，可是事业没有取得大成就，这是因为神明没有来帮助您。请让我请来五帝之神，以便使您的圣德彰明。"景公听罢拜了两拜，叩头于地。楚国巫者说："请让我到都城郊外去巡行，以便观察五帝之神的方位。"到了牛山，可是不敢登上去，说："五帝之神的方位在城南，请斋戒以后再登上去。"景公命令群臣百官供给斋戒用的东西，送到楚国巫者的住所去，让裔款处理斋戒事务。

【原文】

晏子闻而见于公曰："公令楚巫斋牛山乎？"

公曰："然。致五帝以明寡人之德，神将降福于寡人，其有所济乎！"

晏子曰："君之言过矣。古之王者，德厚足以安世，行广足以容众。诸侯戴之，以为君长；百姓归之，以为父母。是故天地四时，和而不失；星辰日月，顺而不乱。德厚行广，配天象时[1]，然后为帝王之君，明神之主。古者不慢行而繁祭[2]，不轻身而恃巫[3]。今政乱而行僻，而求五帝之明德也；弃贤而用巫，而求帝王之在身也。夫民不苟德[4]，福不苟降。君之帝王，不亦难乎？惜夫！君位之高，所论之卑也。"

【注释】

①配天象时：指与天地合德，与四时相符。

②慢行：行为怠惰。

③轻身：轻视自身的努力。

④苟德：随便感恩戴德。苟，随便，不严肃。

【译文】

晏子听到这事以后，就去见景公，说："您让楚国巫者在牛山那里斋戒吗？"

景公说："是的。想请五帝之神来帮助我，以便让我的道德彰明，神灵将降福给我，大概会对我有所补益吧！"

晏子说："您的话错了。古代称王的，道德淳厚，足以使社会安定；品行广博，足以包容众人。诸侯们爱戴他，把他当成君长；百姓们归附他，把他当成父母。因此，天地四时，和谐而不失次序；日月星辰，依次运行而不混乱。道德淳厚，品行广博，与上天同德，与四时相符，然后才能成为称帝称王的国君，成为英明神圣的君主。古时候不行事简慢而祭祀频繁，不轻视自身的努力而依仗巫者的求福。现在政治混乱，行为邪僻，却祈求五帝之神使自己道德彰明；抛弃贤人，任用巫者，却祈求古代帝王帮助自己。百姓不会随便对君主感恩戴德，福不会随便降到君主身上。您想称帝称王，不是很难吗？可惜啊！您的地位很高贵，可是言论却很卑下。"

【原文】

公曰："裔款以楚巫命寡人曰：'试尝见而观焉。'寡人见而说之，信其道，行其言。今夫子讥之[①]，请逐楚巫而拘裔款。"

晏子曰："楚巫不可出。"公曰："何故？"对曰："楚巫出，诸侯必或受之。今信之以过于内，不知[②]；出以易诸侯于外[③]，不仁。请东楚巫而拘裔款。"公曰："诺[④]。"故日送楚巫于东，而拘裔款于国也。

【注释】

①讥：批评。

②知：同"智"，聪明。

③易诸侯：使诸侯轻信。

④诺：应答声。

【译文】

景公说："裔款把楚国巫者推荐给我，说：'您姑且见见他，观察观察他。'我见了他，很喜欢他，相信了他的法术，按照他的话做了。现在先生您批评我，请让我驱逐楚国巫者，拘捕裔款。"

晏子说："楚国巫者不能驱逐出去。"景公说："为什么？"晏子回答说："如果楚国巫者被驱逐出去，其他诸侯必定有人收留他。您相信了他，因而在国内铸成过错，这是不明智的；驱逐他出境，让其他诸侯轻信他的话.这是不仁德的。请您把楚国巫者迁移到东方海滨去，拘捕裔款。"景公说："好吧！"当即把楚国巫者送到东方海滨去，同时把裔款拘捕在都城里。

【原文】

景公出游于公阜[①]，北面望[②]，睹齐国，曰："呜呼！使古而无死，何如？"晏子曰："昔者上帝以人之没为善[③]，仁者息焉，不仁者伏焉。若使古而无死，太公、丁公将有齐国[④]，桓、襄、文、武将皆相之[⑤]，君将戴笠衣褐[⑥]，执铫耨以蹲行畎亩之中[⑦]，孰暇患死？”公忿然作色，不说。

【注释】

①公阜：齐地名。
②北面：面向北。
③没：通“殁”，死。
④丁公：名伋，太公之子。
⑤桓、襄、文、武：都是齐国国君。相：当相。
⑥褐：粗毛编织的衣服，古代平民所穿。
⑦铫耨：泛：指农具。铫，大锄。耨，短把儿的锄，小手锄。畎亩：田野。

【译文】

景公到公阜游玩，向北望去，看到了齐国都城，说：“哎！假使自古以来没有死亡，该怎么样呢？”晏子说：“从前天帝把人的死亡当成好事，仁德的人可以在地下安息，不仁德的人可以在地下藏伏。假如自古以来没有死亡，那么太公、丁公将永远享有齐国，桓公、襄公、文公、武公都只能做他们的相，您将戴着斗笠，穿着布衣，手持农具，在田野里劳作，哪里还有工夫忧虑死亡呢？”景公气愤地变了脸色，很不高兴。

【原文】

无几何[①]，而梁丘据御六马而来。公曰：“是谁也？”晏子曰：“据也。”公曰：“何知？”曰：“大暑而疾驰，甚者马死，薄者马伤，非据孰敢为之？”公曰：“据与我和者夫[②]！”晏子曰：“此所谓同也[③]。所谓和者，君甘则臣酸，君淡则臣咸[④]。今据也，君甘亦甘，所谓同也，安得为和？”公忿然作色，不说。

【注释】

①无几何：没多久。
②和：和谐。
③同：相同。指所好相同。
④“群甘”二句：比喻说法，意谓臣不应一味顺从君，而应匡其过失，这样才能配合好。

【译文】

没多久，梁丘据驾着六匹马拉的车从远处来了。景公说：“这人是谁呀？”晏子说：“是梁丘据。”景公说：“您怎么知道的？”晏子说：“天气酷热却赶马奔驰，严重的马会死掉，轻的马也会受伤，如果不是梁丘据，谁敢这么干？”景公说：“梁丘据是跟我和谐的人啊！”晏子说："这叫作相同。所谓和谐，拿味道作比方，君主如果是甜的，那么臣子应该是酸的；君主如果是淡的，那么臣子应该是咸的。现在梁丘据这个人，君主是甜的，他也是甜的，这是所谓相同，怎么能够算得上和谐？"景公气愤地变了脸色，很不高兴。

【原文】

无几何，日暮，公西面望，睹彗星，召伯常骞使禳去之[①]。晏子曰："不可。此天教也。日月之气，风雨不时，彗星之出，天为民之乱见之[②]，故诏之妖祥[③]，以戒不敬。今君若设文而受谏[④]，谒圣贤人[⑤]，虽不去彗，星将自亡。今君嗜酒而并于乐，政不饰而宽于小人[⑥]，近谗好优[⑦]，恶文而疏圣贤人，何暇在彗，茀又将见矣[⑧]！"公忿然作色，不说。

【注释】

①伯带骞：名骞，字伯常。禳：祈祷除灾。
②见：出现，显示。
③妖祥：偏指妖，妖异。
④设文：指修文德。
⑤谒：拜见。此指求教。
⑥饰：通"饬"，整顿。
⑦优：倡优。
⑧茀：同"孛"，彗星的一种。古人把尾巴拖得较短的彗星叫"茀"或"孛"。

【译文】

没多久，天黑了，景公向西望去，看到了彗星，就召来伯常骞，让他祈祷除掉彗星。晏子说："不可以这样做。这是上天在教诲人啊！日月出现圆晕，风雨失调，彗星出现，这是上天因为民间混乱显现的征兆。是上天故意显示这些不祥的景象，来警诫人们的不恭敬行为。现在您如果修文德纳谏言，求教圣人贤人，即使不祈祷除掉彗星，彗星也将自行消失。现在您好酒贪杯，纵情作乐，不整顿政治，对小人宽容，亲近谗佞，喜欢倡优，厌恶文德，疏远圣人贤人，哪里只是有长尾巴的彗星，短尾巴的孛星也将出现了！"景公气愤地变了脸色，很不高兴。

【原文】

及晏子卒，公出屏而泣曰："呜呼！昔者从夫子而游公阜[①]，夫子一日而三责我，今谁责寡人哉？"

【注释】

①夫子：对男子的尊称，略等于说"先生"。

【译文】

等到晏子死了，景公从屏门内出来，哭着说："唉！从前我带着先生游公阜，先生一天之内三次责备我，现在谁还能责备我呢？"

【原文】

公曰："可去乎？"

对曰："可致者可去，不可致者不可去。"

公曰："寡人为之若何？"

对曰："盍去冤聚之狱[①]，使反田矣；散百官之财，施之民矣；振孤寡而敬老人矣。夫若是者，百恶可去，何独是孽乎[②]？"

【注释】

①盍：何不。

②是：此，这个。

【译文】

景公说："可以让它离开吗？"

晏子回答说："可以招来的，也可以让它离开；不可以招来的，也不可以让它离开。"

景公说："我应该怎么做？"

晏子回答说："您何不平反冤狱，让受冤屈的人回去种田；散发官府的钱财，施舍给人民；救济孤儿寡妇，敬养老人。如果这样做了，各种邪恶都可以去掉，岂止是这个妖星呢？"

【原文】

景公射鸟，野人骇之[①]。公怒，令吏诛之。

【注释】

①野人：郊野之人。此指百姓。

【译文】

景公正要射，一个普通百姓把鸟吓跑了。景公大怒，命令官吏杀死他。

【原文】

晏子曰："野人不知也。臣闻赏无功谓之乱，罪不知谓之虐[①]。两者，先王之禁也。以飞鸟犯先王之禁，不可。今君不明先王之制，而无仁义之心，是以从欲而轻诛[②]。夫鸟兽，固人之养也[③]，野人骇之，不亦宜乎？”

公曰：“善。自今已后，弛鸟兽之禁[④]，无以苛民也[⑤]。”

【注释】

①罪：治罪，处罚。

②从欲：纵欲。从，同“纵”。

③人之养：供养人民。

④弛：放松，放宽。

⑤苛民：苛酷地对待百姓。

【译文】

晏子说：“这个百姓不知道您在射鸟啊！我听说赏赐没有功劳的人，叫作混乱；惩罚不了解实情的人，叫作暴虐。这两样，是先王的禁忌。因为一只飞鸟就违犯先王的禁忌，是不可能的。现在您不明白先王的制度，而且没有仁义之心，所以才随心所欲，轻易杀人。鸟兽，本来就是供养人民的，百姓吓跑它，不是应该的吗？”

景公说：“您说得好。从今以后，放宽有关鸟兽的禁令，不要因此而苛酷地对待百姓。”

【原文】

景公使圉人养所爱马[①]，暴死[②]。公怒，令人操刀解养马者[③]。是时晏子侍前，左右执刀而进，晏子止而问于公曰：“尧、舜支解人[④]，从何躯始？”公矍然曰[⑤]：“从寡人始[⑥]。”遂不支解。公曰：“以属狱[⑦]。”晏子曰：“此不知其罪而死。臣为君数之[⑧]，使知其罪，然后致之狱。”公曰：“可。”

【注释】

①圉人：养马的人。

②暴：突然。

③解：肢解。古代酷刑，先砍断人的四肢，然后再砍头。

④支解：同“肢解”。

⑤矍然：惊恐的样子。

⑥从寡人始：景公的回答似是答非所问，其实，这是景公猛然醒悟到尧、舜从不肢解人，仓促问做出的回答。

⑦属：委托，交付。狱：狱吏。

⑧数：数说，列举。

【译文】

景公让养马人喂养自己所喜爱的马，马突然死了。景公大怒，命令人拿刀肢解养马人。这时晏子正陪伴着景公，景公的近侍拿着刀往前走，晏子制止住他们，向景公问道："古时候尧、舜肢解人，先从身体的哪一部分开始？"景公猛然醒悟到尧、舜从不肢解人，吃惊地说："肢解人的事从我开始。"于是就不再肢解了。景公说："把他交给狱吏治罪。"晏子说："这样，他不知道自己犯了什么罪被处死的。我替您数说他的罪状，让他知道自己的罪过，然后再把他交给狱吏治罪。"景公说："可以。"

【原文】

晏子数之曰："尔罪有三：公使汝养马而杀之，当死罪一也。又杀公之所最善马，当死罪二也。使公以一马之故而杀人，百姓闻之，必怨吾君；诸侯闻之，必轻吾国。汝杀公马，使怨积于百姓，兵弱于邻国，当死罪三也。今以属狱。"

公喟然叹曰："夫子释之！夫子释之！勿伤吾仁也。"

【译文】

晏子数说养马人道："你的罪状有三条：君主让你养马，你却把马养死了，这是第一条应该处死的罪状。你养死的马又是君主最喜爱的马，这是第二条应该处死的罪状。让君主因为一匹马的缘故而杀人，百姓听说了，一定怨恨我们君主；诸侯们听说了，一定轻视我们国家。你养死了君主的马，让君主在百姓那里积下怨恨，让军队比邻国弱，这是第三条应该处死的罪状。现在把你交给狱吏治罪。"

景公叹息着说："先生您放了他！先生您放了他！不要因此损害了我的仁慈。"

谏下

【原文】

景公藉重而狱多[①]，拘者满圄[②]，怨者满朝。晏子谏，公不听。公谓晏子曰："夫狱，国之重官也，愿托之夫子。"

晏子对曰："君将使婴敕其功乎[③]？则婴有一妾能书足以治之矣。君将使婴敕其意乎？夫民无欲残其家室之生以奉暴上之僻者，则君使吏比而焚之而已矣[④]。"

【注释】

①藉：赋税。狱：诉讼。

②圄：牢狱。

③敕：治理，整顿。功：事。

④比而焚之：指逐户烧掉债券。这样做是为了使民心归附。

【译文】

景公赋税沉重，狱讼繁多，被拘捕的人塞满了监狱，怨恨的人充满外朝。晏子劝谏，景公不听。景公对晏子说:"监狱,是国家重要的官署,我希望把它托付给先生您。"

晏子回答说:"您想让我整顿诉讼的事情吗?那么,我有一个能书写的妾,她有妇人的仁慈之心,就足以把狱讼治理好了。您想让我整顿民心吗?人民没有谁想弄得自己家破人亡以便供奉贪暴君主享乐的,那么,您让官吏挨门逐户把债券都烧掉就可以了。"

【原文】

景公不说,曰:"敕其功,则使一妾;敕其意,则比焚。如是,夫子无所谓能治国乎?"

【译文】

景公听了很不高兴,说:"说到整顿诉讼之事,就说让一个妾去做;说到整顿民心,就说让挨门逐户把债券烧掉。如此说来,先生您就不是所说的能治理国家的人了吗?"

【原文】

景公有所爱槐,令吏谨守之,植木县之[①],下令曰:"犯槐者刑,伤之者死。"有不闻令,醉而犯之者,公闻之曰:"是先犯我令。"使吏拘之,且加罪焉。

【注释】

①植:竖立,插。县:同"悬",悬挂。

【译文】

景公有一棵喜爱的槐树,命令官吏小心地看守它,立了一个木桩,上面挂着牌子,写着命令:"碰了槐树的受刑,伤了槐树的处死。"有一个没有听到命令、喝醉酒碰了槐树的人,景公听到这事以后说:"这个人先触犯了我的命令。"让官吏拘捕了他,将要治他的罪。

【原文】

其子往辞晏子之家[①],托曰:"负廓之民贱妾[②],请有道于相国[③],不胜其欲[④],愿得充数乎下陈[⑤]。"

晏子闻之,笑曰:"婴其淫于色乎!何为老而见奔[⑥]?虽然,是必有故。"令内之[⑦]。女子入门,晏子望见之,曰:"怪哉!有深忧。"进而问焉曰:"所忧何也?"

对曰:"君树槐县令,犯之者刑,伤之者死。妾父不仁[⑧],不闻令,醉而犯之,吏将加罪焉。妾闻之,明君莅国立政[⑨],不损禄,不益刑,又不以私恚害公法[⑩],不为禽兽伤人民,不为草木伤禽兽,不为野草伤禾苗。吾君欲以树木之故杀妾父,孤妾身[⑪],此令行于民而法于国矣。虽然,妾闻之,勇士不以众强凌孤独,明惠之君不拂是以行其所欲[⑫]。此譬之犹自治鱼鳖者也,去其腥臊者而已[⑬]。昧墨与人比居庾肆,而教人危坐[⑭]。今君出令于民,苟可法于国而善益于后世,则父死亦当矣,妾为之收亦宜矣[⑮]。甚乎!今之令不然。以树木之故,罪法妾父,妾恐其伤察吏之法[⑯],而害明君之义也。邻国闻之,皆谓吾君爱树而贱人,其可乎?愿相国察妾言,以裁犯禁者⑰。”

晏子曰:“甚矣!吾将为子言之于君。”使人送之归。

【注释】

①子:此处指女儿。古代男孩子、女孩子都可称“子”。辞:致辞,告诉。

②负廓:指在外城居住。廓,通“郭”,外城。妾:女子的谦称。

③道:陈说。

④不胜其欲:禁止不住自己的欲望,即无限向往之意。胜,禁得住。

⑤充数乎下陈:指在内宅充数当侍妾。乎,于。下陈,等于说“后列”。

⑥奔:私奔。

⑦内:同“纳”。

⑧不仁:不才,不聪明。

⑨莅国:治理国家。莅,临。

⑩恚:恼怒。

⑪孤:使成为孤儿。

⑫拂:违背。是;正确。

⑬“此譬”二句:比喻治国者应去掉对国家有害的东西。

⑭“昧墨”二句:全句是比喻说法,黑暗之中却让人端端正正地坐在闹市中,喻国家政令苛酷,人民将无所措手足。昧墨,指黑暗之中。比居,并居,一块儿坐着。庾肆,指阛市。危坐,端正地坐着。

⑮收:指收尸。

⑯察吏:能明察是非的官吏。

⑰裁:指量刑判处。

【译文】

他的女儿到晏子家去,托人传话说:“我是住在外城百姓的女子,有话要对相国说,我无限向往,愿意在相国的后宅充数当个侍妾。”

晏子听到这话以后,笑着说:“我难道是个好色之徒吗?为什么我老了还有女子私奔我?虽说如此,这里面一定有原因。”命令让她进来。女子进了门,晏子远远地望见她,说:“奇怪呀!这个人脸上带着深深的忧伤。”等她进到屋里,晏子问她说:“你忧伤的是什么事情?”

女子回答说:“君主种了槐树,悬挂上命令,碰了槐树的受刑,伤了槐树的处死。我的父亲缺少才智,没有听到命令,喝醉酒后碰了槐树,官吏将要治他的罪。我听说,英明的君主管理国家制定政令,不轻易减少俸禄,不随便增加刑罚,又不因为私怨损害公法,不因为禽兽伤害人民,不因为草木伤害禽兽,不因为野草伤害禾苗。我们国君因为树木的缘故要杀死我父亲,让我成为孤儿,这命令已经对人民实行并且成为国家的法令了。虽说如此，可我听说过，勇士不凭着人多势众欺侮弱小孤单的人，明智的君主不背离正确的原则随心所欲地行事。这就好比亲自烹饪鱼鳖的人一样，只是去掉鱼鳖的腥味罢了。又好比黑暗中跟人一块呆在闹市，却让人端端正正地坐着，人们都会无所措手足。现在君主向人民发出命令，如果可以成为国家的法令并且对后世有好处，那么我父亲就是死了也是值得的，我为他收尸也是应该的。太厉害了！现在的命令却不是这样。因为树木的缘故，就治我父亲的罪，我担心这会破坏了能明察是非的官吏执掌的法令，伤害了英明君主的道义。邻国听到了这事，都会认为我们君主喜爱树却轻视人，这怎么可以呢？希望相国考虑我的话，根据法律裁决触犯君主禁令的人。"

晏子说："这太过分了！我将替你向君主去说。"说完派人把她送了回去。

【原文】

景公筑路寝之台[①]，三年未息。又为长庲之役，二年未息。又为邹之长涂[②]。

晏子谏曰："百姓之力勤矣！公不息乎？"

公曰："涂将成矣，请成而息之。"

对曰："君屈民财者不得其利，穷民力者不得其乐。昔者楚灵王作倾宫[③]，三年未息也。又为章华之台[④]，五年又不息也。乾溪之役八年[⑤]，百姓之力不足而息也。灵王死于乾溪，而民不与君归[⑥]。今君不遵明君之义，而循灵王之迹，婴惧君有暴民之行，而不睹长庲之乐也。不若息之。"

公曰："善，非夫子者，寡人不知得罪于百姓深也。"于是令勿委壤[⑦]，余财勿收，斩板而去之[⑧]。

【注释】

①路寝之台：路寝台。路寝，天子正寝。周制天子有六寝，一为正寝，其余五寝通称燕寝或小寝。齐景公是诸侯，却筑路寝，乃是僭越。

②邹之长涂：通往邹的驰道。邹，齐地名。涂，同"途"，道路。

③倾宫：又作"顷宫"，楚官室名。

④章华之台：章华台，故址在湖北华容城内。

⑤乾溪：地名，楚东境，今安徽亳县东南。楚伐吴，军队驻扎在乾溪。

⑥不与君归：指不同意把君主的尸体运回去。与，赞同。

⑦委壤：指征用土地修路。

⑧斩板：砍断捆木板的绳子。意思是不再修路。古代修路或筑墙时，两旁需用木板夹住，中间加土夯实，木板要用绳子捆住以防移动。

【译文】

景公修筑路寝台，三年没有停止。又修建长大的房舍，两年没有停止。又修筑通往邹的驰道。

晏子劝谏说:“老百姓太劳苦了!您不停止徭役吗?”

景公说:“驰道快修成了,请等修成驰道再停止徭役。”

晏子回答说:“君主把人民的财产征敛净尽的,自己最终不能得到利益;把人民弄得精疲力竭的,自己最终不能得到快乐。从前楚灵王修建顷宫,三年没有停止。又修建章华台,又是五年没有停止。乾溪的战役打了八年,老百姓力不胜任不能停息。后来灵王死在乾溪,人民不允许把他的尸体运回去。现在您不遵循英明君主的道义,即沿着灵王的脚印走,我担心您有残害人民的行为,却不能看到修建长大的房舍给您带来的快乐。不如停止徭役好。”

景公说:“好。如果不是先生您,我还不知道自己深深地得罪了百姓。”于是命令不要再征用土地,剩下的赋税不要再收敛,砍断捆筑路夹板的绳子,让服役的人都回家去。

【原文】

景公春夏游猎,又起大台之役。晏子谏曰:“春夏起役且游猎,夺民农时[①],国家空虚,不可。”景公曰:“吾闻相贤者国治[②],臣忠者主逸。吾年无几矣[③],欲遂吾所乐[④],卒吾所好,子其息矣[⑤]。”

晏子曰:“昔文王不敢盘游于田[⑥],故国昌而民安。楚灵王不废乾溪之役,起章华之台,而民叛之。今君不革,将危社稷,而为诸侯笑。臣闻忠不避死,谏不违罪[⑦]。君不听臣,臣将逝矣[⑧]。”

景公曰:“唯唯[⑨],将弛罢之。”未几,朝韦同[⑩],解役而归[⑪]。

【注释】

①夺:失去。

②治:治理得好,与“乱”相对。

③无几:没有多久。

④遂:与下句的“卒”都有“终”“尽”的意思。

⑤息:止。

⑥盘游:游玩。田:同“畋”,打猎。

⑦违:躲避。

⑧逝:往,离开。

⑨唯唯:应答声。

⑩朝:臣下朝见君主。韦同:人名。

⑪归:指让服役之人回家去。

【译文】

景公春天、夏天去游玩打猎,又征发修筑大台的徭役。晏子劝谏说:“春天、夏天征发徭役,而且去游玩打猎,这样就让百姓失去了耕种的时机。国家就会空虚,不可以这样做。"景公说:"我听说相国贤明,国家就治理得好;臣子忠诚,君主就安逸。我的寿命没有多久了,我想尽情地做完我喜欢的事情,尽情做完我爱好的事情。您还是不要干涉吧!"

晏子说:"从前周文王不敢享受游玩打猎的乐趣,所以国家昌盛,百姓安定。楚灵王不停止乾溪的战役,又兴建章华台,因而百姓背叛了他。现在您如果不改正,就要危害到国家,被诸侯们耻笑。我听说忠臣不怕死,劝谏君主不怕获罪。您如果不听从我的劝告,我将要离开您。"

景公说:"好,好,我将停止徭役。"不久,就召来韦同,派他去免除徭役,让服役的人回家去。

【原文】

景公出猎,上山见虎,下泽见蛇。归,召晏子而问之曰:"今日寡人出猎,上山则见虎,下泽则见蛇,殆所谓不祥也?"

晏子对曰:"国有三不祥,是不与焉[①]。夫有贤而不知,一不祥;知而不用,二不祥;用而不任,三不祥也。所谓不祥,乃若此者。今上山见虎,虎之室也[②];下泽见蛇,蛇之穴也。如虎之室[③],如蛇之穴而见之,曷为不祥也?"

【注释】

①是:此。与:在其中,相干。

②室:指住处。

③如:往,到……去。

【译文】

景公外出打猎,上山看见了老虎,下沼泽看见了蛇。回来以后,召见晏子问他说:"今天我外出打猎,上山看见了老虎,下沼泽看见了蛇,这大概就是所谓不吉祥吧?"

晏子回答说:"国家有三件不吉祥的事,这些都不在其中。有贤德的人却不知道,这是第一件不吉祥的事;知道了却不使用,这是第二件不吉祥的事;使用了却不委以重任,这是第三件不吉祥的事。所谓不吉祥的事,就是像上边说的这些。现在您上山看见了老虎,那里本来有老虎的住处;下沼泽看见了蛇,那里本来有蛇的洞穴。到老虎的住处去,到蛇的洞穴去,看见了它们,怎么能算不吉祥呢?"

【原文】

景公为台,台成,又欲为钟[①]。晏子谏曰:"君国者不乐民之哀[②]。君不胜欲[③],既筑台矣,今复为钟,是重敛于民,民必哀矣。夫敛民之哀而以为乐[④],不祥,非所以君国者。"公乃止。

【注释】

①钟:编钟,古代乐器。

②君国者：当国家君主的人。君，当君主。

③不胜欲：指欲望无穷无尽。胜，尽。

④敛民之哀：意思是，聚敛民财从而给人民带来哀痛。

【译文】

景公修筑高台，高台修成了，又想铸造编钟。晏子劝谏说："当国家君主的，不把百姓的哀痛当成自己的快乐。您的欲望无穷无尽，已经修筑了高台，现在又要铸造编钟，这样就要对百姓加重赋敛，百姓必定很哀痛。聚敛民财给百姓带来哀痛，用来供自己享乐，这是不吉祥的，这不是当国家君主的人应该做的。"景公这才停止铸编钟。

【原文】

晏子复于景公曰[①]："朝居严乎？"

公曰："朝居严，则曷害于治国家哉？"

晏子对曰："朝居严则下无言，下无言则上无闻矣。下无言，则吾谓之喑[②]；上无闻，则吾谓之聋。聋喑，非害国家而如何也？且合升斟之微[③]，以满仓廪；合疏缕之纬[④]，以成帏幕。太山之高[⑤]，非一石也，累卑然后高[⑥]。夫治天下者，非用一士之言也。固有受而不用[⑦]，恶有拒而不受者哉[⑧]？"

【注释】

①复：告诉。

②喑：哑。

③斟：同"斗"，量器。

④纬：织物上的横线。

⑤太山：泰山。

⑥卑：低。

⑦固：本来。

⑧恶：何，哪里。

【译文】

晏子对景公说："您主持朝会威严吗？"

景公说："主持朝会威严，对于治理国家有什么妨害呢？"

晏子回答说："主持朝会威严，那么臣子就不讲话；臣子不讲话，那么君主就不能听到意见。臣子不讲话，我把这叫作哑；君主不能听到意见，我把这叫作聋。又聋又哑，不是对国家有害又是什么呢？况且，把微小的一升一斗汇合起来，就能装满仓库；把纤细的纬线汇合起来，就能织成帐幕。高大的泰山，并不是一块石头就能让它那么高，把细小的石头累积起来，然后才使泰山那样高。治理天下，不是采纳一个人的意见。固然有听到意见而不采纳的，哪有拒绝倾听意见的呢？”

【原文】

景公登路寝之台，不能终[①]，而息乎陛[②]，忿然作色，不说，曰：“孰为高台？病人之甚也[③]！”

晏子曰：“君欲节于身而勿高[④]，使人高之而勿罪也。今高，从之以罪；卑，亦从以罪。敢问使人如此，可乎？古者之为宫室也，足以便生，非以为奢侈也。故节于身，谓于民[⑤]。及夏之衰也，其王桀背弃德行，为璇室玉门[⑥]。殷之衰也，其王纣作为倾宫灵台，卑狭者有罪，高大者有赏，是以身及焉[⑦]。今君高亦有罪，卑亦有罪，甚于夏、殷之王。民力殚乏矣，而不免于罪。婴恐国之流失[⑧]，而公不得享也。”

公曰：“善。寡人自知诚费财劳民，以为无功，又从而怨之，是寡人之罪也。非夫子之教，岂得守社稷哉？”遂下，再拜，不果登台。

【注释】

①终：指到顶点。

②陛：台阶。

③病人：让人劳累。病，疲劳。

④而：则。下句“而”同此。

⑤谓于民：指勤于民事。

⑥璇：美玉。

⑦身：自身，自己。及：赶上。

⑧流失：丢失，丧失。

【译文】

景公登路寝台，不能登到顶端，就坐在台阶上休息，气愤地变了脸色，不高兴地说：“谁修筑的这高台？登着太让人劳累了！”

晏子说：“您如果想节省体力，就不要让人修这么高；既然让人修这么高，就不要怪罪修建的人。现在修高了，跟着就给加上罪名；修低了，也跟着给加上罪名。我冒昧地问一句，这样役使人，可以吗？古时候君主修建宫室，是为了便于生活，不是为了用来享受。所以他们能节省体力，勤于民事。到了夏朝衰微的时候，它的君王桀背弃了为君的德行，修建了以美玉为材料的宫室门户。商朝衰微的时候，商的君王纣修建了倾宫灵台，修得低矮的有罪，修得高大的有赏，因此自身遭到了祸害。现在您的情况是，修高了也有罪，修低了也有罪，这比夏、商的君王桀、纣还厉害。百姓精疲力竭，但仍避免不了罪名。我担心国家将有覆灭的危险，您也不能享有齐国了。”

景公说：“您说得好。我自己知道修筑路寝台确实劳民伤财，我不但认为百姓没有功劳，跟着又埋怨他们，这是我的罪过。假如不是先生您的教诲，我难道能够保住国家吗？”

于是下了路寝台，拜了两拜，不再登上去。

【原文】

景公与晏子登寝而望国[1]，公愀然而叹曰[2]："使后嗣世世有此，岂不可哉？"

晏子曰："臣闻明君必务正其治，以事利民，然后子孙享之。《诗》云：'武王岂不事？贻厥孙谋，以燕翼子[3]。'今君处佚怠，逆政害民有日矣，而犹出若言[4]，不亦甚乎？"

【注释】

①寝：旨路寝台。

②愀然：忧愁的样子。

③"武王"三句：所引诗句见《诗·大雅·文王有声》。事，做事。今本《诗》作"仕"（通"事"）。贻，留给。今本《诗》作"诒"（通"贻"）。厥，其，他的。燕，通"宴"，安定。翼，帮助。

④若：此。

【译文】

景公加晏子一起登上路寝台，望着齐国都城，景公忧愁地慨叹道："假如让我的子孙世世代代享有齐国，难道不可以吗？"

晏子说："我听说英明的君主一定致力于让政治走上正轨，做事情对人民有利，然后他的子孙才能享有国家。《诗》中说：'周武王难道无所作为？他把谋略传给子孙，帮助他们安定了王业的根基。现在您处于安乐懈怠的状况，暴虐的政治残害人民有很长时间了，可是您还说出这样的话来，不是太过分了吗？"

【原文】

公曰："然则后世孰将把齐国[1]？"

对曰："服牛死[2]，夫妇哭，非骨肉之亲也，为其利之大也。欲知把齐国者，则其利之者邪？"

【注释】

①把：持，掌握。

②服牛：驾车的牛。服，用牛马驾车。

【译文】

景公说："这样，那么后世谁将掌握齐国政权？"

晏子回答说："驾车的牛死了，夫妻都哭泣，并不是和牛有骨肉之亲，是因为牛给他们带来很大利益。要想知道将来掌握齐国政权的人，那大概是能让齐国人民得到利益的

人吧!”

晏子使楚

【原文】

公曰“然。何以易[1]?”

对曰:“移之以善政。今公之牛马老于栏牢[2],不胜服也[3];车蠹于巨户[4],不胜乘也;衣裘襦裤朽弊于藏[5],不胜衣也;醯醢腐[6],不胜沽也[7];酒醴酸,不胜饮也;府粟郁[8],而不胜食。又厚藉敛于百姓,而不以分馁民。夫藏财而不用,凶也。财苟失守,下其报环至;其次昧财之失守,委而不以分人者,百姓必进自分也。故君人者与其请于人,不如请于己也。”

【注释】

①易:改变。

②栏牢:关牲畜的圈。

③胜:禁得住,承受得了。

④蠹:生蛀虫。户:门。

⑤襦:短衣。裤:胫衣,类似后世的套裤。藏:指储物之所。

⑥醯:醋。醢:肉酱。

⑦沽:卖。

⑧郁:腐臭。

【译文】

景公说:“这样的话,那么该用什么方法改变这种情况?”

晏子回答说:“用美好的政治来改变这种情况。现在您的牛马在棚圈里衰老,不能再驾车了;车子在大门里生了蛀虫,不能再乘坐了;衣裘袄裤在储藏室里破旧腐朽,不能再穿了;醋和肉酱变质,不能再卖了;美酒变酸,不能再喝了;仓库里粮食发霉,不能再吃了。可是又对老百姓加重赋敛,却不把钱粮分给饥民。聚敛财物该使用时却不使用,这是凶险的事。财物如果丢失了,下面的报告就频繁地到来;其次是隐瞒财物丢失的情况,即使丢弃了也不拿来分给人民,这样,就会逼得老百姓去仓库里分财物。所以当君主的如果想把君位传给子孙,与其求助于人,不如反躬自求。”

【原文】

景公成路寝之台。逢于何遭丧,遇晏子于途,再拜乎马前。晏子下车挹之[1],曰:“子何以命婴也?”对曰:“于何之母死,兆在路寝之台牖下[2],愿请命合骨。”晏子曰:“嘻!难哉！虽然，婴将为子复之[3]。适为不得[4]，子将若何?”对曰：“夫君子则有以[5]。如我者侪小人[6]，吾将左手拥格[7]，右手梱心[8]，立饿枯槁而死，以告四方之士曰：‘于何不能葬其母者也。’”晏子曰：“诺。”

【注释】

①挹：同“揖”，作揖，拱手行礼。

②兆：墓地。牖：窗。

③复：禀告。

④适：如果。不得：指不得其请，即请求不被允许。

⑤君子：对人的尊称。有以：有办法。

⑥侪：辈。

⑦格：通“辂”，车辕前端的横木，用来牵引车。

⑧榴：敲击。

【译文】

景公建成了路寝台。逢于何遇上丧事，在路上碰到了晏子，在晏子的马前拜了两拜。晏子下了车，向他作揖还礼，说：“您对我有什么吩咐?”逢于何回答说：“我的母亲死了，我家坟地的界域在路寝台的台基下，希望您请求君主允许将我的母亲与父亲合葬。”晏子说：“嘿！难哪！虽说这样，但我将为您禀报这件事。如果得不到允许，您将怎么办?”逢于何回答说：“您是有办法的。像我这样的，不过是个小民，如果不蒙允许，我将左手挽着灵车辕端的横木，右手捶胸，站着饿得枯干了死去，并且告诉四面八方的士人说：‘我是个不能安葬自己母亲的人。”晏子说：“好吧！”

【原文】

遂入见公，曰：“有逢于何者，母死，兆在路寝，当如之何？愿请合骨。”

公作色不说，曰：“古之及今，子亦尝闻请葬人主之宫者乎?”

晏子对曰：“古之人君，其宫室节，不侵生民之居；台榭俭，不残死人之墓。故未尝闻诸请葬人主之宫者也。今君侈为宫室，夺人之居；广为台榭，残人之墓。是生者悉忧，不得安处；死者离易，不得合骨。丰乐侈游，兼傲生死，非人君之行也。遂欲满求，不顾细民[1]，非存之道也。且婴闻之，生者不得安，命之日蓄忧；死者不得葬，命之日蓄哀。蓄忧者怨，蓄哀者危。君不如许之。”

公曰：“诺。”

【注释】

①细民：小民。

【译文】

晏子于是入朝见景公,说:"有个叫逢于何的,他的母亲死了,坟地的界域在路寝台的台基下,应当怎么办?希望您允许合葬。"

景公变了脸色,不高兴地说:"从古至今,您曾听说过请求在君主的宫中埋葬死人的吗?"

晏子回答说:"古代的君主,他们的宫室节俭,修建宫室不侵占活人的住处;他们的台榭俭朴,修筑台榭不毁坏死人的坟墓。所以不曾听说过请求在君主宫中埋葬死人的。现在您把宫室修建得很奢侈,侵占了人家的住处;把台榭修筑得很宽大,毁坏了人家的坟墓。这样就让活着的人忧愁,不能安居;让死了的人尸骨离散,不能合葬。您尽情地游玩作乐,对活人死人全都轻慢,这不是君主应该做的。您极力满足私欲,不顾小民死活,这不是保住国家的办法。况且我听说过,活着的人不能安居,这叫作聚积忧愁;死了的人不能埋葬,这叫作聚积悲哀。聚积忧愁的怨恨您,聚积悲哀地对您有危害。您不如答应了。"

景公说:"好吧!"

【原文】

晏子出,梁丘据曰:"自古及今,未尝闻求葬公宫者也,若何许之?"公曰"削人之居,残人之墓,凌人之丧,而禁其葬,是于生者无施,于死者无礼。《诗》云:'谷则异室,死则同穴①,'吾敢不许乎?"

【注释】

①"谷则"二句:所引诗句见《诗·王风·大车》。谷,生,活着。

【译文】

晏子退朝以后,梁丘据说:"从古至今,不曾听说过请求在君主宫中埋葬死人的,您为什么答应了?"景公说:"侵占人家的住处,毁坏人家的坟地,傲视人家的丧事,禁止人家埋葬,这样就是对活着的人不施恩惠,对死了的人不讲礼仪。《诗》上说:'活着不能住一屋,死后也要葬一墓。'我怎敢不答应呢?"

【原文】

逢于何遂葬其母路寝之牖下,解衰去绖①,布衣縢屦②,玄冠茈武③。踊而不哭④,躃而不拜⑤。已乃涕洟而去⑥。

【注释】

①衰:丧服。以麻布披于胸前,服三年之丧者使用。绖:穿丧服时用来束腰的麻绳。

②縢：绳子。履：鞋子。
③玄：黑色。芷：通“纰”，除丧后戴的帽子。武：系帽的带子。
④踊：跳跃。此指顿足。
⑤辟：通“擗”，捶胸。
⑥涕洟：指流下眼泪鼻涕。涕，眼泪。洟，鼻涕。

【译文】

逢于何于是就把他母亲埋葬在路寝台的台基下，脱去了孝衣孝服，穿上布衣和用绳子编的鞋，戴上黑帽子。脚用力踏着地，但不啼哭；手使劲捶着胸，但不跪拜。埋葬完了以后，才流着鼻涕眼泪离开了。

【原文】

景公嬖妾婴子死。公守之，三日不食，肤著于席不去[①]。左右以复，而君无听焉。

晏子入，复曰：“有术客与医俱言曰：‘闻婴子病死，愿请治之。’”

公喜，遽起曰[②]：“病犹可为乎？”

晏子曰：“客之道也[③]，以为良医也，请尝试之。君请屏洁[④]，沐浴饮食，间病者之宫[⑤]，彼亦将有鬼神之事焉[⑥]。”

公曰：“诺。”屏而沐浴。

【注释】

①肤：身体。
②遽：速，立刻。
③道：说，通报。
④屏洁：退居洁室。
⑤间：间隔，隔开。
⑥鬼神之事：指向鬼神祈祷之事。

【译文】

景公的宠妾婴子死了。景公守着她的尸体，一连三天不吃饭，坐在席子上不离开。身边的人禀报事情，景公一点儿也不听。

晏子进去禀告说：“有个懂道术的客人跟医生一起到来，说：‘听说婴子死了，希望允许把她治活。’”

景公很高兴，赶紧起身说：“婴子的病还可以治好吗？”

晏子说：“据客人说，他是一个高明的医生，请让他试试看。请您退居清洁之处，洗澡吃饭，离开病人的宫室，他将向鬼神祈祷。”

景公说：“好吧！”于是退出去洗澡。

【原文】

晏子令棺人入敛[①],已敛而复曰:"医不能治病,已敛矣,不敢不以闻。"

公作色不说,曰:"夫子以医命寡人,而不使视;将敛,而不以闻。吾之为君,名而已矣。"

晏子曰:"君独不知死者之不可以生邪?婴闻之,君正臣从谓之顺,君僻臣从谓之逆。今君不道顺而行僻[②],从逆者迩[③],导害者远[④]。谗谀萌通[⑤],而贤良废灭,是以陷谀繁于间[⑥],邪行交于国也。昔吾先君桓公用管仲而霸,嬖乎竖刁而灭。今君薄于贤人之礼,而厚嬖妾之哀。且古圣王畜私不伤行[⑦],敛死不失爱[⑧],送死不失哀。行伤则溺己,爱失则伤生,哀失则害性,是故圣王节之也。死即毕葬,不留生事[⑨];棺椁衣衾[⑩],不以害生养;哭泣处哀,不以害生道。今朽尸以留生,广爱以伤行,修哀以害性,君之失矣。故诸侯之宾客,惭入吾国;本朝之臣,惭守其职。崇君之行,不可以导民;从君之欲,不可以持国。且婴闻之,朽而不敛,谓之谬尸[⑪];臭而不收,谓之陈胔[⑫]。反明王之性,行百姓之诽[⑬],而内嬖妾于谬胔[⑭],此之为不可。"

公曰:"寡人不识,请因夫子而为之[⑮]。"

晏子复曰:"国之士大夫、诸侯四邻宾客皆在外,君其哭而节之。"

【注释】

①敛:通"殓",把死者装入棺材。
②道:行,做。
③迩:近,亲近。
④导害:指匡正过失。
⑤萌通:产生并通达。
⑥间:侧,近旁。
⑦畜私:养活自己宠爱的人。畜,养。
⑧不失爱:不失之于过爱。下句"不失哀"指不失之于过哀。
⑨不留生事:指不保留尸体望其复生。
⑩棺椁:内棺叫"棺",外棺(套在棺外面的)叫"椁"。衾:被子。
⑪谬尸:陈尸示众。谬,通"戮"。
⑫胔:腐烂的尸体。
⑬诽:批评,指责。
⑭内:同"纳"。
⑮因:凭,靠。

【译文】

晏子命令管棺材的人把尸体收殓起来,等到收殓完了,向景公禀报说:"医生不能治活婴子,已经把尸体收殓起来了,不敢不把这事告诉您让您知道。"

景公变了脸色,不高兴地说:"先生您拿医生的话命令我,不让我看;要收殓尸体,却不告诉我让我知道。我当君主,只是徒有其名罢了。"

晏子说:"您难道不知道人死不可复生吗?我听说过,君主正确臣子服从叫作顺从,君主邪僻臣子服从叫作乖逆。现在您不做顺理的事,却做邪僻的事,跟从您干乖逆事情的人您就亲近,匡正您的过失的人您就疏远。阿谀谗佞的人官运亨通,贤德优秀的人遭到废黜,因此阿谀谄媚之徒聚集在您身边,邪僻的行为遍布国内。从前我们的先君桓公任用管仲,因而称霸诸侯;宠爱竖刁,因而遭到灭亡。现在您对待贤德之人的礼节很轻慢,而对宠妾的哀痛却很深切。况且,古代的圣贤君主,他们养活自己宠爱的人,但不妨害自己的行为;收殓死了的人,但不过分亲爱;为死了的人送葬,但不过分悲哀。行为受到妨害就会使自己沉溺在私欲中,过分亲爱就会伤害身体,过分悲哀就会伤害本性。因此,圣贤的君主对这些都加以节制。人死了就收殓起来,不保留尸体希望复生;棺椁衣被不过分耗费,不让这些妨害对活人的供养;哭泣悲哀有节制,不让它伤害了养生之道。现在您保留着快要腐烂的尸体,希望她复生,过分喜爱,因而妨害了行为,哀痛不止,因而伤害了本性,您错了。所以,诸侯的使者以到我国来为羞惭,我们朝廷的臣子以忠于职守为羞耻;如果推崇您的行为,就不可以引导人民;如果满足您的私欲,就不可以保住国家。况且我听说过,尸体腐烂了却不收殓,这叫作陈列尸体;尸体腐臭了却不收殓,这叫作陈列臭肉。违反英明君主的本性,做百姓们非难的事情,把宠妾的尸体放到腐烂发臭的地步,这样做是不可以的。"

景公说:"我不知道这些道理,请允许我依靠先生您处置这件事。"

晏子禀告说:"我国的士和大夫以及诸侯四邻的宾客都在外面,您哭的时候还是加以节制吧!"

【原文】

仲尼闻之,曰:"星之昭昭①,不若月之曀曀②;小事之成,不若大事之废;君子之非,贤于小人之是也。其晏子之谓欤!"

【注释】

①昭昭:明亮的样子。

②曀曀:阴晦的样子。

【译文】

仲尼听到这件事以后,说:"星星的光明,不如月亮的阴晦。做小事做成了,不如做大事做不成。君子的缺点,胜过小人的优点。这些大概说的就是晏子吧!"

【原文】

景公走狗死①。公令外共之棺②,内给之祭③。晏子闻之,谏。

【注释】

①走狗:善跑的狗,猎狗。
②共:通"供"。
③给:供给。

【译文】

景公的猎狗死了,景公命令宫外供给狗棺材,宫内供给狗祭品。晏子听到这件事以后,就去劝谏。

【原文】

公曰,"亦细物也[1],特以与左右为笑耳[2]。"

晏子曰:"君过矣!夫厚藉敛不以反民[3],弃货财而笑左右,傲细民之忧而崇左右之笑[4],则国亦无望已。且夫孤老冻馁,而死狗有祭;鳏寡不恤,而死狗有棺。行辟若此[5],百姓闻之,必怨吾君;诸侯闻之,必轻吾国。怨聚于百姓,而权轻于诸侯,而乃以为细物,君其图之。"

公曰"善。"趣庖治狗以会朝属[6]。

【注释】

①细物:小事,微不足道的事。
②特:只不过。
③反:同"返",还给。
④崇:重,看重。
⑤辟:邪僻。
⑥趣:催促。庖:厨师。朝属:朝廷的臣子们。

【译文】

景公说:"这不过是一件小事,只是借此跟身边的人取乐罢了。"

晏子说:"您错了!您加重赋敛,不把收敛来的钱财分给百姓,耗费钱财,以便与身边的人取乐,轻视小民的忧愁,看重身边人的快乐,这样做国家就没有希望了。况且,孤儿老人挨饿受冻,而死去的狗却有祭品;鳏夫寡妇得不到救济,而死去的狗却有棺材。这样干邪僻之事,百姓听到了,必定怨恨我们君主;诸侯听到了,必定轻视我们国家。对您的怨恨在百姓那里聚积,国家的权威被诸侯轻视,可是您竟认为如此对待狗是小事,希望您考虑考虑。"

景公说:"您说得好。"于是赶紧催促厨师宰割狗,用来宴会群臣。

【原文】

景公登射①，晏子修礼而侍。公曰："选射之礼②，寡人厌之矣。吾欲得天下勇士，与之图国。"

晏子对曰："君子无礼，是庶人也③；庶人无礼，是禽兽也。夫勇多则弑其君，力多则杀其长，然而不敢者，维礼之谓也。礼者，所以御民也；辔者④，所以御马也。无礼而能治国家者，婴未之闻也。"

景公曰："善。"乃饰射⑤，更席，以为上客，终日问礼。

【注释】

①登射：指走上射箭的位置。

②选射之礼：古代有通过射箭选拔人才的制度，射箭时有一套礼仪，所以这里说"选射之礼"。

③庶人：众人，一般人。

④辔：马缰绳。

⑤饰射：整备射礼。饰，通"饬"，整治。

【译文】

景公走到射箭的位置射箭，晏子依照射箭的礼仪陪伴景公。景公说："通过大射选拔人才这一套礼仪，我已经厌烦了。我想得到天下的勇士，跟他们一起商量国家大事。"

晏子回答说："君子如果没有礼仪，那就是一般人了；一般人如果没有礼仪，那就是禽兽了。过于勇猛的人就会杀死他们的君主，过于有力的人就会杀死他们的长辈，然而他们不敢这样做，只是因为有礼仪约束啊！礼仪，是用来统治人民的；缰绳，是用来驾驭马匹的。没有礼仪却能治理好国家的，我不曾听说过。"

景公说："你说得好。"于是就整备射礼，更换座席，把晏子当成上宾，一整天都向晏子询问礼仪。

问上

【原文】

庄公问晏子曰："威当世而服天下①，时耶？"

晏子对曰："行也。"

【注释】

①服：使归服。

【译文】

庄子问晏子说:“在世上树立威严,让天下人归服,靠的是时机吧?”

晏子回答说:“靠的是实际去做。”

【原文】

公曰,“何行?”

对曰:“能爱邦内之民者[①],能服境外之不善;重士民之死力者,能禁暴国之邪逆;听赁贤者[②],能威诸侯;安仁义而乐利世者,能服天下。不能爱邦内之民者,不能服境外之不善;轻士民之死力者,不能禁暴国之邪逆;愎谏傲贤者之言[③],不能威诸侯;倍仁义而贪名实者[④],不能服天下。威当世而服天下者,此其道也已。”而公不用,晏子退而穷处。

【注释】

①邦:国。指诸侯国。

②听赁贤者:听信任用贤德之人的人。赁,任用。

③愎谏:固执己见,不听劝谏。愎,固执,任性。

④倍:通“背”。名实:名利。

【译文】

庄公说:“怎样去做?”

晏子回答说:“能爱国内百姓的人,就能让国外的不肖之人归服;看重士和百姓的生命与力量的人,就能制止那些残暴国家的侵犯;听信、任用贤德之人的人,就能在诸侯中树立威严;安于仁义,以有利社会为乐的人,就能使天下人归服。不能爱国内百姓的人,就不能让国外的不肖之人归服;看轻士和百姓的生命与力量的人,就不能制止那些残暴国家的侵犯;固执己见不听劝谏、轻视贤德之人的人,就不能在诸侯中树立威严;违背仁义、贪图名利的人,就不能使天下人归服。在世上树立威严,让天下人归服,就是实行的这种方法啊!”可是庄公不听晏子的话,于是晏子辞去官职,居住到穷乡僻壤。

【原文】

公任勇力之士,而轻臣仆之死[①]。用兵无休,国罢民害[②]。期年,百姓大乱,而身及崔氏祸[③]。

【注释】

①臣仆:奴仆。

②罢:通“疲”。

③身及崔氏祸:自身赶上了崔杼的灾祸。指庄公淫乱为崔杼所杀事。及,赶上。

【译文】

庄公任用有勇力的人，看轻奴仆们的生命。用兵作战没有休止，国家疲困，人民受难。过了一年，百姓大乱，庄公自己也遭到了崔杼的杀身之祸。

【原文】

君子曰："尽忠不豫交[①]，不用不怀禄，其晏子可谓廉矣。"

【注释】

①豫交：指预先结交君主。

【译文】

君子评论说："侍奉君主尽忠，但不预先结交君主，不被任用而不贪恋俸禄，晏子真可以说是廉正了。"

【原文】

景公外傲诸侯，内轻百姓，好勇力，崇乐以从嗜欲[①]。诸侯不说，百姓不亲。公患之，问于晏子曰："古之圣王，其行若何？"

晏子对曰："其行公正而无邪，故谗人不得入；不阿党[②]，不私色[③]，故群徒之卒不得容[④]；薄身厚民，故聚敛之人不得行；不侵大国之地，不耗小国之民，故诸侯皆欲其尊；不劫人以兵甲，不威人以众强，故天下皆欲其强；德行教诲加于诸侯，慈爱利泽加于百姓，故海内归之若流水。今衰世君人者，辟邪阿党，故谗谄群徒之卒繁；厚身养，薄视民，故聚敛之人行；侵大国之地，耗小国之民，故诸侯不欲其尊；劫人以兵甲，威人以众强，故天下不欲其强；灾害加于诸侯，劳苦施于百姓，故雠敌进伐，天下不救，贵戚离散，百姓不与[⑤]。"

【注释】

①从：同"纵"。

②阿党：结党营私。

③私：偏爱。

④群徒之卒：指那些受宠爱的臣妾。

⑤与：帮助。

【译文】

景公对外傲视诸侯，对内轻视百姓，喜好勇力，崇尚作乐，竭力纵欲。诸侯都不喜欢他，百姓都不亲附他。景公对此很忧虑，就问晏子说："古代的圣贤君王，他们的行为怎么样？"

晏子回答说："他们的行为公正无邪，所以善进谗言的人不能入朝当官；不结党营私，不偏爱女色，所以那些靠谄媚取宠的臣妾不能存身；对自己供养微薄，对人民供养丰厚，所以善于聚敛民财的人不能畅行无阻；不侵占大国的土地，不损耗小国人民的财物，所以诸侯都希望他们地位尊贵；不靠军队胁迫人民，不凭人多势众威逼人民，所以天下人都希望他们势力强大；对诸侯用德行感化，给以教诲，对百姓给予慈爱，施加利益，所以普天下的人就像流水一样归附他们。现在处于衰落社会的君主，他们行为邪僻，结党营私，所以谗佞谄媚之徒众多；对自己供养丰厚，对人民供养微薄，所以善于聚敛民财的人肆行无忌；侵占大国的土地，损耗小国人民的财物，所以诸侯都不希望他们地位尊贵；靠军队胁迫人民，凭人多势众威逼人民，所以天下人都不希望他们势力强大；把灾害加到诸侯头上，把劳苦加在百姓身上，所以敌国来进攻的时候，天下的人都不来救援，同姓的显贵东逃西散，百姓们都不援助。"

【原文】

公曰："然则何若[①]？"

对曰："请卑辞重币以说于诸侯[②]，轻罪省功以谢于百姓[③]，其可乎？"

公曰："诺。"于是卑辞重币而诸侯附，轻罪省功而百姓亲。故小国入朝[④]，燕、鲁共贡。

【注释】

①何若：何如，怎么办。

②币：用作馈赠的礼品。

③谢：道歉，谢罪。

④入朝：指到齐国朝拜。

【译文】

景公于说："那么应该怎么办？"

晏子回答说："请您用谦卑的言辞、丰厚的礼品来取悦诸侯，用减轻刑罚、减少徭役的办法向百姓道歉，这样大概就可以了吧！"

景公说："好吧！"于是言辞谦卑，聘币丰厚，因而诸侯都归附他；减轻刑罚，减少徭役，因而百姓都亲附他。所以小国都到齐国来朝拜，燕国、鲁国都来进贡。

【原文】

墨子闻之，曰："晏子知道[①]。道在为人，而失在为己。为人者重，自为者轻。景公自为，而小国不为[②]；为人，而诸侯为役。则道在为人，而行在反己矣。故晏子知道矣。"

【注释】

①知道：懂得治国之道。

②不为:指不为齐所用。

【译文】

墨子听到这事以后,说:"晏子懂得治国之道。治国之道在于为别人打算,失策在于为自己打算。为别人打算的人地位就尊贵,为自己打算的人地位就轻微。景公为自己打算时,小国都不为其所用;为别人打算时,诸侯都甘心被他役使。那么,治国之道在于为别人打算。君主的行为在于反躬自求了。所以晏子算是懂得治国之道了。"

【原文】

景公问晏子曰:"昔吾先君桓公,有管仲夷吾保义齐国[1],能遂武功而立文德[2]。纠合兄弟[3],抚存冀州[4]。吴、越受令,荆楚惛惛[5]。莫不宾服[6],勤于周室[7]。天子加德,先君昭功。管子之力也。今寡人亦欲存齐国之政于夫子[8],夫子以佐佑寡人[9],彰先君之功烈,而继管子之业。"

【注释】

①保义:治理使安定。义,安定。
②遂:成。
③兄弟:指其他诸侯。
④冀州:借指中原地区的国家。
⑤惛:(古文"闻"字),听到。
⑥宾服:佩服,归服。
⑦勤:辛劳。
⑧存:寄,托付。
⑨佐佑:通"左右",辅助,帮助。

【译文】

景公问晏子说:"从前我们的先君桓公,有管仲治理齐国,能够成就武功,树立文德。会合其他诸侯,保全中原之国。吴国、越国服从命令,楚国闻而恐惧。天下没有不敬服的。保护了周王室,使周天子的美德增加,使先君桓公的功绩卓著。这些都是管子的力量啊!现在我也想把齐国的政事托付给先生您,先生您辅佐我,使先君桓公的功业发扬光大,继承管子的事业。"

【原文】

晏子对曰:"昔吾先君桓公,能任用[1]贤。国有什伍[2],治遍细民;贵不凌贱,富不傲贫;功不遗罢[3],佞不吐愚[4];举事不私,听狱不阿[5];内妾无羡食[6],外臣无羡禄,鳏寡无饥色;不以饮食之辟害民之财,不以宫室之侈劳人之力。节取于民而普施之,府无藏[7],仓无粟[8]。上无骄行，下无谄德。是以管子能以齐国免于难，而以吾先君参乎天子[9]。今君欲彰先君之功烈，而继管子之业，则无以多辟伤百姓，无以嗜欲玩好怨诸侯，臣孰敢不承善尽力以顺君意？今君疏远贤人，而任谗谀；使民若不胜[10]，藉敛若不得[11]；厚取于民而薄其施，多求于诸侯而轻其礼；府藏朽蠹而礼悖于诸侯，菽粟藏深而怨积于百姓；君臣交恶[12]，而政刑无常。臣恐国之危失，而公不得享也。又恶能彰先君之功烈，而继管子之业乎？"

【注释】

①能任：能力胜任。
②国有什伍：指管仲在齐国以治军的办法治理政务。什伍，借指军队。
③罢：同"疲"。
④佞：指聪明有才智的人。吐：抛弃。
⑤阿：曲从。
⑥羡：多余。
⑦府：藏钱财的地方。
⑧仓：藏粮食的地方。
⑨参：并列。乎：于。
⑩使民若不胜：竭力役使人民，还像没有满足似的。
⑪藉敛若不得：尽量收取赋税，还像没有得到似的。
⑫交恶：互相憎恨仇视。

【译文】

晏子回答说："从前我们的先君桓公，才能胜任，重用贤人。用治军的方法治理政务，管理遍及平民百姓；尊贵的不欺凌卑贱的，富裕的不轻视贫穷的；有功绩的不遗弃疲惫而无功的，聪明的不鄙弃愚笨的；处事不徇私情，断案公正无私；宫内的宠妾没有多余的食物。朝廷的臣子没有多余的俸禄，鳏夫寡妇没有饥饿的颜色；不因为自己饮食的嗜好而耗费人民的钱财，不因为自己宫室的豪华而让人民受劳苦。向人民收敛财物有节制，把国家的财物普遍地施舍给人民。国家钱库里没有积压的钱财，粮库里没有积压的粮食。君主没有骄横的品行，臣子没有谄媚的品德。因此管子能让齐国免于危难，能让我们的先君桓公与周天子比配。现在您想使先君桓公的功业发扬光大，继承管子的事业，那就不要因为自己嗜好多而使百姓受损害，不要因为自己的私欲使诸侯怨恨。这样，臣子谁敢不继承美好的品德，尽心尽力，按照您的意愿去做呢？现在您疏远贤德之人，却任用谗佞谄谀之徒；竭力役使人民，还像不能满足似的；尽量收敛钱财，还像没有得到似的；向人民收取的很多，施舍给人民的却很少；向诸侯索取的很多，却看轻自己对诸侯的礼仪；仓库里收藏的东西都腐烂生了蛀虫，可是对诸侯的礼仪却悖乱了；粮食储藏得很严，可是在百姓那里却积怨甚多；君臣之间互相仇视，政令刑罚反复无常。我担心国家有丧失的危险，而您也就不能享有齐国了。又怎么能够让先君桓公的功业发扬光大，继承管子的事业呢?”

【原文】

景公问于晏子曰:“治国何患?”

晏子对曰:“患夫社鼠[1]。”

【注释】

①社鼠:寄居在社坛下的老鼠。社,本指土神。古代迷信,人们筑社坛祭社神以祈祷丰年。所祭土神叫社,祭土神的地方也叫社。这里指后者。社坛周围要种上适当的树,所以下文说“束木”。

【译文】

景公向晏子问道:“治理国家忧虑什么?”

晏子回答说:“忧虑的是那社鼠。”

【原文】

公曰:“何谓也?”

对曰:“夫社,束木而涂之[1],鼠因往托焉。熏之则恐烧其木,灌之则恐败其涂[2]。此鼠所以不可得杀者,以社故也。夫国亦有焉,人主左右是也。内则蔽善恶于君上,外则卖权重于百姓[3]。不诛之则为乱,诛之则为人主所案据[4],腹而有之[5]。此亦国之社鼠也。人有酤酒者[6],为器甚洁清,置表甚长[7],而酒酸不售。问之里人其故,里人云:‘公狗之猛,人挈器而人,且酤公酒,狗迎而噬之[8],此酒所以酸而不售也。’夫国亦有猛狗,用事者是也[9]。有道术之士,欲干万乘之主[10],而用事者迎而龁之[11]。此亦国之猛狗也。左右为社鼠,用事者为猛狗,主安得无壅,国安得无患乎?”

【注释】

①涂之:给它垒上墙。

②败:毁坏。

③权重:权力大。

④案据:掌握,把持。

⑤腹而有之:指厚养这些人。腹,厚。

⑥酤:卖。

⑦表:标记。

⑧噬:咬。

⑨用事者:掌权的人。此指君主的宠臣。

⑩干:求,求得任用。万乘:代指大国。周制,天子出兵车万辆,诸侯出兵车千辆。春

秋战国时期，诸侯国穷兵黩武，扩大军备，所以“万乘”又代指大诸侯国。

⑪龁：咬。

【译文】

景公说：“您说的是什么意思？”

晏子回答说：“社坛那个地方，周围种上树，垒上墙，老鼠于是就去住在那里。用烟熏它，担心烧了那里的树；用水灌它，担心毁了那里的墙。这老鼠之所以不能被捉住杀死，是因为有社坛的缘故。国家也有社鼠，君主身边的侍从就是。这些人在朝廷内对君主隐瞒善与恶，在朝廷外向百姓显示权威。如果不杀掉他们，他们就要作乱；如果要杀掉他们，就被君主所庇护，而且君主还厚养这些人。这些人也就是国家的社鼠啊！有个卖酒的人，准备的酒器非常干净，设置的标记很醒目，可是酒却放酸了卖不出去。就向同乡人问是什么原因。同乡人说：‘您的狗凶猛，人们拿着酒器要进去买您的酒，狗迎上来咬他们，这就是酒放酸了卖不出去的原因。’国家也有猛狗，掌权的宠臣就是。有掌握治国通术的人，想去拥有万辆兵车的大国君主那里谋求官职，可是掌权的宠臣却迎上去咬他，这些人就是国家的猛狗啊！君主身边的侍从成为社鼠，掌权的宠臣成为猛狗，君主怎么能不被隔绝，国家怎么能没有祸患呢？”

【原文】

景公问于晏子曰：“寡人意气衰，身病甚①。今吾欲具珪璋牺牲②，令祝宗荐之乎上帝宗庙③，意者礼可以干福乎④？”

晏子对曰：“婴闻之，古者先君之干福也，政必合乎民，行必顺乎神；节宫室，不敢大斩伐，以无逼山林；节饮食，无多畋渔，以无逼川泽；祝宗用事，辞罪而不敢有所求也。是以神民俱顺，而山川纳禄⑤。今君政反乎民，而行悖乎神；大宫室，多斩伐，以逼山林；羡饮食，多畋渔，以逼川泽。是以民神俱怨，而山川收禄。司过荐罪⑥，而祝宗祈福，意者逆乎！”

公曰：“寡人非夫子，无所闻此，请革心易行。”

【注释】

①病；疲惫。

②珪璋：都是玉名。古人祭祀用珪而不用璋。

③祝宗：都是掌祭祀的官。荐：献，进献祭品。

④意者：心想，考虑。

⑤纳禄：献福。指献出财富。纳，致。

⑥司过：官职名。荐：举。

【译文】

景公向晏子问道：“我的精神衰弱，身体疲惫极了。现在我打算准备好珪璧和牛羊猪等祭品，让祝官宗官敬献给天帝和祖宗神灵，我想祭祀可以求福吧！”

晏子回答说：“我听说过，古代君主求福的时候，政治必定符合民心，行为必定顺应神意；修建宫室有节制，不敢大量砍伐树木，以便不毁灭山上的森林；饮食有节制，不频繁打猎捕鱼，以便不毁灭河流沼泽的野兽和鱼类；祝官宗官祭祀神灵时，只是悔过，不敢求福。因此神灵和百姓都顺从君主的意愿，高山河流都献出自己的财富。现在您的政治违背民心，行为违背神意；宫室修建得高大，大量砍伐树木，因而毁灭了山上的森林；饮食丰盛，频繁地打猎捕鱼，因而毁灭了河流沼泽的野兽和鱼类。因此神灵和百姓都怨恨，高山河流都收回自己的财富。司过官列举出您的过错来，祝官宗官却为您求福，我想这是互相矛盾的吧！”

景公说：“我假如没有先生您，就听不到这些道理，请允许我改变自己的思想和行为。”

【原文】

于是废公阜之游，止海食之献，斩伐者以时[①]，畋渔者有数。居处饮食，节之勿羡。祝宗用事，辞罪而不敢有所求也。故邻国忌之[②]，百姓亲之。晏子没而后衰。

【注释】

①以时：按照一定季节。指在秋冬时砍伐，其时树木凋零，停止生长，是砍伐的季节。

②忌：惧怕，敬畏。

【译文】

于是取消去公阜游玩的打算，停止进献海味，砍伐树木按一定的季节，打猎捕鱼有一定的数量。住处饮食有节制，不过分豪华奢侈。祝官宗官祭祀的时候，向神灵悔过，不敢求福。所以邻国都敬畏景公，百姓都亲附景公。直到晏子死后，齐国才衰落下去。

【原文】

景公问晏子曰：“古之盛君[①]，其行如何？”

晏子对曰：“薄于身而厚于民，约于身而广于世[②]；其处上也，足以明政行教，不以威天下；其取财也，权有无，均贫富，不以养嗜欲；诛不避贵，赏不遗贱；不淫于乐，不遁于哀[③]；尽智导民而不伐焉[④]，劳力岁事而不责焉[⑤]；政尚相利，故下不以相害为行；教尚相爱，故民不以相恶为名；刑罚中于法，废罪顺于民。是以贤者处上而不华[⑥]，不肖者处下而不怨[⑦]。四海之内，社稷之中，粒食之民，一意同欲[⑧]，若夫私家之政。生有厚利，死有遗教。此盛君之行也。”

【注释】

①盛君：有大德的君主，圣明君主。

②约:少。
③遁于哀:悲哀不止的意思。
④伐:自夸。
⑤责:求。
⑥华:浮华。
⑦不肖:不贤。
⑧一意同欲:同心同德的意思。

【译文】

景公问晏子说:"古代有大德的君主,他们的所作所为怎么样?"

晏子回答说:"他们对自己供养微薄,对人民供养丰厚;对自己节俭,对世人广施钱财;他们居上位,足以使政治清明,推行教化,不以权势威逼天下人;他们敛取钱财,权衡有无,均衡贫富,不用敛取的钱财满足自己的嗜好;诛罚不躲避地位尊贵的人,赏赐不遗漏地位低下的人;不过分享乐,不过度悲哀;用尽才智引导人民向善,但不夸耀自己的功劳;勤劳于民事,但不苛求于人民;政治方面崇尚互相有利,所以人民不把互相损害当成好品行;教育方面崇尚互相爱护,所以人民不把互相厌恶当成好名声;施行刑罚符合法律,官吏升降顺应民心。因此,贤德的人居上位但不浮华,不贤德的人居下位但不怨恨。普天之下,全国之中,所有的人都同心同德,对待国事就像对待家事一样。他们活着有厚利施于人民,死后有遗教垂于后世。这就是大德的君主的所作所为。"

【原文】

公不图[①]。晏子曰:"臣闻问道者更正[②],闻道者更容。今君税敛重,故民心离;市买悖,故商旅绝;玩好充,故家货殚。积邪在于上,蓄怨藏于民;嗜欲备于侧,毁非满于国。而公不图。"公曰:"善。"于是令玩好不御[③],公市不豫[④],宫室不饰,业土不成,止役轻税。上下行之,而百姓相亲。

【注释】

①图:思考。
②更正:指端正意念。
③御:指进奉。
④豫:诳骗。

【译文】

景公不思考这些话。晏子又说:"我听说询问治国之道的人就要端正自己的思想,听到治国之道的人就要端正自己的态度。现在您的赋税沉重,所以民心离散;买卖混乱,所以商人绝迹;供您玩赏的东西充足,所以人民都倾家荡产。上面聚积了很多邪僻的事情,人民那里埋藏了很多的怨恨;您喜好的东西堆积在身边,诅咒责难您的言论充斥在国内。可是您却不考虑这些。"景公说:"您说得好。"于是下令玩赏的东西不再供奉,市场上不许欺诈,宫室不再修饰,已经动土的工程不再完成,停止徭役,减轻赋税。在上位的与在下位的都照此去做,因而百姓们都亲附景公。

【原文】

景公问晏子曰:"莅国治民,善为国家者何如?"

晏子对曰:"举贤以临国,官能以敕民[①],则其道也。举贤官能,则民兴善矣。"

【注释】

①官能:授予有才能的人官职。敕:整饬,治理。

【译文】

景公问晏子说:"治理国家管理人民,能够把国家治理得很好的人,他们的所作所为是怎样的?"

晏子回答说:"提拔贤德的人来治理国家,让有才能的人当官来管理人民,这就是他们的方法。提拔贤德的,让有才能的人当官,那么人民就会向善了。"

【原文】

公曰:"虽有贤能,吾庸知乎[①]?"

晏子对曰:"贤而隐,庸为贤乎?吾君亦不务乎是[②],故不知也。"

【注释】

①庸:怎么,哪里。

②务:致力。是:此。

【译文】

景公说:"即使有贤德的人和有才能的人,我怎么能了解呢?"

晏子回答说:"贤德的人如果隐居,怎么能算得上贤德呢?您又不致力于求贤,所以不能了解。"

【原文】

公曰:"请问求贤?"

对曰:"观之以其游[①],说之以其行[②]。君无以靡曼辩辞定其行[③],无以毁誉非议定其身。如此,则不为行以扬声,不掩欲以荣君[④]。故通则视其所举[⑤],穷则视其所不为[⑥];富则视其所分,贫则视其所不取。夫上士难进而易退也,其次易进易退也,其下易进难退也。以此数物者取人⑦,其可乎!"

【注释】

①游:交游,交结的朋友。

②说:评说,评论。

③靡曼:指言辞华丽。

④荣:通"营",迷惑。

⑤通:官位显达,得志。

⑥穷:仕途困窘,不得志。

⑦物:事。

【译文】

景公说:"请问求贤的方法。"

晏子回答说:"通过他交往哪些人来观察他,通过他的所作所为来评价他。不要根据他的言辞华丽善辩判定他的行为,不要根据别人对他的非议诋毁或赞誉判定他的为人。这样,人们就不会为博得好品行来宣扬自己,就不会掩盖自己的私欲来迷惑君主。所以,如果官位显赫,就观察他推举些什么人;如果官运不好,就观察他不干哪些事;如果富裕,就观察他是否分钱财给别人;如果贫穷,就观察他是否不苟且拿取钱财。那些上等的士难于出来当官,但容易辞去官职;次一等的士容易出来当官,也容易辞去官职;下等的士容易出来当官,但难于辞去官职。凭着这几种情况来选拔人,大概就可以了吧!"

【原文】

景公问晏子曰:"为君身尊民安,为臣事治身荣①,难乎,易乎?"晏子对曰:"易。"

【注释】

①治:治理得好。

【译文】

景公问晏子说:"当君主,自身尊贵,人民安定;当臣子,政事治理得好,自身荣耀。要做到这些,困难呢,容易呢?"

晏子回答说:"容易。"

【原文】

公曰:"何若①?"

对曰:"为君节养其余以顾民,则君尊而民安;为臣忠信而无逾职业,则事治而身荣。"

【注释】

①何若：何如，怎样去做。

【译文】

景公说："应该怎么做？"

晏子回答说："当君主，自身节俭，把余财施与人民，那么自身就尊贵，人民就安定；当臣子，忠诚守信，不做超越职权范围的事，那么政事就治理得好，自身就荣耀。"

【原文】

公又向："为君何行则危？为臣何行则废？"

晏子对曰："为君厚藉敛而托之为民，进谗谀而托之用贤，远公正而托之不顺，君行此三者则危；为臣比周以求进①，逾职业防下隐利而求多②，从君不陈过而求亲，人臣行此三者则废。故明君不以邪观民③，守则而不亏，立法仪而不犯。苟有所求于民，而不以身害之。是故刑政安于下，民心固于上。故察士不比周而进④，不为苟而求⑤。言无阴阳⑥，行无内外。顺则进，否则退，不与上行邪。是以进不失廉，退不失行也。"

【注释】

①比周：结党，为私利勾结在一起。
②隐利：隐匿私利。
③观：示，让……看。
④察士：能明察是非之士。
⑤苟：不慎重，不严肃。
⑥言无阴阳：指说话不阳奉阴违。

【译文】

景公又问："当君主怎样做就危险？当臣子怎样做就罢免他？"

晏子回答说："当君主，加重赋税却托词是为了人民，提拔谗佞谄谀之人却托词是任用贤德之人，疏远公平正直之人却托词不能顺从自己，君主做这三种事情就危险；当臣子，结成党羽以便求得提拔，做事超越职权范围，遏制人民，谋取私利，贪得无厌，侍奉君主不匡正过失，以便得到宠幸，臣子做这三种事情就罢免他。所以，英明的君主不做出邪僻的事情让人民看，严守准则，不随便损害，确立法度，不随便触犯。如果对人民有所求，也不因为自己的私欲损害人民的利益。因此刑法政令让人民感到安定，民心都归附君主。所以明察是非的人不结党来求得提拔，不为满足不合理的私欲去贪求财利。说话不阳奉阴违，行为表里如一，符合自己的意愿就当官，否则就隐退，不和君主一起干邪僻的事情。因此，当官时不丧失自己的廉正，隐退时不丧失自己的品行。"

【原文】

景公问晏子曰:“贤君之治国若何?”

晏子对曰:“其政任贤,其行爱民。其取下节,其自养俭。在上不犯下,在治不傲穷①。从邪害民者有罪②,进善举过者有赏③。其政刻上而饶下④,赦过而救穷。不因喜以加赏,不因怒以加罚。不从欲以劳民,不修怒而危国。上无骄行,下无谄德。上无私义,下无窃权⑤。上无朽蠹之藏,下无冻馁之民。不事骄行而尚同,其民安乐而相亲。贤君之治国若此。”

【注释】

①在治:指掌权。

②从:同“纵”,放纵。

③举过:指举君过。

④刻:苛刻,严厉。饶:宽容。

⑤窃权:指超越本职而专权。

【译文】

景公问晏子说:“贤明的君主怎样治理国家?”

晏子回答说:“他们的政治是任用贤人,他们的品行是爱护人民。他们向下面敛取财物有节制,他们供养自己很俭朴。在上位的不侵犯在下位的,掌权的不傲视不掌权的。干邪僻事情伤害人民的人有罪,向君主进善言、列举君主过失的人有赏。他们的政令对上严厉,对下宽容,赦免有过错的人,救济贫穷的人。不因为自己高兴就增加赏赐,不因为自己生气就加重惩罚。不放纵私欲而使人民劳苦,不随意发怒而使国家受危害。君主没有骄横的品行,臣子没有谄媚的品德。君主没有自私的道义,臣子没有专权的事情。君主没有收藏得生蛀虫的财物,下面没有挨饿受冻的百姓。不做骄横的事情,崇尚上下一致,人民安居乐业,崇尚相亲相爱。贤明的君主就是这样治理国家的。”

【原文】

景公问于晏子曰:“忠臣之事君也何若①?”

晏子对曰:“有难不死②,出亡不送。”

【注释】

①事:侍奉。

②有难不死:指君有难,臣不死,即臣不殉君难。下句“出亡不送”指君出亡国外,臣不送行。

【译文】

景公向晏子问道:“忠臣怎样侍奉君主?”

晏子回答说:“君主遇难不为他殉死,君主出亡不为他送行。”

【原文】

公不说,曰:“君裂地而封之[1],疏爵而贵之[2],君有难不死,出亡不送,可谓忠乎?”

对曰:“言而见用[3],终身无难,臣奚死焉?谋而见从,终身不出,臣奚送焉?若言不用,有难而死之,是妄死也[4]。谋而不从,出亡而送之,是诈伪也。故忠臣也者,能纳善于君[5],不能与君陷于难。”

【注释】

①裂地:分割土地。

②疏爵:分封爵位。疏,分。

③见:被。

④妄死:无意义的死。

⑤纳善:献出好计谋。纳,献出。

【译文】

景公不高兴地说:“君主分割土地封给臣子,分封爵位让臣子显贵,君主遇难却不殉死,君主出亡却不送行,这可以叫作忠吗?”

晏子回答说:“说的话如果被采纳,君主终身都不会有难,臣子怎么会为君主殉死呢?计谋如果被听从,君主终身都不会出亡,臣子怎么会为君主送行呢?如果说的话不被采纳,君主有难,臣子为君主殉死,这是白白地送死;计谋如果不被听从,君主出亡,臣子为他送行,这是虚伪。所以忠臣能给君主献出好的计谋,不能跟君主一起陷于死难的境地。”

【原文】

景公问晏子曰:“忠臣之行何如?”

对曰:“不掩君过,谏乎前,不华乎外[1]。选贤进能,不私乎内[2]。称身就位[3],计能定禄。睹贤不居其上,受禄不过其量。不权居以为行[4],不称位以为忠。不掩贤以隐长[5],不刻下以谀上[6]。君在不事太子,国危不交诸侯。顺则进,否则退,不与君行邪也。”

【注释】

①华:通“哗”。此指宣扬。

②私:偏爱。

③称:衡量。位:官职。

④权:衡量。这里是计较的意思。居:位。

⑤掩:掩盖,遮蔽。

⑥刻下:对下苛刻。

【译文】

景公问晏子说:"忠臣的所作所为是怎样的?"

晏子回答说:"不掩盖君主的过失,对君主的过失当面劝谏,不到外面去宣扬。选拔贤德的人,推举有才能的人,对自己亲近的人不偏私。衡量自己的品德再担任适当的官职,估计自己的才能再接受合适的俸禄。看到贤德的人,自己的职位不超过他;接受俸禄,不超过自己应得的数量。不把计较自己的职位高低当成好品行,不把衡量自己的地位高低当成忠诚。不压制贤德的人,不隐瞒他们的优点,不苛刻地对待下面的人,不阿谀奉承居上位的人。君主健在就不侍奉太子,国家危难就不结交诸侯。能实现自己的抱负就当官,否则就隐退,不跟君主一起干邪僻的事情。"

【原文】

景公问晏子曰:"古之莅国治民者,其任人何如?"

晏子对曰:"地不同生[①],而任之以一种,责其俱生[②],不可得;人不同能,而任之以一事,不可责遍成。责焉无已[③],智者有不能给[④];求焉无餍[⑤],天地有不能赡也。故明王之任人,谄谀不迩乎左右[⑥],阿党不治乎本朝。任人之长,不强其短;任人之工[⑦],不强其拙。此任人之大略也。"

【注释】

①生:通"性"。

②责:要求。

③无已:不止。已,停止。

④给:与下文的"赡"都是供应充足的意思。

⑤餍:满足。

⑥迩:近。

⑦工:擅长。

【译文】

景公问晏子说:"古代统治国家管理人民的人,他们任用人的情况是怎样的?"

晏子回答说:"土地的性质不同,却种植同一种作物,要求这些不同性质的土地都能生长这种作物,是不可能的;人们的才能不相同,却委任一样的事情,不可以要求他们普遍都做好。毫无止境地要求众人做事情,聪明的人也有不能满足要求的时候;贪得无厌地求取财物,天和地也有不能供应充足的时候。所以英明的君王任用人,不让阿谀谄媚的人留在自己身边,不让结党营私的人在朝廷里当官。任用人家的长处,不勉强任用他的短处;任用人家做擅长的事,不勉强他做不擅长的事。这就是他们任用人的大体情况。"

【原文】

景公问晏子曰:"古者离散其民而陨失其国者①,其常行何如?"

晏子对曰:"国贫而好大,智薄而好专②。贵贱无亲焉,大臣无礼焉。尚谗谀而贱贤人,乐简慢而玩百姓。国无常法,民无经纪③。好辩以为智,刻民以为忠。流湎而忘国④,好兵而忘民。肃于罪诛⑤,而慢于庆赏。乐人之哀,利人之难。德不足以怀人,政不足以惠民。赏不足以劝善⑥,刑不足以防非。亡国之行也。今民闻公令如寇雠⑦。此古离散其民陨失其国所常行者也。"

【注释】

①陨失:损失,丧失。
②专:专断,独断专行。
③经纪:纲纪。
④流湎:指流连沉湎于饮酒作乐之中。
⑤肃:严厉。
⑥劝:鼓励,勉励。
⑦寇雠:仇敌。

【译文】

景公问晏子说:"古时候弄得人民东离西散,丧失掉自己国家的人,他们素常的所作所为是怎样的?"

晏子回答说:"国家贫困却好大喜功,才智贫乏却喜欢独断专行。对地位尊贵的和地位低下的都不去亲近,对大臣们不以礼相待。尊重谗佞谄谀之人,却轻视贤德之人;喜欢懒惰怠慢之人,却轻视老百姓。国家没有固定的法律,人民没有可遵循的纲纪。把能言善辩当成聪明,把苛刻待民当作忠诚。流连沉湎于饮酒作乐而忘掉了国家的利害,喜好用兵打仗而忘掉了人民的疾苦。在诛罚方面很严厉,在赏赐方面却漫不经心。把别人的悲哀当作自己快乐的事,把别人的危难当成对自己有利的事。道德不足以让人民怀念,政治不足以使人民得到好处。赏赐不足以鼓励人做好事,刑罚不足以防止人干坏事。这是使国家灭亡的行为。现在人民听到君主的命令,就像躲避仇敌一样。这就是古代弄得人东离西散,丧失掉自己国家的人素常的所作所为啊!"

【原文】

景公问晏子曰:"吾欲和臣亲下,奈何?"

晏子对曰："君得臣而任使之，与言信[①]。必顺其令，赦其过。任大臣无多责焉，使迩臣无求嬖焉[②]。无以嗜欲贫其家，无信谗人伤其心。家不外求而足，事君不因人而进。则臣和矣。俭于藉敛，节于货财。作工不历时[③]，使民不尽力[④]。百官节适[⑤]，关市省征[⑥]。山林陂泽[⑦]，不专其利。领民治民，勿使烦乱。知其贫富，勿使冻馁。则民亲矣。"

公曰："善。寡人闻命矣。"故令诸子无外亲谒[⑧]。辟梁丘据[⑨]，无使受报[⑩]。百官节适，关市省征，陂泽不禁。冤报者过[⑪]，留狱者请焉[⑫]。

【注释】

①信：言语诚实。

②迩臣：近臣，君主身边的侍从。

③历时：超过农时。历，过。

④尽力：用尽民力。

⑤百官：泛指各级官吏。节适：节制而适度。

⑥关市：关隘和市场。

⑦陂：池塘。

⑧无外亲谒：指不要让外人亲近求见。

⑨辟：指免去。

⑩报：判决罪人。

⑪过：指受责备。

⑫请：指请求释放。

【译文】

景公问晏子说："我想让臣子跟我和谐，让人民亲附我，该怎么办？"

晏子回答说："您得到臣子以后就任用他们，同他们说话要诚实。让他们依法令行事，赦免他们的过错。任用大臣不求全责备，使用近臣不找自己宠爱的人。不要为了满足自己的私欲弄得他们家里贫困，不要听信谗人的话让他们伤心。他们居家时不必外求财物就能供应充足，他们侍奉君主时不凭借别人的力量就能被任用。这样，臣子就会跟您和谐了。征收赋税要节制，使用财物要节俭。兴建土木工程不要超过农时，役使人民不要使尽民力。各种官吏设置得精干恰当，关口和市场上减少税收，山林池泽的利益不专有。引导人民管理人民时，不要让他们感到烦乱。了解人民贫富的情况，不要让他们挨饿受冻。这样，人民就亲附您。"

景公说："您说得好。我受教了。"所以就命令儿子们不要让外人亲近求见。罢免梁丘据，不让他担任判决罪人的官职。各种官吏设置得精干恰当，关口和市场上减少税收，池泽里不禁止众人捕鱼。判决罪人判冤屈的要受责备，长期关押在狱中的人让官吏释放了他们。

【原文】

景公问晏子曰:“取人得贤之道何如?”

晏子对曰:“举之以语,考之以事。能谕则尚而亲之[1],近而勿辱[2]。以取人,则得贤之道也。是以明君居上,寡其官而多其行[3],拙于文而工于事[4]。言不中不言,行不法不为也。”

【注释】

①谕:知道。通晓。

②近而勿辱:意思是虽亲近但不狎辱,即不废礼仪。

③寡其官:指设置的官职少。

④文:文采。指华丽的外表。

【译文】

景公问晏子说:“选取人能得到贤德之人的办法是怎样的?”

晏子回答说:“根据他的言语推举他,根据他的行事考察他。能够通晓治国之道,就尊重并且亲近他,虽然亲近他,但是不废弃上下之间的礼仪。用这种办法选取人,就是得到贤德之人方法。因此英明的君主居上位,官职设置得少,但事情却做得多;不讲究外表华丽,却很擅长做实事。说话不中肯就不说,做事不合法制就不做。”

【原文】

景公问晏子曰:“臣之报其君何以[1]?”

晏子对曰:“臣虽不知[2],必务报君以德。士逢有道之君,则顺其令;逢无道之君,则争其不义[3]。故君者择臣而使之,臣虽贱,亦得择君而事之。”

【注释】

①何以:用什么。

②知:同“智”,聪明。

③争:通“诤”,劝谏。

【译文】

景公问晏子说:“臣子用什么来报答他的君主?”

晏子回答说:“臣子虽然不聪明,也必定努力用恩德报答君主。士遇上有道德的君主,就顺从他的命令;遇上没有道德的君主,就对他的不符合道义的行为进行劝诤。所以君主要选择好的臣子来使用,臣子虽然地位低下,也可以选择好的君主来侍奉。”

【原文】

景公问晏子曰："临国莅民[①]，所患何也[②]？"

晏子对曰："所患者三：忠臣不信，一患也；信臣不忠，二患也；君臣异心，三患也。是以明君居上，无忠而不信，无信而不忠者。是故君臣同欲[③]，而百姓无怨也。"

【注释】

①莅民：管理人民。

②患：忧虑，担心。

③君臣同欲：君主和臣子所想相同，即君臣同心。

【译文】

景公问晏子说："统治国家管理人民，忧虑的是什么呢？"

晏子回答说："忧虑的事情有三件：忠臣不受信任，这是第一件忧虑的事情；受信任的臣子不忠，这是第二件忧虑的事情；君臣不同心同德，这是第三件忧虑的事情。因此英明的君主居上位，没有忠臣不受信任的，没有受信任的臣子不忠的。所以君臣同心同德，而百姓就没有怨恨了。"

【原文】

景公问于晏子曰："为政何患？"

晏子对曰："患善恶不分。"

公曰："何以察之？"

对曰："审择左右。左右善，则百僚各得其所宜，而善恶分。"

孔子闻之曰："此言也信矣[②]！善进，则不善无由入矣[③]；不善进，则善无由入矣。"

【注释】

①百僚：百官。

②信：确实。

③无由：没办法。

【译文】

景公向晏子问道："治理国家政事忧虑的是什么？"

晏子回答说："忧虑的是不能分辨好坏。"

景公说："用什么办法考察好坏？"

晏子回答说："审慎地挑选身边的人。身边的人好，那么百官就能各得其所，因而好坏就能分辨了。"

孔子听到这话以后说："这话真对呀！好人当道，那么不好的人就没有办法入朝当官了；不好的人当道，那么好人就没有办法入朝当官了。"

问下

【原文】

景公出游，问于晏子曰："吾欲观于转附、朝舞①，遵海而南②，至于琅琊③。寡人何修则夫先王之游④？"

晏子再拜曰："善哉，君之问也！闻天子之诸侯为巡狩⑤，诸侯之天子为述职⑥。故春省耕而补不足者谓之游⑦，秋省实而助不给者谓之豫⑧。夏谚曰：'吾君不游，我曷以休？吾君不豫，我曷以助？一游一豫，为诸侯度⑨。'今君之游不然，师行而粮食⑩，贫苦不补，劳者不息。夫从高历时而不反谓之流，从下而不反谓之连⑪，从兽而不归谓之荒⑫，从乐而不归谓之亡。古者圣王无流连之游、荒亡之行。"

公曰："善。"命吏计公禀之粟⑬，藉长幼贫氓之数⑭，吏所委发廪出粟⑮，以与贫民者三百钟⑯。公所身见癃老者七十人⑰，振赡之，然后归也。

【注释】

①转附、朝舞：不详。疑为山名。

②遵：循，顺着……走。

③琅琊：山名，在今山东诸城东南。

④何修：做什么事情。则：效法。

⑤之：到……去。巡狩：如同说"视察"。

⑥述职：报告其职责内的工作。述，陈述。

⑦省：考察。

⑧豫：指帝王秋天出巡。

⑨度：法度，准则。

⑩粮食："粮食于民"，从百姓那里筹集粮食吃。《管子·戒》作"夫师行而粮食其民者谓之亡"。

⑪从：同"纵"，纵情，尽情。反：同"返"。

⑫荒：与下句的"亡"都是迷乱、逸乐过度的意思。"荒亡"指沉迷于田猎、过度逸乐。

⑬禀：同"廪"，粮仓。

⑭藉：通"籍"，登计，统计。氓：民。

⑮委：送给。

⑯钟：古代量器，六斛四斗为一钟。这里用作量词。

⑰癃：疲病。

【译文】

景公外出游玩,向晏子问道:"我想到转附、朝舞两座山上去看看。再沿着海岸往南走,一直到达琅琊山。我应该怎样做才能效法先王的出游呢?"

晏子拜了两拜,说:"您问得真好啊!我听说天子到诸侯那里去叫作巡狩,诸侯到天子那里去叫作述职。所以春天检查耕种的情况,对无力耕种的给予帮助,这叫作游;秋天检查收割的情况,对收成不好的给予补助,这叫作豫。夏朝的谚语说:'我们君王不出来游,我们的工作几时休?我们君王不出来走,我们几时得帮助?君王一游一豫,足以作为诸侯的法度。'现在您出游却不是这样,人马走到哪里,就让那里的人民供应粮食,贫困的人得不到补助,劳苦的人得不到休息。纵情游山超过了时间不回去叫作流,纵情玩水不按时回去叫作连,纵情打猎不按时回去叫作荒,纵情作乐不按时回去叫作亡。古代的圣贤君王出游时没有这些流连荒亡的行为。"

景公说:"您说得好。"于是命令官吏计算国家仓库里的粮食,统计年长年幼的贫民数目,官吏从仓库里一共拿出三百钟粮食分给了贫民。景公遇见的七十名老弱疲病的人,都救济了他们,然后才返回。

【原文】

景公问于晏子曰:"昔吾先君桓公,善饮酒,穷乐[①],食味方丈[②],好色无别[③]。辟若此[④],何以能率诸侯以朝天子乎?"

晏子对曰:"昔吾先君桓公,变俗以政,下贤以身。管仲,君之贼者也[⑤]。知其能足以安国济功,故迎之于鲁郊,自御[⑥],礼之于庙[⑦]。异日,君过于康庄[⑧],闻宁戚歌[⑨],止车而听之,则贤人之风也,举以为大田[⑩]。先君见贤不留[⑪],使能不怠[⑫]。是以内政则民怀之,征伐则诸侯畏之。今君闻先君之过。而不能明其大节。桓公之霸也,君奚疑焉?"

【注释】

①穷乐:极力作乐。穷,尽。

②食味方丈:食品摆满了一桌子。方丈,一丈见方,极言菜肴丰盛。

③无别:没有亲疏之别。《公羊传·庄公二十年》:"此何以书?及我也。"何休《解诂》云:"齐侯亦淫诸姑姊妹不嫁者七人。"

④辟:邪僻,不正。

⑤君之贼:桓公当国君前,管仲辅佐公子纠,曾箭射桓公,射中衣带钩,所以这里说他是"君之贼"。贼,指仇人。

⑥御:赶车。

⑦庙:宗庙。

⑧康庄:泛指四通八达的道路。《尔雅·释宫》:"五达谓之康,六达谓之庄。"

⑨宁戚:卫国人,为人挽车至齐,齐桓公拜为大夫。

⑩大田：官职名，农官。

⑪留：遗漏。

⑫怠：怠慢。

【译文】

景公向晏子问道："从前我们的先君桓公，好喝酒，尽情作乐，佳肴美酒摆满桌子，喜欢女色，没有亲疏之别。这样做邪僻之事，为什么能够率领诸侯去朝见周天子呢？"

晏子回答说："从前我们的先君桓公，用政令改变了旧俗，亲自礼贤下士。管仲原先是桓公的仇人。桓公了解到他的才能足以安定国家，建立功勋，所以到鲁国边界迎接他，亲自给他赶车，在宗庙里按礼仪会见他。过了些日子，桓公从四通八达的道路上走过，听到宁戚在唱歌，停下车子细听，原来是贤德之人的歌声，就提拔他让他当了掌管农业的大田。先君看到贤德之人就任用，没有遗漏的；任用有才能的人，从不怠慢他们。因此他处理内政，人民都归附他；他出兵征讨，诸侯都畏惧他。现在您只听到了先君的过失，却不能了解他的大节。对桓公称霸诸侯，您怀疑什么呢？"

【原文】

景公问晏子曰："昔者先君桓公，从车三百乘[①]，九合诸侯[②]，一匡天下。今吾从车千乘，可以逮先君桓公之后乎？"

晏子对曰："桓公从车三百乘，九合诸侯，一匡天下，左有鲍叔[③]，右有仲父[④]。今君左为倡[⑤]，右为优[⑥]，谗人在前，谀人在后，又焉可逮桓公之后者乎？"

【注释】

①从车：使兵车跟随自己，即率领着兵车。

②合：会，盟会。

③鲍叔：鲍叔牙，齐大夫，他把管仲推荐给齐桓公。

④仲父：指管仲。齐桓公尊管仲为仲父，谓事之如父。

⑤倡：表演音乐歌舞的艺人。

⑥优：扮演杂戏的艺人。

【译文】

景公向晏子说："从前我们的先君桓公，率领着兵车三百辆，多次盟会诸侯，使天下一切得到匡正。现在我率领兵车一千辆，可以跟随在先君桓公之后成就霸业吗？"

晏子回答说："桓公之所以能率领兵车三百辆，多次盟会诸侯，使天下一切得到匡正，是因为左有鲍叔，右有管仲。现在您的左右都是倡优，您的前后都是谗佞阿谀之人，又怎么可以跟随在桓公之后成就霸业呢？"

【原文】

景公问晏子曰:“请问为臣之道?”

晏子对曰:“见善必通[①],不私其利。荐善而不有其名。称身居位,不为苟进。称事授禄[②],不为苟得。体贵侧贱[③],不逆其伦。居贤不肖[④],不乱其序。肥利之地,不为私邑。贤质之士,不为私臣[⑤]。君用其所言,民得其所利,而不伐其功[⑥]。此臣之道也。”

【注释】

①通:行,实行。

②授:通“受”,接受。

③体贵:居于尊贵地位。侧贱:处于低贱地位。侧,置身。

④不肖:不贤,不善。

⑤私臣:家臣。

⑥伐:自夸,夸耀。

【译文】

景公问晏子说:“请问当臣子的准则是什么?”

晏子回答说:“看到好的政令一定去实行,不从中谋取私利。推举贤德的人,不图自己落个举贤的好名声。衡量自己的才能然后再承担适当的官职,不苟且求官。衡量自己所做的事情然后再接受适当的俸禄,不苟且贪财。不管居高位还是居下位,都不违背伦次。不管贤德还是不贤德,都不搞乱次序。不把肥沃富庶的地方当作自己的封邑。不把贤德质朴的人当作自己的家臣。君主采纳他的意见,人民得到他的好处,他却不夸耀自己的功劳。这就是当臣子的准则。”

【原文】

景公问晏子曰:“人性有贤不肖,可学乎?”

晏子对曰:“《诗》云‘高山仰止,景行行止’之者[①],其人也[②]!故诸侯并立,善而不怠者为长;列士并学[③],终善者为师。”

【注释】

①高山仰止,景行行止:所引诗句见《诗·小雅·车章》。大意是:高山可以仰望,大道可以行走。这里引用,意在说明人应向高处看,应顺正道走。止,语气词。景行,大路。行,行走。

②其人也:大概说的是人吧!其,语气词。

③列士:众士,众多的读书人。

【译文】

景公问晏子说："人的本性有好有不好，这些是可以学得的吗？"

晏子回答说："《诗》中说'高山可以举目看，大道可以走向前'，大概说的就是向善之人吧！所以诸侯们一块立身于世，只有向善而且不松懈的人才能当诸侯之长；众多读书人一块学习，只有始终向善的人才能当老师。"

【原文】

景公问晏子曰："富民安众[1]，难乎？"

晏子对曰："易。节欲则民富，中听则民安[2]。行此二者而已矣。"

【注释】

①富民：让人民富裕。安众：让众人安定。

②中听：处理诉讼恰当。中，合适。听，听讼。

【译文】

景公问晏子说："让人民富裕安定，困难吗？"

晏子回答说："容易。君主节制私欲，人民就富裕；处理诉讼公正，人民就安定。让人民富裕安定，只是做好这两件事罢了。"

【原文】

景公问晏子曰："国如何则可谓安矣？"

晏子对曰："下无讳言，官无怨治[1]。通人不华[2]，穷民不怨。喜乐无羡赏[3]，忿怒无羡刑[4]。上有礼于士，下有惠于民。地博不兼小，兵强不劫弱。百姓内安其政，诸侯外归其义。可谓安矣。"

【注释】

①怨治：积压的政事。怨，通"蕴"，积聚。

②通人：显达的人。下句"穷民"指不显达的人，即困窘的人。

③羡赏：滥施赏赐。羡，多余。

④羡刑：滥施刑罚。

【译文】

景公问晏子说："国家怎么样就可以叫作安定了？"

晏子回答说："下面的人没有忌讳的言语，官吏没有积压的政事。显达的人不奢侈，穷困的人不怨恨。君主高兴时不滥施赏赐，愤怒时不滥施刑罚。对上面的士有礼节，对

下面的百姓有恩惠。地域广博不兼并小国,军队强大不掠夺弱国。国内的百姓对君主的政治感到安心,国外的诸侯由于他的道义而归服。这样,国家就可以叫作安定了。"

【原文】

晏子聘于吴[①],吴王曰:"子大夫以君命辱在敝邑之地[②],施贶寡人[③],寡人受贶矣。愿有私问焉。"

晏子巡遁而对曰[④]:"婴,北方之贱臣也,得奉君命,以趋于末朝[⑤],恐辞令不审[⑥],讥于下吏[⑦],惧不知所以对者。"

【注释】

①聘:诸侯之间派使臣通问修好。

②子大夫:等于说"大夫您"。子,对人的尊称。辱:表敬副词,含有"您到这里来是受了屈辱"的意思。敝邑:对别国人谦称自己的国家。

③贶:赏赐。

④巡遁:退却的样子,形容惶恐不安。

⑤末朝:指朝堂的末位,谦辞。

⑥审:谨慎,慎重。

⑦下吏:下级官员。这是委婉说法(不敢直称君主夺人而称其下属)。

【译文】

晏子出访吴国,吴王说:"大夫您奉君主的命令屈尊来到我国,给予我赏赐,我承受赏赐了。我希望私下里向您问一个问题。"

晏子惶然不安地回答说:"我是北方国家地位低下的臣子,得以奉君主的命令来到吴国朝廷,我担心说话不慎重,被您的下级官吏讥笑,我害怕不知道怎么回答。"

【原文】

吴王曰:"寡人闻夫子久矣,今乃得见,愿终其问[①]。"

晏子避席曰:"敬受命矣。"

【注释】

①终其问:问完我的话。

【译文】

吴王说:"我听到先生您的名字已经很长时间了,今天才得以见到您,希望您让我把话问完。"

晏子离开座位回答说:"我恭敬地听从您的吩咐。"

【原文】

吴王曰："国如何则可处。如何则可去也？"

晏子对曰："婴闻之，亲疏得处其伦①，大臣得尽其忠，民无怨治，国无虐刑，则可处矣。是以君子怀不逆之君②，居治国之位③。亲疏不得居其伦，大臣不得尽其忠，民多怨治，国有虐刑，则可去矣。是以君子不怀暴君之禄，不处乱国之位。"

【注释】

①得处其伦：意思是各得其所。伦，次序。
②不逆之君：不违背道义的君主。
③治国：治理得好的国家。

【译文】

吴王说："国家的情况怎么样就可以在那里当官，怎么样就可以离开呢？"

晏子回答说："我听说过，亲近的人和疏远的人各得其所，大臣得以尽忠，百姓那里没有积压的政事，国家没有暴虐的刑罚，这样的国家就可以在那里当官了。因此，君子归附不违背道义的君主，在安定的国家担当职务。亲近的人和疏远的人不能各得其所，大臣不能尽忠，百姓那里有许多积压的政事，国家有暴虐的刑罚，这样的国家就可以离开了。因此，君子不贪恋残暴君主的俸禄，不在混乱的国家担当职务。"

【原文】

晏子聘于吴，吴王曰："敢问长保威强勿失之道若何？"

晏子对曰："先民而后身，先施而后诛①。强不暴弱②，贵不凌贱，富不傲贫。百姓并进③，有司不侵，民和政平。不以威强退人之君④，不以众强兼人之地。其用法为时禁暴，故世不逆其志。其用兵为众屏患⑤，故民不疾其劳⑥。此长保威强勿失之道也。失此者危矣。"

【注释】

①施：施恩惠。此指赏赐。诛：指刑罚。
②暴：损害。
③进：进用，任用。
④退人之君：使别人的君主退居已下。
⑤屏：排除，消除。
⑥疾：怨恨。

【译文】

晏子出访吴国，吴王说："请问长久地保持国家的威严强大、不丧失掉这种局面的方法是怎样的?”

晏子回答说:“把人民的事情放在前边,把自己的事情放在后边;把赏赐的事情放在前边,把惩罚的事情放在后边。强大的不危害弱小的,尊贵的不欺凌卑贱的,富裕的不傲视贫困的。百姓有才能也一样任用,有关官吏不侵夺人民,人民和谐,政治太平。不依仗威严强大压制别人的君主,不依仗人多势众兼并别国的土地。实施法律是为了替社会禁止暴虐,所以世人不违背他的意志。用兵作战是为了替众人消除祸患,所以人民对受劳苦不怨恨。这就是长久地保持国家的威严强大、不丧失掉这种局面的方法。不这样做的,国家就危险了。”

【原文】

吴王忿然作色,不说。

晏子曰:“寡君之事毕矣[①],婴无斧锧之罪[②],请辞而行。”遂不复见。

【注释】

①寡君:对别国人谦称自己国家的君主。

②斧锧之罪:斩首之罪。锧,腰斩时所垫的砧板。

【译文】

吴王愤怒地改变了脸色,很不高兴。

晏子说:“我们国君交付的事情我已经办完了,我没有犯该砍头的罪,请允许我告辞回去。”于是不再见吴王。

【原文】

晏子聘于鲁,鲁昭公问曰:“夫俨然辱临敝邑[①],窃甚嘉之[②],寡人受贶,请问安国众民如何?”

晏子对曰:“婴闻傲大贱小则国危,慢听厚敛则民散[③]。事大养小,安国之器也;谨听节敛[④],众民之术也。”

【注释】

①俨然:庄重的样子。辱:谦辞。

②嘉:赞许。

③慢听:处理狱讼轻率。听,听狱。

④节敛:节制赋税,谓赋敛有度。

【译文】

晏子出访鲁国,鲁昭公问道:“大夫您庄重地屈尊来到我国,我私下里很赞赏您,我接受您的赏赐，请问使国家安定，使人口众多应该怎么办？”

晏子回答说：“我听说对大国傲慢，对小国鄙视，国家就危险；处理诉讼轻慢，征收赋税繁重，人民就离散。侍奉大国，帮助小国，这是使国家安定的措施；处理诉讼谨慎，征收赋税节制，这是使人口众多的办法。”

【原文】

晏子聘于晋，叔向从之宴[①]，相与语。

【注释】

①叔向：羊舌肸，又称叔肸，字叔向，晋大夫。从之宴：陪着他喝酒。

【译文】

晏子出访晋国，叔向陪着他饮酒，互相谈论起来。

【原文】

叔向曰：“齐其如何？”

晏子曰：“此季世也[①]，吾弗知，齐其为田氏乎[②]！”

【注释】

①季世：末世，衰微之世。

②田氏：指田成子，即陈成子，名恒（一作“常”），齐国大臣。

【译文】

叔向说：“齐国现在怎么样？”

晏子回答说：“齐国现在已经是末世了，我不知道将来会怎样，齐国将来大概会成为田氏的吧！”

【原文】

叔向曰：“何谓也？”

晏子曰：“公弃其民，而归于田氏。齐旧四量：豆、区、釜、钟。四升为豆，各自其四，以登于釜，釜十则钟。田氏三量皆登一焉[①]，钟乃巨矣。以家量贷[②]，以公量收之。山木如市[③]，弗加于山[④]；鱼盐蜃蛤[⑤]，弗加于海。民参其力[⑥]，二入于公，而衣食其一。公积朽蠹，则老少冻馁。国都之市，屦贱而踊贵[⑦]。民人痛疾，或燠休之[⑧]。昔者殷人诛杀不当，僇民无时[⑨]。文王慈惠殷众，收恤无主，是故天下归之。民无私与[⑩]，维德之授[⑪]。今公室骄暴，而田氏慈惠，其爱之如父母，而归之如流水。欲无获民，将焉避？箕伯、直柄、虞遂、伯戏[⑫]，其相胡公、太姬[⑬]，已在齐矣。”

【注释】

①“田氏三量”句:意思是,田氏的三种量器进位都比公量增加一(即都是五进位)。

②贷:借出。

③如:往,到……去。

④弗加于山:价钱不比山上贵。

⑤蜃:大蛤。

⑥参:三,分成三份。

⑦屦:鞋子。踊:专为砍掉脚的人做的假脚。按“屦贱而踊贵”是滥施刑罚的后果。

⑧燠休:抚慰。

⑨僇:通“戮”,杀戮。

⑩私:偏私。与:赞同。这里是热爱的意思。

⑪授:这里是归附的意思。

⑫“箕伯”句:箕伯等四人都是舜的后代,田(陈)氏的先人。

⑬胡公:箕伯等四人的后代。太姬:胡公妻。

【译文】

叔向说:“您说的是什么意思呢?”

晏子说:“齐国君主抛弃了他的人民,人民都归附了田氏。齐国原有四种量器:豆、区、釜、钟。四升是一豆,以后都按四进位,一直到釜,十釜是一钟。田氏家三种量器,进位都比公家的量器增加一,这样钟的容量就大了。他用私家的大量器借出,用公家的小量器收回。他家山上的木材运到市上卖,价钱不比山上高;鱼盐蚌蛤运到市上卖,价钱不比海边高。如果人民把力气分成三份,两份就要献给国君,用在自家衣食方面的只占一份。国君仓库里的钱粮都腐朽长了虫子,可是老人小孩却挨饿受冻。都城的市场上,因为受砍脚刑罚的人很多,所以鞋子贱,而为被砍掉脚的人特制的假脚却很贵。人民深受痛苦疾病折磨,田氏就加以抚慰。从前商朝判处死刑不恰当,不时杀戮人民。周文王施恩惠于商朝民众,收容救济无家可归之人,因此天下的人都归附他。人民并不偏爱某个人,他们只归附有道德的人。现在公室骄横暴虐,可是田氏却很慈惠,他爱护人民如同父母一样,而人民归附他如同流水一样。即使他不想得到人民的拥护,将躲避到哪里去呢?田氏的先人箕伯、直柄、虞遂、伯戏,他们的神灵已经在齐国帮助他们的后代胡公及其妃子太姬了,因此田氏很快就要占有齐国了。”

【原文】

叔向曰:“虽吾公室,亦季世也。戎马不驾①,卿无军行。公乘无人②,卒列无长。庶民罢弊,宫室滋侈。道殣相望③,而女富溢尤④。民闻公命,如逃寇雠。栾、郤、胥、原、狐、续、庆、伯⑤,降在皂吏⑥。政在家门⑦,民无所依。而君日不悛⑧,以乐慆忧⑨。公室之卑,其何日之有！谗鼎之铭曰[10]：'昧旦丕显，后世犹怠[11]'况日不悛，其能久乎？"

晏子曰："然则子将若何？"

叔向曰："人事毕矣，待天而已矣。晋之公族尽矣。肸闻之，公室将卑，其宗族枝叶先落，则公从之。肸之宗十一族，维羊舌氏在而已，肸又无子，公室无度，幸而得死，岂其获祀焉！"

【注释】

①戎马：拉战车的马。

②乘：骖乘。

③殣：饿死的人。

④女：指受君主宠爱的女子。尤：甚。

⑤"栾"句：此八氏都是晋的旧臣，姬姓。

⑥皂吏：低贱的吏役。

⑦家：指大夫之家。

⑧悛：悔改，改过。

⑨以乐慆忧：用音乐隐藏忧愁。慆，隐藏。

⑩谗鼎："谗"是鼎的名。

⑪"昧旦"二句：大意是，清晨起来就致力于名声显赫，到了后代尚且会懈怠。昧旦，清晨。丕显，大显赫。

【译文】

叔向说："即使是我们晋国公室，现在也到了末世了。战马都不能驾战车了，卿不去率领军队。君主的骖乘没有合适的人，兵士没有称职的官长。百姓疲困，而宫室却日益奢侈。道路上饿死的人随处可见，而受宠爱的女子家里却更加富足。人民听到君主的命令，就像躲避仇敌一样。栾、郤、胥、原、狐、续、庆、伯等旧臣的后代，已经沦为低贱的吏役。政权操纵在私家手里，人民无依无靠。可是君主一直不肯改悔，一用寻欢作乐来掩藏忧愁。公室如此卑微，还能有多少日子！谗鼎的铭文说：'黎明即起致力于声名显赫，子孙后代尚且会懈怠。'何况君主一直不肯改悔，他还能长久保持君位吗？"

晏子说："既然这样，那么您将怎么办？"

叔向说："人是无能为力了，只有听天由命罢了。晋国的公族就要完了。我听说过，公室将要卑微的时候，与公室同姓的其他家族像枝叶一样先降落，然后公室跟着凋零。我的一宗有十一族，现在只有我们羊舌氏还存在罢了，我又没有好儿子，公室又没有法度，我能够寿终就很幸运了，怎么敢希望死后得到祭祀呢！"

【原文】

叔向问晏子曰："齐国之德衰矣，今子何若？"

晏子对曰："婴闻事明君者，竭心力以没其身，行不逮则退[①]，不以诬持禄[②]。事惰君者，优游其身以没其世[③]，力不能则去，不以谀持危。且婴闻君子之事君也，进不失忠，退不失行。不苟合以隐忠[④]，可谓不失忠；不持利以伤廉，可谓不失行。"

叔向曰："善哉！《诗》有之曰：'进退维谷[⑤]。'甘此之谓欤[⑥]！"

【注释】

①行不逮：能力达不到。逮，及，达到。

②诬：欺骗。

③优游：从容不迫的样子。指从容致力于当作之事。

④苟合：苟且附和君主，即苟且求容之意。

⑤进退维谷：所引诗句见《诗·大雅·桑柔》。意思是，进和退都行不通。谷，穷，尽。

⑥其此之谓欤：大概说的就是这种情况吧！

【译文】

叔向问晏子说："齐国的道德衰微了，现在您怎么办？"

晏子回答说："我听说侍奉英明君主的人，尽心竭力一直到身死，力不胜任就辞官，不靠欺骗保持住自己的俸禄。侍奉怠惰君主的人，从容不迫地过完一辈子，力不胜任就离开，不靠阿谀保持住危险的地位。况且我听说君子侍奉君主，当官不丧失忠诚，不当官不丧失品行。不苟且求容以致掩藏了忠诚，这可以叫作不丧失忠诚：不谋取私利以致损害了廉洁，这可以叫作不丧失品行。"

叔向说："您说得好啊！《诗》中有这样的话：'进退维谷。'大概说的就是这种情况吧！"

【原文】

叔向问晏子曰："世乱不遵道，上辟不用义，正行则民遗[①]，曲行则道废。正行而遗民乎，与持民而遗道乎[②]？此二者之于行何如？"

晏子对曰："婴闻之，卑而不失尊，曲而不失正者[③]，以民为本也。苟持民矣，安有遗道？苟遗民矣，安有正行焉？"

【注释】

①遗：失掉，丢掉。

②与：还是。选择连词。

③曲：指处境不好。

【译文】

叔向问晏子说："世道混乱，违反了正常规律；君主邪僻，不按照道义行事，在这种情况下，如果行为正直就会失掉人民，如果行为邪僻就会丢掉原则。是行为正直失掉人民呢，还是保住人民丢掉原则呢？这两种做法对于品行怎么样呢？”

晏子回答说：“我听说过，地位低下但不失掉尊严，处境不好但不失掉正直的人，把人民当成根本。如果保住人民，怎么会丢掉原则？如果失掉人民，怎么会有正直的行为呢？”

【原文】

叔向问晏子曰：“意孰为高[①]？行孰为厚？”

对曰：“意莫高于爱民，行莫厚于乐民[②]。”

【注释】

①意：指思想。

②乐民：让人民快乐。

【译文】

叔向问晏子说：“思想哪一种是高尚的？品行哪一种是淳厚的？”

晏子回答说：“思想没有比爱护人民更高尚的，品行没有比让人民快乐更淳厚的。”

【原文】

又问曰：“意孰为下？行孰为贱？”

对曰：“意莫下于刻民，行莫贱于害民也。”

【译文】

叔向又问道：“思想哪一种是低下的？品行哪一种是卑贱的？”

晏子回答说：“思想没有比对人民苛刻更低下的，品行没有比危害人民更卑贱的。”

【原文】

叔向问晏子曰：“人何以则可谓保其身？”

晏子对曰：“《诗》曰：‘既明且哲，以保其身。夙夜匪懈，以事一人[①]。’不庶几[②]，不要幸[③]，先其难乎而后幸。得之，时其所也[④]；失之，非其罪也。可谓保其身矣。”

【注释】

①“既明”四句：所引诗句见《诗·大雅·烝民》。“懈”今本《诗经》作“解”。诗句大意是：聪明睿智的人，善于保全自身。从早到晚不懈怠，侍奉君主一个人。哲，睿智。夙，早。一人，指君主。

②庶几：希望。

③要：求。幸：宠爱。

④时：通“是”。

【译文】

叔向问晏子说：“人怎样做才可以叫作保全自身？”

晏子回答说：“《涛》中说：‘既睿智又聪明，借以保全自身。早起晚睡不偷懒，侍奉君主一个人。’不抱非分的希望，不求受到君主的宠爱，先为君主做艰难的事，然后受到宠爱。得到官职，这是他应该得到的；失去官职，不是他的罪过。这样就可以叫作保全自身了。”

【原文】

梁丘据问晏子曰：“子事三君[①]，君不同心，而子俱顺焉，仁人固多心乎？”

晏子对曰：“婴闻之，顺爱不懈，可以使百姓；强暴不忠，不可以使一人。一心可以事百君，三心不可以事一君。”

【注释】

①三君：指齐灵公、齐庄公、齐景公。

【译文】

梁丘据问晏子说：“您侍奉了三位君主，君主们心不相同，可您都能顺从他们，仁德的人本来就有多种多样的心吗？”

晏子回答说：“我听说过，温顺慈爱不懈怠，可以役使百姓；强横暴虐不忠诚，不可以役使一个人。一心一意可以侍奉一百位君主，三心二意不可以侍奉一位君主。”

【原文】

孔子闻之曰：“小子识之[①]！晏子以一心事百君者也。”

【注释】

①小子：老师对学生的称呼。识：记住。

【译文】

孔子听到达话以后说：“学生们记住这些话！晏子是用一个心眼侍奉一百位君主的人啊！”

杂上

【原文】

景公使晏子为阿宰[①],三年,毁闻于国[②]。景公不说,召而免之。

晏子谢曰[③]:"婴知婴之过矣,请复治阿,三年而誉必闻于国。"

【注释】

①阿:齐邑名。宰:邑的长官。

②毁:指坏名声。国:指国都。

③谢:谢罪。

【译文】

景公派晏子当阿邑的邑宰,过了三年,晏子的坏名声就传遍国都。景公很不高兴,召回了他并且要罢免他。

晏子谢罪说:"我知道我的过错了,请允许我再去治理阿邑,三年之后,好名声必定传遍国都。"

【原文】

景公不忍,复使治阿。三年而誉闻于国。景公说,召而赏之,辞而不受。景公问其故,对曰:"昔者婴之治阿也,筑蹊径[①],急门闾之政[②],而淫民恶之;举俭力孝弟[③],罚偷窳[④],而惰民恶之;决狱不避贵强,而贵强恶之;左右所求,法则予,非法则否,而左右恶之;事贵人体不过礼,而贵人恶之。是以三邪毁于外[⑤],二谗毁于内[⑥],三年而毁闻乎君也。今臣谨更之:不筑蹊径,而缓门闾之政,而淫民说;不举俭力孝弟,不罚偷窳,而惰民说;决狱阿贵强[⑦],而贵强说;左右所求言诺[⑧],而左右说;事贵人体过礼,而贵人说。是以三邪誉乎外,二谗誉乎内,三年而誉闻于君也。昔者婴之所以当诛者宜赏,今所以当赏者宜诛。是故不敢受。"

【注释】

①蹊径:泛指道路。

②门闾之政:指乡间防务。门闾,指乡里。

③弟:同"悌",敬爱兄长。

④偷:苟且,随便。窳:器物粗劣。

⑤三邪:指上文的淫民、惰民、贵强。

⑥二谗:指上文的左右、贵人。

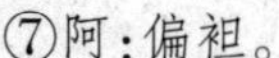

⑦阿：偏袒。

⑧诺：应允，答应。

【译文】

景公不忍心罢免他，又派他去治理阿邑。三年之后，好名声果然传遍国都。景公很高兴，召回晏子要赏赐他。晏子推辞，不肯接受。景公问为什么，晏子回答说："从前我治理阿邑的时候，修筑小路山路，加强乡间防务，因而邪恶的人厌恶这样做；推举生活节俭、努力工作、孝顺父母、敬爱兄长的人，惩罚粗制滥造器物的人，因而懒惰的人厌恶这样做；判决诉讼不躲避豪门大户，因而豪门大户厌恶这样做；国君的近臣有所求，合法的就给，不合法的就不给。因而国君的近臣厌恶这样做；接待地位显贵的人得体而不超过礼仪的规定，因而地位显贵的人厌恶这样做。因此，三种邪僻的人在外边毁谤，两种谗佞的人在里边毁谤，三年之内我的坏名声就传到您耳朵里了。现在我改变了原来的做法：不修筑小路山路，放松乡间的防务，因而邪恶的人高兴了；不推举生活节俭、努力工作、孝顺父母、敬爱兄长的人，不惩罚粗制滥造器物的人，因而懒惰的人高兴了；判决诉讼偏袒豪门大户，因而豪门大户高兴了；国君的近臣有所求，全都答应给，因而国君的近臣高兴了；接待地位显贵的人不得体，超过礼仪的规定，因而地位谴责的人高兴了。因此，三种邪僻的人在外边称赞，两种谗佞的人在里边称赞，三年之内我的好名声就传到您耳朵里了。从前我受到责备的那些事，实际上应该受到奖赏；现在我受到奖赏的这些事，实际上应该受到责备。因此我不敢接受赏赐。"

【原文】

景公知晏子贤，乃任以国政，三年而齐大兴。

【译文】

景公了解到晏子贤德，就把国家政事委托给他治理。过了三年，齐国变得非常强盛。

【原文】

景公游于寿宫[①]，睹长年负薪者而有饥色[②]。公悲之，喟然叹曰："令吏养之！"

晏子曰："臣闻之，乐贤而哀不肖，守国之本也。今君爱老，而恩无所不逮[③]，治国之本也。"公笑，有喜色。晏子曰："圣王见贤以乐贤，见不肖以哀不肖。今请求老弱之不养、鳏寡之无室者[④]，论而共秩焉[⑤]。"公曰："诺。"于是老弱有养，鳏寡有室。

【注释】

①寿宫：又名离宫，齐宫室名。

②长年：年纪大的，年老的。

③逮：及，到。

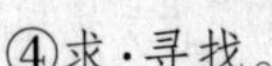

④求：寻找。

⑤共：通“供”，供给。秩：禄。此指廪食。

【译文】

景公到寿宫去游玩，看到一个背着柴草的老人面有饥饿之色。景公对此很悲伤，慨叹着说：“让官吏供养他！”

晏子说：“我听说过，喜欢贤德之人而且怜悯不贤德之人，这是保持住国家的根本。现在您爱护老人，因而您的恩德就没有人不能得到，这是治理国家的根本。”景公笑了，面有喜色。晏子说：“圣贤的君主看到贤德之人因而喜欢贤德之人，看到不贤德之人因而怜悯不贤德之人。现在请您派人寻找没人供养的年老体弱的人，没有家室的鳏夫、寡妇，根据实际情况供给他们粮食。”景公说：“好吧！”于是年老体弱的人都有了供养，鳏夫、寡妇都有了家室。

【原文】

景公正昼被发[①]，乘六马，御妇人以出正闺[②]。刖跪击其马而反之[③]，曰：“尔非吾君也！”公惭而不朝。

【注释】

①正昼：大白天。被：同“披”。

②正闺：宫中正门。

③刖跪：指被砍掉脚的人。刖，古代砍掉脚的酷刑。跪，足。古代常用刖足者守门。反之：让他返回。

【译文】

景公白天披散着头发，坐着六匹马驾的车，车上载着妇人要出宫门。砍掉脚的守门人拦击他的马让他返回宫内，并且说：“你这个样子不是我们的君主啊！”景公很惭愧，因而不上朝。

【原文】

晏子睹裔款而问曰[①]：“君何故不朝？”

对曰：“昔者君正昼被发，乘六马，御妇人以出正闺，刖跪击其马而反之，曰：‘尔非吾君也！’公惭而反，不果出，是以不朝。”

【注释】

①裔款：齐景公臣。

【译文】

晏子看到裔款问道:“君主为什么不上朝?”

裔款回答说:“昨天君主白天披散着头发,坐着六匹马驾的车,车上载着妇人要出宫门,砍掉脚的守门人拦击他的马让他返回宫内,并且说:‘你这个样子不是我们的君主啊!’君主惭愧地返回去,最终没有出宫门,因此才不上朝。”

【原文】

晏子入见,景公曰:“昔者寡人有罪,被发,乘六马以出正闺,刖跪击马而反之,曰:‘尔非吾君也!’寡人以子大夫之赐,得率百姓以守宗庙。今见戮于刖跪[①],以辱社稷,吾犹可以齐于诸侯乎?’”

晏子对曰:“君勿恶焉[②]。臣闻下无直辞,上有隐恶[③];民多讳言,君有骄行。古者明君在上,下多直辞;君上好善,民无讳言。今君有失行[④],刖跪直辞禁之,是君之福也。故臣来庆,请赏之,以明君之好善;礼之,以明君之受谏。”

公笑曰:“可乎?”

晏子曰:“可。”

【注释】

①见:被。戮:辱。

②恶:厌恶,讨厌。

③隐恶:隐患。

④失行:失礼的行为。

【译文】

晏子进宫去见景公,景公说:“昨天我有过错,披散着头发,坐着六匹马驾的车要出宫门,砍掉脚的守门人拦击马让我返回宫内,说:‘你这个样子不是我们的君主啊!’我托大夫您的福,得以率领百姓守住祖庙,现在受到砍掉脚的守门人的羞辱,使国家蒙受耻辱,我还可以跟诸侯们平起平坐吗?”

晏子回答说:“您对此不要厌恶。我听说下面如果没有正直的言辞,上面就会有隐患;百姓如果有很多忌讳的话不敢说,君主就会有骄横的行为。古代英明的君主在位,下面就有很多正直的言辞;君主好善,百姓就没有忌讳的话。现在您有失礼的行为,砍掉脚的守门人用正直的言辞制止您,这是您的福气啊!所以我来庆贺,请您赏赐他,以此表明您好善;依礼对待他,以此表明您接受劝谏。”

景公笑着说:“可以这样做吗?”

晏子说:“可以。”

【原文】

于是令刖跪倍资无征[①],时朝无事也[②]。

【注释】

①倍资:加倍给钱财。无征:不征赋税。

②时朝无事也:当时朝廷没有变故。因为采纳了晏子的意见,君主好善纳谏,所以朝廷无事。事,变故。

【译文】

景公于是下令加倍给砍掉脚的守门人财物,不要向他家征收赋税。这样做了以后,当时朝廷里平安无事了。

【原文】

晏子为齐相,出,其御之妻从门间而窥[①],其夫为相御,拥大盖[②],策驷马[③],意气扬扬,甚自得也。既而归,其妻请去。夫问其故,妻曰:"晏子身不满六尺[④],身相齐国,名显诸侯。今者妾观其出,志念深矣,常有以自下者[⑤]。今子长八尺,乃为人仆御。然子之意,自以为足。妾是以求去也[⑥]。"

其后,夫自抑损[⑦]。晏子怪而问之,御以实对,晏子荐以为大夫。

【注释】

①御:驭手,车夫。间:缝隙。窥:从缝隙里看。

②盖:车盖,车上遮阳挡雨的用具。其状上圆,下有柄。

③策:用鞭子赶。驷马:指四匹马拉的车。

④六尺:古代尺小,六尺相当于现在四尺多。

⑤自下:谦逊退让,敬重他人。

⑥妾:古代妇女的谦称。

⑦抑损:指收敛原来那种扬扬自得的神态。

【译文】

晏子当齐国的相,坐车出去,他的驭手的妻子从门缝里往外看,看到丈夫当齐相的驭手,拥着高大的车盖,赶着四匹马拉的车子,意气扬扬,很是得意。过了不久丈夫回到家,妻子请求离开。丈夫问为什么,妻子说:"晏子身高不足六尺,却当齐国的相,在诸侯中享有盛名。今天我看他外出,志向深远,常常表现出谦卑的样子。现在您身高八尺,竟给人当驭手,可是您却心满意足,我因此请求离开。"

从那以后,丈夫自己收敛了先前那种扬扬自得的神态。晏子感到奇怪,问他为什么,

驭手把实情说了，晏子就推荐他当了大夫。

【原文】

燕之游士有泯子午者[①]，南见晏子于齐。言有文章[②]，术有条理，巨可以补国，细可以益晏子者三百篇。睹晏子，恐慎而不能言[③]。晏子假之以悲色[④]，开之以礼颜，然后能尽其复也[⑤]。

【注释】

①泯子午：姓泯，字子午。

②文章：文采。

③恐慎：恐惧。慎，恐。

④假之以悲色：用好脸色宽慰他。假，宽。悲色，通“斐色”，彩色。

⑤复：回答我，答复。

【译文】

燕国游说的人有个叫泯子午的，往南到齐国去见晏子。他的言辞很有文采，理论很有条理，往大处说可以对国家有裨益，往小处说可以对晏子有好处的不下三百篇。他见到晏子，却害怕得不能讲话。晏子用和悦的脸色宽慰他，用礼貌的态度启发他，然后他才能把话讲完。

【原文】

客退，晏子直席而坐[①]，废朝移时[②]。在侧者曰：“向者燕客侍。夫子胡为忧也？”

晏子曰：“燕，万乘之国也；齐，千里之涂也[③]。泯子午以万乘之国为不足说[④]，以千里之涂为不足远，则是千万人之上也。且犹不能殚其言于我[⑤]，况乎齐人之怀善而死者乎？吾所以不得睹者，岂不多哉？然吾失此，何之有也[⑥]？”

【注释】

①直：端正。

②移时：过了一段时间。

③涂：同“途”，道路。

④说：用言语劝说人使听从自己的意见。

⑤殚：尽，完了。

⑥何之有：有什么。

【译文】

客人走了以后，晏子端端正正地坐在席子上，一直坐到过了朝时很久。晏子身边的人说："刚才燕国客人陪着您，您现在为什么忧愁呀？"

晏子说："燕国，是拥有万辆兵车的大国；齐国，距离燕国有千里之遥。泯子午认为拥有万辆兵车的大国不值得游说。不远千里来到齐国，那么他就是超过千万人之上的人了。他尚且不能对我把话都讲完，何况齐国那些怀有好的意见而死去的人呢？我没有办法看到的人，难道不是很多了吗？然而我失掉这些人，还有什么功劳可言呢？"

【原文】

齐有北郭骚者[①]，结罘罔、捆蒲苇、织屦以养其母[②]，犹不足，踵门见晏子曰[③]："窃说先生之义，愿乞所以养母者。"晏子使人分仓粟府金而遗之[④]，辞金受粟。

【注释】

①北郭骚：姓北郭，名骚。

②罘：捕捉兔或鹿所用的网。罔：网。捆：砸，敲。用蒲苇编席子时要边编边敲，使之牢固。织屦：编草鞋。

③踵门：足至门，即走上门。踵，脚后跟，作动词，至，走到。

④仓：储藏粮食的地方。府：储藏钱财的地方。

【译文】

齐国有个名叫北郭骚的，靠结兽网、织席子、编草鞋奉养他的母亲，但仍然不能维持生活，于是就到晏子门上求见晏子，说："我内心很喜欢先生您的道义，希望求您给我奉养母亲的东西。"晏子派人拿出粮仓中的粮食和府库中的钱财给他，他谢绝了钱财，接受了粮食。

【原文】

有间[①]，晏子见疑于景公，出奔[②]，过北郭骚之门而辞。北郭骚沐浴而见晏子曰："夫子将焉适[③]？"晏子曰："见疑于齐君，将出奔。"北郭骚曰："夫子勉之矣[④]！"晏子上车，太息而叹曰[⑤]："婴之亡，岂不宜哉？亦不知士甚矣[⑥]！"

【注释】

①有间：不久。

②出奔：指外出政治避难。

③焉适：到哪里去？适，往，到……去。

④勉：努力。

⑤太息：长叹。

⑥"亦不知"句：意思是，自己对北郭骚有恩，如今有难，北郭骚竟无动于衷，自己当初是看错了人。

【译文】

过了不久，晏子被景公猜忌，逃往国外避难，经过北郭骚的门前向他告别。北郭骚洗发浴身恭敬地出来见晏子，说："先生您将到哪里去？"晏子说："我受到齐国国君的猜忌，将要逃往国外避难。"北郭骚说："先生您好自为之吧！"晏子上了车，长叹一声说："我逃亡国外难道不是应该的吗？我也太不了解人了！"

【原文】

晏子行，北郭骚召其友而告之曰："吾说晏子之义，而尝乞所以养母者焉。吾闻之，养其亲者，身伉其难[①]。今晏子见疑，吾将以身死白之[②]。"著衣冠，令其友操剑奉笥而从[③]，造于君庭[④]，求复者曰[⑤]："晏子，天下之贤者也，今去齐国，齐必侵矣[⑥]。方见国之必侵[⑦]，不若死。请以头托白晏子也。"因谓其友曰："盛吾头于笥中，奉以托。"退而自刎。其友因奉托而谓复者曰："此北郭子为国故死，吾将为北郭子死。"又退而自刎。

【注释】

①伉：担当。
②白：表明，辩白。此指洗清冤诬。
③笥：方形竹器。
④造：至，到。
⑤复者：给君主传递消息的人。
⑥侵：被侵犯的意思。
⑦方：将。

【译文】

晏子走了以后，北郭骚召来自己的朋友，告诉他说："我喜欢晏子的道义，曾经向他请求用来奉养母亲的东西。我听说过，供养过自己亲属的人，自己应该承担他的祸患。现在晏子受到猜忌，我将用自己的死来洗清他的冤诬。"他穿上衣服戴上帽子，让朋友拿着剑捧着竹箱跟随着自己，到了朝廷门前，向为君主传递消息的官吏请求说："晏子是天下闻名的贤人，现在他离开了齐国。齐国必定会遭受侵犯。我将见到齐国必定会遭受侵犯，不如死了好。请允许我把自己的头托付给您，来为晏子洗清冤诬。"于是对他的朋友说："把我的头盛在竹箱里，捧着献给那个官吏。"说完，后退几步，自刎而死。他的朋友于是捧着盛头的竹箱，对传递消息的官吏说："这个北郭骚是为国难而死的，我将为北郭骚而死。"说完也后退几步，自刎而死。

【原文】

景公闻之，大骇，乘驷而自追晏子[①]，及之国郊[②]，请而反之。晏子不得已而反，闻北郭子之以死自己也，太息而叹曰："婴之亡，岂不宜哉？亦愈不知士甚矣[3]！"

【注释】

①驷：传车，古代驿站专用的车子。

②郊：国都城外百里之内为郊。

③"亦愈不知"句：意思是，自己没想到北郭骚会为自己自杀，原先竟没看出他是如此重义气的人，甚至还埋怨过他对自己出奔无动于衷。

【译文】

景公听到这事以后，非常害怕，乘坐着驿车亲自去追赶晏子，在离国都不到百里的地方追上了晏子，请晏子回去。晏子不得已，返回齐国。他听到北郭骚用死来为自己洗清冤诬，长叹一声说："我逃亡国外，难道不是应该的吗？这表明我更加不了解人了！"

【原文】

景公谓晏子曰："吾闻高纠与夫子游[1]，寡人请见之。"

晏子对曰："臣闻之，为地战者，不能成其王；为禄仕者，不能正其君。高纠与婴为兄弟久矣[2]，未尝干婴之行[3]，特禄仕之臣也[4]，何足以补君乎？"

【注释】

①高纠：晏子的家臣。游：交往。

②为兄弟：交往像兄弟一样亲密。

③干：犯，干涉。

④特：只不过。

【译文】

景公对晏子说："我听说高纠跟先生您交往，我请您允许我见见他。"

晏子回答说："我听说过，为了争夺土地而打仗的人，不能成就称王的事业；为了得到俸禄而当官的人，不能纠正君主的过失。高纠跟我像兄弟一样交往很长时间了，可是从来不曾对我的缺点提过不同的意见，他只不过是个为得到俸禄而当官的臣子，怎么能够对您有所帮助呢？"

【原文】

高纠事晏子而见逐。高纠曰："臣事夫子三年，无得[1]，而卒见逐，其说何也？"

晏子曰："婴之家俗有三，而子无一焉。"

纠曰："可得闻乎？"

晏子曰："婴之家俗：闲处从容不谈议[2]，则疏；出不相扬美，入不相削行，则不与[3]；通国事无论，骄士慢知者[4]，则不朝也[5]。此三者，婴之家俗，今子是无一焉。故婴非特食馈之长也[6]，是以辞。"

【注释】

①无得：指没有得到禄位。
②议：通"义"。
③与：亲近。
④知：同"智"。
⑤朝：见。
⑥特：只，仅仅。长：主。

【译文】

高纠侍奉晏子却被辞退了，高纠说："我侍奉了先生您三年。没有得到禄位，最终却被辞退了，这该怎么解释呢？"

晏子说："我家的规矩有三条，您却一条都没有。"

高纠说："您家的三条规矩能让我听听吗？"

晏子说："我家的三条规矩是：居家时从容不迫却言不及义，就疏远他；出门不赞扬别人的美德，进门不切磋品行，就不亲近他；通晓国家政事却不评论，对智能之士傲视轻慢，就不会见他。这三条，就是我家的规矩，现在您这些条一条都没有。所以，我不能仅仅做一个供给食物的人，因此才辞退了您。"